U0787727

晋城年鉴

2018

晋城市地方志办公室 编

方志出版社
Publishing House of Local Records

图书在版编目(CIP)数据

晋城年鉴. 2018 / 晋城市地方志办公室编. --北京：方志出版社，2019.5

ISBN 978-7-5144-3754-6

Ⅰ. ①晋… Ⅱ. ①晋… Ⅲ. ①晋城—2018—年鉴 Ⅳ. ①Z522.53

中国版本图书馆CIP数据核字(2019)第098455号

晋城年鉴（2018）

编　　者： 晋城市地方志办公室

责任编辑： 顾　洁

出 版 者： 方志出版社

地址　北京市朝阳区潘家园东里9号(国家方志馆4层)

邮编　100021

网址　http://www.fzph.org

发　　行： 方志出版社图书经销中心

电话（010）67110500

经　　销： 各地新华书店

印　　刷： 山西智慧景潮包装印刷有限公司

开　　本： 889×1194　1/16

印　　张： 33

字　　数： 887千字

版　　次： 2019年5月第1版　　2019年5月第1次印刷

印　　数： 0001～1500册

ISBN　978-7－5144－3754－6　　**定价：** 320.00元

· **版权所有　翻印必究** ·

《晋城年鉴》编纂委员会

主　　任：张志川　刘　锋

副 主 任：尹红岩　焦新文

委　　员：（按姓氏笔画）

王庆和　李喜红　邵俊生

茹　刚　邹树琦　郭明太

崔国炜　樊林奎

总　　纂：尹红岩　焦新文

主　　编：邵俊生

副 主 编：宋喜俊

执行主编：宋喜俊

执行副主编：牛晋军

编　　辑：李雪萍　周晋霞　李　娜

张　燕　常　琳　殷海峰

晋城市行政区划图

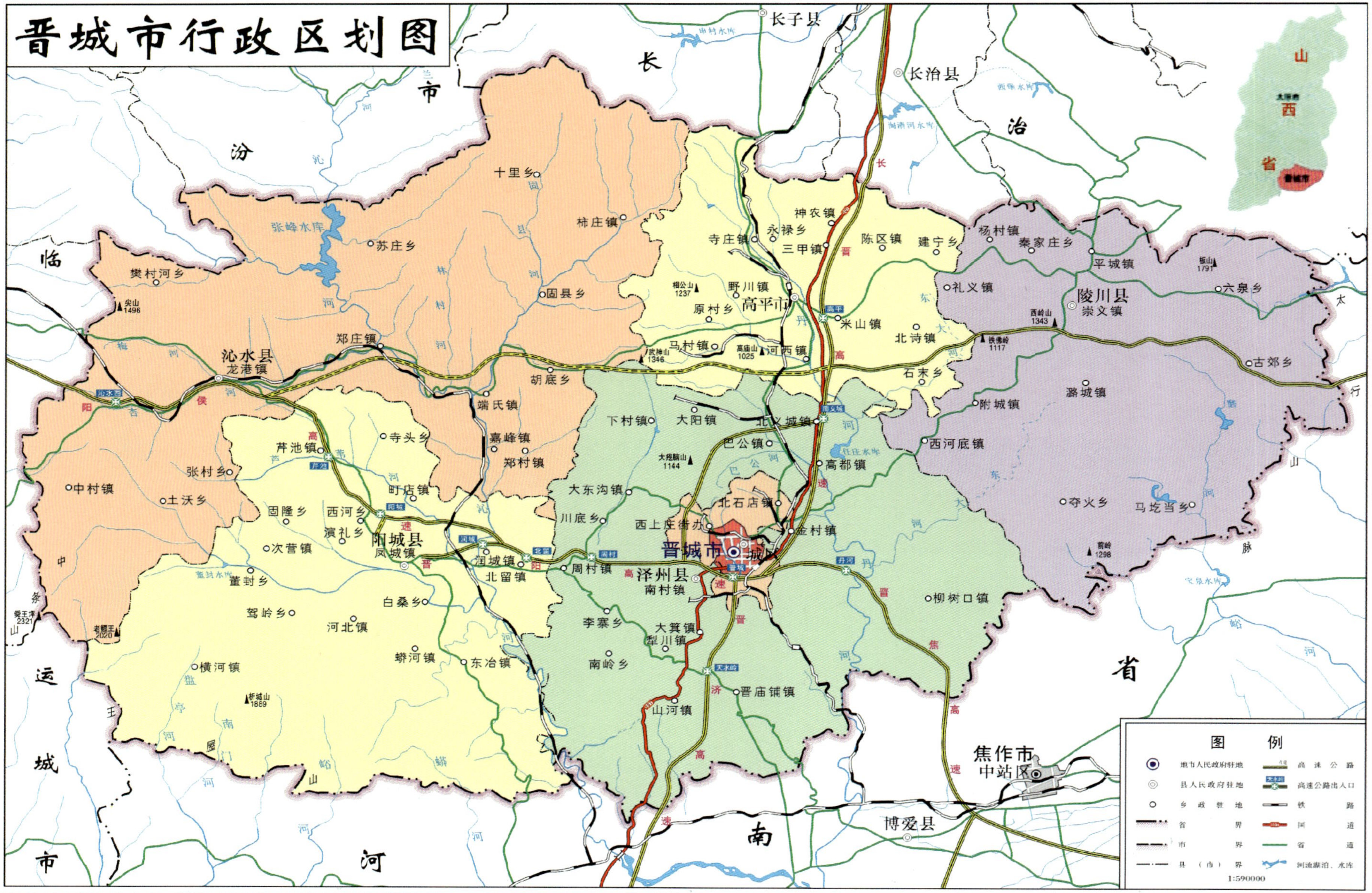

长子县
长治县
长
治
市
汾
临
运
城
南
河
省
山
西
省
晋城市
沁水县
龙港镇
阳城县
凤城镇
高平市
陵川县
崇文镇
泽州县
晋城市
城区
焦作市
中站区
博爱县
张峰水库
十里乡
柿庄镇
苏庄乡
固县乡
樊村河乡
郑庄镇
胡底乡
端氏镇
嘉峰镇
郑村镇
中村镇
张村乡
土沃乡
寺头乡
芹池镇
町店镇
固隆乡
西河乡
演礼乡
次营镇
董封乡
润城镇
北留镇
白桑乡
驾岭乡
河北镇
横河镇
蟒河镇
东冶镇
神农镇
永禄乡
三甲镇
寺庄镇
陈区镇
建宁乡
野川镇
原村乡
米山镇
北诗镇
马村镇
河西镇
石末乡
杨村镇
秦家庄乡
平城镇
礼义镇
六泉乡
古郊乡
潞城镇
附城镇
西河底镇
夺火乡
马圪当乡
下村镇
大阳镇
北义城镇
巴公镇
高都镇
大东沟镇
北石店镇
川底乡
西上庄街办
金村镇
周村镇
南村镇
柳树口镇
李寨乡
大箕镇
犁川镇
南岭乡
晋庙铺镇
山河镇
尖山 1496
历山 2321
舜王坪 2020
析城山 1889
栖公山 1237
高庙山 1025
武神山 1346
大炬脑山 1144
板山 1791
西岭山 1343
铁佛岭 1117
箭岭 1298
图例
地市人民政府驻地
县人民政府驻地
乡政驻地
省界
市界
县（市）界
高速公路
高速公路出入口
铁路
国道
省道
河流湖泊、水库
1:590000

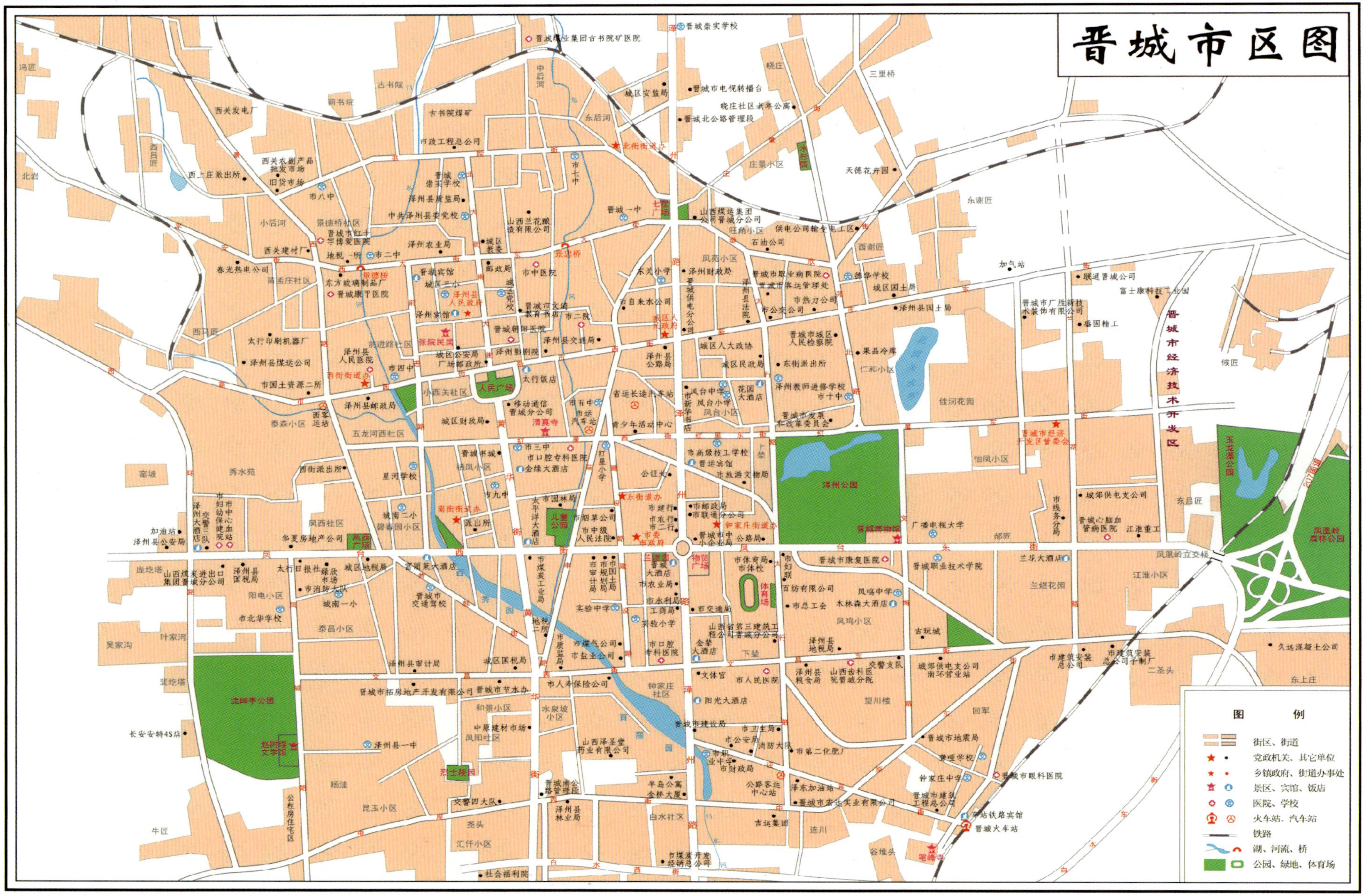
晋城市区图
图 例
街区、街道
党政机关、其它单位
乡镇政府、街道办事处
景区、宾馆、饭店
医院、学校
火车站、汽车站
铁路
湖、河流、桥
公园、绿地、体育场
晋城市经济技术开发区
泽州公园
人民广场
体育场
晋城火车站
凤凰岭立交桥
玉龙潭公园
凤凰岭森林公园
流碑寺公园

晋城市矿产分布及开发利用现状示意图

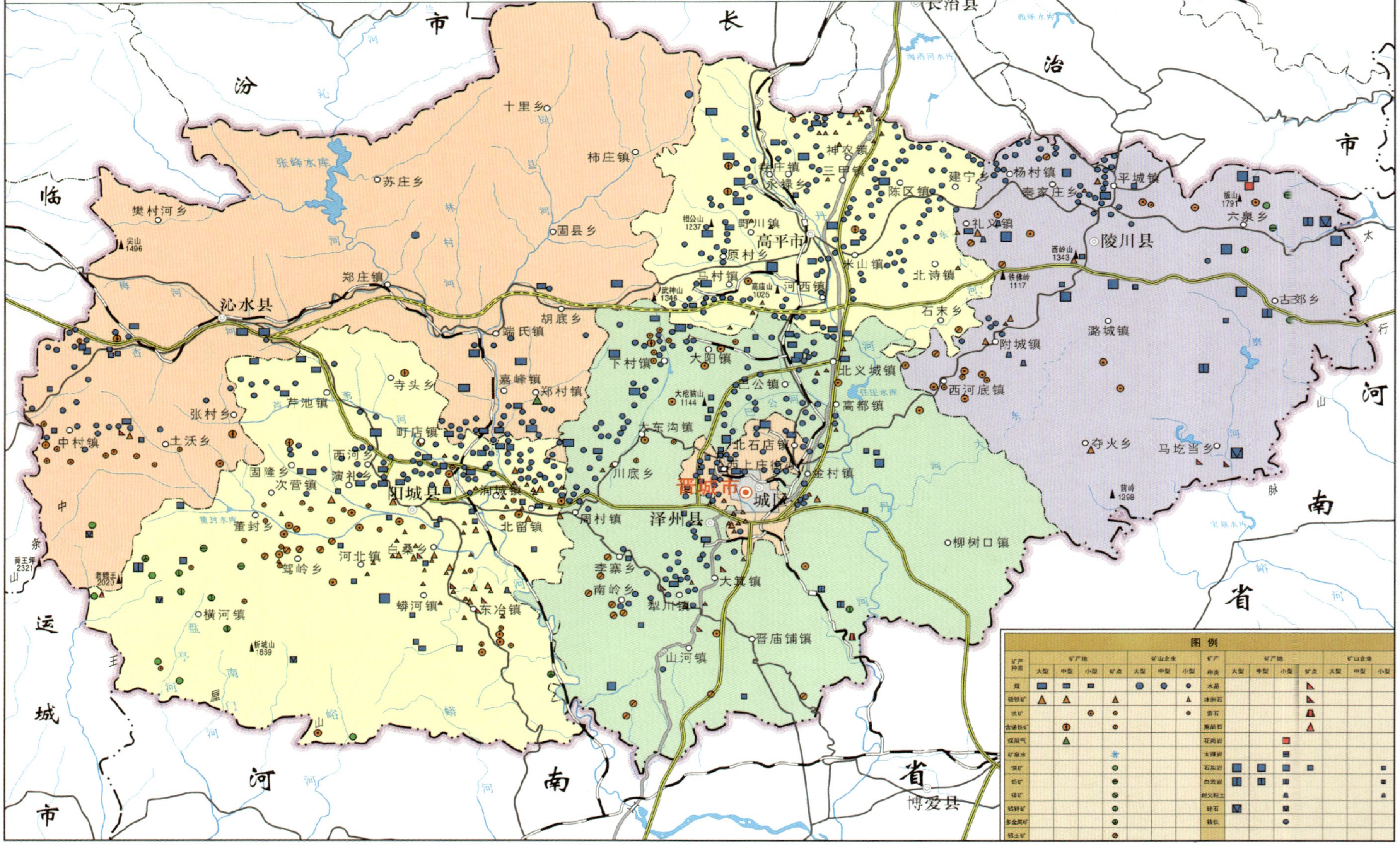

晋城市旅游景区分布示意图

人民银行
ICBC
中国工商银行
ICBC

7 月 25 日，晋城市被列为全国第二批城市设计试点城市（程立胜 摄）

游在晋城

1、沁水县柳氏民居景区

2、泽州县青莲寺景区

3、神农炎帝民间拜祖典礼在高平举行

4、沁水县历山风景区

5、陵川县王莽岭风景区

6、阳城县皇城相府景区

7、阳城县蟒河风景区

（程立胜 摄）

1

2

4

6

7

文化晋城

1、非遗文化——沁水土沃老花鼓

2、非遗文化——上党八音会

3、中国历史文化名村——阳城县润城镇屯城村的砥洎城

4、非遗文化——上党梆子《大祭桩》剧照

5、中国历史文化名村——高平市原村乡良户村的蟠龙寨

6、中国历史文化名镇——泽州县大阳镇夜景

7、国家级传统村落——泽州县晋庙铺镇天井关村

（程立胜 摄）

3

5

1

2

4

6

7

城市名片

中国优秀旅游城市
TOP TOURIST CITY OF CHINA
晋城市
中国优秀旅游城市评定委员会颁发

1

山西省晋城市煤层气综合利用工程
中国人居环境范例奖
中华人民共和国住房和城乡建设部
二〇一〇年二月

2

The LivCom Awards
2012
THE INTERNATIONAL AWARDS
FOR LIVEABLE COMMUNITIES
Award for
Enhancement of the
Natural and Built Landscapes

3

1、中国优秀旅游城市

2、煤层气综合利用工程获中国人居环境范例奖

3、国际花园城市

4、城区白马寺森林公园获国际花园城市自然类单项金奖

5、国家园林城市

6、国家卫生城市

7、全国绿化模范城市

8、国家森林城市

（程立胜 摄）

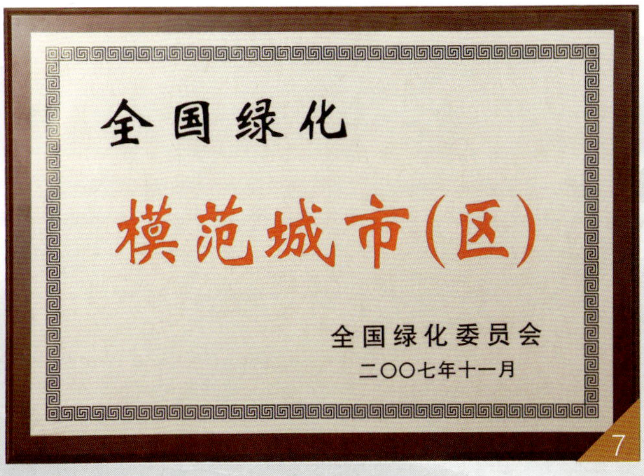

数字晋城2017

综　合

地区生产总值	1151.50 亿元
第一产业	50.70 亿元
第二产业	618.90 亿元
第三产业	481.90 亿元
人均地区生产总值	49487 元

人　口

常住人口	233.30 万人
男性	118.10 万人
女性	115.20 万人
出生人口	2.39 万人
死亡人口	1.17 万人

对外经济贸易

海关进出口总额	6.93 亿美元
出口总额	1.86 亿美元
进口总额	5.07 亿美元
实际利用外资额	2.00 亿美元

能　源

能源生产总量	7166.00 万吨标准煤
社会用电量	192.50 亿千瓦时
向省外运输煤炭量	6154.80 万吨

物　价

居民消费价格指数	100.60
商品零售价格指数	101.60
工业生产者出厂价格指数	123.40
工业生产者购进价格指数	120.90

就　业

经济活动人口	144.63 万人
社会从业人员	143.51 万人
第一产业	45.23 万人
第二产业	42.19 万人
第三产业	56.09 万人
城镇就业人员	71.92 万人
乡村就业人员	71.59 万人

固定资产投资

全社会固定资产投资	430.70 亿元
第一产业	310.30 亿元
第二产业	172.30 亿元
第三产业	227.10 亿元

人民生活

居民人均可支配收入	22039 元
城镇居民人均可支配收入	30142 元
农村居民人均可支配收入	12511 元

农　业

农作物种植面积	17.35 万公顷
粮食种植面积	16.26 万公顷
粮食产量	83.60 万吨
设施蔬菜产量	9.70 万吨
肉类产量	16.20 万吨

数字晋城 2017

工 业

规模以上工业企业单位数	242 个
原煤产量（全社会）	9462 万吨
煤层气产量	35 亿立方米
生铁产量	408 万吨
钢材产量	350 万吨
水泥产量	232 万吨
化肥产量	234 万吨
发电量	238 亿千瓦时

建筑业

建筑业企业单位数	113 个
建筑业企业总产值	56.30 亿元
房屋建筑施工面积	352.80 万平方米

住宿　餐饮业和旅游

旅游景区	20 个
星级饭店	18 家
国内旅游人数	4848.32 万人次
国际旅游人数	13706 人次
旅游总收入	444.56 亿元

财政　金融

财政总收入	216.00 亿元
公共财政预算收入	101.40 亿元
公共财政预算支出	178.70 亿元
城乡居民储蓄存款余额	2068.10 亿元
保费收入	46.30 亿元

交通运输　邮电　通信业

公路线路里程	9325.60 公里
高速公路里程	388.60 公里
民用汽车保有量	40.30 万辆
邮电业务总量	33.10 亿元
移动电话户数	249.20 万户

国内贸易

社会消费品零售总额	415.00 亿元
城镇消费品零售额	352.50 亿元
乡村消费品零售额	62.50 亿元

教育　科技

普通高等学校数	2 所
普通高等学校在校学生数	6910 人
中等职业学校数	19 所
中等职业学校在校学生数	14836 人
实施各类科技项目	72 项
专利拥有量	414 件

文化　体育　卫生　环保

文化馆数	6 个
公共图书馆数	7 个
各级各类体育场馆数	6215 个
各级医疗卫生机构数	3128 个
自然保护区数	5 个

（晋城市统计局）

编纂说明

一、《晋城年鉴》以马克思列宁主义、毛泽东思想、邓小平理论、“三个代表”重要思想、科学发展观、习近平新时代中国特色社会主义思想为指导，坚持辩证唯物主义和历史唯物主义的立场、观点和方法，为晋城的经济社会发展服务。

二、《晋城年鉴》全面系统地记载晋城市自然、政治、经济、文化、社会状况，以及市委、市政府的新思路、新举措、新进展、新成就和新经验，为广大读者了解晋城、认识晋城、研究晋城、投资晋城、建设晋城提供基础信息。

三、《晋城年鉴（2018）》采用分类编排法，共分四个层次编排，即类目、分目、次分目、条目。全书共设立25个类目。

四、《晋城年鉴（2018）》涉及数据由于行业和地区统计口径等方面的原因，个别条目互有不一致之处，当以晋城市统计局发布的统计数字为准。

五、《晋城年鉴（2018）》记事时间为2017年1月1日至12月31日。特载栏目选载2018年市委、市人大常务委员会、市人民政府、市政协、市中级人民法院、市人民检察院及市发改委、市财政局等工作报告中回顾2017年部分，增强年鉴所载资料的时效性。

六、《晋城年鉴（2018）》资料和照片均由各单位提供。

彩页目录

彩页

目录

彩页目录

鸣谢单位

山西兰花煤炭实业集团有限公司
中国邮政集团公司晋城市分公司

总　目

特 载

大事记

市情概况

中国共产党晋城市委员会

中国人民政治协商会议晋城市委员会

中国共产党晋城市纪律检查委员会

军 事

法 治

社会团体

晋城市总工会

共青团晋城市委员会

晋城市妇女联合会

晋城市科学技术协会

晋城市工商业联合会（总商会）

晋城市文学艺术界联合会

晋城市归国华侨联合会

农业经济

农　业

农业综合开发

畜　牧

农　机

林　业

水　务

住房和城乡建设 环境保护

住房保障和城乡建设

城乡规划

公用事业建设

园林绿化

环境保护

交通运输 邮电

交通运输

交通运输执法

省运晋城公司

邮 政

电 信

商业 贸易

商务粮食

供　销

石　油

烟　草

财政 税务

财　政

税　务

金融

金融工作

银行业务

银行监管

银行机构

保险业务

保险机构

证券业务

教育 科技

教　育

文化 卫生

人　物

区县概览

CONTENTS

Finance Tax

Financial

Education Science and Technology

Culture Health

Social Life

Personage

Brief Introduction to Countries and Districts

Index

中共晋城市委常委会工作报告(节选)

——2018年1月22日在晋城市委七届二次全体会议暨经济工作会议上的讲话

中共晋城市委书记 张志川

市委七届二次全会暨经济工作会议以来,市委常委会高举中国特色社会主义伟大旗帜,深入学习贯彻习近平新时代中国特色社会主义思想,认真落实习总书记视察山西重要讲话精神,统筹推进"五位一体"总体布局,协调推进"四个全面"战略布局,按照省委"一个指引、两手硬"思路要求,团结带领全市党员干部群众,扎实推进改革发展稳定和党的建设各项工作,全市呈现出经济持续向好、改革深入推进、社会和谐稳定、政治风清气正的良好局面。

市委坚持统揽全局、协调各方,充分履行把方向、管大局、作决策、保落实的职责,召开市委七届三次全会,就学习贯彻习总书记视察山西重要讲话精神和省委十一届四次全会精神等重大事项作出安排和部署;加强对根本性工作和重点工作的推进力度,确保中央大政方针和省委决策部署在晋城全面正确有效贯彻落实。

一、认真学习践行习近平新时代中国特色社会主义思想,坚决贯彻落实中央和省委重大决策部署

市委紧紧围绕迎接和学习宣传贯彻党的十九大这条主线,把学用习近平新时代中国特色社会主义思想作为首要政治任务,多次组织召开市委常委(扩大)会议、市委中心组会议、全市领导干部大会、经验交流研讨会议进行集中学习、专题研讨,推动各级党组织和广大党员干部在融会贯通、学以致用、全面覆盖上狠下功夫。树牢"四个意识",坚定"四个自信",自觉把忠诚核心、拥戴核心、维护核心、紧跟核心融入血脉、植入灵魂,始终在思想上政治上行动上同以习近平同志为核心的党中央保持高度一致。对中央大政方针和省委决策部署自觉做到第一时间传达学习、第一时间研究贯彻、第一时间推动落实。特别是把学习贯彻习总书记视察山西重要讲话精神同推进"两学一做"学习教育常态化制度化、开展维护核心见诸行动主题教育结合起来,推动学用习近平新时代中国特色社会主义思想不断向广度和深度拓展,开辟了全市各项事业新境界。党的十九大召开后,把学习宣传贯彻十九大精神作为重大政治任务和工作主题,举办了5期市管干部研讨班,举行了13场宣讲报告会,推动了十九大精神进企业、进机关、进农村、进校园、进社区、进网络,在全市组织开展大学习、大调研、大落实,980余名县处级以上领导干部形成调研报告740余篇,帮助基层解决实际问题1600余个。

二、坚定不移贯彻新发展理念，努力走出转型发展新路径

市委坚持用新发展理念统领发展全局，全面实施创新驱动发展战略，全力做好稳增长、促改革、调结构、惠民生、防风险各项工作，转型发展形成强劲态势，全市经济企稳回升、稳步向好。2017年，全市生产总值完成1151.5亿元，增长6.1%。规模以上工业增加值完成468.6亿元，增长5.5%。固定资产投资完成430.7亿元，增长6.3%。社会消费品零售总额完成415.0亿元，增长7.5%。外贸进出口总额完成46.8亿元，增长17.6%。一般公共预算收入完成101.4亿元，增长13.5%。

*加快推进转型发展。*坚持在创新驱动中推进产业转型，努力走出一条产业优、质量高、效益好、可持续的发展新路。围绕传统产业改造，重点推进了44个工业转型项目，南村绿色智能铸造创新产业园开工建设，兰花己内酰胺项目投产运行，晋煤华昱高硫煤洁净利用项目即将试车，以沁水煤层气总部基地建设为重点，加快煤层气集输总站、国家煤层气质检中心、煤层气交易中心建设，积极探索能源革命新路径。围绕新兴产业培育，设立总规模50亿元的产业转型升级发展基金，编制了《高端装备制造业发展规划》，富士康摩拜单车、新型节能电采暖设备等项目投产，清慧5000万件轨道交通材料、中船重工海装风电总装维护基地、绿洲智能化纺织品等7个项目快速推进，开发区"双创"基地、富士康纳米光机电研发中心、国家智能铸造产业创新晋城中心等三大服务平台建设进展顺利。围绕重点工程建设，高沁高速建成通车，太焦高铁项目全面推进，阳蟒高速加快建设，太行一号国家风景道开工建设。253项省市重点工程共完成投资269.3亿元。围绕科技创新成果转化利用，省级以上众创平台达到10家，省级创业基地达到17家。围绕金融服务实体经济，发展多层次资本市场，建立银企常态化对接机制，推进晋煤集团100亿的市场化债转股，通过"助保贷""聚力贷"等融资模式为企业发放贷款20.29亿元。

*强力推进重点领域改革。*认真贯彻落实国发42号文件精神，坚持把供改和综改结合起来，注重抓好减量置换和减量重组，持续提高先进产能占比，关闭退出5座矿井、去产能725万吨，煤炭行业坚定走"减""优""绿"之路。严格执行省政府"减负60条"和"工业19条"等政策，取消和停征41项行政事业性收费，为企业减轻经济负担10亿元。深入推进6大类、43项改革任务，在全省首家制定了《晋城市建设"资源型经济转型发展金融改革创新试验区"总体方案》。深化国企国资改革，组建市国有资本投资运营公司，市属43户企业完成国有资本划转。率先推进企业投资项目试行承诺制、实行无审批管理试点工作。加快开发区改革创新，晋城经济开发区"三化三制"改革基本到位，高平经济开发区获批成立。推进市县监察体制改革试点，市县监委组建运行，纪检派驻机构改革全面完成。推进县乡医疗卫生机构一体化改革，各县（市、区）全部成立了医疗集团，人民日报等20余家主流媒体集中报道了我市改革经验。泽州农地入市改革试点受到国土资源部充分肯定。全省采煤沉陷区治理现场推进会在我市召开。完成不动产登记改革，省国土资源厅确定我市为全省唯一的规范化建设试点。

*积极构建对外开放新格局。*我市列入中原城市群发展规划核心发展区，全方位加强与中原经济区的互联互通、人文交流、项目合作。积极对接"一带一路"，持续扩大与京津冀、长三角、珠三角等经济发达区域产业的对接与合作。加大招商引资力度，全面打造"六最"营商环境。成功举办第二届海峡两岸炎帝文化旅游招商系列活动、第四届太行山文化旅游节。全市签约项目97个，总投资754.35亿元。

三、坚定不移推进文化建设和依法治市，努力汇聚团结奋斗新合力

*不断巩固宣传思想文化阵地。*牢牢掌握意识形态工作领导权和主动权，坚持不懈用党的理论创新成果武装头脑、指导实践。巩固壮大主流思想舆论，《人民日报》，中央电视台等媒体推出我市报道240多篇，培育和践行社会主义核心价值观，文明城市创建工作进入全国前20名，16家单位被表彰为全国文明村镇、全国文明单位，全国文明校园，创下历

史最好成绩。创作了《太行娘亲》《一代名相陈廷敬》等文艺精品。

切实加强民主法治建设。坚持和完善人民代表大会制度、召开推进县乡人大建设会议，出台《关于加强县乡人大工作和建设的实施意见》，县乡人大机构建设得到加强；制定了我市首部实体注《晋城市公共交通条例》。发挥社会主义协商民主重要作用，出台《关于加强人民政协民主监督的意见》《关于完善工作机制加强人民政协协商民主建设的意见》，支持政协履行职能、开展工作。加强统一战线工作，圆满完成市工商联、市侨联和各民主党派换届工作。持续推进法治晋城、平安晋城建设，社会稳定大局持续向好，公共安全感和执法满意度连续五年名列全省第一。狠抓信访维稳工作，认真做好党的十九大、全国全省“两会”等重要会议信访稳定工作，圆满实现“三个坚决防止、三个不发生”目标。

四、坚定不移保障和改善民生，努力提升群众幸福新指数

强力推进脱贫攻坚。把脱贫攻坚作为第一民生，坚持精准方略、拿出“绣花”功夫，先后召开全市脱贫攻坚工作会议和2次脱贫攻坚领导小组会议，深入实施八大工程20项行动，采取市县乡村书记“双签”责任书、3个脱贫攻坚督导组常年开展督查巡查、统筹整合专项扶贫资金、在扶贫领域开展不正之风和腐败问题专项治理等一系列举措，落实帮扶措施，确保脱贫“成色”。落实产业扶贫资金2000万元，安排项目55个、97个脱贫村实现产业全覆盖；完成易地扶贫搬迁10575人，规划建设了28个集中安置点；为建档立卡贫困人口和农村低保人口购买大病医疗商业补充保险；积极探索特困户集中供养，集中供养人员达2006人，我市经验做法在全省得到推广。陵川、沁水两个贫困县脱贫摘帽已通过初审，73个贫困村退出、3.15万贫困人口脱贫，贫困发生率由实施精准扶贫之初的5.3%降至0.7%。

全面推进城乡一体化发展。按照拓展、改造、提质、传承的思路，启动了美丽晋城战略规划编制。文博路、太岳街、207国道晋城过境段建成通车，陵沁路西北环改线工程、中原街改造及综合管廊项目具备开工条件，新建改建了一批供水、供气、供热等城市基础设施，中心城市的综合承载力和辐射带动力显著提升。编制完成了《晋城市新型城镇化发展规划》，荣获“全省搬迁安置先进市”。加快培育特色小镇步伐，向省政府申报新型城镇化试点乡镇8家、特色小镇7家。全面推进“三农”工作，夏粮生产成为第二个历史丰收年，新上农业产业化龙头企业43个，举办了首届现代农业交易博览会。加快发展农旅一体，全市“农家乐”达上千家。扎实推进改善城乡人居环境“四大工程”，创建了6个省级、20个市级美丽宜居示范村和2个美丽宜居示范村集中连片示范区。

扎实推进生态文明建设，牢记“绿水青山就是金山银山”的理念，持续推进环境攻坚、造林绿化、节能减排三大工程，全方位、全领域、全过程开展生态环境保护。全力完成中央、省委环保督察反馈问题整改任务，向我市反馈的14项一级整改任务顺利推进，移交的31批255件环境问题按期全部办结，174名相关责任人被问责，全力打好污染防治“三大战役”，全面推行“河长制”，深入开展“铁腕治污”行动，严把建设项目环保准入关，全市环境质量进一步改善。大力推进造林绿化和环城生态圈建设，建成了白马寺山至吴王山15公里绿道；全力推进7项园林重点工程建设，陵川、沁水加快“国家园林县城”创建步伐。

大力发展民生社会事业。新建改建15所幼儿园，稳步推进义务教育一体化改革；启动高中办学条件标准化行动，北大、清华录取人数创历史新高；晋城市旅游职业教育集团挂牌成立。加快医疗卫生事业发展，城市公立医院改革有序推进，市人民医院易址扩建项目前期加快实施。推进充分就业工程，城镇新增就业人数超额完成年度目标，城镇登记失业率控制在1.74%以内，城乡居民各项社会保险全面完成年度目标。大力发展体育事业，成功举办了晋城市第六届运动会。高度重视安全生产工作，持续开展安全生产专项整治、隐患排查治理、打非治违活动，各类安全事故明显下降，安全生产态势持续向好。

五、坚定不移推动全面从严治党向纵深发展，努力构建风清气正的政治生态

坚定扛起管党治党主体责任。市委常委会15次研究全面从严治党有关工作，围绕政治建设、巡视巡察、“三基建设”、正风肃纪、干部队伍等重点任务作出安排部署抓住“关键少数”，抓实基层支部，“两学一做”学习教育常态化制度化不断深入。出台《关于加强党内政治文化建设的意见》，发展积极健康的党内政治文化，专题听取市人大、市政府、市政协和法检两院党组工作汇报。狠抓十八届六中全会精神的贯彻落实，通过组织学习《准则》《条例》，连续举办5期市管干部研讨班。以解决问题为突破口和主抓手，开展巡视巡察整改自行“回头看”，制定“五对照”“三清单一制度”办法，查找整改问题1390个。建立健全明责督责问责制度，对履职不力的37个党组织、28名党员干部进行追责。

全面加强纪律建设。在全市开展警示教育月活动，166个单位、5527名党员干部接受廉政教育。严格实行提醒谈话纪实制度，为906名处级以上干部发放提醒谈话记录册。驰而不息反对“四风”，出台《关于进一步贯彻落实中央八项规定精神的实施细则》，查处违反中央八项规定精神问题50起、处理67人，对11典型问题进行了公开通报。持续深化市县政治巡察，四轮市县两级共巡察党组织149个，发现和处置问题1267个、线索1726个。全力整治基层“微腐败”，共处理违纪人员834人，给予党纪政务处分518人，组织处理346人、移送司法机关35人。

建设高素质专业化干部队伍。把严格管理和关心信任干部统一起来，全面加强领导班子和干部队伍建设。坚持好干部标准，把握正确用人导向，以调整补充市直单位领导班子为抓手，共调整处级干部365人次，其中提拔178名，平调146名，挂职2名，免职39名。加大干部教育培训力度，实施处级干部、后备干部、年轻干部、农村干部等各类专题培训，举办14期干部素质提升工程专题讲座。推动落实干部能上能下、改革创新合理容错、激励干部担当作为三个办法，激发了干事创业的精气神。探索干部队伍建设常态化监督机制，随机和重点抽查490名领导干部个人事项报告，启动了党政主要领导干部和国有企业领导人员经济责任审计工作。

深入推进“三基建设”出台25条措施，今年重点抓的13项任务取得明显成效。围绕基层组织建设，实施村级集体经济“破零加零”计划，612个零收入村全部“破零”，2197个村“破零达万”，1136个村达到5万元以上。圆满完成村“两委”换届，222个软弱涣散村级组织整顿转化。推行“补齐短板、晋位升级”党建工程，四分之一的社区活动场所实现了提档升级。围绕基础工作夯实，梳理规范各级各部门工作职能，建立“三手册一平台”，推动重心下移、力量下沉、保障下倾，进一步提升规范化水平。围绕基本能力提升，持续开展“领头雁”培训和“双强双带”冬训，保障农村主干报酬达到省定标准，推动建立“副职保底”报酬机制，形成大抓基层、抓实基层的浓厚氛围。

一年来，市委常委会坚持把自身建设摆在首要位置，努力为全市各级党组织和广大党员干部作出表率。坚持把政治建设摆在首位，坚决维护党中央权威和集中统一领导，坚定贯彻落实中央和省委各项决策部署；坚持把制度建设作为根本，严格落实民主集中制，修订市委全会、常委会、书记专题会议规则，规范市委常委会议事程序，努力提高集体决策的科学化水平；坚持把能力建设形成常态，抓好政策法规和专项知识学习，深入开展调查研究，提升综合把握驾驭能力；坚持把纪律作风建设作为保障，带头遵守纪律规矩，严格落实中央八项规定精神，深入开展反腐败斗争，持续巩固了团结发展的良好局面。

一年来取得的成绩，是在十八大以来工作基础上取得的，过去五年中的两三年，我市经济“断崖”，结构性体制性素质性矛盾叠加挤压；局部政治生态“塌方”，干部队伍和思想观念经历大的洗礼，我们度过了建市以来比较困难的一段时光。在习近平新时代中国特色社会主义思想的指引下，在省委的坚强领导下，市委团结带领全市人民，自力更生，艰苦奋斗，奋力拼搏，攻坚克难，经过了千辛万苦，实现了经济由“疲”转“兴”，政治生态由“乱”转“治”，全市各项工作取得了新成绩，各项事业进入了新境界，美丽晋城也迈进了新时代。

晋城市人民代表大会常务委员会工作报告(节选)

——2018年3月29日在晋城市第七届人民代表大会第四次会议上

晋城市人大常委会主任　范丽霞

过去一年的主要工作

一年来,市人大常委会在党的十九大精神指引下,在中共晋城市委的坚强领导下,认真履职,扎实工作。全年共召开常委会会议10次,制定地方性法规1部,听取审议"一府两院"工作报告12个,跟踪落实审议意见7件,开展执法检查5次,开展专题询问1次,备案审查规范性文件6件,作出决议决定12项,任免国家机关工作人员120人(次),督办落实代表建议400件,圆满完成了各项目标任务。

一、旗帜鲜明讲政治,认真学习贯彻党的十九大精神和省委、市委决策部署

常委会始终坚持把党的领导作为开展人大工作的本质要求和最大优势,把党的指导思想作为坚持和完善人民代表大会制度的科学指引和行动指南,牢固树立"四个意识",不断增强"四个自信",自觉在思想上、政治上、行动上同以习近平同志为核心的党中央保持高度一致。

把牢政治方向。将迎接党的十九大、学习贯彻党的十九大精神作为工作主线,按照"学懂弄通做实"的要求,系统读原著、学原文、悟原理,坚持宣讲党课带动学、确定主题专题学,将党的创新理论和中央、省委、市委历次重要会议精神结合起来学习贯彻,贯穿于代表培训、干部教育、理论研究、依法履职全过程,推进"两学一做"学习教育常态化制度化,增强"维护核心、见诸行动"的政治自觉,人大工作保持了正确的政治方向。

坚持党的领导。自觉将人大工作置于市委领导之下,认真学习贯彻落实市委七届四次全会暨经济工作会议精神和省委、市委一系列重要部署,坚持重大事项及时请示汇报,坚持重要指示及时传达学习,坚持重要部署及时跟进落实。一年来,就立法工作、监督工作、代表补选、决定决议草案、市人代会筹备、上级人大重要会议传达等重大事项向市委请示汇报20多次。市委高度重视人大工作,市委常委会多次专题研究,给予及时指导;召开县乡人大建设推进会,转发《市人大常委会党组关于加强县乡人大工作和建设的实施意见》,创优工作环境,支持人大建设,提供了坚强的政治保障。

围绕中心履职。紧密联系我市实际,找准结合

成绩来之不易,经验弥足珍贵。总结五年来凤凰涅槃、浴火重生的经历,我们深深感觉到以下五条基本经验对做好今后工作具有重要意义。一是把习近平新时代中国特色社会主义思想作为一切工作的根本遵循。用真理力量和实践力量推动晋城发展。二是全面和坚决贯彻省委"一个指引,两手硬"思路要求。坚持全面从严治党,坚持发展第一要务不动摇。三是用新发展理念统筹全局。稳中求进,保持高质量转型发展的方向和定力。四是坚持改革开放。向改革要活力,用开放拓空间。五是坚持以人民为中心的发展思想。发展依靠人民,发展为了人民,发展成果人民共享。

走进新时代,开启新征程。我们要更加紧密地团结在以习近平同志为核心的党中央周围,坚持以习近平新时代中国特色社会主义思想为指引,按照党的十九大确定的各项目标任务和省委决策部署,以坚如磐石的决心和定力,一手抓全面从严治党,一手抓改革发展稳定,坚决打赢防范化解重大风险、精准脱贫、污染防治三大攻坚战,围绕"示范区""排头兵""新高地"三大目标定位,以永不懈怠的精神状态和一往无前的奋斗姿态跑好"接力赛",奋力开创新时代美丽晋城高质量转型发展新局面!

点，把握着力点，依法行使重大事项决定权。作出《推进全国文明城市创建工作的决议》，组织市人大代表先后3次对创建工作进行集中视察，形成视察报告。相关部门积极采纳人大建议，将市区道路路缘石上违章停车的行政处罚权调整至交警部门统一行使，有效治理了乱停乱放现象。坚持党管干部与人大依法任免相统一的原则，做好人事任免和任期监督。圆满完成监察委员会副主任和监察委员会委员的任命，推动监察体制改革试点工作顺利进行。按照省委、市委统一安排部署，精心组织筹备，召开了市七届人大三次会议，选举产生35名省十三届人大代表。受省人大常委会委托，认真组织新当选的省人大代表开展任职培训和会前视察，收集整理我市大事要情，编发“代表建议参阅资料”，帮助省人大代表做好履职准备。

二、以立法工作为引领，推动法治晋城建设开创新局面

常委会紧紧抓住提高立法质量这个关键，坚持党管立法、为民立法，扎实推进科学立法、民主立法、依法立法，为法治晋城建设注入了新的内涵。

*精选立法项目，首部实体法顺利颁布。*根据群众实际需求和市域发展现状，制定了我市获得立法权后的首部实体法《晋城市公共交通条例》。立法中充分发挥主导作用，发扬工匠精神，广泛征求意见，邀请专家论证，多次专题研究，确保了法规的科学性、前瞻性和实效性。该条例将发展农村公交纳入法治轨道，提出了公共交通城乡同权、全民共享的法律要求，全省率先、全国领先。在2017年部分村镇通公交的基础上，今年市政府将加大力度，解决579个建制村百姓的出行问题，部分县年内将实现公共交通城乡全覆盖，这项惠民工程在全市逐步铺开，方便了群众出行，拉近了城乡距离。随着条例的深入实施，必将进一步推动全市公共交通改革发展，为加快城乡统筹、促进全域旅游、实现乡村振兴提供更好的基础支撑。

*夯实立法基础，立法能力全面提升。*把加强立法能力建设作为一项长期性、基础性工作抓在手上，建立立法论证、评估、听证等七项制度，开展立法能力专题培训，立法专家顾问、基层立法联系点和立法咨询基地全部颁证挂牌，为今后开展地方立法奠定了较为坚实的基础。代表我省新获得立法权的城市，出席了第23次全国地方立法工作南宁座谈会，交流了体会，学习了经验，增强了我市进一步做好地方立法工作的信心。

*加强普法宣传，法治氛围更加浓厚。*召开《晋城市公共交通条例》新闻发布会，在《太行日报》、“晋城在线”专版印发法规文本和法规解释，发挥媒体优势，推动这部涉及群众切身利益的法规顺利实施。利用微信公众号这一新媒体平台，与相关部门联合开展“法治宣传每日一题”活动，日均答题在3000人以上；举办“学习贯彻党的十九大精神，维护宪法权威”电视法律知识竞赛，广泛宣传十九大精神，大力普及宪法知识，引导全社会尊法学法守法用法。

三、注重监督工作实效，服务改革发展稳定大局

常委会根据市委部署，把握民生诉求“风向标”，研究代表建议“晴雨表”，将关系改革发展全局、影响社会和谐稳定、人民群众反映强烈的突出问题作为监督重点，加大监督力度，推动市委决策部署有效落实，支持“一府两院”依法行政、公正司法。

*着力推动经济发展。*主动向中心聚焦，自觉为大局出力，审议计划执行情况报告，召开经济运行分析座谈会，转达审议意见，积极想对策、提建议，督促“稳增长、促改革、调结构、惠民生、防风险”各项工作统筹推进。审议了关于国有林场改革、关于文化旅游产业发展情况报告，推动进一步创新工作方式，理顺体制机制，强化责任落实，我市国有林场改革走在全省前列，文化旅游产业成为转型发展新亮点。加强对政府全口径预决算的审查监督，听取审议财政决算、预算执行、审计查出问题整改等报告，审查批准市本级2016年财政决算、2017年预算调整方案。不断改进预算监督方式，对10个部门项目资金绩效评价进行跟踪监督，推进了依法理财、科学理财、民主理财。

*积极回应民生诉求。*坚持以人民为中心的发展理念，重点围绕环境保护、食品安全、执行难等民

生热点开展审议监督，对上年度审议的大气污染防治工作开展跟踪监督，组织开展晋城环保行活动。通过“调研、审议、表决、督促落实、再调研、再审议、再表决”循环监督的方式，增强了监督工作的力度与密度，取得了明显效果。在市政府的有力举措和相关部门的积极努力下，全市环境质量进一步好转，食品安全监管合力进一步形成，社会公平正义进一步彰显，法院执行工作综合指标跃居全省第一。积极回应了人民群众对优良生态、品质生活、诚信社会等各方面美好生活的向往。

*促进法律正确实施。*围绕安全生产“一法一条例”，开展了为期8个月的执法检查，充分反映成绩，深入分析问题，积极推动整改，保障了相关法律法规的贯彻实施。首次将执法检查与专题询问相结合，7个部门负责人到会回答询问，常委会组成人员调研到位、询问有力，部门领导直面问题、不避不推，提高了监督实效，促进了工作落实。围绕人大常委会决议贯彻落实开展督促检查，听取市政府《关于全力推进脱贫攻坚工作的决议》落实情况的报告，促进脱贫攻坚工作深入开展。截至去年年底，我市贫困人口减到万人以下，贫困发生率低于全省平均水平。在自主开展执法检查的同时，协助省人大就《山西省女职工劳动保护条例》等4部法规开展执法检查，充分展示了工作成果，多项经验做法写入省人大调研报告。

四、发挥代表主体作用，支持保障代表依法履职

常委会突出代表主体地位，践行党的群众路线，坚持依靠代表、服务代表，不断创新代表活动方式，提升代表履职水平，增强代表工作活力。

*改进代表服务。*进一步加强服务保障，出台了无固定收入代表履职补贴规定，为代表订阅了各类学习资料，“一府两院”定期向代表发送工作动态，市监委向代表通报全市监察体制改革进展情况。邀请代表列席常委会会议、参加执法检查、调研视察等活动，保障了代表的民主权利，调动了代表的履职热情。

*强化建议督办。*坚持重点建议副市长领办、副主任督办，坚持听取审议“一府两院”建议办理情况报告，坚持邀请代表参与建议办理情况视察。要求承办单位办前、办中、办后与代表“三见面”，任务、人员、措施“三落实”，答复内容与代表建议、工作实际、政策法规“三对照”。对人大代表建议的主城区禁放烟花爆竹、公交车延时扩站等一大批民生热点问题，市政府领导高度重视、相关部门积极落实，得到了较好的回应解决。市七届人大二次会议代表提出的建议全部办结，代表满意率达98%。

*规范代表履职。*大会期间，发放收集代表“审议意见卡”，保障代表充分发表意见。闭会期间，扎实开展代表小组活动，积极发挥代表职能作用。把2017年确定为“代表小组活动建设年”，举办了代表小组长履职培训班，组织各代表小组参观典型、推广经验、开展活动。为25个市代表小组、6个专业代表小组统一挂牌，各小组累计开展活动75次，形成调研报告25篇，做到了“全覆盖、常活动、有实效”。指导县乡人大建立了367个代表小组活动室，全部实现“六有”目标。制作播出“代表之声”电视节目60期，“人大之声”广播节目49期，扩大了代表工作的影响。

五、密切联系形成合力，县乡人大建设实现新突破

县乡两级人大是基层政权建设的基础，地位特殊、作用重要。常委会高度重视对县乡人大的联系和指导，积极落实中央、省委、市委要求，更好发挥基层国家权力机关作用。

*基层人大建设全面加强。*认真贯彻落实省委、市委“县乡人大建设推进会”精神，积极与相关部门、各县（市、区）沟通协调，确保《关于加强县乡人大工作和建设的实施意见》得到严格执行。在各县（市、区）委的重视支持和各县（市、区）人大的共同努力下，我市6个县级人大全部配齐一室五委，设立了法制、财经专门委员会；84个乡镇人大（街道人工委）全部配备了专职工作人员，解决了多年解决不了的县级人大“一人一委”、乡镇人大“单枪匹马”的问题，为进一步推进全市人大工作创新发展奠定了坚实的组织基础。

*上下联动配合更加密切。*多次召开市县人大常委会主任座谈会，研究问题，部署工作。围绕党

的十九大精神和习近平总书记视察山西时的重要讲话精神,全市人大系统开展大学习、大调研、大落实活动。市县同步开展预算绩效管理,联合开展执法检查,合力监督推动落实。举办了三级人大宣传信息员培训班,实现了信息互通、成果共享。共同配合就县乡人大工作和建设情况开展专题调研,形成了调研报告和参阅资料。推荐润城镇人大参加省委县乡人大建设推进会,代表全省乡镇人大作了交流发言。

六、持续加强自身建设,提升常委会履职水平

常委会牢记"打铁必须自身硬",把加强自身建设作为做好人大工作的重要保证,不断强化理论学习,改进工作作风,提高履职能力。

强化党的建设,实现了整体提升。加强人大常委会党组建设,坚持贯彻民主集中制原则,集体议大事、决大事,全年共召开党组会议17次、主任会议21次,发挥了党组把方向、管大局、保落实的领导作用。支持纪检监察派驻机构工作,常委会始终风清气正、纪律严明。注重加强能力建设,邀请学者教授和行业专家,就环境保护、国有林场改革、全域旅游、法院执行等工作开展常委会专题讲座,帮助组成人员提高审议水平。承办了24城市人大工作研讨会,来自全国11个省23个市人大常委会有关领导参加会议,在更广的范围进行了学习交流。机关先后荣获"先进党组织""文明单位标兵"等荣誉称号。

持续转变作风,强化了工作实效。把调查研究作为做好人大工作的基本功,作为加强作风建设的突破口,制定并落实常委会组成人员调查研究的规定,常委会组成人员突出重点领题调研,深入基层、深入实际,掌握实情、找准问题,真正了解人民群众所思所盼,使各项工作更加切合实际。全年组织专题调研18次,参加代表200余人(次)。带着责任、带着感情做群众工作,结对帮扶扎实有效,脱贫任务圆满完成。与信访群众换位思考,依法化解各类矛盾,全年接待群众上访128件(次)598人(次),荣获全省人大系统"信访督办标兵单位"称号。

完善规章制度,促进了规范有序。扎实开展"三基"建设,夯实了人大工作基础,促进了工作规范运行。修订新建工作规程、工作制度39件,形成了靠制度办文、办会、办事,靠制度管权、管人、管事的体制机制。办好《晋城人大》杂志,加大对人大制度、人大工作和人大代表的宣传力度。改版"晋城人大"网站,增加互动功能,设置多元板块,建立三级人大通讯员队伍,人大信息化建设呈现出新风貌。高度重视老干部工作,邀请老领导列席会议,组织老干部视察座谈,虚心听取老同志意见,使人大工作在传承中不断发展。

同时,我们也清醒地认识到,常委会工作与党的十九大提出的新要求和人民日益增长的新期盼相比还有一定差距,立法的引领性、针对性还有待进一步增强,监督能力和实效还有待进一步提高,服务保障代表履职的载体和方式还有待进一步改进,机关建设整体水平还有待进一步提升。对此,我们将以改革的精神,抓重点、补短板、强弱项,切实推动人大各项工作创新发展。

今后一年的主要工作任务

新的一年,市人大常委会将在市委的坚强领导下,高举习近平新时代中国特色社会主义思想伟大旗帜,全面贯彻党的十九大和十九届一中、二中、三中全会精神,坚持党的领导、人民当家做主、依法治国有机统一,紧紧围绕打赢防范化解重大风险、精准脱贫、污染防治三大攻坚战,紧紧围绕"先行区""领跑者""桥头堡"三大目标,遵循宪法法律规定,扎实履行立法、监督、决定、任免各项职责,做好代表工作,加强自身建设,全面提高人大工作水平,为开创新时代美丽晋城高质量转型发展新局面提供坚强法治保障。重点做好以下四方面工作。

一、强化监督职能,以更大的勇气、更实的举措,推进市委决策部署贯彻落实

充分发挥人大监督的独特作用,按照围绕中心、服务大局、突出重点、讲求实效的工作原则,坚持严格依法、程序严谨、监督有力、压实责任的工作要求,推动市委提出的各项目标任务如期实现。全年安排听取审议"一府两院"18项工作报告,开展2次专题询问,组织1次执法检查。

致力于全面建成小康社会,对脱贫攻坚工作开展情况进行审议监督，扎实推进乡村振兴战略。组织开展《中华人民共和国残疾人保障法》和《山西省残疾人保障条例》执法检查，织牢民生兜底保障网。

致力于美丽晋城建设，听取审议市政府关于环境状况和环境保护目标完成情况的报告、关于河长制工作落实情况的报告，重点围绕环境保护依法履职及重点工作任务落实情况开展专题询问，促进我市生态文明建设水平不断提升。

致力于高质量转型发展，听取审议市政府关于全市重大改革和重点工程项目建设情况的报告，对先行先试、重大改革清单内的事项以及重点工程项目有针对性地开展专题询问，对文化旅游产业发展和安全生产法实施持续跟踪监督。重点围绕对外开放、国资国企改革、民营经济二次创业开展3次专题调研，形成调研报告，提供决策参考。

致力于人民群众对美好生活的向往，听取审议“一府两院”关于代表建议办理情况的报告、关于中心城市教育资源配置情况的报告，听取审议市检察院关于公益诉讼工作开展情况的报告，促进群众关心关注的热点问题得到解决。

致力于提高经济运行质量，听取审议市政府关于“十三五”规划实施情况的中期评估报告和发改、财政、审计部门相关报告，人大预算审查监督重点向支出预算和政策拓展，加强对支出绩效和政策目标落实情况的监督，保障“一张蓝图绘到底”。

常委会将不断提高监督质量，充分发挥监督作用。围绕听取和审议专项工作报告，开展满意度测评。针对落实不力、重大失误、重大浪费、责任事故等情况，适时启用质询、特定问题调查、撤职案的审议和决定等法定监督手段，着力维护市委决策部署的权威性、严肃性。通过问责问效、评议评价，力促解决有法不依、执法不严和不作为、乱作为、慢作为、假作为等庸政懒政问题，让“干事有激情、做事高标准、遇事敢负责、处事有韧劲”在全市蔚然成风。

二、强化法治保障，以科学的态度、创新的精神，推进治理体系和治理能力现代化

*加强地方立法工作。*坚持立法原则，注重立法质量，强化立法组织协调，发挥立法主导作用，以良法促进发展、保障善治。今年将研究制定两部实体法。出台《晋城市文明行为促进条例》，将社会主义核心价值观融入法治建设，进一步规范市民行为，提升文明程度，塑造城市形象。出台《晋城市太行古堡群保护利用条例》，依法保护我市特有的历史文化瑰宝，进一步打造太行旅游名城，突出全域旅游特色，留住传统风貌，留下乡愁记忆，给世人呈现不一样的晋城。

*深入推进民主法治领域改革。*听取市政府关于法治政府建设情况的报告，听取法检“两院”关于司法改革工作情况的报告，学习贯彻监察法，支持进一步深化监察体制改革，保障公权力在法治轨道上有序运行、改革在法治框架内加快推进，为深化“放管服效”改革、打造“六最”营商环境提供法治支撑。组织开展“纪念改革开放40周年民主与法治十大业绩”评选活动，展示我市民主法治建设取得的成就。

*多渠道开展普法宣传。*将宪法宣传放在普法工作突出位置，大力弘扬宪法精神，切实增强宪法意识。把审议监督作为促进普法工作的重要手段，听取审议市政府关于“七五”普法决议落实情况的报告，推动社会主义法治理念深入人心。召开全市人大法治工作会议，建立完善监督司法工作联席会议制度，不断探索法治晋城建设的新思路和新途径。

三、强化责任担当，以法定的程序、民主的方式，推进市委主张成为全市人民的共同行动

进一步完善行使重大事项决定权的议事制度、报告制度、反馈制度和跟踪监督制度，探索形成重大决策报告、重大事项决议、后续巩固扩大等工作流程，不断提升决策的科学化、民主化、法治化水平。根据我市开发区发展实际情况，作出关于加快开发区建设的决议，推动深化开发区改革创新，带动转型综改先行先试。

坚持党管干部和人大依法任免的有机结合，完善机制，规范程序，依法任免国家机关工作人员。全面落实宪法宣誓制度，树立宪法权威，强化任期监督，不断提高被任命人员的宪法意识和法治素养，增强被任命人员的责任感和使命感。

把坚持党的领导、充分发扬民主、严格依法办事的原则贯彻到决定、任免工作全过程，通过规范有序的决定工作、任免工作，使党的主张成为全民共同行动，使市委推荐的人选得到及时任命，为晋城发展聚合力，为全市干部提士气，为推动落实鼓干劲，为实现全市政治生态持久的风清气正、经济发展持久的强劲态势凝聚共识、提供保障。

四、强化主体地位，以完善的服务、完备的机制，推进代表工作与时俱进

建好“一个平台、两项制度、三大机制”，实现代表工作规范完善提高。依托“代表小组活动室”这个履职平台，在“六有”基础上巩固提升，使之真正成为代表活动的阵地、群众参与的载体、政策宣传的渠道。完善“代表接待选民日”和“代表向选民述职”两项工作制度，进一步密切代表与人民群众的联系，促进代表自觉接受人民监督，使代表履职既有作为，也有边界。完善“履职量化管理”“代表建议督办”和“代表小组活动”三项机制，代表履职平台移动端APP要投入运行，代表建议办理落实率和满意率要实现“双提高”，代表小组活动要更加注重实效，专业代表小组作用要充分发挥。

各位代表，人大代表来自于人民，植根于人民，是党和国家机关密切联系人民群众的桥梁和纽带，肩负重托，使命光荣。市委绘就了新时代美丽晋城高质量转型发展的宏伟蓝图，实现美好愿景，需要人人尽责、众志成城，需要撸起袖子、真抓实干。市委有部署，人大有行动。作为人大代表，既要带头学习深刻领会，更要身体力行干在前头。为此，我们在全市各级人大代表中广泛开展“我是代表我带头”活动，每位代表都要做到：带头深入实际调查研究，带头建言献策提好建议，带头立足岗位建功立业。市县乡三级人大将联合行动，制定方案，抓好落实，年底对这项工作进行评比表彰，使代表履职积极性更加高涨，使人民群众的智慧力量充分迸发，使全市5218名各级人大代表成为“晋城的事大家想、大家说、大家干”的有生力量！

全面加强自身建设

新思想引领新航向，新时代开启新征程。目标已经明确，蓝图已经绘就，人大工作任务艰巨，责任重大。我们要主动适应新形势新任务新要求，聚焦政治过硬、本领高强，坚持内强素质、外树形象，持续加强常委会及其机关自身建设，切实使人大及其常委会成为全面担负起宪法法律赋予的各项职责的工作机关，成为同人民群众保持密切联系的代表机关。

一、进一步加强思想政治建设。人大常委会要把讲政治作为第一要求，把思想政治建设摆在首要位置。在习近平新时代中国特色社会主义思想的指引下，将人大工作置于“四个意识”的政治原则中去定向，置于“四个伟大”的宏观视野中去思考，置于“四个自信”的战略定力中去把握，坚定不移跟党走。要紧紧依靠市委领导，坚决维护市委总揽全局、协调各方的领导核心地位，凡是人大举行重大活动、决定重大事项、制定地方性法规等，都要事前向市委请示报告，听取市委指示和意见；凡属市委召开的重要会议，作出的重大决策，都要及时学习传达，抓好贯彻落实。要持续巩固“两学一做”学习教育成果，严格落实管党治党主体责任，扎实开展“不忘初心、牢记使命”主题教育，深入践行“红船精神”，加强理想信念教育，加强党组对意识形态工作的领导，用党的创新理论武装头脑、指导实践、推动工作，切实增强在新时代展现新作为的政治责任感和历史使命感。

二、进一步加强履职能力建设。秉持解放思想、锐意进取、遵循规律、完善提升的工作理念，使人大工作更加体现时代性、把握规律性、富于创造性。完成人大智库建设，体现高端定位、突出人大特色、引入各方人才、发挥“外脑”作用，建设人大工作的“思想库”和“智囊团”，为科学立法、科学决策、依法履职等方面提供智力支持，努力提高人大常委会工作水平。加强“智慧人大”建设，利用“晋城人大”网络平台，充分发挥“互联网+人大工作”作用，推进人大宣传、代表服务、预算监督、机关建设等各项工作智慧化、数字化，更好地促进人大及其常委会发挥职能，更好地支持保障专门委员会依法履职，更好地密切同人民群众联系、扩大公民有序政治参与。

三、进一步加强纪律作风建设。建立健全制度

政府工作报告(节选)

——2018年3月28日在晋城市第七届人民代表大会第四次会议上

晋城市人民政府市长　刘　锋

一、2017年工作回顾

一年来,我们以习近平新时代中国特色社会主义思想为指引,深入学习宣传贯彻党的十九大精神,认真落实省委、省政府和市委决策部署,坚定不移践行新发展理念,深入实施转型综改、创新驱动战略,全力做好稳增长、促改革、调结构、惠民生、防风险各项工作,较好地完成了市七届人大二次会议确定的目标任务。全年地区生产总值完成1151.5亿元,增长6.1%;规模以上工业增加值完成468.6亿元,增长5.5%;全社会固定资产投资(新口径)完成430.7亿元,增长6.3%;社会消费品零售总额完成415亿元,增长7.5%;外贸进出口总额完成46.8亿元,增长17.6%;一般公共预算收入首次突破百亿大关,完成101.4亿元,增长13.5%;城镇居民人均可支配收入完成30142元,增长6.8%;农村居民人均可支配收入完成12511元,增长7.5%。

(一)产业转型加快推进。编制完成《晋城市发展高端装备制造业总体思路》。兰花己内酰胺项目建成投产,晋煤华昱高硫煤洁净利用项目进入单体试车阶段,中船重工海装风电总装维护基地首台风机具备下线条件,南村绿色智能铸造创新产业园、清慧5000万件轨道交通材料等项目进展顺利。全市战略性新兴产业、非煤产业增加值占规上工业增加值比重分别达到11.3%和37.6%。服务业新业态、新模式不断涌现,占GDP比重达到41.9%。成立了市县两级旅游发展委员会,16家重点景区完成所有权和经营权分离改革,太行一号国家风景道陵川、阳城试验段开工建设,全市实现旅游总收入444.6亿元,增长24.7%,接待游客4848万人次,增长24.8%。成功举办首届现代农业交易博览会,农产品加工企业销售收入完成78.2亿元,增长7%。首家与省科技厅建立厅市工作会商制度,省级以上众创平台达到10家,省级创业基地达到17家。省、市重点工程累计完成投资288.5亿元,完成率103.2%。

(二)改革开放持续深化。认真贯彻落实国务院42号文件精神及省委、省政府决策部署,全面系统深化转型综改工作。扎实推进“三去一降一补”,全年共关闭5座煤矿,退出产能725万吨,化解钢铁过剩产能85万吨。率先在全省组建市级国有资本投资运营公司,完成47户市属国有企业的吸收合并和划转。晋城经济技术开发区“三化三制”改革基本完成,扩区方案已获省政府批复。高平经济技术开发区获省政府批准设立。编制完成中国(山西)自由贸易试验区(晋城片区)研究报告。积极申报国家级资源型地区转型发展金融改革创新试验区。扎实开展“1+9”专项行动,全力打造“六最”营商环境。全市域推进县乡医疗卫生机构一体化改革,六县(市、区)全部成立了医疗集团,国务院医改

机制,依据十三届全国人大一次会议作出的各项决议、通过的相关法律,做好人大常委会工作规程的修订完善,推动人大工作制度化、规范化、程序化。深入改进调查研究,力戒形式主义和官僚主义,多解剖麻雀少走马观花、多挽起裤腿少蜻蜓点水、多献计献策少指手画脚,真正做到知上情明方向、通下情显特色,使各项决议决定、审议意见更科学、更务实。持续加强机关建设,严格落实八项规定精神,带头执行党纪法规,扎实推进“三基”建设,对标“信念过硬、政治过硬、责任过硬、能力过硬、作风过硬”要求,强化学习、改进作风,建设“为民务实清廉”的人大机关,打造“忠诚干净担当”的人大队伍,弘扬“和谐尚法务实”的人大文化,不断提高人大工作效能和质量。

办和省委、省政府给予高度评价。泽州县国家级农村集体经营性建设用地入市试点工作受到国土资源部充分肯定。我市被确定为全省唯一的农林文旅康产业融合发展整市推进试点。全省采煤沉陷区治理现场推进会在我市召开。不动产统一登记、城市管理综合行政执法、投融资、财税体制等改革均取得重大进展。出台招商引资、招才引智“双十条”政策。晋城与郑州、晋城与焦作互通城际公交。成功举办第二届海峡两岸神农炎帝文化旅游招商系列活动、第四届山西(晋城)太行山文化旅游节和首届全域旅游嘉年华活动。

(三)城乡环境更加宜居。我市成为山西唯一被列入中原城市群核心发展区的城市,入选全国第二批城市设计试点城市,《美丽晋城战略规划》编制完成。高沁高速、207国道晋城过境段、文博路、书院街、太岳街建成通车,阳蟒高速进展顺利,陵沁路西北环改线、中原街改造及综合管廊建设等重大基础设施项目具备开工条件,太焦高铁加速施工,民航机场选址取得实质性进展。老城更新与保护前期工作扎实推进。以遏制增量和新建道路两侧全面“清零”为突破口,市区“双违”治理攻坚战已经打响。神农镇、巴公镇入选第二批全国特色小镇。认真落实中央、省环保督察反馈意见,一批突出的环境问题得到整改。深化大气污染防治,全市所有火电企业均实现超低排放,集中整治“散乱污”企业866家,淘汰取缔、对标改造和清洁替代燃煤锅炉2247台,实施居民清洁取暖改造11.26万户。四级河长制管理体系初步建立,《沁(丹)河流域生态修复与保护规划》通过省政府批复,沁河综合治理开工建设,丹河湿地入选国家级湿地公园试点,市区10条黑臭水体治理基本完成。扎实推进改善农村人居环境“四大工程”,创建了6个省级、20个市级美丽宜居示范村。完成国省营造林1.17万亩,义务植树300万株,环城生态圈绿化1.3万亩,太行洪谷晋升为国家级森林公园。进入2018-2020年创建周期全国文明城市提名前20名,取得历史最好成绩。

(四)民生事业全面进步。全市公共财政民生支出达146.5亿元,占一般公共预算支出的82%。九件民生实事全部落实。陵川、沁水两个贫困县脱贫摘帽通过初审,73个贫困村退出、3.15万贫困人口脱贫,贫困发生率由5.3%降至0.7%。全市城乡义务教育一体化改革启动实施,新(改)建幼儿园15所,凤城中学高中部、市中小学综合实践基地主体工程基本完工,陵川县通过国家义务教育发展基本均衡县认定,市旅游职业教育集团挂牌成立。新开工棚改安置房1853套,基本建成2045套,公租房累计分配8388套。城镇新增就业人数超额完成年度目标,城镇登记失业率控制在1.7%以内。城乡低保、特困人员供养、人均基本公共卫生服务经费等标准都有新提高。成功举办了晋城市第六届运动会。创作了《太行娘亲》《一代名相陈廷敬》等文艺精品。全力保障迎峰度冬能源供应,既保障了我市群众温暖过冬,又为全省做出了积极贡献。安全生产形势稳定向好,事故起数、死亡人数实现“双下降”。深化平安晋城建设,全年调处各类矛盾纠纷6332件,办理法律援助1129件,人民群众安全感和执法满意度调查实现全省“六连冠”。

(五)政府自身建设得到加强。严格落实政府系统全面从严治党主体责任,着力加强“三基建设”,深入推进党风廉政建设和反腐败斗争。坚持依法行政,“七五”普法深入开展,依法完成2274个村(居)委会换届选举工作,积极配合市人大常委会制定了我市首部实体法《晋城市公共交通条例》,严格执行市人大及其常委会的决议决定,主动接受人大法律监督和工作监督、政协民主监督,认真办理市人大代表建议378件、市政协委员提案367件。市县两级行政机构权力清单、责任清单公布运行。“放管服效”改革有力推进,启用首批涵盖17种相关证照的“多证合一”营业执照,在全省率先推行工商注册全程电子化改革,市政务服务中心正式启用,市级“两平台、一张网”建成运行,“13710”信息督办系统高效运转,成为抓落实、促发展的有力抓手。

此外,民族宗教、外事侨务、人防、地震、气象、档案、史志、治超、科普、妇女、儿童、老龄、关工委、残疾人、红十字、慈善救助、对口援疆、国防动员和双拥等各项工作都取得了新进展。

在肯定成绩的同时,我们也清醒地认识到,我市发展不平衡不充分问题还比较突出,仍面临诸多困难和挑战。主要表现为:"一煤独大"的产业结构没有根本性改观,经济增速回升主要还是依靠煤炭产业强势拉动,经济总量在中原经济区仍处于第三方阵靠后水平,且呈排位下滑趋势。好项目、大项目少,项目储备不足,非煤产业发展慢、比重小,传统产业优势弱化,新兴产业发展不足。市场化程度较低,体制机制改革滞后,国有企业改革创新能力亟待提高,民营经济活力不足,开放型经济水平不高。经济发展与日趋严格的能源消费管理及资源环境的矛盾更加突出,如何化解环保约束与经济增长的矛盾成为亟待解决的重大课题。基础设施不完善,民生社会事业欠账较多,安全生产基础不牢,社会治理面临一系列新挑战新要求。政府职能转变还不到位,"放管服效"改革亟待深化,有些改革举措和政策落实不力,一些干部工作作风不实、担当精神不够,形式主义、官僚主义不同程度存在。对此,我们一定本着对人民高度负责的态度,采取有力举措,切实加以解决。

二、2018年经济社会发展的主要任务

2018年是全面贯彻党的十九大精神的开局之年,是改革开放40周年,是决胜全面建成小康社会、实施"十三五"规划承上启下的关键一年。做好今年政府工作,责任重大,使命光荣。总体要求是,全面贯彻党的十九大及十九届一中、二中、三中全会精神,以习近平新时代中国特色社会主义思想为指导,认真落实全国、全省"两会"精神和市委七届四次全会暨经济工作会议精神,紧扣社会主要矛盾变化,按照高质量发展要求,统筹推进"五位一体"总体布局,协调推进"四个全面"战略布局,坚持稳中求进工作总基调,坚持新发展理念,坚持"供改"与"综改"相结合,围绕打赢防范化解重大风险、精准脱贫、污染防治三大攻坚战,围绕建设全省转型综改示范区的先行区、能源革命排头兵的领跑者、对外开放新高地的桥头堡三大目标,解放思想、凝聚共识、先行先试,奋力开创新时代美丽晋城高质量转型发展新局面。

按照总体要求,立足我市全面小康和转型发展阶段性特点,综合考虑速度、效益、结构、动能四个维度的同步协调、相互支撑,确定2018年全市经济社会发展的主要预期目标为:地区生产总值增长7%左右,规模以上工业增加值增长6%,全社会固定资产投资增长10%以上,社会消费品零售总额增长7.5%,一般公共预算收入增长7%以上,城镇居民人均可支配收入增长7%,农村居民人均可支配收入增长7%以上,居民消费价格涨幅控制在3%左右,城镇调查失业率、城镇登记失业率分别控制在6%和4.2%以内。各项约束性指标控制在省下达指标以内。

围绕上述目标要求,2018年突出抓好以下十项工作。

(一)深入推进产业转型升级

晋城有优质的无烟煤和煤层气资源,有悠久的冶铸历史和坚实的制造业基础,有面向中原大市场的独特区位优势,必须立足高质量发展要求,一手抓现有优势放大提升,一手抓新增长点孵化培育,加快新旧动能接续转换,努力构建多元支撑的现代产业体系。

深化能源革命。推进煤炭产能置换重组,提高先进产能占比,退出煤炭过剩产能240万吨,重点抓好里必、东大、玉溪等项目。推广"优煤易购"煤炭电子商务销售模式,推进晋城市无烟煤地理标志证明商标办理。巩固燃煤发电机组超低排放改造成果,因地制宜发展风能、太阳能等可再生能源,抓好泽州、陵川、沁水风电项目,进一步优化能源供给结构。加快煤层气开发利用,努力把我市建成抽采先进产能集中区、综合利用引领区、京津冀及中原城市群清洁能源供应区。

打造全省先进制造业基地。积极对接"互联网+"和"中国制造2025",以高端化、智能化、绿色化、服务化为方向,推动制造业优化升级。市财政设立1亿元工业发展专项资金。加快传统产业改造升级。实施现代煤化工升级示范工程,重点抓好晋煤华昱高硫煤洁净利用项目投产运行。推动冶炼铸造产业向园区集聚,重点抓好南村绿色智能铸造创新产业园、晋钢集团智能铸造科技产业园等项目。依托阳城陶瓷工业园区,加快发展中高档建筑陶瓷和日用陶瓷。依托绿洲大麻智能纺织生产线、吉利尔潞绸文化产业园等项目,带动丝麻纺织产业上档升级,让古老的潞绸品牌重放光彩。积极推动军民深度融合创新发展。着力培育壮大新兴产业。光机电行业,紧紧盯住富士康,努力推动其核心技术、核心产业向晋城布局,争取在工业机器人、手机结构件等方面对晋城园区增资扩股10亿元。装备制造行业,依托中船重工、晋煤、兰花等企业的技术和资金优势,着力提升煤机和煤层气装备制造水平,重点抓好中船重工新能源装备制造产业园、清慧轨道交通新型材料结构件等项目。新能源、新材料行业,围绕优势产品,壮大产业规模,着力培育动力电池、太阳能光伏组件、高性能空心玻璃微珠等新产品,重点抓好长征动力三元锂电池、海诺科技二期等项目。生物医药行业,重点抓好海斯制药智能化冻干粉针、兰花中药材深加工等项目。

加快发展现代服务业。立足区位优势,主动参与中原城市群物流业分工,统筹规划、科学布局物流园区,加快推进兰花国际物流园区二期、义乌国际商贸城、苗匠电子商务产业园等项目,建设区域性商贸物流中心。吸引各类金融机构来晋城设立分支机构,继续实施企业上市培育工程,用好红土基金、晋城产业转型升级发展基金等各类投资基金,引导金融机构将更多的金融资源配置到实体经济上。与阿里巴巴集团合作,构建全市统一的城市数据中心和政务云平台,加快发展大数据产业,抓好城区中电智云大数据计算中心和泽州华为云计算中心项目。大力发展健康养老、文化体育、居民服务等幸福产业。

各位代表,项目是产业转型的基础。今天的项目质量决定了明天的转型质量,今天的项目结构决定了明天的产业结构。我们要按照"转型项目建设年"的要求,以开发区为主战场,以招商引资为重要抓手,建立完善项目推进常态化工作机制,重点抓好总投资1330亿元的68项省市重点工程,带动各县(市、区)、各相关部门全力以赴引进项目、千方百计服务项目,为加快构建现代产业体系夯实基础。

(二)奋力打造太行旅游名城

晋城气候独特,拥有世界级的自然人文资源,是一块尚未充分开发的旅游宝地。随着交通体系和信息网络的不断完善,旅游成为新的支柱产业,可谓"呼之欲出"、势不可挡,必须积蓄力量、乘势而上,奋力打造太行旅游名城、中国新一线旅游城市。

坚持规划引领。聚焦"太行"板块,编制完成《晋城市全域旅游规划》。重点培育以王莽岭为代表的太行风光、以皇城相府为代表的古堡文化、以炎帝陵为代表的农耕文化三大旅游品牌,突出避暑康养特色,全力创建国家全域旅游示范区。积极申报王莽岭世界自然遗产和太行古堡群世界文化遗产。

完善基础设施。按照两年建成的目标,加快建设太行一号国家风景道,陵川试验段年内建成,阳城、泽州、沁水、高平都要确定试验路段,全力推进实施。加快建设主城区生态旅游观光绿道,将吴王山森林公园、白马寺山森林公园、司徒小镇、丹河湿地公园四大生态片区及周边分散景区、景点串联起来,形成复合型生态旅游观光带。着力解决主干道至各景区"最后一公里"问题。引进战略投资者,深化旅游体制机制改革,促进重点景区提质升级。注重工业旅游和工业遗产遗址旅游策划,支持引进华谊兄弟星剧场项目,加快建设太行印象文化创意园。鼓励企业和个人挖掘整理、创编研发我市非物质文化遗产产品以及富有地方特色的演艺节目和旅游商品。

强化宣传营销。按照国内新一线旅游城市、国际旅游目的地标准,设计城市旅游品牌,策划整体旅游形象。总结推广赴河南开展旅游营销的成功做法,进一步开拓河北、山东、湖北等周边市场。办好第三届海峡两岸神农炎帝文化旅游招商系列活动。举办"夏养晋城旅游养生体验季"等系列活动。创优旅游服务环境,全方位扩大晋城旅游影响力及关注度。

(三)扎实推进乡村振兴战略

实施乡村振兴战略是新时代"三农"工作的总抓手。晋城的农村小康和新农村建设曾经领先全省、享誉全国。在实施乡村振兴战略中,我们必须再拔头筹,谱写新时代美丽晋城乡村全面振兴新篇章。

培育乡村新产业。在保障粮食安全的基础上,着力提升畜牧、蚕桑、设施蔬菜、食用菌、干鲜果、小杂粮、中药材等特色农业发展的质量和水平,重点开发功能食品和药食同源产品,全年新增畜产品1万吨,新增桑园1000亩,改造和新发展设施蔬菜、食用菌设施各1000亩，实施果业提质增效1万亩，杂粮种植面积稳定在70万亩，新种植中药材2万亩。大力发展有机旱作农业，启动“一县两片”省级有机旱作农业示范区建设，创建6个市级有机旱作农业示范片。加大农产品品牌培育力度，推进“三品一标”认证，建设全省重要的有机绿色农产品供给区。支持有条件的乡村探索发展集循环农业、创意农业、农事体验于一体的“田园综合体”。抓好农林文旅康产业融合发展省级试点建设，探索完善功能农业、农旅一体、避暑康养三大模式，2018年重点抓好20个产业融合发展典型。

激发乡村新活力。把人力资本开发放在首要位置，加强乡村振兴人才队伍建设。加快培育新型农业经营主体，发展适度规模经营，扶持一批家庭农场、种养大户、农民合作社、社会化服务组织和龙头企业。进一步巩固和完善农村基本经营制度，全面完成农村承包地确权登记颁证工作，为落实第二轮土地承包到期后再延长30年的政策奠定基础。加快推进农村集体产权制度改革，力争年底前80%的村完成清产核资和农村集体经济组织成员身份确认。深化农村宅基地“三权分置”、供销社等改革。

塑造乡村新风貌。以农村垃圾、污水治理和村容村貌提升为主攻方向，扎实实施农村人居环境整治三年行动。推进“四好农村路”建设，新改建农村公路757公里。继续开展省市美丽宜居示范村联创活动，创建省级村6个、市级村20个。统筹城乡发展，持续推进巴公、北石店国家级新型城镇化试点及润城、巴公、神农国家级特色小镇试点建设，加强对司徒小镇等非建制镇特色小镇建设的规划和指导。坚持自治、法治、德治相结合，加强农村基层组织建设，推动乡村文化振兴，改善农民精神风貌，确保乡村社会安定有序、充满活力。

巩固脱贫攻坚成果。在陵川、沁水两个贫困县脱贫摘帽的基础上，精准施策、坚决完成剩余18个贫困村、近1万贫困人口的脱贫任务。建立健全稳定脱贫长效机制。开展扶贫领域腐败和作风问题专项治理。坚持将扶贫与扶志、扶智结合起来，用心用情用力做好脱贫攻坚各项工作。

实施乡村振兴战略，必须充分尊重广大农民意愿，科学把握各地差异和特点，精准施策、分类推进，不搞一刀切，不搞统一模式，坚决杜绝形象工程。

（四）努力壮大民营经济

晋城的发展，民营经济功不可没。民营经济活则晋城活，民营经济转则晋城转，民营经济强则晋城强。我们要像支持国有企业一样理直气壮支持民营企业发展，要像服务招商引资项目一样倾心服务本土企业，再创民营经济新辉煌。

营造民营经济发展的良好环境。梳理完善、全面落实我市近年来出台的支持非公有制经济发展的政策举措，坚决破除各种隐性障碍。构建亲清新型政商关系，健全企业家参与涉企政策制定机制。设立中小企业服务中心和民营企业投诉中心，加强对行业协会商会的服务和管理，建立政府与企业家双向沟通机制，及时帮助企业破解各种难题。完善产权保护措施，支持司法机关甄别纠正社会反映强烈的产权纠纷案件。对阻碍民营经济发展的人和事，依法依纪严肃查处。支持各县（市、区）立足优势，突出特色，差异化发展主导产业，切实提高县域经济发展水平。

推进“236”行动和“小升规”计划。重点抓好2个旗舰企业、30个行业标杆企业和60个潜力型企业。通过3-5年努力，使旗舰企业销售收入达到100-150亿元，行业标杆企业达到5-10亿元，潜力型企业达到2-5亿元，民营经济增加值占GDP比重达到50%以上。今年重点抓好一批民营企业转型实体项目。按照“个转企、小升规、规改股、股上市”路径，选择一批具有发展潜力的小微企业，建立“小升规”企业培育库，对年营业收入1000-2000万元的重点企业开展动态监测、分类指导和精准帮扶。今年重点培育“小升规”企业15户，规模以上工业企业净增10户以上。同时，切实抓好一批服务业“小上限”企业。

精心培育优秀民营企业家。激发和保护企业家精神，充分发挥优秀企业家在转型发展中的示范带动作用。建立完善企业家培训体系，支持各县（市、区）与省内外知名高校、培训机构联合开设培训班,对企业家进行针对性、特色化培训。

(五)大力实施创新驱动战略

晋城作为中部内陆小市,创新资源先天不足,必须用非常之力,下恒久之功,大力实施创新驱动战略,努力营造“鼓励创新、宽容失败”的浓厚氛围,把晋城建成创新之城、活力之城。

实施科技创新工程。强化企业技术创新主体地位,引导企业加大研发投入,支持规上工业企业设立研发机构。鼓励企业与省内外高校和科研院所合作,围绕我市支柱产业和新兴产业,着力实施一批重点科技创新项目,促进产学研深度融合。加快市科技研发基地建设,建成富士康纳米光机电研发中心,稳步推进国家级光机电制造业创新中心建设。依托重点企业加快建设一批院士、博士工作站。完善科技成果转化和知识产权交易平台,设立科技成果转化引导基金,让科技成果更多地转化为现实生产力。

建设创新创业基地。坚持创新、创业、创投、创客“四创联动”,加强专业化众创空间、创客服务平台和科技企业孵化器建设。对成长型小微企业包容审慎监管。重点支持清控(晋城)打造国家级创新创业基地,抓好高平省级双创示范基地建设,推动开发区申报省级双创示范基地。

引进培养各类创新人才。认真落实招商引资、招才引智优惠政策,充分发挥晋城在外商会作用,启动实施“学子归巢”计划,吸引各类人才特别是晋城籍在外成功人士和“双一流”学校学科的毕业生回乡创业。全力支持太原科技大学晋城校区建好优势专业、新增急需专业,健全与我市经济发展密切相关的学科体系。积极推进职业教育资源整合、产教融合,探索建立职教园区。大力弘扬“工匠精神”,充分挖掘本土人才潜力,塑造一批支撑发展的实用型、技能型、创新型人才。加大人才安居保障力度,市政府投资建设44套、近6000平方米的高端人才公寓,并通过周转房、公租房、货币补贴等多种形式解决人才住房问题。同时,加大创新创业、科技研发、成果转化等方面的支持力度,确保各类人才引得进、留得住、用得好。

(六)加快建设宜居幸福城市

晋城是一座年轻的城市,也是一座具有深厚文化底蕴的千年古城。提升城市品质既是老百姓的殷切期盼,更是政府义不容辞的责任。我们要坚持以人为核心,不断营造宜居环境,提升幸福指数,进一步增强晋城在山西和中原城市群的影响力。

抓好顶层设计。按照“拓展、改造、提质、传承”的要求,高起点修编城市总体规划,扎实开展全国城市设计试点工作,加快推进“多规合一”,切实发挥规划的引领和管控作用。启动行政区划调整工作,着力解决制约我市长远发展的“一市一区”问题。

启动老城更新与保护。坚持“延续文脉不乱拆滥建,尊重规律不复古重建,严格管控不放任自流,稳中求进不急于求成”的原则,在保护城市肌理、传承历史文脉的基础上,对两平方公里老城内的基础设施进行更新改造、居住环境实施综合整治,到2020年,基本解决老城交通拥堵、河道阻塞、设施老化等突出问题,全面改善老城环境,让老城居民生活得更加方便、舒心,更好地分享改革发展成果。今年,在完成规划编制的基础上,重点实施南大街立面改造工程,恢复历史建筑风貌;完成新市西街、南大街地下管网及路面改造;启动景德桥、景忠桥两大片区棚户区改造及东河、西河沿线治理工程;加快推进东西大街改造前期工作;全力做好改造范围内的房屋征收补偿工作。

加快金村新区建设。坚持高起点规划、高标准建设、高水平推进,结合高铁、机场及文教园区建设,拓展城市发展空间,着力打造全面体现新发展理念,集教育科研、生态绿屏、交通枢纽、旅游集散、区级行政中心等功能为一体的低碳智慧城、生态宜居城、科技创新城。今年,在完善规划修编及城市设计的基础上,加快金村大道南延、北延等骨干路网建设,推进丹河龙门湿地公园二期、三期和高铁站前可视山体绿化工程,做好晋城东站、站前广场、站前公园以及高铁站与市区快速连接通道的设计、征地等前期工作。

实施“三通”工程。重点抓好总投资72.16亿元的25项工程。通道工程,主要解决中心城市区域交通瓶颈问题,重点建设陵沁路西北环改线、中原街改造及综合管廊建设、畅安路北延、白水街西延等项目。通畅工程，主要解决城市断头路和街路互通问题，重点建设景西南路南延、黄华街南延、207国道改线互通工程、高速东口改造等项目。通顺工程，主要通过对既有城市道路修补更新，方便群众出行。

提升城市管理服务水平。持之以恒推进全国文明城市创建。做好国家卫生城市复审迎检工作，力争两年内实现国家卫生县城全覆盖。有计划、有步骤地推进“城市双修”工作。加快建设智慧城市，实现城市管理的信息化和智能化。深入开展市区“双违”整治和“三洗”“六见”专项行动。“双违”整治，保证市区违法占地、违法建设“零增长”，新建道路两侧全面“清零”。“三洗”“六见”，即通过开展洗地、洗树、洗墙三项行动，实施开门见绿、游园见景、空地见翠、道路见树、逢山见林、河清见底六大工程，进一步净化、绿化、美化市区环境。设立流动红旗，在市区各机关、企事业单位、镇(街道)、村(社区)开展竞赛评比，推动“双违”整治和“三洗”“六见”专项行动取得实实在在的效果。同时，着力解决好市区“停车难”“买菜难”等突出问题。

(七)持续深化重点领域改革

我市重点领域新一轮改革刚刚起步、尚未破题，迫切需要我们既敢于担当，又本领高强。“允许改革有失误，但不允许不改革”。要坚持问题导向，聚焦关键环节，既敢于出招又善于接招，努力跻身全省改革第一方阵。

深化开发区改革创新。对标转型综改示范区，加快晋城经济技术开发区“一区三园”整合扩区进度，深化“三化三制”改革，加大基础设施、标准厂房建设和招商引资力度，加快建设台商投资产业园，积极谋划中外合作(国际)产业园。推动高平开发区全面落实改革方案，推动阳城、沁水省级开发区和陵川省级生态文化旅游开发区尽快获批。坚持“一次规划、滚动开发”，有序推进各开发区土地转用和征收审批，做好“九通一平”，确保入区项目“熟地”供应。2018年，晋城经济技术开发区完成土地收储3000亩。优先在开发区布局产业转型项目，工业项目一律进园入区。

深化国企国资改革。推动晋城市国有资本投资运营公司规范运作，重点抓好优化资本布局、分类改革、专业化整合重组等工作，出资企业由42户减少到30户以下。积极开展混合所有制改革试点。推动兰花集团聚焦主业、瘦身健体，提升融资能力，加快产业转型。推动天泽集团优化股权结构，全面启动上市工作。积极稳妥地推动“僵尸”企业市场出清。加快解决国有企业办社会等历史遗留问题，全面完成国企职工家属区“三供一业”分离移交。支持省、市、县三级国有企业联动发展，鼓励同行业优化重组和上下游联营。

深化“放管服效”改革。深入开展“六最”营商环境建设年活动。全市域推开企业投资项目承诺制改革试点。在开发区推行“证照分离”改革试点。大力推进综合执法机构机制改革，着力解决执法不规范、不到位等问题。清理群众和企业办事的各类证明，没有法律法规依据的一律取消。抓好高平市相对集中行政许可改革省级试点，及时总结经验，借鉴外地做法，在市县两级全面推开。

积极争取并全力抓好改革试点试验。深入贯彻国务院42号文件精神，认真落实市委确定的重点改革任务，先行先试、以改促转。积极争创国家级资源型经济转型发展金融改革创新试验区。全力争取国家和省里对煤层气资源税改革的支持。总结泽州县国家级农村集体经营性建设用地入市试点经验，争取在各县(市、区)尽快推开。

(八)着力扩大对外开放

晋城地处山西一隅，最大的不足是开放的不足。但站在中原经济区及更大的范围来看，却具有对外开放的独特优势和巨大潜力。我们必须以全新的视野拓展开放空间，加强区域合作，全力建设我省内陆地区对外开放新高地的桥头堡。

积极融入国家战略。发挥中原城市群核心发展区城市的比较优势，以晋郑、晋焦城际公交开通为起点，切实加强与中原城市群其他城市间在交通、产业、人才交流、科教文化等方面的深度合作。积极对接京津冀、长三角、珠三角、港澳台和“一带一路”国家重点战略区域，找准结合点，有针对性地开展交流合作，为转型发展开拓更加广阔的空间。

全力构建开放通道。加强晋城中长期综合交通体系前期研究谋划。加快太焦高铁晋城段建设，做好呼（和浩特）南（宁）高铁豫西通道对接工作。有序推进晋城机场前期工作，开工建设阳城通用机场。加快阳蟒高速建设。启动晋城—阳城高速公路八车道拓宽改造工程。积极推动跨市的陵川—长治一级公路，阳城—运城、沁水—安泽高速公路前期工作。加快推进陵川王莽岭—新乡、阳城蟒河—济源出省口高速公路建设。抓好阳济线交通部重载交通示范项目。

着力打造开放平台。继续做好中国（山西）自贸试验区晋城片区的申报设立工作。促进兰花保税物流中心与郑州铁路局、晋城北站深度合作，加快晋城铁路口岸建设。谋划晋城航空口岸建设。推动建立晋城至天津港物流专线。

加大招商引资力度。坚持引资与引智引技并重，研究完善我市招商引资引智优惠政策。按照“系统定向精准”的要求，制作“招商地图”，依托富士康、中船重工、晋煤等重点企业，以企招商、以商招商、以产业链招商，千方百计引进一批大项目、好项目。

（九）精心擦亮晋城生态品牌

生态是晋城的优势、晋城的品牌，也是晋城永续发展的巨大财富。我们要牢固树立“绿水青山就是金山银山”的理念，坚持保护与利用并重，切实把环境污染治理好，把绿水青山呵护好，把能源资源利用好，为人民群众创造良好的生产生活环境。

从严治理环境污染。巩固扩大中央、省环保督察反馈问题整改成效，坚决打好大气、水、土壤污染防治攻坚战。突出抓好大气污染防治。按照环保部对京津冀大气污染传输通道“2+26”城市要求，充分利用高科技手段对污染排放精准监测、溯源，对雾霾成因深度解析研究，科学制定雾霾治理方案。狠抓“控煤”“治污”“管车”“降尘”4个关键环节，深入开展大气污染综合治理，精准实施重点行业错峰生产、错峰运输和重污染天气应急减排措施，推动环境空气质量持续改善。深化水污染防治，坚持“五水同治”，全面落实“河长制”，探索实施“河警长制”，加快污水处理和人工湿地重点项目建设，严格落实畜禽养殖禁养区管理要求，强化沁（丹）河流域生态修复与保护，启动张峰水库饮用水源保护区划分及隔离防护工程，全面消除市区黑臭水体。加强土壤污染防治，开展土壤污染状况详查，实施农用地土壤环境分类管理，建立污染地块动态清单和联动监管机制。

持续改善生态环境。大力推进国土绿化，全市完成营造林工程2.32万亩，中幼林抚育2.8万亩。加快环城生态圈建设和环城破损山体修复，重点抓好环市区8个森林公园（湿地公园）以及重点道路、河流沿线的绿化工程。以建设“家门口的公园”为重点，新建文昌游园、春晓游园、文博路游园、太岳街游园4个城市小游园，切实抓好新建城市道路绿化美化，持续开展“微绿化”升级行动。做好国家森林城市复审迎检工作。

推动绿色低碳发展。持续推进国家级低碳试点市和循环经济示范市建设，引申“六个一”低碳示范工程。实施能源消费总量和强度双控行动，加强节能重点工程建设，推进工业固废减量化、资源化、无害化。建立完善生态文明体制机制。

（十）倾力抓好民生社会事业

人民对美好生活的向往是我们始终不渝的奋斗目标。我们要牢固树立以人民为中心的发展思想，抓住人民群众最关心最直接最现实的利益问题，既尽力而为，又量力而行，不因事难而推诿，不因善小而不为，一件接着一件办，一年接着一年干，切实增强全市人民的获得感、幸福感、安全感！

大力推动教育提质。编制《晋城教育现代化2035》。推进县域内城乡义务教育一体化改革发展，实施学前教育、特殊教育、高中教育优质提升计划，努力实现教育资源均衡配置。推进职业教育产教融合和学徒制试点。试行民办学校规范分类管理。着力解决“入园贵”、“择校热”、中小学生课外负担重等问题。加强师资队伍和师德师风建设。加快推进东南新区学校建设，确保凤城中学高中部、市中小学综合实践基地、晋城中专装备制造实训楼按时投入使用。

加快建设健康晋城。深化县乡医疗卫生机构一体化改革，推动县级医疗集团规范运行，深入推进分级诊疗、家庭医生签约服务和医联体建设，推动优质医疗资源下沉。健全完善公立医院现代管理运行新机制。提高基本医保和大病保险保障水平。加强疾病预防控制和食品药品监管工作。广泛开展全民健身运动。加快推进市人民医院易址新建。

积极促进就业创业。全面提高国家级创业型城市建设水平。鼓励职业院校和企业深化校企合作，充分实现毕业入企和进校提升的双向融合。统筹做好高校毕业生、农村转移劳动力、城镇失业人员、4050人员、退役军人等重点群体的就业工作。努力提高城乡居民收入水平。

强化民生兜底保障。实施全民参保计划，继续提高退休人员基本养老金和城乡居民基础养老金，健全被征地农民基本养老保险制度，推进失业、工伤、生育保险覆盖规定职业人群。合理调整社会最低工资标准。逐步提高城乡低保、社会救助、抚恤优待等标准。积极应对人口老龄化，大力提高养老服务水平。做好军烈属优抚、防灾减灾救灾工作。加强残疾人康复服务。支持公益慈善事业发展。

提升住房保障水平。认真落实新三年棚改攻坚计划，新开工建设各类棚户区住房6764套，其中城区4673套。加大房地产用地供应管控，建立健全房地产市场平稳健康发展的长效机制。推进住房制度改革，加快发展住房租赁市场。扩大住房公积金制度覆盖面，更好满足群众购房需求。抓好房地产市场监测，大力整顿规范房地产市场秩序。

完善公共文化服务体系。培育和践行社会主义核心价值观，深入实施公民道德建设工程。大力推进文化惠民，继续开展文化科技卫生“三下乡”、农村公益电影放映等活动。完善公共文化基础设施，加大政府购买公共文化服务力度，丰富群众文化生活。加强文艺创作，推出一批精品佳作。加强非物质文化遗产保护传承。大力实施文明守望工程和乡村文化记忆工程。积极创建国家公共文化服务体系示范区。

深入推进“厕所革命”。制定“厕所革命”行动计划。主城区要在国家卫生城市复审之前全部无条件取缔或改造公共旱厕，各县城公共旱厕两年内“清零”，旅游景区年底消灭旱厕，因地制宜推进农村无害化卫生厕所建设和改造。

防范化解重大风险。以“四铁”要求狠抓安全生产，坚决遏制重特大事故。优化政府债务管理，积极防范和化解企业债务违约风险，依法严厉打击各类金融犯罪和非法集资活动。加强和创新社会治理，扎实推进扫黑除恶专项斗争，健全社会治安防控体系，完善多元化纠纷解决机制，提升平安晋城建设水平。

此外，还要切实做好民族宗教、外事侨务、人防、地震、气象、档案、史志、治超、科普、妇女、儿童、老龄、关工委、残疾人、红十字、慈善救助、对口援疆、国防动员和双拥等工作，为我市改革发展凝聚强大合力。

在做好以上工作的同时，今年市政府还要为民办好10件实事：一是实施2400余名残疾预防重点干预和残疾儿童抢救性康复项目；二是为全市城乡怀孕妇女提供免费产前筛查和诊断服务；三是新建60个农村老年人日间照料中心；四是免费送戏下乡700场；五是实施全民技能提升工程，培训农村进城务工人员32000余人、城镇失业人员7200余人；六是为1000例贫困白内障患者免费进行复明手术；七是实现农村寄宿制学校后勤保障全覆盖；八是在大型农产品批发市场、农贸市场和超市建立10个“食品安全快速检测室”；九是解决全市具备通车条件但尚未通车的579个建制村老百姓的出行问题；十是培育新型职业农民1000人。

三、全面加强政府自身建设

当今时代，地区之间的竞争不仅是基础设施等硬实力的竞争，更是营商环境等软实力的竞争，核心是政府服务能力的竞争。我们要转变思想观念，全力建设人民满意的服务型政府，以软实力的优势带动硬实力的提升。

加强政治建设。树牢“四个意识”，增强“四个自信”，自觉用习近平新时代中国特色社会主义思想武装头脑、指导实践、推动工作，始终在思想上政治上行动上同以习近平同志为核心的党中央保持高度一致。严格落实全面从严治党主体责任，切实加强政府系统党的建设，深入推进“两学一做”学习

中国人民政治协商会议第七届晋城市委员会常务委员会工作报告(节选)

——2018年3月27日在政协第七届晋城市委员会第三次会议上

晋城市政协主席　常国荣

2017年工作回顾

过去的一年,在中共晋城市委的坚强领导下,市政协及其常委会坚持以习近平新时代中国特色社会主义思想为指导,深入学习贯彻中共十九大精神,牢牢把握团结民主两大主题,紧紧围绕全市工作大局,认真履行职能,主动担当作为,为我市改革发展稳定做出了积极贡献。

一、坚持党的领导,强化政治引领,在维护核心中凝聚共识

坚持党的领导是人民政协事业发展进步的根本保证。常委会始终把好“方向舵”,毫不动摇地坚持中国共产党的领导,为中心工作构筑最大同心圆、汇聚最强正能量。

教育常态化制度化,扎实开展“不忘初心、牢记使命”主题教育,持续加强“三基”建设,以党建引领改革发展各项工作。

*严格依法行政。*严格遵守宪法法律,严格执行人大及其常委会的决议决定,认真办理人大代表建议、政协提案,主动接受人大和政协的监督。积极开展政府立法工作,并适时向市人大及其常委会提出地方立法建议。做好规范性文件备案审查工作。坚持依法决策,完善重大行政决策公众参与、专家论证、合法性审查及实施后评估等制度。强化行政执法监督,做好行政复议和行政应诉工作。加强审计监督,在各级政府及其工作部门全面推行内审制度。加强智库建设。发挥好政府法律顾问作用。在政府部门推行“两公开一评议”工作,即政务公开、财务公开,接受人大和社会评议,干得好不好要看实际效果、要让群众来评判。

*加快转变职能。*按照国家和省统一部署,有序推进政府机构和事业单位改革,确保改革过程中思想不乱、队伍不散、工作不断、干劲不减。全面推行“双随机、一公开”监管。完善市县两级“两平台、一张网”,全面推行“两集中两到位”“一颗印章管审批”,加快推进“最多跑一次”改革,让数据“多跑路”,群众和企业少跑腿,实现“在晋城办事不找关系”。把为项目建设营造良好环境作为转变政府职能的重要抓手,严厉整治干扰阻挠重点工程建设的行为,对普通群众耐心教育开导,对党员干部坚持挺纪在前,对带有黑社会性质的组织依法严厉打击。

*勇于担当任事。*牢固树立“为人民干事是天职、不干是失职”的理念,大干快干、苦干实干,在推动转型发展中干出实打实的新业绩,干出群众的好口碑。加强对政府工作人员的教育培训,增强“八项本领”,做到“五个过硬”。全面深化、拓展、延伸“13710”信息化督办制度,对懒政怠政者严肃问责,重点整治表态多调门高、行动少落实差等形式主义、官僚主义新表现,破除“中梗阻”,增强执行力。认真落实省委、市委激励干部担当作为干事创业办法、支持干部改革创新容错办法,旗帜鲜明给积极干事者撑腰鼓劲,努力营造“晋城的事大家想、大家说、大家干”的浓厚氛围。

*恪守廉政底线。*市政府一班人要发挥“头雁效应”,以身作则、以上率下,坚决纠正“四风”突出问题,严格执行中央八项规定实施细则及省、市实施办法。坚持用制度管权管事管人,加强对重点领域、关键环节、重要岗位权力运行的监督制约,着力构建廉政风险防控长效机制。规范财政收支管理,严控“三公”经费,真正把有限的财政资金花在群众的心坎上,花在为晋城打基础、利长远上。

强化理论武装，旗帜鲜明讲政治。始终坚持把思想政治建设放在首位，组织引导委员深入学习贯彻中共十八大和十八届历次全会精神，增强“四个意识”，坚定“四个自信”，自觉把维护以习近平同志为核心的中共中央权威和集中统一领导作为最高政治原则和根本政治规矩，坚决在政治立场、政治方向、政治原则、政治道路上同以习近平同志为核心的中共中央保持高度一致。中共十九大召开后，我们立即召开政协党组会议、常委会议、主席会议、委员界别活动小组会议和机关干部大会，把学习贯彻习近平新时代中国特色社会主义思想和中共十九大精神作为首要政治任务，坚持全面系统学、联系实际学、带着问题学，着力在学懂弄通做实上下功夫，引导委员把思想认识统一到中共十九大精神上来，把学习成效体现到维护核心见诸行动上来，切实做到入脑入心，确保政协事业正确政治方向。

压实主体责任，全面贯彻市委决策部署。充分发挥市政协党组在政协工作中把方向、管大局、保落实的重要作用，认真履行全面从严治党主体责任，坚持重大事项向市委请示报告，切实把市委的决策部署贯彻落实到政协工作的各方面和全过程。充分发挥中共党员委员的先锋模范和示范带头作用，着力强化政协队伍坚守信念、遵纪守法、服务大局、履职为民的责任感和使命感，为全市经济持续向好、改革深入推进、社会和谐稳定、政治风清气正献智出力。

把握性质定位，汇聚团结奋进力量。充分发挥人民政协作为协商民主重要渠道和专门协商机构的作用，把贯彻落实习近平总书记视察山西重要讲话精神与政协履行职能紧密结合，把贯彻落实市委各项决策部署与发挥委员主体作用紧密结合，努力使各项履职活动契合中心任务、符合决策需要、体现人民心声，充分彰显政协在服务改革发展稳定中的独特价值，进一步激发广大政协委员和各族各界人士携手新时代、践行新思想、贯彻新部署、致力新发展、开启新征程的使命情怀。

二、围绕中心履职，助推转型发展，在服务大局中献计出力

始终坚持贯彻落实新发展理念，紧紧围绕全市中心工作，精心选择议题，深入调查研究，广泛协商议政，为推动我市改革发展广纳群言、广集群智。

紧扣经济转型升级献良策。传统产业改造升级对我市经济转型至关重要。常委会聚焦传统产业改造升级，组织委员对我市煤炭、冶铸、化工、电力、建材、丝麻等传统产业进行深入调研，积极探索资源型地区转型发展路径，从七个方面提出意见建议26条，经市政协常委会议协商讨论，形成《关于推进我市传统产业改造升级的若干建议》，为全市加快转型发展贡献力量。

聚焦现代农业发展谋实招。解决好“三农”问题是习近平总书记视察山西时提出的重大任务。市政协紧密结合我市“三农”工作实际，按照中央一号文件精神和市委市政府部署要求，就推进我市农业供给侧结构性改革、发展现代农业、促进农业提质增效开展专题调研，进行协商议政，并就完善基础设施建设、优化产业结构、创出特色品牌、农业技术推广、拓展新产业新业态、农业服务体系建设等提出一系列对策建议。市委市政府主要领导对建议案作出重要批示，为深化我市农业供给侧结构性改革提供决策参考。

助推司法体制改革建真言。深化司法体制改革是全面深化改革的重要内容。市政协对此密切关注，组织委员重点围绕司法人员分类管理、司法职业保障、司法责任制与人财物省级统管四项改革内容开展协商议政，并就司法队伍建设、司法权力运行机制、改革配套措施、信息化建设等提出针对性意见建议20条。同时，通过调研、视察、座谈等多种形式，积极引导委员做司法体制改革的推动者和促进者，助力我市司法体制改革扎实推进。

围绕增加城乡居民收入找对策。按照市委全面落实全省万名干部大调研活动的安排部署，组成以主席班子成员为组长的6个专题调研组，就提升我市城乡居民收入水平和提升人民群众的获得感、幸福感、安全感进行了全面调研，广泛征求意见，科学分析研究，从深化改革、完善政策、制定措施等层面提出具体的意见建议，为推动我市惠民举措落实、居民收入增长献计献策。

三、关注民生福祉，推进共享发展，在履职为民中促进和谐

坚持以人民为中心的发展思想，把履职为民贯穿一切工作之中，为促进社会和谐稳定、增进人民群众福祉贡献力量。

关注脱贫攻坚，倾力民生改善。坚决贯彻市委市政府脱贫攻坚各项决策部署，积极参加全省政协三级联动，深入开展监督性调研，实地了解政策落实情况，经协商讨论形成专项调研报告，用实际行动助推脱贫攻坚；市政协主席班子成员多次带队深入所包村庄，制定帮扶计划，落实脱贫措施，帮助解决了人畜饮水、文化设施、产业扶贫等一系列具体问题；政协委员积极行动，踊跃参与产业帮扶、科技下乡、送医送药、济困助学，为我市同步实现全面小康捐资出力。

关注城市发展，助力文明创建。积极响应市委推进文明城市创建工作的号召，充分发挥人民政协独特优势，组织动员广大政协委员和各族各界人士积极投身到各项创建工作之中。主席会议专题研究全国文明城市创建的监督工作，组织委员深入社区、学校、农贸市场等一线“关键节点”，坚持问题导向，聚焦重点难点漏点，着眼补缺补短补软，并就调研中发现的突出问题与相关部门、辖区政府开展深入讨论交流，针对性提出改进工作的意见建议，积极推动“全民创建”的理念从思想共识转向行动自觉，为创建文明城市贡献政协力量。

关注群众诉求，全力反映民意。组织市政协委员围绕低保线和贫困线“两线合一”、创新养老模式、完善全面两孩政策、推进城乡义务教育一体化改革、加强食品药品安全监管、全面推开公立医院改革等开展监督调研，助力我市民生领域改革事项落地见效；围绕教育、医疗、就业、养老、公共服务保障、城乡环境整治等问题，引导委员深入了解实情，客观反映民意，理性务实建言。注重发挥社情民意信息的“直通车”作用，全年编报《晋城社情民意》专刊125期，市领导批示和有关部门回复反馈30余件，充分发挥政协组织协调关系、理顺情绪、促进和谐的积极作用。

四、拓宽广度深度，推进协商民主，在交流交融中彰显优势

始终坚持把协商民主贯穿政协履职全过程，积极构建与工作定位相匹配、与形势要求相适应的工作机制，推进政协协商民主制度化、规范化、程序化。

建立完善协商民主机制。全面贯彻中共十九大关于新时代政协工作的新部署新要求，认真落实省委、市委《关于完善工作机制加强人民政协协商民主建设的意见》，坚持体制机制创新，初步形成了以全体会议为龙头，以专题协商为重点，以对口协商、界别协商、提案办理协商为常态的协商格局；建立健全反映社情民意信息工作机制，组建信息队伍、丰富工作形式，进一步推动协商民主更加活跃有序。

大力拓展民主监督领域。深入贯彻中央、省委、市委关于加强和改进人民政协民主监督工作的意见，在加强协商民主建设中拓展和深化民主监督。围绕项目建设、产业发展、脱贫攻坚、环境保护等开展协商监督；推荐政协委员担任司法机关、职能部门政风行风监督员，积极参与督查、检查、评议等活动，协助相关部门解决问题、改进工作。

深入开展提案办理协商。认真做好提案审查立案和交办工作，主席会议研究确定十大重点提案，呈送市委、市政府领导阅研批办重要提案39件，有效提升了提案办理运作层次。组织形式灵活的提案办理协商，对事关全市工作大局和涉及民生重大问题的提案进行深入协商、反复协商、多层次协商，促进提办双方充分交流，394件提案得到有效办复，委员满意和基本满意率达到98%以上，更好发挥提案在政协履职中的重要作用。

五、注重强基固本，夯实履职基础，在自身建设中提升能力

常委会主动适应改革发展新形势、新任务对政协工作提出的新要求，创新工作举措，提升履职能力，以自身建设新成效促进政协事业新发展。

创新活动载体，充分发挥委员主体作用。举办三期市政协委员履职能力提升培训班，邀请专家学者进行专题辅导，全面增强委员履职本领，充分发挥委员在政协工作中的主体作用、本职工作中的带头作用、界别群众中的代表作用；开展“委员阅读日”“委员建言日”主题活动，为委员参政议政、建言献策搭建交流平台；加强宣传工作，《晋城政协》杂志和晋城政协网全面升级，为展现委员履职成果、展示委员良好形象创造条件；开办《委员建言》《政协之声》两档广播电视栏目，保障委员协商有舞台，建言有渠道，正确行使话语权，做到有定力、有情怀、有担当、有作为。

改进工作作风，切实加强机关队伍建设。落实全面从严治党的各项要求，把机关党建工作与政协履职同谋划、同部署、同落实、同考核，基层党组织的政治功能不断显现。扎实推进机关作风建设，坚决反对和纠正“四风”，提高机关服务委员的能力和水平。始终把纪律和规矩挺在前面，修订完善机关内部管理制度，使各项工作有章可循，机关运转更加务实高效。扎实推进“两学一做”学习教育常态化制度化，认真开展维护核心见诸行动主题教育，支持派驻纪检监察组履行职责。强化“三基建设”，加强干部的教育管理监督力度，着力提高机关队伍的凝聚力、创造力和战斗力。

加强专委会建设，不断形成工作合力。发挥专委会的龙头作用，以课题为纽带，组织委员和专家学者就深化政府监管体制改革、全域旅游、功能农业、民营经济发展等重点课题深入开展调研、精心打磨成果；充分发挥政协文史工作“存史资政、团结育人”的独特作用，加强抗日战争史料征集工作，编辑出版了《晋城文史资料》（第十一辑）；加强与对口党政部门的经常性联系，切实发挥专委会在组织调研视察、督办重点提案、反映社情民意信息、推动界别活动中的基础作用；加强对县（市、区）政协的联系指导，推动信息交流、培训合作和调研联动，增强全市政协工作整体合力。

2018年工作任务

今年是全面贯彻中共十九大精神的开局之年，是改革开放40周年，是决胜全面建成小康社会、实施“十三五”规划承上启下的关键一年，也是新时代美丽晋城高质量转型发展的起步之年。做好政协工作，责任重大，意义深远。今年政协工作的总体要求是：以习近平新时代中国特色社会主义思想为指导，全面贯彻中共十九大和十九届一中、二中、三中全会精神，在中共晋城市委的坚强领导下，牢牢把握团结民主两大主题，认真贯彻落实市委七届四次全会暨经济工作会议精神以及市委各项决策部署，围绕建设“先行区”“领跑者”“桥头堡”三大目标，认真履行政治协商、民主监督、参政议政职能，着力做好思想引导、汇聚力量、议政建言、服务大局各项工作，为奋力开创新时代美丽晋城高质量转型发展新局面创造新业绩、作出新贡献。

一、坚持以习近平新时代中国特色社会主义思想为指导，强化学习把方向，共筑思想政治根基

全面贯彻习近平新时代中国特色社会主义思想和中共十九大精神，是人民政协当前和今后一个时期的首要政治任务。要坚持理论先导、政治引领，树牢“四个意识”，增强“四个自信”，夯实团结奋斗的共同思想政治基础。

加强理论学习，增进思想共识。进一步深化中共十九大精神的学习贯彻，深刻领会和准确把握习近平新时代中国特色社会主义思想的时代背景、历史地位、科学体系、精神实质、实践要求，切实增进高度的政治认同、思想认同、理论认同、情感认同；加强《宪法》和《政协章程》的学习贯彻，引导委员全面准确领会和把握宪法修正案的核心要义，牢固树立宪法意识，善于运用法治思维，自觉依照宪法法律和政协章程履行职能，广泛凝聚社会各界共识。

强化政治引领，把牢政治方向。坚持党的领导，坚决在政治立场、政治方向、政治原则、政治道路上同以习近平同志为核心的中共中央保持高度一致。要自觉把政协工作放在全市大局中去谋划，坚决服从市委领导，服务中心工作，切实把思想和行动统一到市委的决策部署上来，把智慧和力量凝聚到市委确定的目标任务上来，确保与市委同心同向、同频共振。

紧密联系实际，致力学以致用。把学习贯彻习近平总书记“两会”期间的重要讲话精神，与学习贯彻新时代中国特色社会主义思想和中共十九大精神结合起来，与贯彻落实习近平总书记视察山西重

要讲话精神结合起来，与政协工作实际结合起来，以知促行、以行促知，努力把学习成效转化为高度的政治自觉，转化为科学的思维方法，转化为强大的工作动力。紧紧围绕市委七届四次全会暨经济工作会议确定的目标任务，明确履职重点，找准工作基点，引导带动社会各界踊跃投身改革发展的生动实践，凝聚新时代美丽晋城高质量转型发展的共识与合力。

二、坚持围绕中心服务大局，协商议政提质量，共谋转型发展大计

准确把握中共十九大报告提出的“人民政协要聚焦党和国家中心任务”的要求，紧紧围绕市委七届四次全会暨经济工作会议部署要求，聚焦“三大目标”和“十件大事”，建睿智之言、献可行之策、出务实之力。

专题协商突出全局性，为高质量转型发展建诤言。常委会要紧扣全市重大工作的方向性、目标性问题，重点围绕国企国资改革、农林文旅康“五位一体”产业融合发展、公共文化事业发展等重大课题开展专题议政。结合常委会议议题，组织委员进行深入调研，使调研的过程真正成为广泛协商的过程、集思广益的过程和建言献策的过程，有效提高常委会协商议政的质量和水平。

对口协商突出针对性，为优化营商环境献良策。围绕“干好十件大事”，重点以优化营商环境为议题，对开发区建设、对外开放和“放管服效”、财税体制、地方金融体制、民营经济等关键领域改革举措的贯彻落实开展协商和评议，提出更加符合客观实际和群众意愿、更有操作性的对策建议，为深化改革开放、激发全社会创业创新创造活力、实现“三大目标”献计献策。

界别协商突出实效性，为推动民生改善出实力。关注民生实事，选准协商议题，重点针对职业教育、人才引进、残疾人保障、医疗、养老、殡葬制度改革等人民群众关注的热点问题开展协商。加强界别联系，精心组织，严密实施，切实推动民生领域具体问题的有效解决。

提案办理协商突出规范性，为推进提案落实搭平台。进一步完善提案办理协商机制，加强政协委员、承办单位、提案委员会、牵头督办单位“四方协商”，重点对打赢三大攻坚战、实施乡村振兴战略、推动民营经济发展等具有全局性和前瞻性的提案，加强跟踪督办，推动成果转化，努力形成提案办理“全过程协商，全方位督办，全覆盖考评”的工作格局。

三、坚持以人民为中心的发展思想，民主监督求实效，共促全面小康建设

人民政协民主监督是社会主义协商民主建设的重要内容，是帮助党委政府改进工作的重要方式。要坚持晋城的事大家想大家说大家干，紧紧围绕全市重大决策部署的贯彻落实、群众反映强烈的突出问题和社会普遍关注的热点难点问题开展民主监督，着力推动市委市政府重点工作的贯彻落实。

开展民主评议。充分发挥政协的桥梁纽带作用，紧紧围绕实施“六见”生态提升工程建设美丽晋城、重点项目建设推进、全域旅游发展、环境建设和环保目标完成情况等重大事项，组织委员开展多角度监督、全方位评议，督促相关部门改进工作，在维护全市心齐气顺劲足的工作大局中贡献力量、体现价值。

强化专项监督。把助推脱贫攻坚作为重中之重，突出问题导向、目标导向，围绕脱贫项目实施、脱贫资金使用、脱贫工程质量等开展专项监督，紧扣产业扶贫、科技扶贫、教育扶贫、医疗扶贫、生态扶贫等重大问题开展协商式监督，积极助力脱贫攻坚各项决策部署落到实处。

加强联合联动。与各民主党派、工商联围绕人民群众关心的热点难点问题开展联动监督；加强与广播电视、报刊网络等新闻媒体的密切合作，创新性做好《委员建言》《政协之声》两档栏目，重点关注提案和社情民意信息的督办落实情况，使民主监督的力度更大、更具开放性，舆论监督的影响更广、更具说服力，努力为改革发展思与谋，为群众利益鼓与呼，为全面小康践与行。

四、坚持团结民主两大主题，画出最大同心圆，共聚改革发展合力

要切实发挥政协的团结统战功能，在坚持一致性中尊重多样性，在包容多样性中寻求一致性，扎

晋城市中级人民法院工作报告(节选)

——2018年3月29日在晋城市第七届人民代表大会第四次会议上

晋城市中级人民法院院长　于昌明

2017年的主要工作

2017年,全市法院以习近平新时代中国特色社会主义思想为指导,深入贯彻落实十九大精神,在市委的坚强领导下,在市人大及其常委会的有力监督下,在政府、政协及社会各界的关心支持下,各项工作取得新进展,实现新突破。全年,市中院受理各类案件4700件,办结4585件,结案率97.55%。全市法院共受理各类案件29023件,办结28186件,结案率97.12%,在全省各市排名第二,执行工作20项考核指标综合排名全省第一,审判执行质效大幅提升,跨入全省法院第一方阵。

一、坚持国家总体安全观,深入推进平安晋城建设

依法惩治刑事犯罪。受理各类刑事案件2749件,审结2694件,结案率98%,判处罪犯2827人,其中判处三年以上刑罚669人。严惩危害国家安全和严重暴力刑事犯罪,审结故意杀人、绑架、抢劫、涉

实做好协调关系、理顺情绪、扩大共识、促进团结的工作,为实现"三大目标"、建设美丽晋城寻求最大公约数。发挥联系面广、包容性强的优势,切实加强同各阶层、各领域、各方面代表人士的沟通联系,做好民族宗教界人士、新社会阶层代表的联谊工作,搭建交流合作平台,促进共同发展。将"商量"平台延伸至街头巷尾,围绕群众思想"困惑点"、社会矛盾"易发点",正确引导社会各界人士合理反映利益诉求。注重加强同民主党派、工商联、无党派人士的合作共事,进一步创造条件,通过联合开展调研、组织专题议政、安排大会发言、重点办理党派集体提案等方式,支持他们通过政协平台发表意见、提出批评和建议。加强与各地政协之间的友好交流,推动政协工作协作联动。深化宣传、文史工作,努力在凝心聚力上下功夫。

五、坚持从严从实改革创新,自身建设上台阶,共谱政协事业新篇章

主动适应新时代新形势新要求,全面加强政协自身建设,在更高起点上谋划工作,在更高标准上推动工作,不断实现政协事业新的发展。

切实加强制度建设,进一步健全工作机制。完善和落实委员履职考核办法,构建有组织、有制度、有经费、有考核的服务管理体系;建立健全提案建议、视察调研、协商议政、大会发言、文史资料、社情民意信息工作机制,完善具体操作办法,推动政协工作制度化、规范化、程序化。

切实加强委员队伍建设,进一步提升履职能力。继续抓好委员学习教育,通过举办专题报告会,开展"委员阅读日""委员建言日"等活动,积极搭建知情明政、互动交流、视察调研的平台,拓宽履职渠道,不断提高委员"懂政协、会协商、善议政"的能力;按照"守纪律、讲规矩、重品行"的要求,引导委员严格修身律己、遵纪守法,为政协高效履职提供坚实保障。

切实加强机关队伍建设,进一步提高工作效能。认真履行全面从严治党主体责任,扎实开展"不忘初心、牢记使命"主题教育,深入推进"两学一做"学习教育常态化制度化,全面加强"三基建设",着力提高机关干部整体素质;进一步抓好专委会建设,增强专委会履行职能、团结界别、联系委员的能力水平;始终坚持务实进取的工作作风,努力做到"五个过硬",在理论观念上寻求创新,在体制机制上寻求突破,在方法途径上进行探索,以新的业绩为人民政协事业增光添彩。

黑等犯罪案件641件。严惩毒品犯罪,审结贩卖、运输毒品等犯罪案件146件。严惩腐败犯罪,审结贪污贿赂、渎职等犯罪案件126件。维护群众“舌尖上的安全”和生命健康权,审结危害食品药品安全犯罪案件15件,审结危险驾驶、交通肇事等危害公共安全犯罪案件681件。扎实推进以审判为中心的刑事诉讼制度改革,通知证人、鉴定人、侦查人员到庭,就相关情况接受控辩双方及法庭的发问,推动庭审实质化,市中院《以审判为中心的证据制度改革》获省院重点课题二等奖。

规范减刑假释案件审理。审结减刑、假释案件516件。会同检察机关、刑罚执行机关出台减刑假释案件办案流程,推动检察机关随案移送检察意见书成为常态。所有案件受理后一律通过官方网站向社会公示,所有职务犯罪、金融犯罪、涉黑犯罪案件一律公开开庭审理,以监督促公正。改变减刑审理“唯分论”,将服刑罪犯财产性判项履行情况与减刑幅度相挂钩,促使189名罪犯主动履行判决义务,其中通过监狱转交款项25万余元,极大地提升了服刑罪犯改造效果和刑事案件财产性判项的执行到位率。

加强人权司法保障。坚持罪刑法定、疑罪从无,对2名公诉案件被告人和18名自诉案件被告人依法宣告无罪,确保惩治犯罪与保障人权相统一。树牢谦抑、审慎、善意的司法理念,严格区分经济纠纷与经济犯罪界限,有2件合同诈骗案件最终认定为民事合同纠纷。坚持宽严相济,对2158名被告人判处三年以下有期徒刑,对78名被告人免予刑事处罚。贯彻“教育、感化、挽救”方针,共对33名未成年被告人判处刑罚,其中21名判处缓刑、拘役、管制或单处罚金,封存未成年人犯罪记录30份,总结出庭前社会调查、柔化庭审对抗、心理辅导帮教等十一项未成年人审判特色制度。

二、坚持新发展理念,保障经济社会持续健康发展

促进经济高质量发展。审理企业破产案件16件,涉及债权15.4亿元;率先在全省开展“执转破”工作,将35件执行案件转入破产程序,让有经营价值的困境企业重整再生,让劣质落后的“僵尸企业”清算退出,实现优胜劣汰,服务供给侧结构性改革。审结知识产权案件45件,遏制侵权行为,优化创新环境。审结金融借款合同案件887件,标的额3.4亿元;审结非法吸收公众存款、集资诈骗犯罪案件31件,涉案金额7000余万元;开展涉金融案件专项执行活动,执结涉金融案件77件,标的额1.1亿元,依法维护金融秩序,防范金融风险。审结破坏环境资源犯罪案件8件,受理环境公益诉讼案件2件,依法保障绿色发展。

优化法治营商环境。认真贯彻省、市优化营商环境会议精神,及时出台优化营商环境服务经济发展的实施办法。审结各类合同案件7307件,标的额22亿元,强化市场主体的契约意识和规则意识。成立涉企合同专项执行活动领导组,执结涉企合同案件1165件,标的额8.5亿元,帮助企业盘活资金,走出困境。审结物权纠纷案件564件,加大产权保护力度。审结侵害企业出资人权益、损害股东利益等纠纷案件64件,推动形成有利于企业家公平竞争的市场环境和干事创业的社会氛围。

助力法治政府建设。行政案件集中管辖、异地审理制度得到有效落实,避免了行政诉讼“主客场”问题发生,提高了司法公信力。受理各类行政案件604件,审结579件,结案率95.86%,其中,维持行政行为的案件167件;撤销、变更和责令履行法定职责的案件85件;坚持案结事了、实质性解决问题,和解案件47件,缓和了行政相对人和政府的矛盾,发挥了“减压阀”作用。落实行政机关负责人出庭制度,全年行政机关正职负责人出庭3件,副职负责人出庭30件,同比提升3个百分点,“告官不见官”的现象有所改善。召开行政审判工作座谈会和新闻发布会,发布行政审判白皮书,促进政府依法行政。

三、坚持以人民为中心,满足群众多元司法需求

加强民生权益保障。推进家事审判改革,探索委托调查、举证延后、离婚冷静期等制度,审结婚姻、赡养、继承等案件3350件,其中,调解结案1149件,撤诉619件,调撤率达52.78%,促进家庭和睦,培育良好家风。审结侵权赔偿类案件2012件,依法保障受害人合法权益。审结劳动争议案件664件,坚持保障劳动者权益与促进企业发展并重。积极开展司法救助，为152名当事人发放救助金140余万元，为135名当事人减免缓交诉讼费118.4万元，传递司法温暖，架起了党和群众的“连心桥”。

推动纠纷多元化解。以基层法院的立案庭、派出法庭为切入点，推行诉调对接“6+N”工作法，完善诉讼与非诉讼衔接机制，努力把简单民事案件化解在诉前，减少群众诉累，促进社会和谐。市中院为基层法院聘用18名特邀调解员，帮助解决实际需求。全年受理诉前调解案件2033件，调解成功1172件，占57.6%，其中当事人及时履行或和解未进入诉讼程序的576件，申请法院出具调解书、确认书的596件，全市法院民事收案近年来首次下降。

推进案件繁简分流。出台意见对发回重审、重大改判、法官释明、专家辅助人参与民事诉讼等进行规范，推进“繁案精审”，提升审判质量。出台简易程序、小额诉讼、司法确认、实现担保物权等办案流程，指导基层法院“简案快审”，提升审判效率。全年适用简易程序审理案件6689件，适用率同比提升近25个百分点，法定审限内结案率96.61%，案件审理平均用时74天，同比缩短51天，正义得到更快实现。

强化司法便民利民。立案登记制效果显著，做到有案必立、有诉必理，当场登记率超过95%。推行诉讼费一次性交退措施，在两级法院立案窗口开通网上银行、POS机交费，和银行协商全部免收当事人的转账手续费，二审案件从交费到退费由原来的十一步简化为一步，极大地便利了当事人诉讼。全面深化司法公开，以公开促公正。裁判文书上网25892件，上网公开率94.77%，除法律规定不予公开外，做到了应公开尽公开；庭审直播案件1173件，观看量累计131万人次，沁水法院一名法官被评为“全国优秀庭审直播法官”，市中院审理的一起刑事案件在庭审直播网点击量达4.7万人次，司法公开的广度和深度不断拓展，诉讼活动更加透明，正义不仅实现，而且看得见、感受得到。

四、坚持综合施策，强力推动解决执行难题

构建执行工作大格局。紧紧依靠党委统揽全局、协调各方的领导作用，市委法治建设领导小组出台解决执行难的实施意见，市委政法委两次召开由各执行联动单位参加的执行工作推进会，市委宣传部对执行宣传工作专门作出安排，市中院与市检察院、市公安局签署联动协作意见，全市综合治理执行难的大格局基本形成。着力构建“三统一”执行工作体制，两级法院握指成拳、一体推进，形成解决执行难的强大合力。市中院下派14名法官助理、33名辅警帮助基层法院办理案件，对影响较大、特殊主体等案件集中调度，共提级执行437件，与基层法院协同执行89件，指定异地执行450件，一批难点案件得到解决。湖滨集团73案、229名债权人、3.9亿元系列执行案，有70案、222名债权人和解结案，结案标的额3.64亿元，其中按比例发放案款1.8亿元，以分期履行、债转股等方式结案1.84亿元，取得了良好的法律效果和社会效果。

完善执行工作机制。针对仲裁保全和仲裁执行分属两级法院管辖的现状，依据民诉法提级管辖制度，裁定由市中院统一保全，并形成长效机制，避免工作脱节，提高了执行效率。在执行立案阶段给申请人发送举证通知书，明确告知法律规定的全部执行措施和失信被执行人信用惩戒措施“两个清单”，自我加压、自断退路，倒逼执行工作更加规范。利用信息化、网络化、自动化手段查控被执行人财产，实施网络查询9000余次，网络冻结2100余次，冻结金额5800余万元；开展网络司法拍卖，拍卖案件120件，变现价款6595万元，有效提高了执行工作效率和透明度。两级法院院长先后召开敦促被执行人履行义务约谈会，共约谈650余人，当场拘留22人，有60案被执行人及时履行了判决义务，结案金额3000余万元。

用足用活惩戒措施。加大失信被执行人“黑名单”纳入力度，累计公布10133人次，其中2017年公布6774人次，失信公开率全省第一。加大限制高消费力度，对单位被执行人的法定代表人、主要负责人、影响债务履行的直接责任人、实际控制人限制高消费，对个人被执行人及其扶养的家庭成员限制高消费。加大强制措施适用力度，全年共强制搜查20次，审计调查5次，罚款8人，司法拘留231人，以拒不执行判决裁定罪判处刑罚6人，执行威慑初步形成，让正义在“最后一公里”提速，共促使2653名被执行人主动履行了法定义务。

积极营造舆论环境。两级法院院长带头在电视台针对“基本解决执行难”工作向社会公开表态。利用电视、报刊、微信、微博、官方网站、LED显示屏等平台，大张旗鼓地报道执行重点行动，大张旗鼓地曝光失信被执行人，大张旗鼓地公开司法拍卖、执行悬赏，大张旗鼓地报道拘留、罚款，特别是打击拒执犯罪的有关举措，在《山西法制报》《今日头条》《太行日报》等媒体刊发执行报道128篇。与市电视台合办《法院在线》栏目，在太行日报开辟《法院专栏》，引导社会公众客观正确认识执行难，区分“执行不能”，积极营造理解和支持执行工作的良好外部环境。

五、坚持深化改革，不断激发司法内生动力

深入推进司法人员分类管理改革。圆满完成员额法官遴选和增补工作，从325名原任法官中遴选出首批员额法官181名，增补12名，退出17名，现有员额法官176名，组建审判团队72个。挖掘内部潜力，配齐配强团队力量，将部分事业编制人员、编外人员编入团队担任事务助理。市中院通过购买社会服务，聘用24名应届法学专业大学生担任公益岗位，录用聘用制书记员24名，全市法院60%的人力资源配置到了办案一线。出台人民陪审员参与执行审查、执行员参与执行实施的指导意见，推行执行警务化保障，缓减了执行力量不足的问题。市中院面向基层法院完成了5名法官的遴选工作，为法官逐级遴选探索了经验。

积极推进审判权运行机制改革。司法责任制改革深入推进，院庭长不再对未参加审理的案件审核签文，实现了审者判案。出台落实司法责任制实施意见，对员额法官、审判辅助人员、合议庭的职责权限、办案责任等进行了清单式规定，并对院庭长审判管理、审判监督的职责、权限、方式进行了明确规定，确保有权必有责、用权受监督。院庭长办案成为常态，审结案件7742件，占全部结案的31.83%。建立专业法官会议制度，搭建交流平台，促进裁量统一。规范审委会职能，集中精力讨论重大共性、法律适用等问题，减少个案研究数量，2017年全市法院审委会讨论案件483件，同比下降33%，有97.36%的案件由主审法官或合议庭自行定案。全年当庭宣判案件4091件，当庭宣判率全省第二，“让审理者裁判、由裁判者负责”的新型审判权运行机制基本形成。

稳妥推进涉诉信访改革。市中院推行院领导接访纪要制度，做到接访情况全程留痕、责任清晰，已印发7期接访纪要，接访案件91件，其中报请终结22件，转入法定程序69件。贯彻涉诉信访改革精神，推动涉诉信访进入法治化轨道，会同市联席办、市检察院、市公安局、市司法局联合发文规范我市涉法涉诉信访工作办案流程，有效解决了诉访不分、终而不结、出口不畅、反复交办等问题，为当事人依法行使诉权指明了路径。

加快推进信息化建设。制定全市法院信息化工作三年规划，坚持人员统一、规划统一、技术标准统一，做到两级法院信息化建设一体推进。夯实基础建设，21个派出法庭全部接入法院专网，诉讼案件立案、分案、开庭等13项流程，执行案件查控、冻结、失信限制等37个节点实现网络化管理。建设科技法庭46个，实现了公开庭审案件网上直播。开通网上立案，全年网上预约立案139件。开通“在线法院”，对无法到庭的重庆周某劳务合同纠纷案，利用远程开庭系统进行了审理，充分运用信息化手段提升司法便民水平。全市法院执行指挥中心全部建成，实现执行案件实时指挥、全程可视、查控便捷、高效规范。同步生成电子卷宗10478册，为实现全流程网上办案和当事人电子阅卷奠定了基础。开通12368短信服务平台，公开案件流程信息17805条，变当事人千方百计打听案情为法院及时主动告知，实现了信息多跑路、群众少跑腿。

六、坚持全面从严治党，努力打造过硬法院队伍

全面加强党的建设。把坚持党的领导落实在法院的具体工作中，采取定期向市委汇报和重大事项及时汇报相结合，确保法院工作正确方向。联合市直机关工委建立七项工作机制，加强市直机关工委对中院机关党委的领导。出台实施意见，加强中院党组对基层法院党建工作和中院机关党委的指导。认真开展“两学一做”学习教育常态化制度化、维护核心见诸行动主题教育和“党性与职业道德教育”专项活动。成立市委党校法院分校，加强思想政治建设和意识形态教育。加强党支部建设，由党务过硬、业务过硬的中层干部担任支部书记，推动党建与业务高度融合。强化工作考核，实行支部联述联评联考，听取基层法院党组书记工作述职。全市法院抓党建的做法受到了省高院、市委的肯定，被作为经验介绍在市委两期简报上刊发。以党建带队建、以队建促审判的导向逐步形成，干警工作热情得到充分激发，全年有15个集体、23名个人受到省级以上表彰，市中院被授予“全国维护妇女儿童权益先进集体”，新闻宣传工作受到最高法院的通报表扬。

*着力提升司法能力。*邀请专家教授培训干警13次，参训人员2000余人次，有效提升了法院队伍的司法能力和综合素质。大兴调查研究之风，引导干警在调研实践中提升境界、解决难题。两项成果分别荣获全省重点课题二等奖和全国法院论文评选三等奖。调研成果转化为指导党的建设、审判执行、司法管理等13类86项制度。开展办案能手、庭审规范、裁判文书等“九个一”大比武活动，提升了干警的实际工作能力，形成了争先创优的良好氛围。

*持之以恒正风肃纪。*出台文件全力支持市纪委监委派驻中院纪检监察组履行监督责任。开展“严守审判纪律、排除司法干扰”专项整治活动，与驻院纪检监察组联合召开新闻发布会，深入推进“过问案件登记”工作，努力营造风清气正的司法环境。出台政治督察、司法巡查、审务督察实施细则，定期开展综合督察，把问题解决在初始状态。将风险防范关口前移，进行诫勉谈话5人、约谈17人，党内咬耳扯袖、红脸出汗逐渐成为常态。

*自觉主动接受监督。*市中院就执行工作向市人大常委会进行专题报告，对审议意见进行认真整改。认真办理人大代表建议6件、政协委员提案1件，在努力解决问题上下功夫，办理情况赢得了代表委员的高度认可。邀请代表委员视察工作、旁听庭审、参加听证，虚心听取意见建议。主动接受检察机关诉讼监督，依法办理抗诉案件和再审检察建议。出台保障律师执业权利四项规定和律师调查令实施办法，构建法官与律师良性互动关系，共同维护司法公正。两次在人大代表、政协委员、律师、当事人中开展群众满意度测评工作，广泛接受社会监督，把人民群众是否满意作为衡量法院工作成效的“试金石”。

各位代表，全市法院所取得的每一份成绩、每一点进步，都是党委坚强领导、人大有力监督，政府、政协、社会各界及全市人民关心支持的结果。在此，我代表全市法院表示衷心的感谢！并向各位代表、委员、各位同志致以崇高的敬意！

在总结成绩的同时，我们也清醒地看到工作中还存在一些问题和困难：一是党的建设还存在薄弱环节，党建责任还有待进一步落实，党建工作与业务工作仍存在联系不紧、融入不够等问题。二是服务改革发展的能力有待提高，创新精神不足，司法工作的前瞻性、主动性、预见性还不强。三是人民群众日益增长的司法需求与司法能力不足的矛盾依然突出，一些法官业务能力还不能适应新时代审判工作的新要求。四是司法作风有待改进，少数干警群众观念不强，作风不正、工作不细、司法不廉、执法不规范、举止不文明等现象仍有发生。五是司法体制改革中暴露的一些深层次问题有待逐步解决，与改革契合的配套机制需要进一步完善。六是人案矛盾非常突出，全市法院员额法官人均主办案件165件，最多的达254件，基层法院法官断档问题严重，法官助理配备不足，加班加点、超负荷工作成为常态。去年有2名业务庭长积劳成疾，因公殉职，他们是人民审判事业的忠诚卫士，用生命诠释了司法为民情怀。对这些问题和困难，我们将在今后工作中千方百计加以解决。

2018年工作安排

2018年，全市法院将坚持以习近平新时代中国特色社会主义思想为指导，贯彻落实党的十九大和十九届一中、二中、三中全会以及中央、省、市政法工作会议精神，按照市委七届四次全会暨经济工作会议的部署要求，深刻认识和把握新时代社会主要矛盾转化对法院工作的新要求，紧紧围绕“努力让人民群众在每一个司法案件中感受到公平正义”目标，忠实履行宪法法律赋予的职责，坚持精学、实做、创优的工作作风，努力实现司法行为规范化、司法服务优质化、司法管理精准化、司法队伍专业化，持续提升司法公信力，保持全省法院第一方阵，打造晋城法院品牌，为新时代美丽晋城高质量转型发展提供有力司法保障。

今年的主要预期目标是：提升辨法析理能力，一审案件服判息诉率不低于85%；提升审判效率，诉讼案件法定审限内结案率不低于98%；提升司法透明度和信息化水平，电子卷宗同步生成率100%，公开开庭案件庭审录音录像率100%，法定应当上网文书的上网率100%；提升执行工作能力，实际执结率不低于65%，终本率不超过35%，恢复执行案件执行完毕率不低于60%，网络司法拍卖率100%。

围绕确定的总体要求和主要目标，今年要重点抓好以下五个方面工作：

一、以习近平新时代中国特色社会主义思想为指导，在法院队伍建设上有新提高

抓党建，带队建，保廉洁。一要加强党的政治建设，始终坚持党对司法工作的绝对领导，深入学习贯彻党的十九大精神，扎实开展“不忘初心、牢记使命”主题教育活动，引导法院干警不断提高政治觉悟和政治能力；以改革创新精神抓党建，推动党建工作与法院审判执行政务工作深度融合。二要学习宣传贯彻宪法，维护宪法权威，捍卫宪法尊严，确保依法独立公正行使审判权。三要推进司法规范化建设，抓好已有制度的落实工作，一抓到底，久久为功。继续实行重点工作“挂图作战”工作模式，压实责任，有序推进。四要推进队伍专业化建设，推行课题引领人制度，打造市级、省级审判业务专家。继续开展“大培训、大调研、大比武”活动，不断提升干警履职能力。五要狠抓“三基”建设，继续加大对基层法院的支持力度，继续抓好各支部、各业务庭、各审判团队建设，继续充实审判执行力量。六要加强监督执纪力度，深入开展“加强作风建设、严守审判纪律、排除司法干扰、公正廉洁司法”专项活动，坚持刀刃向内、严肃问责，树立法院队伍良好形象。

二、充分发挥审判职能作用，在服务和保障经济社会发展大局上有新担当

立足司法职能，围绕防范化解重大风险、精准脱贫、污染防治三大攻坚战，围绕我市“先行区”“领跑者”“桥头堡”三大目标，积极提供司法服务和保障。一要加强行政审判态势研判，不定期向政府提供分析报告，将法院的末端处理与政府的前端治理有机结合，支持“放管服效”改革，服务法治政府建设。二要坚决贯彻党中央关于扫黑除恶专项斗争的重大决策部署，全力维护社会安全稳定；加强产权司法保护，严惩损害企业家、创业者合法权益和强买强卖、敲诈勒索等违法犯罪行为，增强市场主体的恒心和信心。三要抓好破产审判专业化，建立“府院破产统一协调机制”，充分发挥破产审判工作在化解企业危机、优化资源配置、促进产业升级方面的积极作用。四要探索知识产权审判中惩罚性赔偿措施的适用，解决侵权成本低、维权成本高等问题，服务创新驱动发展。五要完善环境资源审判机制，依法审理环境损害赔偿、公益诉讼等案件，坚决维护生态环境安全，服务美丽晋城建设。六要围绕乡村振兴战略，妥善审理农村土地“三权分置”案件、扶贫领域案件，服务精准脱贫，使人民群众获得感更加充实、更有保障。

三、坚定不移深化司法体制改革，在提高审判质量和效率上有新突破

坚决把改革进行到底。一要深入推进人员分类、内设机构设置、绩效考核等综合配套改革，提高改革整体效能。二要深入推进司法责任制落地，实行谁审理谁裁判和办案质量终身负责制，激发法官的工作积极性和责任感；完善审判权力运行机制改革，实现独立审判权、审判管理权、审判监督权有机统一。三要深入推进以审判为中心的刑事诉讼制度改革，落实“三项规程”，提高“三个比率”，实现“三个实质化”，确保有罪的人得到应有惩罚，无罪的人不受刑事追究。四要深入推进民事诉讼多层次审判程序适用，推行法庭调查、法庭辩论合并进行的庭审方式改革，推行要素式、令状式裁判文书，提高审判效率；推行“类案专审”，促进裁判尺度统一；开展制裁虚假诉讼专项活动，维护正常诉讼秩序。五要深入推进多元化纠纷解决机制改革，完善

晋城市人民检察院工作报告（节选）

——2018年3月29日在晋城市第七届人民代表大会第四次会议上

晋城市人民检察院检察长　张世荣

2017年主要工作情况

2017年，在市委和省检察院的正确领导下，在市人大及其常委会的有力监督下，全市检察机关深入学习贯彻习近平新时代中国特色社会主义思想和党的十九大精神，紧紧围绕全市经济社会发展大局，忠实履行法律监督职责，各项工作取得新的发展和进步。

一、坚持在保安全、护稳定上精准发力，为党的十九大胜利召开营造安全稳定的社会环境

贯彻总体国家安全观，抓住影响国家安全和社会大局稳定的突出问题，依法履行批捕、起诉等职

诉调对接“6+N”工作法，推动提升社会综合治理水平，为人民群众提供更加多元、便捷、低廉、和谐的解纷渠道。六要深入推进“谁执法谁普法”责任制落实，强化当事人的举证意识，提升公众法治素养，让打官司不找关系靠证据成为常态。

四、加快智慧法院建设步伐，在促进信息技术与法院工作融合上有新进展

主动迎接新一轮科技革命，按照“全业务网上办理、全流程依法公开、全方位智能服务”的要求，构建符合审判规律和网络规律的审判流程，推进审判体系和审判能力现代化。一要服务法官办案，加快推进电子卷宗随案同步生成和深度应用，推广使用智能语音识别系统，熟练掌握“法信”“法智罗盘”等智能检索系统，助推办案提速增效。二要服务审判管理，运用信息化平台推进独立办案和审判管理同步运行，实现案件办理全程留痕、动态监督，促进管理监督科学化、程序化、公开化。三要服务司法公开，完善“四大平台”建设，加大庭审直播力度，加强审判流程公开和执行信息公开，利用传统媒体与新媒体多种渠道，推进司法公开常态化、立体化，以公开促公正立公信。四要服务群众诉讼，打造“互联网+”诉讼服务体系，提升立案、审判、执行各环节信息化水平，拓展网上诉讼服务，用信息化畅通司法便民的“高速路”，让司法更加贴近人心。

五、如期打赢“基本解决执行难”这场硬仗，在提升司法公信力上有新作为

2018年是“基本解决执行难”的攻坚之年、决胜之年。一要进一步深化执行体制、机制和管理模式改革，在“三统一”基础上，实现执行工作方式的集约化、信息化、规范化，打造“三统三化”模式。二要进一步规范执行行为，对群众反映强烈的案件挂牌督办，切实解决消极执行、选择性执行等问题，确保有财产可供执行的案件依法及时执结；对确无财产可供执行的案件，要以令人信服的甄别手段、经得起监督的公开方式，依法终结本次执行程序，纳入全国终本案件库，定期查询，定期“回头看”。三要突出执行的强制性特征，扎实开展“利剑行动”“法治力量”专项行动，强力推行强制搜查、审计调查、悬赏执行、律师持令调查四项制度，最大限度地发现被执行人财产；开展打击拒执犯罪活动，严厉惩治老赖；开展干扰执行登记报告工作，让抗拒执行、外界干扰执行的现象基本消除。四要运用信息化手段助推执行工作提质升级，充分发挥失信“黑名单”、限制高消费两项举措的威力，进一步扩大网络查控系统覆盖面；推进与“信用晋城”“企业信用公示征集”等平台的无缝对接，不断加大联合惩戒力度，让“执行不难”成为常态。五要加强宣传，凝聚全社会力量共同为“基本解决执行难”营造良好舆论环境。

能。全年共批准逮捕犯罪嫌疑人897人,提起公诉2115人。严惩故意杀人、抢劫等影响人民群众安全感的犯罪722人,依法办理了张某某等24人特大贩卖毒品案、“5·22”利用邪教组织破坏法律实施案等一批重大案件。依法办理破坏和污染生态环境、危害食品药品安全、制假售假等犯罪案件20件、40人。我市检察机关办理的“关某某等销售不符合安全标准的食品案立案监督案件”,被最高人民检察院评为全国检察机关10件“优秀监督案件”之一。全面落实宽严相济刑事司法政策,依法不批准逮捕和决定不予逮捕201人,不起诉73人。认真落实“谁执法谁普法”普法责任制,围绕案件争议焦点释法说理,既解“法结”又解“心结”。积极落实国家司法救助制度,为92名生活确有困难的刑事被害人或者其近亲属发放司法救助金95.22万元,彰显了司法人文关怀。立足检察职能,对重点场所、重点人群加强管控,纠正监外执行和社区矫正活动违法651件,开展羁押必要性审查98人。我院办理的“魏某羁押必要性审查案件”,被最高人民检察院评为“2016年度全国羁押必要性审查优秀案件”。充分保障未成年人合法权益,积极适用未成年人特别诉讼程序,扎实做好亲情会见、合适成年人到场、心理疏导等工作。举办了“法治进校园、检察在行动”系列预防未成年人犯罪宣讲活动,对20500名中小学生进行了法治宣传教育。

二、坚持在服务经济社会发展大局上精准发力,服务经济社会发展大局成效明显

主动围绕中心、服务大局,制定并实施《晋城市检察机关服务和保障本市国民经济和社会发展“十三五”规划纲要实施的意见》和优化营商环境实施方案等,为新时代美丽晋城高质量转型发展提供了良好法律服务和有力司法保障。扎实开展“发挥侦查监督职能,优化营商环境”等“5个专项检察活动”,依法办理生产、销售伪劣商品、金融诈骗等扰乱市场秩序犯罪案件27件47人。积极防范和有效化解金融风险,依法办理非法吸收公众存款、集资诈骗等扰乱金融秩序犯罪案件14件21人。加强产权司法保护,依法办理侵犯知识产权犯罪案件4件6人;受理涉及企业合同民事行政执行监督案件11件,提出检察建议8件,涉案标的额5207万元,有力推动了良好营商环境建设。积极落实行政执法与刑事司法衔接机制,会同公安机关、其他行政执法机关对重点区域、重点领域进行排查,监督行政执法机关向公安机关移送涉嫌犯罪案件29件32人。全面落实《晋城市人民检察院关于依法保障和促进非公有制经济健康发展的意见》,切实加强对非公有制企业的司法保护,促进非公有制经济健康发展。

三、坚持在落实重大改革任务上精准发力,圆满完成了各项重大改革任务

始终以钉钉子精神狠抓重大改革任务落地落实,确保党中央、省委、市委重大改革部署在我市检察机关顺利实施。一是坚决按照市委确定的时间表、路线图,全力配合做好监察体制改革试点工作,相关人员平稳转隶,办案工作有序衔接。我市检察机关自主开展的监察体制改革背景下检察职能履行问题研究成果,荣获2017年度全省检察机关检察理论研究特等奖。二是全面完成检察人员分类管理、司法责任制落实、内设机构改革等司法体制改革任务。全市两级检察院109名员额检察官全部在司法一线办案。与改革前相比,办案力量平均增加12.7%,审查逮捕案件、审查起诉案件办案效率平均分别提高10%和24%。全市两级检察院内设机构改革工作在全省率先完成。三是全面开展公益诉讼工作。共摸排公益诉讼案件线索72条,立案办理公益诉讼案件35件,督促收回土地出让金、违约金4000余万元,积极推动解决群众反映强烈的城区晓庄社区“渣土山”等环境污染问题。

四、坚持在加强检察监督上精准发力,人民群众对司法公平正义的获得感明显增强

积极探索新形势下加强检察监督工作的有效途径和方法,努力维护司法公平正义。全面加强刑事检察监督,监督侦查机关立案78人、撤案49件,纠正漏捕、漏诉49人,纠正侦查活动违法345件,纠正审判活动违法78件。全面加强刑事执行检察监督,共纠正刑事执行活动违法726件,制发检察建议77件,强化刑罚变更执行同步监督,审查减刑、假释、暂予监外执行案件4件,经监督撤销缓刑收监执行2人。全面加强民事行政检察监督，对认为确有错误的民事行政生效裁判、调解书提出抗诉5件，提请抗诉13件，提出再审检察建议8件；对民事行政审判程序中的违法情形提出检察建议43件；对民事执行活动提出检察建议59件；支持起诉99件。经认真开展息诉工作，47件民事行政申诉案件当事人息诉。

五、坚持在加强检察信息化建设上精准发力，"智慧检察"体系初步形成

始终坚持"向科技要检力、向信息化要战斗力"，持续推进电子计算机和网络信息技术与检察工作深度融合、有机融合，建成了"四中心三平台"，研发了检务公开信息查询系统等17个子系统，初步形成了一个网络顺畅安全、应用全面覆盖、数据即时生成、信息高度融合、资源共享互通的"智慧检察"体系，在全省检察机关率先开启"智慧检察"云模式。市检察院被最高人民检察院确定为"智慧公诉"建设和应用试点单位。本着便民利民宗旨，构建了检察门户网站、手机网站、手机APP和行贿犯罪档案查询、"互联网+阳光百姓工程"、阳光未检帮教平台于一体的"互联网检察工作网阵"，实现了"让数据多跑路，让群众少跑腿"。一年来，共为招投标企业和个人提供行贿犯罪档案网上查询18426次，占查询总数的92%；依托"互联网+阳光百姓工程"，监督涉及民生领域项目400余个，在线监督财政资金54亿元。

六、坚持在加强检察队伍建设上精准发力，检察队伍建设取得新进步

认真履行管党治党政治责任，全面加强全市检察机关党的建设和队伍建设。一是切实加强党的建设。认真学习贯彻习近平新时代中国特色社会主义思想和党的十九大精神，深入学习贯彻习总书记视察山西重要讲话精神，扎实推进"两学一做"学习教育常态化制度化，认真开展维护核心、见诸行动主题教育。着力加强党员队伍教育、管理、监督和服务，出台并实施《晋城市人民检察院共产党员亮身份制度》等4项制度。扎实开展领导干部讲党课、主题党日等活动，有效提升了党组织的号召力、凝聚力和战斗力。二是切实加强履职能力建设。建立和完善分级分类培训系统，对员额检察官、检察辅助人员、司法行政人员开展政治理论、检察业务、信息化应用等培训，组织开展"学、训、赛、考"活动，不断提升检察人员业务能力和实战水平。三是切实加强基层基础建设。把基层检察院建设放到检察工作的基础性、战略性位置来抓，健全领导干部定点联系、市检察院业务部门对口指导等制度，促进了基层检察院建设任务的落实。阳城县检察院被省委政法委表彰为"山西省严格执法、公正司法先进集体"。四是切实加强纪律作风建设。出台了《晋城市人民检察院压紧压实"两个责任"落实"五责"链条体系实施办法》，制订了全面从严治党、全面从严治检"两个责任"清单。开展廉政谈话641人，发放提醒谈话函23份；开展会风会纪专项督察60次，发现和解决问题58个。扎实开展"司法规范化建设年"活动，着力解决司法不严格、不规范、不公正、不文明等问题。全面深化司法公开，向社会公开案件程序性信息2789条、生效法律文书1505份，发布重要案件信息434条。

一年来，我市检察机关始终把检察权的运行置于同级人大及其常委会监督之下，置于政协民主监督之下。两级检察院向人大常委会报告工作18次，人大常委会审议意见得到有效落实。高度重视人大代表议案和建议办理工作，认真办理代表在市七届人大二次会议上提出的3件议案和建议，代表满意率为100%。建立健全人大代表和政协委员常态化联络机制，发送检察工作要况1200余份，采取邀请视察、参加案件评查等方式联系人大代表、政协委员133人次。

2018年工作安排

2018年是全面贯彻党的十九大精神的开局之年，也是改革开放和检察机关恢复重建40周年，做好今年各项检察工作意义重大。今年全市检察工作的总体要求是：坚持以习近平新时代中国特色社会主义思想为指导，全面贯彻党的十九大、十九届二中、三中全会、中央政法工作会议、全国检察长会议、省委政法工作会议、全省检察长会议、市委七届四次全会暨经济工作会议、市委政法工作会议精神，深入学习贯彻习总书记视察山西重要讲话精神，坚持党对检察工作的绝对领导，坚持稳中求进工作总基调，全面履行法律监督职能，坚决维护国家政治安全和社会大局稳定，全力服务和保障全市工作大局，积极配合做好深化监察体制改革试点工作，扎实做好司法体制综合配套改革工作，以争创一流检察工作业绩为目标，以改革创新和现代科技应用为动力，深入推进平安晋城、法治晋城建设，切实加强过硬队伍和智慧检务建设，为新时代美丽晋城高质量转型发展创造安全的政治环境、稳定的社会环境、公正的法治环境、优质的服务环境。具体讲，要做好以下7个方面工作。

一、坚定不移学习贯彻习近平新时代中国特色社会主义思想，始终坚持党对检察工作的绝对领导。扎实开展习近平新时代中国特色社会主义思想大学习、大培训，重点学习习近平新时代中国特色社会主义政法思想，深刻领会新时代政法工作的最高原则、根本立场、首要任务、基本方式、强大动力、重要保障，用以武装头脑、指导实践、推动工作，确保我市检察工作始终沿着正确的政治方向前进。坚决维护习总书记在党中央和全党的核心地位，坚决维护党中央权威和集中统一领导，坚决贯彻党的基本理论、基本路线、基本方略，坚决落实党中央、省委、市委和省检察院党组的重大决策部署。牢固树立“四个意识”，不断增强“四个自信”，把始终同以习近平同志为核心的党中央在思想上政治上行动上保持高度一致落实到检察工作实践中。严格执行请示报告制度，主动向市委和省检察院党组报告重要工作，始终将检察工作置于党的绝对领导之下。

二、坚定不移贯彻总体国家安全观，坚决维护新时代国家安全和社会大局稳定，推进更高水平平安晋城建设。毫不动摇把维护国家安全和社会大局稳定这个新时代检察工作的首要任务落到实处。一要坚决捍卫国家政治安全。深入开展反分裂、反渗透、反恐怖、反邪教、反间谍斗争，坚决打击各种渗透颠覆破坏活动、暴力恐怖活动、民族分裂活动、宗教极端活动，坚决捍卫以政权安全、制度安全为核心的国家政治安全。二要积极开展扫黑除恶专项斗争。坚持严打方针不动摇，突出打击重点，坚决铲除黑恶势力滋生的土壤，切实增强人民群众安全感、幸福感。三要着力维护社会大局稳定。依法严惩黑拐枪、黄赌毒、盗抢骗等犯罪，坚决打击网络贩枪、电信网络诈骗、倒卖公民个人信息、网络黑客攻击等网络犯罪，积极推动网络综合治理体系建设，有效保护人民群众人身权、财产权、人格权。四要主动融入共建共治共享社会治理格局，扎实做好检察环节社会治安综合治理工作。积极落实“谁执法谁普法”普法责任制，做好法律文书说理、以案释法等工作，促进全民法治素养的提升。

三、坚定不移围绕中心、服务大局，在服务和保障全市工作大局中彰显检察机关新作为。紧紧围绕我市建设“先行区”“领跑者”“桥头堡”三大目标，围绕实现新时代美丽晋城高质量转型发展这一工作大局，充分履行检察职能，努力提供良好服务和有力保障。一要依法惩治各类经济犯罪，保障我市经济实现高质量转型发展。严厉打击集资诈骗、非法吸收公众存款、网络传销、内幕交易等经济犯罪活动，维护市场秩序。持续推进产权司法保护专项活动，严厉打击侵害企业产权犯罪，加大对涉产权虚假诉讼、恶意诉讼的监督力度，甄别纠正一批产权纠纷申诉案件。认真落实《晋城市人民检察院支持和服务企业家创新创业营造良好法治环境的工作方案》，依法平等保护企业家合法权益，推动构建“亲”“清”新型政商关系。二要积极服务保障开发区发展和项目建设。坚决打击影响开发区发展和项目建设的犯罪活动，加强对涉及重点项目建设债务纠纷、股权分配、知识产权、劳动争议、工伤赔偿等案件的审判和执行活动监督。三要全力做好民生、涉农等领域检察工作，助推美丽晋城建设。围绕坚决打赢脱贫攻坚战，依法惩治扶贫项目实施等领域的犯罪，扎实推进“互联网+阳光百姓工程”，确保党的涉农惠民资金真正惠及广大农民群众。围绕实施健康中国战略，深化打击涉医犯罪专项工作，深入开展食品药品安全犯罪专项立案监督活动，加强食品药品安全领域公益诉讼案件办理工作，保障人民群众生命健康安全。围绕实施乡村振兴战略，依法打击危害农村稳定、破坏农业生产和侵害农民权益等犯罪，打击农村非法宗教活动。强化对农村土地承包、土地流转、农房租赁等领域民事和行政检察监督工作，依法保障农民财产权益。围绕打好污染防治攻坚战，坚决惩治破坏生态环境、盗伐滥伐林木、偷排偷放、非法排放有毒有害污染物等犯罪。依法履行督促起诉、提起公益诉讼等职能，监督负有管理职责的行政机关依法履行职责。探索督促建立生态修复补偿机制，实现惩罚犯罪与保护生态环境的双赢。

四、坚定不移推进检察环节各项重大改革，不断激发检察工作活力。坚定改革的政治定力，将配合做好深化监察体制改革试点工作、落实司法体制综合配套改革措施和其他各项改革进行到底。一要积极配合做好深化监察体制改革试点工作。严格执行省委政法委“1+4”配套制度体系，健全检察机关与监察委员会办理案件协作配合机制，确保办案衔接工作顺畅、高效，继续在依法惩治腐败犯罪中发挥积极作用。二要深化司法体制综合配套改革。认真落实司法体制综合配套改革措施，健全与单独职务序列相配套的政治、生活待遇保障制度。全面落实“谁办案谁负责、谁决定谁负责”的司法责任制。建立健全以能力和实绩为核心的员额检察官考核评价机制，健全退出、增补和惩戒工作机制。三要深入推进以审判为中心的刑事诉讼制度改革。构建以证据为中心的刑事指控体系，深化重大疑难复杂案件侦查机关听取检察机关意见工作。四要大力开展公益诉讼工作。围绕保护“公益”这个核心内涵，以开展阳城蟒河猕猴等2个国家级自然保护区和陵川南方红豆杉等3个省级自然保护区保护、集中式饮用水水源保护区保护、国有文物保护等3个公益诉讼专项活动为牵引，加大公益诉讼案件办理力度。

五、坚定不移深化依法治国实践，深耕法律监督主责主业，努力让人民群众在每一个司法案件中感受到公平正义。认真学习、严格实施修改后的宪法，坚持以司法办案为中心，不断提升法律监督效能。一要充分履行侦查监督职责，坚决监督和纠正有案不立、有罪不究和刑讯逼供、暴力取证等违法行为。二要充分履行审判监督职责，构建以抗诉为中心的刑事审判监督格局，强化对刑事审判活动合法性和判决、裁定公正性的监督，维护司法公正和权威。三要强化刑事执行检察监督，重点加强刑罚交付执行和变更执行监督、羁押必要性审查、强制医疗执行监督、财产刑执行监督、社区矫正执行监督和刑事被执行人合法权益保障等工作。四要全面加强民事检察监督工作，以加强对公权力的监督为核心，健全民事诉讼监督、支持起诉、民事公益诉讼协调发展的多元化民事检察工作格局，综合运用抗诉、检察建议等加强对裁判结果、审判人员违法行为以及执行活动的监督。五要全面加强行政检察监督，探索开展行政违法行为监督工作，促进依法行政。六要推动控告申诉检察工作转型发展，严格落实信访维稳责任，深入推进涉法涉诉信访改革，进一步落实和完善诉访分离、涉法涉诉信访事项导入司法程序、依法终结等制度机制。七要全面加强未成年人检察工作。严格落实未成年人刑事案件诉讼程序，最大限度教育感化挽救涉罪未成年人；深入开展“法治进校园”等活动，切实加强未成年人犯罪预防工作。

六、坚定不移加快智能化建设步伐，把“智慧检务”建设提高到新的水平。积极推进“智慧侦监”“智慧民行”等信息化项目建设，不断完善“智慧公诉”信息系统，全面提升司法办案智能化水平。完善和优化“晋城检察APP”功能，形成融检察服务、检务公开、检察宣传、监督评议于一体的智能化公共服务平台。扎实推进“微检务”集群建设，构建便利快捷的移动服务体系。加强信息化建设成果的应用，推动应用工作向深度应用发展，切实提高检察人员运用信息化建设成果做好检察工作的能力和水平。

七、坚定不移贯彻“五个过硬”要求，努力建设新时代过硬检察队伍。坚持打铁必须自身硬，全面抓好检察机关党的建设和队伍建设。一要实施“党建引领”工程。深入学习贯彻习近平新时代中国特色社会主义思想和党的十九大精神，持续推进“两学一做”学习教育常态化制度化，扎实开展“不忘初心、牢记使命”主题教育。以“三基建设”为抓手，不断加强党的基层组织建设。二要实施“素能提升”

关于晋城市2017年国民经济和社会发展计划执行情况与2018年国民经济和社会发展计划草案的报告

——2018年3月28日在晋城市第七届人民代表大会第四次会议上

晋城市发展和改革委员会主任　秦李芳

一、2017年国民经济和社会发展计划执行情况

2017年，全市上下在市委市政府的坚强领导下，以习近平新时代中国特色社会主义思想为指引，坚决贯彻落实习总书记视察山西重要讲话精神，按照市委的工作思路和要求，认真执行市七届人大二次会议审议批准的2017年国民经济和社会发展计划，落实市人大财政经济委员会的审查意见，抢抓国发〔2017〕42号和晋发〔2017〕49号政策机遇，坚持稳中求进工作总基调，坚持把“供改”与“综改”结合起来作为经济工作的主线，积极实施创新驱动、转型升级战略，统筹推进稳增长、促改革、调结构、惠民生、防风险各项工作，全市经济运行质量效益持续改善，经济发展活力潜力正在释放，强劲的转型态势逐步形成，计划执行情况良好。

（一）经济运行稳中向好，质量效益明显提升

2017年，面对复杂严峻的经济形势，市委市政府认真贯彻落实国家、省各项政策措施，结合晋城实际，制定出台了一系列稳增长、促转型重大举措。主要指标发生重大标志性变化，总体呈现出稳中有进、稳中向好、稳中提质的良好局面。

经济保持平稳增长。2017年，全市完成生产总值1151.5亿元，比上年增加95.3亿元，增量为2013年以来最高，比前五年增量总和（43.5亿元）多51.8亿元（国家实施研发支出核算口径）。按可比价格计算，增长6.1%，增速比上年提高2.3个百分点，为2010年以来增速提速最快的一年。

图表1：晋城、山西和全国GDP增速（%）

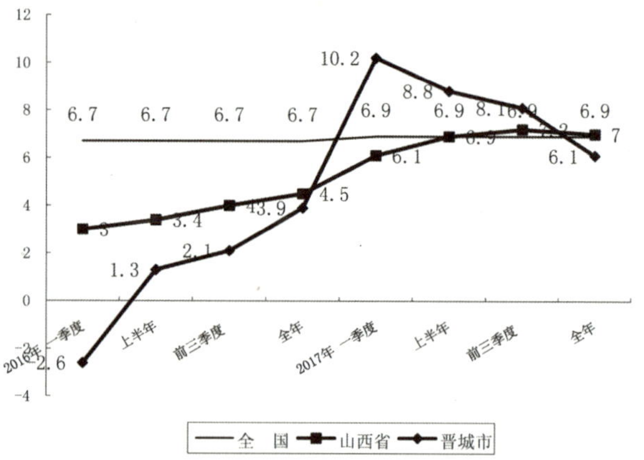

经济结构持续改善。服务业稳步增长，全市服务业企业总数达8.4万家，同比增长12%，比上年增加0.9万余家。全市服务业增加值完成481.9亿元，增长8%，占GDP比重为41.9%，拉动GDP增长3.3个百分点，对经济增长贡献率为53.3%，对GDP的贡献率较往年明显提高。非煤产业成为工业增长的主动力，对工业增长的贡献率达47.4%。全市战略性新兴产业、非煤产业增加值占规上工业增加值比重分别达11.3%、38.6%。

工程。把专业化建设摆在突出位置，加强对检察人员的分层次、分类别、分岗位培训，增强培训工作的针对性、实效性。坚持“案子怎么办，兵就怎么练”，组织开展和积极参加“岗位练兵、业务竞赛”活动，提升检察人员履行法律监督职责的能力。三要实施“作风锤炼”工程。坚持以上率下，巩固拓展落实中央八项规定和实施细则精神成果，持续整治“四风”。扎实开展以“廉洁勤政、担当作为”为主题的警示教育月活动，纠正不作为、慢作为、乱作为等问题。四要实施“干警关爱”工程。要对检察人员在思想、工作、生活上真诚关心爱护，增强检察队伍凝聚力、创造力。要畅通员额检察官、检察辅助人员和司法行政人员职业发展通道，大力营造风清气正、干事创业的良好政治生态。

图表2:2012年以来晋城市三次产业比重(%)

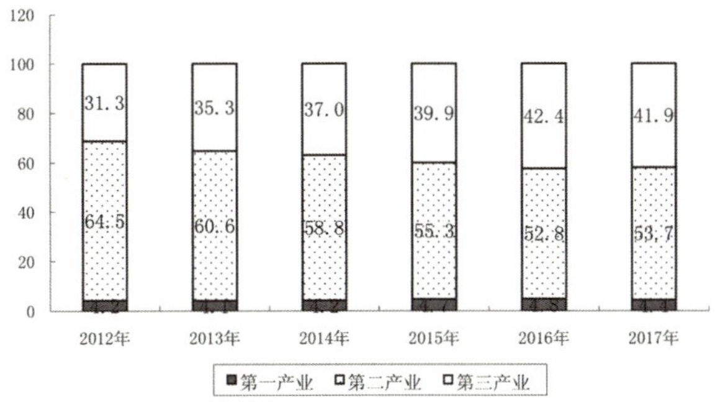

投资结构持续优化。2017年全市完成固定资产投资430.7亿元,同口径比较增长6.3%,增速分别比上半年、前三季度提高3.3、2.5个百分点,与全省持平。投资结构进一步改善,投资质量不断提升。工业投资增速逐月加快,1—3月份工业投资首次实现由负转正,全年增长13.1%,占全部固定资产投资比重为40%。民间投资企稳回升,降幅(下降0.6%)较前三季度缩小3.7个百分点,占全市投资比重56.6%。PPP项目加快推广应用,2017年我市PPP项目库储备项目52个,投资规模327.2亿元。重点工程进展顺利,高沁高速建成通车,太焦高铁全面推进,晋城机场前期工作进展顺利,阳蟒高速加快建设,太行一号国家风景道正式开工。253项省市重点工程完成投资288.5亿元,占全社会固定资产投资的67%。

图表3:固定资产投资累计增速(%)

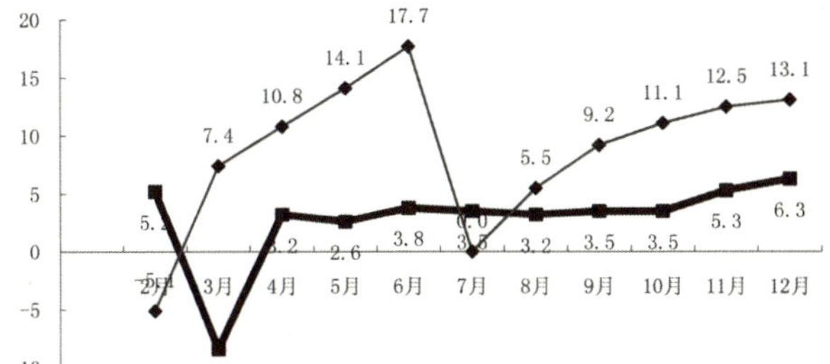

消费市场持续活跃。大力提升商贸服务基础设施,积极培育新兴消费,千方百计扩大消费需求,消费品市场运行总体良好。大力推进电子商务进农村综合示范工作,我市共建设县级公共服务中心6个,村级服务站点1630余个,并成功引进阿里巴巴、京东商城、苏宁云商、乐村淘等电子商务企业入驻我市。鲁村小米、彤康山楂酒、沁水蜂蜜等土特产品网络销售明显增长。深度挖掘重点领域消费潜力,积极引导康养、文化、旅游等新兴消费。全年全市完成社会消费品零售总额首次突破400亿元,达到415亿元,增长7.5%,增速高全省0.7个百分点,排全省第一。

图表4:2012年以来全市发改系统争取上级资金情况(亿元)

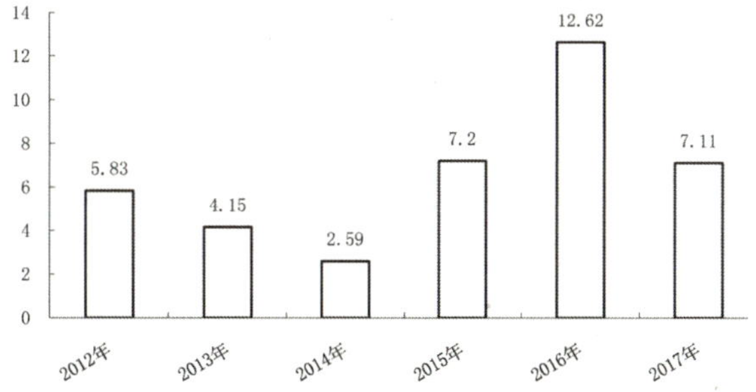

经济增长质量效益明显提升。2017年全市工业生产者出厂价格上涨23.4%,结束了自2012年以来连续五年下降的态势;工业生产者购进价格上涨20.9%,低于出厂价格2.5个百分点。工业企业盈利空间扩大,全市规上工业实现主营业务收入1335.6亿元,同比增长41.1%;利润总额134.3亿元,增长1.5倍,是2013年以来最好水平。全市一般公共预算收入完成101.4亿元,同比增长13.5%,总量首次突破百亿元,实现了新的历史跨越。

图表5:全市社会消费品零售总额增速(%)

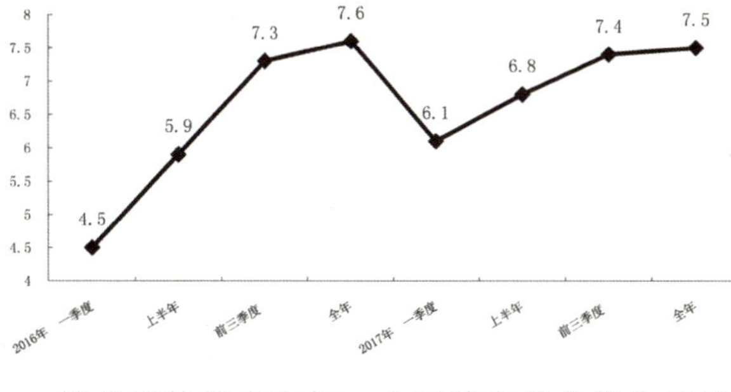

就业形势稳定向好。全面落实就业优先战略,不断引深"大众创业、万众创新",以创业带动就业。积极开展专项活动拓展就业,全年提供就业岗位约4.8万个次,约1.6万人次实现就业或调换工作岗位。积极做好下岗失业人员、就业困难大学生等群体就业工作。全年新增就业人数4.7万人,创业就业人数达到10453人。城镇登记失业率控制在1.74%,就业工作创近年来最好水平。

图表6:城镇新增就业(万人)

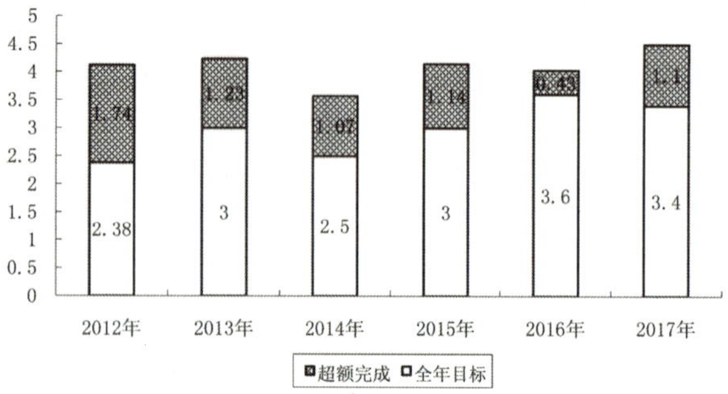

价格总水平基本稳定。全年居民消费价格比上年上涨0.6%。春节期间,安排526万元价格调节基金用于市区优惠供应,市场物价总体稳定。开展清理规范涉企经营服务性收费工作,减轻企业负担890.3万元。加强收费和价格管理,严格落实燃煤电厂脱硫、脱硝、除尘等环保电价政策,调整了市区污水处理费标准,制定了电动汽车充换电服务费标准,全面建立阶梯电价和阶梯水价制度。加强成本调查和监审工作,核减不合理成本6867.2万元。畅通价格举报渠道,22件受理案件全部办结。

(二)坚持"供改"与"综改"相结合,转型动能不断集聚

坚定推进供给侧结构性改革各项任务,支持传统产业改造升级,积极培育新兴产业发展壮大,新旧动能进一步转换,发展质量和效益不断提升。

"三去一降一补"落地见效。坚定去产能。全年关闭5座煤矿,退出产能725万吨/年,占比全省第一。压减钢铁落后产能85万吨。开展打击、取缔"地条钢"、"电解铝"违法经营企业专项行动。科学去杠杆。规上工业资产负债率67.7%,比上年下降1个百分点。银行信贷资金投向煤炭、钢铁、煤化工行业新增贷款占全市新增贷款的比重较上年末下降了58.1个百分点;投向医药环保、新能源等领域新增贷款占全市新增贷款的比重较上年末提升了0.2个百分点,通过"杠杆转移"促进产业优化升级的成效初步显现。有效去库存。2017年,全市商品房可售面积117.3万平方米,理论去化周期9.2个月,商品房待售面积40.8万平方米,去化周期3.4个月,去化周期全省最短,处于合理区间。有效推动规模工业企业产成品去库存,12月末,产成品存货周转天数6.6天,较上年减少0.6天。努力降成本。严格执行省政府"减负60条"和"工业19条"等政策,取消和停征41项行政事业性收费,为企业减轻负担10亿元。完成了《晋城市物流业降本增效专项实施方案》。全年工业企业每百元主营业务收入成本74.9元,同比减少4.8元;每百元主营业务收入的三项费用14.7元,同比减少2.1元。大力降低企业用电成本,积极扩大电力直接交易规模,促成天泽煤化工等23户用电企业参与电力直供,为企业减少电费支出3亿多元。精准补短板。扎实推进脱贫攻坚,各类扶贫政策措施得以有效实施。加大城乡人居环境改善力度,公共基础设施进一步完善,公共服务水平进一步提升。

图表7:规上工业增加值累计增速(%)

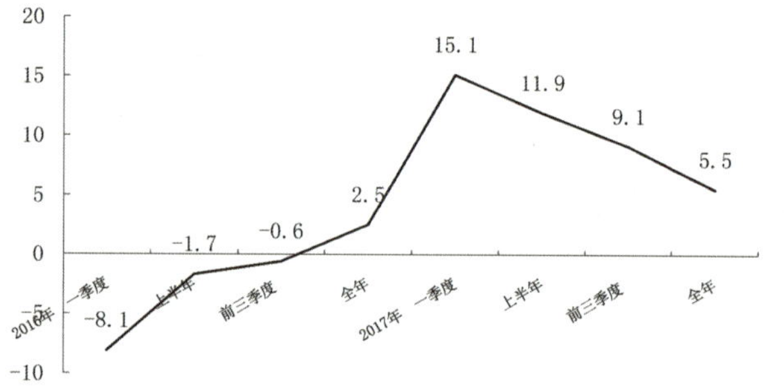

传统产业提质增效。工业经济扶持力度不断加大。出台了《2017年度"1533"工业转型升级攻坚年行动方案》,兑现了"1533"工业行动奖励资金4513万元。工业转型项目顺利推进。重点工业转型项目总投资398.5亿元,全年完成投资68.7亿元。全年银行机构累计投向"1533"工业转型企业、新兴产业和重点项目投放资金659.1亿元。传统产业技改力度加大。组织企业积极争取省级技术改造资金,9个项目获省级支持资金7435万元。推进冶铸行业集聚发展,南村智能铸造创新工业园开工建设,晋钢集团铸造科技产业园进展顺利。积极推动传统煤化工向现代煤化工转型,兰花己内酰胺项目投产运行、晋煤华昱高硫煤洁净利用项目即将试车。技术创新水平不断提升。我市"煤矿井下用高性能工程塑料复合中高压管道开发"等9个项目被列入《2017年山西省企业技术创新百项重点项目计划》。全市省级以上技术中心企业数达18户,开展产学研合作企业所占比重达6.8%。绿色制造深入推进。制定出台了《晋城市节约能源"十三五"规

划》和《晋城市工业绿色低碳循环发展工程2017年行动计划》。全市工业固体废弃物综合利用率达到68%,重点推进了10个资源综合利用和清洁生产项目建设,总投资11.2亿元。

新兴产业发展壮大。编制了《高端装备制造业发展规划》,设立总规模50亿元的产业转型升级发展基金,各项新兴产业项目稳步推进。高技术产业增加值占工业增加值比重6%,居全省第三。富士康摩拜单车、新型节能电采暖设备等项目投产,清慧5000万件轨道交通材料、中船重工海装风电总装维护基地、绿洲智能化纺织品等7个项目快速推进,开发区“双创”基地、富士康纳米光机电研发中心、国家智能铸造产业创新晋城中心等三大服务平台建设进展顺利。积极推进光伏、风电、瓦斯等新能源产业发展。我市光伏并网发电地面电站规模40兆瓦,分布式光伏发电并网容量163.3兆瓦。远景汇合、华电国际、中电投陵川三个10万千瓦风电项目开工在建。中船重工《晋城市“十三五”分散式风电发展规划》编制完成。积极推进军民融合发展,完成《晋城市军民深度融合发展“十三五”规划(2016-2020)》。文化旅游产业加快发展。成立了市县两级旅游发展委员会,16家重点景区完成所有权和经营权分离改革。完成创建特色旅游乡镇4个、旅游村18个、旅游客栈41个。成功举办第二届海峡两岸神农炎帝文化旅游节、第四届山西(晋城)太行山文化旅游节和首届全域旅游嘉年华活动,全年实现旅游收入444.6亿元,共接待游客4848万人次,分别增长24.7%和24.8%。

(三)重点领域改革纵深推进,发展活力持续释放

紧紧抓住国发42号文、晋发49号文重大政策红利,认真贯彻落实省委“三个三”抓改革工作基本要求和方法,深入推进六大类36项改革任务,重点领域改革不断深化,发展活力得到进一步释放。

国资国企改革加快推进。出台了《关于深化国资国企改革指导意见》、《晋城市国有资本投资运营公司组建方案》等相关配套文件,国企国资改革政策体系基本形成。加快调整国资布局,率先在全省组建注册资本20亿元的国有资本投资运营公司。拟划转企业清产核资全面推开,首批吸收合并划转企业47户。长期停滞生产经营活动的“僵尸”企业,全部完成注销手续,并妥善安置职工。“三供一业”分离移交工作有序推进。

开发区改革步伐加快。市经济技术开发区“三化三制”改革和社会事务剥离工作基本完成,扩区方案通过省级评审。高平市获批省级经济技术开发区。园区基础设施建设加快推进,推行实施开发区(园区)企业化管理。积极推进富士康、江淮重工等园区重点企业提升服务,打造开发区成为我市经济转型发展新的增长极。

投融资体制改革不断深化。认真落实《山西省深化投融资体制改革的实施意见》和《省政府核准的投资项目目录(2017年本)》,最大限度减少市级核准权限。投入运行了“投资项目在线审批监管平台”,所有非涉密投资项目一律实现网上受理、办理、监管一条龙服务。积极探索透明、规范、高效的“不见面”审批机制和“容缺预审”机制,主动减少程序环节、压缩办理时限。我市试行承诺制实行无审批管理工作走在全省前列,制定了《晋城市企业投资项目试行承诺制实行无审批管理试点工作方案》,提前15天在市经济开发区全面推开,改革后审批事项精简率达78%。

价格机制改革积极推进。制定了我市推进价格机制改革工作方案。全面放开了化肥用气价格。储气设施煤层气购销价格由市场竞争形成。放开部分道路客运价格和汽车客运站部分收费,扩大道路客运政府指导价幅度,农村客运价格实行政府指导价管理。市级公立医院取消药品加成(中药饮片除外),实行零差率销售。

“放管服效”改革有力有效。市县两级行政机构权力清单、责任清单公布运行。商事制度改革成效明显,启用首批涵盖17种相关证照的“多证合一”营业执照,在全省率先推动营业执照注册全程电子化改革试点。市政务服务大厅投入使用,市级“两平台、一张网”建成运行。高平市相对集中行政许可权改革试点积极推进。“13710”信息督办系统有序运行,行政效能持续提升。

(四)深入实施创新驱动战略,创新创业能力和

效率显著提升

不断优化科技创新政策环境，深入实施创新行动，高起点高标准推进“双创”发展，创新驱动取得明显进展。科技创新步伐加快。建立厅市科技创新工作会商制度，与山西省科学技术厅签署了我省首家厅市工作会商制度议定书。组织实施科技计划项目，推荐申报省级项目32项，实施高新技术企业补助、软科学等市级科技计划项目43项。积极推进皇城药业、晋城大医院博士工作站成立。有效促进科技成果转化，2017年我市技术合同成交333项，交易总额完成10.1亿元，增长35%，其中净吸纳技术(引进技术)合同160项，交易总额4.9亿元，增长139%，占比由上年的25%提高到48%。

大众创业万众创新力度加大。制定了全市三年“双创”(2018-2020年)目标任务和行动计划。高平获批首批省级双创基地。加强科技创新平台建设，国家级星创天地2家、众创空间1家、重点实验室1家，省级工程技术研究中心2家、科技企业孵化器和众创空间9家，高新技术企业达到42家。清慧汽车公司获批省级工程研究中心。与清华控股集团太原清控创新基地签署合作协议，打造清控创新基地(晋城)，运营人员已入驻。提升大众创业能力，淘宝大学、京东商学院落户我市。充分发挥市双创协会作用，发展双创顾问48人。

(五)持续扩大对内对外开放，开放型经济水平不断提升

积极融入国家重大战略，不断健全对内对外开放政策体系，加大招商引资力度，推进贸易便利化，开放型经济水平不断提升。

积极对接“一带一路”战略。印发了《晋城市参与丝绸之路经济带和21世纪海上丝绸之路实施方案》、《关于扩大对外开放积极利用外资若干措施的实施意见》等，我市20多家企业参加山西品牌丝路行印尼站、哈萨克斯坦站等会展活动，累计达成合作意向1.5亿元。进一步扩大利用外资，全市直接利用外资达2亿美元。

加强与中原经济区的对接合作。我市成功列入中原城市群核心发展区，是山西省唯一纳入核心发展区的市。拟定了《晋城融入中原城市群发展规划的实施意见》。全方位加强与中原经济区的互联互通、人文交流、项目合作。积极开拓中原旅游客源市场，举办郑州新乡洛阳春节民俗旅游主题推介会，与三市签署了2018年春节民俗旅游送客协议。晋城—郑州、晋城—焦作互通城际公交。

招商引资成效显著。全力改革创新招商引资，编制了招商引资重点产业指导目录，出台了招商引资十条优惠政策，制定了改革和创新招商引资实施方案。精心组织企业参加晋商晋才回乡创业创新工程等一系列重点招商引资活动。全市招商引资签约项目166个，总投资1534.3亿元，开工项目132个，其中2017年当年签约项目开工66个，资金到位370.3亿元。与上海漕河泾新兴技术开发区正式签订了战略合作框架协议。招商引资项目质量和效益不断提升，战略性新兴产业项目占比达到39%。

对外贸易结构优化。对外贸易企稳回升，发展质量和效益进一步提升。2017年外贸进出口总额增速呈逐月加快趋势，5月份一举扭转了连续两年负增长态势，由负转正。全年全市外贸进出口总额完成46.8亿元，同比增长17.6%，高全省12个百分点，较上年同期加快50.4个百分点，为2011年以来增速提速最快。外向型经济发展动能不断增强，高新技术产品出口高于传统产品。电器及电子、仪器仪表等高新技术产品出口分别增长20.4%、85.5%。中国(山西)自贸试验区晋城片区申报工作进展顺利。

营商环境持续改善。积极开展“1+9”专项行动，全面打造“六最”营商环境。入企服务常态化取得积极成效，我市2017年度入企服务企业满意度95%，排全省第三。按照公开透明、信息共享、便民高效的原则，积极推进社会信用体系和政务信息共享建设，编制完成了《晋城市信用信息共享平台建设方案》，印发了政务信息系统整合共享方案和2017年工作计划。建立完善我市守信联合激励和失信联合惩戒制度，诚实守信环境逐步形成。积极推进贸易便利化改革，晋城海关正式开关。

(六)协调推进城乡发展，城乡一体化格局全面构建

着力解决城乡发展不平衡不充分问题，加快农

业农村发展，扎实推进新型城镇化战略，有效促进城乡协调发展。

图表8:全市粮食总产量(万吨)

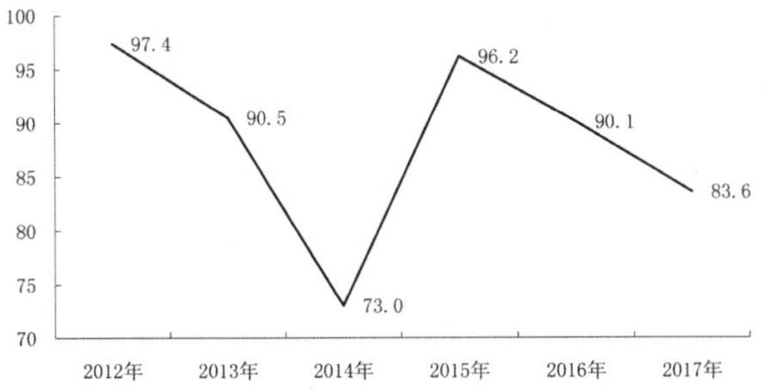

农业现代化基础不断夯实。粮食生产稳定，全年粮食产量达到16.7亿斤。大力推进农业供给侧结构性改革，种养结构优化，畜牧、蚕桑、蔬菜、干鲜果、小杂粮、中药材、食用菌等特色农业优势产业加快发展。高平和泽州生猪、阳城蚕桑、陵川中药材列入

省“一县一业”基地县，种植基地32个。“晋城荆条花蜂蜜”正式成为国家农产品地理标志登记保护产品。农业产业化、标准化、集约化有了新进展，新上农业产业化龙头企业43个，全年全市农产品加工企业销售收入78.2亿元，增长7%，500万元以上的农产品加工企业销售收入达到31.3亿元，增长7%。加快发展农旅一体，全市“农家乐”达上千家，星级以上300多家。

美丽宜居乡村加快建设。围绕治乱、治垃圾、治污水、治农业面源污染四个重点，集中开展农村环境整治工作，农村环境发生较大变化，高平、沁水获推动农村垃圾治理示范县。扎实推进完善提质、农民安居、环境整治和宜居示范“四大工程”，创建了6个省级、20个市级美丽宜居示范村和北留—润城、端氏—嘉峰2个美丽宜居示范村集中连片示范区。加快农村危房改造，竣工314户。传统村落保护力度加大，国家级传统村落69个，占全省四分之一，居全省第一。完成村庄绿化40个。

新型城镇化建设扎实推进。我市被住房城乡建设部成功确定为国家第二批城市设计试点城市。按照拓展、改造、提质、传承的思路，美丽晋城战略规划编制完成。文博路、太岳路、207国道晋城过境段建成通车，陵沁路西北环改线工程、中原街综合管廊及改线工程具备开工条件，新建改建了一批供水、供气、供热等城市基础设施，绿化面积12008亩，全市集中供热普及率达86%以上。编制了《晋城市新型城镇化发展规划(2016—2020年)》。加快培育特色小镇步伐，我市巴公、神农成功入选国家第二批“特色小镇”，总数全省第一。组织申报市级新型城镇化试点乡镇8家，特色小镇9家。全市城镇化率达到59.04%，比上年提高了0.7个百分点。

城乡一体化步伐加快。城乡基础设施明显改善，新开工高速公路建设里程40公里，国、省道路建设改造里程696.9公里，新增公交运营线路54公里，“四好农村路”完成投资7.6亿元，建设里程146.4公里。统筹推进城乡教育、医疗卫生、文化体育、金融服务等社会资源配置，城乡一体化的社会保障和就业服务体系不断完善。县乡医疗卫生机构一体化改革取得重大突破，各县(市、区)全部成立医疗集团。农村产权和土地制度改革不断深化。农村土地承包经营权确权登记颁证工作基本完成。作为省级改革试点的城区，积极开展农村集体产权制度改革试点，南街办事处金华社区完成清产核资。泽州县国家级农村集体经营性建设用地入市试点工作受到国土资源部充分肯定。

(七)积极推进绿色发展，生态环境持续改善始终

坚持“绿水青山就是金山银山”的理念，认真践行生态优先发展战略，持续推进环境攻坚、造林绿化、节能减排三大工程，全方位、全领域、全过程开展生态环境保护。

生态文明建设不断推进。始终把生态文明建设摆在突出位置，出台了《晋城市生态文明建设目标评价考核办法》。全面推行“河长制”，初步建立起市、县、乡、村四级河长制管理体系。

陵川国家级生态保护与建设示范区自评价顺利完成。积极推进陵川、沁水两县开展“国家园林县城”创建工作，嘉峰、马村、三甲获“山西省园林城镇”。加强社会绿化。国有林场改革扎实推进。

环境综合治理力度加大。全力打好生态环境保护“三大战役”，大力实施大气、水、土壤污染防治

三项行动计划。我市作为“4+2”城市划定“禁煤区”，在全省率先启动了秋冬季大气污染综合治理攻坚行动，整治各类“散乱污”企业累计达866家，对5家火电企业、14家钢铁（冶铸）企业、2247台燃煤锅炉实施改造、淘汰和清洁替代。全市水环境质量持续改善。高平、阳城町店、润城乡镇污水处理厂建设全面启动，市区10条黑臭水体等环境综合治理工程加快推进，丹河高平河西湿地全面建成。

我市11个地下水质量考核点位水质类别均保持稳定，全市集中式饮用水源地水质达标率保持100%。继续开展土壤污染治理与修复，完成了112个国家认定土壤环境质量监测点位的布设工作，建立了涉重企业环境管理清单，对320家矿山企业进行了排查。全力配合中央环保督察工作，一批矛盾突出的环境问题得到整改。

生态修复扎实推进。继续加强丹河湿地和历山、蟒河国家级片段保护区等生态修复与保护。大力推进造林绿化和环城生态圈建设，全年完成国省营造林1.17万亩，环城生态圈新增绿化面积1.3万亩，退耕还林面积0.03万亩。强化水土流失综合治理，沁水、陵川两县国家水土保持重点工程基本完成，小流域综合治理和水保生态工程扎实推进。编制完成《沁（丹）河流域生态修复与保护规划》，高平丹河湿地、泽州丹河龙门湿地建设进展顺利。

节能减排持续推进。全市单位地区生产总值能耗下降3.2%，圆满完成年度任务。推进节能绿色改造，深入开展钢铁、火电等重点行业能效对标活动，积极推进建筑节能改造。落实国家强制性能耗限额标准，严格开展项目节能审查。加快推进创建循环经济示范市七项主要任务，对实施方案中涉及的64个支撑项目进行深入调研，为迎接创建验收做好准备。制定了《晋城市2017年燃煤消费压减替代工作方案》。

国家低碳城市试点深入推进。一是积极组织本市辖区参与首批碳交易企业开展历史温室气体排放报告与现场核查工作，协助核查机构进驻企业完成第三方核查和复查工作。二是组织新城、园区、企业、乡村、公共机构和家庭作为市级首批低碳试点单位，开展了“六个一”低碳示范评估，为低碳试点城市建设发挥示范带动作用。三是完成了低碳城市试点项目结题验收，形成成果报告。四是积极开展应对气候变化工作，完成了《晋城市2016年度温室气体排放目标完成情况和措施落实情况自评估报告》。五是组织开展了全国低碳日和节能宣传周活动，营造浓厚低碳氛围。

（八）持续加力保障和改善民生，人民群众幸福感获得感增强

坚持把为民造福作为一切工作的发力点和立足点，认真落实各项惠民举措，加大保障和改善民生力度，人民群众幸福感获得感不断增强。

脱贫攻坚强力推进。陵川、沁水两个贫困县脱贫摘帽通过审核，73个贫困村退出、3.16万贫困人口脱贫，贫困发生率由实施精准扶贫之初的5.3%降至0.7%。产业扶贫方面，积极探索产业扶贫“政府+龙头企业+金融机构+合作社+贫困户”合作模式。200个贫困村实现村村有产业、有合作社带动目标，187个村得到了“五有”标准。易地扶贫搬迁方面，规划建设了28个集中安置点，完成易地扶贫搬迁10575人，超省下达任务12.2%。光伏扶贫方面，组织全市非贫困县建档立卡贫困村开展了光伏扶贫计划申报工作，完成了陵川、沁水两县2017年光伏扶贫实施方案。金融扶贫方面，发放扶贫小额信贷2.8亿元，完成省市下达全年任务的133.7%。建档立卡贫困医疗方面，出台了《晋城市农村建档立卡贫困人口医疗保障帮扶方案》，为建档立卡贫困人口和农村低保人口购买大病医疗商业补充保险。农村贫困户危房改造保障方面，申报、认定、确认特困户住房保障对象845户，初步解决贫困农户住房安全问题。集中供养方面，整合扶贫资金修建供养中心，集中供养人员2006人，占到“五保”人口的29.3%，我市经验做法在全省推广。

民生支出持续增加。继续加大对民生等重点支出的保障力度，着力解决人民群众最关心的教育、就业、医疗、住房等突出问题。2017年全市一般公共预算支出执行178.4亿元，同比增长3.2%。与民生密切相关的支出达146.5亿元，占一般公共预算支出的82%。

居民收入稳定增加。将现行月最低工资标准

提高80元,同时相应提高小时最低工资标准。提高机关企事业单位退休人员基本养老金,人均月增加170元。2017年,城镇居民人均可支配收入完成30142元,增长6.8%,超年度目标0.8个百分点,城镇居民增幅时隔两年重新回到合理区间;农村居民人均可支配收入完成12511元,增长7.5%,超年度目标1个百分点。

社会保障水平逐步提高。180万居民持有和使用社会保障卡,城镇职工和机关事业单位养老保险并轨,城乡居民医疗保险制度实现统一。养老、医疗、失业、工伤、生育保险参保人数均超额完成全年目标任务。全国异地就医即时结算改革完成,社会保险覆盖范围达99%以上,在全省率先实现六级联网。阶段性降低失业保险费率,从2017年1月1日起标准由1.5%降至1%。为全市1900余户参保企业减轻经济负担7593万元,惠及全市职工近30万人。深入推进国家级社会保险服务标准化试点,市企业养老保险中心全面试行。我市残疾人小康进程"十三五"发展规划出台。

图表9:城镇、农村居民人均可支配收入(元)

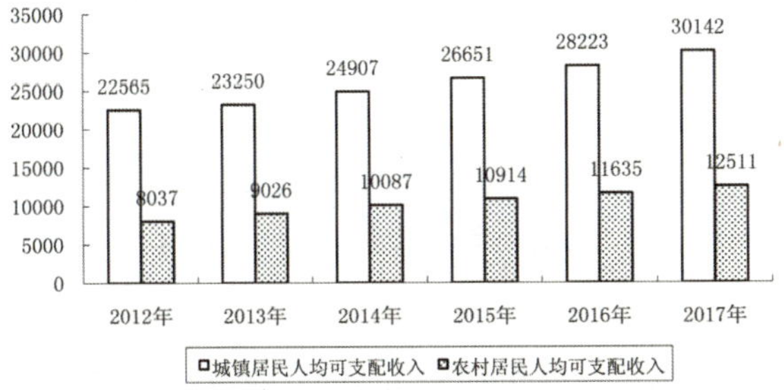

公共服务供给持续加强。促进教育均衡发展。新建改建15所幼儿园。义务教育一体化改革强力推进,启动高中办学条件标准化行动,北大、清华录取人数创历史新高。加快职业教育发展,市旅游职业教育集团挂牌成立。凤城中学高中部、综合实践基地、晋城中专等项目顺利推进。加快医疗卫生事业发展,城市公立医院改革有序推进。市人民医院易址新建项目稳步推进。卫生计生和公共文化服务水平不断提升。

民生工程取得新进展。采煤沉陷区治理工作走在全省前列。2017年搬迁安置工程涉及项目27个7571户,100%完成立项并开工建设。全省采煤沉陷区综合治理现场推进会在我市召开,我市荣获全省搬迁安置先进市,泽州县被确定为国家采煤沉陷区综合治理试点县。有序推进保障性住房建设,全市新开工棚改安置房1853套,棚改货币化安置1361套,基本建成2045套。公租房累计分配8388套。城乡人居环境改善工程完成投资143.2亿元。

各类风险得到积极应对。稳妥推进居民冬季清洁取暖改造任务,全力保障迎峰度冬能源供应,确保人民群众温暖过冬。推动我市小额贷款和融资担保行业健康发展。严格规范和遏制政府"隐性债务",政府债务风险安全可控。强化全过程质量安全管理与风险控制,出台了《加快推进重要产品追溯体系建设实施方案》。严守不发生重大生产安全事故等"三条底线",全年各类生产事故起数、死亡人数分别下降14.6%、4.6%,地方煤矿百万吨死亡率历史最低,安全生产创历史最好水平。加强油气管道保护和新能源安全督查,省公布涉及我市的15处安全隐患全部整改到位。深化"平安晋城"建设,人民群众安全感和执法满意度调查实现全省"六连冠"。

从2017年计划指标执行情况看,年初《计划报告》提出的9项主要预期指标和13项约束性指标总体完成情况较好。预期指标全部完成年度目标,其中,地区生产总值、一般公共预算收入、城镇居民人均可支配收入、农村居民人均可支配收入、城镇新增就业等超预期完成年度目标任务。约束性指标中,农村贫困人口脱贫人数、城镇棚户区住房改造数量2项指标超额完成年度目标,万元GDP能耗、万元GDP二氧化碳排放量、万元GDP用水量、二氧化硫、化学需氧量、氨氮、氮氧化物、达到或好于Ⅲ类水体比例、劣Ⅴ类水体比例等9项约束性指标,预计可完成年度目标。设区市PM2.5浓度下降比例(全省11市仅大同完成)、设区市空气质量优良天数比例(全省11市均未完成)2项指标未完成年度目标,主要是由于上年一季度极端不利气象条件影响,导致上半年基数较高,通过采取强力措施,10月份以来空气质量明显改善。

在肯定成绩的同时,我们也要清醒地认识到,我市发展仍面临不少困难和挑战。一是改革发展总体滞后，发展不平衡不充分问题比较突出，距离人民群众日益增长的美好生活需要还有很大差距。二是构建现代化产业体系的基础还不坚实牢固。加快新旧动能转换任务艰巨，传统产业支撑能力有所减弱，新兴产业接续替代能力不足，创新驱动引擎作用有待提高。三是实体经济发展面临诸多困难。工业效益持续增长压力较大，融资难、融资贵依然存在。四是推进高质量发展还存在一些制约和短板。促进有效供给的市场机制有待完善，要素配置不够优化。城乡基础设施、公共服务、生态环境等方面还有一定差距。对于这些问题，我们要高度重视，进一步采取有力措施予以解决。

二、2018年经济社会发展的总体要求和主要目标

今年是全面贯彻落实党的十九大精神的开局之年，是改革开放40周年，是决胜全面建成小康社会、实施“十三五”规划承上启下的关键一年。做好今年工作至关重要。

（一）总体要求

全面贯彻党的十九大及十九届一中、二中、三中全会精神，以习近平新时代中国特色社会主义思想为指导，认真落实全国、全省“两会”精神和市委七届四次全会暨经济工作会议精神，紧扣社会主要矛盾变化，按照高质量发展要求，统筹推进“五位一体”总体布局，协调推进“四个全面”战略布局，坚持稳中求进工作总基调，坚持新发展理念，坚持“供改”与“综改”相结合，围绕打赢防范化解重大风险、精准脱贫、污染防治三大攻坚战，围绕建设全省转型综改示范区的先行区、能源革命排头兵的领跑者、对外开放新高地的桥头堡三大目标，解放思想、凝聚共识、先行先试，奋力开创新时代美丽晋城高质量转型发展新局面。

（二）主要目标

按照上述总体要求，统筹考虑我市经济社会发展面临的外部环境和阶段性特征，综合考虑需要与可能，当前与长远，速度与质量，按照科学合理、实事求是的原则，提出我市2018年经济社会发展的主要目标：

——经济发展平稳向好。地区生产总值增长7%左右。主要考虑：一是符合我市发展需要。要继续保持就业稳定增加、促进居民收入增长及物价总体平稳态势，都必须保持一定的经济增长速度。二是符合经济运行趋势。2017年我市经济发展实现由“疲”转“兴”，今年这一态势将会得到进一步巩固和拓展，实现7%左右的增速具备一定的基础和条件。三是符合转型发展要求。从转型发展要求看，我们应该更加注重发展的质量和效益，在目标确定上为转型留出空间。四是有利于形成良好的社会预期。今年面临的宏观经济形势仍然复杂多变，要引导各方面坚定信心、增强战略定力，为经济平稳健康发展创造良好的环境。

——有效需求持续扩大。全社会固定资产投资增长10%以上，主要考虑到今年项目储备较为充足，“转型项目建设年”将激发投资活力，企业投资项目承诺制改革效应进一步显现，投资增长具有较大潜力。同时，考虑到充分发挥投资促转型的作用，要把更多注意力放在优化投资结构和提高投资有效性上。社会消费品零售总额增长7.5%左右，主要考虑今年经济发展持续向好、城乡居民收入稳步扩大等积极因素，消费有基础和条件延续近年来持续增长的态势。

——就业质量明显提高。城镇新增就业3.5万人，城镇登记失业率控制在4.2%以内。主要考虑：一是服务业加快发展，新兴产业不断壮大，经济增长带动就业的能力持续增强。二是体现了以人民为中心的发展思想和民生为先、就业为本的执政理念，有利于稳定预期和增强发展信心。

——价格水平总体稳定。居民消费价格涨幅控制在3%左右。主要考虑：一是从翘尾因素来看，2017年新涨价因素相对较少，对今年影响相对较低。二是从新涨价因素看，食品价格将略有上涨，服务价格将保持上涨态势，房租价格涨幅会有所扩大。

三是为价格改革预留空间。

——生态环境持续优化。资源节约方面，万元地区生产总值能耗降幅、万元地区生产总值用水量降幅完成省下达的任务；万元地区生产总值二氧化碳排放量下降4.19%。环境质量方面，设区市空气质量优良天数比例、设区市细颗粒物(PM2.5)浓度下降比例等指标和二氧化硫、化学需氧量、氨氮、氮氧化物4项主要污染物减排指标,完成省下达年度目标任务。达到或好于Ⅲ类水体比例77.78%、劣Ⅴ类水体比例11.11%。

——民生福祉全面提升。城镇、农村居民人均可支配收入分别增长7%左右和7%以上,主要考虑居民收入增长与经济增长同步、农村居民收入增长快于城镇居民收入增长的要求。农村贫困人口预计再减少0.99万人,为确保完成脱贫目标奠定坚实基础。城镇棚户区住房改造数量6764套。

(三)工作重点

市委经济工作会议强调要把高质量发展的根本要求贯彻始终,坚持稳中求进的工作总基调,深刻领会省委省政府推动转型发展的“三条基本经验”,聚焦市委市政府争当“先行区、领跑者、桥头堡”目标,坚持“六大原则”,处理好“十大关系”,立足全市经济发展“三个基本特征”,努力促进经济社会持续健康发展。新的蓝图已经擘画,关键是要抓好落实。今年要选准“突破口”,抓准“关键点”,着力攻坚,带动全局发展。

一是聚焦“三大攻坚战”。坚持把“三大攻坚战”作为推动高质量发展的底线性本质性要求。打赢防范化解重大风险攻坚战,突出抓好金融、政府债务、安全生产等领域风险防范,坚决守牢安全稳定底线。打好精准脱贫攻坚战,注重扶贫同扶志、扶智结合起来,提高贫困村和贫困群众的脱贫致富内在动力和自我发展能力。打赢污染防治攻坚战,强化大气、水、土壤等污染防治,使主要污染物排放总量逐年减少,生态环境质量总体改善。

二是聚焦优势产业集群。围绕打造全省先进制造业基地的目标,把推动集聚集群集约发展作为构建我市现代产业体系的重要着力点。以开发区为载体,以优势企业为龙头,以产业耦合和协作配套为重点,着力打造大数据、装备制造、新材料、新能源、传统优势产业等产业集群,提升全产业链,提高投入产出效益,全面提高产业发展质量。

三是聚焦基础性关键领域改革。改革是发展的根本动力,着力抓好关键性改革,努力跻身全省改革第一方阵。加快推进国企国资改革,深化开发区“三化三制”改革,持续推进投融资体制改革,统筹推进财税、收入分配、价格等领域改革,努力推进更多改革事项取得新成绩。

四是聚焦转型项目建设年。转型项目建设年是推动我市经济转型发展的重要抓手。更加注重把项目谋划储备摆在更加突出的位置,提高立项和报建审批效率,开展好手续集中办理、项目开工、项目落地等专项行动,建立健全并联审批、协调调度、市县联动、监督考核等常态化工作机制,确保转型项目建设年取得实效。

五是聚焦“六最”营商环境建设年。持续优化营商环境是转型发展重要保障。要以在全市范围推开企业投资项目承诺制改革试点为突破口,持续深化“放管服效”改革,抓好“证照分离”改革试点,深入推进社会信用体系建设,加强事中事后监管,积极推进互联网+政务,深化拓展延伸“13710”信息化督办制度,务求优化营商环境取得重大进展。

六是聚焦重点民生工程建设。落实以人民为中心的发展思想,切实解决好教育、医疗、就业、住房等民生关切,努力把民生改善重点任务项目化,持续加大民生投入力度,继续推进采煤沉陷区综合治理,加快城镇棚户区改造、城乡人居环境改善、易地搬迁等重点工程,提高人民群众的幸福感获得感。

三、2018年国民经济和社会发展的主要任务

按照党的十九大提出的战略、国发42号、晋发49号文件要求、市委经济工作会议部署,全市上下要紧紧围绕我市建设“先行区、领跑者、桥头堡”三大目标定位,扎实推进各项年度任务,重点做好以下十方面工作。

(一)深入推进供给侧结构性改革,力争在建设现代化经济体系上迈出更大步伐

在当前转变发展方式、优化经济结构、转换增长动力的关键时期,建设现代化经济体系具有重要的现实意义,要从供给侧结构性改革、加快建设现代产业体系、构建完善的市场经济体制方面入手,统筹谋划,重点突破。

培育壮大新兴产业。要以推动制造业优化升

级为关键，以构建全产业链为目标，以高端化、智能化、绿色化、服务化为方向，积极对接“互联网+”和“中国制造2050”，推动高端制造业为代表的新兴产业发展。大数据以建设中等智能城市全国样板为目标，大力推进与阿里巴巴集团合作，积极推进大数据在公共安全、智能交通、社会信用、政务服务等重点领域的应用。推进城区中电智云大数据计算中心和泽州华为科技云计算项目建设。光机电继续加大与富士康对接力度，依托富士康纳米光机电高科技研发中心，重点抓好开发区富士康增资扩股、综合能源智慧园区增量配电业务及多能互补集成化示范10亿元以上项目建设。装备制造瞄准先进技术，壮大产业规模，积极推进中船重工晋城新能源装备产业园、山西晟特恒煤机成套装备、清慧制造轨道交通结构件等项目建设。新能源、新材料围绕优势产品，形成高端化、规模化和集约化发展格局。重点培育动力电池、太阳能光伏组件、高性能空心玻璃微珠等新产品，抓好长征动力三元锂电池、阳泰集团碲化镉薄膜太阳能电池组件、海诺科技二期等项目建设。积极推动电动汽车产业基地建设。生物医药抓好海斯制药智能化冻干粉针、兰花中药材深加工等项目建设。推进融合发展。推进信息化工业化深度融合，组织支持企业申报国家、省级两化融合示范企业和试点企业。鼓励企业围绕产品研发、生产监测、供应链优化等拓展工业大数据集成应用。推动“互联网+先进制造+现代服务业”融合发展。大力促进军民工业深度创新发展，重点支持江淮重工、山西航空发动机维修等企业利用军工优势开发民用产品，推进地方企业积极参与军工细分领域生产。大力促进信息基础设施建设。继续实施“宽带晋城”行动，推动全光纤网络城市建设。

改造提升传统产业。发挥技改资金的引导作用，利用现代技术和管理手段，加大传统产业技术改造。煤化工实施现代煤化工升级示范工程，抓好晋煤华昱高硫煤洁净利用电热一体化、甲醇制清洁燃料技术改造等项目建设。冶铸推动冶炼铸造产业向园区集聚，以延伸构建“冶炼—铸造—机加工—高端装备制造”循环产业链为方向，重点依托国家智能铸造产业创新晋城中心和南村、晋钢铸造产业园，努力打造全国重要铸造基地。陶瓷建筑依托阳城陶瓷工业园区，加快发展中高档建筑陶瓷和日用陶瓷。依托山西建筑产业现代化晋东南园区，加快推广装配式建筑。纺织依托绿洲大麻智能纺织生产线、吉利尔潞绸园等项目建设，带动丝麻纺织产业上档升级。

加快发展现代服务业。聚焦重点领域和发展短板，健全服务业质量标准体系，强化标准实施与质量监测，促进现代服务业提质增效发展。加快文化旅游融合发展。深度挖掘我市山水、古建、生态等文化元素，推进“旅游+”，培育全域旅游新业态。完善旅游基础设施建设，加快推进晋城市太行一号国家风景道建设。建设城市生态观光走廊，形成复合型生态观光带，实现“快旅慢游深体验”。大力推进景区“厕所革命”。推进“旅游可视化呈现中心”建设。积极申报太行山水（王莽岭）世界自然遗产和太行（沁河）古堡世界文化遗产。加快康养服务业发展。以养心、养生、养老为方向，积极探索“康养+”融合发展模式，启动“北方康养谷”建设。加快发展商贸物流业。培育壮大物流企业，统筹规划综合物流园区、物流配送中心、商品交易市场，支持电子商务发展，发展跨境电商，建立健全现代商贸物流服务体系，把我市建设成为功能完善、服务优质的区域性商贸物流中心。加快发展现代咨询业。加大咨询服务业政策支持，以我市煤层气现代咨询业为龙头，逐步整合我市各类咨询（中介）服务业，建立现代咨询业园区，形成产业集聚区。加快发展现代金融业。推进产业链与金融链深度融合。用好各类金融政策，努力保持信贷市场繁荣。大力发展直接融资，搭建股权融资平台，完善融资服务方式。积极争取省级能源转型发展基金在我市投资落地。优化金融资源配置，引导金融机构支持传统产业提升和新兴产业发展。继续实施企业上市培育工程，发展多层次资本市场。深化金融改革创新，积极推动我市金融改革试验区落地。创新保险资金融资新模式，推动保险支农融资。推动大宗化工商品网上交易，探索设立煤化工交易中心。

深入推进“三去一降一补”。重在“破”“立”

“降”上下功夫，优化存量资源配置，扩大优质增量供给。有力有序去产能。坚持淘汰落后产能与发展先进产能相结合，确保完成省下达的全市年度去产能任务。加大力度防范化解产能过剩风险。科学合理去库存。坚持“房子是用来住的，不是用来炒的”，抓好房地产去库存，整顿规范房地产开发、销售、中介等行为，加大房地产用地供应管控和保障房分配力度。提高棚户区、城中村改造货币化安置比例。积极稳妥去杠杆。坚持把去杠杆与防范和化解金融风险结合起来，引导企业发展股权融资，支持企业走向资本市场。加强政府债务管理，规范政府举债行为。多措并举降成本。全面落实降低实体经济企业经营成本政策措施，做好税费、融资、人工、制度性交易、用能用地、物流等领域降成本工作，帮助企业降本增效。积极扩大电力直接交易规模，减少企业电费支出。全力以赴补短板。重点加大对脱贫攻坚、基础设施、科技创新、生态环境保护等领域政策、资金支持力度。

大力发展民营经济。认真落实民营经济各项政策举措，积极营造公平有序发展环境，破除信贷、招投标等方面的歧视性限制和各种隐性障碍。加大民营企业培育力度，构建“亲”“清”新型政商关系，营造民营企业家创新创业良好氛围。加强优秀民营企业家培育，支持发展创客学院，培养一批年轻有为的企业家队伍。推进“236”行动，重点抓好民营企业转型项目建设。按照“个转企、小升规、规改股、股上市”的路径，加大财税支持力度，培育一批“小升规”、“小巨人”企业，抓好服务业“小上限”企业。

(二)大力推进能源革命，力争在优化能源供给体系上彰显更强优势

积极优化能源供给结构，全面落实国家、省在煤炭、煤层气等能源勘查、开发、对外合作等方面的优惠政策，突出抓好“煤炭革命”和“煤层气革命”，推进落实《晋城市打造全省能源革命排头兵实施方案》，争当全省能源革命排头兵领跑者。

加大煤层气综合利用。抓住煤炭采矿权范围内的地面煤层气开发项目备案下放我省的机遇，重点建设郑庄、里必、潘庄、马必区块抽采和坪上、玉溪、胡底等瓦斯发电项目，打造全国重要的煤层气产业基地。力争全年煤层气地面抽采量达到32亿立方米以上，煤矿瓦斯抽采达到10亿立方米以上，利用5亿立方米以上。加快可再生能源产业发展。坚持把风电、光伏、太阳能等可再生能源发电作为优化能源结构的重点。积极推进陵川和沁水中电投、泽州华电风电、泽州晶耀光伏发电等项目建设。争取华电泽州山河镇10万千瓦二期和中电投陵川风岭山10万千瓦三期风电项目尽快开工建设。加快高平市生物质发电项目前期工作。积极申报垃圾焚烧发电项目。

推动煤炭安全绿色高效清洁开发利用。加快煤炭企业混合所有制改革，引导符合条件的煤矿积极参与减量重组，促进全行业优化产业布局，提高产业集中度。推广“优煤易购”煤炭电子商务销售模式，拓展优质无烟煤市场。推进我市无烟煤地理标志证明商标办理，叫响叫亮晋城无烟煤品牌。

积极推动能源消费、技术创新和对外合作。积极优化能源消费结构，开展能源消费总量和强度双控行动。探索建立用能权有偿使用、市场交易、核查监管等制度框架，总结试点成功经验和有效做法，凝练推广典型模式。以我省第七届能源博览会和太原能源低碳发展论坛为契机，进一步扩大我市能源开放合作。加大技术创新力度，重点在煤炭分级分质转化、煤层气勘探开发利用、低碳技术等领域取得突破，抢占发展制高点。

(三)扎实推进转型项目建设年，力争在扩大有效需求上提供更高优质服务

落实好《晋城市转型项目建设年(2018)工作方案》，发挥投资对优化供给结构的关键性作用，促进三大需求协同发力，努力实现更高水平的供需平衡，推动经济高质量发展。

扩大合理有效投资。推进转型项目建设，切实加强转型项目谋划储备，积极开展好转型项目建设年系列专项行动，建立健全项目推进“六大机制”，强化督查考核，严格责任落实，确保转型项目建设年取得实效。重点在新兴产业、脱贫攻坚、生态环保、科技创新等短板领域加大投资力度，特别要加大制造业投资。高标准推进一批省市重点工程，突

出转型导向,强化协调服务。今年全市拟确定省市重点工程68项,年度计划投资245.7亿元。及时下达政府资金,确保政府投资发挥效益。激发民间投资活力,破除限制民间资本参与公平竞争的隐性壁垒,盘活存量资产,实现投资良性循环。推动建立健全PPP项目投资合理回报机制,培育良好投资环境。加大项目综合监管力度,深入开展重点领域重大项目稽查,全面落实"双随机一公开"机制,抓好重点环节专项治理,有效促进问题整改落实。加强企业投资项目先建后验,加大项目动态跟踪和监管,确保承诺制落实到位。

持续推动消费升级。继续深入实施"十大扩消费行动",大力推动"双创",保障城乡居民增收,筑牢消费稳定基础。推进名优特商品营销网点建设。积极引导康养、文化、旅游等新兴消费,提升生活服务品质,构建绿色餐饮发展新模式,促进家政服务规范化专业化发展,释放重点领域消费潜力。推动流通模式创新,促进电子商务发展,打造全国全省有较强竞争力的电商品牌。重点推进电子商务进农村、进社区,营造农村和社区电子商务良好生态。健全产品质量追溯体系,依法严厉打击侵权假冒行为,营造良好消费环境。

努力扩大进出口。利用开放窗口为企业开拓对内对外市场,扩大晋城品牌影响力和知名度。加快培育外贸综合服务企业,继续推进富士康、泫氏铸管、清慧制造等企业产品的出口。完善我市鼓励进口技术和产品目录,落实相关配套政策,用足用好进出口信贷等支持政策,扩大出口信用保险覆盖面,培育外贸综合服务企业和跨境贸易电子商务等新业态,扩大对先进技术、先进设备和关键零部件进口,重点抓好高新技术、机电、铸管件等增长型商品进出口。

加强经济监测和规划评估。加强经济形势分析研判,及时抓准苗头性、倾向性问题,提前做好政策预案。强化对经济社会发展热点、难点、重点的研究,做好政策储备。推进落实好"十三五"规划纲要实施体制机制创新,做好"十三五"规划中期评估,对标新时代各项要求,调整相关目标任务。

(四)大力实施乡村振兴战略,力争在加快推进农业农村现代化发展上取得更大成绩

贯彻落实好中央农村工作会议精神,按照"产业兴旺、生态宜居、乡风文明、治理有效、生活富裕"总要求,深入推进农业供给侧结构性改革,加强农村基础设施建设,加快推进农业农村现代化发展。

加快构建现代农业体系。积极推进农业供给侧结构性改革,重点扶持畜牧、食用菌、蚕桑、设施蔬菜、干鲜果、中药材、小杂粮等特色农业优势产业。积极发展功能农业、开发功能食品,深入推进农产品加工,农产品加工销售收入增长7%,实现质量兴农、绿色兴农。继续完善农产品质量安全可追溯平台,确保不发生农产品质量安全事故。大力推进农业标准化生产和品牌建设。加快农、林、文、旅、康养试点建设。推动建设晋城特色农业供给区、有机旱作农业示范区、农林文旅康养产业发展先行区。

加快美丽文明乡村建设。深入实施农村人居环境改善工程,推进农村污水、垃圾集中处理和农村厕所革命,加快"四好农村路"建设,全面改善农村生产生活条件。支持有条件的乡村探索发展集循环农业、创意农业、农事体验于一体的"田园综合体"。不断完善农村水、电、暖、气等基础设施建设。抓好农村饮水安全巩固提升工程。重点支持陵川、沁水两县农村危房改造。加强乡村清洁、传统村落保护、绿色村庄创建和农村气化工作。

促进农民增收。努力拓宽农民增收渠道。加快农村一、二、三产业融合发展,大力发展休闲农业、乡村旅游、农村电商等新兴业态,增加农民经营性收入。开展新型职业农民培育工程,促进农民创业创新,增加农民工资性收入。盘活农村资源资产,增加农民财产性收入。

(五)大力实施创新驱动,力争在要素支撑上集聚更大动能

不断完善创新政策体系,优化创新生态,加大科技创新力度,加快创新创业,推动经济发展新旧动能接续转换,形成多主体协同、全方位推进的创新局面。

优化创新生态。加强科技人才培养引进。落实我市招商引资、招才引智"双十条"优惠政策。通

过建设高端人才公寓、人才周转房、公租房、给予住房补贴等多种形式，为各类人才提供良好的创业就业环境。建立科技帮扶入企机制，加强应用基础研究。支持各类服务机构开展创业项目开发、风险评估、创业指导、融资服务、跟踪扶持等服务。加强知识产权保护，营造尊重创造、鼓励探索、宽容失败的文化氛围。

强化企业创新主体地位。鼓励企业加大研发投入，支持规上工业企业设立研发机构。鼓励企业收购并购研发机构，直接进入高端创新领域。择优培育一批科技型中小企业和高新技术企业，力争年内国家级高新技术企业数达到45家。

深化科技体制改革。支持企业、高校、科研院所深度融合。推进科研立项机制改革，重点支持我市支柱产业和新兴产业方面的重大科技专项和重点研发项目。支持科技型中小企业申领科技创新券，推动大企业、科研院所向社会开放大型仪器和设施设备，促进创新平台资源共享。推进科技奖励制度改革。扩大科研院所和科研人员项目经费管理自主权，下放科技成果"三权"，实行股权期权激励。

大力促进科技成果转化。积极做好科技成果转化和知识产权交易管理服务平台的管理工作，设立科技成果转化引导基金，提高科技成果转化率。整合全市科技资源，积极筹备建设晋城科技大市场。建立市县科技成果转化平台，推动产业链、创新链、资金链"三链融合"。

大力推进创新创业。启动创新型城市建设，加快编制2018年工作方案，以试点为突破口推进各项工作。加快科技创新平台建设。加强省级以上重点工程实验室和工程技术中心建设。优化完善科技企业孵化器功能，建设一批院士、博士工作站。强化创新、创业、创投、创客"四创联动"。多层次培育双创主体，鼓励企业建立首席技师制度，设立"技能大师工作室"。抓好高平市全省双创示范基地建设，推进开发区申报省级双创示范基地，推进清控创新在我市打造国家级创新创业基地。

(六)统筹区域协调发展，力争在城乡建设上打造更多亮点

充分发挥中心城市的辐射带动作用，全力推进新型城镇化建设，加大县城发展力度，提升基本公共服务均等化水平，让区域发展更趋协调性、联动性和整体性。

提升城市功能品质。高起点编制城市规划，推进中心城区综合提质。重点抓好金村新区建设和老城区改造提升。不断完善城市基础设施建设，推进实施通道、通畅、通顺"三通"工程。科学制定水源、热源、气源"三源"提升方案，提高城市供水供暖供气保障水平。积极推进集实景演出、休闲、购物于一体的华谊兄弟星剧场商旅文综合体项目建设，规划打造"城市会客厅"。创新城市管理能力，巩固文明城市创建成果。积极建设智慧城市，完善城管、交通、公安、社保、医疗、教育等应用平台，实现城市管理的信息化和智能化。积极推动城市立法，筹备《晋城城市管理条例》。推进停车场规划工作。

全力推进新型城镇化建设。认真落实全省加快推进新型城镇化建设2018年行动方案，统筹推进新型城镇化建设和城乡一体化。推进落实全市新型城镇化发展规划，持续推进巴公、北石店国家级新型城镇化试点及润城、巴公、神农国家级特色小镇试点建设。加强司徒小镇等非建制镇类特色小镇的规划建设工作。积极支持马村、大阳、北留、嘉峰、端氏等重点镇申报国家特色小镇，充分发挥示范引领作用，推进我市特色新型城镇化格局。启动实施2018—2020年三年棚改攻坚计划，全年棚改新开工6764套，基本建成2200套。

加强县域协同发展。各县(市、区)要立足自身基础，突出特色，差异发展，在全市区域发展格局中提升定位、发挥作用。城区重点在发展商贸物流、文化旅游、城郊农业等方面有新作为，提升三产服务业规模和档次。泽州县重点改造提升冶炼铸造和煤化工产业，推动铸造向制造转变，传统煤化工向现代煤化工转变。高平市重点发展新能源新材料，壮大农产品加工，提高产业整体品质，培育经济转型新动能。阳城县重点放大陶瓷、蚕桑、文化旅游等产业优势，在提高产业素质和规模上下功夫。陵川县大力发展生态旅游和特色农业，农旅结合，全力打造中原地区最有影响力的休闲旅游健康度假中心。沁水县重点把煤层气发展成为新的支柱

产业,为转型发展开辟新路。

(七)加大基础性关键领域改革攻坚力度,力争在充分释放发展活力上取得更大突破

突出抓好重点领域改革,以"一子落"带动"全盘活",有效破解发展难题,激活转型发展动力活力。

加快推进国企国资改革。积极推动国有企业公司制改革,在市属国有企业开展混合所有制改革试点。推动兰花集团聚焦主业,提升融资能力,加快产业转型。推动天泽集团进一步优化股权结构,做好上市前期工作。加快"僵尸"企业市场出清。抓住国家、省支持国企改革政策"窗口期",妥善解决国有企业办社会等历史遗留问题,全面推进国有企业职工家属区"三供一业"分离移交。支持省、市、县三级国有企业联动发展,鼓励企业优化整合,推进行业内部重组或上下游联营。

加快投融资体制改革。认真落实《山西省企业投资项目核准和备案管理办法》。密切跟踪国家和省动态,加快我市投资管理法治化进程。积极有序推行企业投资项目无审批承诺制,在法律允许范围内,通过靠前服务、企业承诺、简化合并等方式实现流程再造,提高审批效率。发挥投资项目在线审批监管平台作用,积极推动核准类项目并联审批,提高事中事后监管效能。努力构建公平竞争的市场环境,整治"红顶"中介,减少企业时间和费用成本。

深化推进开发区改革创新。全面对标转型综改示范区,加快市经济技术开发区"一区三园"整合进度,深化"三化三制"改革,紧扣园区基础设施建设和招商引资两大任务,打造晋城国家级台商投资区,中国—丹麦(晋城)国际产业生态合作园。加快落实高平开发区改革方案,推动起步区早日开工建设,项目尽快落地。推动阳城、沁水省级开发区争取早日获批。推动陵川积极申报省级生态文化旅游开发区。

深化"放管服效"改革。积极推进开发区"证照分离"改革试点,打开"准入"和"准营"两扇大门。重点抓好高平市相对集中行政许可改革试点相关工作。完善市行政审批中心运行机制,严格落实"两集中两到位",实行"一颗印章管审批"。推行"互联网+政务服务",加快推进"最多跑一次"改革。深化推进事业单位改革。

深化价格领域改革。积极落实全省《全面深化价格机制改革的实施意见》。推进资源型产品价格改革,加大环保电价政策支持力度,完善居民阶梯电价政策,推进居民用电峰谷分时电价政策,建立居民用气阶梯价格制度,积极推行"两部制热价"。强化前期物业和保障性住房小区物业服务、停车收费管理。深化医药价格改革,完善城市公立医院改革工作。取消民办学校非学历教育收费备案。加强农产品成本调查和定(调)价成本监审。深化煤层气管理制度改革。积极推进落实《山西省深化煤层气(天然气)体制改革实施方案》,完善准入和退出机制。积极争取煤层气资源税改革,获得国家和省支持。

加快信用体系和政务信息系统建设。一是继续做好社会信用体系建设,落实好社会信用体系联席会议制度,加大部门间协调配合,推进建成全市公共信用信息共享平台。二是加快政务信息系统整合共享。落实好整合共享工作方案,督促协调信息资源目录编制、信息共享平台和数据开放网站建设接入工作,构建互联互通、业务协同、信息共享的"大系统"平台。

(八)加强区域合作共赢,力争在推动全面开放新格局上拓展更大空间

认真研究融入国家重大战略的政策、举措、路径,充分利用全省落实中原城市群发展规划实施方案出台的政策机遇,加强区域间的合作共赢,不断提升对内对外开放水平,努力拓展我市转型发展新空间。

积极融入国家战略。一是紧抓国家战略机遇,积极参与"一带一路"建设,拓宽中亚、欧亚大陆桥市场空间,加大煤机装备制造、煤层气和全域旅游相关产业合作。二是抢抓京津冀一体化发展后河北传统产业转移的机遇,研究探索向京津冀地区供应清洁能源,主动服务雄安新区建设。三是主动融入环渤海经济圈,充分利用区域合作市长联席会议制度,对外宣传晋城,吸引投资,精心组织谋划适度规模、富有实效的推介对接活动,提升对外开放水

平。四是差异化承接长三角、珠三角、港澳台等地区产业梯度转移,在产业升级、招才引智、科技创新上加大力度。

深度融入中原城市群协同发展。深入贯彻落实《中原城市群发展规划》,在产业、人才、重大基础设施等方面加大对接力度。加强交通合作。探索重大基础设施合作共建模式,全面提升我市区域交通枢纽功能。在晋城、郑州、焦作三市城际公交互通基础上,加大推进我市与长治、运城及中原城市群的城际合作力度,有效促进公共服务共建共享,资源要素汇聚流动。加强产业合作。建立政府协调对接平台,加强能源、商贸物流、文化旅游、装备制造、特色农业等产业发展协作配套,加强生态环境同治共保。加强人才交流合作。推动构建中原城市群城市间互补的人才流通体系和人才市场。加强科教文化合作。积极推进与中原城市群基础性科技教育资源的联网共享,探索开展联合办学,参与构建产学研和科研开发联合体,共享技术创新优势和技术转化成果。

加快构建内畅外联交通格局。提升基础设施互联互通水平,加快构建立体联网、内外联通、多式联运的综合交通运输体系。

加快太焦高铁晋城段建设,做好呼(和浩特)南(宁)高铁豫西通道对接工作。有序推进晋城机场前期工作,开工建设阳城通用机场。开工建设晋阳—晋济连接线。推动跨市的陵川—长治一级公路,阳城—运城、沁水—安泽高速公路前期工作。力争晋城—阳城高速公路八车道拓宽改造工程年内开工。加快推进陵川王莽岭—新乡、阳城蟒河—济源出省口高速路建设。

培育外贸竞争新优势。不断扩大对外劳务输出和境外投资。推动郑州铁路局、晋城北站与兰花保税物流中心合作,建设具有海关、检验检疫等功能的晋城铁路出口口岸,谋划晋城航空口岸建设。全力推进兰花保税物流中心与天津港合作。支持争取中国(山西)自贸试验区晋城片区建设,做好自贸区晋城片区申报设立。

推进招商引资提质增效。举办好专题招商引资活动。瞄准目标区域,抓住富士康、中航、中船、晋煤等龙头企业,坚持以企招商、以商招商、以产业链招商。鼓励兰花等企业瞄准高科技产业以股份招商,引进战略性新兴产业项目。坚持引资与引智引技并重,加大研发机构引进力度,鼓励和吸引晋商晋才创业创新。研究完善招商引资优惠政策,千方百计降低营商成本。探索实施政府购买招商项目专业化服务。提升利用外资规模质量和效益,鼓励外资进入战略性新兴产业和高技术产业。

(九)加强生态文明建设,力争在提升绿色发展水平上实现更大进步

坚决打赢新时代生态环境保护攻坚战,加强生态文明建设,推进绿色化产业发展先行区建设,努力提供更多优质生态产品,不断提升绿色发展水平。

建立生态文明体制机制。出台落实我市生态文明建设考评体系和机制。在确保环境质量稳定达标前提下,在市域内科学合理配置环境容量。进一步明晰生态环境损害和修复治理责任主体,探索建立我市生态环境损害的修复和赔偿制度。加大水功能区和入河排污口监督管理,完善地表水跨界断面水质考核生态补偿机制。严格落实环境影响评价制度,建立项目环评审批与规划环评、现有项目环境管理区域质量联动机制,推进规划环评清单式管理,实现重点产业园规划环评“全覆盖”。建立绿色金融体系,发展绿色信贷,争取建立国家级绿色金融改革创新试验区。

推进国家级低碳试点城市建设。积极开展碳排放权交易,组织辖区内企业开展碳交易能力建设。开展温室气体排放清单编制和碳排放峰值研究,制定切实可行的达峰路线图和实现路径。科学编制《晋城市“十三五”控制温室气体排放实施方案》,为我市温室气体排放提供政策依据。积极组织应对气候变化宣传培训,营造绿色低碳发展氛围。

大力推进循环经济。编制好循环经济规划,研究制定我市煤炭消费减量替代行动方案,推进工业固废减量化、资源化、再利用。实施水效领跑者行动,开展合同节水管理试点示范工程。严格土地用途管制,推广应用节地技术,大力推进清洁生产。

积极开展循环经济发展指标试评价。做好我市循环经济发展指标评价和创建验收工作，力争建成国家级循环经济示范市。

加大治理环境污染力度。深入开展大气污染防治行动，打好"治污降霾、保卫蓝天"攻坚战。全面加快水泥、焦化、陶瓷、砖瓦等行业对标改造步伐。稳妥推进农村居民冬季清洁取暖，强化"禁煤区"燃煤管控。强力推进面源污染综合治理，加大对涉排挥发性有机物行业企业治理力度。严格落实市区烟花爆竹管控措施。着力开展清水行动，打赢水污染防治攻坚战。全面落实"河长制"，坚持地表水、地下水、饮用水、黑臭水、污废水"五水同治"，市区全部消除黑臭水体。加快城镇污水处理和人工湿地重点项目建设。扎实推进净土行动，打好土壤安全保障攻坚战。加快推进农用地和建设用地疑似污染地块修复治理，建立污染地块动态清单和联动监管机制，着力解决土壤污染影响农产品安全问题。

加强生态保护与修复。严格落实环境保护"六项制度"，编制出台《晋城市生态保护红线方案》，划定实施全市生态保护红线管控区域。大力实施造林绿化工程，加快环城生态圈建设和环城破损山体修复，重点抓好环市区龙王山、白马寺山、玉屏山等8个森林（湿地）公园绿化，全面提高市区人均公共绿地面积、城市绿化覆盖率和城市绿地率。持续开展"微绿化"升级行动。重点开展耕地质量保护提升行动，加大农田改良和修复力度。加强采煤沉陷区和矿山地质环境治理。

（十）聚焦保障和改善民生，力争在实现人民群众共建共享上增加更多福祉

坚持以人民为中心的发展思想，从群众反映最强烈最突出最紧迫的问题着手，加强和改善民生，切实抓好各项民生重点工作，努力使人民群众在共建共享中的获得感幸福感不断增强。抓紧盯牢脱贫攻坚。进一步优化、深化、实化各类帮扶措施，继续加大对贫困地区的财力、人力、政策支持，做好对口帮扶扶贫，做到脱贫不脱政策、不脱责任、不脱帮扶、不脱监管。继续实施好易地搬迁、特色产业、光伏、林业生态建设等脱贫项目的提质增效和贫困村整体提升工程，不断增强贫困地区的内生动力和发展能力。

积极促进就业创业。全面提高国家级创业型城市建设水平。鼓励市技师学院和企业推进校企合作，实现毕业入企和进校提升的双向融合。加大覆盖三次产业的技能培训力度，统筹做好高校毕业生、农村转移劳动力、城镇失业人员、4050人员、退役军人等重点群体的就业工作。确保全年新增就业和城镇调查、登记失业率完成年度目标。

完善社会保障体系。实施全民参保计划，将晋煤集团医疗、生育保险纳入全市统筹，执行全市统一的医疗生育保险政策。健全基本养老保险制度，加快各类人员参保登记，提高基础养老金标准。确保失业、工伤、生育保险覆盖规定职业人群，实现社会保障由制度全覆盖到人群全覆盖。继续提高城乡低保标准，加大临时救助力度，提升社会救助水平。扩大跨省市异地就医直接结算范围。完善住房保障，建立多主体供给、多渠道保障、租购并举的住房制度。

健全基本公共服务体系。提升教育发展质量。围绕学前教育普及普惠、义务教育优质均衡、职业教育统筹创新的思路，深化教育体制机制改革，编制《晋城教育现代化2035》。实施东南新区和西北片区等中小学九年一贯制学校建设，推进晋城中专装备制造实验实训楼、凤城中学项目建设。推进招生考试制度改革。加快"健康晋城"建设。继续深化公立医院改革，推进县乡医疗机构一体化提质增效，力争医改进入全省第一方阵。全面提升医疗卫生服务水平，加强疾病预防和控制工作，继续推进市人民医院易址新建。大力实施文化惠民。积极发展文化创意产业，推动文化和旅游等传统行业深度融合。积极申报第四批国家公共文化服务体系示范区。完善公共文化基础设施建设，协调推进体育公园和综合体育中心项目建设。加强非物质文化遗产保护传承，推进"乡村文化记忆工程"。

统筹做好物价工作。一是规范政府制定价格行为，逐步推进政府制定价格机制化。加强合法性审查和风险评估程序，充分发挥第三方机构在制定

关于2017年全市和市本级预算执行情况与2018年全市和市本级预算草案的报告(节选)

——2018年3月28日在晋城市第七届人民代表大会第四次会议上

市财政局局长 崔国炜

一、2017年预算执行情况

2017年,全市财政部门在市委的正确领导下,在市人大的监督支持下,坚决贯彻党的十九大精神和习近平总书记视察山西重要讲话精神,认真落实市七届人大二次会议有关决议,大力实施积极有效的财政政策,全力支持创新驱动和转型升级,倾力保障脱贫攻坚和民生改善,为全市经济社会发展做出了积极贡献。

(一)落实市人代会预算决议情况

1.落实积极财政政策,加快推动转型综改。全面落实普遍性降费政策措施,取消、停征41项行政事业性收费,取消2项政府性基金,扩大残疾人就业保障金的免征范围,为企业减负3.6亿元。

严格按国家增值税退税的相关政策规定,为8家企业办理退税3.2亿元。兑现"1533"工业行动奖励资金4513万元,对79户表现突出的"1533"方阵企业以及其他规模以上工业企业进行奖励。对政策性亏损的5家企业拨付9477万元补贴,解决企业经营困难。

运用普惠金融发展、旅游业发展等产业发展专项资金,采用财政贴息、奖补、补助等方式,引导传统产业有中生新、新兴产业无中生有。投入3270万元支持解决小微企业初创阶段难题,引导创新要素向中小企业集聚,加快建立以企业为主体、市场为导向、产学研相结合的技术创新体系。积极支持高新技术产业发展,支持全市软科技项目32个,支持我市科技企业孵化器基建工程建设,进一步优化科技创新环境,提升我市创新能力。积极申报清洁发展委托贷款和国际金融组织贷款项目4个,申请贷款金额1.5亿元。持续推进政府和社会资本合作,全市纳入财政部PPP综合信息平台的项目25个,总金额255.6亿元,获得省级以上示范项目奖补资金160万元。

2.着力深化财税改革,构建现代财政制度。加大财政资金统筹力度,将新增建设用地土地有偿使用费等基金调整转列一般公共预算,将政府性基金结余超过收入30%的部分调入一般公共预算,取消了排污费、水资源费等以收定支、专款专用的规定。建立并完善了财政支出进度考核奖惩制度,出台《加快财政支出执行进度提高财政资金使用效益的通知》,自3月份省政府排名考核以来,市本级一般公共预算支出进度连续8个月在全省11个地市中排名前三,获得财力性补助奖励800万元;陵川县连续9个月在

价格中的积极作用。二是加强价格事中事后监管,继续开展涉企、医疗服务、药品价格、教育、旅游、供暖供气供水等收费专项检查,进一步规范各类价格收费行为。畅通12358价格举报热线,在春节、国庆节等重要节假日开展市场价格专项检查。

坚决抓好安全稳定和风险防范工作。牢固树立"生命至上、安全第一"发展理念,严格按照"四铁"要求,坚决做好安全生产、社会稳定、防范化解重大风险工作。狠抓安全生产,持续深入开展安全生产领域隐患大排查大整治,着力抓好煤矿、道路交通、危险化学品、非煤矿山、冶金工贸、油气管网等行业安全生产工作。做好金融风险防范,加强政府债务管理,积极防范和化解企业债务违约风险,依法严厉打击各类金融犯罪和非法集资活动,防范房地产领域风险。继续加强和创新社会治理,及时预防化解社会矛盾,完善"网格化"管理。加强社会矛盾纠纷排查化解,严厉打击各类违法犯罪活动,全力维护社会和谐稳定。

全省119个县中排名前十，获得财力性补助奖励900万元。加大结转资金清理力度，对部门结转结余资金进行了三次清理，共收回存量资金7.3亿元，统筹用于民生等重点项目支出，2017年底结转结余在部门的存量资金规模下降77.1%。深入推进预决算信息公开，严格按照时限要求及时公开，预决算公开覆盖面达100%，2017年《中国市级政府财政透明研究报告》显示，我市财政透明度排名位列全国295个地级市第43名，位列山西省11个地级市第1名。加强和规范政府债务管理，将高息债务、到期债务以及逾期债务确定为需要提前偿还的项目，2017年争取地方债券资金16.4亿元，同比增长9.3%。持续深化国库集中支付电子化改革，全市所有专户资金及代管户资金全部实行了电子化支付，纳入市级国库集中支付的356家预算单位全部纳入电子化改革范围。全面升级全市预算绩效管理系统，市级与各县绩效信息同步推进，101家市直部门单位通过绩效管理系统对200个项目进行自评，涉及资金1.88亿元。积极推进财政票据电子化管理改革，实现"以票治费、以票管收、以票促收"。

3.加大民生投入力度，提升群众幸福指数。2017年全市与民生密切相关的支出达到146.5亿元，占一般公共预算支出的82%。教育方面，拨付资金2.3亿元，用于保障城乡义务教育生均公用经费及农村困难寄宿生生活补助发放、资助家庭经济困难大学生、实施农村义务教育寄宿制学生营养改善全覆盖工程。拨付资金1.1亿元支持全市农村幼儿园、中小学校建设项目及全市职业院校重点专业和实训基地建设。继续免除全市普通高中、中职学生学费、中职学生住宿费。医疗卫生和社会保障方面，拨付社保专项资金9.1亿元，保障全市城乡低保、五保对象、贫困残疾人、孤儿等重点优抚对象的基本生活；确保全市公益性岗位和就业困难人员岗位补贴和社保补贴的及时发放。实现城乡居民基本医疗保险基金市级统筹。文化体育与传媒方面，拨付资金4.1亿元，支持农村公共文化建设，确保全市美术馆、图书馆、文化馆、博物馆免费开放，支持开展全市非物质文化遗产保护传承工作，举办第六届全民运动会等各项体育赛事，推动我市文化体育事业繁荣发展。住房保障方面，拨付专项资金4627.9万元，支持城镇低收入住房保障家庭住房补贴发放和城市棚户区改造、扶持公租房等项目实施。脱贫攻坚方面，市县两级财政专项扶贫投入1.1亿元，比上年增加4214万元，增长61.2%。拨付1545万元支持贫困村饮水安全提升改造全覆盖、特困农户住房保障两件扶贫"办实事"项目。充分发挥市扶贫公司政策性融资职能，积极筹措易地扶贫搬迁资金3.9亿元，有效保障2017年全市易地扶贫搬迁建设项目顺利推进。继续深入推进贫困县统筹整合涉农资金，全市共统筹整合涉农资金4.7亿元用于加快脱贫攻坚。

4.全面规范财政管理，确保财政平稳运行。全力抓好财政收入征管，建立全市财税工作沟通联动机制，提高组织收入的主动性和预见性。继续支持做好营改增改革，开展重点企业税源调查，加大综合治税力度，确保应收尽收。调整优化支出结构，连续压减一般性支出，2017年全市一般性支出下降8.1%，实现财政供养人员只减不增。组织全市财政部门、388家行政单位、842家事业单位高效完成权责发生制政府综合财务报告编制工作。积极清理财政借垫款，严格控制新增财政对外借款。加大财政专户清理规范力度，对本地区现有保留的财政专户进行全面梳理，共撤并不合规的专户21个。加强财政资金安全管理，组织开展了扶贫资金、会计信息质量、"三公经费"等专项检查，建立事前防范、事中牵制、事后监督相结合的资金安全保障机制。推进政府购买服务工作，制定出台《晋城市事业单位政府购买服务改革工作实施方案》，2017年全市购买服务安排资金2.2亿元，主要用于基本公共服务、社会管理性服务等事项。加强国有资产监管，完成全市资产清查批复工作。强化政府采购监管，全年我市政府采购预算共完成15.2亿元，同比增长43%，实际采购额13.6亿元，节约财政资金1.6亿元，节约率10.5%。加强部门预算评审工作，按照"先评审后入库"的原则，启动项目预算评审工作，以评审结果作为预算安排依据，进一步提高预算编制的准确性，全年累计评审项目91个，评审金额21.9亿元，审定20.5亿元，核减资金1.5亿元，审减率6.7%。

当然，我们也要清醒地认识到，财政工作面临的困难还不少，一些问题还比较突出。比如，财政收入增长基础尚不稳固，持续稳定增收面临较大压力；预算编制有待进一步细化，资金结转结余过多与支出刚性需求矛盾并存，资金使用碎片化问题仍需破解；财政资源与市场要素对接不足，“四两拨千斤”的乘数效应发挥不充分；一些部门重资金分配使用，轻花钱问效的情况仍然存在，加强财政绩效管理十分紧迫等。面对以上压力和矛盾，我们将积极应对、主动作为，加强财政调控稳增长，优化支出结构保民生，推进科学理财提效能，把财政各项工作做得更好。

（二）2017年预算收支情况

1.2017年全市预算收支情况

（1）全市一般公共预算

全市一般公共预算收入首次突破百亿元大关，完成101.4亿元，为预算的112.4%，比上年增长13.5%。其中市本级33.1亿元，增长22.1%；各县（市、区）完成情况为：泽州县15.3亿元，高平市14.8亿元，阳城县13.4亿元，沁水县12.7亿元，城区7.5亿元，开发区3.1亿元，陵川县1.5亿元；增长速度分别为：泽州县23.4%，高平市16.6%，开发区10%，沁水县8.8%，阳城县8.4%，陵川县4.5%，城区-15.3%。

支出预算在年度执行过程中根据省财政厅追加专项指标及《预算法》有关规定作了相应变动：一是将省追加专项指标按规定顺加到了有关科目；二是报经各级人大常委会批准，增加了政府债券支出；三是将办理省、市、县（市、区）财政结算事项财力变动按规定作了相应账务处理；四是市、县两级根据预算管理有关规定和预算调整方案核减当年不需执行的预算指标和增加调入资金等，对年度预算做出了相应变动。全市一般公共预算支出预算由人代会通过的138亿元变动为179.4亿元，全年执行178.4亿元，为变动预算的99.4%，比上年增长3.2%，其中市本级38.5亿元，下降7%，下降主要原因是补助下级支出比上年增加较多所致；各县（市、区）一般公共预算支出情况为：泽州县29.4亿元，高平市27.7亿元，阳城县24.7亿元，沁水县20.6亿元，陵川县18.1亿元，城区14.7亿元，开发区4.7亿元；增长速度分别为：开发区125.8%，陵川县14%，沁水县13.6%，泽州县5.1%，高平市4.3%，阳城县3%，城区-12.3%。

全市一般公共预算收入101.4亿元，加上级补助收入71.2亿元、债务转贷收入11.1亿元、调入预算稳定调节基金1.8亿元、调入资金12.3亿元、上年结余收入0.7亿元，收入总计198.5亿元。全市一般公共预算支出178.4亿元，加上解上级支出1.2亿元、安排预算稳定调节基金13.5亿元、债务还本支出4.4亿元，支出总计197.5亿元。收支相抵，滚存结余1亿元，均为有专项用途资金结转下年使用。

省对我市转移支付71.2亿元，比上年增长5.4%。其中：返还性收入0.2亿元，下降94%，下降原因主要是“营改增”实施后增值税基数上解因素所致；一般性转移支付37.9亿元，增长16.1%；专项转移支付33亿元，增长6.1%。市对县（市、区）转移支付68.4亿元，比上年增长9%。其中：返还性支出-3.2亿元，下降94.5%，下降原因同全市；一般性转移支付40亿元，增长21.5%；专项转移支付31.6亿元，增长8.5%。

（2）全市政府性基金预算

全市政府性基金收入16亿元，为预算的88.8%，比上年增长22.7%；加上级补助收入2.5亿元、债务转贷收入8.6亿元、上年结余收入1.3亿元，收入总计28.4亿元。全市政府性基金支出24.5亿元，为变动预算的97%，比上年增长26.9%；加调出资金2.6亿元，支出总计27.1亿元。收支相抵，滚存结余1.3亿元。

（3）全市国有资本经营预算

全市国有资本经营收入6.2亿元，为预算的114.8%。全市国有资本经营支出0.7亿元，为变动预算的39.4%，加调出资金5.5亿元，支出总计6.2亿元。收支平衡，无结余。

（4）全市社会保险基金预算

全市社会保险基金收入118.2亿元，为预算的117.5%；加上级补助收入4.9亿元、下级上解收入0.2亿元、上年结余收入166.8亿元，收入总计290.1亿元。全市社会保险基金支出83.1亿元，为预算的95.8%；加补助下级支出2.7亿元、上解上级支出1.2亿元，支出总计87亿元。收支相抵，滚存结余203.1亿元。

（5）全市政府性债务情况

省转贷我市地方政府债券收入19.7亿元，分性质来看，一般债券11.1亿元，专项债券8.6亿元；分用途来看，新增债券16.4亿元，置换债券3.3亿元；分级次来看，市本级留用11亿元，转贷各县(市、区)8.7亿元。政府债券对我市应对经济下行压力、加快基础设施和民生项目建设、防范财政金融风险、降低融资成本发挥了积极作用。

截至2017年底，省核定我市政府债务限额为73.1亿元，其中：市本级为27.7亿元，各县(市、区)为45.4亿元，我市各类政府债务余额均控制在省核定的限额之内。

2.2017年市本级预算收支情况

(1)市本级一般公共预算

市本级一般公共预算收入完成33.1亿元，为预算的120.9%，加上级补助收入71.2亿元、下级上解收入1.9亿元、债务转贷收入11.1亿元、调入预算稳定调节基金0.6亿元、调入资金1.3亿元、上年结余收入0.2亿元，收入总计119.4亿元。市本级一般公共预算支出38.5亿元，为变动预算的98.3%，加上解上级支出1.2亿元、补助下级支出68.4亿元、债务还本支出1亿元、债务转贷支出3.3亿元、安排预算稳定调节基金6.3亿元，支出总计118.7亿元。收支相抵，滚存结余0.7亿元，均为有专项用途资金结转下年使用。

主要收入项目执行情况：市本级税收收入24.6亿元，为预算的121.4%，比上年增长27.5%，其中：增值税11.9亿元，为预算的116.4%；企业所得税4.1亿元，为预算的113.7%；个人所得税0.9亿元，为预算的101.5%；资源税5.7亿元，为预算的169.1%；其他税收2亿元，为预算的91.6%。市本级非税收入8.4亿元，为预算的119.5%，增长8.7%。

主要支出项目执行情况：教育支出6.8亿元，为变动预算(下同)的99.9%；科学技术支出0.2亿元，为预算的86.6%；文化体育与传媒支出1.1亿元，为预算的100%；社会保障和就业支出3.7亿元，为预算的100%；医疗卫生与计划生育支出1.5亿元，为预算的100%；节能环保支出4.8亿元，为预算的89%；城乡社区支出6.1亿元，为预算的100%；农林水支出1.6亿元，为预算的98.7%；交通运输支出0.9亿元，为预算的100%；国土海洋气象等支出1亿元，为预算的100%；住房保障支出1.2亿元，为预算的100%；公共安全支出3.9亿元，为预算的100%。

(2)市本级政府性基金预算

市本级政府性基金收入1.8亿元，为预算的74.8%，比上年下降22.5%；加上级补助收入2.5亿元、债务转贷收入8.6亿元、上年结余收入0.5亿元，收入总计13.4亿元。市本级政府性基金支出5.3亿元，为变动预算的94.8%，比上年增长62.4%；加补助下级支出2.3亿元、债务转贷支出5.4亿元，支出总计13亿元。收支相抵，滚存结余0.4亿元。

(3)市本级国有资本经营预算

市本级国有资本经营收入1.5亿元，为预算的50.2%。市本级国有资本经营支出0.3亿元，为变动预算的100%，加调出资金1.2亿元，支出总计1.5亿元。收支平衡，无结余。

(4)市本级社会保险基金预算

市本级社会保险基金收入60.7亿元，为预算的121.8%；加上级补助收入2.1亿元、下级上解收入0.2亿元、上年结余收入121.5亿元，收入总计184.5亿元。市本级社会保险基金支出40.1亿元，为预算的96.3%；加补助下级支出2.7亿元、上解上级支出0.9亿元，支出总计43.7亿元。收支相抵，滚存结余140.8亿元。

3.2017年晋城经济技术开发区预算收支情况

晋城经济技术开发区一般公共预算收入完成3.1亿元，为预算的107.6%，比上年增长10%，加上级补助收入1.8亿元、调入预算稳定调节基金0.1亿元，收入总计5亿元。晋城经济技术开发区一般公共预算支出4.7亿元，为变动预算的99.9%，比上年增长125.8%，加上解上级支出0.1亿元、安排预算稳定调节基金0.2亿元，支出总计5亿元。

晋城经济技术开发区政府性基金收入3.9亿元，为预算的93.3%，比上年增长314.4%，加债务转贷收入0.8亿元、上年结余收入-1.1亿元，收入总计3.6亿元。晋城经济技术开发区政府性基金支出3.4亿元，比上年增长27.8%，加调出资金0.1亿元，支出总计3.5亿元。收支相抵，滚存结余0.1亿元。

晋城经济技术开发区社会保险基金收入0.2亿元，为预算的73.9%，加上年结余0.1亿元，收入总计

0.3亿元。晋城经济技术开发区社会保险基金支出0.2亿元,为预算的188.7%。收支相抵,滚存结余0.1亿元。

(三)2017年主要支出政策落实情况

推动教育均衡发展。认真落实城乡统一、重在农村的义务教育经费保障机制,继续按照普通小学每生每年600元、普通初中每生每年800元,寄宿制学校每生每年增加200元的标准安排公用经费。继续落实农村地区不足100人的规模较小学校按100人核定公用经费等政策。支持家庭经济困难学生的社会救助和教育资助,优先将建档立卡的贫困户家庭学生纳入资助范围,确保城乡学生不因贫困而辍学。实施全市农村义务教育寄宿制学生营养改善全覆盖工程,按照每生每天3元的标准,提高全市35127名农村寄宿制学生营养膳食标准,保障学生健康成长。

支持科技创新战略。支持构建具有晋城特色的科技创新体系,提升我市科技创新能力。支持科技企业孵化器等科技服务平台建设,加大高新技术企业培育力度,对2016年度被新认定的10家国家级高新技术企业进行补助。支持开展专利申请资助及推广工作,引导企业不断加大科技投入,提高产品的科技含量,增强企业的市场竞争力。实施农村地区分布光伏发电项目补助政策,对新建光伏项目给予每瓦3元的一次性建设安装补贴,对发电量给予每度0.2元的发电电价补贴。

促进文化繁荣发展。支持文化产业发展,对文化娱乐、工艺美术、旅游演艺等重点项目和产品进行扶持。推进文化事业建设,对优秀文艺作品和文化建设工程进行奖扶。按照每村每年1万元的标准支持全市农村文化信息资源共享工程、农家书屋工程、农村文艺演出活动、农村体育活动、农村电影放映工程五项文化建设。按照每套36元的标准继续实施“村村通”广播电视直播卫星接收设备运行维护经费补助政策。支持公益性文化场(馆)免费开放。支持开展“周末大剧场”及百姓大舞台等公共文化惠民活动,丰富群众精神文化生活。支持开展文物古建抢救性保护及维护看护、非物质文化遗产保护及传承等工作。

改善社会保障就业。城乡低保保障标准提标至人均月补助水平城市532元、农村306元。农村五保分散和集中供养标准每人每年统一提高500元。企业退休人员基础养老金再提高6%,人均月增资171元。保障荣军医院、市社会福利院集中供养人员生活,支持农村敬老院、社区日间照料中心和农村互助养老服务中心建设。建立残疾人、经济困难的高龄、失能老年人等补贴制度,为困难残疾人和重度残疾人、经济困难的高龄、失能老人分别给予每人每月50元、30元和60元的生活补贴。按照每人每年2400元的标准对全市90-99岁高龄老人发放高龄补贴。支持实施更加积极的就业政策,扶持5个市级创业孵化基地、451个入驻基地的创业实体,带动1400余人就业。实施企业稳岗补贴用于职工生活补助、缴纳社会保险费、转岗培训、技能提升培训。建立健全城乡统筹的公共就业服务体系,实施高校毕业生就业见习补贴、五类人员职业培训补贴,促进高校毕业生、农村转移劳动力、城镇困难人员等就业。提高优抚对象补助标准,保障在乡复员军人、两参人员、伤残军人等重点优抚对象的基本生活。

深化医疗卫生改革。继续支持重大公共卫生项目建设,支持基层医疗卫生机构和村卫生室实施基本药物制度。人均基本公共卫生服务经费标准由45元提高到50元。城乡居民基本医疗保险的财政补助标准,由每人每年420元增加到450元,缓解了164万城乡居民看病难问题。实施城市公立医院综合改革,取消药品加成收入。加强乡村医生队伍建设,对在编在岗乡村医生给予每人每月800元的生活补助和每人每月30元的参保补助。继续实施计划生育政策补贴,村级计划生育工作人员工资报酬补贴每人每月120元,对农村领证独生子女父母、退二孩指标独生子女家庭等进行奖补。

支持环保节能减排。保障大气污染防治工作,支持年度总量减排、重点行业污染防治、燃煤锅炉整治等防治任务。按照每户6500元的标准对冬季清洁取暖改造进行补助。保障水污染防治工作,支持城市黑臭水体整治、重点流域水污染防治、饮用水水源地环境保护、生活污水处理等防治任务。保障丹河人工湿地和巴公河人工湿地工程建设和管护。支持开展医疗废物等危险性固体废物的处置、市区扬尘污染防治工作。

推进农业供给侧结构性改革。继续向种粮农民发放农业支持保护补贴，促进农业适度规模化经营，建设高标准农田11.9万亩，实施粮食丰收工程。大力扶持产业化龙头企业，加强新型职业农民培育。继续实施设施蔬菜及深加工基地建设、畜牧产业提升、中药材崛起、干果经济林提质增效、育肥猪保险试点等扶持项目，积极推进特色农业产业发展。全面实施城乡环境整治，对美丽宜居示范村创建进行以奖代补，积极改善农村人居环境。完成全市土地承包经营权确权登记，启动农村集体产权制度改革。继续执行退耕还林补助政策，加强天然林保护和森林生态效益补偿，支持村庄绿化、荒山绿化等造林绿化，持续强化森林防火和病虫害防治，加强森林抚育和双保管护，对国有林场进行社会保险补助和停伐补助，推进国有林场改革。加强水利基础设施建设，对陵川县红河张家庄段等中小河流进行治理，启动张峰水库总干末端水池至市区饮水工程，对杜河水电站等水电站进行增效扩容，继续推进杜河提水、郭壁改扩建、沁河河道治理等重点水利工程建设，切实加强防汛抗旱和山洪灾害治理，扎实做好农村饮水安全及维修养护。继续扶持畜禽养殖废弃物处理和病死猪无害化处理，实施重大动物疫病强制免疫，有效保障畜牧产业健康平稳发展。继续落实农机购置补贴政策，加强农机新技术推广，提高农机社会化服务能力和水平。

支持打赢脱贫攻坚战。持续加大对贫困县转移支付力度，建立各级财政专项扶贫资金投入总量和增幅"双增长"稳定增长机制。深入推进"一村一品一主体"特色农业扶贫、光伏扶贫、旅游扶贫，积极推进"五位一体"扶贫小额信贷。支持完成16258人易地扶贫搬迁，占计划搬迁目标任务的84%，加快实施贫困户危房改造，对特困户住房保障进行救助。完成贫困劳动力转移就业培训3542人、护工培训906人、贫困村创业致富带头人培育80名。实施贫困户退耕还林工程补助，扶持成立扶贫攻坚合作社，利用生态管护政策雇用贫困人员担任护林员。大力实施交通扶贫，对贫困县县乡公路改造提升500公里以上。对贫困人口新农合缴费个人部分予以全额救助，住院医保范围内费用实行兜底保障。积极实施"文化低保"、农村义务教育寄宿生补助、家庭困难幼儿学龄前教育资助、贫困高中生发放助学金、"雨露计划"等扶持政策，提高贫困群众公共服务保障水平。

二、2018年预算草案

（一）2018年财政工作总体要求、基本原则和财政政策

2018年是贯彻落实党的十九大精神的开局之年，是改革开放40周年，是决胜小康、实施"十三五"规划承上启下的关键一年，做好今年的财政工作意义重大。根据市委七届四次全会暨经济工作会议明确的未来五年一般公共预算收入跻身中原经济区"第二方阵"，人均超过全国平均水平的发展目标，结合当前财政经济形势，2018年我市财政工作及预算安排的总体要求是：全面贯彻党的十九大精神，以习近平新时代中国特色社会主义思想为指导，紧扣社会主要矛盾变化，按照高质量发展的要求，统筹推进"五位一体"总体布局，协调推进"四个全面"战略布局，坚持稳中求进工作总基调，坚持新发展理念，坚持"供改"与"综改"相结合，围绕打赢防范化解重大风险、精准脱贫、污染防治三大攻坚战，围绕建设"先行区""领跑者""桥头堡"三大目标，落实积极的财政政策，加大减税降费力度，减轻企业负担；加快财政体制改革，推进市县财政事权与支出责任划分；调整优化财政支出结构，集中财力保基本保战略；完善预算管理制度，全面实施绩效管理，为新时代美丽晋城高质量转型发展提供有力支撑。

贯彻上述总体要求，在收支预算编制中坚持以下原则：一是收入预算坚持实事求是、积极稳妥。在收入安排上与经济社会发展水平相适应，与宏观财政政策相衔接，充分考虑落实减税降费政策等因素影响，做实财政收入。二是支出预算坚持统筹兼顾、突出重点。在支出安排上充分体现"紧日子、保基本、调结构、保战略"的要求，真正把财政资金花在刀刃上，花在群众的心坎上，花在为晋城打基础、奠长远上。一方面把握好尽力而为和量力而行的关系保障各项民生支出不打折，另一方面按照市委、市政府

确定的重大发展战略要求，为经济转型提供强有力的财政支撑。三是坚持勤俭节约、效益优先。努力盘活存量、用好增量，加强资金统筹，强化项目审核，全面提高财政资源配置效率。四是坚持全面规范、公开透明。增强财政可持续性，加强跨年度预算平衡，有效规范政府举债融资，防范和化解债务风险，着力提高财政预算透明度。

2018年主要支出政策情况：

教育方面。继续落实城乡义务教育学校生均公用经费基准定额标准，落实高等职业教育、中等职业教育生均拨款制度及普通高中学校生均公用经费拨款制度，继续保持特殊教育学校生均公用经费8000元的标准。继续实施全市农村义务教育寄宿制学生营养改善全覆盖工程。进一步完善家庭经济困难学生资助政策体系，及时发放中高职助学金、普通高中助学金、贫困家庭幼儿资助金，支持贫困大学生资助等工作，促进教育公平。

科技方面。继续加大对科技研发基地的支持力度。加强科研项目经费和科技活动经费管理，促进形成充满活力的科技管理和运行机制，激发科研人员创新创业积极性。推动出台科技创新若干政策，推进全市科技创新相关工作，鼓励企业加大研发经费投入，促进科技成果转化。

文化体育与传媒方面。继续对文化产业发展、文化事业建设进行补助。落实各项文化惠民政策，对贫困村和革命老区村开展送戏、电影放映、农村电视数字化工程等工作，对文化大院、乡贤讲座、戏曲进社区进行补助。支持我市公共文化服务体系建设，支持市图书馆、美术馆、群艺馆、体育场(馆)等公益性文化设施免费开放，进一步提高基层公共文化服务水平。继续实施“村村通”广播电视直播卫星接收设备运行维护补助。继续加强对文物古迹、非物质文化遗产的保护，鼓励创造精品文化食粮，提升全市人民的精神文化生活。支持举办第二届全国青年运动会，第六届农民运动会等文体活动。

社会保障和就业方面。继续支持城乡社会救助、农村敬老院、日间照料中心和农村互助养老服务中心建设。提高农村五保户等城乡特困人员供养标准。继续对重度残疾人、贫困残疾人和高龄失能老人进行护理补贴和生活补贴，对三无重度残疾人进行托养补助。提高城乡居民基本养老保险待遇，60岁以上老人基础养老金每人每月提高23元，参保人员缴费每人每年补贴10元。支持残疾人康复、残疾人公益性岗位、残疾人职业培训等残疾人事业发展。继续将失业保险基金补助范围扩大到所有符合省定标准企业。加大创业扶持力度，继续对创业孵化基地、创业培训、技能培训实施补贴。

医疗卫生与计划生育方面。继续支持城乡居民医疗保险制度整合，城乡居民基本医疗保险补助标准由450元提高到490元。基本公共卫生服务项目财政补助标准由每人每年50元提高到55元。完善大病保险和生育保险政策。完善重特大疾病医疗保险和救助制度，继续实施城乡居民大病医疗保险试点。帮助解决重点优抚对象、离休干部和困难企业军转干部医疗保障问题。支持艾滋病防治、农村妇女两癌检查等重大公共卫生项目实施。继续实施计划生育奖补政策。

节能环保方面。继续保障大气和水污染防治工作，支持冬季清洁取暖改造、地表水跨界断面水质考核生态补偿、大气及水监测、危险性固体废物处置、丹河巴公河人工湿地管护等工作。开展全国第二次污染源普查。支持乡镇空气质量监测站建设。

农林水方面。全面落实国家和省强农惠农富农政策，加快有机旱作农业发展，继续推进高标准农田建设，稳步提升粮食产能。积极支持实施乡村振兴战略，继续对农业产业化龙头企业等新型农业经营主体予以贷款贴息，扶持发展设施蔬菜、畜牧业、中药材等特色农业产业，对美丽宜居示范村进行以奖代补，全面推进农村集体产权制度改革。加快推进农产品质量追溯平台和“三品一标”建设，切实推进质量兴农和绿色兴农。更新改建森林防火远程安防监控系统，继续支持村庄绿化、荒山绿化、通道绿化，加强林业生态建设。加强农村安全饮水保障，积极推进落实“河长制”，加快市区“大水源”、郭壁供水改扩建等重点工程建设。继续扶持建设病死畜禽无害化处理体系，鼓励引导规模养殖场建设粪污处理和污染减排设施，强化动物疫病防治，支持提升畜产品安全监测能力，推进畜牧产业健康发展。

脱贫攻坚方面。持续推进产业扶贫,重点扶持易地扶贫搬迁集中安置贫困人员后续产业发展、未脱贫村产业发展等。为建档立卡贫困人员参加城乡居民基本养老保险代缴最低保费每人每年100元。对未纳入建档立卡贫困人口的低保特困供养人员实施商业医疗保险补助每人每年50元。对未脱贫的贫困户建设安装家庭式光伏发电项目予以补助。基本完成易地扶贫搬迁,加快农村完成农村危房改造,对陵川县、沁水县建设敬老院集中安置特别贫困户予以补助。继续实施生态扶贫政策,加强贫困劳动力转移就业培训。积极支持贫困县建设“四好农村路”,改造完善贫困地区基础设施。继续实施贫困户文化低保、教育扶贫等扶持政策,提高贫困户公共服务保障水平。积极推进资产收益扶贫,加强扶贫资金监督管理,提高扶贫资金使用效益,切实保障贫困人口稳定脱贫。

(二)2018年收入预计和支出安排

1.全市收入预计和支出安排

(1)全市一般公共预算

全市一般公共预算收入安排108.5亿元,比上年增长7%;加上级补助收入45.1亿元、债务转贷收入1.8亿元、上年结余收入1亿元、调入预算稳定调节基金12.7亿元,减上解上级支出0.9亿元、债务还本支出2.2亿元,安排一般公共预算支出166亿元,比上年预算增长20.3%。

省对我市转移支付预算45.1亿元,比上年增长0.4%。其中:返还性收入0.2亿元,比上年下降94%,下降原因主要是“营改增”实施后增值税基数上解因素所致;一般性转移支付30.6亿元,比上年增长8.7%;专项转移支付14.2亿元,比上年增长9.8%。

(2)全市政府性基金预算

全市政府性基金预算收入安排17.3亿元,加上年结余收入1.3亿元、上级补助收入0.6亿元,可安排政府性基金财力为19.2亿元。按照以收定支的要求,相应安排政府性基金预算支出19.2亿元。

(3)全市国有资本经营预算

全市国有资本经营预算收入安排6.9亿元,按照收支平衡原则,安排国有资本经营预算支出6.9亿元。

(4)全市社会保险基金预算

全市社会保险基金预算收入安排81.4亿元,比上年下降31.2%。安排社会保险基金预算支出73.2亿元,比上年下降15.6%,收支降幅较大主要是2017年按照省财政要求将机关事业养老保险制度改革后三年收支在当年一次编列预算,2018年仅编列当年收支预算所致。社会保险基金滚存结余预计213.2亿元。

上述全市预算草案为市本级代编,待县(市、区)人代会召开后,市财政局将汇总市和县(市、区)人代会批准的预算,报市人大常委会备案。

2.市本级收入预计和支出安排

(1)市本级一般公共预算

市本级一般公共预算收入安排35.4亿元,比上年增长7%,加上级补助收入45亿元、下级上解收入1.3亿元、上年结余收入0.7亿元、调入预算稳定调节基金5.3亿元,减上解上级支出0.8亿元、补助下级支出41.3亿元、债券还本支出0.4亿元,安排一般公共预算支出45.2亿元,比上年预算增长42%,增幅较大主要是2018年一般公共收入预算较2017年预算相比增加较多,以及2017年超收收入按规定全部用于建立预算稳定调节基金在2018年预算中安排使用所致。

市对县(市、区)转移支付预算41.3亿元,比上年增长0.6%。

其中:返还性支出-3.2亿元,比上年下降95%,下降原因主要是“营改增”实施后增值税基数上解因素所致;一般性转移支付31.7亿元,比上年增长7.6%;专项转移支付12.8亿元,比上年增长17.3%。

主要收入项目安排情况:税收收入26.9亿元,比上年增长9.1%,其中:增值税12.9亿元,增长8.9%;企业所得税4.4亿元,增长8%;个人所得税0.9亿元,下降0.3%;资源税6.5亿元,增长13.1%;其他税收2.1亿元,增长5.5%。非税收入8.5亿元,增长0.9%。

主要支出项目安排情况:教育支出7.2亿元,比上年增长17.3%;科学技术支出1亿元,增长16.6%;文化体育与传媒支出1.3亿元,增长36.7%;社会保障和就业支出5.4亿元,增长32.5%;医疗卫生与计划生育支出2.1亿元,增长11.5%;节能环保支出3.8亿元,增长78%,增幅较大主要是根据工作需要安排环保检测设备购置项目及跨界断面水质考核生态补偿金增加所致;城乡社区支出4.2亿元,增长99.9%,增幅较大主要是新增东南出入口道路文峰社区回迁安置经费及公用企事业补贴、污水处理厂运行费增加所致;农林水支出3.2亿元,增长76.4%,增幅较大主要是省提前下达转移支付资金增加及市级根据工作需要安排农业重点项目建设资金增加所致;交通运输支出0.8亿元,增长72.1%,增幅较大主要是新增"四好农村路"、民用机场前期工作经费等项目所致;资源勘探信息等支出1.8亿元,增长299.8%,增幅较大主要是新增工业发展专项资金项目所致;国土海洋气象等支出1亿元,增长209.2%,增幅较大主要是新增采煤沉陷区地质环境综合治理、西环高速沿线废弃采石场治理等项目所致;住房保障支出1.2亿元,增长7.9%。

(2)市本级政府性基金预算

市本级政府性基金预算收入安排2亿元,加上年结余收入0.4亿元、上级补助收入0.6亿元,减补助下级支出0.2亿元,安排政府性基金预算支出2.8亿元。

(3)市本级国有资本经营预算

市本级国有资本经营预算收入安排2亿元,安排国有资本经营预算支出2亿元。主要用于建立"产业转型升级发展基金",撬动和引导社会资本为我市经济建设服务,加快实现"大转型"落地成型,促进全市经济结构调整和转型升级。

(4)市本级社会保险基金预算

市本级社会保险基金预算收入安排50.5亿元,下降16.8%,原因同全市。安排社会保险基金预算支出43.8亿元,增长5.4%,增长原因主要是企业职工基本养老保险、基本医疗保险等险种2018年待遇提高所致。社会保险基金滚存结余预计145.4亿元。

(5)盘活存量资金情况

按照国务院办公厅《关于进一步做好盘活财政存量资金工作的通知》和财政部《关于加强地方预算执行管理激活财政存量资金的通知》精神,市本级2017年对部门结转结余资金进行了三次清理,共收回资金7.3亿元,统筹用于民生等重点项目支出,2017年底结转结余在部门的存量资金3.2亿元,比上年下降77.1%。

2018年初清理盘活以前年度安排市直部门(单位)结余资金1.4亿元,收回财政总预算统筹安排使用。

经汇总,2018年市本级行政事业单位使用财政拨款安排的"三公"经费预算4612万元,比上年预算减少54万元,下降1.2%。其中:因公出国(境)经费392万元,增加259万元,主要是出访任务及外出培训增加所致;公务接待费721万元,减少57万元,下降7.3%;公务用车购置及运行维护费3499万元,减少256万元,下降6.8%。

在市人代会召开之前,市财政对本级基本支出和参照上年同期支出数额必须支付的项目支出、上年结转支出等必要支出进行了支付。

3.晋城经济技术开发区收入预计和支出安排

晋城经济技术开发区一般公共预算收入安排3.4亿元,比上年增长8%,加上级补助收入3.1亿元、调入预算稳定调节基金0.3亿元,安排一般公共预算支出6.8亿元,比上年增长68.6%,支出增幅较大主要是收入增长以及省市两级兑现对开发区新的增收奖励政策,2018年增加财力较多安排相应支出所致。

晋城经济技术开发区政府性基金预算收入安排4亿元,加上年结余0.1亿元,安排政府性基金预算支出4.1亿元。

由于开发区2017年起实施"三化三制"改革,剥离了社会管理事务,故2018年不再编列社会保险基金预算。

三、切实做好2018年财政改革与管理工作

*(一)支持转型综改,推动经济持续向好。*继续实施积极财政政策,全力抓好国发42号文件任务落实,密切跟踪中央和省级政策制定、资金分配相关情况,争取上级在地方政府债券、转移支付、PPP项目建设、国企改革等方面给予我市更大的资金政策支持;制定出台能源高效清洁利用综合补偿等相关制度。继续实施减税降费政策,进一步减轻企业负担。调整优化支出结构,提高财政资金使用效率,着力支持在打好防范化解重大风险、精准脱贫、污染防治的攻坚战方面取得扎实进展,推动解决发展不平衡不充分问题。推进政府和社会资本合作(PPP)项目,加快

国道G342晋城市过境段改线、中原街地下综合管廊改造等项目落地。健全普惠金融政策正向激励机制,引导更多信贷资金进入实体经济。支持我市重大招商引资和投资促进活动。积极推动国企国资改革,对市属国有企业通过“腾笼换鸟”置换资金,国有资本经营收益全部用于企业产业转型、培育新动能、发展新产业和解决历史遗留问题。

(二)实施创新驱动,加快新旧动能转换。大力推动高质量转型发展,促进新动能持续快速成长,支持开发区建设和县域经济发展,充分发挥开发区经济发展主引擎作用,2030年之前将开发区上划市级的税收增量全部返还;将现行普惠制的县级增收奖励调整为县级新兴产业、第三产业产生的税收增量市级分成部分全部用于支持县级新兴产业发展。推进发展科技创新,加大财政协同金融支持科技发展力度,将预算安排与政府债券和PPP模式相结合,放大财政资金乘数效应,引导更多社会资本投向新兴科技产业。推动大众创业万众创新,落实创业创新等税收优惠政策,引导小微企业“专精特新”发展,支持开展小微企业双创基地示范。发挥政府采购政策作用,加大对科技创新、节能环保和中小企业发展等方面的支持力度。落实人才支持政策,加大力度支持引进高精尖缺人才和海外高层次人才、政府购买人才公共服务等,确保我市人才工作财政支持政策落实到位。

(三)增进民生福祉,加大社会事业投入。抓住人民最关心最直接最现实的利益问题,既尽力而为又量力而行,按照“紧日子、保基本”的要求,积极稳妥推进民生领域改革。全力支持打好精准脱贫攻坚战,继续增加脱贫攻坚财政投入,落实易地扶贫搬迁政策性融资,加大扶贫资金统筹整合力度,积极推进资产收益扶贫,加强扶贫资金监督管理,提高扶贫资金使用效益。加大必要的民生投入,统筹用好各类民生资金,解决人民群众最关心的教育、就业、医疗、住房等突出问题。支持乡村振兴战略,继续开展一事一议财政奖补工作,扶持发展壮大村集体经济,扩大我市开展美丽乡村建设的试点范围,推动农村基础设施建设提档升级。

加强“三基”建设,落实好已出台的财政投入相关政策。全力支持打好污染防治攻坚战,加强大气污染防治和生态修复治理支持力度,着力解决我市突出环境问题。

(四)贯彻新发展理念,深化财税体制改革。进一步完善财税体制,合理确定市与县水资源税、环境保护税收入分成比例,确保我市水资源税、环境保护税改革顺利实施;积极跟进中央、省财政事权和支出责任划分改革步伐,规范市县财政体制。全面规范预算管理,加大国有资本经营预算、政府性基金与一般公共预算统筹力度,调整优化资金使用方向;对分配结果具有可选择性、没有固定使用对象的市级财政专项资金,在分配管理环节引入竞争性机制;细化预算编制,提高年初预算到位率;继续清理整合专项转移支付。全力打好防范化解重大风险攻坚战,用好政府性债券资金,缓解市县两级政府偿债压力,新增债重点支持教育、交通、水利、城市道路、河道整治等公益性基础设施建设项目,置换债用于降低贷款利息,严格落实偿债责任,将政府债务余额管控在限额之内。

(五)强化收支管理,确保财政平稳运行。建立健全组织收入责任制,规范收入征管秩序,完善税收信息共享平台,加强财税部门协调联动,实现对税源、财源全方位监控,严格规范征缴非税收入,做到应收尽收,足额缴库。同时坚决防止和纠正收取“过头税”、乱收费,以及采取“空转”方式虚增财政收入的行为。加强财政支出管理,加大考核力度,加快预算支出执行进度,增加资金供给效率。全面实施预算绩效管理,切实加大预算绩效管理推进力度,逐步将绩效管理覆盖“四本”预算,并深入融入预算编制、执行、监督全过程;扩大绩效评价范围,建立绩效评价结果与预算安排、政策调整挂钩机制,强化绩效责任硬约束,削减低效无效资金。推进全市行政事业单位内部控制建设向基层拓展,构建完成财政内控体系。加强重大财税政策实施情况、民生和生态文明建设、重大改革等方面资金使用监督检查。

1月

1日

晋城市第三次全国农业普查现场登记启动仪式在泽州县金村镇举行，全面开展第三次全国农业普查现场登记工作。

3日

晋城市脱贫成效考核评估工作部署会议召开。

晋城市召开全市领导干部大会，传达学习省委十一届二次全会暨经济工作会议精神。

5日

国家发改委正式印发《中原城市群发展规划》，晋城市被纳入中原城市群发展规划。

6日

《美丽晋城战略规划》编制工作动员会召开。

晋城市召开全市煤矿安全生产座谈会。

8日

市长武宏文与美国德纳公司全球采购总监安德里亚斯·古博特，就双方加快项目建设、深化合作事宜进行座谈。

9日

世界500强企业美国德纳公司与山西清慧机械制造有限公司合作的三期年产5000万件轨道交通新型材料结构件项目在清慧公司奠基开工。

10日

市长武宏文陪同美国德纳公司全球采购总监安德里亚斯·古博特深到富士康科技集团（晋城）工业园进行考察。

11日

中共晋城市委七届二次全会暨经济工作会议召开。

是月

2016年下半年“山西好人”评选结果揭晓，晋城市郎晋锋入选“山西见义勇为好人”，张磊入选“山西诚实守信好人”。

2月

3日至4日

省委书记、省人大常委会主任骆惠宁在晋城市就深化国有企业改革和经济技术开发区建设进行调研。

4日至16日

第十二届“凤鸣春晓——赵树理戏剧奖优秀剧目展演”在琚颐睦剧场举行。晋城市上党梆子传习所的《白蛇传》获优秀演出奖，阳城县人民剧团有限公司的《陈廷敬》获演出奖，泽州县上党梆子剧团有限公司的《香山舞娘》获新剧目奖，晋城市歌舞剧院有限公司获组织奖。

6日

中共晋城市第七届纪律检查委员会第二次全体会议召开。

8日

晋城市2017年全域旅游启动大会召开，分析研究全域旅游发展形势，安排部署2017年全域旅游工作。

9日

晋城市召开国全市企国资改革座谈会。

10日至11日

晋城市人才市场与苏州市人才市场联合举办农民工专场招聘会。苏州同维电子、华硕电脑、紘华电子等15家企业参加，提供就业岗位4500个。

13日

中船重工山西晋城海装风电总装维护基地建设项目开工仪式在金匠开发区中船重工晋城新能源装备产业园区举行。

15日

全市工业经济转型升级动员大会召开。

21日至24日

中国人民政治协商会议第七届晋城市委员会第二次会议在泽州会堂召开。

22日至25日

晋城市第七届人民代表大会第二次会议在泽州会堂召开。

25日

晋城市监察委员会成立。

26日

国务院安委会第六考核组对晋城市进行安全生产工作考核。

28日

高平市寺庄镇伯方村村民毕腊英获全省脱贫攻坚奉献奖。

是月

山西省综治办、省统计局联合公布2016年度各市民意调查结果报告，晋城市群众安全感和执法满意度名列全省第一。

3月

1日

中共晋城市委部署开展“坚持理想信念高线，严守党纪党规底线，知敬畏、存戒惧、守底线”警示教育月活动。

市工商局正式实行企业简易注销登记改革，符合条件的企业可以自主选择适用简易注销程序或一般注销程序退出市场。

2016年度三晋“最美家庭”结果揭晓，晋城市胡翠平家庭、尚胜利家庭、王平家庭、牛秀珍家庭、燕春平家庭、牛玉秀家庭、韩建苗家庭7户家庭获三晋“最美家庭”称号。

3日

2016年度山西十大“三农”新闻人物揭晓，泽州县犁川镇崔河村党支部书记崔晓满上榜。

7日

浙江省凤凰军民融合创新研究院院长彭顷砥率领北京、浙江企业家考察团到晋城市进行项目考察。

10日

晋城市环境保护工作暨铁腕治污行动推进会议召开。

14日

晋城市“双百双十”城建重点工程建设动员大会召开。

15日

晋城市政府在北京召开晋商晋才晋城恳谈会，邀请在京晋城籍院士、商界精英为晋城“十三五”发展把脉问诊、建言献策。

22日

湖北、福建、江西、湖南、河南、山西、河北省、内蒙古自治区8省（区）“万里茶道申遗工作会”在太原召开，晋城市泽州县碗子城、“羊肠坂道”题刻被拟定为万里茶道首批遗产提名点。

23日

市政府召开《美丽晋城战略规划》汇报会，听取厦门规划设计研究院关于《美丽晋城战略规划》的编制设计情况汇报。

24日

晋城市召开警示教育月专题辅导会，中央纪委法规室副局级纪律检查员、监察专员周鹏飞作题为《全面从严治党　承载起党在新时代的使命》专题辅导。

28日至30日

晋城市正式启动第十三届“家庭过期药品回收”活动。

29日

晋城市2017年城建重点工程启动开工仪式在市区文博路互通建设工地举行。

是月

市政府办公厅印发《2017年全市旅游景区（景点）体制机制改革创新工作推进方案》，全市旅游景区体制机制改革工作启动。根据“一景一策、重点突出、有的放矢”原则，指导首批16个景区按照6条路径推进改革。

4月

1日

第二届海峡两岸神农炎帝文化旅游招商系列活动启动暨旅游推介会在高平市原村乡良户村开幕。

晋城市产业转型升级发展基金成立暨全市创业投资基金管理有限公司授牌仪式举行。

晋城市客运东站开通郑州高铁快线，开启“奔驰大巴·高铁快线”定制班车模式。

6日

市委常委会议研究通过《关于深化国资国企改革的指导意见》《关于组建晋城市国有资本投资运营公司的实施方案》《2017年

法治晋城建设工作要点》和《晋城市经济技术开发区“三制”改革总体方案》。

晋城市召开全市宗教工作会议。

8日

晋城市与山西省能源交通投资有限公司达成合作协议，建立长期战略合作关系。

11日

泽州县南村铸造工业园区奠基开工，推进南村铸造产业集约化、集群化发展。

“书香高平”全民阅读活动启动仪式暨商务印书馆乡村阅读中心良户书院揭牌仪式在高平市原村乡良户村举行。

13日至16日

水利部机电研究所对陵川县古石水电站和泽州县三姑泉二级站进行达标评级评审，均通过农村水电站二级评审。

15日

2017年“泰山杯”第十三届全运会古典式摔跤资格赛暨全国古典式摔跤锦标赛在西安举行。晋城市摔跤运动员闫鹏飞获男子66公斤级古典式摔跤第一名。

15日至16日

第十五届国际人才交流大会在深圳举办，晋城市人社局携全市18个外国专家需求项目参会，近九成项目实现对接。

17日

市政府召开全市工业重点转型项目专题推进会议。

19日

2013—2015年度赵树理文学奖颁奖大会暨首届沁水赵树理文化旅游嘉年华启动仪式在沁水县举行。

21日

山西万鑫智年产40万吨陶瓷熔块项目开工仪式在阳城县町店镇财凹村陶瓷产业园区举行。

25日

第六届山西道德模范颁奖仪式在太原举行，晋城市刘小虎获“孝老爱亲道德模范”称号。

27日

五一国际劳动节暨全国五一劳动奖和全国工人先锋号表彰大会在北京举行。晋城市郝春平获“全国五一劳动奖章”。

山西省医改工作暨县乡医疗卫生机构一体化改革现场推进会在高平市召开。

5月

3日

“问祖炎帝·寻根高平”丁酉年海峡两岸同胞神农炎帝民间拜祖典礼在高平炎帝陵炎帝广场举行。“问祖炎帝·寻根高平”海峡两岸神农炎帝文化高端论坛在金辇大酒店召开。

共青团中央2017年“全国向上向善好青年”推选活动结果揭晓，晋城市尹川、吴凡获“创新创业好青年”称号。

在第13届全国运动会群众比赛气排球山西选拔赛中，晋城市女子代表队获第一名。

3日至4日

省长楼阳生在晋城市就经济技术开发区建设工作进行调研。

9日

晋城市各民主党派、工商联新一届领导班子座谈会召开。

10日

沁水县人民医院集团成立，市委书记张九萍出席揭牌仪式。

11日

泽州县医疗集团正式成立，市长武宏文出席揭牌仪式。

晋城市召开全市基层党建工作重点任务部署会。

12日

市委市政府召开环保整改约谈推进会。

13日

山西建筑产业现代化园区（晋东南园区）开工仪式在高平市举行。

晋城市召开国家土地督察工作推进暨政策电视电话宣讲会，国家土地督察北京局党组成员、专员于孔让作政策宣讲。

17日

晋城市召开全市创建全国文明城市“百日会战”誓师动员大会。

第十届中国中部投资贸易博览会在安徽省合肥市举行，市长武宏文率领晋城市代表团参加。

19日

全国公安系统英雄模范立功集体表彰大会在北京召开，高平市公安局被表彰为“全国优秀公安局”，沁水县公安局龙港中心派出所被表彰为“全国优秀公安基层单位”，晋城市公安局法制支队支队长郭建军、城区分局南街派出所所长原宁峰被表彰为“全国优秀人民警察”。

围绕“旅游让生活更幸福”活动主题，全市景区推出多项中国旅游日旅游惠民措施。

23日

全国二十四城市人大工作研讨会第二十七次会议在晋城市举行。

中国共产党山西省代表会议在太原召开，张九萍、毕腊英当选党的十九大代表。

24日

2017年全国“最美家庭”揭晓，晋城市陵川县崇文镇城北社区郑新娟家庭当选。

25日

华电泽州一期98兆瓦风电项目在泽州县李寨乡开工建设。

27日

市政府召开招商引资、招才引智优惠政策专项汇报会。

31日

山西省第四届“美德少年”授奖暨“我的红色报国梦”启动仪式在太原市九一小学举行，晋城爱物学校学生张紫萱获“热心公益美德少年”称号，晋城市城南第三小学学生司育杰获“诚实守信美德少年”称号，晋城市陵川县古郊小学学生郎文静获“尊老爱亲美德少年”称号，晋城市王台铺矿中学学生张哲健获“乐于助人美德少年”称号。

是月

晋城市人民检察院办理的《关某某等销售不符合安全标准的食品案立案监督案件》被评选为全国检察机关“优秀监督案件”。

6月

1日

市委书记张九萍与晋城市受全国表彰的公安英模和立功集体代表座谈。

5日

晋城市人民政府与上海漕河泾新兴技术开发区战略合作框架协议签订仪式在上海举行。

7日

晋城市改革推进会议在市政府会议厅召开。

10日

山西省文物巡展工程暨晋城市“文化与自然遗产日”系列活动启动仪式在晋城博物馆举行。

12日

晋城市召开城乡环境集中整治大会。

晋城市开展2017年度优化营商环境专项行动。

15日

晋城市第十一次见义勇为表彰大会召开，授予程家辉等17人“晋城市见义勇为先进分子”称号。

山西省委脱贫攻坚第七督导组莅临晋城市，对全市脱贫攻坚工作进行驻市督导，时间为期2年。

26日

市委书记张九萍主持召开全市领导干部大会，传达学习习近平总书记在山西主持召开的深度贫困地区脱贫攻坚座谈会和在山西省考察工作结束时的重要讲话精神，对全市贯彻落实工作进行安排部署。

市委书记张九萍出席丹河龙门湿地公园拓展续建工程开工仪式。

是月

人社部公布第四批国家级充分就业社区名单，晋城市城区南街街道驿后社区当选。

7月

4日

市政府召开全域旅游规划汇报会，南开大学旅游与服务学院作关于《晋城市全域旅游规划》编制设计情况汇报。

5日

晋城经济技术开发区2017年新开工项目推进会召开。

6日

《晋城市新型城镇化发展规划（2016—2020年）》汇报会召开。

5日至6日

省人大常委会副主任刘杰率领调研督查组到晋城市，就民生领域改革工作情况进行调研督查，并召开座谈会。

10日

市政府召开发展高端制造业总体规划汇报会，工信部中国工业与信息产业发展研究院装备工业研究所所长、清华大学机械工程学院博士后左世全作《关于晋城市发展高端制造业总体规划》编制设计情况汇报。

12日至13日

山西省第十五届运动会跳水资格赛暨2017年山西省跳水冠军赛在晋城市举行。

14日

晋城市企业投资项目试行承诺制实行无审批管理试点落地工作现场会在晋城经济技术开发区召开。

17日

晋城市国有资本投资运营公

司成立并举行揭牌仪式。

18日

晋城市政府与中国铸造协会、国家智能铸造产业创新中心签署合作协议，共同组建国家智能铸造产业创新晋城中心。

国家农业部公布第七批全国300个“一村一品”示范村镇名单，晋城市沁水县柿庄镇应郭村入选。

20日

中国共产党晋城市第七届委员会第三次全体会议召开。晋城市意识形态工作推进会召开。

24日

晋城市栗红连参加第六届全国助人为乐全国道德模范候选，张晨光参加第六届全国敬业奉献道德模范候选。

25日

晋城市列入全国第二批城市设计试点城市名单。

26日

第六届山西（晋城）棋子山国际围棋文化节第二项赛事——第四届“棋源杯”全国业余围棋公开赛在晋城市开幕，12支代表队及90余名个人棋手参赛。

德耀晋城第六届“晋城好人”授奖仪式在晋城广播电视台演播大厅举行，1名“晋城好人优秀代表”、105名“晋城好人”受到表彰。

是月

晋城市城区中后河社区获“国家级地震安全示范社区”称号，成为晋城市首家获该称号的社区。

8月

9日

第四届山西（晋城）太行山文化旅游节和晋城首届全域旅游嘉年华开幕。

14日

2017年上半年“山西好人”名单揭晓榜，晋城市黄凯、杨月胜上榜。

22日

副省长贺天才到高平市、沁水县，就环保督察整改、沁河沁水段生态治理、交通运输等工作进行调研，并出席高沁高速公路通车仪式。

住房和城乡建设部公布第二批中国特色小镇名单，晋城市泽州县巴公镇和高平市神农镇上榜。

晋城市创建全国文明城市推进会召开。

24日

晋城市召开全面推行河长制工作推进会。

25日

“2017中国全域旅游魅力指数排行榜”榜单揭晓，晋城市阳城县入选“2017中国全域旅游魅力指数排行榜区县级TOP20”，位列第16名。

27日

晋城市人民政府与省科学技术厅签署《厅市工作会商制度议定书》，并召开第一次会商会议。

29日

全国第三届老年人体育健身大会棋牌交流活动暨晋城市第六届运动会在市文体宫开幕。

31日

晋城市运动员方玉婷获第13届全运会射箭女子个人奥林匹克淘汰赛冠军。

9月

3日

首届山西艺术节晋城文化艺术周在太原市美术馆开幕。

6日

晋城市召开第33个教师节表彰大会，杜国华等80名教师获“晋城市优秀教师”称号，薛敏龙等40名教师获“晋城市优秀班主任”称号，闫丽娟等42名教师获“晋城市优秀教育工作者”称号。

16日

第五届中国（山西）特色农产品交易博览会晋城招商引资项目推介暨贸易签约仪式举行。晋城市共签约59个项目，签约额达62.15亿元。

29日

晋城市城区首届全域旅游嘉年华暨“老山西民俗文化节”开幕。

10月

11日

首届晋城市现代农业交易博览会在晋城市文体宫开幕。本届农博会以“新供给、新动能、新发展”为主题，集中展示晋城现代农业产业发展成果。

26日

中国共产党第十九次全国代表大会代表张九萍、毕腊英到基层开展宣讲活动。

11月

9日

中国文明网公布第六届全国道德模范及提名奖获得者名单，

晋城市栗红连和张晨光获提名奖。

2017年“讲好晋城故事”晋城市新闻战线庆祝第18个记者节暨“宣传晋城好新闻奖”颁奖活动举行，表彰首届“宣传晋城好新闻奖”先进集体和个人。

14日

晋城市园林局、晋城市泽州县财政局、晋城市城区钟家庄办事处凤鸣社区、晋城无烟煤业集团成庄煤矿、晋城市自来水公司获“第五届全国文明单位”名单称号。沁水县郑村镇、晋城市城区西上庄街道夏匠村、泽州县巴公镇南山村、高平市马村镇古寨村、阳城县西河乡郭河村、阳城县东冶镇蔡节村、陵川县崇文镇小召村、陵川县夺火乡凤凰村、沁水县郑庄镇河头村获“第五届全国文明村镇”称号。晋城市第一中学校、阳城县实验小学获第一届全国文明校园。

21日

晋城民用机场项目选址工作汇报会召开，代市长刘锋出席会议并讲话。

22日至29日

市委学习贯彻党的十九大精神宣讲团赴6县（市、区）、市直单位、大专院校进行集中宣讲。共举行宣讲报告会13场、7000多人聆听报告。

27日

晋城市召开秋冬季大气污染综合治理攻坚行动推进工作会。

29日至30日

晋城市第七届人民代表大会第三次会议在泽州会堂召开。大会选举晋城市出席省十三届人民代表大会的代表；选举晋城市人民政府市长；补选晋城市第七届人民代表大会常务委员会委员。

12月

8日

晋城市召开进一步深化监察体制改革试点工作动员会。

20日至22日

中国生态文化协会第九届中国生态文化高峰论坛在北京召开。沁水县郑村镇湘峪村、陵川县附城镇丈河村等6个村被中国生态文化协会授予“全国生态文化村”称号。

23日至24日

2018年全国硕士研究生招生考试首次在晋城举行。

29日

张志川任晋城市委委员、常委、书记。

2018年新年戏曲晚会在国家大剧院举行，上党梆子《太行娘亲》亮相新年戏曲晚会。

（市地方志办）

晋城市发展和改革委员会

庆“七一”歌咏比赛

“两学一做”学习教育常态化制度化维护核心见诸行动主题教育

党的十九大精神宣讲

全市发展和改革工作会

兰花集团

兰花集团现代化矿区

2017年，兰花集团认真贯彻新发展理念，抢抓供给侧结构性改革和新旧动能转换新机遇，依靠改革、创新、管理新引擎，奋进搏击，闯关夺隘，统筹推进“五大板块”战略布局，发展速度和质量、效益同步提升，主要经济指标均创历史新高，销售收入首破100亿元大关，同时荣获2017年中国“煤炭企业50强”和“煤炭产量50强”的荣誉称号。

主要经济指标创历史新高。截至2017年底，资产总额387.67亿元，同比增加10.05亿元；全年实现销售收入100.62亿元，同比增加48.15亿元；实现利润7.23亿元，同比增加17.83亿元；实现利税21.16亿元，上缴税金18.32亿元，职工工资总额16.98亿元。

国企改革见成效。公司认真贯彻落实习总书记视察山西重要讲话精神、国发42号文件精神，紧紧围绕国企改革“坚持市场化取向、竞争力目标、专业化重组、股份制改造、现代化管理、科学化监管”的总体要求，从体制机制创新和产业转型升级两方面着手，强化责任落实，稳步推进工作，制订了兰花集团国企改革的实施方案，按计划分阶段稳步推进。

企业转型发展亮点纷呈。公司本着立足煤、延伸煤、超越煤的思路，积极发展新兴产业，统筹推进“五大板块”战略布局，促进了产业结构升级、产品换代。新材料、新能源、医药健康、现代服务业等新兴产业蓬勃发展，正成为全市新的重要经济增长点，有力加快了晋城转型升级步伐。

安全形势总体保持平稳。公司坚守习近平总书记提出的“牢固树立发展绝不能以牺牲安全为代价”的红线意识，深入贯彻省委书记骆惠宁提出的“三个坚决防止”和省长楼阳生的“四铁”要求，全年投入2.09亿元安全费用，强力推进装备升级、系统优化，极大提升了安全生产标准化水平，优化了安全生产环境；坚持管理保安，强化责任落实，严管理、严考核、严奖惩，加大安全奖罚力度，实

己内酰胺生产装置

现收入分配利益由安全“控股”；坚持科技兴安，全力打造智慧企业，靠创新激活安全生产新动能，有效保障了企业安全形势持续稳定。

科技竞争能力不断提升。公司科技创新工作以推进产业结构的调整、优化、升级为重点，科技工作以“靠科技保安全、增效益、促发展”为目标，全年申请省级科技项目 1 项，开展科技小改小革项目 201 项，获得专利授权 20 项，促进企业的安全生产，提升企业市场竞争力。

民生工程扎实开展。工会在继续抓好冬送温暖、夏送清凉、秋送学费、常年送健康的基础上，出台《集团工会临时救助困难职工工作实施办法》，建立困难职工动态档案和长效帮扶机制。还充分发挥国有企业的责任和担当，扎实开展精准扶贫，不断提高精准脱贫成效。

党建工作融入中心服务大局。深入贯彻落实党的十九大和习总书记系列重要讲话精神，以全面从严治党为主线，强化党建工作责任落实为抓手，始终发挥领导核心和政治核心作用，坚持把方向、管大局、保落实，把党的领导融入公司治理各环节、内嵌到公司治理结构中，把党的建设融入公司生产经营、安全管理、改革创新等各个方面，强“根”铸“魂”，逐步形成了特色鲜明、生动活泼的党建工作新局面。

兰花产品待运

世界上单功率最大的德国道依茨煤层气发电机组

兰花集团

能源集运

煤化工生产装置

高平兰花城项目鸟瞰图

煤化工厂区夜景

公司总调度

光伏太阳能生产车间

现代化综采工作面

现代化煤化工厂区

王莽岭

晋城军分区

省军区政委（左五）到晋城军分区宣布师级领导干部任职命令

晋城市人民防空演习誓师动员大会

晋城市国防动员系统“百人宣讲团”宣讲党的十九大精神动员培训会

晋城军分区组织全体党员在扶贫村一线过“特殊党日”

省军区司令员（左二）带安全检查组到晋城军分区进行安全大检查

省军区办公室主任（左三）参加指导晋城军分区党委民主生活会

晋城军分区组织部队实装实案拉动演练

晋城市组织欢送新兵大会

晋城军分区举办“强军路上斗志扬”纪念建军90周年文艺汇演

晋城市中级人民法院

2017 年，全市法院以习近平新时代中国特色社会主义思想为指导，深入贯彻落实十九大精神，各项工作取得新进展，实现新突破，全年共受理各类案件 29023 件，办结 28186 件，结案率 97.12%，在全省各市排名第二，执行工作 20 项考核指标综合排名全省第一，审判执行质效大幅提升，跨入全省法院第一方阵。全年共有 15 个集体、23 名个人受到省级以上表彰，市中院被授予“全国维护妇女儿童权益先进集体”，新闻宣传工作受到最高人民法院的通报表扬。全市法院抓党建的做法受到了省高院、市委的肯定，被作为经验介绍在市委两期简报上刊发。

中共晋城市委党校法院分校揭牌

全市法院整体工作呈现以下亮点：一是改变减刑审理“唯分论”，将服刑罪犯财产性判项履行情况与减刑幅度相挂钩，极大地提升了服刑罪犯改造效果和刑事案件财产性判项的执行到位率。二是率先在全省开展“执转破”工作，将 35 件执行案件转入破产程序，服务供给侧结构性改革。三是推行诉调对接“6 + N”工作法，努力把简单民事案件化解在诉前，全年受理诉前调解案件 2033 件，调解成功 1172 件，全市法院民事收案近年来首次下降。四是推进案件繁简分流，全年适用简易程序审理案件 6689 件，适用率同比提升近 25 个百分点，案件审理平均用时 74 天，同比缩短 51 天。五是推行诉讼费一次性交退措施，二审案件从交费到退费由原来的十一步简化为一步。六是着力构建两级法院“三统一”执行工作体制，对影响较大、特殊主体等案件集中调度，共提级执行 437 件，与基层法院协同执行 89 件，指定异地执行 450 件。七是司法责任制改革深入推进，有 97.36% 的案件由主审法官或合议庭自行定案。八是建设科技法庭 46 个，庭审直播案件 1173 件，观看量累计 131 万人次。九是大兴调查研究之风，调研成果转化为指导党的建设、审判执行、司法管理等 13 类 86 项制度。

首批入额法官宣誓仪式

市中院为基层法院聘用 18 名特邀调解员

市中院、市纪委监委派驻中院纪检监察组联合召开
“严守审判纪律、排除司法干扰”新闻发布会

湖滨系列案件执行款集中发放

市中院召开敦促被执行人履行义务约谈会

与市电视台合办的《法院在线》栏目开栏

市中院走进凤鸣中学普法

晋城市机构编制委员会办公室

市委书记张九萍（右）到市编办调研工作

晋城市机构编制委员会办公室是晋城市机构编制委员会的常设办事机构（简称市编办，挂市行政审批制度改革领导组办公室牌子），既是市委的工作部门，又是市政府的工作部门，列党委序列，正处级建制。主要负责行政管理体制和机构改革以及机构编制的日常管理工作。下设市事业单位登记管理局、市机构编制电子政务中心、市行政体制改革研究中心 3 个单位，实有人员 23 名。

2017 年，在市委、市政府和市编委的坚强领导下，市编办按照“站位、系统、程序、服务”的工作思路，统筹推进各项改革，不断加强机构编制管理，坚定不移全面从严治党治办，改革、管理、自身建设取得良好成效。助推开发区改革和发展全域旅游工作受到楼阳生省长表扬，14 项改革工作、控编减编工作、域名注册管理和事业单位登记管理等工作得到省编办肯定，整体工作全省领先，被中编办和人社部表彰为全国机构编制工作先进集体，在全市年度目标责任考核中被评为优秀等次，被市文明委表彰为 2016—2017 年度市级文明单位标兵。

市委常委、常务副市长杨勤荣出席 2017 年度全市编办主任会议

主任张高锋（右）与省编办主任李建刚参加全国机构编制工作先进集体和先进工作者表彰大会

主任张高锋（左四）到市政务大厅调研工作

安排部署减证便民专项行动

庆“七一”党建活动

学雷锋志愿者服务队

晋城市中小企业局（民营经济管理局）

市委副书记曾庆勇（左二）到市中小企业局调研

“两学一做”学习教育常态化制度化维护核心见诸行动主题教育

阳城县白桑乡创业基地揭牌仪式

献爱心送温暖活动

“422”培训

技术对接活动

“三送”活动

收看十九大开幕盛况

中小企业服务平台

“安全宣传日”活动

中博会展览

主题党日活动

晋城市煤炭煤层气工业局

市煤炭煤层气工业局深入阳城阳泰西冯街煤业公司进行党的十九大精神专题报告宣讲

局党组书记、局长田志军（前排左四）走进东峰煤矿进行安全生产主体责任宣讲

2017 年，市煤炭煤层气工业局以习近平新时代中国特色社会主义思想为指导，认真贯彻落实党的十九大精神，在市委、市政府的正确领导下，精心组织实施了“五强五提升”（强安全、提升发展之基石，强改革、提升发展之活力，强调控、提升发展之效益，强生态、提升发展之品质，强党建、提升发展之服务）工程，实现了煤炭煤层气发展环境大改变，结构调整大优化，经济质量大提升，产业发展大进步，经济社会大贡献。

2017 年，全市地方监管煤矿原煤产量 4685.90 万吨，同比增加 197.67 万吨，增幅 4.40%。煤层气开采企业完成煤层气抽采量 31.3 亿立方米，同比增长 1.5%。

市煤炭煤层气工业局安全生产信息调度监控中心

全国兼职矿山救援队伍建设工作座谈会（北方）

煤矿安全生产标准化全面推进会议

高平市科兴前和煤业工业广场

阳城县竹林山煤矿工业广场

专题学习贯彻党的十九大精神

中石油天然气股份有限公司山西煤层气勘探开发分公司煤层气中央处理厂

煤层气丛式井排采井场

荣获“晋煤杯” 第四届山西省煤炭行业职工职业技能大赛井下工种地市组团体第二名

晋城市国家税务局

7月3日，省局党组书记、局长胡军（左四）一行深入阳城县国税局调研指导工作

6月23日，召开全市国税系统增值税专用发票风险防控推进会

6月28日，局长张锁林讲党课传达习近平总书记视察山西讲话精神

4 月 1 日，市国税局、地税局开展第 26 个税收宣传月启动仪式

8 月，党组召开中心组理论学习

11 月 7 日，市国税局与晋城市凤展购物广场有限公司召开“学习十九大精神造环境 促转型座谈会”

3 月 8 日“庆三八”竞走健身活动

8 月 11 日举办市国税局“提升能力 甘于奉献 做合格税务人”主题演讲比赛

11 月 30 日，组长张鹏飞在山西清慧调研

晋城市国土资源局

全市国土资源工作会议

全市国土资源系统党风廉政建设和反腐败工作会议

“6·25”全国土地日宣传活动

晋城市地质灾害应急演练在阳城县凤城镇下芹村举行

省国土资源局厅长周建春（左四）调研晋城市国土资源工作

机关全体党员干部进行政治学习

全省采煤沉陷区地质环境治理推进会在晋城市召开，
参会代表观摩示范项目——吴王山森林公园

国土资源部督查组督查泽州县农村土地改革工作

主动登门问需，服务晋城煤运转制改革工作

局长刘中平（中）在贫困户家中走访

晋城市档案局（馆）

国家档案局副局长刘鲤生（左四）山西省档案局局长阎默彧（左三）到市档案局（馆）调研指导档案工作

山西省档案局副局长樊秀清（右二）到市档案局（馆）调研指导数字档案馆建设

浙江省台州市档案局副局长李明俊（左二）一行 4 人到市档案局（馆）进行数字化档案异地备份

市人大常委会主任范丽霞（左三）深入市档案局（馆）调研指导档案信息化建设

晋城市干部教育 108 名兼职教师参观市档案局（馆）爱国主义教育基地八个主题展厅

晋城市实验中学 150 名高中二年级学生到市档案局（馆）中小学生档案教育社会实践基地接受教育

晋城市档案局组织档案系统工作人员专业能力提升培训并进行全市档案工作人员档案专业知识测试

晋城市农业委员会

晋城市首届农博会

“挺纪在前 主动作为”百日行动动员大会

赴孙文龙纪念馆参观学习

农产品质量安全追溯平台

举办主题党日系列活动

下乡调研

农业专家进行技术指导

晋城市首届农产品展销周暨特优农产品展厅

晋城市环境保护局

市委书记张志川（右三）调研环保工作

市长刘锋（左五）调研环保工作

2017 年，晋城市环保系统把加强环境保护作为推动经济转型升级、优化产业结构、建设美丽晋城的重要抓手，以列入京津冀“2+26”大气污染传输通道城市为契机，以推进中央、省环保督察整改为动力，强化顶层设计，坚持铁腕治污，持续打响环境保护攻坚战，“大气十条”目标圆满完成，水环境质量持续改善，土壤污染防治及生态环保工作加快推进，环境执法问责力度不断加大，环保优化经济发展的作用有效发挥，全民参与环保攻坚氛围进一步营造，组织开展“生态文明宣传教育十进”、首届“绿色晋城”环保绘画大赛、“绿色骑行”“小记者百人企业行”等一系列活动，营造了“人人关注环保、全民参与攻坚”的良好氛围。不断完善环境信息公开机制，扩大了广大群众的环保知情权，信息公开工作连续五年排名全省第一。

2018 年，环保工作将以改善环境质量为核心，坚决打好大气、水、土壤污染防治“三大战役”，建立完善网格化环境监管、空气质量考核、生态红线、排污许可、环保督察、环保垂管改革、污染源普查“七项制度”，深入开展铁腕治污，严格环境执法，着力解决关系广大人民群众切身利益的突出环境问题，为美丽晋城高质量转型发展提供环境保障。

环境保护关系经济发展全局，关系地方长治久安，关系民生福祉。做好 2017 年的环境保护工作，任务艰巨，责任重大。让我们在市委、市政府的坚强领导下，坚定信心，锐意进取，克难攻坚，埋头实干，确保圆满完成年度各项工作目标任务，推动全市环保工作再上一个新的台阶，为推动美丽晋城高质量转型发展做出积极贡献。

市政府召开会议专题研究环保工作

副市长王宏微（左四）检查建筑工地施工扬尘污染

时任局长杨金中（左四）带领执法人员夜查

全市环境保护工作会议召开

开展禁煤区煤炭流通执法检查

环境应急监测演练

排气污染检测

晋城市热力有限公司

副市长张利锋（前排左三）调研国投高背压改造工程进展情况

公司总经理 陈明龙

举办“庆祝建党 96 周年爱国歌曲大家唱”歌咏比赛

晋城市热力有限公司成立于 1991 年，是负责晋城市集中供热的市政公用企业，主要职责是负责市区集中供热设施的建设、生产、运营和管理，兼营热力工程安装、设计、咨询、技术服务。公司共有大型热源厂 2 个，换热站 201 座，管网总长 626.64 千米，供热面积达到 2103 万平方米。

2017 年，在市委市政府和市住建局党组的正确领导下，紧紧围绕公司年初制定的“1162”工作目标，即：“贯穿一条主线，把握一个根本，抓好六项重点，实现两个双赢”。

“一条主线”就是要紧紧抓住党建工作这条主线，贯穿于各项工作始终。

“一个根本”就是要牢牢把握提高民生福祉这个根本。

“六项重点”就是要抓好阳电热源项目和国投高背压改造 12 千米管网建设、6 台 40 吨锅炉脱硫脱硝除尘升级改造、8 台 20 吨锅炉取缔拆除、国有企业改制、省级文明单位创建、供热安全优质生产六项重点工作。

“两个双赢”就是要实现经济效益和社会效益双赢。

全体员工团结一心、奋力攻坚，圆满完成了年度各项工作任务。2017 年，公司获“山西省文明单位”称号。

恒光热力（集团）有限公司

恒光总部办公楼

恒光热力（集团）有限公司始建于1989年，位于市区景西路北段，注册资本15000万元，是一家以投资经营城市集中供热为主营的民营企业集团。主要产品：热力、电力、保温管材。集团总资产7.5亿元，员工850余人，年发电量8000万度、年供热量550余万吉焦、供热面积近1200万平方米、年供蒸汽量10万吨、年产节能保温管产品1万立方米，集团公司综合年产值近1.8亿元，年上缴税金800余万元。

近年来，在恒光党支部的领导下，集团实现了跨区域协同发展。在创新发展中通过大力推广循环流化床燃烧技术、低真空循环水供热技术、管道直埋无补偿技术、分布式变频混水技术、锅炉烟气余热深度回收技术、干热岩供热技术、热网监控调整技术以及高效脱硫脱硝除尘环保技术，实现了环境效益、社会效益和经济效益的共赢，为市区大气质量和人居环境改善做出巨大的贡献。

集团先后获“中国自主创新先进单位、全国工人先锋号、山西省自主创新先进单位、山西省优秀民营科技企业、山西省环境保护先进企业、山西省资源综合利用示范企业、山西省管理先进民营企业、晋城市优秀民营企业、晋城市环境保护先进单位、晋城市劳动关系和谐企业、晋城市五星级职代会、晋城市诚信企业”等多项殊荣。

恒光热力（集团）公司

低真空循环水供热技术

锅炉烟气余热深度回收热泵

国内先进的DCS控制系统

先进的脱硫脱硝除尘环保技术

分布式变频混水供热技术

晋城市农机局

局长苗富才（右三）深入基层宣讲党的十九大精神

机声隆隆战“三夏”

开着“铁牛”奔小康

玉米机收“抢眼”三秋

新装备亮相农博会

春播

引进的黄芩、党参中药材收获机

马铃薯收获机械

新型植保机械

果园机械化作业

自行改制的喷杆式喷雾机，可有效防治病虫害

晋城市水务局

党组书记、局长杜平（左三）调研杜河水库

2017年，全市水利系统以习近平治水兴水重要思想为科学指南和根本遵循，在市委市政府坚强领导下，抓重点、补短板、强弱项、夯基础，砥砺奋进，开拓进取，治水兴晋步履铿锵，兴水惠民再谱新章，水利建设亮点纷呈，圆满完成了年度目标任务。

一是以人为本，护佑安澜，防汛抗旱取得全面胜利。以保障人民群众生命财产安全为第一要务，进一步强化措施，落实责任，统筹组织，科学调度，全力推进防汛抗洪抢险工作，保障了全市人民群众生命财产安全。

二是攻坚克难，重点突破，加快完善水利基础设施网络。杜河提水工程、张峰水库市区引水工程建设（大水源工程）、郭壁供水改扩建等一批重点工程建成或具备开工条件，为全市经济社会发展提供了重要保障；全省2016—2017年度水利建设质量工作考核排全省第一名。

三是兴水惠民，夯实根基，增强人民群众的幸福感。投资3381万元，解决了7.92万人的饮水安全问题，全市集中供水率、供水保证率、水质合格率均超全省平均水平。全年完成实灌面积72.3万亩，保障了粮食增产群众增收。2017年，省农建指挥部授予市农建办农田水利基本建设管理先进单位称号。

四是以水为基，绿色发展，为建设水美晋城筑牢生态基石。严格水资源管理和保护，全年总用水量4.29亿方，万元GDP用水量、万元工业增加值用水量降幅分别达8.4%、6.2%，重要水功能区水质达标率72%，压采地下水899.2万方，各项任务均超额完成。完成水保初治面积39.24万亩，沁河晋城重点段治理工程开建，市区10条黑臭水体治理完成，水生态环境显著改善。东焦河水电站通过水利部首批绿色小水电站审核。

五是改革攻坚，创新引领，治水能力不断提高。着力推行“河长制”工作，市和六县（市、区）河长制工作实施方案全部出台，市、县、乡、村四级河长体系全面建成，得到水利部督察组充分肯定和评价。水利综合改革取得实效，全面完成小型水利工程管理体制改革，《农业综合水价综合改革实施方案》出台，水权制度改革试点在高平开展，水资源税改革试点在全市开启。

六是强化党建，夯实根基，从严管党治党工作取得新成效。坚持用习近平新时代中国特色社会主义思想武装头脑，深入开展“两学一做”学习教育常态化制度化、维护核心见诸行动主题教育。坚决贯彻从严管党治党“两个责任”，全面推进“三基”建设。认真遵守“中央八项规定”精神，驰而不息纠正“四风”，水利系统政治生态风清气正。

丹河东焦河水库

郭壁提水工程

泽州县任庄水库

泽州县张峰水库

阳城县西冶水库

晋城市食品药品监督管理局

党组书记、局长李作富（左二）深入基层食药站所调研

局领导在富士康园区职工食堂调研指导工作

砥砺奋进求突破 2017 年，全市食药监系统认真落实国家、省、市关于食品药品监督管理各项要求和工作部署，克难攻坚，履职尽责，牢牢守住了“三个绝不发生”的安全底线，在六个方面实现了新的突破和提升。市局机关先后获得省级精神文明单位、全市目标责任考核优秀单位、综治和平安建设优秀单位标兵、全省食品药品监管工作先进单位和全省食品安全标准技能竞赛和法律知识竞赛一等奖等荣誉。

在夯实基层基础建设上实现了新突破 各县（市、区）监管机构、队伍和领导班子得到进一步充实，履行“两个责任”能力得到进一步提升，全市平稳向好的食品药品安全形势得到进一步巩固。全市 77 个乡镇站（所）有效解决了办公场所、办公设备、执法装备、经费保障等“瓶颈”问题。乡镇站（所）事业编制人员到位 394 人，到位率达 97.3%。日常监管网格初步划定，实现了监管对象的全覆盖。县乡两级快速检测装备配备和使用率达 100%。城区、泽州、沁水全部解决了执法车辆。全市 2310 个行政村（社区）配备了协管员、信息员，工资待遇全部解决。

局长李作富（前排左二）带队检查节日食品市场

召开会议研究食品药品监管工作

组织开展食品药品安全科普宣传

在健全完善监管机制上实现了新突破。按照“两集中、四到位”要求，优化审批流程，压缩审批时限，公开审批过程，市县局行政许可科（股）全部整建制进驻政务服务中心，实现了行政审批事项“一个窗口对外、一次性告知、一条龙服务”。分四批承接省局 26 类食品生产许可事项，建立了行政审批和事中事后监管清单，确保审管工作无缝衔接。进一步厘清市县乡三级监管事权，探索网格化监管全覆盖与重点抽查“双随机”结合机制，推进落实企业风险分级管理制度，明确监管重点、方式和频次，实施精准监管，切实把监管机制建设的优势转化为监管效能的提升。

在提升监管工作成效上实现了新突破。坚持把上级工作部署与晋城实际相结合，持续加大突出问题专项整治、风险隐患排查整改、质量安全监督抽检和违法违规案件查办力度，全年检查食品药品生产经营使用单位 36447 家（次），责令改正 3755 家，约谈 9 家抽检不合格食品生产企业，完成餐饮单位“明厨亮灶”建设 272 家，撤销药品 GSP 证书 5 张，收回药品 GSP 证书 11 张，收回医疗器械经营许可证 15 张、经营备案凭证 10 张。完成国家、省、市和县四级食品抽检 2075 批次，药械保化抽检 632 批次，完成检验任务 802 批次。全年共查办各类违法违规案件 596 件，同比增加 29.28%，下达罚没款 963.33 万元，同比增加 185.87%。向公安部门移送涉刑案件 14 起，其中 3 起被公安部列为 2017 打假“利剑”行动督办案件，监管执法的威慑力显著提升。

在监管技术支撑体系建设上实现了新突破。按照“整体规划、模块设置、分步实施、急用先建”的思路，在原有保健食品可追溯电子监管平台、药品温湿度在线监控平台、稽查数据平台等基础上，加大整合改造提升力度，统筹推进“四品一械”基础信息数据库、食品安全执法检查系统和全程追溯系统建设。全市 18 家重点食品生产企业建立起二维码追溯系统，168 家获证食品生产企业全部建立了纸质全程追溯体系。完成了全省信息化专网市级节点的综合机房改造。市食品安全检（监）测能力建设项目顺利完工。城区大力推进“食药监微信公众号”建设，实现了监管部门、监管对象和普通消费者的在线互动和监管数据查询统计等功能。

在推进示范创建工作上实现了新突破。坚持示范带动，点面结合，把推进省级食品安全示范创建、全国文明城市创建与放心肉菜示范超市、示范店、示范社区创建有机结合，集中解决了一批食品安全领域群众关注的热点难点问题，社会各界对食品安全工作的获得感、认可度、满意度均大幅提高，我市食品安全示范城市创建工作推进有力、成效初显，得到省政府验收评价组的一致好评。去年 11 月 22 日，全省食品安全“双安双创”运城现场会上，泽州县荣获首批“山西省食品安全示范县”称号。

在干部队伍能力建设上实现了新突破。按照建设高素质专业化干部队伍的目标要求，分级分层选派市管干部参加市委学习贯彻党的十九大精神培训班，邀请党建领域专家为全市系统干部专题授课，提升了干部队伍的政治素质。分期分批开展市、县、乡三级执法人员法律法规和业务知识轮训，外请专家授课 20 余课时；组织参加省局对口业务培训 180 人（次），选派人员参加国家总局高研院等专题培训 62 人（次），提升了监管队伍的专业能力。

晋城市规划局

市长刘锋（左二）到清控创新基地（晋城）调研指导

为深入贯彻落实创新驱动发展战略，市规划局积极响应新常态下“大众创业、万众创新”的新趋势，由晋城市规划局主导下属晋城市规划设计研究院、晋城市建筑设计院共同投资建设，并委托太原清控运营团队进行运营的清控创新基地（晋城）。

为更好的运营以及管理基地，2017 年 11 月 17 日局党组批复同意两院成立以管理清控创新基地（晋城）为主的运营公司：晋城清晋创规划设计产业管理有限公司。该公司成立后积极对接太原清控运营团队，合作学习其成功的运营方法，为成功引入企业和各类服务机构提供基本保证。

清控创新基地（晋城）

山西省委督查室主任郝永明（右三）到基地考察调研

山西省中小企业局局长李东洪（左四）到基地考察调研

清控创新基地（晋城）于自 2017 年 12 月 26 日揭牌，省、市级相关领导多次莅临基地视察指导，对清控创新基地（晋城）的工作表示肯定，并对基地将来的发展寄予厚望。

清控创新基地（晋城）配套完备的基础服务设施，为入驻企业提供高品质、低成本、便利化、全要素的创业空间、网络空间、社交空间和资源共享空间。

2017 年，基地共入驻企业 31 家，行业涉及规划设计、节能环保、智慧城市、绿色建筑、虚拟现实 VR、AR 等领域。并引入了 4 家第三方服务机构为入驻企业提供工商代理、财务记账、知识产权、法律服务等基本服务。

基地以“4+X”的产业发展结构，集聚多领域、多专业的业务主体、上下游及周边服务主体，形成业务类别互补， 专业服务、公共服务一条龙的基地特色发展模式。以打造全省首家以规划设计为主，科技创新为辅的规划设计产业创新基地。

清控创新基地（晋城）服务中心

清控创新基地（晋城）众创空间

清控创新基地（晋城）入驻项目评审会

清控创新基地（晋城）创业沙龙

晋城市质量技术监督局

2017 年，市质监局在市委市政府的坚强领导下，深化“夯基础、保安全、促发展”工作思路，夯实质量技术基础，加强质量安全监管、坚守特种设备安全红线，优化质监技术服务。圆满建成国家煤层气质检中心，总投资 7218.85 万元，配备先进检测仪器设备 25 台（套），拥有重要产品和关键项目的全项检测能力；同时科技强检战略取得新突破，完成国家及省部级科研项目 1 项，研发申报 4 项国家专利。全面特种设备安全隐患，先后开展 5 次专项监督检查和 10 次专项整治行动，以燃气压力管道为重点集中开展调查成效显著；选派的山西迅安电梯有限公司在 2017 年中国技能大赛“鲁班杯”全国首届电梯安装维修工职业技能竞赛总决赛中荣获“电梯维修组团体优胜二等奖”，全市特种设备安全监管连年趋稳。全力实施质量强市战略，山西江淮重工有限责任公司在全省质量大会上荣获“第二届山西省质量奖提名奖”榜首，全市 37 个企业、40 个产品获得“山西省名牌产品”称号，领先全省地市获奖平均值。在全省率先出台了《晋城市标准化创新奖励办法》，成立了市长为组长的标准化工作领导组。该局本着“修志存史，以启未来”的态度，编撰的《晋城市质监志》《市县质监手册》在新华出版社和中国标准出版社付梓出版，形成了经得起历史检验、具有鲜明时代特征和地域特色的质监成果。此外，该局在文明城市创建、综治、扶贫等方面持续加强，被省人社厅、省扶贫表彰为“全省干部驻村帮扶工作模范单位”，被市委市政府通报表彰为“晋城市 2016 年度目标责任考核优秀单位”。

全市质量强市工作推进会召开

副市长梁丽萍（左）指导质监工作

局长陈家富（中）调研国家煤层气质检中心建设

市质监局领导班子开展廉政教育

驻村帮扶实施精准扶贫

自然地理

【位置　境域】　晋城市古称泽州，位于山西省东南隅、太行山南麓。地理坐标为：北纬35°11′12″～36°13′56″，东经111°56′05″～113°37′15″。总面积9424.9平方千米。最东端在陵川县古郊乡锡崖沟村当中洼东，最南点在泽州县山河镇龙门村南槽自然村南，最西端在沁水县中村镇后河庄村西，最北点在沁水县十里乡范庄村果角岭庄北。因四周多山，与周边县、市多以山为界，四至分界变迁不大，基本上与古泽州相同，分别为：东与河南省的辉县市、修武县接壤，距离辉县市168千米，距修武县122千米；南与河南省的博爱县、沁阳市、济源市交界，距离博爱县78千米，距沁阳市74千米，距济源市80千米；西与省内临汾市的安泽县、浮山县、翼城县及省内运城市的垣曲县为邻，距离浮山县183千米，距翼城县137千米；北与省内长治市的长子县、长治县、壶关县相连接，距离长子县93千米，距长治县73千米，距壶关县115千米。晋城市区位于境域南部偏东，与所属各县、市的距离为：北距高平市40千米，西距阳城县36千米，西北距沁水县86千米，东北距陵川县56千米。

晋城市区与首都北京的距离，经太洛、太旧公路到达为789千米，经太焦铁路转京广线到达为732千米；与省城太原的距离，公路为288千米，铁路为300千米。

晋城市是山西省的东南门户。由晋城市通往邻省部分城市的距离分别为：河南省焦作市65千米，新乡市132千米，开封市224千米，洛阳市140千米，郑州市150千米，林州市200千米，安阳市211千米；距河北省邯郸市292千米，邢台市320千米，石家庄市444千米；距陕西省西安市522千米。

【气候　气温】　晋城市属暖温带大陆性季风气候，基本特征是四季分明，冬长夏短，雨热同季。境内大部分地区年日照时数在2393小时～2630小时之间，平均为2565小时，属于“长照地区”。太阳辐射数值在每平方厘米130.8千卡～136.3千卡之间，属光线资源比较丰富的地区；年平均气温为7℃～12℃，其中东西山区为7.9℃，其余地区均在10℃左右。35℃以上极端最高气温和-20℃以下极端最低气温很少出现。全境年平均气温≥0℃的持续天数达264天～274天，大部分地区在255天左右。冬夏温差不太悬殊，夏季即使在高温酷暑的年份，高温天数也只有半月左右，尤其是陵川县，由于地形条件，温差很小，即使到严冬也不太冷，盛夏则是清凉避暑的胜地。境内平均无霜期为165天～198天，少数地区农作物为一年一熟，多数地区为两年三熟。　（市地方志办）

建置区划

【历史沿革】　晋城是华夏文明

的发祥地之一。境内有女娲补天、精卫填海、愚公移山、尧舜禅让、神农播谷、舜耕历山、渔于濩泽、禹凿石门等众多传说。中华人民共和国成立后,在考古中发现的多处古人类遗址,证明晋城地区开化较早。1972年,在沁水县下川发现的下川遗址,是旧石器时代晚期的文化遗存,证明早在2万多年以前就有人类在这里繁衍生息;1986年,在陵川县夺火乡发现的塔水河遗址则属于旧石器时代古人类洞穴生活遗址,经考古专家鉴定,距今约10万~7万年。

春秋战国时期。春秋时,周襄王十三年(前639),晋文公围原,以信服原,迁原伯姬里于翼,以赵衰为原大夫,境域属晋。周安王二十六年(前376),赵、韩、魏三分晋地,境域大部属韩,部分属魏。周赧王五十三年(前262),秦伐韩,拔野王(今河南沁阳),断新郑(韩国都)与上党联系。上党守冯亭举上党17城入赵,境域遂归赵,并因此引发"长平之战"。越二年(前260),秦将白起在长平大败赵军,坑杀赵降卒40余万,悉拔上党诸城。

秦汉魏晋南北朝时期。秦统一天下后,推行郡县制,本境属上党郡。汉代,于境内置5县,分属2郡,其中:濩泽(今阳城县)、端氏(今属沁水县)属河东郡(治所在今夏县北);泫氏(今属高平市)、高都(今属泽州县)、阳阿(今属泽州县)属上党郡(治所在今长子县西)。东汉时于阳阿、濩泽置侯国,其余县建制不变,同属并州。三国时期,境域属魏,县之建置同西汉。西晋时,废阳阿,端氏、濩泽属平阳郡(治所今临汾市),泫氏、高都属上党郡(治所在今长治市)。十六国时,境域先后为刘渊、石勒占据,属前、后赵国。西燕慕容永据长子称帝后,复阳阿县并在阳阿置建兴郡,境内始设县以上建置。后燕因之。南北朝时,境域属北魏。北魏于境内置建州,治所在今泽州县高都镇。建州领4郡、10县:高都、阳阿二县属高都郡(治所亦在今高都镇);高平(称高平始于此,治即今高平市)、泫氏二县属长平郡(治所在泫氏城,今高平王报村);端氏、濩泽二县属安平郡(治所在端氏);东永安(治所在今沁水县西15千米固镇村)、西河(治所在今沁水县东20千米西河村)、西濩泽(治所在今阳城县泽城村)、高延(治所不考,约在今沁水县境内)四县属泰宁郡(治所在沁水县固镇村)。北齐袭北魏,仍置建州,领长平、高都二郡,省安平、泰宁等郡,并东永安、西河、高延等改为永宁县。后周改高都为丹川县,泫氏并入高平县,并长平、高都二郡为高平郡,治所在丹川县。

隋唐五代时期。隋开皇三年(583),改建州为泽州,盖因濩泽为名,泽州古称始于此。开皇十六年(596),析高平置陵川县,陵川置县始于此。开皇十八年(598),改高平郡为丹川县,改永宁为沁水县。大业三年(607),复改州为郡,置长平郡,领丹川、沁水、端氏、濩泽、高平、陵川6县。义宁二年(618),复改长平郡为泽州。

唐代,境域属河东道泽州或高平郡。唐武德元年(618),于丹川置建州,濩泽置泽州。武德三年(620),分丹川置晋城县,隶于建州,晋城之名始于此;又于长平置盖州(治所在今高平米山镇),分置盖城县(治所在今陵川县盖城村)以隶之。武德六年(623),废建州徙盖州来治。武德八年(625),复泽州,移治端氏。武德九年(626),并丹川、盖城二县入晋城。唐贞观元年(627),废盖州,徙泽州州治于晋城,领晋城、高平、陵川、濩泽、沁水、端氏6县。唐天宝元年(742),复改泽州为高平郡,仍领晋城、高平、陵川、阳城(原濩泽改,阳城之名始于此,治所在今阳城县城)、沁水、端氏6县。唐乾元元年(758),仍改高平郡为泽州,属河阳节度。唐末属昭义军,亦称泽潞军。

五代十国时期,境内为梁、唐、晋、汉、周五代反复争夺之地,战争频繁,或称泽州,或称高平,或称昭义军,或称匡义军,朝名夕改,相继归属后梁、后唐、后晋、后汉、后周。

宋金元时期。宋代,境域仍设泽州,辖晋城、高平、阳城、端氏、沁水、陵川6县,属河东路。金天会六年(1128),改泽州为南泽州,以别于北京泽州。天德三年(1151),复称泽州,属平阳府。贞祐四年(1216),置泽州昭义军,属上党,贞祐六年(1218)改隶孟州。元光二年(1223),升阳城县为勣州，于泽州置忠昌军，统晋城、端氏、高平、陵川、沁水5县。

元代，境域属晋宁路(治所在今临汾市)。蒙古世祖中统元年(1260)，置司侯司，领晋城、高平、阳城、沁水、陵川、端氏6县。元至元三年(1266)，裁司侯司，并裁陵川入晋城，裁端氏入沁水，以泽州领晋城、高平、阳城、沁水4县。至元三十一年(1294)，复由晋城析置陵川县，泽州领晋城、高平、阳城、沁水、陵川5县，第一次确立泽州领5县建制，辖区约相当于今晋城市范围。

明清时期。明洪武元年(1368)，裁晋城县入泽州，领高平、阳城、沁水、陵川4县，隶平阳府。洪武九年(1377)，泽州改为直隶州，属冀南道，隶山西布政使司，领县不变。

清沿明制。雍正六年(1728)，升为泽州府，附廓置凤台县。泽州府辖5县：凤台、高平、阳城、陵川、沁水。治所在凤台县。

民国初至中华人民共和国成立前。辛亥革命后，全国废府、州，存县设道。民国三年(1914)废泽州府，所辖各县归冀宁道，同年改凤台县为晋城县。民国十九年(1930)全省统一废道，5县俱属山西省。抗日战争初期，阎锡山成立7个专署，于长治设第五专署，晋、高、阳、陵、沁5县归属山西省第五专署。日军侵占上党后，曾设上党道，企图统治晋东南。为抗击日军侵略，八路军于民国二十六年(1937)底至民国二十七年(1938)初挺进敌后，以晋东南为中心逐步建立太行、太岳抗日根据地，属晋冀豫区。民国二十九年至民国三十二年(1940—1943)，晋、高、阳、沁、陵5县县城，先后被日军占领。为便于发动和组织军民抗日，晋冀鲁豫边区所属的太行行署和太岳行署，除建立高平、陵川、沁水等县抗日县政府外，并在边缘地区设置新县，先后计有：士敏县(以端氏为中心，为纪念爱国将领武士敏而名)、沁(水)南县、晋(城)沁(阳)县、晋(城)北县、晋(城)东县、陵(川)高(平)县、建宁县、阳(城)南县与阳(城)北县。

民国三十四年(1945)，晋城、高平、阳城、陵川、沁水5县相继解放，原置边缘县撤销，恢复原5县建制，其中晋城、高平、阳城属太岳四专属，沁水属太岳二专属，陵川属太行四专署。民国三十七年(1948)2月，析晋城县城关区设晋城市，1949年8月撤销，辖区仍归属晋城县。

中华人民共和国时期。1949年9月，山西省设立7个专区，长治专区成立。晋城、高平、阳城、陵川4县属长治专区，沁水县归属翼城临时专区。1950年1月，翼城临时专区撤销，沁水县归属长治专区。1958年，陵川、高平两县并入晋城县，沁水县并入阳城县，境内只设2个县，同年，长治专区改为晋东南专区，晋城、阳城归属晋东南专区。1959年7月，陵川县从晋城县分出，恢复原陵川县建制；1959年10月，沁水县从阳城县分出，恢复原沁水县建制；1961年5月，高平县从晋城县分出，恢复原高平县建制，隶属关系不变。1971年，晋东南专区改为晋东南地区，辖县归属不变。1983年7月，晋城县撤县设市，为省辖县级市，由晋东南地区代管。

1985年5月，经国务院批准，晋城市升为地级市，原晋城市(县级)分为城区和郊区。原属晋东南地区所辖高平、阳城、陵川、沁水4县划归晋城市管辖。晋城市属山西省管辖。

【行政区划】 山西省东南部古时统称上党。上党有两个中心，北边以长治为中心，称北上党，南边以晋城为中心，称南上党，故当时有“两上党”之说。

夏商时期，晋城属“帝都畿内”。周朝重心西移关中，封周文王第十六子姬绞于原(今高平原村一带)。春秋时，晋文公围卫得原，境内始属晋。

战国时期，上党共有17城(具体情况，至今无考)。见于史籍记载的晋城境内的城有：原、长平、泫氏、濩泽、高都、端氏、光狼(高平康营)、阳阿(泽州大阳)等。

秦统一天下，推行郡县制，于境内置5县，分属2郡，其中：濩泽(今阳城县)、端氏(今沁水县)属河东郡(治所至今夏县北)；泫氏(今高平市)、高都、阳阿(今泽州县)属上党郡(治所至今长治市)。县分若干乡，乡下设亭、里。

汉承秦制，后汉时于阳阿、濩泽置侯国，其余不变，魏因之。

西晋废阳阿县，境内置4县，濩泽、端氏属平阳郡(治所在今临汾市),泫氏、高都属上党郡。

东晋十六国时,境域先后为刘渊、石勒占据。西燕慕容永称帝后,复置阳阿县,并于阳阿置建兴郡,领阳阿、高都、泫氏、端氏、濩泽5县,境内始有县以上建置。

北魏实行州、郡、县制,于高都置建州(治所在今泽州县高都镇),领4郡、10县:高都郡,领高都、阳阿2县,治高都;长平郡,领高平(称高平始于此,治所即今高平市)、泫氏2县,治泫氏(在高平王报村);安平郡,领端氏、濩泽2县,治端氏;泰宁郡,领东永安(治所在今沁水县西)、西河(治所在今阳城县西)、西濩泽(治所在今阳城县泽城村)、高延(治所已不可考,约在今沁水县境内)4县。县下设党、里、邻,五家为一邻,五邻为一里,五里为一党。

北齐仍置建州,裁安平、泰宁2郡,其属县西濩泽并入濩泽,东永安、西河、高延并为永宁县。建州领长平、高都2郡,辖高都、阳阿、泫氏、高平、濩泽、端氏、永宁7县。北周并长平、高都郡为高平郡,改高都为丹川县,为高平郡治。

隋朝实行州、县或郡、县制。隋开皇三年(583),改建州为泽州,泽州之称始于此,废高平郡,泫氏并入高平,析高平置陵川县,改永宁为沁水县。泽州领丹川、高平、濩泽、陵川、沁水、端氏6县,治丹川。此后,或改称长平郡或为泽州,辖县不变,县下设党、里、保,五家为保,五保为里,五里为党。

唐初,实行州管县制,于丹川置建州、濩泽置泽州、高平置盖州。唐武德三年(620),分丹川置晋城县,移治今市区,晋城之名始于此,增置盖城县(治所今陵川县盖城村)。这时,境内设3州8县:泽州辖濩泽、端氏、沁水3县,治濩泽;建州辖丹川,晋城2县,治丹川;盖州辖高平、陵川、盖城3县。武德六年(623)废建州并入盖州,丹川、盖城2县并入晋城县,为盖州治所。这时,境内设2州6县,分别是:泽州,辖濩泽、沁水、端氏3县,治所移至端氏;盖州,辖晋城、高平、陵川3县。贞观元年(627),废盖州,泽州州治由端氏迁至晋城,领晋城、高平、陵川、濩泽(天宝年间改名阳城)、端氏、沁水6县,县下设乡,乡下设里,每里辖一百户。从此时起奠定今市行政区划雏形,直至清末,期间虽有过名称变化或县的短时裁置,但千余年一州(府)五县格局基本无大的变化。

辛亥革命推翻清政府后,全国废府、州,存县,实行道辖县,民国3年(1914),废泽州府,改凤台县为晋城县,与高平、阳城、陵川、沁水同属冀宁道。民国十九年(1930),全省统一废道,由省直管县。

抗日战争初,阎锡山为便于统治,在全省设7个专员行政公署,代省府管辖各县,于长治设山西省第五专署,晋、高、阳、陵、沁5县属第五专署。后又设4个行署,其中第三行署驻阳城岩山,晋、高、阳、陵、沁5县属第三行署。

民国二十七年(1938),日本侵略军侵占境内大部分城镇及交通沿线,阎锡山委任的行政长官不得不依附于部队四处游散,原有的行政区划失去应有作用,名存实亡。在此情形下,中国共产党为便于发动和组织军民抗日,统一战争秩序,先后成立太行、太岳行署,并于境内设太岳二、四专署、太行八专署,于广大山区先后设置沁(水)南、士敏(端氏)、高平、阳(城)南、阳(城)北、晋(城)沁(阳)、晋(城)北、晋(城)东、陵川、陵(川)高(平)、建宁等县。民国三十四年(1945),晋城全境解放,太岳行署先后移驻沁水郑庄、阳城县城,恢复原5县建制,于晋城县设太岳四专署,领导晋城、阳城、高平、士敏4县。沁水县[民国三十六年(1947)士敏并入]属太岳二专署,陵川县属太行四专署。

民国三十七年(1948)2月,析晋城县城关区设晋城市,属太岳四专署,1949年8月,撤销晋城市重新并归晋城县。

1949年9月,撤销太岳行署、太岳四专署,成立长治专署,晋城、高平、阳城、陵川属长治专署,沁水县归翼城临时专署。1950年1月,翼城临时专署撤销,沁水县归属长治专署,从此至1985年4月,境内无独立行政区划,5县属长治(1958年改为晋东南)专区管辖。期间,1958年11月,陵川、高平一度并入晋城县,沁水县并入阳城县,境内只设2县。1959年7月,陵川县从晋城县分设,同年10月,沁水县从阳城县分设,1961年5月,高平县从晋城县分设,恢复原5县建置。1971年，晋东南专区改为晋东南地区，5县仍属晋东南地区。1983年7月，晋城撤县设市，为省辖县级市，由晋东南地区代管。1985年5月，经国务院批准，晋城市升为地级市，原晋东南地区所辖的高平、阳城、陵川、沁水4县划为晋城市辖区。原县级晋城市分为城区和郊区。晋城市辖城、郊2区和高平、阳城、陵川、沁水4县，至此，境内重新成为独立的行政区划。1993年5月，高平撤县设市，为省辖县级市，由晋城市代管。1996年8月，晋城市郊区改为泽州县。这时，全市6个县（市、区）共设立办事处8个，建制镇35个、乡80个。2001年撤并乡镇后，至2012年底，晋城市辖1区1市4县，共设48个镇、26个乡、10个办事处。

【人口　民族】 据2017年人口抽样调查，年末全市常住人口为233.30万人，比上年末增加1.22万人。全年全市出生人口2.39万人，人口出生率为10.26‰；死亡人口1.17万人，死亡率为5.03‰；自然增长率为5.23‰。出生人口性别比为102.33（以女性人口为100）。

2017年年末晋城市人口数及其构成表

指标	年末数（万人）	比重（%）
全市常住人口	233.30	
其中:城　镇	137.74	59.04
乡　村	95.56	40.96
其中:男　性	118.08	50.61
女　性	115.22	49.39

（市地方志办）

生态环境

【土地资源】 晋城市古为上党地，地势高峻险要，向称“天下之脊”“与天为党”。境内除被称为“泽州盆地”的狭小平川地带外，到处是层峦叠嶂，群峰壁立。山地和丘陵占总面积的87.1%，其中山地占58.6%，丘陵占28.5%。东部、西部和南部，群山连绵；北部和中部丘陵起伏，盆地相间。盆地及山间宽谷占总面积的12.9%。最高处海拔2358米，最低处海拔不足300米，相对高差2000米，大部分地区海拔在800米以上。位于境内陵川县的佛子山，主峰海拔1884米，雄踞太行绝顶，被称为“太行第一峰”，周围山岭峥嵘突兀，峰峦连绵不绝，号称“天中天”。登峰远眺，河水东流，云海翻腾，太行风光尽收眼底。金代文学家元好问在《太行游记》中，有“俯视中州，九千四百八十仞”之叹。抗日战争中，八路军总司令朱德留下“群峰壁立太行头，千里黄河一望收”赞句。

【环境资源】 晋城山河既雄伟险峻，又秀丽壮美。陵川王莽岭，“横看成岭侧成峰”，大小山峰有几十处，大的峰顶可走马，小的则状如笔尖。在这里可以听松涛、看云海、观日出、赏余晖，还可以做攀岩、跳伞等探险性运动，被视为“神奇太行”的象征。沁水历山的舜王坪，是国家级自然保护区，风景绮丽，山水迷人，不仅松柏苍翠，巨石峥嵘，瀑布飞泻，而且有漫山遍野的山桃、山杏、枫、栎、榆、红桦等树木及金针、木耳、猴头、蘑菇、灵芝、菖蒲、麝香、野生人参等名贵药材和山珍，被誉为“北方植物宝库”。群兽栖于幽谷，百鸟啼于林中，令人流连忘返。阳城蟒河自然保护区，是晋城市的又一奇景。这里松柏参天，山花盛开，百鸟争鸣，既有金钱豹、梅花鹿、太行猕猴等动物栖于山中，又有鱼、虾、龟、鳖游于河中，还有存世稀少的褐马鸡和两栖动物娃娃鱼（大鲵）。

境内除历山、蟒河2个国家级自然保护区外，还有泽州县猕猴、陵川红豆杉、阳城崦山等省级自然保护区多处。近年来辟为旅游景区的泽州珏山、山里泉、丹河龙门、李寨，阳城崦山、九女湖，陵川棋子山、锡崖沟、昆山、黄围山、凤凰欢乐谷、上云台山更是让人叹为观止。以保护爬行类动物为主的阳城崦山自然保护区，蛇的种类很多，奇特的双头蛇、双尾蛇，为这里增添了一层神秘的色彩。李寨风景区的孔雀开屏、黄河飞来石和沁河第一湾，丹河龙门景区的浴石缸和十三马蹄印，棋子山的弈棋洞，昆山的瀑布，黄围山的溶洞等也别具特色，各有千秋。陵川的红豆杉大峡谷还被列为国家级地质公园。

【水资源】 晋城市是华北地区相对富水区，境内有沁河、丹河、卫河3条水系，总流域面积为9422平方千米；全市年平均降雨量为650毫米左右，水量尚属充沛，只是年度间变化较大。水资源总量为21.49亿立方米，占全省水资源总量的15.1%，人均和亩均水资源占有量分别高出山西全省平均数的1倍～2倍。

【森林资源】 晋城市境内属温暖半湿润地区，林木生长条件较好。全市森林面积为336330公顷，森林覆盖率为35.7%，其中天然林占全市森林面积的70.2%，以天然次生林为主，主要分布于西南部中条山区和东部的太行山南端。中条山是全市树种最多的地区，有“山西植物宝库”之称，已发现的高等植物有1000余种，其中，有国家重点保护的树种10余种。经过持续多年的植树造林活动，全市人工造林保有面积达到5.4万公顷，城市绿化覆盖率达到45.8%，人均公共绿地为15.5平方米。市区优质空气质量连续几年在350天以上。2006年4月、2007年11月，分别获“国家园林城市”“全国绿化模范城市”称号，2012年又获“国际花园城市”称号。

【矿产资源】 晋城市自然资源丰富，地下地上，宝藏遍布，尤以地下宝藏之多称冠全省。境内已发现的矿藏有20余种，不仅有大量的煤、铁、铝、硫黄、石膏、石英、石灰石、白云岩、耐火黏土、大理石、花岗岩等，而且还有稀有金属锰、铜、铅以及异常珍贵的铀。在各种矿藏中，煤、铁储量最大。境内煤炭总储量预计为808.1亿吨，已探明储量273.3亿吨，其中，无烟煤储量占山西储量的1/2多和全国储量的1/4多。与煤伴生的清洁能源——煤层气已探明储量达6.85万亿立方米。铁矿储量为2.23亿吨。硫铁矿、铝矾土的储量也在5000万吨以上，石灰石储量高达6.5亿吨。大理石的储量约6.05亿立方米，品种有墨玉、汉白玉、紫檀玉、象牙玉、晚霞玉等达28种之多。

丰富的自然资源为晋城的经济发展提供了得天独厚的条件。农业和手工业发展较早。汉代上党的谷物就输往京师，冶铁的历史可上溯到战国时期，“阳阿古剑”曾独步天下，时人难求。唐代泽州因丝织业兴盛而被定为贡丝之州。宋代，出现“其输市中州者，唯煤与铁日不绝于途”的兴旺景象。明初，晋城是全国13冶之一。明清时有“平阳泽潞豪商大贾甲天下”之说。到了近代，被称为“九州针都”的大阳所产的钢针几乎供应着全国每一个家庭。晋城的“泰山义”剪刀和阳城的犁镜更是享誉全国。蛋品制造、玻璃生产等现代工业的兴起也早于省内其他地、市。阳城的乔氏琉璃曾被北京故宫建造时使用。

民国三十四年（1945）晋城全境解放，饱经战争破坏的工农业生产很快得到恢复和发展。20世纪70年代，晋城“五小工业”迅速崛起，曾被原晋东南地区和山西省树为“工业学大庆”的先进典型，全国曾在晋城召开现场会，推广其经验。阳城白煤炼铁技术在20世纪50年代就受到冶金部表彰。

【自然灾害】 晋城的自然灾害主要是旱灾，偶有风灾和洪涝、冰雹。境内有记载的有感地震有7次，均为3.5级。长期以来，境内无大地震之忧，无沙尘暴之害，无水淹之苦，无冰雪之灾，可谓宜居城市。 （市地方志办）

经济建设

【综述】 2017年，晋城市地区生产总值完成1151.5亿元，比上年增长6.1%。其中，第一产业增加值50.7亿元，增长1.3%，占生产总值的比重为4.4%；第二产业增加值618.9亿元，增长5.1%，占生产总值的比重为53.7%；第三产业增加值481.9亿元，增长8.0%，占生产总值的比重为41.9%。第三产业中，金融保险业增加值75.2亿元，增长8.0%；交通运输、仓储和邮政业增加值85.4亿元，增长12.0%；批发和零售业增加值65.0亿元，增长3.0%；住宿和餐饮业增加值32.9亿元，增长6.4%；营利性服务业增加值50.0亿元，增长9.6%。人均地区生产总值49487元，按2017年平均汇率计算为7326美元。

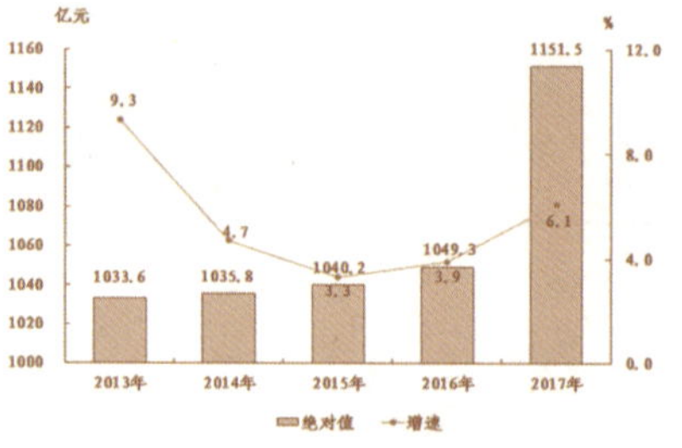

2013—2017年
晋城市生产总值及增长速度

2017年，全市财政总收入

216.0亿元，增长27.8%。其中，增值税98.8亿元，增长71.7%；企业所得税30.2亿元，增长18.3%；个人所得税6.9亿元，增长21.0%；资源税33.8亿元，增长78.5%。一般公共预算收入101.4亿元，增长13.5%，其中税收收入75.0亿元，增长35.7%。一般公共预算支出178.7亿元，增长3.4%，其中科学技术支出增长34.0%，教育支出增长0.4%，农林水事务支出增长0.6%，社会保障和就业支出增长5.5%，文化体育与传媒支出下降8.1%，医疗卫生和计划生育支出增长5.1%，节能保护支出增长19.0%。

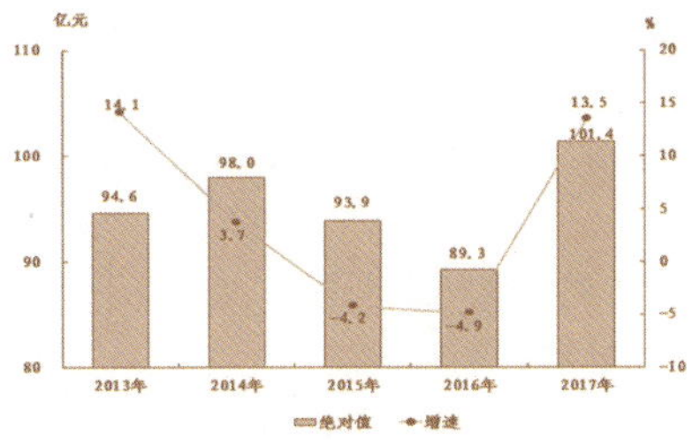

2013—2017年

晋城市一般公共预算收入及增长速度

2017年，晋城市居民消费价格比上年上涨0.6%。工业生产者出厂价格上涨23.4%，工业生产者购进价格上涨20.9%。

2017年晋城市居民

消费价格比上年涨跌幅度表

指　标	涨跌幅度（%）
居民消费价格	0.6
食品烟酒	-2.3
衣　着	0.7
居　住	1.2
生活用品及服务	0.9
交通和通信	0.3
教育文化和娱乐	0.6
医疗保健	8.3
其他用品和服务	2.6

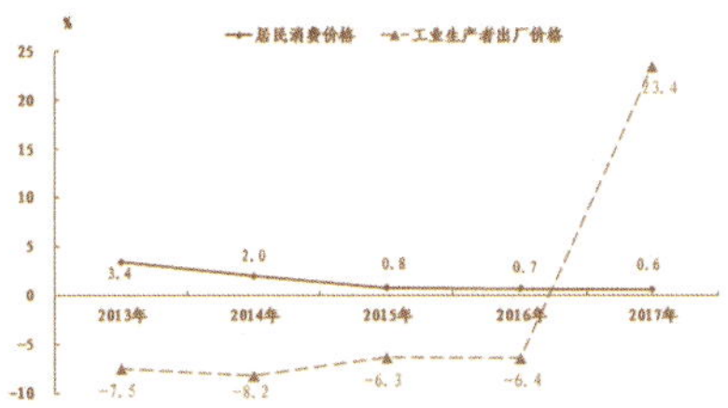

2013—2017年价格比上年涨跌幅度

2017年，全市城镇新增就业4.52万人。年末城镇登记失业率1.74%。

【农业】 全年全市农作物种植面积173500公顷，减少6800公顷。其中，粮食种植面积162600公顷，减少6400公顷；油料种植面积23000公顷，增加200公顷；棉花种植面积100公顷，减少50公顷。在粮食种植面积中，玉米种植面积85600公顷，减少2600公顷；小麦种植面积42200公顷，减少900公顷。

全年粮食产量83.6万吨，减少6.4万吨，下降7.2%。其中，夏粮20.7万吨，增长12.0%；秋粮62.9万吨，下降12.1%。

2017年晋城市主要

农林产品产量及增长速度表

产品名称	产量（万吨）	比上年增长(%)
粮食	83.6	-7.2
其中：玉米	55.4	-11.3
小麦	20.7	12.0
谷子	2.8	-4.6
豆类	3.5	-25.8
薯类	5.3	-17.0
油料	0.4	6.2
棉花	0.01	-25.3
蔬菜及食用菌	31.5	-11.2
水果	5.9	-1.3
其中：瓜果类	0.2	-11.1
园林水果	5.7	-0.8
食用坚果	1.4	2.9
其中：核桃	1.4	3.2

全年完成造林面积0.8千公顷，下降55.7%。其中，经济林面积0.08千公顷，下降86.7%。全年木材产量7602立方米，增长4.8%。

全年全市肉类总产量16.2万吨，下降2.1%。全年猪牛羊肉总产量14.0万吨，下降5.1%。其中，猪肉产量13.3万吨，下降4.7%；牛肉产量0.1万吨，下降42.3%；羊肉产量0.6万吨，下降5.1%。年末生猪存栏95.9万头，下降6.9%；生猪出栏178.9万头，下降4.9%。牛奶产量0.05万吨，下降18.1%；禽蛋产量8.5万吨，增长2.5%；水产品产量0.2万吨，下降3.8%。

全年全市设施蔬菜产量9.7万吨，下降12.0%；食用菌1.1万吨，下降13.6%；蚕茧0.2万吨，下降23.0%；蜂蜜0.2万吨，下降13.0%；药材0.8万吨，增长9.2%。

年末全市农业机械总动力58.6万千瓦，下降46.6%。机械耕地面积141100公顷，下降4.4%；机械播种面积124200公顷，下降3.9%；机械收获面积92900公顷，下降2.5%。全市农机化经营总收入5.3亿元，增长7.8%。

【工业和建筑业】 年末全市规模以上工业企业242家。全年规模以上工业增加值比上年增长5.5%。

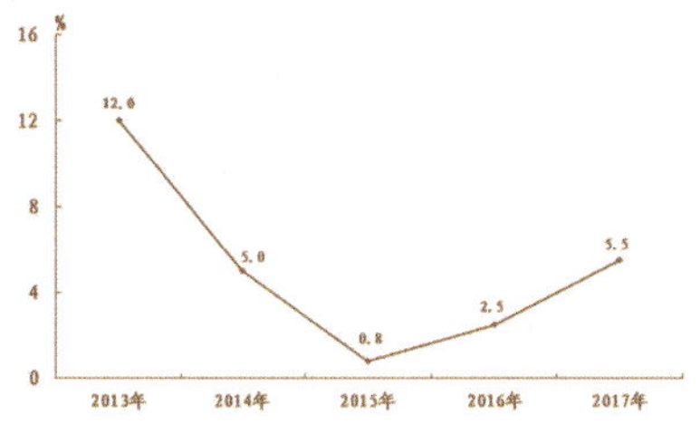

2013—2017年晋城市

规模以上工业增加值增长速度

2017年晋城市
规模以上工业增加值增长速度表

指　标	比上年增长(%)
规模以上工业	5.5
其中:轻工业	33.2
重工业	5.1
其中:国有控股企业	6.3
其中:集体企业	-35.6
股份制企业	7.2
外商及港澳台投资企业	-0.1
其中:煤炭开采和洗选业	5.1
黑色金属冶炼和压延加工业	-0.5
电力、热力的生产和供应业	6.6
石油与天然气开采业	9.1
化学原料及化学制品制造业	0.6
石油加工、炼焦及核燃料加工业	73.7
非金属矿物制品业	-8.8
通用设备制造业	60.4
专用设备制造业	23.7
计算机、通信和其他电子设备制造业	-9.9

全年全社会原煤产量9462万吨，增长2.9%；规模以上工业发电238亿千瓦时，增长5.3%；水泥232万吨，增长20.1%；农用化肥(折纯)234万吨，下降9.8%；焦炭50.0万吨，增长50.3%；钢材350万吨，下降1.3%；生铁408万吨，下降2.2%。

2017年晋城规模以上工业
主要工业产品产量及增长速度表

产品名称	单位	产量	比上年增长(%)
原煤(全社会)	万吨	9462	2.9
洗　煤	万吨	2784	2.4
煤层气	亿立方米	35	9.0
金属切削工具	万件	603	41.6
矿山专用设备	吨	49822	25.1
光电子器件	万只(片、套)	93528	-24.2
焦　炭	万吨	50	50.3
合成氨	万吨	315	-5.4
精甲醇	万吨	96	-2.2
水　泥	万吨	232	20.1
农用化肥(折纯)	万吨	234	-9.8
生　铁	万吨	408	-2.2
钢　材	万吨	350	-1.3
发电量	亿千瓦时	238	5.3

全年规模以上工业企业实现主营业务收入1335.6亿元，增长41.1%。其中，煤炭、冶铸、装备制造、化工、电力和煤层气开采六大行业分别实现主营业务收入733.8亿元、149.6亿元、147.3亿元、103.2亿元、77.3亿元和62.7亿元，分别增长58.5%、40.5%、19.0%、26.1%、7.1%和33.1%；建材、医药、炼焦和食品制造工业分别实现主营业务收入16.8亿元、7.4亿元、3.9亿元和1.7亿元，分别增长31.7%、52.8%、34.2%和34.6%。

规模以上工业实现利税260.0亿元，增长94.8%；实现利润134.3亿元，增长152.8%。

2017年晋城市规模以上
工业企业利润总额及增长速度表

指　标	利润总额(亿元)	比上年增长(%)
规模以上工业	134.3	152.8
其中:国有控股企业	93.0	136.9
其中:集体企业	-0.01	—
股份制企业	98.4	242.7
外商及港澳台商投资企业	36.6	41.0

年末全市具有资质等级的总承包和专业承包建筑业企业113家，完成总产值56.1亿元，下降5.9%；房屋施工面积376.3万平方米，增长6.3%；签订合同额为119.4亿元，增长3.1%。

【固定资产投资】 全年全市固定资产投资(新口径)完成430.7亿元，同口径增长6.3%。其中，国有及国有控股投资161.2亿元，增长20.1%；港澳台及外商投资26.3亿元，下降12.1%；民间投资243.5亿元，下降15.4%。

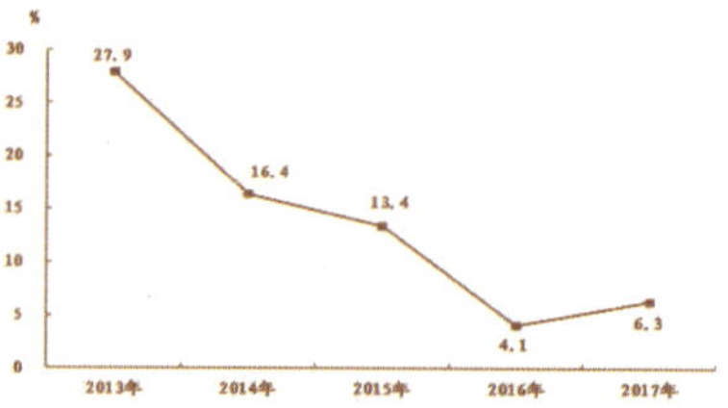

2013—2017年固定资产投资
及增长速度

在固定资产投资中，第一产业投资31.3亿元，下降26.1%；第二产业投资172.3亿元，增长12.7%；第三产业投资227.1亿元，下降2.5%。在第二产业中，工业投资172.1亿元，增长13.1%。

2017年分行业
固定资产投资及增长速度表

行　业	投资额(亿元)	比上年增长(%)
总计	430.7	6.3
农林牧渔业	32.3	-3.4
采矿业	49.4	3.8
制造业	79.9	2.7
电力、热力、燃气及水的生产和供应业	42.8	60.0
建筑业	0.2	161.4
批发和零售业	3.6	-44.7
交通运输、仓储和邮政业	43.3	114.1
住宿和餐饮业	0.5	-72.4
信息传输、软件和信息技术服务业	1.2	—
金融业	0.0	—
房地产业	105.3	13.8
租赁和商务服务业	8.4	244.1
科学研究和技术服务业	1.8	56.6
水利、环境和公共设施管理业	45.6	-20.7
居民服务、修理和其他服务业	0.2	-95.5
教育	3.7	-13.8
卫生、社会工作	4.4	6.9
文化、体育和娱乐业	7.0	-57.1
公共管理、社会保障和社会组织	1.2	-59.5

全年全市在库项目1002

个。其中,5亿元以上项目64个,计划总投资1189.1亿元,本年完成投资132.4亿元,占全市固定资产投资的比重为30.7%。

全年房地产开发投资70.9亿元,下降11.8%。其中,住宅投资55.8亿元,下降5.3%;商业营业用房投资8.5亿元,下降22.9%。

全年房屋新开工面积158.9万平方米,下降12.1%。其中,住宅新开工面积123.3万平方米,下降1.6%。商品房销售面积140.3万平方米,增长7.4%。其中,住宅销售面积134.8万平方米,增长6.4%。商品房销售额65.6亿元,增长8.8%。其中,住宅销售额62.3亿元,增长7.1%。房地产开发企业土地购置面积21.0万平方米,下降7.8%。房地产开发企业本年实际到位资金64.9亿元,下降9.4%。其中,国内贷款下降9.3%,自筹资金下降14.0%,其他资金下降5.9%。

2017年房地产开发和销售情况表

指　标	单　位	绝对数	比上年增长(%)
投资完成额	亿元	70.9	-11.8
其中:住宅	亿元	55.8	-5.3
房屋施工面积	万平方米	954.9	6.2
其中:住宅	万平方米	677.3	6.4
房屋新开工面积	万平方米	158.9	-12.1
其中:住宅	万平方米	123.3	-1.6
房屋竣工面积	万平方米	217.9	160.4
其中:住宅	万平方米	149.1	124.4
商品房销售面积	万平方米	140.3	7.4
其中:住宅	万平方米	134.8	6.4

【能源】 全年全市一次能源生产折标准煤7166.0万吨,增长2.4%;二次能源生产折标准煤3006.5万吨,增长6.0%。

全年全市向省外运输煤炭6154.8万吨,下降0.96%,外运煤炭占原煤产量67.24%。向省外输送电力175.7亿千瓦小时,增长8.6%,外输电量占发电量的72.1%。

全年全市全社会用电总量192.5亿千瓦小时。其中,第一产业用电1.7亿千瓦小时,占全社会用电量的0.9%;第二产业用电171.1亿千瓦小时,占全社会用电量的88.9%,其中,工业用电170.0亿千瓦小时;第三产业用电10.7亿千瓦小时,占全社会用电量的5.6%;城乡居民生活用电9.0亿千瓦小时,占全社会用电量的4.7%。

【国内贸易】 全年全市社会消费品零售总额415.0亿元,增长7.5%。按经营地统计,城镇消费品零售额352.5亿元,增长7.0%;乡村消费品零售额62.5亿元,增长10.0%。

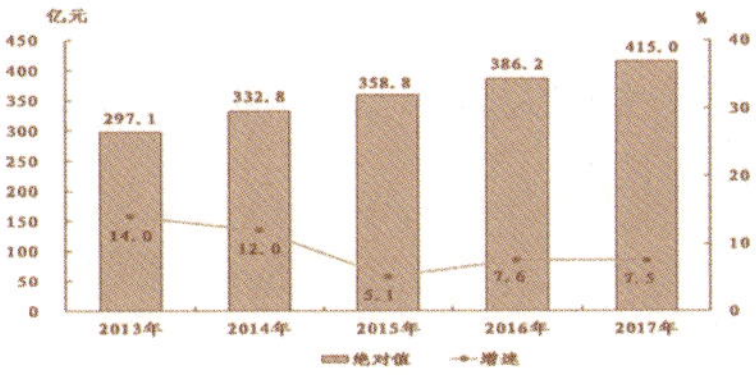

2013—2017年社会消费品零售额及增长速度

2017年社会消费品零售总额及增长速度表

指　标	绝对数(亿元)	比上年增长(%)
社会消费品零售总额	415.0	7.5
分地域:城镇	352.5	7.0
其中:城区	237.8	14.6
乡村	62.5	10.0
分行业:批发业	36.0	8.0
零售业	311.3	7.1
住宿业	9.3	8.8
餐饮业	58.4	9.1

2017年限额以上批发零售业零售额及增长速度表

指　标	绝对数(万元)	比上年增长(%)
粮油、食品类	114119	9.1
饮料类	19543	-0.3
烟酒类	32857	23.6
服装、鞋帽、针纺织品类	120808	8.8
化妆品类	10621	6.7
金银珠宝类	13215	-18.4
日用品类	19711	12.9
五金、电料类	8441	-49.0
体育、娱乐用品类	854	5.4
书报杂志类	13710	-11.0
电子出版物及音像制品类	667	49.6
家用电器和音像器材类	40920	-1.8
中西药品类	27017	13.4
文化办公用品类	4999	0.1
家具类	34862	3.2
通信器材类	13459	29.0
石油及制品类	218772	9.4
建筑及装潢材料类	29095	278.1
机电产品及设备类	15160	-16.1
汽车类	362969	8.7
其他类	51635	-1.4

【对外经济】 全年全市海关进出口总额46.8亿元,增长17.6%。其中,进口额34.2亿元,增长18.3%;出口额12.6亿元,增长15.7%。

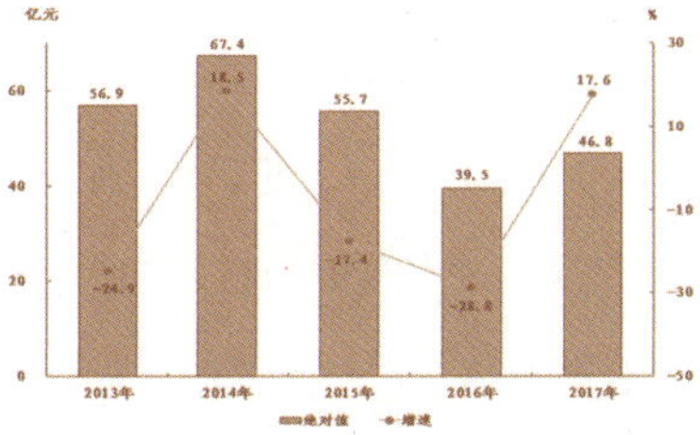

2013—2017年外贸进出口总额及增长速度

2017年海关进出口总额及增长速度表

指　标	绝对数（万美元）	比上年增长(%)
进出口总额	468340	17.6
出口额	125912	15.7
其中:一般贸易	48932	-4.3
加工贸易	76972	33.5
其中:机电产品	103812	19.5
高新技术产品	37836	22.5
其中:国有企业	954	-50.8
外商投资企业	84762	29.0
进口额	342429	18.3
其中:一般贸易	228486	5.5
加工贸易	111527	57.1
其中:机电产品	155850	45.3
高新技术产品	123659	41.8
其中:国有企业	1415	32.0
外商投资企业	205923	54.7

全年出口煤炭22万元，下降75.4%；出口钢材2.2亿元，下降1.2%；出口机电产品10.4亿元，增长19.5%；出口高新技术产品3.8亿元，增长22.5%；出口电器及电子产品6.1亿元，增长20.4%；出口计算机及通信技术产品2.5亿元，增长45.0%。

全年进口铁矿砂13.4亿元，下降12.9%；进口机电产品15.6亿元，增长45.3%；进口集成电路4.1亿元，下降6.0%；进口机械设备4.5亿元，增长198.0%；进口电子技术产品5.0亿元，下降5.8%；进口计算机集成制造技术产品3.5亿元，增长296.3%。

2017年与晋城有贸易往来的主要国家和地区进出口情况表

国家和地区	进出口额（万美元）	比上年增长（%）	出口额（万美元）	比上年增长（%）	进口额（万美元）	比上年增长（%）
中国香港	47041	34.0	46978	34.9	63	-77.3
中国台湾	79400	5.6	5909	-6.3	73491	6.7
印　度	31251	19.6	521	22.3	30730	19.5
日　本	58804	76.9	7284	37.1	51520	84.4
韩　国	26669	331.0	4010	14.7	22659	741.5
德　国	4475	4.4	1879	18.3	2596	-3.8
意大利	1782	19.6	1781	44.1	0	-99.8
巴　西	77170	-7.6	292	-401	76879	-7.7
美　国	42565	42.4	28952	19.2	13613	143.3
澳大利亚	21278	-9.8	364	-28.1	20914	-9.4

全年全市按全口径统计实际使用外商直接投资金额20048万美元，增长11.4%。

【交通、邮电和旅游】 年末全市公路线路里程9325.6千米。其中，高速公路388.6千米。

年末全市民用汽车保有量40.3万辆(包括三轮汽车和低速货车0.3万辆)，比上年末增长10.8%，其中私人汽车36.7万辆，增长11.6%。2017年新注册汽车4.3万辆，下降1.6%。年末轿车保有量27.1万辆，增长11.0%。其中私人轿车25.9万辆，增长11.6%。

全年全市完成邮电业务总量33.1亿元。其中，邮政业务总量1.4亿元；电信业务总量31.7亿元。年末移动电话用户249.2万户，全市宽带接入用户56.3万户。

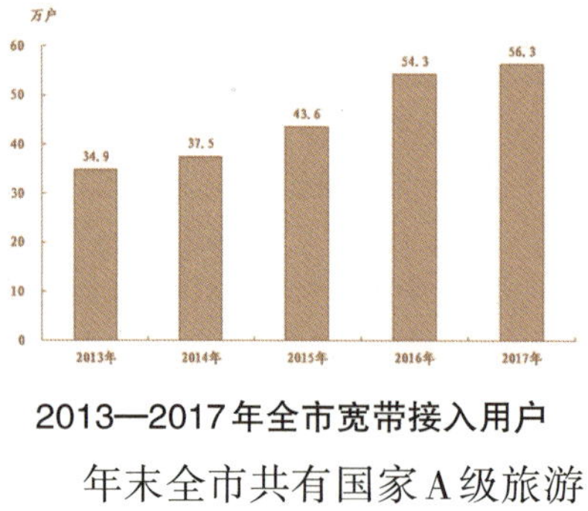

2013—2017年全市宽带接入用户

年末全市共有国家A级旅游景区20个。其中，国家AAAAA级旅游景区1个，国家AAAA级旅游景区7个，国家AAA级旅游景区11个，国家AA级旅游景区1个。共有星级饭店18家。其中，五星级2家、四星级10家、三星级5家、二星级1家。全年全市接待海外旅游者13706人次，接待国内旅游者4848.32万人次，分别增长6.92%和24.79%；旅游外汇收入768.66万美元，国内旅游收入444.08亿元，旅游总收入444.56亿元，分别增长7.66%、24.66%和24.66%。

【金融、证券和保险】 年末全市金融机构本外币各项存款余额2068.1亿元，比年初增加106.9亿元，增长5.5%。各项贷款余额1222.8亿元，比年初增加131.0亿元，增长12.0%。

年末全市农村金融合作机构(农村信用社、农村合作银行、农村商业银行)人民币贷款余额200.5亿元，比年初增加24.3亿元，增长13.8%；人民币存款余额501.3亿元，比年初增加49.3亿元，比年初增长10.9%。

2017年年末金融机构本外币存贷款及增长速度表

指　标	年末数（亿元）	比上年增长(%)
各项存款余额	2068.1	5.5
其中:非金融企业存款	506.2	3.4
住户存款	1133.6	7.8
其中:人民币	1130.8	7.9
各项贷款余额	1222.8	12.0
其中:短期贷款	606.1	5.5
中长期贷款	537.3	22.3
其中:个人消费性贷款(人民币)	116.9	66.5

年末全市共有证券营业部6家,从业人员90人。累计资金开户数145967户,银证转入资金52.1亿元,下降13.1%,新增资产总额2.2亿元。全年营业收入0.39亿元,下降30.4%;利润总额0.09亿元,下降50.4%。

全年全市保费收入46.3亿元,增长21.0%。其中,寿险业务保费收入28.2亿元,增长22.0%;财产险业务保费收入12.4亿元,增长8.2%。

社会建设

【教育和科学技术】 截至2017年,晋城市普通高等学校1所,独立设置的成人高等学校1所。高中阶段毛入学率95.88%。

2017年各类教育发展情况表

指　标	招　生（人）	在校生（人）	毕业生（人）
普通高等教育	1663	5754	2156
中等职业教育	4001	14836	5002
普通高中	14584	49574	21344
初　中	22175	67522	24030
小　学	18743	113802	22394
特殊教育	156	776	141
学前教育	17298	55765	19532

全年全市组织实施各类科技项目72项(省级30项、市级42项)。在省级项目中,列入重点研发一般项目3项,重点研发重点项目1项,成果转化项目3项,农村技术承包项目22项,平台基地专项项目1项。全年全市技术市场交易成交333项,交易额10.12亿元;有效发明专利拥有量414件;省级科技成果鉴定2项;新认定国家级众创空间1家,新备案国家级星创天地1家,新认定国家高新技术企业10个,新认定省级众创空间5个,新认定省民营科技企业8个。截至2017年,全市拥有国家级星创天地2个,国家级众创空间1个,国家级重点实验室1个,省级众创空间9个,省级及以上重点实验室和省级工程技术研究中心3个,省级科技企业孵化器1家,省级民营科技企业46个,省级科普基地11个,省级创新型企业11个,省级创新型试点企业2个,省级农业科技园区2个,省级星火示范基地3个。

【文化、卫生和体育】 年末全市共有艺术表演团体10个,新创作首演剧目2个;演出场次3270场,演出收入1892万元;全市共有艺术表演场馆4个,群众艺术馆1个,文化馆6个,美术馆2个,公共图书馆7个,总藏书130万册。

年末全市共有各级医疗卫生机构3128个,其中妇幼保健院(所、站)7个。医院和卫生院床位11.3千张,卫生专业技术人员1.29万人,每千人拥有病床5.1张,每千人拥有医生数2.3人。村卫生室覆盖率100%、县乡村三级医疗机构达标率均为100%。全年各县(市、区)的儿童“五苗”全程接种率以乡镇为单位均达到90%以上。碘盐覆盖率达到97.78%,合格碘盐食用率达到90.84%,各种地方病得到有效控制。全市乡镇卫生监督站覆盖率达到100%。

年末,全市拥有各级各类体育场馆6215个,中小学体育锻炼标准达标人数达223623人。全年晋城市运动员在省级以上重大比赛中获金、银、铜牌分别为65枚、67枚和68枚(包括非奥运项目比赛)。全市销售中国体育彩票2.8亿元,增长59.2%。

【人民生活】 全年居民人均可支配收入22039元,增长7.1%。按常住地分,城镇居民人均可支配收入30142元,增长6.8%,城镇居民人均消费支出18158元,增长4.6%;农村居民人均可支配收入12511元,增长7.5%,农村居民人均消费支出9278元,下降0.2%。按全市居民五等份收入分组,城镇低收入组人均可支配收入12204元,增长8.8%;农村低收入组人均可支配收入5426元,增长15.3%。城镇居民家庭恩格尔系数(即居民家庭食品消费支出占家庭消费支出的比重)21.5%,农村居民家庭恩格尔系数23.2%。

【社会保障】 年末参加城镇职工基本养老保险44.8万人,比上年末增加2.6万人;参加新型农村社会养老保险110.5万人,减少0.1万人;参加城镇职工基本医疗保险41.4万人;参加城乡居民基本医疗保险166.0万人,其中参加城镇居民基本医疗保险22.4万人,参加农村居民基本医疗保险143.6万人;参加失业保险30.6万人,增加0.3万人;参加工伤保险48.3万人,增加0.3万人,其中农民工18.0万人,减少1.1万人；参加生育保险33.0万人，增加1.6万人。

年末城镇低保人数11273人，减少1857人；农村低保人数42473人，增加935人；农村特困人员救助供养6896人；民政部门资助参加基本医疗保险57021人。优抚对象15162人，享受定期抚恤501人，享受定期补助13143人。全年共发放最低保障资金2.5亿元。全市提供住宿的社会服务机构37个，床位数2877张，年收养救助人数1775人。全市社区养老机构和设施521个。福利彩票发行单位1个。全年直接接收捐赠款95.9万元，受益1787人次。

【资源、环境和安全生产】 全市有自然保护区5个，自然保护区面积达到14.6万公顷。

全年市区环境空气质量二级以上天数达到166天。其中，一级天数11天。空气综合污染指数为7.78，较上年增长5.85%。

城市污水处理率达到95.0%；城市生活垃圾无害化处理率达100%；全市集中供热普及率达90.0%。

全市共发生各类生产安全事故170起，事故死亡104人。亿元GDP生产安全事故死亡率0.0903，煤矿百万吨死亡率0.064。

（市统计局）

精神文明建设

【概述】 2017年，晋城市精神文明建设工作以党的十九大会议精神为指导，以社会主义核心价值观体系建设为根本，围绕争创全国文明城市目标，开展群众性精神文明创建活动，加强公民思想道德建设，提高市民文明素质和社会文明程度，为建设“美丽晋城”提供思想保证、精神动力和道德支撑。

【社会主义核心价值观宣传】 2017年，晋城市文明办把学习宣传践行社会主义核心价值观融入精神文明建设全过程，开展社会主义核心价值观公益宣传，在市区街道、建筑围挡、社区公园增设公益广告面积40多万平方米，建成示范街3条、主题公园4个、示范小区2个。依托市图书馆、市博物馆、市文化馆、市文化服务中心等公共文化设施，以“我们的价值观”“我的中国梦”为主题，开展“向雷锋学习、争做文明晋城人”“花海书香中华经典诵读”“传承中华优秀传统文化、建设文明美丽书香校园”等特色实践教育。各级各单位开展“最美护士”“最美交通人”“最美乡村医生”“最美乡村教师”等各类最美人物评选活动；社区村镇普遍开展善行义举榜、好婆媳、好妯娌、好邻居等评选活动。开展培育良好家风家教活动，举办首届晋城文明家庭评选活动，153户家庭获得表彰。实施节俭养德全民节约行动，推进“文明餐桌”行动，倡导绿色生活，培养勤俭节约的良好习惯。弘扬中华优秀传统文化，在16个社区、32个乡镇开展“我爱上党戏”文明社区行、文明乡村行活动，观众达10余万人次。

【典型宣传】 2017年，晋城市开展第六届“晋城好人”评选表彰活动，经过投票、评审、实地考察等程序，评选“晋城好人优秀代表”1人、“晋城好人”105人。组织参加全国道德模范、中国好人及山西好人推荐评选工作，1人获第六届“全国道德模范”提名奖，2人登“中国好人榜”，2人入选“山西好人”。在第六届“晋城好人”中，遴选出30名事迹突出的典型代表制作事迹专题片，在晋城广播电视台新闻综合频道《德耀晋城·讲述晋城好人故事》专栏进行宣传报道，在报纸、网站、微信等媒体，开设专题专栏对好人事迹进行宣传。中国文明网·晋城站、晋城在线等网站开设《道德模范》《晋城好人》等专题网页，宣传报道道德典型、晋城好人学习宣传活动。对市博物馆、市文体宫、市三馆大厦等5大广场的48块“晋城好人榜”内容进行更新。与市委讲师团联合编辑《晋城好人故事》。制作第六届全国道德模范候选人栗红连、张晨光的事迹专题片，并于7月24日、31日在央视新闻频道播出。组织开展“崇德向善，涵育文明”公民道德宣传日主题活动，举行《晋城好人故事》赠书活动及纪实系列广播剧《晋城好人》开机仪式，并组织晋城市的全国道德模范、“中国好人”组成志愿宣传队，在市区街头、公园广场发放宣传资料，宣传公民道德规范。

【志愿服务】 2017年，晋城市抓阵地建设。按照“群众所需、志愿者所能”的原则，加强晋城市志愿者协会、志愿服务活动中心建设，以晋城市12个独立志愿服务站点及依托城乡社区、公共文化设施、景区景点、窗口单位的志愿服务站等学雷锋志愿服务阵地，推进社区志愿服务标准化和志愿服务组织规范化建设，推进全市各级各类文明单位学雷锋志愿服务站的建设，截至年底，专有服务活动中心与学雷锋志愿服务站点基本建成。抓活动开展。依托各级文明单位和社会志愿服务团体，组织开展晋城市第十届“爱心送考”志愿服务活动；举办“爱心送考”十周年庆典暨“寻找最美文明交通人公益晚会”。与市公安局交警支队在市区开展文明交通劝导志愿服务活动，组织市区、城区、泽州县、晋城经济技术开发区近300个文明单位2000余人，在市区50个交通路口，开展文明交通劝导志愿服务活动，参与人数达1万多人次。抓典型培植。全市有10家单位入选省级学雷锋志愿服务站点，8人获省级优秀志愿者称号，4个项目获省级优秀志愿服务项目，3个团体获省级优秀志愿服务团体，4个社区获省级优秀志愿服务社区，3人获省级志愿服务先进工作者称号。组织开展宣传推选晋城市学雷锋志愿服务先进典型活动，推选优秀志愿者20名、优秀志愿服务组织10个、优秀志愿服务项目10个、优秀志愿服务社区10个、志愿服务先进工作者10名。抓制度保障。出台《关于加强和推进晋城市志愿服务工作的意见》《2017晋城市志愿服务工作方案》，制定《晋城志愿者协会章程》《晋城市志愿者守则》《晋城市志愿者招募注册制度》《晋城市志愿者证使用管理办法》等一系列规章制度，促进志愿服务工作良性自主发展。抓宣传教育。通过各级各类报纸、广播电视、微博微信、公益广告等媒体，加强志愿服务形象宣传。举办“文明使者、与爱同行”晋城市弘扬志愿服务精神、助力文明创建服务主题活动。组织全市志愿者开展《志愿服务条例》(以下简称《条例》)学习宣传活动，向群众宣传《条例》和讲解志愿服务工作。抓平台使用。继续推广使用中国志愿服务信息系统，动员志愿服务组织和志愿者进行网上登记注册，截至年底，全市实名注册志愿者人数达69553名，其中2017年注册27561名。抓队伍建设。全市专业志愿服务组织达到25支，志愿者人数达14余万人。

【全国文明城市创建】 2017年，晋城市市委、市政府召开创建全国文明城市“百日会战”誓师动员大会，把创建全国文明城市作为关系全局工作来抓。推动高平市、阳城县、陵川县、沁水县文明县城(市)创建工作，初步形成城乡一体化创建格局。出台《晋城市创建全国文明城市工作方案》，同87个单位签订责任书，将188项创建指标分解到87个创建责任单位。发挥主流媒体舆论引导作用，在全市各大媒体开辟专题专栏，在晋城电视台开辟《文明大家谈》栏目，让市民了解创建目的、创建目标和创建方法，激发广大干部群众建设文明晋城、美丽家园热情。加大全国文明城市创建资金保障力度，用于文明城市创建的资金达1700万元。

【农村精神文明建设】 2017年，晋城市立足美丽乡村建设，重点抓三项工作：召开推进农村精神文明建设巴公现场会。在全市开展以环境美、风尚美、文化美、生活美为主要内容的“四美”乡村建设，全力打造宜居宜业宜游“四美”乡村。开展文明单位结对扶贫共建活动。4月1日，召开全市文明单位结对扶贫共建活动推进会。截至年底，全市98%的文明单位完成结对共建工作。开展文明村镇评选工作。全市有20个村镇被评为全国文明村镇，62个村镇被评为山西省文明村镇，173个村镇被评晋城市文明村镇。开展培育新乡贤活动。推进“和美家风·德行三晋”主题活动，下发《关于开展培育发展新乡贤文化活动的通知》。阳城县评选出25名新乡贤，陵川县评选出百名新乡贤。

【精神文明创建活动】 2017年，晋城市加强动态管理。截至年底，动态管理系统注册单位达919家，上传信息达4万余条。开展文明单位、文明行业、文明社区、文明景区评选表彰活动。全市共有18个单位被评为全国文明单位,17个单位被评为山西省文明单位标兵,59个单位被评为山西省文明单位,109个单位被评为晋城市文明单位标兵,243个单位被评为晋城市文明单位;13个社区被评为山西省文明社区,12个社区被评为晋城市文明社区;11个行业被评为晋城市文明行业;4个景区将被评为山西省文明景区,3个景区被评为晋城市文明景区。开展首届文明家庭评选表彰活动。经过基层推荐、实地考察、专家评选、媒体公示等环节,全市共评选出文明家庭153户。开展文明校园创建活动。组织参加中央文明办举办的第一届全国文明校园评比表彰活动,晋城一中、阳城县实验小学获“第一届全国文明校园”称号,晋师附小获“全国未成年人思想道德建设工作先进单位”称号。

【未成年人思想道德建设】 2017年,晋城市实施未成年人成长关爱工程,推进未成年人思想道德建设。重点实施四个工程:

素质提升工程。开展“花海书香”经典诵读活动。4月20日,“花海书香”晋城中华经典诵读会在阳城县西河乡举行。开展“学雷锋,做一个有道德的人”活动。3月,市文明办在市爱物学校举行“学雷锋,做一个有道德的人”启动仪式,在全市中小学校开展“学雷锋,做一个有道德的人”活动。全市有4名少年获“山西省第四届美德少年”称号。组织开展晋城市“美德少年”评选表彰活动,表彰6类美德少年60名。开展四项集中活动。清明节期间,组织各级学校开展“网上祭英烈,共筑中华魂”活动;六一国际儿童节期间,各县(市、区)、各学校开展美德少年评选活动;“七一”党的生日期间,组织学生开展传唱歌颂党、歌颂祖国优秀歌曲活动;十一国庆节期间,组织开展向国旗敬礼活动。

文化环境洁净工程。加强校园周边环境治理。市综治办、市教育局、市公安局联合成立全市中小学、幼儿园“护校安园”行动领导小组,建立覆盖全市的组织网络,开展系列法律法规宣传教育活动,对校园周边环境和交通秩序进行治理。加强网吧管理。完善以文化、工商、公安部门为主体的文化市场信息互通机制,加大网吧日常检查工作力度,落实“一人一证一机”和“一看二问三上网”等实名制度,全市所有网吧在进门处醒目位置张贴有未成年人不准入内标识。加强正面引导。利用《太行日报·教育导刊》、晋城文明网、教育局门户网站等媒体平台,全方位、多角度宣传全市关于加强和改进未成年人思想道德建设的总体部署和要求,宣传小手牵大手、共创文明城感人事迹。举办“美丽晋城”少年儿童美术作品展、全国青少年才艺大赛晋城选拔赛、全市少儿才艺展示大赛等活动。关心关爱特殊群体未成年人。晋城市义工联合会成立“青年之声·阳光成长”队伍,定期下基层开展关爱留守儿童活动。发挥“流动少年宫”作用,全市建立“七彩小屋”20余间,为农民工子女、留守儿童提供优质的学习活动阵地。做好关爱保护未成年人健康成长宣传。通过公益广告、宣传报道和各类活动,加强对未成年人思想道德建设工作宣传。

学校思想道德教育“五个一”建设工程。建设一个讲堂。各中小学校依托“道德讲堂”载体,开展爱国主义教育、感恩教育、安全教育等活动。组织一次宣讲活动。在各学校开展中共十九大精神和社会主义核心价值观进校园宣讲活动。开展一次活动。在各学校开展“立德树人”践行活动。营造一种氛围。将社会主义核心价值观融入校风校训、规章制度和校园环境建设,开展社会主义核心价值观宣传教育活动。建设一批少年宫。市文明办、市教育局、市财政局联合出台《乡村学校少年宫建设全覆盖实施意见》,全市自建乡村学校少年宫达58所,基本实现一镇(乡)一所乡村学校少年宫。

家庭和社会教育建设工程。社会教育以未成年人心理健康为重点,市直中小学校全部建起心理咨询室,县(市、区)农村镇所在地学校均成立心理咨询室,每个学校配备一至两名心理辅导教师。晋城广播电视台制作播出《少年·心学院》电视节目8期、《晋城未成年人心理健康》广播类节目12期,新设立《中学生青春期教育》《做智慧家长》《情绪管理与调适》等广播类未成年人心理健康栏目。家庭教育以家庭家教家风建设为重点,出台《关于加强家庭家教家风建设的实施意见》，开展五大主题活动：开展“最美家庭”评选活动。评选市级“最美家庭”338户，省级“最美家庭”27户家庭，全国“最美家庭”3户。开展传家训扬家规活动。举办“晋城市家风家训家规”书法作品展览、家庭悬挂家规家训活动，编印制《立家规传家训扬家风晋城市家风家训书法雅集》。开展家风故事征集活动。在全市征集“我的家风故事”，举办“传承好家风·共建文明城”主题活动。开展晒家风讲家教活动。在全市中小学生中开展每个家庭成员都为建设和谐家庭敬一言活动，依托中小学生开展讲家风、评家风、展家风活动，组织家教大讲堂，开展“做合格父母、陪孩子成长”竞赛活动。开展“小手拉大手，共建文明城”活动。以创建全国文明城市为契机，组织学生开展“小手拉大手，共建文明城”活动。

（市文明办）

2017年机构设置和领导人名录

中国共产党晋城市委员会

书　记　张九萍(女)* 张志川
副书记　武宏文* 刘　锋　曾庆勇*
常　委　杨勤荣* 赵沂旸　焦光善　马学林*
　　　　那志茂　卫明喜　王晋峰　石云峰
　　　　张利锋　荆俊明
秘书长　王晋峰
常务副秘书长　闫通宇
副秘书长　闫培烈　王志强(兼)　李勤才(兼)*
　　　　聂永平* 郑　泽* 张全胜　谢　飞
　　　　上官东亮(兼)

晋城市人民代表大会常务委员会

主　任　范丽霞(女)
副主任　孔庆鹏　廖　军　张斌胜　郭治琛
　　　　冯裕民　李翠叶(女)
秘书长　张斌胜* 王学琦
副秘书长　李　斌* 闫建升* 蒋志红
　　　　赵红生　张　翀

晋城市人民政府

市　长　武宏文* 刘　锋
副市长　杨勤荣* 张利峰　王斌权
梁丽萍(女)　冯志亮　王宏微
秘书长　尹红岩
副秘书长　侯虎胜* 李永和　杨元平
　　　　焦　勇(兼)　司国奇　樊小润

政协晋城市委员会

主　席　常国荣
副主席　陈建国　郭一峰　崔守安
　　　　武四海(女)　阴建正　郭向阳
秘书长　武四海(女)* 和贵喜
副秘书长　温保山

中国共产党晋城市纪律检查委员会

书　记　那志茂
常务副书记　王贵平
副书记　王贵平* 卢　平　张　军
常　委　李宏军　郭虎庆　杨　钟　程晋鹏
　　　　杨晓红

晋城市监察委员会

主　任　那志茂
副主任　王贵平　卢　平　张　军
委　员　李宏军　郭虎庆　杨晓红　赵德富
　　　　王宏伟

晋城市中级人民法院

党组书记、院长　于昌明
党组副书记、常务副院长　王世运
副院长　赵建强* 王世运* 高国林　李秋红
　　　　祁连关
党组副书记　任纪朝*
纪检组长　张金瑞*
派驻纪检监察组组长　都火炬
政治部主任　李秋红* 韩建岗
审委会专职委员　刘沁长　张晓彬

晋城市人民检察院

党组书记、检察长　张世荣
常务副检察长　苏文革
副检察长　王万虎　赵贵炉　王红玲(女)
党组副书记　李永亮*
纪检组长　姬金恒*
派驻纪检监察组组长　王卫东
政治部主任　郭世锋

市委工作部门和部门管理机构

市委办公厅

派驻纪检监察组组长　宋丽莉(女)

市委督查室

副主任　李向阳(主持工作)　李建兵　任露旭

市委巡察办

副主任　李利刚　殷宏伟

市委巡察组副处巡察专员　武　琳(女)

申福林　贾巨峰

市委组织部

部　长　卫明喜

常务副部长　郭竹林

副部长　张新光(兼)　李　炎(兼)　尹文德

部务委员　杜　琳　吴　洪

正处级组织员　王　涛　常克勤(女)

副处级组织员　杜　琳*　张全胜*

非公和社会组织工委专职副书记　杨鸿飞

市委人才办主任　王志清

市考核办专职副主任　张继忠

派驻纪检监察组组长　李甫安

市委宣传部

部　长　赵沂旸

常务副部长　樊　烨

副部长　冯裕民(兼)*　王联民

文明办副主任　张一军

派驻纪检监察组组长　李建亮

市委统一战线工作部

部　长　焦光善

常务副部长　梁红兵

副部长　梁红兵*　李凌志　张国建

市委政法委员会

书　记　石云峰

常务副书记　栗　强

副书记　李刘苏(女)　张四祥

政治部主任　赵　军

法治建设领导小组办公室专职副主任　陈旭伟

综治办

主任　栗　强

副主任　殷　辰　李建民

市委政策研究室

主　任　王志强

副主任　李可大　郭文忠　杜高生　李海胜

《晋城工作》杂志社总编　李维平(女)

市机构编制委员会办公室

主　任　张高峰

副主任　任林书　张春林　邓守卫

市事业单位登记管理局局长　张一晴(女)

市直属机关工作委员会

书　记　张　文

副书记　王江海　车建利　刘泽宇*

纪工委书记　李建亮*　尚海根

市委对台办公室

主　任　王红斌

副主任　韩　萍(女)

市委老干部局

党委书记、局长　李　炎

副局长　牛惠军　郭向奎

党委副书记　郭旭勤

市信访局

局　长　李勤才*　上官东亮

副局长　郭银富　邢军霞(女)

正处级信访督查专员　郝陵义

副处级信访督查专员　曹峰毅

市委610办公室

副主任　孔建宁(主持工作)　赵　垠

市人民代表大会常务委员会工作机构

市人大常委会办公厅

派驻纪检监察组组长　冯永源

人事代表工作委员会

主　任　杨珠义

副主任　赵红生*　李雪丽(女)

法制委员会

主任委员、法制工作委员会委员　傅彦虎

副主任委员　张革平
法制工作委员会副主任　贾　飞
财政经济委员会
主任委员　李　斌
副主任委员　马　丰
城建环保工作委员会
主　任　李俊杰
副主任　于小丽（女）
教科文委员会
主　任　刘晓丽（女）
副主任　郭玲玲
农村工作委员会
主　任　王振堂
副主任　张平生
民族宗教侨务外事工作委员会
主　任　闫建升
副主任　闫国兰（女）*　刘文华
研究室
主　任　蒋志红
副主任　卢元芳（女）

市政府工作部门和部门管理机构

市政府办公厅
纪检组长　原明保*
派驻纪检监察组组长　朱全红
副主任　樊小润*　陈高晋*　原明保
　　韩爱国　贾苗丽（女）
市发展改革委员会
党组书记、主任　秦李芳
副主任　栗代政　梁仁锁　杨跃卿　黄天明
　　任智慧
纪检组长　冯永源*
派驻纪检监察组组长　薛志景
总工程师　朱晓波
总经济师　毋瑞军
市重大项目稽察特派员办公室主任　王国斌
市经济和信息化委员会
党委书记　王庆和*　王宏微
主　任　王庆和
专职副书记　杨建平
副主任　谢补庆*　杨建平*　徐跃山*
　　司秀春*　刘建光*　梁建刚
　　梁金雄　韩志堂　任晋君　李俊强
纪委书记　于建斌*
派驻纪检监察组组长　魏　斌
总经济师　梁金雄*
总工程师　韩志堂*
市教育局
党委书记、局长　茹　刚（2017.07前）
党组书记、局长　茹　刚（2017.07后）
副局长　崔增龙*　秦三广*　胡铁柱
　　来庭会　原红卫
党委副书记　原保升*
纪委书记　毕前胜*
派驻纪检监察组组长　李留冰
市科学技术局
党组书记　任志忠
局长　史晓莉（女）
副局长　上官东亮*　张建树　高兴国
　　贾莹峰
纪检组长　宋海德*
总工程师　申瑾瑜
市公安局
党委书记、局长　王斌权
常务副局长　赵寒霆*　赵建云
副局长　郭清洁　赵建云*　杨建军*　张家义*
　　李宝娥（女）*　文海潮　杜志强
党委副书记　赵寒霆*
督察长　杜志强*
政治部主任　文海潮*
派驻纪检监察组组长　姬金恒
市监察局（2017.02前）
副局长　李海山*　赵德富
市民政局
党组书记、局长　王仁庆
副局长　李文明　靳慧萍（女）
纪检组长　宋建霞（女）*

市司法局

党组书记、局长　宋书平

副局长　范聪明(女)*　高永才　牛迎利

纪检组长　茹小强(女)*　焦银雷*

派驻纪检监察组组长　焦银雷

政治部主任　杨慧芳(女)

市财政局

党组书记、局长　崔国炜

副局长　李建英(女)*　李英杰　段志坚

续永福　杨兴文

纪检组长　王鸿鹰(女)*

派驻纪检监察组组长　王继荣(女)

总会计师　段志坚*

市人力资源和社会保障局

党组书记、局长　张新光

副局长　李卫平　王高毅　赵惠斌(女)

纪检组长　程跃金*

派驻纪检监察组组长　李加文

市国土资源管理局

党组书记、局长　刘中平

副局长　王发生　商国富　毋建喜

纪检组长　原志非

城区分局局长　刘　闯

总工程师　刘世繁

总规划师　裴小霞(女)

执法支队长　原保瑞

土地收购储备中心主任　张怀慎

市环境保护局

党组书记、局长　杨金中

副局长　乔荣生　焦金生　李维民

纪检组长　王卫东*

市住房保障和城乡建设管理局

党委书记、局长　郭明太(2017.07前)

党组书记、局长　郭明太(2017.07后)

副局长　申学勤*　原保红　杨利民　原体进*

靳海峰　王　旭

党委副书记　原保红(2017.07前)

党组副书记　原保红(2017.07后)

纪委书记　薛志景*

派驻纪检监察组组长　毕前胜

市交通运输局

党组书记、局长　李玉山*　董小清

副局长　李明耀　王余良　吕虎林

和全忠(兼)

纪检组长　李保金*

总工程师　吕虎林*

市水务局

党组书记、局长　杜　平

副局长　郭智雄*　毕玉柱　焦林林　崔林成

纪检组长　都火炬*

派驻纪检监察组组长　李保金

总工程师　郭建军

市农业委员会

党组书记、主任　李喜红(女)

副主任　李治国*　秦怀仁　赵启明

张祥林　王建荣　王晋旭　王天圣

纪检组长　袁晚发*

派驻纪检监察组组长　秦书平

总农艺师　王晋旭*　刘鹏飞

总经济师　王天圣*　梁敏斌

市林业局

党组书记、局长　史小军

副局长　原振先　陈建军*　李培红

纪检组长　邵锁昌*

总工程师　杜建莲(女)

市商务粮食局

党组书记、局长　李东升

副局长　赵先进*　王加强　刘宇光

段玉太　陈明龙*

纪检组长　焦银雷*

市文化局

党组书记、局长　贾长生*⋆　贺建国

副局长　杜喜霞(女)　王书平*　李立新

侯俊玲(女)　郑忠社

纪检组长　李留兵*

总工程师　樊跃进*

市卫生和计划生育委员会

党委书记、主任　樊林奎(2017.11前)

党组书记、主任　樊林奎（2017.11后）
副主任　闫双县*　王丽娟（女）　尚晋河
　　孙建平　段新亮
派驻纪检监察组组长　李红梅（女）
爱卫会专职副主任　李铁花（女）

市审计局

党组书记、局长　李天胜
副局长　王瑞祥*　王建芳（女）　曹和生
　　郭义光
纪检组长　尚海根*
派驻纪检监察组组长　王玉亭
总审计师　曹和生*　张向阳

市煤炭煤层气工业局

党组书记、局长　田志军
副局长　陈永进　秦　强　许德旺（兼）
　　原前进
纪检组长　李加文*
派驻纪检监察组组长　于建斌
总工程师　原前进（兼）

市外事侨务和旅游文物局（2017.11前）

党组书记、局长　董小清
副局长　郭一峰　韩　楚*　赵旭替　尚建中*
　　曹广全*　李晋楚
纪检组长　李国强*

市旅游发展委员会（2017.11后）

党组书记、主任　王　丽（女）
副主任　郭一峰　赵旭替　李国强　李晋楚
总工程师　岳建明

市工商行政管理局

党组书记、局长　白亚平
副局长　王林松*　杨成芳　赵智慧
　　闫莉莉（女）
党组副书记　吴忠庆
纪检组长　赵智慧*
派驻纪检监察组组长　邵锁昌

市质量技术监督局

党组书记、局长　陈家富
副局长　李先锁　王瑞新
总工程师　李建平

纪检组长　殷宏伟*

市食品药品监督管理局

党组书记、局长　李作富
副局长　尚济民　郝少勤　程跃虎
药品总检验师　阎建鸿
食品总检验师　司丽芳（女）

市统计局

党组书记、局长　王振华
副局长　张志兴*　程满胜　唐振芳
纪检组长　田建明*
总统计师　姜孝则

市安全生产监督管理局

党组书记　田　刚*　鲍瑞卿
局　长　鲍瑞卿
副局长　焦玉龙*　王洪太　程保河
纪检组长　秦书平*
总工程师　程刚强*

市民族宗教事务局

党组书记、局长　张建乐
副局长　范胜利

市人民防空办公室

党组书记、主任　郭　斌
副主任　牛泽辉　张宝明　肖海清

市规划局

党组书记、局长　焦新文
副局长　高青定　吴青革
纪检组长　田培忠*
总规划师　朱居生

市金融工作办公室

党组书记、主任　李志忠
副主任　杨利生　王敬峰

市政协工作机构

市政协办公厅

派驻纪检监察组组长　宋建霞（女）

提案委员会

副主任　朱国胜

经济科技委员会

主　任　赵晋阳

副主任　贾俊玲(女)

农村工作委员会

主　任　和贵喜*

副主任　郭富太*

文化教育委员会

主　任　郝　锐

社会法制委员会

主　任　贾晓娥(女)

副主任　赵晋阳*

文史资料委员会

主　任　靳虎松

调研室

主　任　许国胜

市直属事业机构

市委信息化中心

副主任　宋军民(主持工作)　程瑞强

市委党校

校　长　曾庆勇(兼)*

常务副校长　王晓光

副校长　卢　路　赵旭杰　秦志刚　陈究盆

市接待办

主　任　孙加慧

副主任　张强胜　李会峰

市委党史研究室

主　任　贺建国*　霍丽丽(女)

副主任　李文福

市委外宣办、市政府新闻办

主　任　侯虎胜

副主任　秦宏平　王　林

太行日报社

总　编　王为民

副社长　田振江*　程旭荣

副总编　杨　斌

纪检组组长　李甫安*

晚报总编　王春平

编委会委员　林仲民　王晓艳(女)

市委讲师团

团　长　李兴文

副团长　司芳琴(女)　李静宇

市上党戏剧研究院

副院长　王丽平(女,主持工作)　郭孝明
　　　　张爱珍(女)

市广播电视台

党组书记、台长　冯裕民*

常务副台长　李朝霞(女)*

副台长　赵春林

常务副总编　牛龙飞

纪检组长　郎龙喜*

市政务大厅管理中心

主　任　焦　勇

副主任　马小林

纪检组长　王继荣(女)*

市政府发展研究中心

党组书记、主任　卢海建

副主任　成少宏　李　海　司进锋

纪检组长　马金炉*

市机关事务管理局

党组书记、局长　牛泽民

副局长　窦爱国*　李建路*　司国振
　　　　陈建国　崔玉明　闫茂盛

纪检组长　朱全红*

总会计师　李爱苏(女)*

市信息化管理办公室

党组书记、主任　聂永平

副主任　李满红　郎荷宝

纪检组长　闫　疆*

总工程师　张亚丽(女)

市老龄委办公室

主　任　李志明

副主任　李玉平(女)

市档案局

党组书记、局长　李克平

副局长　申晓霞(女)　程　鹏

纪检组长　焦　健（女）*

市地方志办公室

主　任　邵俊生

副主任　宋喜俊（女）

市地震局

党组书记、局长　毕明荣

副局长　刘完保

纪检组长　原学忠*

市招商局

党组书记、局长　李子荣

副局长　梁建刚*　张建军　李奔峰

纪检组长　宋丽莉（女）*

市园林局

党组书记、局长　王秀峰

副局长　高连江　李安国　潘乐善

纪检组长　陈功会*

总园艺师　贾莹峰*

市中小企业局

党组书记、局长　王建辉

副局长　常俊龙　朱守顿　邢　捷

纪检组长　崔亚宏*

市城镇集体工业联合社

党组书记、主任　陈建军

副主任　焦晋莎　谭青芳（女）

纪检组长　崔　鹏*

市供销合作社联合社

党组书记、主任　刘建光

纪检组长　朱海赋*

监事会主任　李志文

市科技研究所

所　长　郭国民*　原建堂

副所长　高兴国*　张丽丽（女）　冯静梅（女）

纪检组长　郑忠社*

市农业综合开发局

党组书记、局长　刘东平

副局长　李云海*　王冠武　原粉娥（女）

纪检组长　魏　斌*

总农经师　原粉娥（女）*

市农机局

党组书记、局长　苗富才

副局长　王宏生　牛保凤（女）　郭素军

纪检组长　王玉亭*

总工程师　郭素军*

市畜牧兽医局

党组书记、局长　王万荣

副局长　王曙光　白崇进　牛靖宇

纪检组长　张俊英（女）*

总畜牧师　牛靖宇*

沁水示范牧场

场　长　王友战

副场长　田晓华

市治超办

副主任　陈高晋（主持工作）　贺海燕（女）
程江平

市人才服务中心

主　任　田和平

副主任　张　鹏

市疾控中心

党组书记、主任　原太平（2017.11前）

主任　原太平（2017.11后）

副主任　毋为育*　秦玉明　张先堂（女）
常海云（女）

纪检组长　李红梅（女）*

市公用事业建设局

党组书记、局长　马阳光

副局长　任香平（女）*　尚爱民　米晋斌

市公共资源交易中心

党组书记、主任　郎诗华

副主任　崔新宏　王占文

驻市单位

市国税局

党组书记、局长　刘　强*　张锁林

副局长　关保利　张忠义　王余屯　段胜平

开发区分局局长　杨全民

纪检组长　李跃伟
总经济师　张欣义
总会计师　李晓峰

市地税局

党组书记、局长　赵耀中
副局长　岳卫星　李　文　延如庆　乔春铭
纪检组长　杨宝善*　张小刚
总会计师　乔春铭*　田卫东
总经济师　卢坤军

市烟草专卖局(公司)

局　长(经理)　张家驰
副经理　常熙旺
副局长　王　军
总会计师　王浩卫
工会主席　毋晋民

山西省公路局晋城分局

局　长　韩洪泽
党委书记　张根法
副局长　王振明　陈建国　徐　斌
党委副书记、纪委书记　郭立新*
工会主席　申济众
总工程师　陈建国(兼)

市交通运输执法局

局　长　张慧锋
党委书记　王卫华
副局长　王卫华*　王黎平
党委副书记、纪检书记　谢小兵

市气象局

党组书记、局长　张　平
副局长　王存仁*　常素萍(女)
纪检组长　武　捷*
党组副书记、纪检组长　王存仁

市盐务分局

局　长　陈学民　付文平
副局长　史丽军　李向前

人行晋城市中心支行

党委书记、行长　李保根
副行长　徐民生*　原晋凉　宋光在　许雪峰
工会主任　袁浩波
纪委书记　刘成炳

晋城银监分局

党委书记、局长　王中秋*　王亮清
副局长　范文书　琚美霞(女)
纪委书记　李　峰

群众团体

市总工会

主席　孔庆鹏(兼)
党组书记、常务副主席　任建芳(女)*　李勤才
副主席　赵海水*　任有福　韩敦锋　丁文彬
　　　　杨建平(兼)　王高毅(兼)
经审会主任　李华文*

共青团晋城市委员会

党组书记、书记　杨　洋
副书记　李俊强*　黄　璟(女)*　王晓辉
　　　　韦　波　常　阳　张建国(兼)
少工委主任　王敬峰*

市妇女联合会

党组书记、主席　崔玲玲(女)
副主席　许素平(女)　申李玲(女)
　　　　黄　璟(女)

市科学技术协会

党组书记、主席　毋　勇
副主席　刘鹏飞　祁冰宜(女)　申中民
　　　　冯文忠
纪检组长　范胜利*

市归国华侨联合会

党组书记　田永健
主　席　尚建中

市文学艺术界联合会

党组书记、主席　贾大一
副主席　谢红俭(女)　韩有珍(女)　潘　登
太行文学社主编　聂利民

市残疾人联合会

党组书记、理事长　郭忠平
副理事长　和建平　李向青
纪检组长　马雪青(女)*

驻外办事处

市政府驻北京办事处

主　任　姚宝鸿

学校医院

晋城职业技术学院

党委书记　朱　莉(女)

党委副书记、院长　邱建国

副院长　卢文汇　毕文才　姬爱国
　　　　杨玉琴(女)

纪委书记　刘霄志

工会主席　牛　翠(女)

晋城一中

校　长　周双林

副校长　李坤明　范春俊　张建国

党总支副书记　卫俊婷(女)

工会主席　张晋斌

晋城广播电视大学

党总支书记　裴家留

副校长　裴家留　车军社　李雪明

市中等专业学校

校　长　李永富

副校长　任学文　张　敏　陈广瑞　董笑红

矿区中学

校　长　于红英(女)

副校长　王文惠　徐景红

高平中专

副校长　申青山　毕建明

晋城技师学院

校　长　姚允刚

副校长　刘世峰　马雷正　贺双俊
　　　　李　艳(女)

市人民医院

院　长　秦中胜

党委书记　刘　冰

副院长　贾龙斌　赵红亮　焦振恒　侯志云

纪委书记　秦建平

工会主席　沈小德*　茹小红

晋城经济技术开发区

开发区管委会

主　任　程　琳

副主任　董海顺　赵永红　李永斌

开发区党工委

副书记　程　琳　吴伟玲(女)

纪工委书记　邵红旗

武警晋城市支队

党委副书记、支队长　张建刚

党委书记、政治委员　李　宇

副支队长　石荣兵

副政治委员　李云龙*　王　刚

参谋长　冯雪飞

政治处主任　梁海镔

后勤处长　原亮亮

民主党派

中国国民党革命委员会晋城市委员会

主任委员　张湘君(女)*　原　云

副主任委员　廖　军*　原　云*　许永忠*
　　　　　　牛芳凯*　姚承辉　刘海屯
　　　　　　贾祥瑞　冯雪松　张慧敏(女)

秘书长　王毓霞(女)*　姚承辉

中国民主同盟晋城市委员会

主任委员　梁丽萍(女)

副主任委员　郭建英(女)　王小桃(女)
　　　　　　钱红林　贺新刚　王宇泽

秘书长　李军团

中国民主建国会晋城市委员会

主任委员　阴建政

副主任委员　冯德强　韩连弟(女)　柴慧青
　　　　　　郭荣林　王庆琰

秘书长　符纯美(女)

中国民主促进会晋城市委员会

主任委员　郭向阳

副主任委员　王国亮　李卫国　原向东
王军民　李　琳

秘书长　李卫国(兼)

中国农工民主党晋城市委员会

主任委员　王胜利

副主任委员　李全林　段韶军　郭金祥
赵红亮　孙夏芳(女)

秘书长　孙夏芳(兼)(女)

九三学社晋城市委员会

主任委员　程春明

副主任委员　解小竹(女)　王小芳(女)
安建峰

秘书长　王淑静(女)

晋城市工商联合会

党组书记　梁红兵

主　席　程刚强

副主席　田春玲(女)*　王丽萍(女)*　张国建*
杨月书　陕建锋　牛俊峰

注:所记载机构为征集到资料的市级正处级以上机构,机构和领导人名录排序不作为其他依据;2017年1月1日至12月31日凡调离原岗位的都在姓名后右上角标注*。

(市委组织部、晋城军分区、武警晋城支队、驻市单位、各民主党派)

中国共产党晋城市委员会

市委办公厅

【概述】 2017年，晋城市委办公厅学习贯彻党的十九大精神和习近平新时代中国特色社会主义思想，抓住领导班子这个“关键少数”，围绕中心，服务大局，忠诚担当、主动作为，履行岗位职责，完成各项工作任务，为市委高效有序运行提供服务和保障。

【文稿工作】 2017年，晋城市委办公厅参与起草修改省委书记骆惠宁、省长楼阳生以及其他省级领导到晋城调研时工作汇报，完成市委七届二次全会暨经济工作会议、三次全会、市“两会”、学习宣传贯彻党的十九大精神、全市干部大会等重大会议领导讲话，累计起草修改市委主要领导讲话、汇报等各类材料200余篇、110多万字。对主要领导出席的有关活动的新闻稿进行把关和审核，共审核稿件约150多篇、近25万字，实现文稿起草、把关零失误。

【文件报备】 2017年，晋城市委办公厅完成党内规范性文件报备工作。制发《关于加强党内规范性文件备案审查工作的通知》和《年度备案工作通报》，提高备案工作规范性、针对性。准确把握各县市区委贯彻上级精神文件出台情况，提出建立修订建议，整体推进县级党内规范性文件提质。全年共报备和受理党内规范性文件170余件；报送省委备案60余件；受理县市区报送备案96件；受理市直部门报送备案20余件。

【会务管理】 2017年，晋城市委办公厅控制会议活动数量、规模和规格。全年共筹备组织海峡两岸神农炎帝文化旅游节、中央领导和省委主要领导调研、市委全会、市委常委会、市委中心组学习等各类会议活动70余次，安排领导调研活动80余次。

【文件审核】 2017年，晋城市委办公厅加强公文处理制度化、规范化建设，文件编发严审核、高效率、零差错。文件精简重统筹、严控制、提质量。来文处理严要求、守程序、重规范。全年编发市委、办公厅文件208件。接收中央、省委文件712件，提出拟办意见300余条，做到文文有着落，件件有登记，没有出现一起失泄密事件。

【信息工作】 2017年，晋城市委办公厅把握中央和省委信息需求，组织报送信息800余条，其中120余条被中办、省委选用。全年共编发约稿信息120期，15万余字，《晋城信息》74余期，总字数近160余万字。编报《每周省情概览》51期，提供各类数据资讯、特情分析、政经动态720余篇，61余万字；《特刊信息》20余期，接受省委社情民意转办件28件，办结率达100%。落实省委书记骆惠宁重要指示要求，重点进行“双日要情”报送工作，全年共报送65期，180余条。在要情报送上实现零差错，在上级采用上实现零断线，在质量数量上实现最全面，在工作反应上实现全覆盖。创办市委

《每日要情》刊物，整体工作走在全省前列。

【应急值班】 2017年，晋城市委办公厅坚持24小时值班。全年共接报办理各类突发公共事件等信息200余条，上报信息80余期。其中省委、市委领导指示批示20余次。按照公务车辆使用相关规定，做好车辆调度、使用和管理，保障各种活动公务用车，确保各项工作顺利开展。

【督查检查】 2017年，晋城市委办公厅贯彻落实中央《关于加强新形势下党的督促检查工作的意见》，坚持把推动省委、市委重大决策部署贯彻落实作为督查工作的重点，围绕阶段性工作，组织开展全市环保突出问题专项整治、重点信访源头化解、脱贫攻坚、省委巡视反馈问题整改、市委巡察整改、6县（市、区）巡察机构设置、全市重点工作、未成年人思想道德建设等8次专项督查活动。抓好常规性工作的督查督办，全年市委督查室共督办省、市委领导批示件79件，办结率100%，做到批必查，查必清，清必办，办必果。下发督办通知112件，完成督查专报64期，有9期督查专报得到市委领导肯定性批示。

【信息化建设】 2017年，晋城市委办公厅党委系统信息化建设方面，发挥技术保障作用，全年发布信息2565条，位列全省第三，完成市县两级党委公文电子化传输系统部署，20余次解决三部门六县区网络故障，实现光纤到桌面网络提速，提升网络安全管理水平，推动内网业务应用工作开展。

（市委办公厅）

组 织

【概述】 2017年，晋城市组织系统贯彻落实党的十八大、十八届三中、四中、五中、六中全会和党的十九大精神，坚持以习近平新时代中国特色社会主义思想为指引，按照中央、省委、市委和省委组织部部署要求，围绕“1144”总体思路，提升新时代党的建设和组织工作水平，为市委“一争三快两率先”战略部署的深入推进提供组织保证。

【学习教育】 2017年，晋城市委组织部“三个突出”深化学习教育。坚持把“两学一做”学习教育和“维护核心、见诸行动”主题教育作为党内教育常态化的重要举措推向深入。突出做好十九大精神学习宣传贯彻。通过集中学、研讨学、自主学，巡回宣讲、书本订发、网络推送等多种形式，结合脱贫攻坚、村（社区）“两委”换届等重点工作，在全市兴起学习宣传贯彻十九大精神热潮。开展“结构化教学研讨”等系列学习活动，确保十九大精神入脑入心入行。突出抓好学习教育和主题教育的常态务实推进。组织学习习近平总书记对“两学一做”重要指示、视察山西重要讲话精神和“7·26”重要讲话精神，开展“一文一书”专题学习活动，参与省委组织部组织的“两学一做”网络答题活动，三次答题成绩获全省第一，全市累计604.47万人次参与，累计得分超过13.3亿分。突出发挥先进典型的正向激励作用。确定13个省级和98个市级“两学一做”示范点，向省委组织部推荐3个“‘两学一做’榜样”典型，推出高平大野川等一批新农村主题教育典型，在媒体开设“‘两学一做’在晋城”“两学一做·先锋”“砥砺奋进的五年”等专栏，宣传典型榜样、推广先进经验。

【干部队伍建设】 2017年，晋城市委组织部通过“五个常态化”建强干部队伍。干部教育常态化。抓好党校主体班教学、干部素质提升工程专题讲座、干部选学和专题培训、干部在线学院网上培训，全年共组织讲座13期，受教育干部过万人次，完成省委组织部人均学时任务。打造一批市级党性教育基地，构筑党员精神家园。

分析研判常态化。对市管领导班子和领导干部进行常态化谈心谈话，通过单位自我研判和组织部门约谈研判、上门研判等形式，主动了解、深入掌握领导班子的整体结构、运行状况、优化方向和领导干部的履职情况、工作状态、能力绩效等情况，全年对63个市直单位领导班子运行情况开展综合分析研判。

选任配备常态化。结合常态化分析研判，动态掌握各级班子职数缺配情况，及时更新各类干部考察储备库存，突出“政治标准、德才兼备、群众口碑”三个原则稳步推进干部调整交流，调整干部15批、377人次。注重培养后备干部，推进“年轻干部成长成才计划”“上挂”干部3名、“下派”干部593名，选调优秀应届毕业生33名，申报2018年定向选调生16名。

管理监督常态化。严格执行领导干部工作日志纪实制度、“八小时以外”情况函询制度和领导干部个人有关事报告制度等干部日常管理监督制度，完善“1+9”干部选任、管理、监督、追责链条机制，开展全市因私出入国(境)证件“回头看”专项整治工作，基本完成“12380”举报系统全省联网工作。

正向激励常态化。探索推行职务与职级并行制度，制定出台领导干部能上能下、激励干事、合理容错“三个办法”，为敢于和善于先行先试的干部担当负责，激发全市干部队伍干事创业、转型发展活力和魄力。加强公务员管理的规范化建设，规范登记市县两级公务员(含参照管理人员)314人，新录用公务员135人，消化解决混岗混编人员221人。

【“三基建设”】 2017年，晋城市委组织部以“一体四轮”为牵引，推进“三基建设”。压实责任。深化“一带三创五化”，完善“一包五联”制度，健全市委常委督促检查机制、包联责任连带问责机制，下发《2017年全市党建工作要点》《2017年农村基层党建工作要点》，将“三基建设”、抓党建促脱贫攻坚、村(社区)“两委”换届等9项重点工作进行责任分解。市县乡党委层层建立抓农村基层党建问题、任务和责任“三个清单”。抓实“三级联述联评联考”，完善形成“述前考核评价，述中指出问题，述后系统整改”述职评议考核体系。召开全市党建重点工作任务现场观摩推进会，交流党建特色，探索党建创新，打造党建品牌。

抓实任务。狠抓基层组织建设。全市村“两委”换届工作进展顺利，落实党组织书记县级备案管理和“一村两名”后备人才计划，各县区全部建立农村后备人才库，入库2747人；完善“两包三到”精准帮扶联动机制，村集体收入实现全部破零。采取副处以上领导挂点包村、“一村一组”包联整顿方式推进全市222个软弱涣散村级组织整顿工作，采取“一支部一方案、一问题一对策”措施推进10个软弱涣散基层社区党组织晋位升级，整顿工作基本完成；阳城县在全省率先完成撤并行政村试点工作；开展理顺兰花集团管理体制和开发区“三化三制”改革，国企党建弱化、淡化、虚化、边缘化问题得到解决；非公经济组织和社会组织完成市县两级机构设立和人员配备，实行发展党员单列制度。狠抓基础工作，探索创新党建项目化管理，最大限度释放基层党建效应；推进“智慧党建”工作，完成“红信”APP开发、2098个远程教育站点升级改造和大组工网内网网站建设；高平市推行“一单两制”领导干部考成述评办法和“两不见面、两不跑腿”服务群众“代办制”；沁水县细化规范权力清单，制定8类16项基础工作标准。狠抓基本能力建设，开展“领头雁”培训和“双强双带”党员冬训，累计培训基层党员干部12万人次，基本实现全覆盖；开展“提升基本能力”课题调研，形成《健全完善基本能力评价制度调研报告》《加强乡村干部基本能力建设的调查与思考》《加强乡村两级“三基建设”的思考》3篇调研成果；组织45名市县“三基建设”党务骨干队伍赴青海省农村干部学院开展专题培训，学习先进经验。

落实保障。市财政列支基层党建专项经费2000万元，按照每个软弱涣散村3万元、每个贫困村2万元、每个“百名好支书”所在村2万元进行补助；市财政安排572万元专项资金用于347个活动场所达标升级；22个社区活动场所面积达到500平方米以上，完成活动场所建设25%的提档升级目标。县级财政拨付专门经费，推进乡镇“五小场所”建设；落实农村干部薪酬待遇“主干达标、副职保底”要求，对222个软弱涣散村级组织每村拨付5万元整顿资金，保障村级组织运转经费县域内平均不低于9万元、社区经费不低于10万元、农村“两委”主干报酬不低于当地人均纯收入的2倍。推进泽州、沁水两个扶持村集体经济发展试点县工作，在省级资金基础上两县再配套试点资金2500万元；市县两级留存党费累计划拨487万元，保障非公经济组织和社会组织的党建经费。

【人才工作】 2017年，晋城市委组织部起草晋城市《深化人才发展体制机制改革的实施意见（讨论稿）》，为全市人才工作改革发展画出“蓝图”。推荐1名个人、1个团队参选第十批山西省“百人计划”，3名个人参选“青年拔尖人才”，2名高层次人才入选第九批山西省“百人计划”。组织开展首届“晋城名医”评选，加快推进博士工作站建设，人才品牌效应不断显现。建立市级领导干部服务高层次人才工作制度和兼职人才办副主任制度，助推各项人才工作高效开展；建立人才工作联络员制度，形成“横向贯通、上下联动”的立体化人才服务工作网络；开工建设高科技创新研发中心人才公寓、梧桐苑高科技人才公寓两大工程，配套出台住房优惠政策，实行住房、购房、租赁等多种方式奖励，确保人才引得进留得住。

【组工建设】 2017年，晋城市委组织部把从严治部与人文治部深度融合，以“家文化”建设为主线，倡导“一颗初心、一腔热忱、一双慧眼、一副铁肩”价值追求，从“活”字着眼，激发组织部门的全新活力，调优组工干部精神状态，打造充满生机活力的“三个之家”。提升组工干部“软实力”。探索模块化管理手段，科室实现工作职责清晰化、程序明确化、要求具体化、运转高效化；加强档案管理，重要资料及时整理归档、基础数据及时采集更新；坚持文化育人，制作“三个之家”指示牌，设立“家训家风”文化墙，组工干部结合业务工作摘录编创警句格言上墙，时刻提醒组工干部绷紧规矩弦、作风弦。

增强组工干部“团结力”。突出“以人为本”，注重激励关怀，结合组工干部意愿，开列“家”计划清单，将温情元素注入组织工作，把“家文化”的“和、善、美”沁入每名组工干部的一言一行；部领导与全体干部先后进行两轮谈心谈话，开展一轮“家访”，逢年过节或组工干部生日都会送出一份亲情祝福；定期组织文体比赛、爬山郊游、户外拓展等活动，让每一个组工干部都置身于“热情开放、和谐包容”的浓厚氛围，提振职业自信和干事热情。

激发组工干部“创造力”。坚持以“心想之、口言之、身行之”思路，把学习交流、座谈讨论的“封闭形式”与遍访贫困户、实践教育的“开放形式”相结合，深化“家文化”式党性教育。把“每周一学”作为涵养家风、锻炼“口言之”基本能力的重要载体，组织机关组工干部并扩大到县区组织部和市直单位干部上台讲课，开拓组工干部视野。开展“每月一写”活动，各科室负责人每月撰写一篇千字文稿，定期集中点评排名，并与任职使用挂钩；利用《晋城组工》《片叶集》等载体，调动部机关组工干部写作热忱，刊物内容更趋思想性、文化性；开设“太行红叶”微信公众号，每个科室轮流制作；分“三步走”对部机关干部进行大面积调整交流，提拔5名副处干部，大胆任用年轻干部担任科室负责人，并提拔一批科级干部，从全市遴选优秀公务员“上挂”部机关锻炼，一大批有干事意愿和干事活力的年轻干部走上重要岗位，80后科长占到一半以上，有效激发组工干部自我加压、主动进取良好“精气神”。

【老干部工作和党建研究工作】 2017年，晋城市委组织部以提高老干部服务工作质量为重点，落实老干部“两个待遇”，建立健全离休干部“三个机制”，强化离退休干部党组织建设，加强对机关工作、老年大学、老干部活动中心等的规范化管理。联系全市基层党组织建设实际，开展党建课题研究，全年共形成课题研究成果55项，省党建研究会的5件重点课题报告全部获奖。其中，获全国二等奖1件，获省重点课题一等奖2件、二等奖2件、三等奖1件；报省19件自选课题报告全部获奖，其中一等奖3件、二等奖10件、三等奖5件、优秀奖1件。

（市委组织部）

宣　传

【概述】 2017年，晋城市宣传思想文化战线把学习宣传贯彻党的十九大精神和习总书记视察山西重要讲话精神，作为重大政治任务和工作主题，学习宣传贯彻习近平新时代中国特色社会主义思想，牢固树立“四个意识”、坚定“四个自信”、做到“四个服从”，坚决落实“两个维”。贯彻落实党中央国务院、省委省政府和市委市政府重大决策部署，做到第一时间学习传达、第一时间贯彻落实，把学习贯彻成效体现在推进全市宣传思想文化工作和党的建设各个方面，实现“两个巩固”，为奋力开创新时代美丽晋城高质量转型发展新局面营造良好氛围。

【理论武装】 2017年，晋城市委宣传部制定《晋城市贯彻〈中国共产党党委（党组）理论学习中心组学习规则〉实施办法》，围绕习总书记重要讲话精神等主题组织14次集体学习，召开“深入学习贯彻习总书记系列重要讲话和治国理政新理念新战略新经验交流会”等交流研讨会3次，形成高质量理论文章25篇，出台《加强党内政治文化建设的实施意见》。开展党的十九大精神、习总书记视察山西重要讲话进基层等主题宣讲活动。全市组织开展十九大精神进企业、进农村、进机关、进校园、进社区、进军营、进网络“七进”宣讲活动，共组建宣讲团408个，宣讲单位1665家，宣传场次1956场次，受众达到10.7万人次。强化市委政研室、市委党校、市委讲师团、市发展研究中心、市党建研究会等5个理论研究基地。开展调研活动，发表理论文章60篇。其中《全域旅游视角下晋城市文化与旅游整合创新研究》等3个课题被推荐为全国优秀社科普及作品。推进全市社会科学智库建设，全市第三次社科研究优秀成果评奖工作共收到申报108项。其中，专著17项，论文91项。

【意识形态工作】 2017年，晋城市委宣传部贯彻落实中央、省委和市委关于意识形态工作决策部署，把握意识形态工作领导权和主动权，确保全市意识形态总态势积极健康向上。在整体推进上有新成效。市委主要领导带头落实意识形态工作责任制，全市各级党委（党组）深入贯彻落实《党委（党组）意识形态工作责任制实施细则》，召开全市意识形态工作推进会，市委常委会三次专题研究全市意识形态工作，每季度针对意识形态领域存在问题和风险点进行研判，确保全市意识形态安全。在制度机制上有新探索。实行意识形态工作责任重点任务分解机制，建立落实意识形态工作责任制岗位操作流程，形成以“严格四项责任、落实九项制度、管好六大阵地”为主要内容的意识形态工作架构。在责任落实上有新举措。制定《县处级以上党委（党组）落实意识形态工作责任制考核办法》《意识形态工作专题报告和专项督查制度》。10月，抽调人员，组成4个督查组，以听取汇报、查看资料、走访调查等方式，首次对全市各县（市、区）委、市直机关党委（党组）和高校落实2017年度党委（党组）意识形态工作责任制重点任务进行督查。

【舆论引导】 2017年，晋城市主要新闻媒体统一开设“砥砺奋进的五年”《“两学一做”在晋城》“十九大代表风采录”等主题宣传专栏，刊发、播发相关报道300多篇；组织“中央和省级主流媒体看晋城采风活动”和“全国网络媒体晋城行暨百万粉丝走进山水晋城”大型采风活动；《人民日报》、中央电视台、新华网等中央主流媒体推出报道240多篇，在习近平总书记视察山西的3天时间里，晋城市在《山西新闻联播》播发稿件9篇，展示晋城美好形象，形成强大舆论声势。举办“砥砺奋进五年、建设美丽晋城”成就展，开展党的十九大“宣传标语进基层”公益活动，11条宣传标语、9万份宣传海报，遍布全市各公共场所、各基层单位和各类广告刊播介质；在公交车车载视频、户外大屏等平台载体滚动播放系列专题片《将改革进行到底》《法治中国》《大国外交》的宣传片，不间断展示全国重点主题微电影，在全市营造浓厚热烈的社会氛围。出台《晋城市网上舆论引导工作方案》《晋城市网络安全事件应急预案》《关于加强网络社团管理的意见》，组建百名网评员和百名网络舆论引导员队伍，网评、网宣工作位列全省前列。开展净化舆论环境专项整治等系列行动，关闭查封僵尸网站、问题网站1457家，处置多起网络安全事件，打造清朗网络空间。

【精神文明建设】 2017年，晋城市委宣传部开展全国文明城市创建工作。举全市之力、集全民之智开展创建全国文明城市“百日会战”，实施“宜居为民”“碧水蓝天”等10项创城行动，打造4个核心价值观主题公园、3条示范街和2个示范小区，文明城市创建闯进全国前20名，创下历史最好成绩。晋城市、沁水县被中央文明办确认为2018—2020年全国文明城市提名城市、提名县城。深化农村精神文明建设。分别召开泽州、陵川精神文明建设现场会，以美丽乡村建设为主题，以城乡环境综合整治、移风易俗活动、培育乡贤文化为主抓手，开展“四美”乡村建设，乡贤文化、邻里文化等在乡村深入人心。开展典型选树。启动首届“晋城楷模”评选活动，开展“最美护士”“最美交通人”“最美新闻人”等各类评选活动。推动实践养成。修订以“四爱四守四讲”为主要内容的晋城市市民公约，免费发放32万册《晋城市民文明手册》。在全省率先建成12个独立学雷锋志愿服务站，开展交通文明劝导、爱心送考等志愿服务活动，全市志愿者达到14万人。

【文艺工作】 2017年，晋城市委宣传部推进文化改革发展。制定《关于加快推动市级媒体融合发展的意见》《关于组建晋城市新闻传媒集团的实施方案》等10项关于晋城市新闻传媒集团改革文件和方案，各项改革工作顺利推进，晋城新闻传媒集团组建工作进入实质性操作阶段。健康开展文艺精品创作。上党梆子新戏《太行娘亲》登上国家大剧院，亮相2018年新年戏曲晚会。晋韵堂生产的铸铁《空系列》获得第13届文博会“中国工艺美术文化创意奖”铜奖。开展文化交流活动。组织第四届山西（晋城）太行山文化旅游节、山西省首届山西艺术节晋城文化艺术周等文艺活动，组织各县（市区）及市直各单位参加深圳文博会。公共文化事业稳步发展。继续深化“中国梦”主题创作活动，开展“深入生活、扎根人民”主题实践活动和“我们的中国梦、文化进万家”等系列文化活动，受众达30余万人。（市委宣传部）

统　战

【概述】 2017年，晋城市统战系统以“迎接党的十九大、学习贯彻党的十九大精神”为主线，以“助力转型攻坚五大行动”为抓手，着力加强思想政治引领，服务改革发展稳定，破解重点难点问题，开展作风建设，加强统一战线基础建设，各领域统战工作均有新突破，呈现新特色。

【助力转型攻坚】 2017年，晋城市委统战部开展建言献策行动。各民主党派开展专题调研，提交调研报告100余篇，其中人大代表、政协委员提交围绕精准脱贫、职业教育、医疗卫生、基本民生等领域的各类议案、建议、专报共计80余份。各民主党派，深入农村、社区，开展医疗、教育、文化、养殖等方面社会实践活动40余次，发挥民主党派智力密集、人才荟萃优势，为全市转型综改献计出力。

开展精准扶贫行动。开展全市统一战线社会扶贫行动，号召各民主党派、无党派人士开展各种形式的人才智力服务，包括科普宣传、文化指导、技术培训、医疗服务、定向捐赠等帮扶行动共计1000余人次，直接覆盖服务30余个贫困村、5000余人。与市工商联在陵川举办“百企帮百村签约活动”，指导市光彩事业促进会开展“精准扶贫·陵川行”等活动，全市104家民营企业、商会与237个受帮扶村（含非建档立卡贫困村）建立结对帮扶关系，受帮扶人口1.35万人，共计实施104个项目，完成各类投资1.68亿元，捐资助困、助学、助残132.82万元。部机关对口帮扶10件实事：建设100千瓦光伏发电项目并网发电，年发电量达到20万千瓦时左右，协调增容200千伏安变压器一个；新增80千瓦光伏发电项目完成项目审批立项；完成五百亩山地整理项目；完成新增70亩河滩地造地项目；300亩玫瑰产业园项目达成意向，完成土地流转协议签署工作；“五位一体”金融扶贫工作完成68户贫困户的申报工作；协助完成养牛场管理模式与运营工作；组织七大商会开展送温暖下乡活动，共捐赠慰问品合计五万余元；多次组织民盟、农工党和无党派人士开展文化下乡、义诊、专家技术服务等各种形式的社会帮扶活动；集中组织统战系统党员多次深入贫困户中走访慰问、宣讲政策、结对帮扶、采购农产品、解决实际困难等。

开展回乡创业行动。召开全国晋商商会秘书长联席会议暨晋城市“助力转型综改·回乡创业行动”项目推介会,全国70余家晋商商会秘书长参加会议,与全市17家民营企业达成初步合作意向,全国晋商商会秘书长联席会和市工商联、市招商局签订战略合作协议;接待晋商加拿大总商会、北京晋商商会、江阴晋商商会等考察活动,以商招商、精准招商、定向招商取得新突破。

开展和谐创建行动。开展对晋城籍宗教代表人士大走访活动,走访慰问在佛教领域有影响力、有代表性的怡藏法师、怡学法师、如瑞法师等;倡议成立中原城市群民族宗教工作协作机制,召开中原城市群5省、18市民族宗教工作协作机制联席会第一次全体会议,探索跨区域民族宗教协作管理机制,强化区域间的沟通和协作,联手惩治非法宗教活动。

开展民企振兴行动。指导市工商联举办5期民企大讲堂,邀请著名专家学者以及三力士股份有限公司总经理吴琼瑛等实践典型人物,做专题讲座;开展培树企业家形象大宣传,和市电视台联合举办《人亲风清话民企》专题宣传活动,重点宣传转型快、效果好的民营企业,提振企业家精气神,传播企业家正能量。指导市工商联开展《我和晋城有个约会》大型宣传活动,展示各异地商会商界精英在晋城的创业奋斗历程。

【参政议政】 2017年,晋城市委统战部制订《2017年度政党协商计划》,健全完善民主协商制度、程序。举办《政府工作报告》征求意见座谈会、市委同新一届民主党派班子成员座谈会、习近平总书记调研山西重要讲话精神通报会、非公经济人士座谈会、十九大精神通报会、骆惠宁书记重要指示精神通报会、2017年度经济运行情况通报会、党风廉政情况通报会、市委经济工作会议报告征求意见座谈会等9次党外人士座谈会。完善民主党派市委向中共市委直接提出建议制度,共编发《建言专报》10期。召开脱贫攻坚民主监督工作座谈会,对6个民主党派市委会对口的6个重点乡镇,开展脱贫攻坚民主监督工作。召开全市特约人员聘任工作会议,为全市11个政府有关部门和司法机关聘任57名党外特约人员,拓宽民主党派、无党派人士知情渠道,发挥民主监督作用,推进政府部门决策民主化和科学化。

【助力民营经济】 2017年,晋城市委统战部组织召开非公经济人士座谈会,民营经济座谈会、民营企业家座谈会、面对面听取企业家意见建议,加强政企沟通交流;就全市深入学习贯彻落实十九大精神、中发25号文件、国发42号文件精神和全省企业家大会精神,营造“两个健康”良好环境,为民营企业宣讲指导、鼓劲加油;探索出台《民营经济发展改革示范方案》,推进“236”行动计划,为民营经济发展保驾护航;开展民营企业大调研、大走访活动,形成专题调研报告,建立专项行动问题台账,以问题清单形式主动与相关部门、单位沟通协调,推动问题解决。

【宗教工作】 2017年,晋城市委统战部贯彻落实全国、全省宗教工作会议精神和习近平总书记关于宗教工作的重要讲话精神,组织召开全市宗教工作会议,出台晋城市委市政府《关于加强和改进新形势下宗教工作的实施意见》。发挥市委宗教工作领导小组作用,召开工作部署会议,部署宗教工作协作与联动事宜。就省委统一战线工作领导小组对市委市政府宗教工作进行专项督查反馈的问题进行专门整改报告。开展宗教人士大走访活动,构建区域宗教大协作机制,开展社会治安综合治理风险防控排查活动,实行双月报告制度,确保各类风险隐患消除在萌芽状态。

【海外统战工作】 2017年,晋城市委统战部加强对台文化经贸交流。与中国侨联共同主办“亲情中华”赴台巡演活动,演出5场。开展“2017海峡两岸神农炎帝文化交流研讨座谈会”等系列活动,拓展两岸文化交流渠道,增强两岸同宗同祖认同,宣传全市炎帝文化和戏曲艺术,展示山西晋城和高平的良好形象。协助高平市举办第二届“海峡两岸同胞神农炎帝民间拜祖典礼”活动和“问祖炎帝·寻根高平”海峡两岸神农炎帝文化高端论坛,促进神农炎帝文化学术研讨,传承保护神农炎帝文化，扩大晋台各领域的交流。组织民营企业代表参加晋城上海台商交流合作恳谈会。搭建海外交流合作平台。泽州县大阳古镇被评为“中国华侨国际文化交流基地”，搭建对外开放交流新平台。成立晋城市海归协会，以协会为平台更好鼓励海归人员创新创业，发挥留学生在经济、社会中的独特优势，为全市经济转型发展服务。与市政府金融办联合举办“美籍华人常新功金融投资策略报告会”。

【党外人士工作】 2017年，晋城市委统战部依托小组，开展活动，强化党外知识分子统战工作。指导无党派人士和党外知识分子学习实践小组围绕中心，开展学习实践活动，召开学习十九大精神专题讲座，开展扶贫五下乡活动等。组织无党派人士和党外知识分子人士积极参政议政，提交多篇有份量的社情民意提案，发挥无党派人士和党外知识分子的智力优势。开展新的社会阶层人士统战工作。组建摸底工作专项调研组，在全省率先召开摸底调研培训会议，完成新的社会阶层人士摸底调研工作，获取大量基础数据。召开全市新的社会阶层人士统战工作会议，出台《关于加强新的社会阶层人士统战工作的实施意见》，成立新的社会阶层联谊会，选举产生第一届理事会常务理事、会长、常务副会长、副会长，团结凝聚全市新的社会阶层人士，服务全市经济社会发展。

（市委统战部）

政策研究

【概述】 2017年，晋城市委政研室干部职工学习习近平新时代中国特色社会主义思想，围绕市委中心工作，履行职责，开拓进取，完成各项工作目标任务和市委交办的任务。市委政研室（改革办）支部被市直工委授予“先进党支部”称号。

【改革工作深化】 2017年，晋城市委政研室安排召开市委深改领导小组会议13次，传达学习中央、省委深改会议精神，研究改革工作。印发《全面深化改革领导小组2017年工作要点》，出台《全面深化改革联络员工作制度（试行）》，建立覆盖全市48家涉改单位和6个县（市、区）及开发区的联络员微信群，提高工作效率。坚持一季一督察，完成对全市16项重点改革事项落实情况、省定五项重点改革任务进展情况、县级主要党政负责人抓改革情况、十八届三中全会以来承担省级以上改革情况、市委书记主抓的10项重点改革事项、全市93项改革季度进展情况等的督察。细化2017年度省对市5项重点考核“深改指标”内容，会同市考核办制定《全面深化改革工作考核办法》，加大改革推进力度。全市全面深化改革工作成效明显，出台改革类文件95个，涵盖6大领域40余项改革；年初安排的6个方面43项改革，完成年度阶段性目标任务；争取国家级改革试点15项，数量超过前3年总和；在全省率先成立国有资本运营平台；涌现出泽州农地入市、高平市县乡医疗卫生机构一体化改革等一批跻身全国、全省“第一方阵”改革事项等。

【支持转型综改】 2017年，晋城市委政研室坚持问题导向，整理国务院42号文件中涉及全市的具体内容，将168项转型任务进行责任分解，方便各相关单位和省里对接；邀请省委政研室（改革办、综改办）主任任凯三次到晋城市解读国务院42号文件精神；起草《晋城市贯彻落实〈国务院关于支持山西省进一步深化改革促进资源型经济转型发展意见〉的工作方案》，以市委、市政府文件正式印发。

【改革宣传】 2017年，晋城市委政研室宣传改革亮点，营造改革氛围。在《晋城工作》杂志上开辟“改革论坛”栏目，建立“晋城改革之声”微信公众平台，市级媒体《太行日报》设立“晋城改革奋力争先”专栏，集中报道改革典型经验，宣传晋城改革实践。出台信息工作制度。将信息工作纳入目标考核，市委改革办编发上报《晋城改革信息》85期、重大改革信息11期，其中编报的《晋城积极推进商事制度改革》《高平市推进县乡医疗卫生机构一体化改革》《沁水县以改革激发旅游景区（景点）发展活力》《阳城兴起能源革命推进绿色发展》《高平市积极创建国家农业可持续发展试验示范区》《高平市“三大创新组合拳”加快民营经济综合配套改革》《泽州县“五度”并举推进全国家事审判改革试点》等信息被《山西改革信息》采用。加强与上级部门或“国字号”媒体联系沟通。《人民日报》、新华社报道泽州县农地入市改革试点经验,中央电视台报道高平市县乡医疗机构一体化改革经验,《经济日报》《中国旅游报》《新华每日电讯》报道阳城、沁水县旅游体制改革做法。

【文稿工作】 2017年,晋城市委政研室完成一批市委出台重要文件,《晋城市委2017年全面深化改革工作要点》《晋城市委关于深入学习贯彻习总书记视察山西重要讲话和省委十一届四次全会精神的实施意见》《晋城市委关于深入学习贯彻习总书记在深度贫困地区脱贫攻坚座谈会上的重要讲话和省委十一届四次全会精神的实施意见》《晋城市委关于深入学习贯彻习总书记视察山西重要讲话和省委十一届四次全会精神实施意见的责任分解》《晋城市贯彻落实〈国务院关于支持山西省进一步深化改革促进资源型经济转型发展的意见〉工作方案》《晋城市关于落实全省万名干部大调研活动的工作方案》等;完成一批市委的汇报材料,如《晋城市2017年度重点改革事项完成情况的报告》《晋城市十八届三中全会以来承担省以上改革试点推进情况的报告》《晋城市关于省委两个实施意见推进落实情况的报告》《晋城市2018年工作目标和举措》《晋城市反“四风”专题报告》,以及省委改革督察调研组两次在晋城市督察调研时市委的综合汇报材料等;起草市委领导经济工作会议和有关涉改讲话材料。

【调查研究】 2017年,晋城市委政研室完成10篇市委关注的调研报告,《关于我市开发区改革创新工作的调研报告》《关于市属国企国资改革的调研报告》《高平市、乡、村三级医疗卫生机构一体化改革试点情况的调查报告》《泽州县农村集体经营性建设用地入市改革试点情况的调研报告》《关于我市乡镇政权建设的调查报告》《关于促进我市实体经济发展的调研报告》《关于高平市“多规合一”的调研报告》《关于加强机关“三基”建设的调查报告》《关于加快我市装备制造业发展的思考》《关于加快我市旅游业发展的思考》等。履行全市调查研究的协调职能,出台《晋城市“百日调研”活动优秀成果评选办法》,评选出80篇优秀文章;开展万人大调研活动,全市形成调研报告740余篇,帮助基层解决实际问题1600余个。

【决策参考】 2017年,晋城市委政研室坚持每周一报,将全市领导干部优秀调研报告及时报市委、市政府主要领导,供决策参考;编发《决策要参》12期,将市委重大决策部署和市委主要领导批示精神反馈各县区、各部门;编报《外情快报》14期,向市四大班子及相关领导反映国内外有关经济、政治、文化、社会、思想等方面的重要信息;报送《双日要情》10期,整理报送市委领导对政研、改革工作批示,以及就深化改革开展的一系列工作。

【政研宣传】 2017年,晋城市委政研室出版发行12期《晋城工作》,共编排稿件169篇60余万字,新设置“学思践悟”“改革论坛”等专栏;完成“公益广告”刊载宣传工作;完成“晋城政研与改革”网页面改版创新工作,发布各类信息及文章500余条,2017年发行的《晋城工作》和2016年度“百日调研”成果集《求索》实现网上发布;向“晋城在线”编报政研室信息37条,被采纳26条。

(市委政研室)

机构编制

【概述】 2017年,晋城市编办以服务全市高质量转型发展战略为大局,按照“站位、系统、程序、服务”的工作思路,推进各项改革,加强机构编制管理,坚持全面从严治党治办,在开发区改制、全域旅游、14项改革、控编减编、域名注册和事业单位登记各项工作取得良好成效,整体工作全省领先。

【“放管服”改革】 2017年,晋城市编办以市政府文件承接落实国务院和省政府取消下放的行政审批和中介服务事项,共4批次、143项,涉及39家部门和单位。

下放给晋城经济技术开发区行政职权28项。4件关于“放管服”改革工作任务的省级特急文件,及时落实上报。能减尽量减,市直精简行政审批事项前置申请材料392项、相关证照年检27项、政府指定培训3项,精简率分别为11.9%、51.9%、37.5%。对政府部门权力和责任事项进行清单式管理、动态式调整,市本级权责清单事项由3081项调整减少为3058项。出台行政许可标准化建设工作方案,推进行政许可事项管理、流程管理、服务更加规范。

【重点领域改革】 2017年,晋城市编办完成市县两级旅游发展委员会组建工作,全省首家完成县级全部挂牌组建工作。全省首家印发晋城经济技术开发区管委会(党工委)“三定”规定,助力开发区“三化三制”改革工作顺利推进。完成市县两级监察委组建和纪委监委派驻工作,共成立83个市县两级派驻纪检组。推进十大领域综合行政执法体制改革,印发全市实施方案。指导高平市推进相对集中行政许可权改革试点工作,2月11日,高平市行政审批局正式挂牌;高平市240项行政许可事项,除公安局、环保局、国土局、交通(运管)局涉及的40项事项,其他实现“一颗印章”管审批。开展县乡医疗机构一体化改革,拟定《全市从事生产经营活动事业单位改革实施意见》,持续推进事业单位分类改革。研究解决市县两级涉及党建、群团、扶贫机构、林场改革、司法体制改革、口岸建设等重点领域、关键环节改革的机构编制事项90项,将综改职能、机构、编制、人员由市发改委划转到市委政研室,下发市委政研室(市改革办、市综改办)“三定”规定。提出晋城市大数据机构整合设置意见。

【机构编制管理】 2017年,晋城市编办严格控编减编,实现机构编制总量连续五年负增长,全年全市核减事业编制716名,5年共核减3600名,超额完成控编减编任务。盘活编制资源,制定编制周转池制度,探索建立编制使用核准制度的相关配套措施;与组织、人社部门联合,制定出台《关于深化人才发展体制机制改革的实施意见》《市直机关事业单位人员流动试行办法》;采用共筹方式,全市调剂100名全额编制上划省编办,与省编办、省教育厅、太原科技大学共同解决太原科技大学晋城校区多年有机构无编制问题。管住机构编制,提升实名制管理水平,办理上下编手续828人次,对考试录用计划等机构编制事项进行严格审核;完成机构编制问题整改推进审批联动工作,市县两级共梳理出问题232条;指导泽州县在全省开展履职评估工作。加强事业单位登记管理,完成市直事业单位法人年度报告报送工作、法人公示信息抽查工作和统一社会信用代码赋码工作。加强政务和公益域名注册管理工作,统一为市直单位中文域名续费13万元;配合完成党政机关、事业单位自建网站确认及挂标督导工作,促进全市网络安全。

(市编办)

老干部

【概述】 2017年,晋城市委老干部局围绕全面学习宣传贯彻党的十九大精神的主线,落实全国老干部工作“双先”表彰大会和全省老干部工作会议要求,坚持稳中求进工作总基调,坚持创新离退休干部“两项建设”,坚持提升离退休干部“两个待遇”,坚持把握正能量价值取向,实现“基础建设三强化、创新工作三突破、服务保障三提升”,推动全市老干部工作迈上新台阶。获得“目标考核优秀单位”“先进党组织”“市级文明单位标兵”“‘两学一做’学习教育常态化制度化示范点”等称号。

【思想建设】 2017年,晋城市委老干部局举办“畅谈十八大、喜迎十九大”系列座谈会70余场。与太行日报社联合开展“我看晋城新变化、喜迎党的十九大”主题征文活动,共收到老干部撰写文稿225篇,奖励81篇优秀篇目。利用“百名老干部百场报告会”平台,开展习近平总书记系列重要讲话以及视察山西重要讲话精神、十八大以来变化以及党史和地方史进行宣讲活动208场。7月,开展“铭记党史,永不褪色”活动,分批组织市直离退休干部党员参观市党史馆、方志馆、抗日政府旧址和廉政教育基地。

【待遇落实】 2017年，晋城市委老干部局强化离退休干部“两个待遇”的落实。与市直9部门联合出台《关于进一步推进利用社区资源做好离退休干部服务工作的实施意见》，在服务离退休干部社会化、社区化方面，提出具体方法和思路。制定《关于进一步保障市直离退休干部生活政治待遇的服务管理办法》，领导干部带头负责联系离退休干部，包干到户、责任到人，开展生病看望、节日慰问、志愿服务活动，给予老干部关心和帮助。

【主题活动】 2017年，晋城市委老干部局开展“唱响主旋律、弘扬正能量”活动，动员广大老干部为晋城改革发展助力添彩，全市推选出10名坚持正能量、发挥作用的优秀老干部代表。重阳节前夕，举办首届“全市离退休干部唱响主旋律、弘扬正能量”主题活动晚会，表彰10名优秀老干部。

【老干部服务】 2017年，晋城市委老干部局开展“我们的节日”、健康讲座、春茶品鉴、志愿服务等系列活动，让老干部切身感受到党和政府对他们的关心，提升老干部享受退休生活幸福感。市直退休干部的体检费用增长一倍，由两年一次改为一年一次。6月，组织完成市直800余名离退休干部体检工作。春节前夕，将退休处级干部慰问金由300元/人提高到500元/人。

【组织建设】 2017年，按照中办文件要求，晋城市6个县（市、区）委老干部局局长全部兼任同级党委组织部副部长，实现“全覆盖”。确定城区为“离退休干部党委、党工委工作”试点区，5月，“城区老干部局党委”正式更名为“城区离退休干部工作委员会”，城区区委出台《关于加强全区离退休干部党组织建设的实施意见》，对离退休干部党支部工作任务、规章制度、经费来源、活动场地、班子选配等作出明确要求；对离退休干部党支部，按照“单建”“混建”“就近”三种类型分类建设，区直单位及各镇办的离退休干部党组织设置渐趋合理，党员管理活动模式逐步优化。12月20日，召开“全市离退休干部党组织建设暨‘四就近’工作推进会”，推动全市离退休干部党组织建设工作整体水平提高。年底，与市委组织部联合出台《关于进一步加强全市离退休干部党组织建设的实施意见》，加强对全市离退休干部党组织建设规范和指导。

（市委老干部局）

信 访

【概述】 2017年，晋城市信访局贯彻落实中央、省、市委关于信访工作系列决策部署，坚持以人民为中心的发展思想，以信访工作“责任落实年”活动为抓手，创新工作机制，加强重要节点期间信访工作、突出疑难信访问题源头治理和大整治工作，加强信访工作队伍建设，提升阳光信访、责任信访、法治信访整体水平，各项工作取得新成效。

【信访情况】 2017年，晋城市信访局共接待来访群众576批次、10950人次，同比批次上升16.8%、人次上升11%。其中集体访336批次、10531人次，批次、人次分别占总量58.3%和96.2%，同比批次上升8%、人次上升10.5%；劝返赴省集体访14批次、110人次，同比批次下降22.2%、人次下降62.8%；劝返到北京重点地区等非接待场所上访人员109人，在外围区域劝阻、送返进京上访人员484人次。受理、办理群众来信723件。共受理网上信访事项911件。省信访局、省联席办交办18件信访积案，全部办结和化解，办结率、化解率均达到100 %。全省“重点信访问题源头化解”专项行动交办344件信访事项，办结率达到100%，化解率达到96.5%。“信访突出问题大整治”活动交办139件积案，化解137件，化解率98.6%。市、县级两级领导干部共接待群众来访383批次3694人次。

【信访维稳】 2017年，晋城市信访局在全国“两会”“一带一路”、北京高峰论坛以及党的十九大召开期间，制订专项工作方案，采取措施，加强全市信访工作。从8月1日起，成立由市政法委牵头，信访、公安、民政、住建、人社等多个部门参加的驻京信访维稳工作领导组进京开展劝返工作，实行“无假日、全天候接访和日排查、日报告”制度，加大领导干部接访下访力度，畅通群众就地、就近反映诉求渠道，把上访群众吸附在基层，完成市委市政府确定的十九大期间“三个坚决防止”“三个不发生”既定工作目标。

【专项整治】 2017年，晋城市信访局开展重点领域源头化解专项行动和信访突出问题大整治活动，维护群众合法权益。3月，按照省联席办统一部署，分阶段、分梯次集中组织开展涉军、城乡建设、非法集资、企业社保等重点领域稳定风险源头化解专项行动。通过集中攻坚治理，使信访问题最为突出的涉军、城乡建设以及企业社保“三大领域”，实现问题解决、风险消除、人员稳控，促进全市社会稳定。

开展信访隐患风险大排查大整治工作，强化信访源头防范。4月，制定下发《全市安全稳定风险隐患大排查大整治行动实施方案》，排查重点包括：重大群体性事件隐患、重大社会矛盾纠纷、特殊利益群体活动情况、进京非正常上访情况以及其他可能影响社会稳定的线索隐患。全年共排查各类信访隐患170件，妥善化解44件，其余126件全部落实责任单位，限期进行化解。在全国、全省比较活跃的重点群体趋于平稳。对越级上访倾向性较大的3个群体，落实“五包一”措施和稳控责任，加大思想疏导工作力度。

【规范管理】 2017年，晋城市信访局推动信访信息系统深度运用，网上信访成为群众信访主渠道。全年受理办理网上信访事项849件，占信访总量1/3。加大信访信息系统管理员培训力度，编写10万余字《信访信息系统应用操作手册》。建成视频接访系统、视频会商系统，形成“信访网上投、事项网上办、结果网上评、问题网上督、形势网上判”新工作模式，成为群众信访活动新途径和主渠道。加强信访基础业务规范化建设，组织全市信访信息系统管理员开展业务培训，重点规范信访受理办理程序、办理时限和办理质量。全年，市信访局受理初信件68件、初访件142件、初网件140件，及时受理率、按期办结率均达100%，基本形成“简易信访马上办、一般信访精准办、疑难信访合力办”工作机制。加大依法处置工作，优化信访工作环境。贯彻落实国家信访局《关于进一步规范信访事项受理程序引导来访人依法逐级走访办法》，宣传和引导信访群众按照《信访条例》，依法、逐级反映利益诉求，群众依法逐级走访意识和自觉性基本形成。加大进京非正常上访以及到党政机关集体非访等违法上访行为惩治力度，信访秩序好转。

（市信访局）

党校教育

【概述】 2017年，晋城市委党校贯彻党的十九大精神，全面落实省市党校工作会议精神，推进“两学一做”学习教育常态化制度化，统一思想、凝聚力量，“简单、干净、干事、和谐”工作理念深入人心，党校各项事业稳中有进、进中有新。获全市“喜迎十九大，巾帼心向党”诗歌朗诵比赛一等奖。获得“机关技能大赛”公文写作竞赛一等奖、普通话竞赛一等奖、“两学一做”二等奖、三等奖和“优秀组织奖”。

【干部培训】 2017年，晋城市委党校共举办各类培训班71期，培训学员9900余人次。其中主体班共16期，包括5期十八届六中全会精神专题研讨班、5期十九大精神集中轮训班、2期县处级干部培训班、2期青年干部培训班、1期中青年干部培训班和1期全市党校系统教学经验交流研讨班。全年举办5期学制至少两个月的主体培训类班次。拓展对外培训，举办各类社会培训班55期。举办全省应急管理专题培训班、江西省吉安市委党校县处级领导干部延伸培训班。

【教学改革】 2017年，晋城市委党校在主体班推行以“单元式教学为主、同时融入互动课程和实地调研考察”培训新模式，设置专门理论教育单元和党性教育单元，完善教学方式，建立道德讲堂，创新开展马恩像前高唱《国际歌》、课前唱红歌、周一升国旗等“锤炼党性、坚定信仰”主题活动，组织“不忘初心，继续前进”“庆祝党的十九大”主题晚会等系列党性教育活动。利用全市红色资源、廉政教育资源开展现场教学，组织学员到井冈山、延安等地开展党性教育主题延伸培训，到农村(社区)和企业开展实地考察调研，与人民群众同吃同住同劳动，撰写调研考察报告。在学员中开展党性分析、民主评议、读书品书荐书活动、“两带来”问题讨论交流，创办《学员月报》，增强理论教育和党性教育的针对性和实效性。

【科研咨政】 2017年，晋城市委党校推进新型智库建设，提升党校科研资政水平。完成《机关党组织政治功能研究》《晋城抗日战争时期红色文化研究》等市级重点课题，提呈《关于进一步规范我市城市基础设施命名的建议》《关于纾解领导干部心理压力的对策建议》《晋城市国有林场改革的建议》等多份咨政报告；编印《2017年晋城市市情资料手册》《理论学习口袋书》《2015—2016年度科研成果汇编》等资料。全年，教师共发表论文16篇。其中，国家级期刊2篇、省级8篇、市级6篇。

【业务指导】 2017年，晋城市委党校召开全市党校系统常务副校长座谈会，研商县级党校发展；在春季学期和秋季学期组织开展全市党校系统大调研，掌握各县(市、区)委党校的发展现状、硬件建设、软件情况、校风校史、存在问题等方面情况，推进县区办学体制改革。发放《2017年度党性教育课程建议清单》，开展第二届全市党校系统科研优秀成果评奖，对全市党校系统56项科研成果评审并表彰；开展2017年度全市党校系统重点课题研究，结项课题20项；举办全市党校系统教研经验交流研讨班、庆祝第33个教师节暨表彰大会。组织全市党校系统教师参与全省、全市的优秀成果评奖、征文活动并获奖。

(市委党校)

讲师团

【概述】 2017年，晋城市委讲师团围绕市委中心工作，创新工作思路，服务党委中心组理论学习，组织开展党的理论主题宣讲活动，加强理论研究，编写理论读物，探索干部教育新途径，完成各项工作任务。

【服务党委中心组理论学习】 2017年，晋城市委讲师团配合市委宣传部做好对市委中心组理论学习的各项工作，制订2017年市委中心组学习计划，科学设置20次集中学习专题，完善集中研讨、中心发言、学习考勤、学习建档等制度，组织20次集体学习；安排部署全市各级党委(党组)中心组学习做工作，出台《贯彻〈(党组)理论学习中心组学习规则〉实施办法》，提供11个专题18场专题辅导，将学习专题细化为4个板块30多个专题，登载在讲师团网站，供各级党委中心组学习参考；以《学习》杂志为载体，设置“学习贯彻《关于新形势下党内政治生活的若干准则》”“增强‘四个意识’”“学习贯彻党的十九大精神”等6个专题内容，编印6期、40余万字的学习辅导资料。

【主题宣讲】 2017年，晋城市委讲师团以学习宣传贯彻中共十九大精神为重点，起草宣讲提纲，组织省委宣讲团报告会、市委宣讲团分赴各县(市、区)、市直单位和大专院校报告会、高校“百千万”调研宣讲和省直机关送党课宣讲32场。参加全省十九大精神脱贫攻坚政策宣讲团到右玉、平鲁、山阴、宁武县等地宣讲。晋城市“新时代讲习快车”启动受到社会关注，全国主流媒体新华网、人民网以《山西晋城：文化之花葳蕤盛开》为题，《光明日报》、光明网以《山西晋城：新乡贤把十九大精神讲得有温度》为题进行报道，中国文明网以《晋城“新时代讲习快车”打通理论服务群众“最后一公里”》为题在头条推荐，《山西日报》以《“新时代讲习快车”开进山庄窝铺》为题进行报道，形成良好宣传效应。推动习近平新时代中国特色社会主义思想和中共十九大精神进企业、进农村、进机关、进校园、进社区、进军营、进网络，彻底打通理论服务群众的“最后一公里”。全年，开展宣讲活动1956场，其中市委讲师团宣讲43场，受众达10.7万余人次。以“习近平总书记视察山西重要讲话进基层”为主题，运用“互联网+”和“两微一端”等新手段，组织各方力量开展主题宣讲1986场，市委讲师团宣讲24场，受教育党员达12.6万余人。以党的十八届六中全会、省第十一次党代会、市第七次党代会精神、培育和践行社会主义核心价值观等为内容，对市委宣传部、市直工委、市人社局，泽州、阳城和陵川县等单位的各类培训授课达90场，直接受众人数达3万余人。坚持送理论下基层，通过送报告下基层、送党课下基层、送政策下基层等形式，在兰花集团大阳煤矿、陵川西河底镇焦会村、附城镇东庄村等地，就基层干部群众关心的理论热点、难点、疑点等问题进行解疑释惑，为基层干部发放8万余册理论宣传辅导资料。

【网络学习平台】 2017年，晋城市委讲师团构建"电视+新媒体"理论宣传平台，市委讲师团与市委宣传部、市委党校、晋城广播电视台联合举办全媒体节目《理论在身边》，全年在广播、电视和手机客户端全线播出11期；打造"报纸+新媒体"理论宣传平台，与太行日报新开《小晋爱理》，用"纸媒+新媒体"形式打造"小晋"理论"网红"，推动理论学习宣传向网络延伸；加强讲师团网站建设，及时更新网站，充实板块内容，新增"图解理论""观点荟萃"板块、"中央政治局集体学习"超级链接和《理论在身边》等栏目，修改"中心组学习"板块，网站理论特色更鲜明，内容更丰富，政策性、权威性和可读性增强。全年，网站建立1100万余字节学习资料库，总浏览量达37.8万余次，成为各级党委中心组成员和干部群众理论学习的重要平台。

【理论研究】 2017年，晋城市委讲师团围绕学习贯彻党的十九大精神和习近平总书记视察山西重要讲话精神开展研究，组织召开5次交流研讨，组织撰写理论文章85篇，市委讲师团撰写9篇，编写《党的十九大精神学习资料汇编》《深入学习贯彻习近平总书记系列重要讲话精神和治国理政新理念新思想新战略经验交流会材料汇编》；围绕深入推进全市意识形态工作开展研究，到6县（市、区）开展调研，共召开各种座谈会、研讨会13次，参加讨论人数达260余人，积累调研资料40万余字，完成调研课题3个，其中《从太行南部山区看加强意识形态阵地建设的问题研究》获2017年度全省宣传思想文化优秀调研成果二等奖，《全面从严治党新常态下加强基层党员干部理想信念教育的思考》获晋城市第三次社会科学优秀成果三等奖；围绕践行和培育社会主义核心价值观开展研究，共收集资料10万余字，完成调研课题《关于发挥"晋城好人"在社会主义核心价值观建设中的作用》，获全省2017年度宣传思想文化系统优秀调研报告二等奖，与市文明办合作编写书籍《晋城好人故事》。

（市委讲师团）

外宣工作

【概述】 2017年，晋城市委外宣办贯彻落实习近平总书记系列重要讲话精神和十九大精神，以"两学一做""两提一创"活动为抓手，强化理论学习和组织建设，开展对外宣传和舆论引导，营造良好舆论环境，讲好晋城故事，传播晋城好声音，树立晋城新形象，为实现晋城振兴崛起营造良好舆论环境。

【对外宣传】 2017年，晋城市委外宣办创新机制整合资源，构建"大外宣"格局，重大主题外宣取得成效。把各县（市区）、市直新闻单位、市直主要职能部门和大型企业集团纳入外宣考核，在中央级、省级媒体推出一批有影响的外宣报道稿件。在《人民日报》《光明日报》《经济日报》、中央电视台、中央人民广播电台和新华网、人民网等中央主要传统媒体和新媒体发稿240多篇，在《人民日报》发表《天晴云归尽山翠猕猴欢》《去产能职工转岗不下岗》《首届赵树理文化旅游节开幕》，在《经济日报》发表《山西沁水："文化+景观点亮全域旅游"》，在《光明日报》发表《山西晋城：精准扶贫攻堡垒》。泽州县妇幼院医护人员半跪托举帮助和保护脐带脱垂产妇平安生产的事迹，在中央电视台《新闻直播间》《中国新闻》《朝闻天下》《24小时》《东方时空》《共同关注》《新闻1+1》《晚间新闻》以及央广网、中国之声等中央媒体接连播出。

【外宣活动】 2017年，晋城市委外宣办为迎接党的十九大召开，组织开展"砥砺奋进5年"采风活动，对晋城过去5年取得的成就进行全方位报道。太行山文化节期间，组织全国40多家新媒体60多人开展“2017全国网络媒体晋城行暨百万粉丝走进山水晋城采风活动”和“全国媒体晋城行”采风活动。全年，驻市媒体在《山西日报》、山西电视台、《山西经济日报》等省级媒体发表稿件1000多篇。其中，《山西日报》头版头条发表《能源革命的阳城实践》、山西电视台播发市委书记访谈《砥砺奋进的五年：晋城花园城市带上“翡翠项链”》、《山西经济日报》发表《优化营商环境推动项目建设》等。记者节期间，组织开展“宣传晋城好新闻奖”评选，调动媒体记者宣传晋城的积极性。评选出“外宣好新闻”一等奖10名、二等奖12名、三等奖21名、特别贡献奖3个、新闻宣传特别奖2个。协调做好《人民日报》山西专版宣传、中央电视台《中国兵道》(高平关)专题拍摄、人民网《十九大精神在基层》系列访谈和《山西日报》《砥砺奋进5年》(晋城专版)的宣传报道；参加省委外宣办组织的外宣干部“走出去”研修班，为开展文化外宣和文化走出去创造条件。

【新媒体外宣】 2017年，晋城市委外宣办“晋城发布”两微一端共发布宣传十九大报告等各类信息5300多条。其中，微博2300多条、微信2000多条、客户端1000多条；黄河新闻网晋城频道转载量17000余条，频道记者自采稿件320多篇(含视频、图组)，特约通讯员2000多篇。在十九大、“两节”“两会”期间推出“喜迎十九大”“十九大时光”“学思践悟十九大”“文明在行动”“太行山文化节全域旅游嘉年华”等专栏专刊。太行山文化节期间，组织40多家新媒体60多人开展“2017全国网络媒体晋城行暨百万粉丝走进山水晋城采风活动”，通过微博微信客户端发表原创稿件800多条，通过乐直播、硬客直播等新媒体点击量达百万以上，通过新浪微博浏览量上千万次。

【摄影宣传】 2017年，晋城市委外宣办围绕第四届太行山国际文化旅游节，集中拍摄上万张反映全市古村、古堡和古寨的图片资料。完成24个古堡古寨、69个中国传统村落的拍摄。太行山国际文化旅游节暨全域旅游嘉年华活动期间，举办“太行深处的古风流韵——晋城古村古堡摄影展”。组织举办“喜迎十九大——砥砺奋进5年建设美丽晋城图片展”，展示晋城市过去5年取得的重大成就。

【新闻发布】 2017年，晋城市委外宣办规范新闻发布形式。加强和规范“两微一端”信息发布平台建设，增加新闻发布频次，变等待发布为督促其发布，及时上报发布内容和次数。全年，与市文明委、市文化局、市食药局、市环保局、市工商局、市金融办共同举办新闻发布会(吹风会)11场，比上年增加9场。加强新闻发布培训。组织全市新闻宣传工作培训班，邀请浙江大学新闻传播学院教授钱黎明、省委宣传部网信办处长高劲松等专家学者进行专题辅导，90多人参加培训。组织市、县两级党委、政府新闻发言人到太原参加业务培训。有效应对热点舆情，正确引导社会舆论。有效应对新华社、消费时报反映的农民工讨薪热点舆情、《时代智库》反映的207国道施工建设质量问题舆情、央视曝光晋城市环保问题曝光舆情、程三案件审判热点舆情、王台矿难舆情、城区在建房屋倒塌等突发事件舆情。

【记者接待】 2017年，晋城市委外宣办共接待省级以上来访记者44批次，达350多人次。其中，集中接待“全国网络媒体记者晋城行”记者团60多人次，“太行山文化旅游节”记者来访40多人次。

(市委外宣办)

党史研究

【概述】 2017年，晋城市委党史研究室围绕市委中心工作和年度工作目标任务，以习近平新时代中国特色社会主义思想为指针，坚持“一突出、两跟进”，统筹做好党史研究、党史宣传教育、党史资料征集等各项工作，发挥党史工作以史鉴今、资政育人的作用。

【工作规划】 2017年，晋城市委党史研究室编制印发《2016—2020年晋城党史工作规划》，对深化地方党史研究、扩大党史宣传教育、开展党史资料征编、加强革命遗址保护利用等工作进行重点部署。各县(市、区)委党史研究室相应制定《2016—2020年党史工作规划》。

【党史宣传】 2017年，晋城市党史馆被列为山西省中共党史教育基地、市级党性教育基地。截至年底，共有170多个单位、5000多名党员干部到晋城市党史馆参观学习，部分参观者获赠《中国共产党晋城历史》《中国共产党晋城历史纪事》《长江支队队员的故事》等书籍。完成市级党史教育基地和第二批省级党史教育基地授牌工作。与市委宣传部、市文明办、市园林局联合举办党史宣传专栏，提供展出36幅图文资料，其中，中国共产党历次全国代表大会图文资料18幅、新民主主义革命时期晋城地方党史图文资料18幅。高平市委党史研究室完成《红色丰碑》拍摄，陵川县党史研究室在潞城镇天地村举办《陵川县第一次党代会展览》，阳城县举办红色太岳美术展等。

【党史编研】 2017年，晋城市委党史研究室坚持"一突出、两跟进"，推进党史研究。完成《中国共产党晋城历史》（简本）新民主主义革命时期、改革开放和社会主义现代化建设新时期初稿；继续推进晋城市历史纪事常态化写作，编写大事记300余条，10.9万字；开展革命遗址大调研活动，调研报告获晋城市第三届社科成果二等奖。城区区委党史研究室完成核对《历史见证—晋城市城区抗战时期人口伤亡和财产损失调查》初稿；泽州县委党史研究室完成《中国共产党山西省泽州县历史》（1925—2015）出版；高平市委党史研究室启动《中共高平历史》（1949—1978）续编工作，完成《中共高平历史纪事》（1993—2013）征求意见稿；阳城县委党史研究室完成《中共阳城历史纪事》（1949.10—1978.12）出版；陵川县委党史研究室完成《陵川党史90年》出版。市委党史研究室参加在河北省邯郸市召开的晋冀鲁豫抗日根据地的历史地位与作用研讨会，并提交《晋城抗日根据地的历史地位与作用》论文。

（市委党史研究室）

晋城市人民代表大会常务委员会

【概述】 2017年，晋城市人大常委会围绕中心，服务大局，依法履职。全年共召开常委会会议10次，制定地方性法规1部，听取审议“一府两院”工作报告12个，跟踪落实审议意见7件，开展执法检查5次，开展专题询问1次，备案审查规范性文件6件，作出决议决定12项，任免国家机关工作人员120人(次)，督办落实代表建议400件，为保障和促进全市经济社会平稳发展做出贡献。获得“先进党组织”“文明单位标兵”、全省人大系统“信访督办标兵单位”等称号。

【思想政治】 2017年，晋城市人大常委会机关坚持把党的领导作为开展人大工作的本质要求和最大优势，把党的指导思想作为坚持和完善人民代表大会制度的科学指引和行动指南，树立“四个意识”，增强“四个自信”，在思想上、政治上、行动上同以习近平为核心的党中央保持高度一致。将学习贯彻党的十九大精神作为工作主线，将党的创新理论和中央、省委、市委历次重要会议精神结合起来，贯穿于代表培训、干部教育、理论研究、依法履职全过程，推进“两学一做”学习教育常态化制度化，增强“维护核心、见诸行动”政治自觉，人大工作始终保持正确政治方向。

【决定决议】 2017年，晋城市人大常委会依法行使重大事项决定权，作出《推进全国文明城市创建工作的决议》，相关部门采纳人大建议，将市区道路路缘石上违章停车的行政处罚权调整至交警部门统一行使。

【人事任免】 2017年，晋城市人大常委会坚持党管干部与人大依法任免相统一原则，完成监察委员会副主任和监察委员会委员任命，推动监察体制改革试点工作顺利进行。组织筹备召开市七届人大三次会议，选举产生35名省十三届人大代表。

【立法工作】 2017年，晋城市人大常委会坚持党管立法、为民立法，推进科学立法、民主立法、依法立法，为法治晋城建设注入新内涵。颁布晋城市首部实体法《晋城市公共交通条例》，将发展农村公交纳入法治轨道，提出公共交通城乡同权、全民共享法律要求，全省率先、全国领先。建立立法论证、评估、听证等7项制度，开展立法能力专题培训，立法专家顾问、基层立法联系点和立法咨询基地全部颁证挂牌，为开展地方立法奠定坚实基础。晋城市代表山西省新获得立法权的城市，出席第23次全国地方立法工作南宁座谈会，交流学习经验。加强普法宣传，召开《晋城市公共交通条例》新闻发布会，在《太行日报》“晋城在线”专版印发法规文本和法规解释，推动法规实施；利用微信公众号，与相关部门联合开展“法治宣传每日一题”活动，日均答题在3000人以上；举办“学习贯彻党的十九大精神，维护宪法权威”电视法律知识竞赛，宣传十九大精神，普及宪法知识，引导全社会尊法学法守法用法。

【监督工作】 2017年，晋城市人大常委会重点监督关系改革发展全局、影响社会和谐稳定、人民群众反映强烈的突出问题，推动市委决策部署落实，支持"一府两院"依法行政、公正司法。审议计划执行情况报告，召开经济运行分析座谈会，审议关于国有林场改革、关于文化旅游产业发展情况报告，审议财政决算、预算执行、审计查出问题整改等情况的报告，审查批准市本级2016年财政决算、2017年预算调整方案。改进预算监督方式，对10个部门项目资金绩效评价进行跟踪监督，重点围绕环境保护、食品安全、执行难等民生热点开展审议监督，对上年度审议的大气污染防治工作开展跟踪监督，组织开展晋城环保行活动。通过"调研、审议、表决、督促落实、再调研、再审议、再表决"循环监督方式，增强监督工作力度与密度，法院执行工作综合指标居全省第一。围绕安全生产"一法一条例"，开展为期8个月的执法检查，首次将执法检查与专题询问相结合，7个部门负责人到会回答询问，提高监督实效，促进工作落实。听取市政府《关于全力推进脱贫攻坚工作的决议》落实情况报告，促进脱贫攻坚工作开展。协助省人大开展《山西省女职工劳动保护条例》等4部法规执法检查。

【依法履职】 2017年，晋城市人大常委会改进代表服务，加强服务保障，出台无固定收入代表履职补贴规定，调动代表履职热情。强化建议督办。坚持重点建议副市长领办、副主任督办，做到承办单位办前、办中、办后与代表"三见面"，任务、人员、措施"三落实"，答复内容与代表建议、工作实际、政策法规"三对照"。对人大代表建议的主城区禁放烟花爆竹、公交车延时扩站等民生热点问题，得到较好回应解决；市七届人大二次会议代表提出的建议全部办结，代表满意率达98%。受省人大常委会委托，组织新当选的省人大代表开展任职培训和会前视察，编发"代表建议参阅资料"，帮助省人大代表做好履职准备。规范代表履职，确定2017年为"代表小组活动建设年"，举办代表小组长履职培训班，为25个市代表小组、6个专业代表小组统一挂牌，各小组累计开展活动75次，形成调研报告25篇，做到"全覆盖、常活动、有实效"。指导县乡人大建立367个代表小组活动室，全部实现"六有"目标。制作播出"代表之声"电视节目60期，"人大之声"广播节目49期，扩大代表工作的影响。

【基层人大建设】 2017年，晋城市人大常委会贯彻落实省委、市委"县乡人大建设推进会"精神，全市6个县级人大全部配齐一室五委，设立法制、财经专门委员会，84个乡镇人大(街道人工委)全部配备专职工作人员，解决县级人大"一人一委"、乡镇人大"单枪匹马"问题。多次召开市县人大常委会主任座谈会，同研究，同部署。市县同步开展预算绩效管理，联合开展执法检查；举办三级人大宣传信息员培训班，实现信息互通、成果共享；共同开展专题调研，形成调研报告和参阅资料。阳城县润城镇人大参加省委县乡人大建设推进会，代表全省乡镇人大作交流发言。

【调查研究】 2017年，晋城市人大常委会把调查研究作为做好人大工作基本功，作为加强作风建设突破口，制定常委会组成人员调查研究的规定，常委会组成人员突出重点领题调研，深入基层、掌握实情，真正了解人民群众所思所盼，使各项工作更加切合实际。全年组织专题调研18次，参加代表200余人(次)，全年接待群众上访128件次、598人次。

（市人大常委会办公厅）

办公厅

【概述】 2017年，晋城市人民政府办公厅以“坚强前哨、巩固后院”为基本定位，以“五个坚持”为总体要求，履行“一岗双责”，发挥办公厅参谋、协调、服务、落实职能，开拓创新、攻坚克难，只争朝夕、狠抓落实，完成全年各项工作任务。

【调查研究】 2017年，晋城市人民政府办公厅深度思考具体工作中的“关键点”、重点工作中的“薄弱点”、基层工作中的“困难点”、市委市政府的“关注点”，围绕产业转型、项目建设、城市提质、扶贫攻坚、民生保障等方面，采取陪同市领导调研和自行安排等形式，深入重点项目、重点企业、乡镇社区进行调研，形成高质量调研报告10篇，为市领导决策提供依据和参考。

【文稿工作】 2017年，晋城市人民政府办公厅共提供各类文字材料200余篇80余万字。围绕市委、市政府中心工作和市政府领导工作日程安排，起草2017年政府工作报告、经济工作会议讲话、市政府全体会议讲话、双月例会汇报材料等多篇文稿。全面及时反映市政府重大决策部署进展情况，加强建议类、问题类信息的收集和报送。全年共编发《晋城政务信息》普刊25期、调研刊11期，共采用各县（市、区）及市直各单位信息158篇；编报《信息专报》30期；编报《上报省办信息》83期、235篇，完成省政府约稿91篇；被省办《晋政信息》采用32篇，被上报国办信息102篇，被国办采用52篇；办理办结信息类领导批示15件。

【督察工作】 2017年，晋城市人民政府办公厅对照省政府工作报告中涉及晋城市的重点任务，逐项进行任务分工和责任量化分解，并跟踪抓好督查落实。4月，按照省政府要求，构建全市“13710”电子督办平台并实现全面运行。集中力量督查市政府重要会议的决策、重要文件的要求、市委和市政府领导批示及交办事项等落实情况，打通决策落实的“最后一公里”。全年，共组织参与各类督查活动20余次，下发《政务督办通知》10余份，上报《政务督查专报》3期，印发《政务动态专报》10期，办理省政府“13710”电子督办系统交办事项103件，上报省政府民生实事信息10期共50条，编发常务会议纪要15期、办公厅会议纪要56期、市政府领导政务工作动态表15期。落实市人大及其常委会的决议、决定，及时主动报告执行情况。强化对政府系统承办的人大代表建议和政协提案的统筹协调，建立责任分解、定期调度、绩效评估、全程监督的办理机制，全年承办市人大代表建议379件、市政协提案367件。

【公文办理】 2017年，晋城市人民政府办公厅落实《党政机关公文处理工作条例》，加强公文处理规范化建设，严把发文起草关、审核关、发送关、时效关。提高办文效率。严格执行收文办理有关制度，做到即收即送、跟踪落实。全年共办理上级同级来文922件、本级发文408件、下级请示409件。严格遵守保密规定和保密纪律，建立健全保密工作机制，抓好文件、移动存储介质、通信工具等涉密载体保密工作。

【会议活动】 2017年，晋城市人民政府办公厅推进会议管理科学化、规范化，严格执行会议审批制度，合理设计会议议程，严格控制会议数量、规模、时间和参会人员。强化会前准备、会中服务、会后落实三大环节管理，提升会议质量。针对市政府全体(扩大)会议、市政府常务会议等高规格会议，做好会议决策前的各项准备工作，从源头上确保会议效率。全年共承办市政府常务会议16次，全市性会议40次，组织参与国务院、省、市各类电视电话会议60余次。

【应急值守】 2017年，晋城市人民政府办公厅围绕“一案三制”应急建设主线，提升社会整体应急水平。实行每日双人24小时全天候值班和领导带班制度，加强节假日以及两会等特殊时期值班工作检查力度，确保全市应急职守和信息报送及时规范。全年共编写《值班要情》56期，向省政府值班室报送《值班信息》27期。落实《山西省突发事件应急预案管理办法》，对《晋城市自然灾害救助应急预案》《晋城市防汛突发事件应急预案》《晋城市重污染天气应急预案》《晋城市网络与信息安全应急预案》等20个预案进行重新修订。优化应急预案结构体系，编制各级各类应急预案13403个。加强对全市各级、各部门应急演练工作指导和监督，参加地质灾害、邮政突发事件、环境监测、危险化学品事故、粮食突发事件、红十字会应急救援等应急演练，提升部门应急能力。

【依法行政】 2017年，晋城市人民政府办公厅完善依法决策机制。学习宣传和贯彻落实《法治政府建设实施纲要(2015—2020年)》和《山西省贯彻落实〈(2015—2020年)〉的实施方案》，组织依法行政宣传月活动，推动政府依法规范决策，提高决策法治化、规范化水平。加强行政规范性文件审查，做到“有件必审、有件必备、有备必审、有错必纠”，全年共审查各类规范性文件16件，向省政府法制办和市人大常委会均报送备案文件6件，办理省政府立法征求意见17件，审查各县(市、区)报备规范性文件7件。完善行政复议听证制度，以复议促和解，共审理行政复议案件140件，审结116件，推进高平市行政复议委员会试点工作，及时纠正行政机关执法行为，全年发出《行政复议函》21份、《行政复议意见书》5份、《行政复议建议书》5份，向省政府法制办报送备案审查案件17件。健全法制机构队伍。完善政府法律顾问工作制度，出台《关于在全市推行政府法律顾问制度的意见》，建立健全以政府法制机构人员为主体、执业律师参加的法律顾问队伍，组建市政府法律顾问专家库，公布专家库成员72人。全面推行公职律师制度，出台《关于在全市各级政府部门推行公职律师制度的意见》，明确到2018年形成与各级政府部门实际需要相适应的公职律师制度体系。

【信息公开】 2017年，晋城市人民政府办公厅落实《政府信息公开条例》和省政府信息公开工作要求，向社会公开依法依规应予公开、上级机关要求公开和群众普遍关心的各类事项信息情况，向管理和服务对象全面、及时公开相关政策法规、办事流程、服务承诺、办理时限和办理结果等信息情况，及时受理和回复群众申请公开事项情况。全年公开各类政府信息28853条，编印《晋城市人民政府公报》12期。加强政府网站建设和集约化管理工作，提升政府网站服务能力。

(市政府办公厅)

外事、侨务和旅游、文物

【概述】 2017年，晋城市外事侨务和旅游文物局转变作风，真抓实干，务实创新，晋城外事侨务工作稳步开展，旅游品牌影响力扩大，旅游经济取得成效，文物保护工作推进。

【全域旅游】 2017年，晋城市委七届二次全会暨经济工作会议，确定全域旅游启动等10项行动，以旅游道路大建设、景区体制大创新、景区设施大改善、旅游景点大营销、全域旅游嘉年华五大项目为重点，全面助推全域旅游标准化建设。6个县(市、区)均成立旅游发展委员会，于2016年12月28日全部完成挂牌，并于2017年年初正式运行。3月28日，晋城市旅游发展委员会与山西省旅发委及太原、大同等10市旅发委在太原一同举行揭牌仪式。成立“晋城市旅游景区(景点)体制机制改革创新工作推进领导小组”，制订改革方案，出台《关于推进旅游景区景点体制机制改革创新的实施意见》和《2017年全市旅游景区(景点)体制机制改革创新工作推进方案》，明确工作任务和时限要求。2017年，首批参加全省体制机制改革创新的景区有16家，分别是珏山、山里泉、聚寿山、丹朱岭、大粮山、羊头山、皇城相府、蟒河、天官王府、海会书院、孙文龙纪念馆、王莽岭、凤凰欢乐谷、历山、柳氏民居、湘峪三都古城，6月底全部完成改制任务。7月12日至13日，接受省政府第五督查验收组实地验收，完成改革任务。《沁河干流古村落文物密集区保护利用总体方案》完成编制并上报国家文物局。出台《晋城市推进沁河古堡文物密集区文旅融合工作实施方案》，成立“晋城市沁河古堡文物密集区文旅融合工作领导组”。编制《晋城市全域旅游发展五年规划》，完成新建、改建60座高标准旅游厕所，全市国家AAAA级以上旅游景区均开通常态化的客运公交线路，各县(市、区)完成特色旅游乡镇、特色旅游村和特色乡村旅游客栈的创建验收工作。从8月起，开展晋城首届全域旅游嘉年华活动，作为第四届山西(晋城)太行山文化旅游节的子活动。大析城山生态旅游区建设项目进展顺利，横邵路森林防火通道，道路总长11.681千米，全线通车；小尖山景区完成国家AAA级旅游景区创建工作；圣王坪景区于10月1日试营业。

【外事审批】 2017年，晋城市外事侨务和旅游文物局加强外事顶层设计，从严管理因公临时出国(境)。强化党委统筹管理外事的机制建设，2个县成立外事工作领导小组。落实全市年度因公临时出国(境)计划，执行新审批流程，提高计划的执行率和审核效率；推进因公临时出国(境)综合管理网上服务平台建设以及电子护照配套工程建设，简化审批流程，提高因公临时出国(境)工作质量。全年，全市共审批因公临时出国(境)21个团组、50人次，出访目的地主要为德国、荷兰、法国、波兰、日本、韩国等国家和香港，主要任务包括友城交流、经贸交流、文化交流、友好访问、参加“山西品牌丝路行”活动等任务，护照收缴率100%。

【外事交流】 2017年，晋城市外事侨务和旅游文物局推进国际友城建设，服务全市经济社会发展。春节期间特邀南非莎拉巴特曼市青少年表演艺术团开展主题为“南非友城友人行走体验中国年”文艺交流活动；市政府主要领导率代表团对德国、荷兰和俄罗斯部分城市进行友好访问和招商合作交流，德纳-PIV公司和清慧制造公司签署供货合同，与俄罗斯亚历山德罗夫市签署建立友好城市意向书；依托韩国阳城李氏宗亲在韩国的广泛联系和影响，加强同韩国的联络和交往。融入“一带一路”建设，推进经贸和人文交流，重点协助商务部门开展“山西品牌丝路行”组展、参展事宜。坚持外事服务为民，助推民间对外交往和合作，全年共有17人申请办理APEC商务旅行卡。

【侨务工作】 2017年，晋城市外事侨务和旅游文物局服务大局，助力海外华文教育，遴选出1名音乐教师赴泰国进行为期一至两年支教活动，1名美术教师参加“2017年中华文化大乐园——德国营”活动。以侨为本，主动做好涉侨服务，给全市困难老年归侨发放生活补助，组织全市60岁以上归侨进行免费体检；协助美国欣欣教育基金会，组织陵川县六泉欣欣小学教师参加欣欣教育基金线上师资培训项目。

【旅游接待】 2017年，晋城市旅游行业围绕《2017年全域旅游启动行动主要任务》各项任务开展工作。全年，全市商业住宿设施累计接待入境旅游者人数13706人次、同比增长6.92%，旅游外汇收入768.66万美元、同比增长7.4%；累计接待国内旅游者人数

4848.32万人次、同比增长24.79%，国内旅游收入444.08亿元、同比增长24.66%；实现旅游总收入444.56亿元，同比增长24.66%。

【旅游产业】 2017年，晋城市外事侨务和旅游文物局坚持项目引领支撑行业发展，对现有全国A级旅游景区进行提升改造，皇城相府景区增加夜间旅游项目，推出“夜游皇城”大型3D灯光秀；王莽岭景区新开辟山顶游线入口步道，建设圆道太极王莽岭国际培训基地；历山景区建设休闲小镇，建设木屋、树屋、蒙古包等特色住宿设施。招商引资引智壮大产业规模，参加2017山西省旅游发展大会，阳城县全域旅游投资运营项目、沁水县全域旅游PPP投资合作项目、五行山田园综合体合作项目和大粮山《大秦帝国之崛起》大型光影水秀实景演出旅游项目等4个项目现场签约，签约金额达到45亿元。宣传推介晋城旅游，申办“山西省旅游发展大会”主办城市。到南阳、信阳开展旅游推介会，推出多种惠民举措，宣传中国旅游日和世界旅游日。

【文物保护】 2017年，晋城市外事侨务和旅游文物局对晋城市2017年度文物保护专项经费开展竞争性评审分配，补助重点维修项目6个，重点奖补项目10个，抢险支护项目44个，方案制作项目4个。通过多年抢救维修，全市99处国保省保文物整体保存状况改善。完成划保采购项目，评审一批文物维修方案。

【博物馆工作】 2017年，晋城市外事侨务和旅游文物局开展《博物馆奇妙日》游学寻宝活动等21项社教工作，完成《考古的故事——山西“十二五”考古成果展》等6项展览工作。全年共接待观众5万余人次、参观团体70余个。

（市外事侨务和旅游文物局）

统 计

【概述】 2017年，晋城市统计系统落实省第十一次党代会精神和市委市政府各项决策部署，开展“两学一做”学习教育，推进统计管理体制改革和统计方法制度改革，开展创新统计监测，各项工作取得新进步。

【统计服务】 2017年，晋城市统计局聚焦转型发展，动态监测经济发展变化，准确把脉经济运行走势，实现统计工作从“管数”向“管事”、从“出数”向“出谋”转变。全年编印《统计公报》《统计年鉴》《统计资料提要》等统计资料；编辑12期《统计数据专报》和12期《经济运行监测》；完成一批质量较高的统计调研分析，包括《统计分析报告》31篇、《统计监测要情》12篇。

【统计法治】 2017年，晋城市统计局聚焦依法治统，开展多形式统计普法宣传。与市委党校和市委组织部沟通，推进《中华人民共和国统计法》进党校。加大统计执法检查力度，采取市县联合执法等方式，对各县（市、区）统计局执法机构设置和执法人员配备情况进行督察，强化统计人员执法意识，规范统计行为。

【统计质量】 2017年，晋城市统计局与民政、工商等相关部门联合完善名录库建设；落实国家统计局关于县级和乡镇统计工作规范要求；完善统计指标数据审核、质量监督、责任追究和数据质量控制体系；加强重要统计数据审核评估，确保公开、公平、透明。加强基层统计人员业务培训工作，确保源头数据真实性。完善软硬件基础设施建设，推进县乡统计专线连通工程，启动建设全市所有县（市、区）统计局至各乡镇统计工作站数据专线；完善宏观数据库服务功能，推广应用协同办公功能，支持部门之间数据和信息的交换共享。争取财政资金，加强调度指挥平台配套建设。

【统计普查】 2017年，晋城市统计局推进统计管理体制改革，调研乡镇统计工作垂直管理模式，保障源头统计数据真实性。围绕市委、市政府“转型升级攻坚年”安排的重点工程，强化跟踪“1533”“三个十”“三去一降一补”“三新”经济、全域旅游等工程项目的监测，开展应对气候变化统计工作；开展农业供给侧结构性改革统计，参与区域经济转型升级考核评价指标体系统计汇总工作，为全市转型升级发展提供数据保障。完成第三次全国农业普查工作，清查摸底56万户。

（市统计局）

机关事务管理

【概述】 2017年，晋城市机关事务管理局抢抓"三个办法"实施有利契机，推进全市公共机构节约型示范单位创建活动，转职能、转方式、转作风，促进管理保障服务水平提升，被市综治委评为"综合治理和平安建设优秀单位"。

【节能工作】 2017年，晋城市机关事务管理局完成能耗数据统计上报分析工作，2016年全市公共机构人均综合能耗同比下降2.2%、人均用水同比下降2.1%，单位建筑面积能耗同比下降1.6%，完成省节能目标；在全市开展第三批节约型公共机构示范单位和能效领跑者遴选创建工作，遴选上报4家节约型示范单位、1家能效领跑者，通过省级初检；开展节能宣传周和低碳日活动，动员全社会参与节能降碳，发挥公共机构节能降耗示范带头作用。

【安全管理】 2017年，晋城市机关事务管理局开展法治创建和平安机关建设活动，加强机关及局属单位内部治安防范，及时排查和整治安全稳定风险隐患。加强对辖区范围安全保卫工作的监督检查，做到立整立改。逐步实现"技防全范围，人防无缝隙"安保模式，确保机关安全文明有序。

【保障服务】 2017年，晋城市机关事务管理局对电力和通信设施定期维护、保养、检查，坚持24小时值班制，确保市委市政府机关电力通讯畅通；会议服务坚持做到规范化运作、标准化建设、精细化管理、温馨化服务，确保全市各类重要会议顺利召开。与热力公司、维保公司对空调系统进行试机检查和清垢保养；加强文件交换站管理，确保机关各类文件、机要、报纸杂志收发及时便捷；规范机关大院停车秩序，整治机关卫生，绿化环境；加强机关职工食堂日常管理，提高饭菜质量，确保食品安全、卫生。

【基础建设】 2017年，晋城市机关事务管理局对市委市政府机关办公大楼进行维修，更换办公室木门、吊顶，对内外墙进行粉刷，更换公共部位破损地砖等。完成市委市政府机关自来水主管网改造和泽州路综合办公大楼污水管网改造。

【公务用车制度改革】 2017年，晋城市机关事务管理局完成涉改车辆拍卖处置工作，共拍卖公车207台；为市直各单位调剂调配公车72台，对全市车改后保留的1114台车统一张贴标识，设置并开通监督举报电话"0356-3050000"，面向社会公示。对车改后全市保留公务用车管理运行情况开展调研，拟定《党政机关保留公务用车使用管理暂行办法》《关于组建晋城市直党政机关公务用车服务中心的建议》。

【办公用房管理】 2017年，晋城市机关事务管理局对全市清理整改后腾退出的上锁闲置、整层封存办公用房进行摸底和调剂，共清理腾退调剂7.6万平方米。先后在市综合办公大楼为市纪委监察委调剂办公用房57间，共884平方米，为市纪委监委合署办公及机关单位调剂办公用房1942.7平方米。完成市纪委原培训中心资产接收工作，整栋调剂给市国有资产投资运营公司使用。阶段性完成新政务服务中心办公用房分配任务。

【规范管理】 2017年，晋城市机关事务管理局借鉴"三馆"大厦管理经验，对新政务服务中心采取放、管、服分离管理模式，重点完善制度标准，降低运行成本、提升规范化建设。对物业、安保、保洁、监控、设备维保等服务保障项目均引入市场机制，采取公开招标方式选聘优质公司，全面实行社会化购买服务模式。制定安保、特种设备、消防事故、重大活动等应急预案。建立保洁、保安、物业管理和各类维保项目监督办法，有效推进新政务服务中心实现规范化管理。

（市机关事务管理局）

档　案

【概述】 2017年，晋城市档案局贯彻落实中共中央办公厅、国务院办公厅《关于加强和改进新形势下档案工作的意见》、中共山西省委、省政府办公厅《关于加强和改进新形势下档案工作的实施意见》和中共晋城市委、市政府办公厅《关于加强和改进新形势下档案工作的实施意见》,以档案工作“走向依法管理、走向开放、走向现代化”为总目标,以市委、市政府确定的档案工作目标和《山西省各市、县档案局2017年度重点工作考核方案和山西省各市、县国家综合档案馆2017年度考核方案》为总要求,推进“四个体系”建设,提高档案部门依法行政能力和服务水平。晋城市档案局(馆)连续五年在全省档案局工作目标综合考核中被评为优秀等次。

【档案保护】 2017年3月28日,晋城市政府召开全市档案工作会议,对国家重点档案保护与开发工作进行安排部署。3月22日,市档案局印发《晋城市各县(市、区)档案局2017年度重点工作考核方案》和《晋城市各县(市、区)国家综合档案馆2017年度考核方案》,将做好重点档案保护与开发工作列入各县(市、区)目标责任考核内容;5月12日,召开“晋城市国家重点档案保护与开发利用专题培训会”,邀请省档案局副处长安祥生讲解国家重点档案保护与开发项目申报、国家重点档案目录基础体系建设工作要求。9月,完成向省档案局报送《国家重点档案目录基础体系建设任务申报表》《国家重点档案目录基础体系建设任务细化表》《国家重点档案目录基础体系建设任务预算明细表》工作;对全市国家重点档案(革命历史档案)进行梳理、鉴定、统计,晋城市档案馆馆藏国家重点档案(革命历史档案)352卷、15910件,制作国家重点档案缩微胶片375895画幅。

【档案汇编】 2017年,晋城市档案局开展馆藏抗日战争档案资料摸底、梳理、鉴定、选材工作,将其中符合开放规定的档案资料内容进行分类,开启《抗日战争档案汇编·晋城市档案馆卷》的编纂。共包括《抗战时期晋城的党组织》《晋城抗日英烈人物》《晋城八路军抗战史》《晋城全民抗战》《日军侵害》五个部分近900页,见证抗日战争时期共产党领导的太行太岳革命根据地军民8年抗战的光辉历程。

【档案管理】 2017年6月9日,晋城市人民政府印发《晋城市重大活动档案管理实施细则》,为全市重大活动档案管理工作提供政策支持。6月20日,市档案局印发《关于贯彻落实晋城市重大活动档案管理实施细则的通知》。向第二届海峡两岸神农炎帝文化旅游招商系列活动、赵树理文学奖颁奖典礼暨首届山西沁水赵树理文化旅游嘉年华活动、第二届中国阳城国际徒步大会活动、第四届山西(晋城)太行山文化旅游节、全域旅游嘉年华活动和晋城市首届现代农博会等活动主办单位或有关县(市、区)档案局发函,监督、指导主办、协办等相关单位做好重大活动档案资料收集、整理和档案移交工作。

【档案宣传】 2017年6月9日至16日,晋城市档案局组织开展以“档案——我们共同的记忆”为主题国际档案日系列宣传活动。6月9日,《太行日报》专版发表市档案局党组书记、局长李克平撰写的《存量数字化增量电子化利用网络化,持续推进档案工作向数字化时代转型升级》署名文章;举办档案教育社会实践活动,凤鸣中学师生220人参加活动,接受爱国主义教育;利用晋城电视台等媒体平台进行档案法治宣传;公开部分馆藏档案影像资料,举办专题展览。

【档案执法】 2017年,晋城市档案局举办档案法律法规知识进企业、进校园、进农村“三进活动”,“依法行政宣传月”档案法律法规宣传活动和“12·4”宪法日宣传活动等系列档案法律法规宣传活动。3月29日,印发《关于转发〈山西省档案行政执法常用文书(式样)的通知〉》和《档案行政执法规范书》,发放至各县(市、区)档案局。5月23日,印发《关于开展档案行政监督检查工作的通知》,重点检查7个方面,包括档案机构设置、人员配备、档案工作条件、档案管理制度建设情况,本机关档案是否实行集中统一管理,国家档案局第8号令和省政府《山西省重大活动档案管理办法》贯彻执行情况,档案整理情况,档案安全保管情况,档案利用制度执行情况。8月16日至9月30日,开展全市档案行政执法检查,共检查市委各部委、市政府各工作部门、各人民团体66个单位,事前下达档案行政执法通知书66份,事中采取听取汇报、实地查看、座谈交流、反馈意见等方式,事后对不符合档案管理要求的单位下发责令限期改正通知书13份。实行政府法律顾问制度,设立法律顾问室,聘请政府公职律师,提供法律咨询和服务,促进依法行政。

【档案移交】 2017年,晋城市档案局实施满5年档案移交进馆工作。截至年底,市直党政机关、人民团体、企事业单位全部完成2010年前档案移交进馆工作,组织、人社、民政、发改、财政、社保等2015年前档案移交进馆;2014—2017年间共接收进馆档案175624卷、304017件,资料323册;市档案馆共有档案240122卷、318443件,资料18275册,馆藏量达到576840卷(件)册。开展馆藏各类专业档案统计汇总工作,涉及49个全宗,共计156039卷,建立馆藏272个全宗的全宗卷,规范全宗卷管理,接收市人社局、市国土资源局、市商务粮食局、市委老干局等10家市直机关单位近5年原生电子档案,数据总量达2GB;接收《太行日报》2008—2017年电子版,数据总量达1.3GB。持续开展视频采集工作。采编《晋城新闻》584期,刻录光盘575张;采编《讲坛晋城》70期,刻录光盘70张;制作《晋城·国家重点文物档案》专题纪录片,详细记录晋城市国家级重点文物关帝庙、青莲寺的院落布局、艺术特色、历史沿革、传说故事等内容,丰富馆藏声像档案资源。开展档案征集、代存代管工作。在晋城档案信息网站发布《晋城市档案馆关于征集档案资料的通告》,收到社会各界捐赠的大量图书、画报、画像、历史照片。

【档案验收】 2017年,晋城市档案局贯彻落实国家《重大建设项目档案验收办法》和《山西省重大建设项目档案验收细则》,做好政府重大投资项目档案的登记备案、培训指导、专项验收工作。完成晋城市丹河人工湿地处理工程,市健健幼儿园综合教学楼,市儿童医院改扩建工程;市区文峰路、文昌街、红星东街、泽州北路道路建设工程,市中等专业学校新校区建设工程,晋城金匠工业园区道路工程,山西煤运集团盛泰煤业、阳城阳泰集团晶鑫煤业、高平科兴集团牛山煤业、赵庄煤业有限公司煤炭资源整合项目等21个重大建设项目的档案专项验收,促进投资项目早日达产达效。

【土地承包确权档案工作】 2017年,晋城市档案局与市农委到沁水县龙港镇、嘉峰镇、胡底乡,阳城县董封乡,泽州县山河镇、南岭乡调研,并确定泽州县曹河村、下洼村等5个村为试点村,先行先试,进行土地承包确权档案的收集、整理。与市农委联合印发《晋城市农村土地承包经营权确权登记颁证档案整理细则的通知》和《关于进一步加强农村土地承包经营权确权登记颁证档案工作的指导意见》,为全市农村土地承包经营权确权登记颁证档案工作提出规范化的指导意见;6月7日,与市农委联合召开"全市农村土地承包经营权确权登记颁证档案工作推进现场会",要求各县(市、区)、各乡镇、行政村必须规范整理土地确权档案,按统一标准进行目录、全文数字化。

【脱贫攻坚档案工作】 2017年,晋城市档案局与市脱贫攻坚领导小组办公室联合印发《关于进一步加强精准扶贫档案工作的通知》,在阳城、沁水举办培训,培塑典型,推进脱贫攻坚档案收集整理工作。要求各县(市、区)开展精准扶贫档案工作试点,市档案局及时总结经验并在全市推广。围绕陵川、沁水两个省级贫困县脱贫摘帽,200个建档立卡贫困村8.45万人脱贫,做好精准扶贫档案工作,实现与精准扶贫工作同步部署、同步实施、同步检查、同步验收。

【档案审批】 2017年,晋城市档案局贯彻落实国家档案局8号令、9号令、10号令,印发《关于编制机关文件材料归档范围和档案保管期限表的通知》,要求机构改革新成立单位、职能变化单位、条管转市管单位、职能发生重大变化单位以及部分涉及重要民生档案单位必须按时完成本单位《文件材料归档范围和档案保管期限表》编制或修订工作。共完成市金融办、市发改委、市不动产交易中心等单位的《机关文件材料归档范围和档案保管期限表》编制审批工作，累计完成149家市直单位《机关文件材料归档范围和档案保管期限表》编制审批工作。

【档案指导】 2017年，晋城市档案局按照市委、市政府印发的《晋城市档案馆收集档案范围实施细则》和《进馆单位名册》，将进馆单位全部列入业务指导范围，加大业务指导工作力度，完成194家单位档案接收进馆工作。加强对企业档案的监督指导工作，强化企业档案资源建设，经审核，全年共对山西兰花煤炭实业集团有限公司和山西兰花科技创业股份有限公司及其下属企业36家单位《文件材料归档范围和档案保管期限表》完成审批。开展档案整理“四集中”(集中时间、集中人员、集中地点和集中)指导活动，印发《晋城市档案局2017年开展档案整理“四集中”活动的通知》，每年分6期，对120个市直党政机关、人民团体、事业单位文件材料收集整理工作进行业务培训指导，共规范整理档案80000余卷(件)。

【档案安全】 2017年，晋城市档案局加强数字化外包安全管理，根据《晋城市档案馆档案数字化外包安全管理实施方案》做好审核审查工作。全年共著录案卷级、文件级目录513706条，全文扫描2872318画幅。实行重要档案缩微技术保护。全年制作完成馆藏重要档案缩微胶片375895画幅，母片一套，拷贝片一套及馆藏原缩微胶片拷贝片一套，合计302盘。

【档案服务】 2017年，晋城市档案局创新管理服务形式，开展网上预约、节假日预约、函电代查等新形式服务，全年共接待档案查阅利用者2000余人，为原国有企业职工办理养老保险补缴、退休工龄计算、机关干部档案清查、单位个人编史修志、学者撰写论文提供真实、合法、有效的凭证。

【档案信息化】 2017年，晋城市档案局印发《晋城市档案信息化建设五年发展规划(2016—2020年)》和《2017年档案信息化建设工作计划》。按照全国示范数字档案馆要求进行软硬件升级，完善审计和日志管理；配备操作审计、入侵检测、漏洞扫描等安全堡垒设备，全面提升数字档案馆系统功能，加强硬件系统安全防护能力。晋城档案信息网上线运行，各县(市、区)档案馆在本级政府网站开通档案信息网页。对馆藏档案全部进行规范整理和数字化加工，建立目录数据库3601973条，全文数据库14274233画幅，馆藏档案数字化率达到95%以上。档案信息服务实现网络化，建成市数字档案馆局域网、政务网、互联网三网平台以及档案目录数据库、全文数据库、专题数据库，可为利用者联机打印相关的原始文件及档案信息，实现“档案数据多跑路，人民群众少跑腿”，查阅利用满意度大大提升。县级档案馆馆藏档案数字化实现新突破，各县(市、区)档案馆著录档案案卷级、文件级目录4537115条，全文扫描6651115画幅。

(市档案局)

地方志编纂

【概述】 2017年，晋城市地方志办公室贯彻落实《地方志工作条例》及《全国地方志事业发展规划纲要(2015—2020)》，统筹做好地方志研究、方志馆建设、年鉴编纂、宣传教育、资料征集等各项工作，依法修志，发挥地方志资政育人、以史鉴今作用，方志事业呈现良好发展势头。完成第二轮《晋城市志》编纂工作，实现市、县两级综合年鉴全覆盖，1月6日，晋城市地方志办获得省地方志办授予的“市县志鉴‘两全’目标全面完成标兵单位”称号，成为全省唯一一家获此殊荣的地市。9月1日，在浙江丽水召开的全国第二次方志馆工作会议上，晋城市方志馆作为全国28个先进方志馆之一，受到中国地方志指导组通报表扬。《山西日报》对晋城市地方志办公室率先完成志书、年鉴“两全”目标、方志馆建设进行专题报道。12月28日，编纂的《晋城建市三十年实录》(1985—2015)一书，获得“晋城市第三次社会科学优秀成果”奖。

【年鉴编纂】 2017年，《晋城年鉴

(2017)》正式出版。《晋城年鉴》是地方志办组织编纂的晋城市唯一的综合性年鉴,具有内容翔实、形式丰富、极具权威性等特点。2017年组织编纂的《晋城年鉴(2017)》一书,采用分类编排法,共设文献、党政工作、国防建设、法治、经济、农林水牧等25个部类,1300余个条目,共计130余万字。

【方志馆建设】 2017年,晋城市方志馆采用版面展示、文献资料、沙盘视频、电子查询等形式,包括领导关怀、疆域形胜、丰饶物产、民俗文化、非遗物产、历史名人、方志经籍等7个版块,向人们介绍古代晋城的发展历史和文化社会方面的知识。全年,参观人数达4000余人次。11月10日,市委组织部决定将方志馆和党史馆进行资源整合,建设成晋城市党性教育基地。

【全国史志会议】 2017年6月12日至16日,全国地方史志期刊编辑培训会在晋城举办。中国地方志指导小组秘书长、中国地方志指导小组办公室党组书记、办公室主任冀祥德、中国地方志指导小组办公室副主任邱新立以及省地方志办主任张志仁、副主任赵群虎和7个省(市)志办主任等领导到会并讲话,全国地方志系统150余名期刊编辑人员参会。通过这次培训,地方志系统工作人员的业务水平和文化素养提高,晋城市在全国的知名度和影响力提高。

【方志资源利用】 2017年,晋城市地方志办公室为"美丽晋城"和全域旅游的规划编制提供资料方面支持。4月24日至28日,配合省地方志办在泽州、高平、沁水等地,开展家规、家训、家谱专题调研,开展泽商发展的历史兴衰研究,得到省晋商文化基金会课题认可。完成《晋城市地图集》资料报送任务,《晋城市地图集》是《中国城市地图集》第二批编制试点图集,由市政府组织编纂,市国土资源局具体承办,市地方志办作为编纂委员会成员单位,参与图集编制工作,除提供《晋城市志》《晋城百科全书》等地情书籍外,整理神话传说、石器遗址、历史沿革、历史事件等资料4000余字及相关图片40余张,项目通过预评审。城区地方志办编纂出版《城区2016》,高平市志办编纂出版《抗战志》及多部村志,陵川县翻印民国22年版《陵川县志》、1963年版《陵川县志》。落实2月22日《政府工作报告》中关于"加大史志资源开发利用力度"要求,将全市的国家、省级重点文物保护单位、中国传统村落、中国历史文化名镇名村的总数量以及在全国、全省的占比分别进行统计比较,上报给市政府主要领导,为市政府在文化建设、全域旅游等方面决策提供重要依据。

【方志山西供稿】 2017年,晋城市地方志办公室向省地方志办主办的"方志山西"微信公众号报送通讯报道76篇,发表44篇,投稿量和用稿率均排全省第一。率先在全省系统推出"每周一域",向各界读者介绍市及6县(市、区)历史、地貌、风土人情、经济与社会成就。

【其他工作】 2017年,晋城市地方志办公室完成《山西年鉴》组稿任务,对《山西年鉴》部分稿件进行审阅。完成《山西省志·地方志志》晋城市部分补充资料。《地方志志》是山西省志重要组成部分,也是山西省地方志系统第一部志书。下限原为2013年年底,为保证其内容全面性、系统性、完整性,省志办要求下限延至2017年底。市地方志办按照要求,从资料征集到志稿撰写,撰写志稿1万余字,完成资料补充任务。

(市地方志办)

政务集中管理

【概述】 2017年,晋城市政务大厅管理中心围绕转型、跨越发展大局,创新行政审批方式方法,简化审批手续,提高办事效率,完成政务审批事项。

【依法行政】 2017年,晋城市政务大厅管理中心落实《法治晋城建设工作要点》,加强制度建设,按照《晋城市政府部门权责清单动态管理办法的通知》要求,依法审查市直单位权责清单。按照《政务服务中心运行规范》,明确全市所有行政机关和驻市各单位的行政许可、行政征收、行政确认、行政给付和其他职权5个类型的行政管理事项,依法修订入驻事项的公开内容。按照《行政许可法》规定，修订《首问负责制》《服务承诺制》《限时办结制》《缺席默认暂行规定》《统一受理行政许可申请和送达行政许可决定暂行办法》《行政不作为和过错责任追究办法》等管理制度。落实“七五”普法计划，对中心工作人员开展党内法规培训和业务培训。

【行政审批改革】 2017年，开展优化营商环境专项行动。承担优化营商环境领导组办公室工作，起草《晋城市2017年开展优化营商环境专项行动工作方案》，部署开展加快招商引资项目落地、机关干部入企服务常态化、在建重点工程项目无障碍施工、“涉企合同执行难”整治、惩治恶意逃废金融企业债务、化解企业担保链风险、企业周边治安环境治理、减证便民、仿制药质量和疗效一致性评价等9个专项行动。起草制订全市营造“六最”环境实施方案和行动计划，拟定25条措施。加大宣传力度，编辑优化营商环境工作简报108期。启动“多证合一”和全市企业登记全程电子化工作。6月30日，市工商局颁发全市首张电子营业执照，企业登记全程电子化，实现企业登记申请、受理、核准、发照、归档等各环节均通过网上电子数据交换完成登记的模式，真正实现“让信息多跑路、群众少跑腿”。从9月1日开始，在原来“五证合一”基础上，再整合保安服务公司设立分公司备案、住房公积金缴存登记、房地产经纪机构及其分支机构备案等12个涉企证照事项，实现“十七证合一”。市工商局推出企业设立网上申请指南二维码，办事群众通过手机“扫一扫”，即可快速查询网上申请的办理流程等资料，便捷高效。市公安局出台38条措施，包括精简申请材料、优化审批流程类措施10条，主动服务、强化保障类措施14条，打击防范、治安整治类措施14条，优化营商环境。基本完成“两集中两到位”体制改革。在全市行政机关开展审批职能向行政审批科集中、行政审批科向市政务服务中心集中、行政审批科室和首席代表授权到位、行政审批科办理审批事项到位的“两集中两到位”改革，市直机关共组建行政审批科25个，为入驻新政务服务中心开展“一站式办理”打下工作基础。

【调研工作】 2017年，晋城市政务大厅管理中心组织学习国务院、省政府有关“放管服”改革工作要求，学习第十三届全国政务服务工作经验交流会暨2017年度全国政务服务体系建设研讨会有关材料。到各县（市、区）和部分乡（镇、街道），摸清政务服务平台建设情况。到北京市、天津市等政务服务平台建设先进地区考察学习，起草《晋城市实体政务大厅建设与服务标准》，形成《夯实基础对标一流全面提升我市政务服务水平》的调研报告。

【服务创新】 2017年，晋城市政务大厅管理中心协调市国税、地税采取共建、共驻、互派等方式，联合建设实体办税服务厅，探索推行“1窗1人1机1屏1POS”服务模式，避免纳税人在国税、地税办税大厅“多头跑”问题，实现“办税效率大提升”。协助市审改办核实和清理各部门行政许可事项涉及证照，行政审批事项前置申请材料由4928件减少到3298件、年检事项由55件减少到23件，精简率达到33%。协助晋城经济技术开发区管委会制定《企业投资项目试行承诺制实行无审批管理细则》《企业投资项目试行承诺制实行无审批管理可承诺事项准入条件和标准》和《企业投资项目试行承诺制实行无审批管理流程图》，全面梳理企业投资项目涉及的28项审批事项，将开工前审批事项压缩至6项，取消或提供政府统一服务的审批事项10项，最终确定可承诺事项为12项。晋城经济技术开发区自7月1日起试行承诺制，比省规定时间提前15天。

【审批管理】 2017年，晋城市政务大厅管理中心承接省政府下放事项16项，对应取消下放审批事项34项、中介服务事项32项。出台《加快推进市政府部门行政许可标准化建设工作方案》，对市直32个部门实施的206项许可项目的事项名称、依据、条件等要素进行规范明确。按照受理、审查、决定3个环节编制完善流程图，对行政许可的审查流程进行梳理和优化。自2月1日起，全国统一的基本建设投资项目在线审批监管平台在晋城试运行。全面梳理公共服务事项清单，对市直58个单位和部门公共服务项目的设定依据、实施主体等要素进行清理，共保留实施各类服务事项382项。

【网络建设】 2017年，晋城市政务大厅管理中心完成市政务服务中心门户网站日常维护、内容更新工作，其中网站首页栏目“中心动态”和“公示公告”两个栏目全年更新达到108条，网站总共更新信息数量达到160余条。根据全省政务服务“一张网”工作进度，完成全市网站建设相关工作，在行政审批系统中共更新调整审批人员近30余人，审批事项相关公示内容调整达1200余项，实现“让数据多跑路、让群众少跑腿”。

【入驻工作】 2017年，晋城市政务大厅管理中心完成新政务服务中心的功能布局，设立投资项目、企业登记、民生、公安事务、社会保障、不动产登记6个服务区域。完成新政务服务中心办公家具、电子设备、工作服等的政府采购，其中办公家具采购节约投资110万元。完成全体入驻单位工作人员的岗前培训。完成入驻工作，其中行政机关入驻28个，办理本单位“五险一金”等社会保障机构和不动产登记、公证处、法律援助中心以及水、暖、电、气等公共服务机构入驻23个，入驻单位总计51个、763人。

（市政务大厅管理中心）

信息中心

【概述】 2017年，晋城市信息中心围绕信息化服务转型跨越发展，以打造“晋城在线”网站品牌、抓好政府和社会信息化以及保障网络与信息安全等重点工作为支点，优化信息化发展环境，保障网络安全畅通，提高网络信息化水平。市长热线被市委市政府授予“党的十九大安保信访维稳工作先进集体”称号。

【晋城在线】 2017年，“晋城在线”信息公开主动全面。全年发布信息28382条，其中发布各类政务信息1万条，制作维护包括群众路线教育实践活动等各类政务、经济、社会专题76个，举办网上活动14个，包括全程协助市委组织部录制编辑“干部素质提升工程”专题讲座，配合完成“12380”平台建设和维护，承办全市组工干部春节期间网上大拜年活动等。优化便民服务。开通成绩查询和违章查询等便民查询17项，全方位推出网络晋城衣食住行游购娱信息。全年，“晋城生活日历”共发布天气、招聘等便民信息3000余条。影响力持续增强。2017年“晋城在线”在全国政府网站排名第44位，在山西政府网站排名第3位，全年总点击量约11亿次，日均点击量300万余人次，近千条信息被新华网、人民网和山西省人民政府门户网站转载，信息辐射34个省（市、自治区、直辖市）和近30个国家。其中组织专业技术骨干首次协助央视策划拍摄《焦点访谈》春节特别节目《“希望的田野”——良户的守护》，在春节期间黄金时段播出。履行政务网站监管责任。召开2017年全市政府网站监管工作会议，定期开展督察工作、在线统筹指导并形成报告；按期完成全市政务网站“问题地图”专项治理工作，推动全市政务网站群体建设健康发展。落实网络意识形态责任制。组织和参与喜迎十九大、习近平治国理政新理念新思路新战略、“两提一创”大讨论、2017年全国两会等20余项重大活动宣传报道，搭建政民互动桥梁，关注民众民生、关爱弱势群体，加强舆论正面引导，弘扬社会主义核心价值观，为新时代美丽晋城高质量转型发展营造浓厚网络氛围。

【市长热线】 2017年，市长热线以“便民、利民、为民”为宗旨，坚持贴近实际、贴近生活、贴近群众“三贴近”原则，答疑释惑解民忧。全年，市长热线共受理来电43915件，办结43887件，办结率达到99.9%，超过考核既定目标4.9个百分点。

【网络安全】 2017年，晋城市政务网络及财政专网主干路断线率为零；为400多家单位用户和200多个人用户提供日常维检服务，完成数千次现场维护申请，实现无网络安全事故和重大网络故障；确保十九大等重大政治活动期间的网络安全畅通高速，完成预定目标。推广网络安全CA认证,建立网络安全应急响应机制,开展网络事件应急演练,更新完善网络安全防护体系,提升网络综合防护能力。强化政务网络安全队伍建设,常态化、规范化、制度化开展各项安检工作,完成数千次网络建设维护工作,平安度过“永恒之蓝”勒索病毒风波,确保政务网络安全畅通高速。

【信息整合】 2017年,晋城市信息中心推动政务资源系统科学融合集约发展。完成政务信息系统整合共享阶段性任务。成立专门小组开展工作,加强与省发改委和市各单位的沟通协调,期间进行3批10次的专题培训,共涉及6县(市、区)的60多家单位的600余人,整理、上传、修改数据5000余条,夯实政务信息资源互联互通的基础,编目工作进展顺利,晋城市被确定为“山西省政务信息资源整合共享试点市”。判定《2017年信息化建设项目的建议计划》,指导信息化项目规划、审核和验收工作,完成市图书馆系统、市煤炭监管信息平台、“13710”工作制度督办系统、公共资源交易平台建设等9项信息化项目的审核工作,有效减少重复投资建设,推进信息资源融合共享。完成政务云ORACLE RAC数据库升级,整合数据库集群为政务云提供统一集中数据库,增强数据库服务的安全性和稳定性,提高运维效率、集约政府资源。

【信息化创新】 2017年,晋城市信息中心按照市委市政府推进大数据发展的部署要求,提升各级领导干部运用互联网技术和信息化手段开展工作的能力,组织邀请阿里巴巴集团专家为市政府领导班子及市直30多个职能部门“一把手”进行专题讲座。带队到浙江省及下辖杭州市、衢州市等信息化领先地区调研学习。以“政务大数据平台、政务服务一张网”为蓝图,同美国山西总商会大数据考察推介组和东华软件公司进行对接,推进大数据中心和政务云平台建设,为建设数字经济、培育大数据产业、建设智慧城市、“互联网+政务服务”及推广应用奠定基础。

(市信息中心)

超限治理

【概述】 2017年,晋城市共出动执法人员21.46万余人次,检查车辆761万余辆次,查处各类治超案件142起,受理群众举报案件42起,治超工作取得成效。

【源头治超】 2017年,晋城市治超办在抓好政府公示货运源头企业监管的同时,将沙石料场、建材市场、取土场点和重点工程工地等纳入日常监管范围。加强对公路沿线取缔煤场以及汽车维修点、焊接点的集中巡查,坚决杜绝死灰复燃现象。全市各级运管部门投入执法人员1.2万余人,分批、分次对全市384家货运源头企业单位,逐一排查,实施有效监管。落实“黑名单”制度,将非法超限超载车辆的驾驶从业人员、非法超限超载车辆、公示货运源头企业,坚决纳入非法超限超载“黑名单”系统。

【路面管控】 2017年,晋城市治超办完善路警联合治超新机制,对路面进行全方位管控。全市共查获超限超载车辆3114台次,收取罚款和道路损坏赔(补)偿费3.17万元。市治超稽查队加大对全市路面流动稽查的频次和力度,共巡查路面64余趟次,行程10900余千米,查处各类超限超载案件10起,查实率100%。推广交通违法监测系统,在王寨和换马超限检测站分别安装交通违法监控系统进行试点,对过往货运车辆实时监控,对随意闯卡逃避检测的货运车辆进行惩治,形成“你超我截,你闯我录”全方位、一体化管控网,坚决遏制非法超限超载车辆反弹势头。

【科技治超】 2017年,晋城市治超办研发晋城科技治超信息平台综合管理软件,完成市、县科技治超平台联网项目。市治超平台与4个县级监控平台实现联网。阳城县治超监控平台建成;与高平市、陵川县2个县级平台和9个治超站点实现语音对讲功能,可查看调阅全市35个货运源头企业监控视频;在宫岭超限检测站试点安装检测数据软件,实现视频与数据的同步传输。按照全省治超办主任(扩大)会议安排部署,开展在全市建设16套电子抓拍检测系统的准备工作。

【治超宣传】 2017年，晋城市治超办与市广播电视台联合制作《主播时间——治超专题访谈》节目，在晋城广播电视台新闻综合广播（FM107.2）、交通广播（FM93.5）两个频率轮番播报省政府《通告》要点。在《太行日报》原文登载省政府《关于全面开展车辆超限超载治理工作的通告》（简称《通告》）。在"晋城在线"《晋城新闻》栏目共刊发治超工作讯息16条，滚动播出治超公益广告15条，累计播放量达2000余条次。"晋城治超门户网站"发布治超工作各类信息1115条，"晋城治超微信公众平台"发布治超工作各类资讯211条，营造"全民治超、人人有责"社会氛围。

（市治超办）

住房公积金管理

【概述】 2017年，晋城市住房公积金管理中心围绕"去房地产库存、降企业成本、补公积金短板"中心，树立新发展理念，推进学习型、数字型、服务型、廉洁型、满意型"五型"公积金建设，为全市经济发展和民生改善做贡献。市住房公积金管理中心被授予"全省住建系统先进单位和市级文明单位"称号。

【业务运行】 2017年，晋城市住房公积金管理中心规范缴存，扩大公积金制度覆盖面。利用各类媒体、平台，组织干部职工开展"四进"，即：进机关、进企业、进社区、进家庭，宣传住房公积金政策。采取多种形式，引导、督促缴存单位及时缴存、规范缴存。对于因经营困难需降低缴存比例和缓缴的企业，按照政策规定，及时研究批复。共批复同意10家单位降低缴存比例，为企业减轻负担732.36万元。批复同意15家困难企业缓缴住房公积金5393.5万元，涉及职工6203人。完善单位基础信息，为汇缴资金实时入账、自动分解、准确记账打好基础。实行"存贷挂钩"，以缴存额核定购房贷款额度，调动单位和职工缴存积极性。全年，全市新增缴存职工11196人，缴存19.03亿元。全市实缴单位2296家，实缴职工20.71万人，缴存总额108.25亿元，缴存余额54.19亿元。

【公积金管理】 2017年，晋城市提取住房公积金11.03亿元，同比增长128.36%，其中住房消费类提取8.35亿元，占比75.70%。发放贷款3884笔、10.50亿元，同比降低2.14%。为群众节省购房消费资金2.6亿元。累计发放个人住房贷款22715笔、47.42亿元，贷款余额33.01亿元，个贷率达60.92%，同比增加3.29个百分点，公积金贷款余额占全市住房贷款余额100.03亿元的33%。

【风险防控】 2017年，晋城市住房公积金管理中心强化监管，确保公积金资金安全。按照省监管处要求，实行"资金池"管理，对账户和资金统一管理、统一核算，提高资金使用效率，减少资金运行风险。制定《住房公积金金融业务受托银行考评办法》，将考核结果与手续费挂钩，强化资金安全运行。加大力度防止骗提骗贷，依法追回古某骗提公积金19800元。开展"六查"，先后对193户装修贷款和839笔购房贷款进行延伸调查，将隐患消灭在萌芽状态。在加大贷款发放力度的同时，贷款总量和余额增大，贷款管理工作的风险也越来越大。在放贷同时，做到放贷和收贷两不误，采取电话催还、上门催还、书面催还等多种形式做好贷款回收工作。针对恶意拖欠的逾期人员强制扣划和诉诸法律，共扣划50名借款人和担保人212.39万元公积金用于归还贷款，并将5名屡催不还的人员起诉至法院执行，3户贷款被执行收回。做好审计整改工作，将6大项、22小项整改任务逐条逐项落实到部门和人头上。全年，全市贷款回收4.12亿元，逾期27笔、36.71万元，逾期率0.1‰；增值收益1.07亿元，同比增长1.85%。

【便民服务】 2017年，晋城市住房公积金管理中心加强信息化建设，提高服务效能。市住房公积金管理中心将管理系统从2.0版本升级到4.0版本，完成"双贯标"工作，通过住建部验收，各项业务互联互通，实现"信息多跑路、群众少跑腿"。完成与全国住房公积金异地转移接续平台的连线工作，群众办理公积金转移更加方便。全年共办理133笔、333万元公积金转移接续。压缩审批层级,提取实行二级审批,贷款实行三级审批,实现"六实时",即:汇缴实时分解、提取实时入卡、贷款实时发放、资金实时调拨、账户实时监控、业务实时结账。

(市住房公积金管理中心)

发展研究

【概述】 2017年,晋城市政府发展研究中心围绕市委、市政府中心工作,把握决策咨询研究和服务领导工作主线,推进特色新型智库建设,开展决策咨询研究工作,坚持问题和目标导向,注重研究与实际相结合,发挥服务政府决策、促进科学发展的职能作用。

【调查研究】 2017年,晋城市政府发展研究中心借鉴省内外先进地区政府智库建设经验,加强和改进政府智库建设。了解吸收武汉、南京等地先进经验,通过调研全市党政智库、高校智库、社会智库、企业智库发展情况,找出存在问题及原因,提出加强智库建设的意见建议。对事关全市经济社会发展的重大问题进行调查研究。对晋城市在中原城市群中的定位进行研究,借鉴国内外典型城市群发展经验,分析优劣势,提出晋城市在中原城市群中的空间定位、功能定位和产业定位。对全市特色小镇建设进行研究,提出推进全市特色小镇发展基本思路、目标定位和意见建议,完成《晋城特色小镇发展研究》课题报告。对全市纺织业发展情况进行研究。提出纺织业转型升级实现路径和办法措施。对全市经济"转型升级"所面临问题及对策进行研究,根据国务院42号文件精神提出晋城市经济转型目标、路径及对策建议。

【《晋城经济》】 《晋城经济》以双月刊形式,定期刊登探讨晋城经济社会发展的理论文章和调研报告,搭建全市经济工作者探讨交流平台。全年完成《晋城经济》6期,其中第6期以"资源型地区转型发展"为主题开辟专刊,选取刊登专家学者对国发42号文的解读、心得及对晋城转型发展的思考、建议等文章,为晋城转型综改"再出发"加油助力。

【晋城发展论坛】 2017年,晋城市政府发展研究中心分别以"加快推进晋城全域旅游发展""开发区改革创新与园区建设""突出问题导向 加快经济转型"和"晋城能源革命"为主题举办4期论坛,将成果整理成综述,报市四大班子领导及相关单位以供参考决策。

【《晋城发展研究》】 2017年,晋城市政府发展研究中心在突出前瞻性、增强时效性、提高实用性上下功夫,《晋城发展研究》成为领导了解情况、作出决策的重要参考。全年刊发24期,第1期《晋城市加快推进全域旅游发展研究》得到副市长冯志亮重要批示,要求作为市"全域旅游启动大会"资料印发。

【其他工作】 2017年,晋城市政府发展研究中心起草市委七届四次全体会议暨经济工作会议上市长讲话材料,起草2018年政府工作报告;起草《晋城市开发区改革创新发展实施方案》(初稿)与《晋城市国有资本投资运营公司组建方案》。策划《对话晋城未来·创新驱动转型升级经济发展论坛》,起草市政府领导在论坛上的讲话。对晋城转型发展情况进行专题调研,总结全市转型发展的主要做法和基本经验,形成专题报告。

(市政府发展研究中心)

无线电管理

【概述】 2017年,晋城市无线电管理局围绕"三管理、三服务、一重点"(管频率、管台站、管秩序;服务党政机关、服务经济建设、服务国防建设;突出无线电安全保障重点工作)工作思路,坚持"科学管理、保护资源、保障安全、促进发展"指导思想,在频率台站管理、违规设台查处、无线电管理宣传、无线电安全保障等方面,开创无线电管理的新局面,促进全市无线电管理事业健康有序发展。

【台站管理】 2017年,晋城市无线电管理局加强频率台站管理工作。全年,市无线电管理局共指配频率1起,新发电台执照7本。

补发执照5本,换发执照81本。截至年底,市无线电管理局台站数据库共有台站3517台,其中广播电视台站25部、短波电台2部、超短波电台456个、无线数传22个、GSM基站1936个、TD-SCDMA基站441个、WCDMA基站239个、CDMA基站215个、地球站2个、业余电台170个,台站数据库数据完整率99%。足额完成频率占用费收缴。全年市无线电管理局有收费单位21家,共收取频占费71500元,足额上缴省无线电管理局。比上年增加1家,收费金额增加1700元。频率使用评估扎实有效。采集数据,重点沿着各县城的快速路、主干道、次干道等城市道路进行实时广播电视频段、公众移动频段以及公众移动通信基站数量、位置开展测试工作。对采集数据经纬度信息进行实时分析,分别在白天忙时(11:00-1:00,16:00-20:00)、闲时(白天和夜间其余时间段)和凌晨开展数据采集,并在城区、主干道和省、市边界分别测试数据。到广播电视发射台站进行实地人机见面,重点查看电视数字发射机型号、发射功率等技术指标,为数字发射机录入数据库做好前期准备工作。全部测试共历时15天,累计行程达2080千米,出动60人次,共采集数据230GB。

【行政执法】 2017年,晋城市无线电管理局规范执法程序,在开展行政执法工作时,要求执法人员至少2人,携带执法记录仪,亮证执法;在作出处罚决定时明确告知对方违反的法律条款,保留违法证据,告知行政相对人的权利,送达文书找当事人签字,填写执法文书必须表达清楚、用词准确、格式规范。全年,共出具《责令改正通知书》8份,形成案卷1份。部门联动,重拳打击"黑广播""伪基站"、违规设台等违法行为,查处"黑广播"1起,"伪基站"1起,违规设台6起。与市经信委联合深入大型企业了解用频和设台行为,为企业提供技术咨询和解决无线电干扰问题,对没有设台许可的下发责令改正通知书。与市文化局共享"村村响"广播数据信息,文化执法大队对发现的"村村响"广播全部予以拆除。

【安全保障】 2017年,晋城市无线电管理局参与市人社局、司法局、招办、卫生局、司法局以及陵川县、泽州县等单位组织各类考试无线电安全保障20次,全年共投入260人次,监测设施150台/套,工作时长380小时,发现并查处考试作弊1起,打击不法作弊分子,维护考试公平公正。查处各类无线电干扰,共收到移动、联通、电信以及火车站等单位干扰申诉9起,查处9起,查处率100%。

【无线电监测】 2017年,晋城市无线电管理局坚持固定监测与移动监测相结合,全年开展监测巡查4次,出动监测车55次,共发现并查找不明信号18个。在党的十九大、全国两会、一带一路高峰论坛、春节、国庆等节假日、敏感期、重大活动期间开展24小时监测值班7次,共计328人次。全年共监测2648小时,其中常规监测296小时、专项监测864小时、特殊监测1488小时,按时、高质量完成监测统计报告12期。

【电磁环境监测】 2017年,晋城市无线电管理局结合收费工作对在用台站进行检测,共检测无线电发射设备182台。对三大运营商基站采用频率测试的方法,所有基站均为随机、分散选取,保证抽检基站平均分布于全市各县区,共抽检基站158个。分别对晋城柳泉机场、阳城县机场、解放军某部以及四季花城设台单位进行电磁环境测试,共出具电磁环境测试报告4份。2017年3月,配合省无线电管理局完成监测技术机房验收,7月完成采购办公家具、机房标准化建设招标、施工、验收。配合华日公司完成阳城县、陵川县、沁水县的智能小型站安装和智能无线电监测网调试。10月,完成信息一体化原子服务平台的安装,开始试运行。晋城市无线电监测网日趋完善,覆盖城区和各县区大部分区域。

【宣传活动】 2017年,晋城市无线电管理局推进科普进校园工作,设立专职辅导员每周三和周五分别在实验中学、实验小学、凤台中学和星河学校开展科普讲座和测向辅导训练。借力微信公众号、网络直播等新媒体的应用,传播和宣传无线电管理科普知识和新颁布的国条例和省条例。依托世界无线电日、五五节(中国业余无线电节)、无线电管理宣传月等重要节点,在车站、广场、学校悬挂条幅、气球,搭建拱门,发放宣传册,开展有奖知识竞答等方式宣传无线电法律法规。通过进企业、进机关、进校园、进社区活动,在人口密集场所利用车载扩音喇叭播放条例内容,开展有针对性的宣传无线电《条例》,号召各设台单位到市无线电管理局办理设台手续。全年,向省无线电管理局报送各类信息92篇,在国家级网站上(中国无线电)发表20篇,在市级以上报刊(《太行日报》《太行晚报》《山西晚报》)发表文章8篇,开展专项宣传活动8次,利用直播软件开展网络现场直播1次,全省排名第三。

【资源共享】 2017年,晋城市无线电管理局针对晋城地处晋豫交界,时常发现有流窜"伪基站"问题,加强同周边兄弟区域无线电管理机构联系协调,打破区域界限,整合执法资源,实现区域间无缝隙管理。12月1日,市无线电管理局主办第三届晋陕豫黄河金三角无线电管理联席会议,与会的陕西渭南、河南三门峡、焦作、济源以及山西省部分地市就开展行政执法、台站管理、无线电监测等方面信息共享工作达成一致意向。

(市无线电管理处)

中国人民政治协商会议晋城市委员会

【概述】 2017年,晋城市政协以习近平新时代中国特色社会主义思想为指导,学习贯彻党的十九大精神,高举爱国主义和社会主义两面旗帜,坚持团结和民主两大主题,发挥人民政协作为协商民主重要渠道和专门协商机构的作用,凝聚思想政治共识,增强协商建言实效,强化民主监督职能,推进协商民主实践,为深入推进新时代美丽晋城高质量转型发展贡献力量。

【理论学习】 2017年,晋城市政协学习贯彻党的十九大精神。市政协组织机关干部和广大政协委员,通过收听收看会议实况、召开座谈会、专题学习会等形式,学习党的十九大精神和省委、市委主要领导在学习贯彻党的十九大精神会议上的讲话,掀起学习贯彻党的十九大精神热潮。10月18日上午,组织全体机关干部职工收听收看习近平代表十八届中央委员会所作的报告,大家结合实际进行热烈讨论。10月27日,召开党组(扩大)会议,集中传达学习党的十九大精神和市委中心组学习会议精神,把思想和行动统一到中央、省委、市委决策部署上。12月12日,在市政协七届七次常委会议上,市政协主席常国荣提出明确要求,要提高政治站位,学懂、弄通、做实,领会党的十九大精神,为奋力开创新时代晋城各项事业发展贡献政协力量。

贯彻落实习近平总书记视察山西重要讲话精神。6月21日至23日,习近平总书记到山西考察调研,发表一系列重要讲话。6月29日,在市政协七届五次常委会议上,传达学习习近平总书记视察山西重要讲话精神,要求把讲话精神贯彻落实到政协各项工作之中。7月5日,市政协召开党组(扩大)会议,专题学习习近平总书记视察山西重要讲话精神、全省干部大会精神和市委中心组学习会议精神,并进行专题研讨交流。7月26日,市政协党组召开学习交流会,以"学以致用,以用促学,把学习贯彻习近平总书记系列重要讲话精神引向深入"为主题进行学习交流。9月,在七届市政协委员履职能力提升培训班上,把学习贯彻习近平总书记视察山西重要讲话作为重要内容,引导全体委员领会精神实质,把握核心要义,把思想和行动统一到讲话精神上。

开展"委员阅读日""委员建言日"活动。邀请专家学者、部门领导作专题报告或者实地走访委员,围绕中央一号文件精神、加强宗教场所规范化管理、全民阅读委员立行、社会主义核心价值观、纪念卢沟桥事变80周年、金融服务实体经济、民法总则、互联网下的乡村旅游、我国发展的历史方位和主要矛盾、传统道德理念与核心价值观之间的联系等课题,就如何建言献策进行交流探讨。

举办七届市政协委员履职能力提升培训班。9月11日至29日,在晋城市委党校对全体政协委员、特邀信息员、机关干部和各县(市、区)政协秘书长进行集中培训。培训共分3期,邀请全国政协、省政协、市发改委和市委党校教师,以提高委员履职能力和综合素质为目标，通过专题讲座、经验介绍、工作交流、实地考察等形式，让委员全面了解新时期人民政协的理论和知识，加深对人民政协性质、地位、职能和作用的认识，强化委员的政治把握能力、调查研究能力、合作共事能力、联系群众能力。

【参政议政】 2017年，晋城市政协组织全委会议进行整体协商。召开市政协七届二次会议，组织市政协委员按照市委确定的年度工作思路和奋斗目标，围绕《政府工作报告》和其他重要报告进行协商讨论，委员们就创新驱动转型升级、城乡统筹发展、现代农业发展、生态文明建设、教育医疗、文化建设、就业创业和脱贫攻坚等问题建诤言献良策。会议共提交大会发言58份，8位委员在大会上发言，全委会议闭幕后，及时将委员所提意见归纳整理，报送市委、市政府。召开常委会议开展专题协商。选择事关全市改革发展全局的重大课题进行调研，提出一批有价值的意见和建议，报送市委、市政府。市政协七届五次常委会议围绕全市传统产业改造升级进行专题协商，形成《关于推进我市传统产业改造升级的若干建议》。市政协七届六次常委会议围绕农业供给侧结构性改革进行专题协商，形成《关于推进农业供给侧结构性改革发展现代农业促进农业提质增效的若干建议》。市政协七届七次常委会议围绕司法体制改革进行专题协商，形成《关于深化我市司法体制改革的若干建议》。

【调查研究】 2017年，晋城市政协组织委员开展专题视察和专题调研。依托专委会和界别，统筹市县政协力量，组织开展七届二次全会的会前视察，针对民营经济发展、文明城市创建、乡村文化旅游、生态环境保护、城市供水工程、社会养老服务、城乡基础教育等课题进行联合视察和交叉视察，提高委员视察针对性和实效性。9月上旬，市政协文史资料委员会围绕全域旅游工作调查研究，与市外事侨务与旅游文物局开展对口协商。配合省政协就"促进少数民族民营企业发展""深化政府监管体制改革，优化投资营商环境""深化农业供给侧结构性改革，推动功能农业发展""发挥开发区在转型综改试验区建设中的主引擎作用""体育经济发展"等课题进行调查研究。根据省政协《关于助力民生领域改革事项落实开展监督调研的工作方案》要求，组织市政协委员围绕低保线和贫困线"两线合一"、创新养老模式、完善全面两孩政策、推进城乡义务教育一体化改革、加强食品药品安全监管、全面推开公立医院改革等6项民生课题开展监督调研。围绕创建全国文明城市和城乡环境整治工作，组织各界别委员进行专题视察调研。为助力市委市政府脱贫攻坚决策部署的贯彻落实，根据省市政协工作总体部署，组织委员围绕市委市政府脱贫攻坚决策部署情况进行专项监督性视察。

组织开展大调研活动。市政协制定《关于落实全省万名干部大调研活动的工作方案》，坚持目标导向和问题导向，深入基层、深入一线，倾听百姓声音、获取一手资料，就全市经济社会发展中重大问题开展调查研究。11月中旬，市政协主席常国荣带头到扶贫联系点泽州县晋庙铺镇王汉掌村等地，就脱贫攻坚、民生改善工作进行专题调研。11月27日至12月5日，组织委员深入各县（市、区）、市直相关单位，就全市城乡居民收入水平开展专题调研。了解全市近五年城乡居民收入基本情况，听取有关部门对城乡居民收入增长面临的主要困难、问题及原因分析的汇报，由调研室整理撰写调研报告提交至市委政研室。

【政协年鉴】 2017年，晋城市政协完成《山西政协年鉴·晋城卷（2015）》编纂工作。配合省政协研究所完成年鉴编纂工作，整个稿件共分全体委员会议、常务委员会会议、专门委员会工作、重要活动、重要文件、组织概况6大部分，共1万余字。

【提案工作】 2017年，晋城市政协加强和改进提案工作，做好七届二次会议以来提案征集工作。七届二次会议筹备阶段，提前向委员下发《关于征集提案的通知》和《提案选题参考提纲》，引导委员把握提案方向，为委员提交提案搞好服务，完成七届二次会议期间的提案征集、分类、登记等工作。做好提案的审查立案和交办工作，共收到提案434件，经审查立案394件，转为意见40件。慎重确定重点提案，全委会议闭幕后，经过围绕中心议题综合分析、与市政府督查室协商、主席会议讨论后，确定出十大重点提案。对立案的394件提案进行交办，并且对未立案的40件提案也作为意见进行处理。结合2017年《政府工作报告》中的工作要点，将39件重要提案摘录成册，呈送市委、市政府领导阅研批办。在晋城政协网的“提案精选”栏目中，甄选出37件精品提案公开发布。市政协领导分别带领各界别委员，对确定的重点提案进行督办，推进提案办理落实。加强与新闻单位联系，使提案工作时刻接受新闻舆论监督，扩大提案社会影响。

【社情民意】 2017年，晋城市政协注重提高稿件质量，全年上报省政协信息近200篇。编印《晋城社情民意》120期，《特情专报》5期，被市委市政府领导批示的信息近20篇，被市委办公厅信息办采用的信息20余篇。制定出台《关于加强和改进社情民意信息工作的意见》《政协委员社情民意考评办法》《社情民意特邀信息员考评办法》，推进社情民意信息工作规范化、制度化、程序化建设。组织召开全市社情民意信息工作培训会议，总结市政协换届以来的社情民意信息工作，对社情民意信息工作作出安排部署，明确工作重点和工作目标。拓宽信息收集渠道，建立社情民意信息工作微信群和社情民意信息特邀信息员微信群，开通信息报送邮箱，对重点信息选题和市政协常委会专题议政议题及时公布征集信息，促进社情民意信息工作稳步推进。

【民主监督】 2017年，晋城市政协开办委员议政栏目，与晋城广播电视台联合开办《政协之声》《委员建言》两档栏目，将民主监督与舆论监督相结合，对民主监督进行新的尝试和探索，拓宽参政议政渠道，展示委员风采，为委员建言献策提供平台，为反映百姓利益诉求提供渠道。在习近平总书记视察山西、党的十九大召开等重要节点，第一时间推出反映当前热点的节目。全年共开办《政协之声》46期，《委员建言》29期。

【文史资料】 2017年，晋城市政协加强抗日战争史料征集工作，编辑出版《晋城文史资料》（第十一辑），收录的史料主要为日伪统治和边区建设，共36万字。召开文史资料工作年会，协商讨论《文史资料委员会工作制度》和市政协七届委员会文史资料工作规划。召开文史资料征集座谈会，协商讨论民族史料征集工作。

【联谊交流】 2017年，晋城市政协加强与各地市政协工作交流，拓展对外交流交往渠道，扩大与各界人士友好往来。组织委员到上海、江苏、宁夏、新疆、贵州、安徽等地，就推进供给侧结构性改革和传统产业改造升级、民族宗教场所规范化管理、现代农业发展和司法体制改革等课题学习考察。编辑《晋城政协》杂志6期，重点宣传贯彻习近平总书记关于人民政协工作的新思想新要求新部署，全面报道市政协常委会工作成果，丰富和充实杂志内容，增强可读性、指导性和吸引力。注重外出交流学习，参加在河北省邯郸市召开的“突破旅游发展瓶颈·促进产业提档升级”政协双月协商座谈会，介绍全市发展旅游的成功做法并对邯郸旅游发展提出建议。做好外地政协来晋城市调研考察的接待工作，接待北京市、安徽省、深圳市和辽宁省等政协考察团就“城市文脉培养”“深化供给侧结构性改革”“文博事业和特色小镇建设”“传统村落保护利用工作”等课题对晋城市进行考察并座谈交流。

【团结工作】 2017年，晋城市政协加强与各民主党派、工商联、人民团体和无党派人士的团结合作。市政协领导参加民革晋城市委会和市工商联（总商会）换届大会，加强交流、共促发展。注重发挥各民主党派、工商联、人民团体和无党派人士的独特优势，为他们知情议政、履行职能搭建平台，创造条件。注重安排他们在政协各类会议上发表意见。适时邀请他们开展座谈，就市政协机关建设、确定年度工作要点、社情民意采编工作和开展相关活动，提前听取他们的意见和建议。在开展调研视察时，邀请相关委员参加。在编印社情民意信息和办理提案过程中，对来自他们团体或个人提案和信息给予较多关注。密切同县（市、区）政协联系，加强对县（市、区）政协工作指导。召开全市政协系统秘书长联席会议，就制定贯彻落实中央八项规定精神实施细则征求各县（市、区）政协意见。

（市政协办公厅）

中国共产党晋城市纪律检查委员会

【概述】 2017年，晋城市纪检监察机关按照中央纪委、省纪委和市委部署，以深化监察体制改革试点为牵引，以实现“两个持久”为目标，牢固树立“四种意识”，强化政治担当，保持政治定力，坚决扛起执纪监督监察的政治责任，推进全面从严治党，为全市改革发展稳定提供政治和纪律保障。

【监察体制改革】 2017年，晋城市纪委按照中央改革蓝图和省委总体安排，通过会议动员、专题研讨、辅导培训等方式，传达学习改革试点的重大意义和具体要求，准确把握中央战略意图和改革要义，弄清政策概念，熟悉涉法条款，引导市县纪委全体干部拥护改革、支持改革、参与改革。加强思想引领，逐一与涉改人员谈心谈话，回应关切和诉求，强化对改革的政治认同和思想认同。深入调查摸底，对涉改部门机构编制、干部人数及现实表现、案件线索等做到底清数明。发挥改革试点工作小组办公室统筹协调作用，向省试点小组办公室请示汇报，正确处理纪委监委与司法机关、党内监督与国家监察、国家监察与人大监督之间的关系，加强督促指导、沟通衔接，引导有关方面自觉支持配合改革。

按照省委“三步走”工作部署，确立“转隶开局、平稳过渡、逐步深化、规范高效”总体思路，坚持质量标准，推动实施，确保改革成效。注重顶层设计，紧盯重点环节，研究制订试点工作实施方案、市监察委员会组建方案、班子人事安排方案和干部配备方案、转隶衔接方案以及县（市、区）试点工作指导意见等，为改革试点工作绘就清晰的“时间表”“路线图”。严格资格条件，严把政治关、廉洁关，逐个审核转隶人员档案，严防带病上岗。坚持内涵发展，按照机构、编制、职数“三不增”原则，撤销市县两级监察局和检察院反贪污贿赂、反渎职侵权、职务犯罪预防部门，将其职能统一整合至监察委员会，实行纪委监委合署办公，对纪委监委内设机构、人员和班子成员分工作出相应调整，分设执纪监督和执纪审查“前后台”，完善内部监督制约机制，优化反腐败力量构成。2月25日，市监察委员会依法完成组建，3月25日、26日，6个县（市、区）监察委员会依法设立。着眼“纪法”“法法”顺畅衔接，研究制定市纪委监委机关执纪监督监察“四个一”工作制度，执行市委政法委“1+4”十项制度，坚持用办案实践来检验制度、磨合流程，通过修订完善制度促进执纪监督监察工作质量和效率的提升，初步构建起无缝衔接、高效规范的国家监察制度体系。分析评估，通过县级自评、市级严评、接受省评等方式，在政治上对表、在实践中对标，解决“问题背后的问题”，确保拿出改革试点合格样品。

学习贯彻全国推开监察体制改革试点工作动员部署电视电话会议精神和赵乐际重要讲话精神，学习贯彻全省进一步深化监察体制改革试点工作电视电话会议暨培训会精神，研究制订《晋城市进一步深化监察体制改革试点工作实施方案》。12月8日，市委组织召开进一步深化监察体制改革试点工作会议，对全市继续深化改革试点工作作出全面部署，推动改革试点工作向纵深发展。组织学习《国家监察法（草案）》，准确把握草案精神实质，熟练掌握基本工作规范，武装头脑，指导实践；聚焦基层监察工作，按照严把入口、规范授权、加强管理、高效运转的原则，在全市推开乡镇监察工作。加快推进县级派驻机构全覆盖，坚持分类设置、统一管理、有限授权、规范履职的要求，指导6个县（市、区）纪委监委研究制订派驻机构改革方案，实现县级派驻纪检监察机构全覆盖。全市监察体制改革试点工作，取得阶段性成效。

【监察成效】 2017年，晋城市各级纪委监委监督监察对象由改革前的25941人增长到50205人，实现由监督“狭义政府”到监督“广义政府”转变，强化反腐败工作权威性。市监察委员会组建至12月底，共使用审查（调查）措施10种，其中谈话204人次、讯问15人次、询问225人次、查询286次、调取180次、扣押3次、搜查3次、勘验检查1次、委托鉴定9次、留置1人次。4月至12月，全市纪检监察机关共处置问题线索1342件，立案424件，结案410件，给予党纪政务处分419人。

【“两个责任”落实】 2017年，晋城市纪委贯彻《中国共产党党内监督条例》，持续传导管党治党责任和压力，推动党内监督不留死角、没有空白。健全监督体系，解决“谁来监督”的问题。强化自上而下的组织监督。指导各县（市、区）委、市直各单位党组织修订主体责任清单104份、监督责任清单60份，按月明确重点任务，通过层层签订责任书、开展廉政谈话、深化警示教育等方式，督促各级党组织及其班子成员找准位置，自觉履行监督职责。督促党委（党组）主要负责人扛起主责、首责、全责，纪委（纪检组）加强监督执纪问责，做到监督有抓手、落实有载体、效果能体现。推进派驻监督横向拓展。按照中央纪委、省纪委关于派驻机构改革的各项要求和市委《关于加强市纪委监委派驻机构建设的意见》《关于全面落实市纪委监委向市一级党和国家机关派驻纪检监察机构的方案》，采取综合派驻和单独派驻两种方式，在全市设置22个派驻纪检监察组，实行统一名称、统一管理，把监督的触角延伸至91个部门单位，实现对市一级党和国家机关派驻监督全覆盖。

抓住监督重点，解决“监督什么”的问题。强化对“关键少数”的监督。贯彻市委《关于全市省管和市管领导干部带头落实开展经常性提醒谈话的通知》精神，给全市46名省管干部和860名市管干部配备《提醒谈话记录册》，针对分管领域或本单位党员干部在思想、纪律、作风等方面的苗头性、倾向性问题，及时提醒谈话、记录在册，推动领导干部把红脸出汗、咬耳扯袖体现在平时、落实到日常。强化问题线索在党员领导干部民主生活会上的运用，将被谈话函询党员干部在民主生活会上说明情况延伸到县级党委和市直单位党组，组织被谈话函询的51名市管干部在班子民主生活会上进行说明或作出检查，既做实做细民主生活会，又达到警示本人和教育班子成员的目的。突出一贯以来的政治表现、廉洁状况，对33批、301人次拟提拔市管领导干部人选加强廉政审核，对4名人选对象实行“一票否决”，严防带病提拔。强化对遵守党的政治纪律、政治规矩情况的监督。加强对党的十八届六中、七中全会和党的十九大精神以及省十一次党代会、市七次党代会精神贯彻落实情况的监督检查，加强对习近平总书记视察山西重要讲话精神贯彻落实情况的监督检查，确保党中央和省委、市委重大决策部署落实到位。全程参与年初市人大、政协“两会”和11月底召开的市七届人大三次会议的会风会纪监督。强化对全市村级“两委”换届选举风气的监督，组织3个督导组，对领导干部插手选举、“村霸”或宗族势力干扰选举以及以拉票方式贿选等违规违纪行为加大惩治力度，用铁的纪律维护良好换届环境。强化对党组织充分履行职能、发挥核心作用情况的监督。注重发挥政治巡察的“利剑”“尖兵”作用，采取常规巡察、专项巡察、“机动式”巡察、“点穴式”巡察等模式，共组织开展四轮市县巡察，巡察党组织183个，发现各类问题和问题线索3266个。协助市委扎实开展巡视巡察整改自行“回头看”,以“五个对照”为基准,组织105个县以上党组织在政治上对表、在行动上对标、在责任上对照,列明列细列准问题清单、责任清单、整改清单,制定好《关于进一步落实中央八项规定精神的实施细则》。收集整理6名市管干部忏悔材料,督促原单位党组织认真开展肃清流毒警示教育。强化监督的再监督职责,对制定“三清单”重视不够、工作不力的11家单位进行约谈通报,确保整改任务全面落实到位。共梳理问题1717个,整改到位1390个;从严审核6县(市、区)委、市直各单位党组(党委)《实施细则》,提出指导性意见254条。

把握监督原则,解决“怎样监督”的问题。坚持有领导权力就要负监督责任,做到有权必有责、有责要担当,用权受监督、失责必追究;坚持问题导向,有什么问题就解决什么问题,增强现实针对性;坚持信任不能代替监督,党内监督没有禁区、没有例外,对省调查组转办的10个中央环保督察责任追究问题,集中开展问责调查。组织开展全市环境保护监督执纪问责工作,启动生态环境损害问责12起,问责党员干部61人,其中县处级干部7人,乡科级干部18人,给予党纪政务处分30人。加大管党治党问责力度,对落实“两个责任”不力和发生违纪问题的单位,严格“一案双查”,倒逼责任落实。全年,全市共问责党员干部21名。其中,党政“一把手”14人,纪检组长(纪委书记)3人,问责党组织37个。

【正风肃纪】 2017年,晋城市共查处违反中央八项规定精神问题50起,处理67人,通报曝光19人。持续发信号明纪律。年初,通过市委全会、市“两会”、市纪委全会等重要会议,对贯彻落实中央八项规定精神情况进行重点强调并作出具体部署。盯住春节、端午、中秋、国庆等年节假期,围绕公款吃喝、大操大办、收受礼金、公车私用、违规发放津补贴等老问题,坚持下发通知、严明纪律、层层提醒、查处通报等有效做法,一个节点一个节点坚守,引深正风肃纪工作。

持续出实招深督查。建立完善检查组长库和专业技术人员库,改常规检查为点穴式、突击式、多探头式监督,实行检查人员单线联系、问题发现与核查处置相分离等办法,让监督检查更具灵活性、针对性、实效性。针对“一桌餐”问题,邀请专家学者在晋城电视台就如何甄别违规“一桌餐”、怎样就餐不违规等进行悉心解答。组织暗访组在一些住宅小区、机关食堂不定时暗访蹲点300余次,形成对违规聚餐的强大震慑。

持续拓阵地强监督。发挥科技在反腐败斗争中的独特作用,针对公车私用发现难、取证难的实际,督促交警部门将6个县(市、区)、市直机关单位1885部公务用车信息输入“公务车辆信息监督库”,运用“大数据”和全市交通管理卡口,对节假日期间公车的行驶轨迹进行24小时动态监控,提高对违规违纪问题线索的精准取证能力。用好“四风”问题随手拍监督平台,在公共场所悬挂“四风”问题监督牌,给部分“两代表一委员”和新闻记者、普通市民发放“四风”监督卡。对典型违纪问题,督促案发单位组织召开问责整改警示教育专题通报会,通过当事人作检讨、分管领导反思责任、党委书记提要求等,达到查处一个、震慑一批、教育一片的目的。

【纪律教育】 2017年,晋城市纪委坚持“惩前毖后、治病救人”方针,正确把握教育挽救大多数和坚决惩治极少数的关系,实现纪律教育常态化。开展警示教育月活动,以“坚持理想信念高线,严守党纪党规底线,知敬畏、存戒惧、守底线”为主题,以学习贯彻《关于新形势下党内政治生活的若干准则》和《党内监督条例》为主线,通过开展集中轮训、编印典型案件忏悔录、观看专题片、组织专题知识测试、参观廉政教育基地等方式,对全市党员干部加强党规党纪教育。在《太行日报》等新闻媒体开辟学习贯彻新《巡视工作条例》和新党章专题专栏,引导全市各级党组织和党员干部认真学习宣传贯彻党章党规党纪。与市妇联联合开展“树清廉家风、创最美家庭”活动,通过向各县(市、区)四大班子领导和市直单位党政主要负责人配偶分发培育践行传承清廉家风倡议书、签订反腐倡廉承诺书、组织参加服刑人员现身说法警示教育等，发挥家庭在党风廉政建设和反腐败斗争中重要作用。

【案件查处】 2017年，晋城市纪委推动线索处置精准化。组织各执纪监督室统一制作联系地区、部门（单位）基本情况资料汇编及领导干部党风廉政情况活页册，成立专门调研组对全市政治生态进行调查研究，全面掌握全市政治生态状况。建立信访举报问题“一月一分析”制度，定期对收到的信访举报件和问题线索发生趋势、领域、性质、涉及干部层级等加强分析研判，确定执纪监督的重点和对策。全年，市纪委监委共召开执纪监督专题会议9次，研究处置问题线索514件。召开执纪审查专题会议15次，案件审理协调会议2次。全市纪检监察机关共处置问题线索1575件。其中，谈话函询386件，初核1110件，立案594件，给予党纪政务处分581人，移送司法机关41人。立查县处级干部案件25件，处分县处级干部26人。

促进综合效果最大化。把“四种形态”作为辩证统一的整体，对准确把握运用“四种形态”提出指导性意见，细化第一种形态、用足第二种形态、规范第三种形态、用准第四种形态。突出抓早抓小、动辄则咎，防止小问题演变成大问题。综合考虑问题性质、认错态度和现实表现等因素，具体问题具体分析，把准用好各种形态之间的转化条件，推动实现监督执纪问责效果的最大化。全年，全市纪检监察机关运用“四种形态”处理1656人次。其中，第一种形态1046人次，占比63%；第二种形态358人次，占比22%；第三种形态130人次，占比8%；第四种形态122人次，占比7%。坚持“惩前毖后、治病救人”的方针，对11名相信组织依靠组织、能够如实向组织讲清问题、有悔改表现的干部依纪依规作出从轻或减轻处理的决定，对1名心存侥幸、对党不忠诚不老实、企图蒙混过关的党员领导干部进行处理，维护党规党纪权威，强化案件查办工作警示教育功能。

【扶贫监督】 2017年，晋城市纪委聚焦扶贫领域，严肃查处发生在群众身边的腐败问题。贯彻落实习近平总书记在深度贫困地区脱贫攻坚座谈会上的重要讲话精神，学习贯彻中央纪委扶贫领域监督执纪问责工作电视电话会议、全省扶贫领域不正之风和腐败问题专项治理工作电视电话会议精神，围绕保障打赢脱贫攻坚战，强化监督执纪问责，以廉洁扶贫助推精准扶贫。拧紧“两个责任”，层层传导压力。把脱贫攻坚工作作为重要政治责任，成立扶贫领域监督执纪问责工作领导组，制定出台《关于进一步加强扶贫领域监督执纪问责的实施方案》《晋城市扶贫领域不正之风和腐败问题专项治理的工作方案》。市纪委就扶贫工作多次约谈各县（市、区）委书记、纪委书记和市直有关单位党组（党委）书记、纪检组长（纪委书记）。组织召开全市扶贫领域监督执纪问责工作（陵川）推进会、全市扶贫领域不正之风和腐败问题专项治理工作动员部署会，把压力传导到基层、把工作推进到一线。以扶贫领域典型案例和党规党纪为重点，组织市县纪检监察干部到基层，面对面给9000余名乡村干部讲政策、讲纪律，促其明底线、受警醒、知敬畏。

紧盯资金流向，全程精准监督。探索扶贫领域监督执纪问责工作机制，紧盯扶贫资金流向和扶贫项目进度，建立健全“一图一表五台帐”监督模式，通过动态更新数据、全程管理留痕，做到监督“按图索骥”、问责“有迹可循”。市纪委书记那志茂带队到市农委、市扶贫办和6个县（市、区），对各地各部门建立执行“一图一表五台帐”制度情况加强督导，当面指出存在问题，推动制度全面落实到位。截至年底，市县两级扶贫职能部门和县乡两级纪委均建立“一图一表五台帐”，坚持“一把尺子、一个标准”推动全市扶贫领域监督执纪问责工作，以精准监督护航精准扶贫。

坚持问题导向，逐项对照检查。9月中旬，派出6个督查组，由市纪委常委、监委委员带队，分赴各县（市、区）开展扶贫领域监督执纪问责专项督导。给督导组成员配发《督导手册》，根据各个层面的特点和责任，明确16个督导要点、77个问题和注意事项，逐项对照了解、走访核实。11月上旬，省、市扶贫领域不正之风和腐败问题专项治理工作动员部署会后，市纪委聚焦扶贫资金流向、项目管理、政策落实、领导责任、干部作风等突出问题，组织5个市级督导抽查组和5个县际交叉检查组，携带汇集15个职能部门扶贫政策的《扶贫领域监督执纪问责政策对查表》《扶贫领域监督执纪问责督导工作方法指导表》，采取逐笔资金、逐项政策、逐个项目、逐户对象深排细查的方式开展督导检查，实现对全市六县（市、区）、200个建档立卡贫困村、8.45万贫困人口的“全覆盖”。至年底，市纪委共检查200个建档立卡贫困村，走访贫困户944户，督导检查扶贫项目4356个，发现各类问题线索479个，反馈问题283个，现场推动整改问题133个，追缴违纪款10.55万元。

加大查处力度，强化治本功能。对扶贫领域不正之风和腐败问题线索坚持优先处置、快查快结，严肃查处贪污挪用、截留私分、优亲厚友、虚报冒领、雁过拔毛、强占掠夺等群众反映强烈的突出问题。加强调查研究、注重综合分析，组织精干力量到县区、乡村、站所，选取部分典型案例进行“解剖麻雀”，形成专题报告提交市委，为加强扶贫领域监督执纪问责提供决策参考。全年，全市共查处扶贫领域违纪问题50起，处理63人，给予党纪政务处分45人，分3次对10起典型问题进行公开通报曝光。

（市纪委）

晋城军分区

【**概述**】 2017年，晋城军分区围绕强军目标，凝心聚力，担当实干，锐意创新，砥砺奋进，各项建设稳中有进。围绕适应新体制、履行新职能、树立新形象，全面建设取得新发展。

【**思想政治建设**】 2017年，晋城军分区把理论武装作为第一需要，落实党委中心组和个人自学要求，采取中心组学习、专家讲解、体会交流等方式，跟进学习习近平主席系列重要讲话精神，及习近平在建军90周年大会、军队领导干部会议以及视察军委联指时的讲话，强化维护核心、看齐追随的政治自觉。区分专题开展“维护核心、听从指挥”主题教育，以基层党组织为主体推进“两学一做”学习教育常态化制度化，引导广大官兵强固“四个意识”，确保军委主席负责制在军分区部队坚决落实。高度重视意识形态工作，深化全面肃清郭伯雄徐才厚流毒影响，紧跟意识形态动向开展形势政策教育，加强网络舆情特别是涉军信息监控处理，引导官兵严守政治纪律、政治规矩，确保部队不发生政治性问题。组织学习文职人员条例和现役人员转改文职办法，开展政策宣讲和谈心摸底，保持部队稳定，军心稳定。围绕迎接十九大召开、学习贯彻十九大精神首要任务，专题召开政治工作座谈会。开展重温入党誓词、主题党日、文艺创演、知识竞赛等群众性学习宣传活动，推进十九大精神学习深入基层，进入营连，掀起热潮。

【**战备训练**】 2017年，晋城军分区围绕支援保障作战核心使命要求，狠抓战备训练工作落实。年初，督导人武部完善战备库室，及时修订应急预案。坚持视频抽查、联调联试、常态拉动、定期通报等制度，战备秩序逐步规范。组织开展市县乡村四级应急力量人员编组、阵地建设、入队训练，优化民兵队伍结构和基层整体质量。5月12日，在省军区拉动检查中反应迅速，处置得当，受到表彰。组织人防演习，促进人防指挥信息系统升级改造，军地联合指挥、协同行动能力加强。着眼改革后战备值班新要求，组织两期作战值班业务培训，结合节日战备常态拉动演练，提高两级机关应急处置能力。落实首长机关训练，狠抓分队训练演练。提高部队整体训练水平，在省军区年度战备训练工作中综合排名第三。

【**国防动员**】 2017年，晋城军分区围绕为战争准备、与战场对接、向实战聚焦目标，狠抓国防动员力生成。及时调整国动委组织领导机构，修订完善动员方案计划，为动员工作开展奠定基础。坚持依法征兵，突出征集重点，创新兵役登记、宣传发动、役前训练等工作，严把体检、政审、定兵和廉洁征兵各道关口。新兵和直招士官征集任务“五率”考评全省第一。围绕提高基层专武干部能力，采取统分结合、授课辅导、研讨交流等方法，在省军区比武考核中取得综合成绩第二名。开展国防动员改革课题研究,形成综合调研报告,为全省国防动员改革提供参考借鉴。

【军民融合】 2017年,晋城军分区结合庆祝建党96周年纪念活动,组织到帮扶村开展党日活动,强化党支部和党员在脱贫攻坚中的战斗堡垒、先锋模范作用。围绕纪念建军90周年,联合开展优秀复转军人、优秀企业家、好军嫂评选表彰、“强军路上斗志扬”文艺会演、国防形势报告会等系列活动。整合军地资源成立“百人宣讲团”,到田间地头、社区农村、学校厂矿开展宣讲,促进军地思想观念融合,《人民日报》《解放军报》予以报道。参与打赢脱贫攻坚战,组织6个人武部并协调驻市部队累计投入110万元,对7个贫困村、169户475名贫困人口实施帮扶,推动13个扶贫项目落地见效。响应市委号召,组织官兵和广大民兵投身环保攻坚和文明城市创建工作。

【安全稳定】 2017年,晋城军分区以“争创安全年”活动为抓手,高端站位,精准发力,末端落实,严肃问责,形成安全工作有力态势。采取悬挂条幅、制作版面、编印口袋书、开设安全讲堂等方式,加强正面引导和警示教育,将安全意识牢牢植入官兵脑海。狠抓重点防范,突出十九大重要时节,开展“百日安全无事故”活动,加强重大风险目标管控,从严开展枪弹专项清理整治,确保重点目标不出问题。重抓检查督导,每逢节假日、敏感时节,安排工作组直插末端检查,向下传导压力。成立安全隐患排查小组,每半月拉网排查,交班会集中讲评,适时召开安全形势分析会,责任单位及时认领、整治反馈,形成发现问题、解决问题的闭合回路,打牢部队安全发展基础。

【保障服务】 2017年,晋城军分区做好军事斗争保障准备,修订保障方案,健全配套设施,确保后装储备符合“双应”需求。推进保障规范化建设,及时制定军分区财务管理、车辆维修、油料使用等规定,确保服务保障有章可依、有据可循。着力解决历史遗留问题,理清民兵训练基地一期工程建设情况,妥善处理门面房纠纷案,加快推进招待所承租项目资产评估,细致做好油料清查整改工作。加强营房、军需保障,对营房营院整修完善,改进伙食管理制度,创造拴心留人环境。深化社会化保障路子,全面推开饮食服务、营房管理、油料保障、医疗卫生社会化保障办法,实现资源集约、保障有力。加大对武器库工作指导和经费投入,提高人防物防技防水平,改善生活设施,管理更加规范有序。

(晋城军分区)

人民防空

【概述】 2017年,晋城市人防办按照第七次全国人民防空会议和全省人防工作会议部署,围绕“战时防空、平时服务、应急支援”职能使命,贯彻落实中共山西省委、省人民政府、省军区《关于深入推进人民防空改革发展的意见》,坚持“强基础、抓规范、提能力”工作思路,实现人民防空与经济社会融合式发展。

【军民融合】 2017年,晋城军分区转变人防建设发展方式,树立和落实新发展理念,深化改革,推进军民融合,实现更好质量、更高效益、更可持续的发展。落实习近平总书记推进军民融合发展指示,将人防疏散基地建设列为重点工作,作为军民融合式发展的亮点工作,利用社会资金,由晋城市欣绿园农业开发有限公司在泽州县巴公镇柏杨坪修建人防疏散基地,并完成前期准备工作。

【实兵演习】 2017年,晋城军分区按照全省实兵演习活动总体计划部署,市委、市政府将演习工作纳入重要议事日程,拨专项经费用于保障演习。演习期间,党政军主要领导参加誓师动员大会和各阶段演习。各单位根据方案,制订详细实施计划,及时展开各项准备工作,周密组织实施,按时间节点完成各项工作。实兵演练动用由卫计、环保、消防等单位组成的人防专业队7支,共214人,拥有车辆30台。调用武警特警、公安、交警人员200余人。指挥部演练成员单位共计78人参加演习。

【信息化建设】 2017年,晋城军

分区健全人民防空联合指挥机构。按照中央军委国防动员部要求，根据“一中心三部门”编成方式，建立健全人防指挥机构，成立以政府主要领导为指挥长的人民防空联合指挥机构，对基本指挥所进行全面升级改造。加快指挥通信硬件建设。共投资240余万元，建成北斗导航定位、便携式卫星通信、无人机信息采集、第三代军用短波电台、海事卫星通信、4处重要经济目标和城市高点监控等系统，实现省市间、地上地下、一中心三部门互联互通。完成卫星地面站建设。投资63万元，加强基本指挥所建设改造，实现与省人防办联通，与基本指挥所对接，资源共享，提高全市人防应急指挥能力。

【防护工作】 2017年，晋城军分区推动防护工程增量提质。加大人员掩蔽工程、医疗救护工程占比，保持人防工程面积与人口同步增长。实行政务大厅一个窗口受理、一站式办理，严格落实网上并联审批工作。全年，全市共批建面积8.6万平方米，收取易地建设费477万元。制定人防权力清单管理模式。根据《山西省人民政府办公厅关于全面清理行政权力推行权力清单制度的通知》精神，全面清理行政权力，推行权力清单制度。建立健全重大行政决策合法审查制度、行政执法责任追究制度及事中事后监管、市场监督、维护管理、开发利用等方面的法规制度，推广“互联网+人民防空政务”服务模式，推进政务信息公开。

【人防工程】 2017年，晋城军分区加强工程质量监督及验收工作。全年，报监人防工程8项，全部进入质监工作流程，质监率达到100%。加大人防工程验收工作力度，全年完成人防专项竣工验收10项，验收率达到100%。对验收工程，按照要求督促建设单位在工程入口处悬挂人防标识牌，及时发放《人防工程平时使用证》。

【联合执法】 2017年，晋城军分区建立完善联合执法机制，执行政府权力清单制度、责任追究制度，严格执行《山西省人民防空行政处罚自由裁量权实施办法》，建立人民防空部门聘用法律顾问制度，规范社会组织和中介机构服务，健全准入和退出机制，建立“黑名单”制度。建立内部重大决策合法性审查机制，加快行政执法信息化建设，完善全市人防行政执法体系，规范人防执法程序，强化人防执法力量，提高行政执法水平。

【人防服务】 2017年，晋城军分区完善城市基础功能，提高人防服务城市能力。制订城市人口疏散方案。3月，编制完成人民防空疏散行动方案和保障计划。编制《晋城市人防十三五规划》，完善《晋城市防空袭应急行动预案》《晋城市人防工程突发事件应急预案》。制定重要经济目标防护规划。完成重要经济目标防护建设总体规划编制，按照《重要经济目标等级和类别划分标准》进行科学分类定级。市本级编制重要经济目标分级分类目录清单，建立重要经济目标防护目录管理机制。加快人防专业队伍建设。按照市区人口的3‰和1‰的比例组建7支人民防空专业队。4月，依托晋城职业技术学院组建信息防护、心理防护两种新型人民防空专业队伍，完善志愿者队伍建设管理制度。

【人防训练】 2017年，晋城军分区贯彻落实习近平总书记“人民防空为人民，铸就坚不可摧的护民之盾”重要指示精神，提升履行使命任务能力，提高防空袭斗争能力，有效履行战时防空、平时服务、应急支援职能使命。按《人民防空考核与训练大纲》的要求，围绕人防部门“准军事化”机关建设目标，按照根据本年度训练任务安排，9月19日至23日，在高平市永录乡韩王山开展2017年度“军事训练周”活动。

【防空宣传】 2017年，晋城军分区将人民防空知识和技能教育纳入学校教育计划。免费向全市初一年级学生发放《人民防空和当代人防》。多次组织全市教育系统分管安全的副校长开展人防知识进学校专题培训，聘请山西省人防专家库专家进行人防知识讲解。建设嵌入式人民防空宣传教育阵地。制定《兰花城人防教育宣传阵地建设实施方案》。按照让市民参与、资源共享原则，遵循人民防空建设与全市经济建设协调发展，与城市建设相结合原则，在市中心最繁华、人员最密集的地段设立“兰花城人防宣传教育阵地”，制作统一的制度牌、标识牌，明确使用要求、注意事项和责任单位，发挥兰花城的区位优势，建成开放式、全方位体现人防特色的宣传阵地。

（市人防办）

双拥工作

【概述】 2017年，晋城市双拥工作以习近平总书记系列重要讲话精神为指导，以纪念中国人民解放军建军90周年为契机，以创建省级双拥模范城“六连冠”为目标，以落实各项优抚安置政策为抓手，在继承中求创新，在密切军政军民关系上注真情，在实现军地互助互利、军民融合式协调发展上见实效，全市双拥工作保持健康、持续发展势头。

【双拥活动】 2017年，晋城市四大班子领导带头参加“八一”建军节、春节慰问，清明节瞻仰烈士、祭奠英烈，9月30日烈士纪念日敬献花篮等重大双拥活动。按照“太行—2017”全省实兵演习活动安排，完成省委省政府、省军区赋予的各项演习任务。市委书记张九萍、市长武宏文、市委副书记曾庆勇、军分区司令员荆俊明、政委张志勇等领导参加誓师动员大会和各阶段演习。

【双拥宣传】 2017年，晋城市双拥办开展双拥宣传月活动。7月10日至8月10日，晋城电视台、太行日报社、晋城在线集中一个月时间，开辟双拥专题、专栏，宣传全市军政军民团结一心，共建小康的丰硕成果；集中宣传报道一批奋斗在各条战线上的现役、转业、退役、复员军人和为拥军优属、拥政爱民作贡献的先进人物及事迹。

组织创演上党梆子现代戏《太行娘亲》。该剧讲述抗日战争时期，太行山上某村母亲赵氏与媳妇梨花两代人舍弃亲生骨肉，救护八路军后代的感人故事，讴歌太行革命老区和人民军队的鱼水深情。在首届山西艺术节上，该剧获第十五届山西“杏花奖”新剧目奖。

组织军事专题讲座。特邀国防大学教授李莉作《世界军事形势的新发展和中国国家安全的新挑战》专题讲座。市委副书记、市双拥领导组组长曾庆勇主持讲座，市四大班子、市直各单位部门主要领导、党员干部一起聆听讲座。

组织形式多样的宣传教育活动。7月至8月，组织举办大型国防教育图片展，组织中小学生参观军史馆，组织观看红色歌舞剧《太行奶娘》，组织开展纪念建军90周年国防知识竞赛等活动。

在市区主要街道、广场、车站、服务行业橱窗等制作、书写、张贴、摆放双拥宣传标语1000条。

【优抚安置】 2017年，晋城市双拥办解决24名退役士兵安置遗留问题。为42名退役士兵补发待安置期间生活补助费30多万元。核准企业拖欠养老保险金额380多万元，医疗保险费金额8万多元，全部清欠。对1300多名困难军队退役人员进行帮扶救助，累计发放各类救助金320多万元。重大节日发放各类慰问资金170多万元。发放未安置随军家属补贴近30万元。

【军民融合】 2017年，晋城市双拥办开展双拥大检查活动。7月5日至8月5日，市民政局牵头对全市优抚安置政策落实情况进行检查；市交通运输局牵头对全市重点优抚对象免费、优惠乘坐公交车落实情况进行检查；市外事侨务和旅游文物局牵头对全市旅游景点现役军人、伤残军人免费落实情况进行检查；市卫生和计划生育委员会牵头对全市医疗单位是否对重点优抚对象优先、减免落实情况进行检查。

开展评选优秀转业退伍军人、好军嫂、支持国防建设优秀企业家活动。7月31日，为纪念中国人民解放军建军90周年，市双拥工作领导组、晋城军分区决定对晋城市优秀复转军人、好军嫂、支持国防和军队建设优秀企业家进行表彰。市委书记张九萍等四大班子领导为30名优秀代表颁奖。

开展文化进军营活动。7月31日，开展庆祝中国人民解放军建军90周年“文化进军营”系列活动，为驻市部队赠送价值10万元的图书3000余册，表演文艺节目2台。

举办庆祝中国人民解放军建军90周年文艺会演。市双拥工作领导小组、晋城军分区在晋城广播电视台演播大厅举行庆祝中国人民解放军建军90周年“强军路上斗志扬”文艺会演。市四大班子及晋城军分区领导观看演出，并为支持国防和军队建设优秀企业家代表、好军嫂代表、优秀复转军人代表颁奖。

举行庆祝建军90周年“军事日”暨“文化进军营”活动。武警晋城市支队展示武警特种装备，表演刺杀操、擒敌术、防暴队形、特战队员综合演练、战术队形和手语、快速精度射击等科目。

为军队离退休老干部、老荣军举办文艺演出。市双拥办、市民政局在晋城广播电视台演播大厅举行“拥军优属拥政爱民”庆祝中国人民解放军建军90周年文艺晚会。

社会各界以多种形式庆祝建军90周年活动。在荆浩美术馆1号厅举办全市退役军人首届书画展。展出军人生活题材书画作品60多幅。市青年联合会20多名青年委员，到晋城消防支队慰问一线消防官兵。晋煤集团、市商务粮食局、市交通局、工商银行晋城支行、姜玉坤眼镜店等开展形式多样的慰问、联欢联谊活动。

【社会服务】 2017年，晋城军分区、驻市部队参加晋城经济社会建设。持续推进精准扶贫工作。6月，召开军地脱贫攻坚推进会，帮助村民种植色紫苏90亩、连翘220亩。晋城军分区出资5万元帮助对口帮扶的陵川县梁泉村硬化村口道路。每月组织官兵与贫困村开展主题党日活动。结合第四个全国扶贫日活动，为梁泉村小学捐赠8台价值4万元的空调设备，组织市民兵医疗分队开展健康巡诊活动，发放各类药品4000多元。全年全市各人武部累计投入帮扶资金147万元，帮助263户贫困户脱贫。

参与环保攻坚战和创建文明城市工作。召开参与打赢环保攻坚战和创建文明城市动员大会，发动民兵在参建援建中发挥政策宣传员、卫生管理员、环保信息员、执法监督员“四大员”作用，常态开展环保宣传、村容整治、卫生清洁、植被修复、生态帮扶五项活动，先后成建制用兵3000余人次，累计植树103亩，拆除违建35处1730平方米，清理垃圾1000余吨。

参与地方维稳救灾工作。配合公安、610等部门，采取定点执勤、巡逻执勤的方法，共出动民兵执勤兵力近3万人次，维护社会安全稳定。完善应急预案，定期开展防火演练，全年累计出动车辆300余辆，民兵人1300多人次，扑灭森林火灾4起。

（市双拥办）

武警晋城市支队

【概述】 2017年，武警晋城市支队以习近平强军思想为统领，把握“稳中求进”总基调，聚焦迎接保卫、学习贯彻党的十九大这条主线，紧盯维稳这件大事，坚定看齐信念、聚焦打仗主业、持续夯实基础，完成上级赋予的各项工作任务，部队建设持续向好，强军步伐更加坚实。支队连续第四年被总队表彰为“基层建设先进支队”，原政治处被总队评为“先进政治处”。

【思想建设】 2017年，武警晋城市支队坚定看齐追随、思想引领有力度。全程贯穿迎接保卫学习贯彻党的十九大，借力“两项重大教育”活动，推进政治能力训练和“两学两用”活动，官兵“四种意识”更加牢固，“三个维护”更加自觉。推进警营政治文化建设、先进军事文化达标和红色文化联建工程，举办首届军事体育运动会，优秀军队文化和优良传统得以赓续传承；开展“带新促老”“四心工程”，推行“六好”评选，激发官兵干事创业内动力。

【军事训练】 2017年，武警晋城市支队聚焦打仗主业，备战打赢有突破。从严贯彻“晋中会议”精神，稳步推进10个“两看”目标、“五防”“六化”建设。开展系列执勤教育整顿和安全隐患排查，消除隐患18处，251名哨兵取得资格认证，执勤能力提升，目标安全更有保障。组织机动中队野外驻训、应急班集训、“魔鬼周”极限训练，新增训练场46个、训练器材70余件套，培养专长教练员126名，参加总队比武竞赛取得9项第一、8项第二。推进战备“三化”，投资510余万元购置装备器材，开展人装、人车结合训练，遂行任务更具实力。

【基层建设】 2017年,武警晋城市支队持续强基固本,部队发展有底气。贯彻总部党委1号文件精神,坚持"四个扭住"抓基层,持续第四年下发《指导意见》,开展"领导包片、股室包队"挂钩精准帮扶,先后组织10批、160人次蹲点帮建,按纲指导更加科学。注重大队作用发挥,定期吸收参加支队全委会、首长办公会,分析形势,安排工作,推动落实,层级抓建明显。分批组织《纲要》预训、月份集体办公和专业技能培训,全方位开展岗位大练兵,有效锻造抓建基层的"筋"和"骨"。执勤二大队、教导队分别被总队评为"先进大队""先进教导队",执勤一中队连续第十年被评为"基层建设标兵中队",机动中队、执勤二中队、执勤三中队、执勤五中队和高平中队被评为"基层建设先进中队"。

【依法管理】 2017年,武警晋城市支队管理依法从严,安全底线有保证。学习"八个规范",建立16类组织机构,修订完善23项安全管理措施,签订6类安全责任书,管理责权更加规范。着眼"三个根本性转变",开展"学法规、用法规、守法规""百日安全竞赛""季度创安倒计时"等活动,法治氛围更趋深厚。建立运行部队管理"四查四报"机制,开展作风纪律整顿、士官教育整训和"治车治酒""助勤犬"等专项活动,安全基础更趋厚实。坚持突出重点、以上率下,从领导干部严起、从党委机关纠起、从穿衣戴帽抓起,部队秩序更加规范。

【后勤保障】 2017年,武警晋城市支队紧盯精细质量,综合保障有成效。坚持后勤变前勤,修订完善各类保障预案,调整补充物资储备,常态组织"一组五队"训练,应急保障能力得到加强,科学拟制《三年滚动基建计划》,推进作战指挥中心和六中队营房建设,完成士官家属临时来队公寓房改造,基层设施更加配套完善。严格经费预算审批,开展油料、军粮、生活费专项清查整治,落实大宗物资采购、大项工程招标纪检监察制度,加强"1126""6211"督导检查。原后勤处在总队"岗位大练兵"比武中获第一名,并被评为"先进后勤处"。

【班子建设】 2017年,武警晋城市支队突出坚强核心,党委班子有作为。坚持把向党中央、习主席看齐,作为最高政治纪律和政治规矩,抓好民主集中制学习贯彻,修订完善《党委常委会议事决策细则》,强化集体领导。坚持党委定期议训研训,领导带头抓训参训,部队实战化训练导向更加鲜明,实战化氛围更加浓厚,牵引带动部队全面建设。从严压实"两个责任",全面彻底推进肃清工作,在排查纠治"70条微腐败问题清单"上持续用力,久久为功,部队风气干净纯正。

(武警晋城市支队)

法 治

政法委及综治

【概述】 2017年，晋城市政法系统贯彻习近平总书记“发展是硬道理，稳定也是硬道理，抓发展、抓稳定两手都要硬”要求，围绕为党的十九大胜利召开营造安全稳定的社会环境主线，把握维护社会大局稳定、促进社会公平正义、保障人民安居乐业三大基本任务，推进平安建设、法治建设和过硬政法队伍建设，掀起学习宣传贯彻十九大精神热潮，为全市经济社会发展提供政法保障。

【安保维稳】 2017年，晋城市政法系统压实领导责任。贯彻落实《晋城市健全落实社会治安综合治理领导责任制实施细则》，提高各级党政干部抓综治、保平安思想认识，压实“属地管理”和“谁主管谁负责”综治责任，发挥党员领导干部在维护稳定工作中的关键作用。

狠抓工作落实。3月开始，按照省委统一部署，开展社会安全稳定风险隐患大排查大整治专项行动。全市累计排查各类社会治安风险隐患4644起，整治4291起。

强化部门联动。在全国两会、“一带一路”高峰论坛、党的十九大等重大活动安保维稳工作期间，发挥政法、综治、信访、维稳、防范邪教等部门联勤工作机制，加强部门联动，两次启动维稳情报信息日报告，统筹推进工作落实。强化情报信息分析研判，启动公安武警联勤武装巡逻、重点群体动态管控和反恐目标单位安全检查，构建“1分钟、3分钟、5分钟”应急处突机制，最大限度地消除暴力恐怖现实威胁和风险隐患。落实网上信息监控巡查制度，全年共发现处置各类有害信息8603条，妥善处置“5·4”“城区君临小区袭警”等重大舆情动态，维护网络环境稳定。

注重培树典型。11月14日，市委、市政府对安保维稳工作中涌现出的3个优秀单位、100个先进集体和100名先进个人进行表彰。

【综合治理】 2017年，晋城市政法系统发挥政法机关主力军作用，打击各类违法犯罪活动。全市政法机关深化严打整治行动，以“更快破大案、更多破小案、更准办好案、更好控发案”为目标，开展严打严防暴恐、命案等影响社会安全稳定的严重暴力犯罪，推进打击“盗抢骗”、打击电信诈骗、打击文物犯罪、全警追逃“四大行动”，引深打黑除恶、铲除黄赌毒和治爆缉枪“三大战役”，遏制违法犯罪活动。全年全市各类刑事案件立案数4220起，较上年同期减少1210起，下降22.28%；治安案件受理数13581起，较上年同期减少35起，下降0.3%；可防性案件立案数923起，较上年同期减少419起，下降31.2%。全市现行命案发生8起，破获8起，发案数创历年新低，全市公众安全感和执法满意度连续第5年名列全省第一，全市公众安全感居全省11个市之首，达到94.39%。

贯彻落实综治《实施细则》，提升综治工作法治化水平。9月，市委、市政府印发《晋城市健全落实社会治安综合治理领导责任制实施细则》,组织全市科级以上领导干部学习《实施细则》,推动形成各级一把手负总责、分管领导亲自抓、其他班子成员“一岗双责”抓综治的工作局面,构建综治工作横向到边、纵向到底、齐抓共管工作格局。先后组织229名干部进行综治责任制考试。在市、县两级分别建立副处级以上、副科级以上领导干部综治实绩档案,严格综治考核奖惩,作为干部提拔奖惩重要依据。全年全市共表彰奖励531人,通报62人,约谈29人,挂牌督办2个单位,一票否决3个单位。

推进综治中心标准化和“雪亮工程”建设,提升治安防控智能化水平。在全市开展综治中心标准化建设年活动,确定全市三分之一的县(市、区)、乡镇(街道)、村(社区)为首批示范单位。截至12月底,4个县(市、区),35个乡镇(街道),768个村(社区)高标准完成建设任务。按照全市总体规划和方案,统筹推进“雪亮工程”建设,全年全市共建设视频监控126541台。其中,一类4504台,二类40482台,三类81555台。市区新增探头2900路,视频资源全部接入市综治中心“雪亮工程”视联网平台,与中央综治办在全国推广的综治视联网融合共通,实现联网运行。高平市、沁水县完成“雪亮工程”综治视联网分平台建设,融合政府热线、相关部门热线,形成一体化工作平台。加强全市铁路护路联防工作强化网格化管理,确保全市铁路沿线治安持续和谐稳定。

夯实基层基础,提升综治工作系统化水平。在原有力量基础上,为乡镇(街道)增加84个综治专干编制,增设乡镇专职政法书记。深化基层网格服务管理,探索实行“一格多长”“一格一长”“一村一格”等模式,组织公安民警、民调治保、调解员、平安志愿者等进行组团服务,全年7738名网格长通过平台上报各类信息162166条,处置129557条,平合处置率为79.89%,其中平安建设类受理数85057条,占所有信息类受理数52.45%,处置69066条,处置率为81.2%。开展基层平安创建,推进平安志愿者服务,全市平安志愿者达2万余人。6月,市委、市政府对近年来涌现出的17名见义勇为先进分子进行表彰奖励。

【社会服务】 2017年,晋城市政法系统明确工作要求,统筹服务大局。市委政法委下发《关于政法机关做好全市“转型升级攻坚年”服务保障工作的通知(十二条)》,要求政法机关牢固树立谦抑、审慎、善意理念,主动对接服务重大工程项目,化解项目建设矛盾纠纷,依法打击扰乱企业正常生产经营的违法犯罪,坚持一切从有利于项目建设、有利于企业发展、有利于改善民生、有利于促进经济企稳向好出发,为全市经济发展创造公平、公正、透明、稳定的法治环境和服务环境。

推进执行攻坚,兑现群众胜诉权益。市委法治建设领导小组出台《关于进一步支持人民法院解决执行难的实施意见》。全市法院依托执行指挥系统,构建“1+6”执行模式,(即“1个中级人民法院+6个基层法院”),形成两级法院统一管理、统一指挥、统一协调的执行工作管理体制。开展优化营商环境、涉金融、涉企业合同等执行专项活动。全年执结涉企合同案件1165件,执结金额8.5亿余元;加大“老赖”曝光力度,全市两级法院共发布失信被执行人10770人次,失信公开率全省第一;持续开展打击“拒执犯罪”专项行动,依法严惩“老赖”,司法拘留199人,向公安机关移送追究刑事责任8人。

强化立案监督工作,服务保障民生民利。全市检察机关加大对破坏环境资源犯罪、危害食品药品安全犯罪的打击力度,出台《晋城市检察机关开展“破坏环境资源犯罪专项立案监督活动”和“危害食品药品安全犯罪专项立案监督活动”工作方案》,全市共监督行政机关移送公安机关立案13人。出台《关于充分发挥检察职能促进营商环境优化的实施方案》,优化营商环境。

保障重点项目建设,推出便民利民举措。市政府出台《晋城市推动非户籍人口在城市落实实施方案》和《流动人口服务管理实施细则》,推动农业转移人口市民化。开展市区整治违法占地违法建设专项行动,强化重点项目和工程建设服务保障工作。全年全市公安机关共查破影响重点工程施工案件30余起。推进“互联网+公安政府服务”工作,推进网上审批，实行网上办事项目集中预受理和预审查，行政审批事项全程网上流转，方便群众办事创业。

整合法律工作者资源，积极服务项目建设。全市司法行政机关整合律师、公证、司法鉴定等法律服务资源成立法律服务团，发挥经济振兴的“智囊团”作用。先后参与重点工程项目184项，为企业和项目建设开展“法律体检”和“法律援助”专项活动；坚持法律服务和专业调解相结合，重点排查化解工程建设、征地拆迁、环境保护等领域的矛盾纠纷4343件。

【矛盾化解】 深化法治晋城建设，推进“法律六进”教育活动。市委常委会议通过《2017年法治晋城建设工作要点》，明确法治建设的牵头单位、责任单位和年度目标任务，推进法治晋城建设。开展“法律六进”活动，全面强化国家工作人员学法用法、青少年法治教育、农村干部群众等重点对象的普法教育。建立党政机关法律顾问律师人才库，确定89名符合条件的执业律师服务党政机关的法律事务。制定《“一村（社区）一法律顾问”工作建设标准》，规范乡村法律顾问工作。10月12日，全省一村（社区）一法律顾问推进现场会在晋城召开，学习推广晋城市微信“4+1”法律服务工作经验。召开市法学会第三次会员代表大会，推进市县法学会建设，在全省率先实现县级法学会机全覆盖，法治服务水平全面提升。

强化专项行动，化解管控重点信访问题。组织开展“重点信访问题源头化解专项行动”，对省下达晋城市的两批10897名复退军人全部走访到位，走访率达100%。落实领导干部接访制度，市县两级领导干部共接待群众来访366批次、3383人次。省信访局、省联席办交办晋城市的18件信访积案全部化解。省“重点信访问题源头化解大”专项行动交办的344件信访事项，办结率达到100%、化解率达到96.5%。市级排查的61件重点信访隐患案件，全部落实“五包”措施和“五包一”教育稳控责任。

强化源头治理，推进矛盾纠纷化解工作。加强重大项目建设社会稳定风险评估工作。全年全市共开展重大决策稳评2项，重大项目稳评38项，从源头上稳控风险。继续发挥县、乡、村三级矛调中心和重点行业调委会作用，完善动员调解体系，夯实社会和谐稳定基础。全年共建立调委会2481个，调解员总人数达8549人。全市广大人民调解组织调解案件总数6528件，调解成功5909件，调解成功率为90.5%。

突出专项攻坚，强化法治服务保障能力。按照省委部署，开展法治保障脱贫攻坚、环境治理法治化制度机制建设、农村治理法治化工作。市委法治建设领导小组制定《关于开展法治保障脱贫攻坚工作的实施意见》《关于推进环境治理法治化制度机制建设的实施意见》《关于推进农村治理法治化的实施意见》，为加快推进法治专项攻坚工作提供制度支撑。

组织律师参与涉法涉诉信访案件化解和代理。出台《律师参与化解和代理涉法涉诉信访案件工作市级专项资金管理暂行办法》和《律师参与化解和代理涉法涉诉信访案件实施细则》，选定参与案件化解的律师，化解涉法涉诉信访案件。截至年底，律师累计参与涉法涉诉信访案件的化解和代理22起。

【司法体制改革】 2017年，晋城市政法系统有序推进司法体制改革，提升执法司法公信力。全市两级法院、检察院按照遴选工作“三个30%”规定推进司改工作，全市共有入额法官181名、入额检察官160名，形成以中青年为主，结构更加合理的专业法官、检察官队伍。法院系统制定出台《关于完善全市法院司法责任制的实施细则》和《关于落实司法责任制的实施意见》，明确司法权力运行的“正面清单”与“负面清单”，建立“1+4”（即法官+法官助理+书记员+事务助理+人民陪审员）专业化新型团队，优化审判资源。检察系统建立检察官办案质量专业评价办法、检察官业绩评价标准与司法责任制改革相配套的制度体系。按照省委政法委“1+4”制度要求，启动市、县两级检察体制改革试点工作，全市两级检察机关共完成人员转隶103名，移交固定资产总计1000余万元。

【规范化建设】 2017年，晋城市政法系统推进执法司法规范化建设，全市法院推进审判流程、裁判文书、执行信息、庭审活动四大公开平台建设，加快构建开放、动态、透明、便民的阳光司法机制。截至年底，全市法院共上网公开判决文书35428件，通过互联网直播庭审1173件。全市检察机关以信息化推进司法规范化建设，加强案件信息公开系统的应用，向社会公开案件程序性信息2363条、生效法律文书1241份，基本完成"智慧检察"云平台、智慧办案辅助分析系统等项目，市检察院被最高检察院确定为"智慧公诉"建设和应用试点检察院。

【执法监督】 2017年，晋城市政法系统建立"法律专家库"，强化执法监督工作。市委政法委提升执法监督工作实效，从全市政法单位和律师队伍中聘任35人，在全省首家建立"法律专家库"，为推进案件评查、授权执法巡查提供专门人才队伍支撑。根据省委政法委授权，市委政法委组织法律专家对运城市政法系统案件进行交叉评查，对陵川县人民法院开展执法巡查工作。

【队伍建设】 2017年，晋城市政法系统突出政治教育。全市政法系统坚持以习近平新时代中国特色社会主义思想为指引，推进"两学一做"学习教育常态化制度化、开展"维护核心、见诸行动"主题教育，强化政治轮训工作，加强党性教育和底线教育，增强"四个意识"，增强政法干警维护核心的思想自觉和行动自觉，打牢高举旗帜、听党指挥、忠诚使命思想基础。

强化业务练兵。坚持素质强警，开展"大练兵、大比武、大培训"活动。4月24日至26日，市委政法委在党校举办学习贯彻习近平总书记政法工作新理念新思想新战略专题培训班，对全市240名基层政法干部干警进行集中培训。政法各部门分别开展集中训练、专题辅导，个人自学等岗位练兵活动。开展"一村一警"联系走访活动，提升政法干警服务群众能力，促进警民关系和谐。

坚持挺纪在前。坚持把党风廉政建设与政法综治工作同部署、同推进，落实从严治党、从严治警的主体责任和监督责任，强化制度管警的刚性约束，定期开展层层廉政约谈，强化政法机关党员和领导干部对《党章》等党内法规专题学习，确保政法干部队伍"知敬畏、存戒惧、守底线"。坚持对违纪违法"零容忍"态度，全年查处政法干警违纪违法案件2案2人。

（市委政法委）

公　安

【概述】 2017年，晋城市各级公安机关学习贯彻党的十九大精神，以习近平新时代中国特色社会主义思想为指导，践行"对党忠诚、服务人民、执法公正、纪律严明"总要求，增强"四个意识"，坚定"四个自信"，围绕全市"一争三快两率先"工作大局，以十九大安保为主线，以公安改革为动力，以"四项建设""1+8"行动和"五大建设"为抓手，开展反恐维稳、打击防范、社会治理、管理服务和队伍建设等各项工作，坚守"三个不能发生"和"七个坚决防止"底线，实现社会大局持续安全稳定、人民群众安全感和满意度提升的工作目标，在省综治办和省统计局联合开展的人民群众安全感和满意度测评中，晋城市连续第六年排名全省第一，取得"六连冠"。

【维护社会稳定】 2017年，晋城市各级公安机关以"1+8""亮剑"行动为抓手，打击各类违法犯罪活动。坚持"更快地破大案、更多地破小案、更准地办好案、更好地控发案"目标，以"1+8严打整治专项行动""亮剑5号"为统领，保持对各类违法犯罪活动严打高压态势，全市共破获各类刑事案件2575起，抓获犯罪嫌疑人2023名，各类逃犯755名，其中命案逃犯17人，破获部督"5·9"组织他人偷越国边境案等一批大要案件，"5·9"专案受到公安部、省公安厅通报表扬，抓获公安部A级通缉令逃犯汤某某等一批重大逃犯。严打黑恶势力犯罪。推进打黑除恶专项斗争，坚持"打早打小、露头就打、除恶务尽"方针，突出斗争重点，创新打法战法，共破获恶势力犯罪团伙15个，抓获团伙成员155人，破获案件170起。

严打八类危害严重刑事犯

罪。坚持“命案必破”不动摇，始终把惩治严重暴力犯罪特别是命案侦破作为工作的重中之重来抓，共破八类危害严重刑事案件106起，8起现行命案实现全破，命案发案数创建市以来新低。

严打多发性侵财犯罪。开展惩治“盗抢骗”专项行动，集中力量、集中资源，突出重点、创新打法，破获一批“盗抢骗”案件，摧毁一批犯罪团伙，破获一批地域性职业犯罪群体，惩处一批犯罪分子尤其是惯犯累犯，遏制“盗抢骗”犯罪的上升势头，全市共破获842起，破案率39.64%。城区分局打掉跨省流窜盗窃团伙13个；泽州县公安局破获系列砸车窗盗窃车内财物案件30余起；高平市公安局破获省督系列盗窃案53起；沁水县公安局破获省督系列诈骗案，涉案资金800余万元；开发区分局破获一起涉案金额1150万元的特大诈骗案。

严打经济犯罪。紧盯非法集资、打假和传销等社会热点问题，开展打击风险型经济犯罪“云端行动”，全市共破获各类经济犯罪案件95起，抓获犯罪嫌疑人141人，涉案金额24677万元，挽回损失106.97万元，四次受到省公安厅贺电表扬。城区分局破获一起涉案金额达2000余万元的非法吸收公共存款案；阳城县公安局破获涉案上千万元的郭某系列合同诈骗案；北石店分局破获一起涉案金额达200余万元的非法吸收公共存款案。

严打“黄赌毒”犯罪。紧紧围绕涉黄、涉赌、涉毒的重点区域、重点单位、重点问题、重要线索和重点对象，开展网络扫毒专项行动，共破获涉黄涉赌案件114起，查处违法嫌疑人318名，破获毒品刑事案件76起，抓获犯罪嫌疑人112人，查处吸毒人员898人，缴获毒品冰毒39.59公斤、咖啡因207公斤、海洛因103克，陵川县公安局破获部督“2016-733”特大贩毒案，受到公安部禁毒局通报表扬。

严打食品药品犯罪。以食药打假“利剑”行动为抓手，破获王某等人制售假盐案、闫某某跨国网络销售假美容药品案等部督案件6起，发起全国集群战3起，抓获犯罪嫌疑人42人，打掉团伙3个，端掉黑窝点8个，涉案金额2100余万元，四次受到省公安厅贺电表扬。

严打电信网络诈骗犯罪。市反欺诈中心和全市公安机关围绕“两升两降”工作目标，开展打击电信网络诈骗犯罪专项工作，全市公安机关共立电信网络诈骗案件745起，同比减少153起，下降17.04%，损失金额2316.08万元，同比下降4.87%，抓获犯罪嫌疑人37名，破获案件300起。

【治安防控】 2017年，晋城市各级公安机关以基层基础为依托，利用现代科技手段，动员社会各方力量，健全完善点线面结合、人防物防技防结合、专群结合、网上网下结合，形成上有天网、下有巡防、横向到边、纵向到底治安防控格局。规范派出所和社区警务工作。推动派出所警力下沉、警务保障和机制建设，全市派出所警力占总警力数达44.8%；开展等级评定工作，全市共有一级派出所15个，二级派出所56个；出台《全市公安机关深入开展社区警务基础信息集中采集工作实施方案》，开展基础信息集中采集工作，采集实有房屋数据853660条、实有人口数据1975532条、单位行业场所数据13668条、从业人员数据128918条。

社会面巡防更严密。落实公安武警联勤巡逻“四项机制”，实现常态化网格化巡逻防控，提升社会面动态化控制能力，全市公安机关累计出动警力15463人次，现场处理案事件839起，救助群众728人次，抓获违法犯罪嫌疑人47名。

推进视频监控建设。围绕“天网工程”开展各项相关工作，基本做到公共复杂场所和重点单位的全覆盖，全市建成24个高点监控区、446个卡口、103套人脸识别系统，19.18万个监控点在线率达96%。

提高单位内部安防水平。开展“护校安园”、打击涉医违法犯罪等专项行动，确保单位内部安全稳定；推进平安单位、平安校园等创建活动；加大对党政首脑机关、银行、学校等重点单位、要害部位的监督指导检查，及时发现并消除各类隐患，共检查内部单位2719家次，发现治安隐患427处，完成整改356处，5家单位被评为2016年度省级平安单位。

加强社区村庄联防工作。联合市综治办开展“平安社区（村）”

创建工作，创建省级平安社区(村)17个、市级平安社区(村)100个；实行全市居民区三类可防性案件多发区域分析、研判、通报机制，指导基层抓好社区村庄防控建设；开展重点人口和关注人群管控工作，落实逐一排查、逐一见面的管控措施；与市住建局物管中心联合对全市居民小区安防工作进行集中检查，共发现整改隐患问题16处，居民区三类可防性案件总数429起，同比下降4%。

加大治安乱点排查整改力度。组织开展“城中村”和治安乱点社会治安整治、重点场所安全隐患排查整治和“两排查一整治”等系列专项行动，明确责任单位、责任人和整改期限并挂牌督办，排查九小场所1070家，旅馆684家，娱乐场所273家，废旧金属收购点103家，企业周边复杂场所795家。

巩固行业场所管控。落实“三个100%”制度，制定《晋城市公安机关物流寄递渠道治安管理工作规范》；强化与客运管理部门、出租车公司沟通联系，严格新增出租车司机背景审查；督促落实“实名制”登记制度，加强旅馆业、歌舞娱乐场所、网吧业治安管理；强化保安服务市场清理整治专项行动，开展专职守护押运人员和押运车辆驾驶员的身心健康测试工作，部署保安员非法着装清查收缴集中统一行动，查全市首起保安从业单位违法案件；对全市79家安全技术防范从业单位进行资质审核；加大对公共娱乐场所的规范运营和日常检查力度。城区分局、泽州县公安局、阳城县公安局、陵川县公安局被表彰为“全省社会治安综合治理先进集体”。

【公共安全管理】 2017年，晋城市各级公安机关以深化社会稳定风险隐患大排查大整治行动为抓手，坚持“防事故、保安全”的工作理念，加强危化危爆、道路交通、消防安全隐患排查整治，严防重特大事故发生。加强危爆物品安全监管。牵头制定《关于市区主城区禁止燃放烟花爆竹的通告》，自2018年1月1日零时起，在市区主城区范围内禁止燃放烟花爆竹，开展烟花爆竹禁放集中整治行动，严格落实禁放管理措施；开展缉枪治爆专项行动、危爆物品大排查大整治等专项行动，加强民爆物品流向监控和末端管控，开展爆破作业人员培训考核，落实民爆物品日常监管责任，全市公安机关共收缴炸药46064.8公斤、雷管44082枚、枪支31支、子弹18094发、导火索5618.8米、炮弹1枚、手榴弹8枚。

加强道路交通安全管理。坚持“公路安全与城市畅通并重”的工作主线，全面推进道路交通管理各项工作；建立完善以“两站两员”为主体的农村道路交通安全管理机构，全市76个乡镇设立交通安全管理站；加强道路路缘石以上交通管理，查处乱停乱放、摆摊设点、占道经营等违法行为；开展道路交通事故多发点段排查整治，推进重点车辆双率“清零”行动，共清除五类重点车辆隐患车辆181辆，实现五类重点车辆“双率”100%的工作任务；开展黄标车老旧车辆淘汰和市区西北环路、国道207线市区路段重、中型货车限行禁行工作；对闯红灯、横穿马路等不文明交通行为加大整治力度，对酒驾、醉驾等交通违法行为实行常态化查处，全市道路交通安全形势持续稳定。

加强消防安全管理。落实消防安全责任制，推动党政同责、部门履责、单位主责；将消防安全“网格化”管理纳入综治部门基础综合服务管理平台，全市建成重点单位微型消防站960个，社区微型消防站132个，街道办微型消防站9个，配备各类器材装备10694件(套)，队员4484人；梯次开展冬春火灾防控、夏季消防检查、平安社区创建等专项行动，开展煤化工及煤层气企业作为“自选动作”专项整治，全市共检查单位9541家(次)，发现火灾隐患15370处、督促整改14953处、临时查封196处、责令“三停”164家、罚款431.66万元、拘留17人，全市火灾形势持续平稳，消防支队被公安部消防局表彰为“全国消防监督执法示范单位”。

加强监所安全管理。围绕“两个安全”，深化执法规范化建设，加强在押人员安全风险等级评估和分级管理，推进监所勤务模式改革，健全完善公安、武警两警协作机制和在押人员出所就医、入所检查、生产劳动等制度。全市6个看守所和强制隔离戒毒所相继完成勤务模式改革，监所安全管理水平得到提升。

加强网络安全管理。坚持“谁主管、谁负责,谁运营、谁负责”的工作原则,督促全市网络运营者落实安全主体责任,对全市192家党政机关、事业单位和国有企业的208个重要信息系统进行现场检查,全市网络空间安全稳定。

【服务民生】 2017年,晋城市各级公安机关推进户改工作。市政府出台《晋城市推动非户籍人口在城市落户实施方案》《晋城市流动人口服务管理实施细则》,解决无户口人员户口登记问题,推动农业转移人口市民化,让进城落户市民“进得来、住得下、活得好”,户籍人口城镇率达到41%,全市共办理城镇迁入31619人,建立社区集体户148个,落户3100人,解决无户口人员713人;继续部署开展全市户口清理整顿工作,清理重户129人、清理纠正户口登记项目差错10689个、注销死亡人员14689人,户口清理整顿工作经验被公安部通报表扬。

优化营商环境。制定出台《晋城市公安局优化营商环境服务经济发展38条措施》,在治安、户政、出入境、交警、消防、派出所等领域,推出一批新举措,打造审批最少、流程最优、体制最顺、机制最活、效率最高、服务最好“六最”城市,方便群众办事创业;市公安局各相关警种部门按照“两集中、两到位”和“应进必进、应进尽进”的要求,将目前保留的行政审批项目全部进入政务服务中心,并全部授权到位进行办理,实现公安行政审批“一个平台对外、一个窗口受理、一条龙服务、一站式办结”,服务全市社会经济发展;开展“市区整治违法占地违法建设专项行动”,强化重点项目和工程建设服务保障工作,全市公安机关共查破影响重点工程施工案件30余起,发展环境化。

推出便民举措。对便民服务平台持续扩展升级,增加违法犯罪活动举报,在线实行奖励等内容;人口部门完成全市居民身份证异地受理、挂失申报和丢失招领3项制度建设,开通高考考生办证“绿色通道”,开展春节期间办户办证便民服务活动;出入境部门以群众需求为出发点,新开通省内户籍居民跨市自助办理港澳台团队旅游签注服务,落实居住证持有人异地办证、周末节假日预约办证、延时办证、“绿色通道”、24小时咨询、快递送证到家等便民服务,全市7个出入境受理点全部配备自助填表机和港澳台自助签注机,实现赴港澳台二次签注立等可取;交警部门依托全国互联网交通安全综合服务管理平台,开通全部10大类、131项服务项目;消防部门创新审批模式,首推技术审查和行政许可分离制,实现图审机构全程参与消防设计审核。

【科技强警】 2017年,晋城市各级公安机关以提升核心战斗力为目标,推进科技强警和基础信息化建设。刑事技术部门以现场勘验信息系统、指纹信息系统、DNA信息系统、Y数据库建设、刑事科学技术网上作战平台五大系统为依托,加快推进现场勘查、提取、记录等专用工具和高精尖仪器装备配备,加大对各类信息的关联比对力度,提升刑事技术信息化和实战化水平。共勘验各类案件现场5296起,录入指纹17440枚、DNA9130条,现场勘查信息系统共录入各类现场信息3432条,八类案件录入率达100%。市、县两级公安机关7家司法鉴定中心全省唯一一家全部通过资质认定现场评审,县级公安机关刑事科学技术室全省唯一一家全部达到公安部一级以上标准,城区分局、高平市公安局、阳城县公安局刑事科学技术实验室被评为“全国示范刑事科学技术室”,利用指纹破案51起,利用DNA检验技术破获各类案件429起,串并案件50串138起。信通和指挥中心探索4G在移动视频会议、扁平化指挥等其他领域方面的应用,完成全市公安无线图传演练工作,强化350GB数字集群系统建设应用,推进接处警系统升级改造。情报部门坚持“积分预警,重点研判,落地核查,信息采集,合成作战”,对重点人员开展网上研判和落地核查。

【执法改革】 2017年,晋城市各级公安机关以执法改革为动力,加强法治公安和执法规范化建设。市委市政府办公厅印发《关于深化全市公安机关执法规范化建设的实施意见》,配套制定责任分解方案,开展执法规范化建设年活动，深化执法规范化建设和执法权力运行机制改革，提升全市公安机关执法质量和执法水平。推进执法改革。落实公安部接报警“三当场”要求，市、县公安案管中心共核查警情24485起，下发《责令整改通知书》和《受立案监督通报》132期，纠正受立案问题205个；深化刑事案件“两统一”工作机制，强化与检法两院的协作配合，对检察机关提前介入重大疑难复杂刑事案件，解决人民法院执行难问题等作出具体规范；推进以审判为中心的刑事诉讼制度改革，对58种常见刑事案件取证标准及要求进行统一规范，明确应当排除的39种非法证据情形、可以说明和补证的12种证据情形，规范涉案财物的管理，为民警规范办案提供指引；配合监察体制改革，与同级监察委员会建立协助配合机制，确保支持配合监察委员会工作有序开展。

加强执法管理。构建警情、案件全覆盖的执法质量考评模式，把日常考评与案件审核相结合，做到每案必审、每案必评、错案必剖、以考促审、以考促改；组织“回头看”活动，把省公安厅执法办案“五个一律”制度作为案件审核和执法质量考评重点，加强执法监督管理，建立民警办案激励和“月通报”制度，激励民警办优质案、精品案，提高办案质量。

提升民警法律素质。印发《关于加强全市公安民警学法用法工作的通知》，明确6项重点学法内容及具体学法用法要求；举办推进“以审判为中心”的刑事诉讼制度改革专题讲座，加大执法理念培训、民警旁听庭审、案件剖析点评等工作力度；参与“晋公律APP”在线答疑和互动，发挥公职律师法律素质高的优势，为基层执法办案提供专业的法律服务；建立优秀执法“微课程”教材库，开辟微信课堂、法制大讲堂，开展执法资格等级考试专题辅导，强化培训时效性和针对性；对专项行动中关于打击整治黑客犯罪和网络侵犯公民个人信息犯罪、深化“打拐”专项行动、惩治环境污染犯罪等行动涉及的法律法规及相关司法解释进行汇编，为各项专项行动的开展提供充分的法律支持和保障。

（市公安局）

交　警

【概述】 2017年，晋城市公安交管部门贯彻落实习近平总书记系列重要讲话精神，按照“对党忠诚、服务人民、执法公正、纪律严明”的总要求，以党的十九大道路交通安保工作为主线，围绕中心、服务大局，从严从细从实做好防事故、保安全、保畅通各项工作，保持全市道路交通安全形势持续平稳。

【农村道路安全体系】 2017年，晋城市公安交管部门针对农村地区交通管理力量薄弱问题，支队发挥各级道路交通安全工作领导小组及办公室职能作用，制定完善工作目标和考核办法，通过层层签订责任状，推动各乡镇建立以“两站两员”（交通管理站、交通安全劝导站、乡镇专职交通安全员、交通安全劝导员）为主体的农村道路交通安全管理机构。截至年底，共设置乡镇交警中队30个，共有民警59人、辅警258人，设立乡镇交管站76个、村口劝导站182个。

【应急处置】 2017年，晋城市公安交管部门对各类应急预案进行修订完善，对部分预案进行申请延期，确保预案文本科学合理。与市环保、气象等部门联系，严格落实部门责任，全市公安交警系统共启动空气污染、恶劣天气等应急预案73次，成功应对各类突发状况。支队与城区政府、市安监局、市交通局等5部门共同主办全市危化品运输车辆碰撞泄漏道路交通事故应急救援实战演练。全市公安交警系统共组织、参与各类应急演练18次。

【交通事故】 2017年，晋城市共受理一般程序处理的道路交通事故564起，造成218人死亡，507人受伤，直接财产损失146.72万元。四项指数同比三降一升，分别是事故起数减少5起，下降0.88%；死亡人数增加16人，上升7.92%；受伤人数减少68人，下降11.83%；直接财产损失减少7.59万元，下降4.92%。全市发生一起一次死亡3人的（非道路）交通事故。

【隐患排查】 2017年，晋城市公安交警系统开展以道路交通事故多发点段排查整治为重点的道路交通安全大检查，全年全市共挂牌督办各类交通安全隐患400余条；排查事故多发点段59处，全部整改到位。加强重点驾驶人管理，确保重点驾驶人审验率达到99.87%，换证率达到99.96%，满分学习率达到98.67%。在重点车辆双率“清零”行动中，支、大队两级车驾管部门上下联动，采取开会约谈、上门走访、车辆回购、落地追查等多种措施，最终督促15家问题运输企业全部完成整改，五类重点车辆审验率、报废率在党的十九大召开前达到100%。

【事故处理】 2017年，晋城市公安交管部门在原有5个快处快赔中心基础上，推进快处快赔工作向公路、农村延伸，加快建设农村地区快处快赔工作站试点工作，在沁水县端氏镇、嘉峰镇，泽州县大东沟镇、巴公镇、大箕乡5个乡镇设立工作站，基本覆盖重点区域、重点路段。全年全市各交通事故快处快赔中心及工作站共处理交通事故3395起，其中保险直赔和自行协商2872起，快处快赔中心民警处理523起。全年全市共发生逃逸事故39起，侦破39起，侦破率100%。其中发生死亡逃逸事故19起，侦破19起，侦破率100%；伤人逃逸事故16起，侦破16起，侦破率100%；财产损失逃逸事故4起，侦破4起，侦破率100%。

【专项整治】 2017年，晋城市公安交管部门开展“迎接十九大 全警保平安”1+8交通安全管理专项行动。以“秩序整治、源头管理、事故预防、应急处置、宣传教育、队伍管理”六项工作为重点，坚持十天一检查一统计，一月一汇总一通报，为做好十九大安保工作奠定坚实基础。在实战阶段，支、大队领导全部到一线督战，15个交警执法站全部启动一级勤务模式，全市公安交警一律不休假，完成十九大交通安保任务。全年全市共查处各类交通违法行为49.7万起。其中，超速13.4万起、无证驾驶1768起、酒后驾驶1032起、超员超载661起、非机动车和行人交通违法3.5万起，吊销驾驶证442个、扣留机动车1741辆，扣留驾驶证2358本。

开展公路和城市道路交通违法专项整治。城市道路交通违法整治，以市区金辇岗、地税岗、新苑岗、景红岗和国贸岗5个灯控路口为主阵地，严查重处机动车不礼让斑马线，非机动车和行人闯红灯、行人不走人行横道，机动车实线变道加塞，机动车乱停乱放等突出交通违法行为，开展12次36天的全国、全省、全市集中统一行动。全年共查处机动车实线变道加塞5578起，机动车不礼让斑马线6697起，非机动车闯红灯6041起，行人闯红灯和不走人行横道10300起，非机动车和行人违法警告13862起，违法停车28853起。普通公路整治，支队确定G207高平至泽州段、S332阳城段、S333泽州段、S331高平段、S331沁水段5条重点路段，以大货车靠右行驶管理、“三超一疲劳”等14种交通违法为重点进行整治，多次开展集中夜查，打造一批示范路、样板路，规范公路行车秩序，使全市公路整体通行秩序和安全形势得到好转。

完成重点时节道路交通安保工作。支队围绕各个重点时节的交通安全保卫工作要求，结合季节变化和交通违法行为特点，制定春运、十九大、五一、国庆等道路交通安全保卫方案，提前安排部署各项工作，组织开展集中整治行动，确保重点时节道路交通安全形势总体平稳。落实酒驾常态整治制度，确保市区每天轮流查。每月至少组织一次全市集中查，共查处酒驾1032起。

【攻坚行动】 2017年，晋城市公安交管部门开展改善空气环境质量攻坚行动。根据市政府统一安排，支队开展改善环境空气质量攻坚行动、渣土运输车和已注销黄标车集中整治行动、“秋冬季”移动污染源污染排放管控工作等，落实晋城市冬季大气污染防治严管严控十条措施，制定下发《全市公安交警重污染天气交通管理工作实施方案》，实行网格化管理和任务清单制度，6次按照市环保委要求启动重污染天气期间交通管理工作应急机制，大气污染防治取得阶段性成效。针对市区中原街和西北环路货车通行带来的安全隐患和污染问题，市政府《关于市区西北环路、国道207线市区路段实行重、中型货车限行分流白天禁行的通告》，从7月

1日起，对市区西北环路、国道207线市区路段实行重、中型货车白天（早7时至晚21时）禁行。截至年底共查处大货车闯禁行违法行为1万余起。制定《市区环路重中型货车通行证管理办法》，严格按规定实施管理，将限行对沿线单位和群众生产生活造成的影响减至最低。

开展创建全国文明城市“百日会战”。支队制定印发《2017年度创建全国文明城市工作方案》，召开创建全国文明城市动员部署大会，在市区部署开展城市停车秩序整治行动，与市文明办在市区部署开展文明交通劝导志愿服务活动，在文体宫广场组织召开争创全国文明城市强力整治交通秩序动员誓师大会。8月22日，市委市政府恢复交警市区路缘石以上交通管理的职责后，组织开展专项整治，组建突击队，抽调县大队警力，集中优势兵力，整治各类交通违法行为。

【老旧、黄标车管理】 2017年，晋城市公安交管部门加大对“已注销仍上路行驶的黄标车”的检查力度，每个大队每月查验车辆都在400辆次以上，与市环保局开展联合路检路查，严查黄标车和运输渣土、建筑垃圾等大型车辆交通违法行为。全年共淘汰黄标车及老旧车956辆，其中老旧车492辆，黄标车464辆。

【车驾管理】 2017年，晋城市公安交管部门推进“规范型、服务型、廉洁型”车管所建设，推行免费导办、预约办理、限时办结、延时办结、急事特办“五项服务承诺”，建立服务流程标准，实现窗口服务流程标准化、体系化。全年共办理各类机动车业务34万笔，机动车驾驶人业务17万笔，无一起投诉。截至年底，全市机动车保有量447182辆。其中，汽车保有量403105辆，摩托车保有量39040辆，挂车保有量5037辆，分别占全市机动车总量的90.14%、8.73%、1.12%。

【驾考改革】 2017年，晋城市公安交管部门根据公安部出台的《机动车驾驶人考试内容与方法》等系列行业标准新规，推动新规全面落实，制定考场管理规定，加快推进现有考试场所建设和升级改造。各考试场及考试系统全部完成升级改造。截至年底，全市机动车驾驶人保有量为710950人，新增驾驶人53374人，增长比率8.12%，其中汽车驾驶人685875人，占全市机动车驾驶人总量96.47%。

【便民举措】 2017年，晋城市公安交管部门依托全国互联网交通安全综合服务管理平台，开通全部10大类、131项服务项目。开通互联网自主报考约考服务开通，方便驾驶学员约考，实现所有学员自主预约考试。落实机动车号牌管理制度改革措施，全面推行互联网预选渠道，扩大号牌选取资源，确保群众选择机动车号牌公平公正。

【科技强警】 2017年，晋城市公安交管部门强化智能交通系统应用。通过增点、布线、控面等措施，增加监控点，加大公路交通防控体系建设和应用，利用缉查布控系统和指挥中心系统，对各类交通违法行为实施视频实时抓拍记录查处，对全市交通状况进行实时监管，及时发现及解决路面交通问题。平均每日筛选5000多张照片，日有效录入违法数量100余起。

强化缉查布控系统应用。坚持以公路交通安全执法站为依托，通过机动车缉查布控系统，对假牌、套牌，未年检、交通违法未处理等严重交通违法车辆进行车辆轨迹查询分析、车辆布控、预警签收和拦截处置等应用工作，提高工作效率和交通管理科技水平。全市所有卡口预警签收率为80.51%，及时签收率94.74%；预警车辆总数为105838辆次，签收数量57290次；有效预警量29046次，出警拦截23374次，成功拦截车辆1456次，现场处罚量951次。

强化科技信息化建设。在市区新建350M基站2处，加强陵沁线、矿区道路以及207国道沿线对讲机信号覆盖；在市区及出市口新增加9处卡口，加强对重点车辆的管控；对考试监管设备进行扩容，保证考试视频资料保存3年时间。加强支队视频监控、电子警察等科技设备的维护管理工作，共帮助大队事故民警和公安机关办案民警调取视频监控114起，下载（拷贝）32次。

【交通设施】 2017年，晋城市公安交管部门针对全市道路交通设施建设中存在问题，加强路面设施巡查工作，排查路面设施隐患，共排查机动车信号灯放行时间不合理21处，人行横道信号灯放行时间不合理31处，树木遮挡信号灯、交通标志68处；新增不锈钢中央隔离栏12412米，改造旧中央隔离栏2609米，油漆隔离栏7726米，清洗隔离护栏52631米；日常维修维护市区交通信号灯105次（组），维修隔离栏5620米，维修设置各类标志190块，维修监控124次，维修电子警察108次。

【宣传教育】 2017年，晋城市公安交管部门坚持推进社会公众宣传，组织“五大宣传行动”。开展交通安全隐患“大曝光”行动。通过召开新闻通气会、发布新闻通稿、组织随警采访等方式，开展交通安全隐患大曝光。全年，支队组织召开新闻发布会14次，在晋城在线、晋城公安交警网等网站开展交通违法“大曝光”活动，曝光各类违法驾驶人20520人。

开展交通安全“大警示”行动。针对不同阶段交通违法和事故特点以及风险隐患，在节日期间引导群众合理选择出行时间、线路和方式。定期不定期地通过短信平台、微信推送等方式开展对驾驶人点对点安全警示提示。共发送手机短信150万余条，共发布微博6500余条，微信2530条。

开展重点驾驶人“大教育”行动。针对记满分驾驶人和审验教育驾驶人进行黄金三小时宣传教育培训，共审验教育驾驶人12373人，满分培训驾驶人3592人。支队组成6支宣传文艺队分阶段到各大运输企业开展宣传表演，提升重点驾驶人的安全意识和文明驾驶素质，预防和减少道路交通事故发生。

开展交警新媒体宣传“大矩阵”行动。在巩固电视直播栏目《交警平台》《太行日报·交通与安全》专版、电台栏目《交通时间》等宣传阵地基础上，梳理、整合、优化全市“双微一端”自媒体平台，建立公安交警公众号宣传网络新媒体平台，加大违法危害和安全知识普及力度，形成交管新媒体宣传矩阵规模效应。在各级各类媒体发稿2380余篇。举办晋城公安交警“尊法守规明礼，安全文明出行”“12·2”全国交通安全日文艺节目会演，向广大群众传播文明交通理念，提升广大交通参与者的交通安全意识和文明出行素质。

开展公安交管执法“大直播”行动。各大队利用一直播、晋城头条等平台开展严管执法直播行动，提升交警队伍执法权威性和公信力，共开展“一直播”活动40余次。11月，在市职业技术学院开展“文明交通·我在行动”万人文明交通志愿者招募活动，通过直播平台“山西晋城交警”账号同步直播。

【规范执法】 2017年，晋城市公安交管部门推进执法场所规范化建设和使用。在执法场所硬件建设基本完成基础上，抓好软件建设，规范执法场所使用，完善规章制度，加强办案音视频资料规范管理。

规范执法行为。将日常工作中执法记录仪的管理和使用作为执法教育培训重要内容，要求各交警大队每星期五将执法记录仪使用情况、佩戴使用率上报支队法制大队，发挥民警正确使用执法记录仪的作用，提高执法公信力和震慑力。全年共审核行政拘留案件13起，审核吊销机动车驾驶证442起。其中，交通肇事案件114起、危险驾驶案件328起、终生禁驾14起、饮酒后驾驶营运机动车案件1起；审核刑事立案案件129起。其中，交通肇事案件38起、危险驾驶案件91起、取保候审案件124起、移送起诉案件175起。

（市交警支队）

公安消防

【概述】 2017年，晋城市公安消防支队贯彻落实党中央、公安部、省公安厅和总队党委决策部署，以习近平总书记“四句话、十六字”总要求为指针，突出问题导向、战略导向、目标导向，坚持“固强补弱、稳中求进、全面创优”总基调，紧盯“双稳定”总目标，按照“抓基础、保稳定、重落实、促发展”总要求，团结带领全市官兵紧抓快干、真抓实干、埋头苦干、科学巧干，完成以十九大安保为重点的一系列重大政治任务，在全市实现“一争三快两率先”战略目标中扛起消防责任担当。全年，全市消防部队未发生一起行政责任事故案件，未发生一起较大及以上火灾事故，建市32年来未发生群死群伤恶性火灾事故。

【政治建警】 2017年，晋城市公安消防支队坚持政治建警，铸牢部队忠诚警魂。落实党委议教、层级推动、领导授课等“规定动作”，持续推行“我是小教员”和“微党课”教育模式，充分发挥驻地红色资源丰富的政治优势，在孙文龙纪念馆挂牌成立“思想政治教育基地”。学习借鉴“大功三连”开展的“小课堂、小演讲、小辨析、小点评、小故事、小卡片、小广播、小节目”等“八个微”教育模式，增强教育感召力，把牢思想工作主动权。出台《党的十九大消防安全保卫政治工作方案》，以抓好战备教育、现场动员、立功创模等为抓手，把政治工作延伸到安保工作最末端。在党的十九大消防安保中，第一时间召开誓师会、下达动员令，开展“打头阵、当先锋、作表率”战时教育实践活动，组织开展誓师大会、战旗签名、写决心书、设立倒计时牌等活动，思想保证、组织保证及时跟进、全程渗透。把学习贯彻党的十九大精神作为部队首要政治任务，组织全体官兵研读党的十九大报告和新党章，全面掀起学习贯彻热潮，在学懂弄通做实上下功夫，永葆部队绝对忠诚的政治本色。

坚持人才强警，提升队伍能力素质。持续推行“双考”选拔干部机制，培养一大批德才兼备领导干部。推动能上能下成为干部选拔任用新常态，旗帜鲜明树立“能者上、庸者下、劣者汰”的选人用人导向，全面激发干部队伍的生机与活力。深度运用干部工作大检查成果，更新83名干部1000余项主要档案数据，规范干部管理。

坚持文化育警，构建蓬勃精神高地。升级完善队史馆，基层中队高标准建成荣誉室、红门影院，开展“红门书香”廉政书籍推荐配发活动、“红门动力”第九届卫士杯篮球比赛、“红门辞章”诗词咏诵活动、“红门战歌”大合唱比赛、“红门映志”主题微电影拍摄活动、“红门情怀”书画摄影作品征集活动、“红门号角”一队一特色文化节目会演。组织官兵讲好、演好、拍好、唱好自己的“消防故事”，打造具有晋城消防特色的警营文化品牌，其中拍摄的微电影《使命》获总队“喜迎十九大 壮志映红门”主题微电影评选二等奖。十九大安保期间，支队派出文艺小分队逐队开展“喜迎十九大、文化基层行”慰问演出。

坚持形象立警，典型方阵迸发活力。坚持以先进典型引领人，开展创先争优活动，打造引领官兵扎根警营、奋发向上、建功立业的“典型方阵”，涌现出一大批先进典型。陈念念被总队推报为“全省杰出优秀政法警察”；支队机关获“全国文明单位”，2个集体获“省级青年文明号”，7个大队被评为“市级文明单位”，2个家庭被市文明委评为“文明家庭”；支队被市安全委员会评为“全市安全工作先进单位”，4名官兵被评为“安全工作先进个人”。十九大安保中，城区大队被公安部评为“十九大安保先进大队”，刘风波被公安部评为“十九大安保先进个人”；支队被市政法委评为“十九大安保信访维稳先进单位”，1名个人被评为“十九大安保信访维稳先进个人”；3个集体被总队评为安保先进单位，5名官兵被总队评为安保先进个人，12名官兵立三等功，74名官兵获嘉奖；16名官兵被评为“每周一星”，8名官兵被评为“安保标兵”，8名官兵被评为“执法执勤能手”。

坚持从优待警，点燃官兵干事激情。出台《从优待警八项规定》，建立困难官兵帮扶工作常态化机制，强化从优待警举措落实，按计划推进官兵休假、探亲、疗养等工作，帮助解决官兵子女入学入托、家属随军就业等实际困难问题。全年，帮助2名转业干部妥善安置；为4名官兵申请慈善“暖警”慰问金2.8万元。十九大安保期间，聘请心理咨询师逐队开展“阳光照警营，聚力十九大”心理健康服务，面对面解决官兵具体问题，开通心理咨询热线，随时接受官兵咨询。

【防控体系】 2017年，晋城市公安消防支队把握关键，狠抓责任落实。落实消防安全责任制，推动党政同责、部门履责、单位主责。按照《消防工作考核办法》，提请市政府组织县级政府及行业部门落实消防安全责任制考核，评定2个良好、5个合格等次抄报市委组织部，纳入各级领导干部政绩考评内容。市委、市政府召开“专题议消”会议6次，与7个县级政府、市直26个行业部门签订消防安全责任书66份，下发专项行动方案等消防工作文件20余份。以政府安全责任划分为依据，突出行业部门监管责任，市、县两级政府主要领导带队检查15次，联合教育、民政、卫计、旅游文物部门开展中小学校、养老福利院、旅游景区、文物古建、医疗卫生单位等联合检查9次。组织对市直26个行业主管部门、3家重大火灾隐患单位、185家火灾高危单位、易燃易爆单位消防安全责任人进行约谈，强化行业部门监管责任和社会单位主体责任。市财政、民政部门下达专项补助资金310万元用于全市31所农村敬老院消防设施改造，推动消防工作政府领导责任、部门行业监管责任和单位主体责任落实。

因地制宜，推动法治进程。以全国执法示范单位为基础，推进消防执法规范化建设。晋城支队作为部局命名表彰的全国消防监督执法示范单位，以转变执法观念为突破口，完善社会监督机制。接受地方党委、政府、人大、政协和人民群众监督，在社会各界专门聘请执法廉政监督员，并定期召开座谈会，征求意见和建议，接受人民群众和社会各界的监督。坚持谁主管谁负责、谁办案谁负责、谁审核谁负责原则，严格内部执法监督和执法过错责任追究制度，提高执法办案细节化管理水平。推进执法规范化建设，规范执法记录仪使用，加大对办案单位和监督员执法活动的动态化、全程化监督。

瞄准靶心，强化重点监管。针对“一高一低一化工一文物”和人员密集等重点场所，梯次开展冬春火灾防控、夏季消防检查、平安社区创建、文物古建、高层建筑、电气火灾防范等专项行动。全市372家公共聚集场所、13处地下建筑、9家大型城市综合体每月开展一次火灾隐患自查自改，65家国保级文物古建筑单位按照《文物建筑消防管理十项规定》落实行业标准化管理，16家煤化工企业、18家煤层气企业及305家易燃易爆危险化学品单位每季度进行一次消防安全风险评估。全年，全市共检查单位10903家次，发现火灾隐患17802处、督促整改17161处、临时查封225处、责令“三停”188家、罚款479.33万元、拘留21人，各项执法指标均创新高。全面摸排全市投入使用的高层建筑712栋。其中，高层住宅594栋，高层公共建筑118栋，全部推行高层公共建筑专职消防安全经理人93名，高层住宅建筑楼长140名，逐一建立排查工作台账。市消防支队成立重大火灾隐患技术帮扶组，13次主动上门帮扶，组织设计、施工、监理等单位“集中会诊”，指导隐患单位制定整改方案。

立足长远，做强基层防控。全市14个重点镇、34个一般建制镇全部完成消防规划。全市84个街道、乡镇全部将消防安全“网格化”管理纳入综治部门基础综合服务管理平台，以城区为试点推广应用社会基层综合治理服务管理消防平台，“网格化”管理达标率85%。新调整备案960家重点单位100%落实“户籍化”管理、“6+1”措施。结合主城区市政道路改造工程，将市政消火栓、消防水鹤同步规划、同步建设。推进微型消防站建设，在吐月面粉厂试点首个老城区消防执勤点，全市商业、旅游等集中区域建成消防安全联防协作组织9个，建成重点单位微型消防站960个，社区微型消防站132个，街道办微型消防站9个，配备各类器材装备10694件套，队员4484人，全部纳入119接处警平台调度指挥体系，辖区大、中队与微型消防站进行灭火救援联合演练及联合训练培训累计267次，基本达到“三知四会一联通、处置要在3分钟”能力要求。

着眼全局，构筑全民战线。拓展社会化宣传途径。结合消防安全社区创建工作，推进“消防宣传教育示范社区”建设，聘任32位“消防宣传大使”，建成7个消防宣传示范社区、7条消防宣传示范街；自筹65万元，订购10.8万册《中小学消防安全教育读本》，向全市中小学生免费发放，实现100%的中小学生人手一册目标；联合教育部门组织开展第四届“暑期消防安全宣传教育行动”，所有大学、高中新生军训期间接受“四个一”消防安全教育；开展“全民消防我代言”大型公益行动，330名各行业负责人、先进个人和基层代表为消防代言，印刷张贴宣传海报1800余份，录制公益视频300个。全市有1辆多功能消防宣传车和8辆江铃LED消防宣传车，消防宣传车每周巡回宣传不少于2个半天，累积行程29213千米，开展宣传1034次。至年底，全市有街面电子显示屏686块，楼宇电视19块，消防宣传栏605处，大型公益广告牌27块，建设1座吴王山消防主题公园，6个消防科普教育基地定期向社会开放。

强化消防培训工作。全年，共培训消防监督员76人次、派出所消防民警552人次、消防文员120人次；培训市、县两级党政机关、行业部门289人次、街道乡镇消防工作负责人144人次、重点单位消防安全责任人、管理人2420人次，国有企业负责人65人次。教育局、安监局、煤炭和煤层气工业局、市综治委、联通电信和消防重点单位开展专项消防培训。

【便民审批】 2017年，晋城市公安消防支队出台便民措施，提升审批效率和服务质量。所有消防行政审批项目，坚持窗口统一受理、限时分工、限时办结，办理结果窗口统一送达，执法环节全部网上审批流转，在支队微信公众号公示平台一键式搜索项目进展情况。明确《便民服务七项措施》《企业减负帮扶八项措施》等便民惠企措施，提高人民群众的满意度。支队逐项明确"权力清单"并向市政府法制办提交备案，在行政服务窗口进行公示，确保消防行政审批在阳光下运行。首推技术审查和行政许可分离制，实现图审机构全程参与消防设计审核。全年，共办理建设工程审核项目137件，验收项目153件，备案抽查149件。组织火灾调查183起，出具火灾事故认定书22份，出具火灾事故简易调查认定书161份。未发生较大及以上火灾事故，未发生因火灾认定导致的上访、信访事件。外网备案、便民服务平台预受理、监督管理系统行政许可、行政处罚办理超期率低于5%。

【作战能力】 2017年，晋城市公安消防支队训练作战专业化。推进"基础体能技能营区练、专业岗位技术基地训、辖区熟悉演练实地考"练兵模式，按照营区、基地、辖区5∶2∶3时间比例，加大练训考频次。举办基层指挥员轮执轮训、攻坚组队员、专职队队长专业集训，安全员、驾驶员、战斗员及装备技师培训、水域救援技术培训，组织装备操作竞赛、辖区"六熟悉"暨《作战安全要则》考核、夏季练兵比武活动和专职消防队伍比武竞赛，提升部队实战攻坚能力。

力量建设多元化。联合市经信委、市财政局、市公安局对全市17家涉消企业开展专题调研，制定出台全市分类处理意见。全市14个全国重点镇、12个其他符合条件的建制镇全部建立乡镇专职消防队。推动建成阳城县次营镇、东冶镇以及沁水县郑村镇3个政府专职队，配合总队完成13名政府专职队员、79名消防文员职业技能鉴定工作。分类组建高层建筑、地下空间、城市综合体、石油化工及地震救援5支专业应急救援队伍，将专职消防队和微型消防站纳入联训联勤对象。8月，支队在市应急办、市安监局等9个部门配合下，开展市级人员密集场所灭火救援实战演练2次、道路交通危险化学品车辆泄漏事故综合应急演练1次。

信息运用深度化。完成所有执勤中队单兵图传3G升级4G工作，开展12次现场图传演练，提升现场通信保障能力。建立作战安全提示短信随警提醒机制，编制大跨度大空间、高层建筑、地下建筑、人员密集场所及化工场所等9大类常见灾害事故处置安全提示37款157条。与气象、交警、水务公司等应急联动单位建立信息互通机制，第一时间获取气象、道路及水源等有关信息。启动大数据信息库建设，开展基础信息"三审"（中队初审存档、大队复审备份、支队审定录入）活动，与电信公司签订网络维护协议。在全市构建"网安+消防"涉消网络安全工作框架，监测并处置涉及全市消防部队负面网络舆情30余条。

【后勤保障】 精准施策，经费保障体系日益完善。全年，全市消防部队争取地方经费预算1.02亿元，同比增长15.67%，市政府、市发改委落实消防训练基地建设经费1000万元。

精准填空，营房装备建设加快发展。高平2号一级普通消防站完成前期立项；泽州大队执勤楼完成维修改造；端氏消防站完成主体建设。投入254万元新购消防车辆2辆，分别是供气消防车和泡沫干粉联用消防车；投入94万元新购抢险救援器材1285件套。组织装备技师培训2次65人。

精准突破，战勤保障体系建设紧跟时代。支队与道路运输、装备生产企业、地方维修企业签订联勤联保协议5份，开展2次装备技术和生活物资战勤保障实战拉动演练。邀请5家装备厂商专业技术人员13名，抽选精干装备技师9名组成装备维修服务队，成立支队装备检查专项督导组，不间断全覆盖对执勤中队车辆装备进行巡查巡检，共检修车辆35台次，器材装备400余件套，发现整改问题873处，做到“小故障不过夜，大故障不过周”。

（市消防支队）

检 察

【概述】 2017年，晋城市检察机关以习近平总书记系列重要讲话精神为指引，贯彻市委七届二次全会精神和省检察院“固本、创新、攻坚、合作”工作思路，以落实晋城检察工作“一二三”总体思路为抓手，坚持从“六个方面精准发力”，为全市社会和谐稳定和经济较快发展以及“一争三快两率先”战略部署的深入推进与加快实施，提供司法保障。市检察院被最高检察院评为“全国检察机关文明接待室示范窗口”。市检察院办理的“关某某等销售不符合安全标准的食品案立案监督案件”被最高检察院评选为全国检察机关10件“优秀监督案件”之一。

【司法保障】 2017年，晋城市检察机关发挥检察职能作用，为党的十九大胜利召开和全市社会大局稳定提供司法保障。贯彻市委、市人大平安晋城、法治晋城建设的重大部署，依法履行批捕、起诉等职能，共批准逮捕628件、897人，提起公诉1539件、2115人。开展破坏环境资源犯罪和危害食品药品安全犯罪专项立案监督活动，与市公安局、环保局、食药监局、国土局等相关单位召开联席会议，构建行政执法与刑事司法衔接机制，截至年底，全市共监督行政机关移送公安机关立案13人。与市公安局联合出台《关于提前介入重大疑难复杂刑事案件侦查的实施意见》，探索对严重危害国家安全、公共安全、社会秩序、造成严重社会影响、重大经济金融犯罪、食品药品犯罪、环境污染犯罪以及存在重大分歧等案件提前介入侦查、引导取证。出台《晋城市检察机关促进司法公信力明显提高的意见》，提高全市公安机关、审判机关、检察机关司法公信力。做好检察环节社会治安综合治理工作，出台《关于充分发挥检察职能促进营商环境优化的实施方案》，促进营商环境优化。开展“阳光百姓工程”专项调研督导活动，对逾期不上传数据、工作进展缓慢的单位发出检察建议，督促其认真整改。落实“谁执法谁普法”普法责任制，市县两级院到全市15所中小学校开展“开学第一课，法治进校园”系列法治宣传教育，受教育学生达2.05万人。

【法律监督】 2017年，晋城市检察机关加强刑事诉讼检察监督，对公安机关应当立案而不立案的，监督立案78人，对公安机关不应当立案而立案的，监督撤案47件；对应当逮捕而未提请逮捕的，纠正漏捕15人；对应当起诉而未移送审查起诉的，纠正漏诉34人。依法按照二审程序或者审判监督程序提起抗诉49件，法院作出裁判50件（含上年积压案件），法院对抗诉案件改判或者发回重审28件。纠正侦查活动违法260件，纠正审判活动违法78件。构建以抗诉为中心的刑事审判监督格局，坚持“三个注重”（注重对法检定罪量刑有分歧案件的审查、注重对类案判决的审查、注重抗诉文书的说理工作），提升抗诉工作质效。

加强刑事执行检察监督，针对监管场所违法提出书面纠正意见726件，开展羁押必要性审查98人。市检察院办理的“魏某羁押必要性审查案”被最高检察院评为“2016年度全国羁押必要性审查优秀案件”。开展“发挥公诉职能，推进产权保护，优化营商环境”等“5个专项检察活动”，成立领导小组及办事机构，出台《关于在晋城市检察机关开展“充分发挥公诉职能,推进产权保护,优化山西营商环境”专项活动实施方案》。学习新修改的《中华人民共和国民事诉讼法》和《中华人民共和国行政诉讼法》相关规定,按照“既积极又稳妥,确保搞准”原则,办理“督促陵川县国土局退还土地出让金”等全省第一批行政公益诉讼案件。建立“依法导入、诉访分离”工作机制,主动引导当事人在法治轨道上合理表达诉求,共受理群众举报、控告、申诉案件636件,检察长接待上访129人次。依法落实刑事被害人救助制度,为63名生活确有困难的刑事被害人或者其近亲属提供国家司法救助。开展“司法规范化建设年”活动,建立市检察院领导联系督导工作制度,严格落实专人负责制和责任追究制,出台《关于深化全市检察机关司法规范化建设的实施意见》等4项制度。鼓励基层院大胆创新,泽州县检察院出台《关于以诉讼化方式审查逮捕案件的实施办法(试行)》;阳城县检察院出台《关于提前介入重大疑难复杂刑事案件侦查的实施意见》;高平市人民检察院全面推行轻刑快办工作机制;城区人民检察院开展捕诉一体化工作机制改革。

【体制改革】 2017年,晋城市检察机关完成深化国家监察体制改革试点工作中检察机关担负的各项工作任务,全市两级检察院配合完成人员转隶103名,移交固定资产总计1000余万元。全面落实省委政法委出台的“1+4”制度体系,执行《省委政法委统筹指导政法机关支持配合监察体制改革试点工作意见》《检察机关与监察委员会办理职务犯罪案件衔接办法(试行)》等制度规范,出台《晋城市检察机关办理监察委员会移送案件工作规程》。市县两级检察院主动加强与同级监察委员会的沟通,明确职务犯罪案件办理的衔接程序,做好办案衔接等工作。全年,全市市县两级检察机关共受理监察委员会移送审查起诉案件34件、41人,决定逮捕6人,提起公诉29件、36人。市检察院与市监察委员会建立职务犯罪案件线索移送渠道,明确将线索移送至市监察委员会案件管理室。

深化司法体制改革试点工作。全市两级检察院109名员额制检察官全部回归一线办案,按照新的检察权运行机制开展司法办案活动。出台《检察官检察辅助人员业务考核指导意见(试行)》等9项配套制度,“谁办案谁负责、谁决定谁负责”的司法责任制得到落实。坚持大部制改革方向,市检察院将原有的18个内设机构精简为7个司法办案机构和5个行政辅助机构,各县检察院内设机构统一整合为5个,内设机构数量大幅减少。出台《关于落实司法责任制的实施办法》等制度,设置109个独任检察官办案单元和26个检察官办案组办案单元,建立独任检察官和检察官办案组互为补充的办案组织形式。制定《担任院领导和业务部门负责人的员额制检察官直接办理案件制度》等,明确院领导应当带头办理重大疑难复杂等案件和年度直接办理案件数量下限。全年,独任检察官共办理案件2906件,检察官办案组共办理案件29件,院领导共办理案件420件。

【智慧检察】 2017年,晋城市检察机关推进检察信息化建设,提升“智慧检察”水平。适应检察工作新变化和信息化建设新趋势,全面落实电子计算机和网络信息技术与检察工作深度融合、有机融合。加强已有信息化建设成果的推广和应用,强化行贿犯罪档案查询系统、涉农资金监管系统的应用,提升服务群众能力和水平;强化远程出庭指挥系统、远程提讯系统等应用;强化“三微一端”、手机APP“晋城检察”应用,实现在指尖上及时高效办理服务群众的工作。

基本完成“智慧检察”云平台、智慧办案辅助分析系统等项目。其中智慧办案辅助分析系统于11月下旬上线运行。一个网络顺畅安全、应用全面覆盖、数据即时生成、信息高度融合、资源共享互通的“智慧检察”体系将初步建成。《山西法制报》《检察周刊》等媒体对此进行专题报道。8月,市人民检察院被最高人民检察院确定为“智慧公诉”建设和应用试点检察院。

【检察监督】 2017年,晋城市检察机关主动接受外部监督,保障检察权依法正确行使。把检察权运行置于人大及其常委会监督下，置于政协民主监督下。市七届人大二次会议、市政协七届二次会议闭幕后，市人民检察院专门召开全市检察机关传达学习贯彻市“两会”精神电视电话会议，对“两会”期间市人大代表、政协委员提出的219条意见和建议进行梳理，交付相关县级检察院和市检察院相关内设机构办理，办理情况向代表和委员进行反馈。创新人大代表、政协委员联络方式，开通手机APP“代表和委员联络平台”，发布《晋城检察要况》9期。开展以“防治校园欺凌，护航未成年人成长”为主题的检察开放日活动，邀请社会各界代表走进检察机关，了解近年来检察机关未成年人检察工作。核查涉检舆情反映的问题，及时回应社会关切。加强案件信息公开系统应用，向全社会公开案件程序性信息2363条、生效法律文书1241份，发布重要案件信息327条。对存在较大争议或有较大社会影响的拟不起诉案件、刑事申诉案件，实行公开审查。

（市检察院）

法 院

【概述】 2017年，晋城市法院以习近平新时代中国特色社会主义思想为指导，贯彻落实十九大精神，各项工作取得新进展、实现新突破。全市法院共受理各类案件29023件，办结28186件，结案率97.12%，在全省各市排名第二，执行工作20项考核指标综合排名全省第一，审判执行质效大幅提升，跨入全省法院第一方阵。其中市中级人民法院受理各类案件4700件，办结4585件，结案率97.55%。全年有15个集体、23名个人受到省级以上表彰，市中院被授予“全国维护妇女儿童权益先进集体”称号。

【刑事审判】 2017年，晋城市法院受理各类刑事案件2749件，审结2694件，结案率98%，判处罪犯2827人，其中判处三年以上刑罚669人。严惩危害国家安全和严重暴力刑事犯罪，审结故意杀人、绑架、抢劫、涉黑等犯罪案件641件。严惩毒品犯罪，审结贩卖、运输毒品等犯罪案件146件。严惩腐败犯罪，审结贪污贿赂、渎职等犯罪案件126件。维护群众“舌尖上的安全”和生命健康权，审结危害食品药品安全犯罪案件15件，审结危险驾驶、交通肇事等危害公共安全犯罪案件681件。推进以审判为中心的刑事诉讼制度改革，通知证人、鉴定人、侦查人员到庭，就相关情况接受控辩双方及法庭的发问，推动庭审实质化，市中院《以审判为中心的证据制度改革》获省院重点课题二等奖。

【减刑假释】 2017年，晋城市法院审结减刑、假释案件516件。会同检察机关、刑罚执行机关出台减刑假释案件办案流程，推动检察机关随案移送检察意见书成为常态。所有案件受理后一律通过官方网站向社会公示，所有职务犯罪、金融犯罪、涉黑犯罪案件一律公开开庭审理，以监督促公正。改变减刑审理“唯分论”，将服刑罪犯财产性判项履行情况与减刑幅度相挂钩，促使189名罪犯主动履行判决义务，其中通过监狱转交款项25万余元，提升服刑罪犯改造效果和刑事案件财产性判项的执行到位率。

【人权保障】 2017年，晋城市法院坚持罪刑法定、疑罪从无，对2名公诉案件被告人和18名自诉案件被告人依法宣告无罪，确保惩治犯罪与保障人权相统一。树牢谦抑、审慎、善意的司法理念，严格区分经济纠纷与经济犯罪界限，2件合同诈骗案件最终认定为民事合同纠纷。坚持宽严相济，对2158名被告人判处三年以下有期徒刑，对78名被告人免予刑事处罚。贯彻“教育、感化、挽救”方针，共对33名未成年被告人判处刑罚，其中21名判处缓刑、拘役、管制或单处罚金，封存未成年人犯罪记录30份，总结出庭前社会调查、柔化庭审对抗、心理辅导帮教等十一项未成年人审判特色制度。

【案件审理】 2017年，晋城市法院审理企业破产案件16件，涉及债权15.4亿元；开展“执转破”工作，将35件执行案件转入破产程序，让有经营价值的困境企业重整再生，让劣质落后的“僵尸企业”清算退出，实现优胜劣汰，服务供给侧结构性改革。审结知识产权案件45件，遏制侵权行为，优化创新环境。审结金融借款合同案件887件，标的额3.4亿元；审结非法吸收公众存款、集资诈骗犯罪案件31件，涉案金额7000余万元；开展涉金融案件专项执行活动，执结涉金融案件77件，标的额1.1亿元，依法维护金融秩序，防范金融风险。审结破坏环境资源犯罪案件8件，受理环境公益诉讼案件2件。

【优化营商环境】 2017年，晋城市法院贯彻省、市优化营商环境会议精神，出台优化营商环境服务经济发展的实施办法。审结各类合同案件7307件，标的额22亿元，强化市场主体契约意识和规则意识。成立涉企合同专项执行活动领导组，执结涉企合同案件1165件，标的额8.5亿元，帮助企业盘活资金，走出困境。审结物权纠纷案件564件，加大产权保护力度。审结侵害企业出资人权益、损害股东利益等纠纷案件64件。

【行政审判】 2017年，行政案件集中管辖、异地审理制度得到落实，避免行政诉讼“主客场”问题发生，提高司法公信力。受理各类行政案件604件，审结579件，结案率95.86%。其中，维持行政行为的案件167件；撤销、变更和责令履行法定职责的案件85件；坚持案结事了、实质性解决问题，和解案件47件，缓和行政相对人和政府的矛盾，发挥“减压阀”作用。落实行政机关负责人出庭制度，全年行政机关正职负责人出庭3件，副职负责人出庭30件，同比提升3个百分点，“告官不见官”现象改善。召开行政审判工作座谈会和新闻发布会，发布行政审判白皮书，促进政府依法行政。

【民事审判】 2017年，晋城市法院推进家事审判改革，探索委托调查、举证延后、离婚冷静期等制度，审结婚姻、赡养、继承等案件3350件。其中，调解结案1149件，撤诉619件，调撤率达52.78%。审结侵权赔偿类案件2012件，依法保障受害人合法权益。审结劳动争议案件664件，坚持保障劳动者权益与促进企业发展并重。开展司法救助，为152名当事人发放救助金140余万元，为135名当事人减免缓交诉讼费118.4万元。以基层法院的立案庭、派出法庭为切入点，推行诉调对接“6＋N”工作法，完善诉讼与非诉讼衔接机制，把简单民事案件化解在诉前，减少群众诉累，促进社会和谐。市中院为基层法院聘用18名特邀调解员，帮助解决实际需求。全年受理诉前调解案件2033件，调解成功1172件，占57.6%，其中当事人及时履行或和解未进入诉讼程序的576件，申请法院出具调解书、确认书的596件，全市法院民事收案近年来首次下降。

【繁简分流】 2017年，晋城市法院出台意见对发回重审、重大改判、法官释明、专家辅助人参与民事诉讼等进行规范，推进“繁案精审”，提升审判质量。出台简易程序、小额诉讼、司法确认、实现担保物权等办案流程，指导基层法院“简案快审”，提升审判效率。全年适用简易程序审理案件6689件，适用率同比提升近25个百分点，法定审限内结案率96.61%，案件审理平均用时74天，同比缩短51天。

【司法为民】 2017年，立案登记制效果显著，做到有案必立、有诉必理，当场登记率超过95%。推行诉讼费一次性交退措施，在两级法院立案窗口开通网上银行、POS机交费，和银行协商全部免收当事人转账手续费，二审案件从交费到退费由原来的十一步简化为一步，便利当事人诉讼。全面深化司法公开，以公开促公正。裁判文书上网25892件，上网公开率94.77%，除法律规定不予公开外，做到应公开尽公开；庭审直播案件1173件，观看量累计131万人次，沁水法院一名法官被评为“全国优秀庭审直播法官”，市中院审理的一起刑事案件在庭审直播网点击量达4.7万人次。

【执行体制】 2017年，依靠党委统揽全局、协调各方领导作用，晋城市委法治建设领导小组出台解决执行难的实施意见，市委政法委两次召开由各执行联动单位参加的执行工作推进会，市委宣传部对执行宣传工作专门作出安排，市中级人民法院与市人民检察院、市公安局签署联动协作意见，全市综合治理执行难的大格局基本形成。构建“三统一”执行工作体制，两级法院握指成拳、一体推进，形成解决执行难的强大合力。市中院下派14名法官助理、33名辅警帮助基层法院办理案件，对影响较大、特殊主体等案件集中调度，共提级执行437件，与基层法院协同执行89件，指定异地执行450件，一批难点案件得到解决。

【仲裁执行】 2017年，晋城市法院针对仲裁保全和仲裁执行分属两级法院管辖的现状，依据民诉法提级管辖制度，裁定由市中院统一保全，并形成长效机制，避免工作脱节，提高执行效率。在执行立案阶段给申请人发送举证通知书，明确告知法律规定的全部执行措施和失信被执行人信用惩戒措施“两个清单”，自我加压、自断退路，倒逼执行工作更加规范。利用信息化、网络化、自动化手段查控被执行人财产，实施网络查询9000余次，网络冻结2100余次，冻结金额5800余万元；开展网络司法拍卖，拍卖案件120件，变现价款6595万元，提高执行工作效率和透明度。两级法院院长召开敦促被执行人履行义务约谈会，共约谈650余人，当场拘留22人，60个案件被执行人及时履行判决义务，结案金额3000余万元。

【失信惩戒】 2017年，晋城市法院加大失信被执行人“黑名单”纳入力度，累计公布10133人次，其中2017年公布6774人次，失信公开率全省第一。加大限制高消费力度，对单位被执行人的法定代表人、主要负责人、影响债务履行的直接责任人、实际控制人限制高消费，对个人被执行人及其扶养的家庭成员限制高消费。加大强制措施适用力度，全年共强制搜查20次，审计调查5次，罚款8人，司法拘留231人，以拒不执行判决裁定罪判处刑罚6人，执行威慑初步形成，共促使2653名被执行人主动履行法定义务。

【舆论宣传】 2017年，两级法院院长带头在电视台针对“基本解决执行难”工作向社会公开表态。利用电视、报刊、微信、微博、官方网站、LED显示屏等平台，报道执行重点行动，曝光失信被执行人，公开司法拍卖、执行悬赏，报道拘留、罚款，特别是打击拒执犯罪的有关举措，在《山西法制报》《今日头条》《太行日报》等媒体刊发执行报道128篇。与市电视台合办《法院在线》栏目，在太行日报开辟《法院专栏》，引导社会公众客观正确认识执行难，区分“执行不能”，营造理解和支持执行工作的良好外部环境。

【人员改革】 2017年，晋城市法院完成员额法官遴选和增补工作，从325名原任法官中遴选出首批员额法官181名，增补12名，退出17名，现有员额法官176名，组建审判团队72个。挖掘内部潜力，配齐配强团队力量，将部分事业编制人员、编外人员编入团队担任事务助理。市中院通过购买社会服务，聘用24名应届法学专业大学生担任公益岗位，录用聘用制书记员24名，全市法院60%人力资源配置到办案一线。出台人民陪审员参与执行审查、执行员参与执行实施的指导意见，推行执行警务化保障，缓减执行力量不足问题。市中院面向基层法院完成5名法官的遴选工作，为法官逐级遴选探索经验。

【审判改革】 2017年，晋城市法院推进司法责任制改革，院庭长不再对未参加审理的案件审核签文，实现审者判案。出台落实司法责任制实施意见，对员额法官、审判辅助人员、合议庭的职责权限、办案责任等进行清单式规定，对院庭长审判管理、审判监督的职责、权限、方式进行明确规定，确保有权必有责、用权受监督。院庭长办案成为常态，审结案件7742件，占全部结案的31.83%。建立专业法官会议制度，搭建交流平台，促进裁量统一。规范审委会职能，集中精力讨论重大共性、法律适用等问题，减少个案研究数量，全年全市法院审委会讨论案件483件，同比下降33%，有97.36%的案件由主审法官或合议庭自行定案。全年当庭宣判案件4091件，当庭宣判率全省第二，“让审理者裁判、由裁判者负责”的新型审判权运行机制基本形成。

【涉诉信访】 2017年，晋城市中院推行院领导接访纪要制度，做到接访情况全程留痕、责任清晰,印发接访纪要7期,接访案件91件,其中报请终结22件,转入法定程序69件。贯彻涉诉信访改革精神,推动涉诉信访进入法治化轨道,会同市联席办、市检察院、市公安局、市司法局联合发文规范晋城市涉法涉诉信访工作办案流程,解决诉访不分、终而不结、出口不畅、反复交办等问题,为当事人依法行使诉权指明路径。

【信息化建设】 2017年,晋城市法院制定全市法院信息化工作三年规划,坚持人员统一、规划统一、技术标准统一,做到两级法院信息化建设一体推进。夯实基础建设,21个派出法庭全部接入法院专网,诉讼案件立案、分案、开庭等13项流程,执行案件查控、冻结、失信限制等37个节点实现网络化管理。建设科技法庭46个,实现公开庭审案件网上直播。开通网上立案,全年网上预约立案139件。开通"在线法院",对无法到庭的重庆周某劳务合同纠纷案,利用远程开庭系统进行审理,运用信息化手段提升司法便民水平。全市法院执行指挥中心全部建成,实现执行案件实时指挥、全程可视、查控便捷、高效规范。同步生成电子卷宗10478册,为实现全流程网上办案和当事人电子阅卷奠定基础。开通12368短信服务平台,公开案件流程信息17805条,变当事人千方百计打听案情为法院及时主动告知,实现信息多跑路、群众少跑腿。

【队伍建设】 2017年,晋城市法院邀请专家教授培训干警13次,参训人员达2000余人次,提升法院队伍的司法能力和综合素质。大兴调查研究之风,引导干警在调研实践中提升境界、解决难题。两项成果分别获全省重点课题二等奖和全国法院论文评选三等奖。调研成果转化为指导党的建设、审判执行、司法管理等13类86项制度。开展办案能手、庭审规范、裁判文书等"九个一"大比武活动。

(市中级人民法院)

司法行政

【概述】 2017年,晋城市司法行政系统贯彻落实十九大精神,贯彻落实习近平总书记系列重要讲话精神,尽职履责,推动整体司法行政工作提质升级上水平。市司法局被中华全国人民调解员协会表彰为"人民调解宣传工作先进集体",被省司法厅推荐为"全国创建平安医院活动表现突出集体",被市政府推荐为"山西省依法行政优秀集体"。

【法律服务】 2017年,晋城市司法行政系统筑牢"人防",加码"技防",提升社区矫正工作的科技化水平。开展社区矫正教育质量年活动,对社区矫正和安置帮教风险隐患进行专项排查整治,累计排查出风险隐患47个,整改45个,整治率达96%。建成市县乡三级互联互通的社区矫正指挥平台,实现对社区服刑人员的电子档案互通、电子定位监管、智能分析研判和集中学习教育。全年共接收社区服刑人员5310人,累计解除4192人,在矫社区服刑人员1118人(其中管制14人,缓刑1082人,暂予监外执行17人,假释5人)。

严格信息核查,压实工作责任,提升安置帮教管理的信息化水平。实现无长期待核查人员、无核查失败搁置人员、无核查成功未回执人员的"三无"目标,核查率为100%。截至年底,共有安置帮教人员5624人,其中解除矫正2676人,刑满释放2948人。

完善制度,创新方法,提升人民调解工作的规范化水平。通过"派驻式"对接,在基层法院、派出所、信访等部门设立人民调解工作室,加强多调衔接联动。下发《关于推进行业性、专业性人民调解工作的指导意见》,全市共建成专业性、行业性调解委员会64个。六县(市、区)全部建成"名称、印章、标识、文书、场所"五规范的标准化矛调中心。截至年底,共有人民调解委员会2481个,人民调解员8549人。全年全市共排查调处各类矛盾纠纷6528件,调解成功6332件,成功率97%,其中涉及当事人数15146人,协议涉及金额1亿多元。

完善机制,强化保障,全面提升律师参与涉法涉诉信访案件的工作水平。与市委政法委、市中级人民法院、市人民检察院、市公安局联合下发《晋城市律师参与化解和代理涉法涉诉信访案件实施细则》，明确工作流程和职责任务。与市财政局联合下发《律师参与化解和代理涉法涉诉信访案件工作市级专项资金管理暂行办法》，将工作经费列入财政预算予以保障。全年，律师参与化解和代理涉法涉诉信访案件38起。

【经济服务】 2017年，晋城市司法行政系统开展专题需求调研。对晋城经济技术开发区14个社区和8家年销售额2000元万以上的规模企业进行法律服务需求调研，为其推荐政治素质高、业务水平优、大局意识强的律师担任法律顾问。

提供专项法律服务。出台《关于服务保障资源型经济转型升级的实施办法》《关于开展服务保障全市开发区改革创新发展专项行动的实施意见》和《关于公证服务经济振兴崛起防范金融风险的指导意见》，成立法律服务团，参与重点工程项目69项，提供法律咨询365次，出具法律意见65条，参与项目风险评估46余次，进行合同审查113起。

设立城区司法局派驻开发区司法所。

【法律援助】 2017年，晋城市司法行政系统加强公共法律服务平台建设。制定《晋城市关于推进公共法律服务实体平台建设的实施意见》，县级公共法律服务平台建设基本完成。加强法律援助网络建设。全市建成173个法律援助站点，市县两级法院和看守所实现全覆盖。为建档立卡贫困户发放"法律援助爱心卡"，开辟贫困户维权绿色通道。全年，全市共办理援助案件1129件，解答法律咨询19167次，受援人总数达21855人。加强基层法律服务力量。招募司法所志愿者96人，人民调解志愿者367人，新增基层法律服务工作者33人。加强微信"4+1"服务体系建设。建立市、县、乡、村四级法律顾问微信群["4"即"一村(社区)一法律顾问"市级指导群、县级管理群、乡级工作群和顾问服务群，"1"即创立"太行山里红"微信公众号]，实现四级联动。截至年底，全市法律顾问进村(社区)36237次，接受法律咨询81727次，开展普法宣传5388场，协助纠纷调解4053次，为困难群众提供法律援助822件，出具各类法律意见书5389份，解决常年上访、群体性上访事件83起。

【普法宣传】 2017年，晋城市司法行政系统聚焦"微信普法"。2月19日，创办普法互动栏目《每日一题》，日均答题人数突破5000人，累计答题人数突破150万人次。12月1日至2日，举办"12·4"法律知识电视竞赛。

聚焦"以案释法"。拍摄法治宣传微视频《山里红》和微电影《逃》，参加全国第二届平安中国微电影微视频比赛，分别被评为最佳微视频和优秀微电影。微电影《逃》在第五届亚洲微电影艺术节上被中国电视艺术家协会评选为"金海棠奖"。

聚焦法治建设。市县两级全部建立普法依法治理领导机构，制定普法依法治理会议制度、中心组学法制度、年度述法制度等9项制度，起草《普法责任制实施意见》和《普法责任清单》。在全市推行法律顾问制度和公职律师公司律师制度，市县两级党委政府及其部门共聘请顾问律师284名，实现法律顾问全覆盖。

聚焦重要时间节点。举办"12·4"新中国宪法展，集中展出相关资料400余件，市委政法各单位和市直20个单位组织参观学习。举办"12·4"法治书法展，展出以法治为主题创作的书法作品66幅，观展人数达1000余人。

【信息化与基础建设】 2017年，晋城市司法行政系统调整网信工作领导组，明确工作职责、责任科室和工作制度，建成16平方米独立机房，市县两级全部按时完成电子政务外网接入工作。加强司法所规范化、标准化建设，全市创建省级规范化司法所65个，占全市司法所总数77%，高平市、阳城县、沁水县实现省级规范化司法所全覆盖。

【司法改革】 2017年，晋城市司法行政系统完成重点领域改革工作。律师行业坚持维权和惩戒两手抓，建立市律师工作联席会议制度，市律协成立"律师奖励惩戒行风监督委员会"和"维权中心""投诉查处中心"，依法保障律师执业权利，查处违法违规执业行为。

法律援助加强案件质量管理，建立《办案机关征求意见卡》《回访登记记录本》《受援人风险、权利、义务告知书》等一整套质量管理文书，对全年结案的80%的案件进行电话回访，群众满意率达98%以上。

公证领域率先完成行政转事业改革任务。拓展公证家事法律服务工作，开展"公证敬老公益服务月"活动，为80岁以上老人减免遗嘱公证费用。与市中级人民法院联合推动公证参与人民法院司法辅助事务工作。

司法鉴定加强对鉴定机构和鉴定人监督管理，出台《关于进一步规范司法鉴定工作衔接机制的实施办法》，建立司法鉴定管理与办案机关使用有效衔接。

完成国家司法考试2017年度组织实施任务，实现考务零差错、安全零事故、考生零违纪、试卷零雷同、服务零投诉"五零"目标。

（市司法局）

仲裁

【概述】 2017年，晋城市仲裁委员会围绕晋城经济发展战略，主动适应新形势，依托"仲裁云平台"，开创"互联网+仲裁"新纪元，探索线上仲裁与线下仲裁并驾齐驱；为晋城大中小企业提供专业可靠的仲裁法律服务，提高办案质量和效率，提升晋城仲裁公信力；践行"两化"发展战略，健全工作机制，打造一流仲裁机构，为"一带一路"平稳建设及快速发展提供法律保障。

【案件受理】 2017年，晋城市仲裁委员会受理各类民商案件425件，同比增长16%，争议标的5.29亿元，已结案件344件，结案率达到81%，比上年同期有所增长。其中已结案件中调解结案220件，占64%。从案件受理情况来看，案件类型更加多样化，其中涉及借款合同40件、买卖合同47件、房屋租赁合同17件、租赁合同5件、拆迁补偿合同1件、建设工程施工合同14件、房屋买卖合同273件、承揽合同6件、普通合同13件、技术咨询合同2件、股权转让合同1件、债权合同1件、物业合同2件、居间合同1件、装饰装修合同1件、追偿权合同1件。

【案件审理】 2017年，晋城市仲裁委员会从各个环节要求每个办案秘书都要做足开庭前准备工作，短信提醒仲裁员及双方当事人，保证仲裁程序合法性，每一份裁决书、调解书都要经办案秘书三轮校对，最后由秘书长签字才能下发，设立裁决书下发登记制度。从秘书长到各办案秘书，逐层把关，严把裁决文书质量，从实体、程序、文本格式等方面做好审核工作，裁决书质量提高；由于2017年群体性案件较多且矛盾相对复杂，于是加强对同类案件协调，确保裁决标准统一，对仲裁员意见不一致的较为复杂的案件，提交专家咨询委员会讨论，形成的意见交仲裁庭参考，尽量做到每件案子无瑕疵。

【纠纷调解】 2017年，晋城市仲裁委员会在办理案件过程中，坚持"调解优先"，发挥仲裁调解优势，推动建立和完善各方面参与的调解工作格局，把调解贯穿于立案、庭前、庭后等各个环节，运用调解方式处理矛盾纠纷。对于在立案当时就发现当事人之间争议不大、权利义务关系清楚的案件，立案后及时调解。能够达成调解协议的，迅速组成仲裁庭，制作调解书发送给当事人。在审理过程中发现有调解可能的，动员各方力量，做好说服工作，在审限上予以适当处理，促使矛盾纠纷解决。

【案卷管理】 2017年，晋城市仲裁委员会为确保案卷归档规范化，设立仲裁案卷的专门管理和负责人，完成电子归档和纸质归档同步工作。所有归档案卷需符合规范要求，每件仲裁案件从归档、查阅、借阅都设立严格制度和手续，提高仲裁案件结案率和保密性，方便案卷查阅。

【业务培训】 2017年，晋城市仲裁委员会开展学习常态化制度化建设，打造廉洁高效仲裁品牌。实现仲裁的高度专业化，提高办案能力和水平。为普及法律知识，加强法务交流，组织仲裁秘书到广州、北京、安阳、哈尔滨等参加学习培训，学习借鉴外地仲裁委的好方法、好经验，开拓办案思路，提高仲裁秘书专业素质。

【仲裁沙龙】 2017年，晋城市仲裁委员会共举办“一月一书一感悟”读书沙龙活动6期，活动主要由市仲裁委的仲裁秘书进行读书分享，邀请仲裁员及社会各界喜欢读书的人士参加，所分享的书籍涉及社会、法律、历史、政治、科技等内容。

【仲裁宣传】 2017年，为适应互联网发展的新形势、新需求，晋城仲裁委通过网站、微信公众号等新媒体平台，打造全方位仲裁宣传阵地，向晋城市民宣传仲裁制度，为公众提供专业、权威、实时的仲裁动态信息，提高仲裁公信力和社会影响力。全年，利用晋城仲裁委员会网站，及时更新工作信息和动态，刊载相关仲裁制度、仲裁案例、仲裁法律知识等信息12期；微信公众号推出22期，内容涉及仲裁读书沙龙，仲裁法律知识介绍等。

【网络服务】 2017年，晋城市仲裁委员会推进“互联网+仲裁”建设，打造线上线下全方位仲裁服务平台。利用广州仲裁联盟云平台资源，以联盟成员身份共享仲裁管理系统，在内部可实现“立、审、裁”全过程的无纸化办公，提高工作效率和各类信息利用率。对临时仲裁、智能仲裁等新规则进行探索，为之后设立临时仲裁和智能仲裁奠定技术基础；掌握和利用仲裁大数据功能，为同类案件的仲裁思路、法律适用寻找合法合情合理的参考依据，确保仲裁案件结果的统一性。以中国互联网仲裁联盟“互联网+”行动计划战略部署为契机，借鉴广州仲裁委经验，依托“仲裁云平台”，探索应用网上立案、网上缴费、在线管理、在线仲裁等工作，开创“互联网+仲裁”新纪元。

【工作创新】 2017年，晋城市仲裁委员会创新仲裁服务领域，开启财产保全直通车。针对财产保全难问题，数次与市中级人民法院进行多角度、全方位沟通和探索，8月，市中级人民法院下发“将仲裁案件申请财产保全由市中院统一管辖的通知”，这一创新举措为仲裁案件申请财产保全开启“直通车”，为当事人减少保全成本和时间，提高财产保全率，有效提升案件执行率，全年，共协助当事人办理保全案件15件。

【“两化工作”】 2017年，晋城市仲裁委员会推进“两化”工作，实现法律效果和社会效果相统一。市仲裁委在2016年成为仲裁“两化”试点单位后，2017年继续在“处理案件纠纷多样化”中下大力气，推进“两化”试点工作。3月，市仲裁委参加在惠州举办的全国仲裁“两化”试点工作座谈会。与惠州、武汉、广州、哈尔滨、石家庄、湛江等仲裁委进行工作经验和做法的交流，其中惠州仲裁委全国首创的“函告和解”多解扣子少敲锤子、武汉仲裁委的汽车金融仲裁确认、广州仲裁委的仲裁联盟云平台、哈尔滨仲裁委的进社区、进高校等“六进”、石家庄仲裁委在金融领域试点推行的“仲裁确认”等经验做法值得借鉴。对所立的仲裁案件，实行立案分析、庭前预判、庭后调解、裁前告知等多样化手段，力争做到每案必调，庭审前、庭审中、庭审后、裁决前都适时进行调解，提高案件的撤诉率、和解调解率和自动履行率，使“案结事了”有实效，推进仲裁“两化”工作，实现法律效果和社会效果相统一。

【仲裁发展】 2017年，晋城市仲裁委员会探索中等城市仲裁发展之路，实现仲裁多样化的社会价值。为加强中等城市仲裁机构仲裁理论与实践研究、研用结合、促进中等城市仲裁事业的创新发展，11月，市仲裁委秘书长作为中等城市仲裁机构发展研究专业委员会委员，参加在安阳举办的“2017中国中等城市仲裁机构发展高端论坛”，会议探讨中等城市仲裁事业发展的前景，今后中等城市仲裁机构发展研究专业委员将依托各仲裁机构、大专院校及各民商事主体，开展仲裁理论、仲裁实务研究。11月，市仲裁委与山西省的各仲裁委秘书长作为发起人，创建山西省仲裁法学会，共同谋划适应我省各地市自身发展的新思路、新理念和新方法，与各仲裁机构共话发展大计，实现仲裁多样化的社会价值。

（市仲裁委）

公 证

【概述】 2017年，晋城市公证处

履行公证职能，为当事人提供优质公证法律服务。全年共办理各类公证2024件。其中，国内民事公证681件，国内经济公证306件，涉外公证1037件，其中涉港、澳、台16件，为全市经济发展、社会和谐稳定提供公证法律服务保障。

【民事公证】 2017年，晋城市公证处办理涉及公民权利义务的公证事项，维护人民群众的合法权益，民事公证以继承权、赠与、委托、声明书、更改姓名等为主，全年共办理681件。

【经济公证】 2017年，晋城市公证处继续为晋煤集团所属各矿以及凤展购物中心、工商银行晋城支行、路桥公司等10余家企事业单位提供公证法律顾问服务，为企业依法经营提供法律服务。2017年，办理的经济公证主要是股东会决议、法人授权、借款合同等，降低企业经营风险，维护企业正常经营秩序。

【涉外、港澳公证】 2017年，晋城市公证处共依法办理各类涉外公证1037件，办证事项涉及学历、出生、亲属关系、收入、资质、有无违法犯罪记录等多个领域。办证件数创历史新高，涉外公证书发往美国、加拿大、英国、法国、德国、俄罗斯、日本、韩国等20多个国家和地区，保证全市企业及群众的正常对外交往。

【现场公证】 2017年，晋城市公证处依法对市政府采购中心和开发区政府采购中心70余项招投标活动进行现场监督，包括晋城市网约车监管信息交互平台建设项目、晋城市政务大厅管理中心所需办公家具、晋城市政务大厅所需工作服等重大建设项目的公开招投标活动公证，涉及金额上亿元；

参与市国土资源局和开发区国土资源局土地拍卖活动，涉及金额5、6亿元，确保拍卖结果公平与合理；

分别为市工商局、市科协、市光大银行、市煤气开发利用中心、市军分区等单位组织多种形式的知识竞赛活动进行现场监督，保证各项活动公平、公正。

【公证宣传】 2017年3月6日，晋城市公证处在市妇女儿童活动中心大门口悬挂“晋城市公证处纪念《中华人民共和国公证法》实施十一周年法律宣传”宣传标语，市公证处全体人员统一着公证服，佩戴公证徽章，向广大市民散发宣传资料，即包含介绍公证工作业务范围、办证程序、收费标准、办证所需手续等主题突出、内容全面的《公证须知》，现场解答市民关于继承、抵押、赠与等方面的法律问题，向广大群众宣传《中华人民共和国公证法》知识。

3月1日，组织全市公证员开展一次宣誓承诺活动。来自全市6家公证处18名公证员面对五星红旗郑重宣誓。

为提高社会各界对公证关注度，宣传《中华人民共和国公证法》实施十一周年活动，3月1日，在《太行日报》刊发《让每一件公证都公平公正》文章。

开展公证进企业提供法律体检活动。3月1日，进企业做回访工作，为企业做法律体检工作，从企业角度出发，快速优质的为企业出具相关公证文书，保证企业的经营活动正常有序地开展。

【公证管理】 2017年，晋城市公证处规范公证书格式。根据《公证文书质量标准和说明》，统一规范全市范围内各公证处的公证文书格式，包含字体、排版、公证书正文中的数字表述要求、公证书证词页和所证明的法律文书排列顺序问题等。

启用省司法厅统一的公证业务管理系统。启用业务管理系统，系统包含统一的申请表、受理通知单及告知书、谈话笔录、承诺书、送达回执等，提高公证服务效率，公证项目办理更加标准和规范。

购置一批人脸识别仪等设备。为维护当事人合法权益，保留公证相关证据，引进“人脸识别系统”，进行身份证和人像对比，系统可以提取身份证内信息与现场拍摄到的身份证持有者图像进行对比，快速识别出证件与证件使用人是否相一致，有效杜绝错证、假证发生。购买身份证识别仪、高拍仪等，核对办证人身份信息更精准。

（市公证处）

晋城市地方税务局

晋城水资源税改革试点启动仪式

晋城市地方税务局组建于 1994 年，位于晋城市市凤台西街 1023 号，正处级建制，实行上级地方税务局与当地人民政府双重领导，以上级地方税务局领导为主的管理体制。市局下设 7 个直属分局和 6 个县（市、区）局，机关内设 13 个科室和 5 个事业单位。负责征收全市范围内企业所得税、个人所得税、资源税、环境保护税、城市维护建设税、房产税、印花税、车船税、土地使用税、土地增值税、耕地占用税和契税等 13 个税种，同时代征教育费附加、地方教育附加、残疾人就业保障基金和工会经费等规费。

2017 年，该局坚持内外兼修优化税收营商环境，全力以赴服务经济转型发展。在组织税费收入 86.84 亿元，同比增长 25.20% 的同时，不折不扣落实税收优惠政策，累计依法减免税 10.6 亿元，惠及 1.8 万户纳税人，有力服务了经济结构转型升级。一年来，全系统各县（市、区）局均保持省级以上文明单位称号，其中城区局、高平局、陵川局为国家级文明单位。

“优化税收营商环境，服务经济转型发展”税企座谈会

参观晋城市党史馆，重温入党誓词

全市地方税务工作会议

到扶贫结队村开展帮扶

泽州县工商和质量监督管理局

泽州县委常委、常务副县长李韶华（左五）参加打假成果展览

市工商局局长白亚平（前排左三）、副局长杨成芳（前排左四）在泽州局调研

县工商局党组书记、局长张庆立（左二）参加 3.15 活动

副县长樊海放（中）参加“质量强县、商标兴县”座谈会

开展“争做文明事 争当文明人”活动

县工商局党组书记、局长张庆立（右一）在泽州县东土河村扶贫调研

警示教育讲座

“多证合一”启动仪式

党员学习大会

应急救援演练

晋城市住房公积金管理中心

2017年，是晋城市住房公积金管理中心学习之年、落实之年、提升之年。一年来，在市委、市政府和市住房公积金管理委员会的领导下，在省住房公积金监管处的精心指导下，全市公积金人团结协作，心往一处想、劲往一处使，抓重点、补短板，认真念好缴、用、还、查、廉“五字诀”。制度覆盖面不断扩大，缴存额稳步增长，缴存总额首破百亿大关。使用政策更加便民，个贷率达到60.92%，缴存职工获得感大幅提升。全市资金统一管理，“六查”工作深入细致，资金效益和资金安全实现双提升。信息化建设大大提速，“双贯标”建设顺利通过验收，异地转移接续平台减少群众来回奔波，审批流程不断优化，实现“六实时”，为管理标准化、业务智能化、服务高效化打下坚实基础，荣获全省住建系统“先进单位”称号；“五个一”活动凝心铸魂、精彩纷呈，文明创建工作步履铿锵，获市级“文明单位”称号；“两学一做”“三基建设”在坚持中深化、在深化中坚持，党建工作生机勃勃、旗帜高扬。

市委常委、常务副市长张利锋（左二）到市公积金中心调研指导工作

晋城市住房公积金管理委员会召开四届二次会议

“双贯标”工作顺利通过住建部验收

市人大常委会副主任李翠叶（中）到中心调研

开展“主题党日”活动——参观晋城市党史馆

党员讲党课，人人登台，人人受益

市住房公积金管理中心举办“爱心·孝心·善心”故事汇活动

“阅读经典　阅读阅美”诗歌朗诵会

晋城市公安局交通警察支队

市长刘锋（右四）到支队调研道路交通管理工作

近年来，在市委、市政府、省厅交管局、市公安局的正确领导下，市公安局党委委员、交警支队长郭国庆、政委牛坤和支队班子成员带领全市公安交警面对严峻的道路交通安全形势和繁重的工作任务，认真贯彻落实习近平总书记系列重要讲话精神，围绕中心、服务大局，履职尽责、主动作为，从严从细从实做好防事故、保安全、保畅通各项工作，保持了全市道路交通安全形势持续平稳。

2017 年，交警支队始终将事故预防放在首位，全力组织开展“迎接十九大 全警保平安”1+8 行动、“三个不发生”创建活动、公路和城市交通违法整治行动、创建全国文明城市“百日会战”，全面打响隐患歼灭战、路面防控战、宣传攻坚战、共治合成战，铁腕治理各类违法行为，使交通秩序有了明显改善，特别是五类重点车辆审验率、报废率在十九大召开前达到 100%，实现了在全省名次的提升，全市全年道路交通事故平稳下降。同时，开通了全部 10 大类、131 项服务项目，服务群众水平进一步提升。2017 年，支队被省文明办评为省级文明单位标兵，被省劳动竞赛委员会荣记集体二等功。通过一年的努力，交警支队逐渐实现了队伍整体素质不断提高，路面行车秩序明显改观，道路交通事故预防能力增强，人民满意度提升的目标，为促进我市经济和社会发展营造了良好的道路交通环境，为奋力开创新时代美丽晋城高质量转型发展新局面做出积极的贡献。

举办 122“全国交通安全日”文艺汇演

省公安厅党委委员、省厅交管局局长郭丙福（左四）到支队检查指导工作

副市长、市公安局局长王斌权（右三）督导检查道路交通安全工作

扎实开展“护卫天使”行动

组织开展慰问困难群众活动

道路交通事故快处快赔服务中心

召开全国文明城市强力整治交通秩序动员誓师大会

夜查酒驾

全力护航“高考”

晋城市人民医院

市长刘锋（左一）到市人民医院调研指导工作

市人民医院与兰花集团北岩煤矿合作共建“晋城市人民医院兰花北岩分院”项目正式签约

院长秦中胜当选中国医院协会第三届理事会理事

党委书记刘冰（右二）率队赴新疆兵团第六师芳草湖农场医院慰问市人民医院援疆干部

晋城市人民医院易址扩建项目建设工作全面提速

市人民医院胸痛中心获中国胸痛中心总部认证授牌

市人民医院超声医学科殷丽（中）获第六届“晋城好人”

国家“十三五”重大专项——“H 型高血压精准医学与中风防控”项目在市人民医院启动

太原科技大学晋城校区

副省长张复明（左二）等领导到晋城校区调研

2017 年，太原科技大学晋城校区党工委、管委会深入学习贯彻习近平总书记系列重要讲话精神和党的十九大精神，在学校党政的正确领导和晋城市政府的大力支持下，按照学校 2017 年度党政工作要点和重点工作任务分工，稳步推进校区各项工作。

校区党工委深入学习贯彻《关于新形势下党内政治生活的若干准则》《中国共产党党内监督条例》，落实全面从严治党主体责任和监督责任，推动党风廉政建设“两个责任”的进一步落实。以校内巡查整改工作为契机，校区党工委强化领导班子成员的责任意识，把履行党风廉政主体责任作为重大政治任务，加快完善相关制度。校区党工委认真开展“两学一做”“两提一创”专题教育活动，积极推进三基建设，以专题教育活动为契机，提升校区党建工作水平。

校区以《关于加强和改进新形势下高校思想政治工作的实施意见》为指导，努力构建“一个中心、两个重点、三个建设”的全方位育人工作格局，全面提升学生思想政治教育工作，提高学生工作队伍日常管理水平。

校区积极推进学科专业建设，充分发挥高校人才培养、科学研究和服务社会的功能。通过多方努力，落实了 150 个编制使用计划，2017 年引进 3 名博士（其中 1 人为高层次人才）和 8 名硕士，为学科建设和教学科研工作提供人才保证。校区重视人才培养与日常教学工作，完成教育部审核评估工作，受到评估专家的高度肯定。首届毕业生 516 人，就业 480 人，就业率 93.02%，考取硕士研究生 66 人，就业升学双丰收。

校区与晋城市各类企业成立产业联盟、产业研究院，开展产学研合作，服务晋城市传统产业升级；成功申报 “山西省互联网 +3D 打印协同创新中心”；与中兴通讯、中科曙光公司合作建立产教融合基地；与晋煤集团煤与煤层气国家重点实验室合作，成功申报煤层气联合研究基金项目和重点实验室开放基金项目。

2017 年，完成两栋研究生宿舍楼建设，学生公寓二期工程项目完成项目可研、方案批复。校区持续推进后勤保障社会化服务工作，大力提升服务效能，加强校园综合治理，维护校园安全稳定，努力打造平安和谐校园。

市政府与太原科技大学、东北大学召开产学研合作交流会

校区与晋城市煤层气、国家质检中心签订共建协议

校纪委对校区进行改制巡查反馈

新疆教育厅内学办领导与新疆学生座谈

校区 3D 打印中心

采矿实验室

校区第四届田径运动会

首届毕业典礼

晋城职业技术学院

晋城市旅游职业教育集团成立暨揭牌仪式

2017 年，学院深入学习贯彻习近平新时代中国特色社会主义思想、党的十九大精神和全国高校思想政治工作会议精神，聚焦立德树人根本任务，全面深化教育教学改革，持续推进内涵建设，大力提升人才培养水平，增强创新发展能力，服务地方经济社会发展，推动文化传承创新，学院各项事业取得了一系列可喜成绩获“晋城市精神文明创建标兵单位”“全国第九届校园文化建设成果优秀奖”。大学生思想政治工作在全省高校思想政治工作能力提升研修班上作了经验交流，教师获全省辅导员大赛金奖；组织承办全域旅游与职业教育高峰论坛，全域旅游视野下乡村旅游发展与人才培养研讨会取得良好效果，职业教育集团化办学迈出坚实一步；组织 300 多人次教职工外出考察学习、到企业锻炼，完成 35 名中层副职干部备案工作，17 名副科级干部选拔工作，干部队伍更加优化，干事创业能力不断增强；获全国职业技能大赛三等奖 4 项，省级一等奖 7 项，二等奖 11 项，三等奖 18 项；“创园”被认定为省级众创空间，享受“省扶持众创空间发展专项资金”支持；“双百”工程持续推进，助力校企合作、产教融合，在全国高校创新人才培养暨学科竞赛评选中居全国高职院校第 275 名，位列全省第 10 名。

学院创园

学院十九大精神宣讲团进合作企业

学院获省第十一届职业院校技能大赛优秀组织奖

学院"双百"工程对接高平马村

第八届校园文化艺术节闭幕式

中国人民银行晋城市中心支行

人民银行太原中心支行党委书记、行长李文森（左四）到晋城市企业调研

人民银行太原中心支行党委委员、副行长邢毅（左二）到兰花集团调研

中国人民银行晋城市中心支行是中国人民银行在晋城市的派出机构，下设高平、阳城、陵川、沁水四个县（市）支行。履行实施货币政策、维护金融稳定、提供金融服务等相关职能。

2017 年，全市人民银行认真贯彻执行稳健中性的货币政策，引导金融机构合理增加贷款总量、优化信贷结构、支持供给侧结构性改革，助力地方经济发展。截至 12 月末，全市金融机构各项贷款余额为 1222.8 亿元，较年初增加 131 亿元。进一步拓宽企业融资渠道，降低融资成本。通过应收账款融资平台实现融资 10.2 亿元，为工业转型企业新增贷款利率低于全市贷款平均水平 1.4 个百分点。助推脱贫攻坚，率先在全省推开“五位一体”扶贫小额信贷发放和收益兑现工作，与市总工会联合组织开展了金融扶贫攻坚劳动竞赛活动，得到市委市政府领导的肯定。坚持监管服务并重，着力防范金融风险，守住了不发生系统性、区域性金融风险的底线。扎实推进金融改革，研究拟订总体方案，积极推动晋城市创建国家级资源型经济转型发展金融改革创新试验区。不断深化外汇管理服务，规范外汇市场秩序；推动金融业务和产品创新，建成达标农村金融综合服务站 2282 个；开展人民币净化工程，反假货币工作在全省社会治安综合治理考核为 1 类。召开全国首家县域金融消费权益保护环境评估报告发布会，受到人总行的肯定；深入开展征信知识“五进”活动，建立 5 个诚信文化教育示范基地，不断加强社会信用体系建设，为全市经济金融稳健运行提供了保障。中心支行连续 18 年保持山西省文明单位称号，被省总工会金融工会授予 2017 年度山西省金融系统优质服务竞赛先进集体。

全行干部职工认真学习十九大精神

中心支行党委书记、行长李保根为全行干部职工讲十九大精神专题党课

召开全国首家县域金融消费权益保护环境评估发布会

积极推进晋城市创建国家级资源型经济转型发展金融改革创新试验区　邀请中国人民大学教授调研指导

举办全市金融系统“学习贯彻十九大精神
扎实开展国库各项工作”演讲比赛

选派青年业务骨干赴商业银行交流锻炼

开展“红色教育”主题党日活动

组织开展全市反洗钱主题知识宣传活动

开展金融知识普及月活动

中国工商银行晋城分行

2017年，中国工商银行晋城分行紧紧围绕“服务实体、担当普惠、助力山西、晋善晋美”的发展观，锐意改革创新，深化市场拓展，从严治党治行，，各项指标全线飘红。在工总行经营绩效和业务发展考评中，该行位居全国293家二级分行第73位，同比前移64位；行长经营绩效综合排名全省第2，同比上升3个位次，创该行近十年来最好排名。

经营管理成效显著。全部存款、对公存款、储蓄存款的四行余额占比排名第1，增量占比以超60%的优势领跑同业，各项存款时点增量均全省工行系统排名第1，创造了多年来该行市场竞争同业排名、系统排位的最好成绩。人民币各项贷款时点净增16亿，日均净增22亿，票据直贴额40亿元，圆满完成普惠金融和精准扶贫贷款投放任务，公司贷款的余额增量占比四行第1，有力支持了晋城市实体经济发展和经济转型。

深化改革创新与党建文化。深化经营体制机制改革，坚定履行党建主体责任，深入学习宣传贯彻十九大精神，扎实落实中央“八项规定”，深化党风廉政建设和反腐败工作。举办了元宵游园会、太行山国际旅游文化音乐啤酒节“主题之夜”等大型活动，被中央文明委第五次授予“全国文明单位”，获得市劳竞委“五一劳动奖状”省金融工会“五一劳动奖状”和“模范职工之家”、市文明委首届金融行业唯一“文明行业”等荣誉称号。

深化内控案防精细管理。加强贷款精细化管理，贷款和信用卡的不良额、不良率实现“双下降”。推进合规文化建设，狠抓案防责任落实，严肃监督执纪问责，突出安全生产，全行未发生案件和重大风险事件，内控评价晋级工总行一级行列。

行长郭守诚（左四）、纪委书记兼工委主任王燕波（左六）到结对帮扶共建村实地调研考察

党委书记、行长郭守诚（前排左一）到福盛钢铁实地调研

党委书记、行长郭守诚参加华电泽州风电项目开工仪式

党委书记、行长郭守诚（右一）带领党员干部参观晋城党史馆，现场重温入党宣誓

党委中心组举办扩大学习会

举办年度职工运动会

举办喜迎“十九大”、庆国庆爱国歌曲大合唱

中国农业银行晋城市分行

2017年，中国农业银行晋城市分行在全市营业网点35个，离行式自助式银行38个，“惠农通”金融综合服务站952个，各类自助设备1155台，构建了“全覆盖”式的金融服务网络。客户总数达到108万户，开办存款、贷款、票据、投资和结算、担保、代理、咨询等业务，营业收入、净利润、中间业务等均在全市金融系统中排名前列。

党委书记、行长王全忠（前排左一）在夏普赛尔集团调研

全力支持晋城市资源型经济转型发展改革，引导资金投向重点行业、重点项目，为实体经济提供全方位金融服务。2017年全年投放贷款88亿元，重点支持了全市煤炭、电力、清洁能源、农牧业、水利、旅游、商贸、新材料等领域及农业产业化龙头企业、中小微企业、住房消费民生领域等，连续三年获得“支持地方经济发展优秀奖”。

始终以“面向三农 服务城乡”为己任，2017年涉农贷款同比增加5亿元，增速达12.2%。全年投放产业扶贫贷款5.9亿元，面向建档立卡贫困户发放小额扶贫贷款2720万元，结对帮扶村泽州县韩家庄建档立卡户已基本实现脱贫，扶贫工作在全市金融扶贫劳动竞赛中荣立集体三等功。

支持实体经济

设施先进 服务完善的营业环境

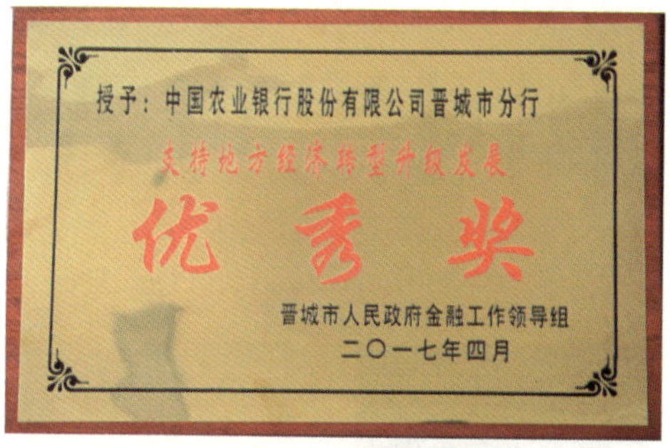

连续多年荣获市委市政府表彰

农行青年走基层

“惠农通”机主保险理赔

服务三农——送金融知识下乡

服务三农——支持养殖

支持广场舞大赛

文化送温暖活动

关爱环卫工人

中国银行晋城市分行

中国银行晋城市分行第九届领导班子
（从左至右：党委委员、纪委书记平文斌，党委委员、副行长吴云峰，党委书记、行长李民红，党委委员、副行长张怡生，党委委员、副行长丁雷刚）

2017 年，中国银行晋城市分行新一届领导班子成立以来，深化党建引领，强化客户服务营销，着力解决影响发展的困难问题，最大限度调动全员工作的积极性主动性，整体经营发展持续稳健向前迈进。

发挥各级负责人“首席客户经理制”的职能作用，全面倡导“哪里有市场、哪里有客户，哪里就有中国银行身影”的服务营销意识，以快节奏的工作，全力推进客户营销维护、社保卡发卡“战役”、授信客户拓展储备、新业务新产品推广等一系列工作，向市场传递了中国银行支持经济和社会发展的坚定信念。适应形势任务和发展的需求，加快推进以智能柜台为核心的现代科技服务，扎实推进特色化专业化网点建设，结合人力资源整合，推动网点以提升竞争力为中心的转型发展，实现了业务经营的不断进步。

围绕省分行“双提双减”精神要求，持续深化内部管理，不断完善员工履职服务评议考核机制，强化职能职责落实，致力于提高机关部门全员工作质量和工作效率，努力为基层机构减负减压。全面实行了基层机构“朝九晚五”工作制，优势资源持续向基层倾斜，大力营造全员“辛勤工作、幸福生活”的文化氛围。大力加强风险管控和内控合规建设，坚持以全面从严治党推进全面从严治行，坚定不移传导“九层之台、起于垒土”“幸福是靠奋斗出来的”“为干事者撑腰”的经营意识，考核激励，机制促进，为提升经营管理水平、高效快速推进各项工作奠定了结实基础。

学习贯彻党的十九大精神，深入推进全面从严治党

兰花路支行信用卡分期特色化专业化网点盛大起航，行长李民红致词

科技引领迈新步，智能柜台全新上线运营

举办贵金属展销会活动，为客户提供多样化多元化金融服务

举办内控合规知识竞赛

行领导与 2017 年新入行员工座谈

行领导和扶贫工作队员开展扶贫慰问

企业文化活动凝人心聚合力

中国建设银行股份有限公司晋城分行

党委书记、行长王志忠（右二）到小企业客户兴达铸件公司调研

党委书记、行长王志忠（右）到扶贫点调研，实地察看扶贫项目养牛基地情况

党委书记、行长王志忠（右一）到扶贫点调研，慰问村内贫困户

行长接待日，党委书记、行长王志忠（中）与员工代表座谈交流

2017 年山西地区重点煤炭客户系列推介会及现场路演活动之兰花站

2017 年重阳节，建行晋城分行组织退休老干部到中国历史文化名村
——高平市良户村踏访乡村、探古追今

建行晋城分行参加晋城市“送金融知识进校园”
暨打击非法校园网贷专项活动启动仪式

建行晋城分行与武警支队举办庆“八一“慰问联欢活动

举办“庆十九大，凝心聚力，不忘初心；
谱建行蓝，砥砺奋进，方得始终”党员群众团建主题活动

举办“温党史不忘初心 惜今时砥砺前行”主题党日活动

交通银行晋城分行

交通银行晋城分行成立于 1993 年，是交通银行在山西省地级城市中设立的首家省辖分行，是交通银行存量省辖分行矩阵式改革试点行之一，现辖 11 个支行，在编人数 209 人。

交行晋城分行加强党建工作政治引领作用，大力弘扬“拼搏进取，责任立业，创新超越”的交行精神，积极推进“两化一行”发展战略和“二次改革”重大部署，着力提升服务实体经济和服务民生的水平，成为了一家可持续发展的优质好银行。近三年来，考核排名均位列山西省辖分行首位，服务质量和口碑在当地始终位列第一，内控评级连续 9 年保持 B+，不良率占比仅 0.07%，员工幸福指数不断提升。

2017 年，交行晋城分行在市人民银行和晋城银监分局对银行业金融机构消费者权益保护工作考核中，分别获评“A 级行”和“一级行”；在 2017 年中银协组织的优质文明服务单位评选中，晋城矿区支行获评“五星级网点称号”；在全市文明单位评比中，市文明委授予交行晋城分行“2016—2017 年度文明单位标兵”，建设路支行、泽州路支行获“2016—2017 年度文明单位”。

2017 年交行晋城分行全年实现非信贷资金投放 63.46 亿元，推动企业直接融资 15 亿元；全年通过信贷、非信贷渠道累计为 12 户“1533”工业企业融资 52.14 亿元；全年监管口径小微贷款余额为 7.74 亿元，较年初增加 0.92 亿元，增幅为 13.52%，较各项贷款平均增幅高 17.27%；小微企业贷款户数 86 户，较去年同期新增 5 户；小微企业申贷获得率 96.3%，全面实现了小微企业“三个不低于”目标。同时，共发放个人小额扶贫贷款 22 户、110 万元，完成银监局扶贫贷款任务的 550%；积极响应市文明办精神扶贫的号召，先后深入三家定点扶贫村，宣传社会主义核心价值观，帮助贫困户寻找致富门路，实现脱贫目标，共建美丽乡村。

交通银行晋城分行包揽省分行 2017 年度“先进集体”“综合竞争力优胜单位”“内控考核先进单位”“优质服务单位”四个集体奖项

交通银行山西省分行行长郑建星（右三）出席晋城市太行一号国家风景区开工仪式

党委书记、行长韩勇讲授专题党课

召开党委中心组会议学习十九大精神

开展金融知识进校园活动

开展送温暖献爱心扶贫慰问活动

中国农业发展银行晋城市分行

行长张锦明（右一）查看信贷档案展评活动中市区客户服务组档案

中国农业发展银行晋城市分行系农业政策性金融机构，成立于1996年，下辖高平、泽州、沁水、阳城4个县级支行和陵川客户服务组、市区扶贫工作组，全辖机构共有正式职工112人，其中党员76人，占比68%。主要职责是按照国家的法律、法规和方针、政策，以国家信用为基础筹集资金，承担国家规定的农业政策性金融业务，为农业和农村经济发展服务。目前信贷支持范围为：粮棉油购销储、产业化龙头企业、农业科技创新、仓储设施、易地扶贫搬迁、光伏扶贫、旅游扶贫、扶贫过桥、扶贫批发、网络扶贫、教育扶贫、救灾应急、水利、重大水利过桥、农村交通、农村土地整治和农民集中住房、城乡一体化、农业综合开发、整体城镇化、改善农村人居环境、棚户区改造、生态环境保护、乡村振兴、林业资源开发与保护、海洋资源开发与保护、农村流通体系建设、农村土地流转和规模经营等。

至2017年年末，各项贷款余额达284516万元，较年初增幅40.87%；累计投放贷款100970万元，累计收回贷款18424万元。各项存款余额达181448万元，较年初增加12053万元，增幅7.12%；存款日均余额182397万元，较上年末增加52652万元，增幅40.58%。实现账面利润5423万元，较2016年增盈2571万元，增幅90.15%。资产利润率2.02%，同比增加0.16个百分点；成本收入比35.41%，同比下降14个百分点；人均利润49万元，同比增加23万元；人均中间业务收入1.58万元，同比减少1.35万元；不良贷款为0。

在有效防控风险的前提下，全力服务国家粮食安全，足额供应粮油信贷资金，支持省储增储玉米500万公斤、小麦250万公斤，发放贷款1555.84万元；积极推进扶贫业务，易地扶贫搬迁通过省级统贷模式，投放16987.76万元贷款；产业化龙头企业流动资金续贷7200万元，有力地支持了产业化龙头企业的发展；重点支持棚户区改造及农村基础设施建设等，2017年完成项目审批3个，审批金额95000万元，投放中长期项目贷款92800万元。

中国农业发展银行晋城市分行开展“践行绿色生活，共建美好家园”公益健步行活动

强化客户监管，通过定期走访企业，按月召开分析会，重点进行监测分析，及时对企业经营情况和贷款风险状况进行研判；密切关注企业重大事项变更，对企业发生股东变更，贷款企业涉诉、关联企业重组等等风险事项及时上报，并研究制定解决措施；高度关注流动资金贷款还款期，督促政府、相关部门及企业提前做好资金筹措工作，确保按期归还贷款本息；以检查防风险，开展了信用风险专项排查、互联互保情况排查、征信业务等十多项排查工作，保障了信贷业务合规开展。利用有效防控手段，2017 年不良贷款持续为零。

开展了“示范行”创建工作，选取全市系统内基础管理较好的 3 个支行分别作为党建、财会、信贷管理“示范行”，通过持续一年的创建工作，构建标准化管理模式，为其它行组起到良好的示范作用；围绕“信贷队伍建设年”，建立了信贷队伍培训师资库，组织了培训班，举办了信贷档案展评、微课竞赛等活动，提升信贷员队伍素质，基础管理更加规范；深入开展“四治”工作，增强制度执行的准确性和执行制度的自觉性，业务规范化水平进一步提升；通过严抓财务管理，提升财务监督，推进基建工作，强化柜面服务，财会工作精细高效。

注重提升员工业务素养，利用每周二学习例会、季度考、业务培训等形式，开展学习交流，有效提升员工业务实践能力，同时鼓励员工自学成才，努力提升学历水平；深化教育实践活动内涵，学习贯彻党的十九大精神，组织开展多次宣讲与党课活动，提高员工思想政治水平；严格劳动纪律创优工作氛围，加强员工思想政治工作，严肃纪律和规矩，要求凡事都要遵从制度与规矩，坚决杜绝有章不循或逆规矩而行的行为；认真落实党风廉政建设，通过开展廉政教育、廉政排查、廉政考核等内容，推进反腐倡廉工作，使干部职工真正做到“不敢腐、不能腐、不想腐”；企业文化建设不断加强，组织办公、信息科技、工青妇、后勤保障、安全生产等均健康有序开展。

组织“立足本岗位，喜迎十九大”党日座谈活动

行长张锦明（右三）等在兰花国际物流园项目进行实地考察

行长张锦明（右一）与高平市人民政府签订南城街街道城南社区棚户区改造政府购买服务协议

金融知识宣传队进校园宣传金融知识

晋城银行

晋城银行是一家地方性草根商业银行，总部设在山西省晋城市，下设晋城分行、太原分行、朔州分行、运城分行、吕梁分行、忻州分行、晋中分行、长治分行、大同分行，同时发起设立了7家太行村镇银行，从业人数接近2300人。截至2017年年末，晋城银行资产总额为858亿元，各项存款余额452亿元，各项贷款余额326亿元。

成立至今，晋城银行建立“三会一层”内部公司治理架构，职权清晰，高效运作，同时不断创新公司治理工具及公司治理文化。2017将全行战略升级为“做社区型草根银行、做数据化零售银行”，以“商业银行+投资银行+互联网银行”的全新发展模式，用“数据决策”的思维，推动全行战略发展。近年来，晋城银行先后成立女性、儿童、婚庆、摄影、广场舞等特色化支行，满足不同客群的需求，服务广大民众。通过建立本行自行获客、审批和风控的线上车贷产品(“自营车贷”)，在全国银行业打响品牌。多年来，晋城银行的发展得到了公众和业界的高度关注和普遍认同，先后获得“年度最佳公司治理城市商业银行”“最具经营效益城市商业银行”“全国企业文化建设先进单位”等称号。

“晋城前沿客厅”启动专为晋城全市中小企业和青年创客提供综合特色服务

晋城银行国际业务正式开办，晋城文昌街支行作为首家经办支行成功办理首笔外汇账户业务，标志着晋城银行正式步入本外币一体化经营的新阶段

晋城银行发起向阳城县董封乡人参埌村捐助“五位一体”信贷帮扶资金 70 万元，认购该村 2500 公斤核桃、2500 公斤谷子

山西泽州农村商业银行股份有限公司

山西泽州农村商业银行股份有限公司(以下简称泽行)创立于1950年，于2014年12月由泽州县农村信用合作联社改制成为泽州农商银行，是晋城地区成立最早的金融机构、规模最大的农金机构、首家国有持股的地方银行、首家改制开业的农商银行。多年来，泽行紧紧围绕党委政府改革发展大局，以扎根古泽州、润泽新晋城为使命，以恪守稳健经营、创新发展的原则，坚持服务实体、完善普惠体系、推进金融扶贫、严守风险底线，已经成为当地规模最大、贡献最大、效益最好的农金机构。

市委书记张九萍（中）到泽州农商行调研服务小微企业情况

2017年，泽行保持定力谋大事，闯出了转型提质的新高度。加强宏观审慎和微观监督管理，监管评级继续巩固二级水平，完成了对高平、洪洞、柳林等农商银行的股权投资；凝心聚力抓发展，创出了业务经营的新业绩。规模、存款、贷款等主要业务指标，继续保持了良好的增长态势。在全省农信社2017年度市县两级机构综合考核中，位列56家农商行梯队中的第六名，被评为“优秀”评级，在全市率先步入了全省农金系统第一梯队；蹄疾步稳推改革，集聚了结构转换的新动能。完善了多档次、多类型的产品体系，形成了多平台、广覆盖的服务模式，四梁八柱的改革转型框架逐步形成。坚定不移促泽实体，奏响了服务地方的新乐章。被经济日报报业集团和中国县域经济报社联合评为“中国服务县域经济领军银行”十佳之一；精准扶贫打硬仗，彰显了地方银行的新担当。扎实开展了“金融扶贫泽行争先、百名客户经理进村入户”活动，实现了政治效益、经济效益与社会效益的有机融合。被泽州县委县政府授予“脱贫攻坚贡献奖”；锲而不舍补短板，取得了防控风险的新胜利。更加敬畏市场、敬畏新常态、更加冷静看待、沉着应对新常态，牢牢守住了不发生风险、案件、事故的底线。坚持底线思维，树立问题导向，不想不踩不压不碰红线。截至2018年2月底，该行下辖45个营业网点，278个农村金融服务站，布放ATM机84台、POS机714台，服务金融客户70余万户。各项存款130亿元，各项贷款65亿元，服务金融客户70余万户，累计上缴税收3.2亿元，主要指标位列全省全市地方金融领先领跑。

泽行先后荣获“全国五一巾帼标兵岗”，被全国银行业协会授予中国银行业理财机构“最佳农商行奖”，被经济日报报业集团和中国县域经济报社联合评为“中国服务县域经济领军银行”十佳之一，被省直机关精神文明建设委员会授予“山西省直机关文明单位”荣誉称号、被晋城市人民政府授予“支持三农发展优秀奖”等。

举行“安心银行 放心托付”品牌项目发布会暨银企座谈会

班子成员就全市煤层气等新型产业发展情况在企业调研

被全国银行业协会授予中国银行业理财机构“最佳农商行奖”

巴公支行为贫困户举行统一授信仪式

该行员工向小学生宣讲金融知识

举行职工运动会，展示良好的企业形象和精神风貌

晋城市人民政府金融工作办公室

全市金融工作会议安排部署全市金融工作

晋城市金融办成立于2012年，自成立以来，市金融办始终将服务地方经济发展作为金融工作的根本，先行先试，开拓创新，走出了一条“党建为先、创新为要、服务为本”的特色发展之路。2017年，在市委、市政府的正确领导和大力支持下，深入贯彻落实习近平总书记系列重要讲话精神和全国金融工作会议精神，按照省委“一个指引，两手硬”的思路要求，围绕市委、市政府的重大决策部署和中心工作任务，创新工作举措，推动金融工作再上新台阶，全市金融与经济互融互促良性循环的健康发展新局面日益稳健。

抓党建，固灵魂。夯实“三基建设”基础，深入推进组织规范化建设。扎实推进“两学一做”学习教育常态化、制度化，深入推进思想先进性建设。扎实开展廉政教育、警示教育和巡视巡察整改自行“回头看”工作，深入推进党风廉政建设。通过党建统领全市金融改革创新的全局，激发和调动全员干事创业的热情。

抓创新，促转型。以强化金融机构考评为抓手，优化区域金融资源配置结构。以推动融资体制改革为抓手，推动地方金融机构发挥功能支持实体经济发展。以破解企业融资难题为抓手，全面降低企业融资成本。以推动银企无缝对接为抓手，推动我市企业进军资本市场迈出新步伐。以创优金融生态环境为抓手，深入开展各类风险隐患排查专项行动，努力营造良好金融环境。以提升公众金融意识为抓手，多渠道宣传金融知识，强化防范非法集资宣传教育。

抓服务，提质效。突出对重点项目、新兴产业的支持，促进产业优化升级，金融供给侧改革取得新成效。继续实施上市（挂牌）培育工程，发展利用资本市场实现新突破。以创新服务精准帮扶为重点，深入发挥金融资金的引导作用，全面推进金融助力脱贫攻坚。

统领全市金融系统开展文明城市创建工作

搭建股权投融资平台，拓宽融资渠道

服务转型进县入企现场对接会

推动担保机构增资扩股，提升担保能力，缓解中小微企业融资难问题

特邀汪兆骞、梁晓声教授举办“文学与人生”专题讲座，提升人文素养

重温入党誓词，加强党性修养

组织开展“周五学堂”，提升全体干部职工能力素质

深入嘉沁农业调研，了解企业融资需求

利用中考等关键时间节点，加强处非宣传教育

泽州浦发村镇银行

积极践行服务三农宗旨发放光伏贷款

开展扶贫慰问活动

泽州浦发村镇银行是上海浦东发展银行绝对控股、具有独立法人资格的国有控股性质的股份制商业银行，是浦发银行在山西省内设立的首家村镇银行，成立于 2010 年 6 月 25 日。行现设有本部营业部、巴公支行、大东沟支行、南村支行四家营业网点，下设和村、苇町、三家店、渠头四家金融服务站，初步构建起了金融服务的机构框架。自成立以来，坚持以"立足县域、服务三农、支持中小"为根本宗旨，始终致力于增加当地金融供给，全力做好三农与中小微企业的金融服务工作。截至 2017 年底，累计发放贷款金额 91 亿元，惠及当地企业、农户与居民近 5000 家，直接、间接为地方创造了上万个劳动就业机会。

在做好经营管理本职工作的同时，泽州浦发村镇银行以"履行社会责任，提升社会价值"为己任，积极发挥金融服务优势，持续开展"金融知识万里行""防范电信诈骗""爱护人民币""珍爱信用记录"等多样化的金融主题宣传活动，并组织开展了慰问聋哑学生，为聋哑孩子们送去笔记本、笔、橡皮等文具，与贫困村结对子进行"一对一"扶贫助困，积极组织爱心送考和志愿服务等各项社会公益活动。泽州浦发村镇银行这些社会公益活动的扎实开展以及为支持地方经济建设所作出的积极努力和贡献，受到了各级政府及社会各界人士的广泛好评。2015 年、2016 年、2017 年连续三年荣获"全国百强村镇银行"荣誉，并跻身村镇银行系统"全国资产五十强"，荣膺"全省银行业百家文明示范单位"，连续七年获得晋城市文明单位荣誉，连续六年获得县市两级政府的支持地方经济特别贡献奖等各种荣誉百余项。

营改增税企座谈会

高考送爱心设立服务点

领导深入企业开展调研工作

春节扶贫慰问

组织全体党员赴八路军太行纪念馆接受红色革命教育

学雷锋志愿服务队

开展贷后调查活动

开展金融知识宣传活动

中国人民财产保险股份有限公司晋城市分公司

PICC
中国人民保险
保障高品质生活

党委书记、总经理　王景辉

中国人民财产保险股份有限公司(简称中国人保财险)是中国内地最大的非寿险公司，其前身是1949年10月20日成立的中国人民保险公司，已伴随共和国走过60余年的光辉历程。

作为其在晋城市场唯一的分支机构，中国人保财险晋城市分公司目前在全市铺设了49个营业网点，遍布城乡的2400余名从业人员努力为客户提供最方便快捷的保险服务。2017年，公司业务规模达6.16亿元，市场份额46.95%，是晋城市业务规模最大、营业网点最多、偿付能力最强的财产保险公司，业务范围涵盖全市，服务领域遍及全国。

多年来，公司始终秉承“以人为本、诚信服务、价值至上、永续经营”的经营理念，大力弘扬“风雨同行，至爱至诚”的核心价值观，充分发挥保险的经济补偿、资金融通和社会管理功能，积极介入各类农业保险、责任保险等政策性业务，为地方经济发展撑起一块“保护伞”；本着高度的责任心和使命感，积极参加地方政府组织的各类扶贫、献爱心等活动，不断为晋城市和谐社会建设贡献自己的力量。

保险扶贫公益跑

2017 年陵川五位一体扶贫小额信贷推进会

10 月 17 日，全国扶贫日（晋城物贸广场宣传活动）捐赠仪式

党委书记宣讲十九大精神

中国人寿保险股份有限公司
晋城市分公司

总经理姚喜平

中国人寿保险股份有限公司是国内寿险行业的龙头企业，总部位于北京，注册资本 282.65 亿元人民币。作为《财富》世界 500 强和世界品牌 500 强企业——中国人寿保险（集团）公司的核心成员，公司以悠久的历史、雄厚的实力、专业领先的竞争优势及世界知名的品牌赢得了社会广泛客户的信赖，始终占据国内保险市场领导者的地位，被誉为中国保险业的“中流砥柱”。

中国人寿保险股份有限公司晋城分公司是中国人寿在晋城市下设的地市级机构，晋城分公司所属 10 个县级公司、10 个机关部室，在编员工 280 人，销售队伍 3535 人。2017 年保费收入 12.9 亿元，同比增长 16.75%，市场份额达到 36.84%。2017 年公司承保晋城市城乡居民大病保险项目，累计赔付 5049 件，累计赔付金额 4890.9 万元，切实减轻人民群众大病医疗费用负担。公司始终秉持“专业、真诚、感动、超越”的服务理念，依托覆盖城乡的服务网络，致力于为社会最广泛的大众提供优质的保险产品和服务，为全市脱贫攻坚和构建和谐的医疗保障体系做出应有的贡献。

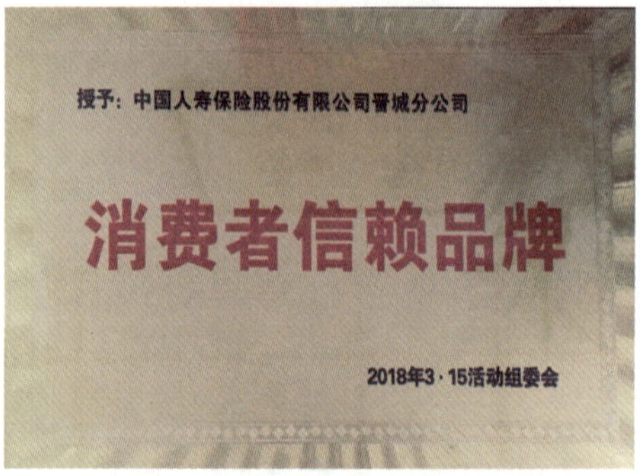

公司以稳健严谨、诚信厚重的作风赢得了社会各界的广泛赞誉，先后被人力资源和社会保障部、中国保险监督管理委员会授予“全国保险系统先进集体”；被山西省金融系统授予“山西省金融系统五一劳动奖状”；被山西省总工会金融工作委员会授予“山西省人身保险公司 5A 级服务柜面”和集体三等功。

开展国寿客户节活动

全年工作会议

参加《百姓热线 纠风台》活动

召开全市计划生育协会暨养老保障工作会议

与晋城煤业集团合作签约仪式

与晋城市扶贫办公室签署战略合作协议

2018 年度开门红启动大会

组织学习党的十九大精神

重温入党誓词

中国移动通信集团山西有限公司
晋城市分公司

开展精准扶贫工作

公司领导到基层调研指导

建党 96 周年及“七一”表彰大会

积极开展“总经理客户接待日”活动

持续推进电信普遍服务

召开党风廉政建设和反腐败工作会议

观看十九大开幕式

“重唱经典 传承精神”长征组歌演唱会

晋城市保安守押有限公司

团结奋进的公司领导班子

晋城市保安守押有限公司是一家为社会提供综合性保安服务的国有企业。近年来，公司积极摸索市场经济规律，结合地区特点和行业实际，把市场作为配置资源的主要方式，以“优质服务、规范管理、多元化经营”的理念，严格保安队伍管理，保平安、促发展，取得了良好的社会效益和经济效益。2017 年 11 月被山西省企业联合会、山西省企业家协会评为 2017 年度山西省服务业 100 强企业。

公司现下设 9 个人防大队 (部)、10 个押运大队 ,4 个分公司 (技防分公司、沁水分公司、陵川分公司、家政服务分公司) 和 1 个保安培训中心，经营项目有人力防范保安服务、武装押运保安服务、安全技术防范保安服务、保安培训服务、联网安全报警服务、安保、通讯报警等安全器材销售和物业家政服务等 , 从业人员近 2000 人 , 其中退伍军人 200 余人 , 大专以上毕业生 500 余人，安排进城农民工就业 1300 余人。近年来，公司坚决贯彻落实上级的各项指示精神，努力提高服务质量，精心打造管理规范、运行高效、市场竞争力强的精品保安企业，为晋城市经济社会稳定健康发展做出了积极贡献。

公司二十五周年庆典活动

党员集体参观学习

安保技能训练

市公安局领导检查指导安全工作

安全高效的武装押运

日常勤务督查

"迎七一"职工演讲比赛

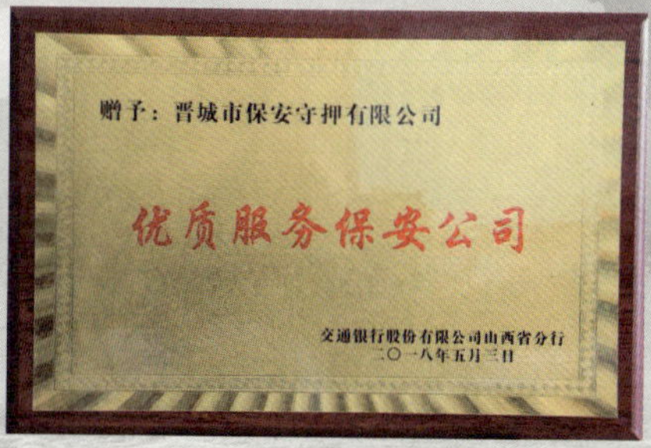

山西省晋城交通运输执法局

省交通执法局党委书记、局长曹居月（左二）在晋城参加民主生活会

传达省交通厅党建、党风廉政建设、工作会议精神

2017年晋城交通运输执法局在省厅、省局、晋城市委市政府的坚强领导下，紧紧围绕“一轴、两翼、三基石”的工作思路，以维护辖区交通形象为中心，以提高监督服务为有效抓手，通过日常不间断的明察和风餐露宿的暗访，全年共计向辖区范围内各单位提供监督服务3487次，帮助106个被监督单位不断提升自身业务素质。在监督服务过程中，该局的工作得到晋城市委市政府肯定，2017年8月被晋城市目标责任考核领导组授予“促进晋城经济社会发展贡献奖”，在保质保量按照省局目标责任制考核要求完成各项工作的同时，在案件办理、文明创建、工会工作及宣传工作等方面实现了新的突破。

局长张慧锋（右）部署辖区政府还贷性高速公路绿色通道减免通行费情况突击检查工作

到阳泉市局开展对标一流活动，向全省监督工作先进单位“取经”

全体党员干部到武乡八路军总部参观学习

民革晋城市委员会

【概述】 2017年,民革晋城市委员会以习近平新时代中国特色社会主义思想为指导,高举中国特色社会主义伟大旗帜,学习贯彻中共十九大精神,加强自身建设,履行参政党职能,推动民革各项工作取得新的成绩。民革晋城市委获"全国社会服务先进集体奖"。

【思想建设】 2017年,民革晋城市委开展"拥戴核心,合作奋进"专题教育学习活动,学习贯彻中共十九大精神,学习贯彻民革十三大精神,传达学习中共山西省委书记骆惠宁在民主党派省委负责人座谈会上的讲话精神;传达学习中共市委常委、统战部长焦光善在党外人士通报会上的讲话精神;在全市党员中围绕"拥戴核心,合作奋进"专题教育主题,开展多种形式活动。市委会开展"庆国庆迎中秋盼统一"党派特色教育联谊活动、"不忘合作初心继续携手前进"主题教育活动。沁水县支部开展"纪念民革成立70周年"元旦迎新联谊会。市委会和各基层支部组织党员线下集体学习《习近平总书记的成长之路》《习近平的七年知青岁月》、习近平总书记在中国共产党第十九次全国代表大会所作的工作报告、《报告政治决议》《修改〈党章〉决议》《中纪委工作报告决议》、民革中央主席万鄂湘在民革中央对口贵州脱贫攻坚民主监督工作座谈会上的讲话和在中央十二届二十次中常会上的讲话精神、民革山西省委会关于学习宣传贯彻中共十九大精神的部署要求和主委张复明的讲话精神、中共晋城市委常委、统战部部长焦光善在晋城市党外人士十九大精神通报会上的讲话精神等。还多次开展线上学习活动,定期推送学习内容,如各基层支部以不同的形式收听收看十九大开幕式盛况和习近平总书记作的十九大报告;通过微信群组织党员开展"原汁原味听报告,一起学习十九大"活动。开辟微信学习专栏,每晚推送一篇中共中央纪委监察部网站分主题推送的"听原声,学报告",每天学习3至5分钟习近平总书记的十九大原声报告,全年共推送"中国共产党人的初心和使命是什么""什么是中国特色社会主义新时代""我国社会主要矛盾已经转化"等8个主题。

【学习交流】 2017年,民革晋城市委员会主委原云到市直三、五、城区支部进行调研,同党员进行交流座谈。12月15日,对"拥戴核心,合作奋进"专题教育学习活动进行交流总结。12月16日,市委会组织参观、调研、交流小组到重庆,以"纪念民革成立七十周年"为主题,开展《观故居,走多党合作之路》活动,对党员进行多党合作历史教育,重温中共和各民主党派共同奋斗的历史,提升党员的思想素质。到纳雍参观学习民革中央多年纳雍扶贫及开展扶贫监督取得的成绩和经验。调研过程中,分别与民革重庆渝中区委、贵州纳雍工委就党派参政议政、机关建设,党员思想建设等进行交流座谈。12月29日，民革十三大代表、市委主委原云向全体委员、支部主委和沁水支部全体党员传达学习民革十三大会议精神，提高党员自身政治素质和理论素质。

【参政议政】 2017年，民革晋城市委员会成立参政议政信息员群。建立信息网络，举办“如何加强提案和反映社情民意工作”等专题讲座，培训参政议政骨干，召开会议研究部署政协的大会发言、提案及社情民意工作，为民革履行参政议政职能提供保证。各基层支部积极报送社情民意，四支部报送市政协社情民意10余条。民革党员姚承辉、阎政伟、裴雨生、成丽梅及民革阳城县支部的社情民意被市政协采纳。

开展调查研究。围绕市委、市政府提出的“产业转型升级、民生福祉改善”等十大行动工程，找准切入点，针对传统产业改造提升，结对阳城县蚕桑产业；针对全域旅游、高铁通道快捷建设等课题，精准选题，组成专题调研小组，开展调研，集体撰写《浅谈党外代表人士基层源头建设研究》《关于促进阳城县蚕桑产业健康发展的调研报告》2个调研报告；高平支部完成《关于我市中国历史文化名村开发保护现状的调研报告》《关于我市环境保护工作现状的调研报告》《赴神农镇西坡上村脱贫攻坚工作监督调研报告》3个调研报告；阳城支部完成《关于促进我县农村小规模学校发展的调研报告》《关于我县蚕桑产业发展情况的调查报告》2个调研报告。按照市委统战部和市扶贫办布置，开展对陵川县潞城镇的扶贫监督工作，与当地政府对接，深入农户进行交流，了解开展精准扶贫情况等，做到敢于监督、善于监督，协助党委、政府做好协调关系、化解矛盾的工作，共同维护全市改革发展稳定大局，营造安定团结的社会环境。

【组织建设】 2017年，民革晋城市委员会严格组织程序，增强组织活力。完善领导班子工作机制，建立健全各项工作制度。制定《市委会工作条例》等8项制度，把各项制度和工作职责汇编成册。强化组织管理，加强领导班子和干部队伍建设。把组织发展作为调整组织结构重要措施。开展民革党员之家建设，在市委会和支部推行层级管理制度，逐步增强党员凝聚力建设。按照巩固与发展相结合原则，发展新党员9名，6名后备党员列入市委会考察范围，完成泽州县支部换届任务。

【祖国统一工作】 2017年，民革晋城市委员会突出党派特色，服务祖国统一工作。组织党员学习研究党的对台政策和台海形势，加强台海交流调研。为缅怀和纪念孙中山，市委组织开展公益植树活动。组织开展“庆国庆迎中秋盼统一”党派特色教育联谊会。

【服务社会】 2017年，民革晋城市委员会各基层支部围绕全市统一战线开展“助力转型攻坚”五大行动实施方案，组织开展社会服务活动。助力蚕桑传统产业改造提升，与阳城县西河乡陕庄村吉粉爱百亩桑园蚕桑产业结对，作为民革晋城市委社会服务基地，给予适当资金和产品推广帮扶，确定贫困人员到扶贫基地就业。市委会和城区、阳城、泽州等基层支部开展“博爱 牵手”活动、关爱老年人活动20余次，捐款捐物总价值达5.42万元，受益党员群众人数达300多人，帮助建档立卡贫困户解决就业20户、26人。高平支部进行文化扶贫，赠送《高平历史文化资料》16种、48套、78册。

在泽州县中国历史文化名村——西黄石村，开展助力乡村文化建设、健康咨询医疗义诊等活动，帮助打造历史文化名村旅游名片，配合泽州县全域旅游行动。民革医疗服务站配合市委会在西黄石开展“医疗下乡义诊”活动，沁水等基层支部开展义诊活动3次，受益人数达580余人。法律服务站开展法律咨询和普法活动6次。

（民革晋城市委）

民盟晋城市委员会

【概述】 2017年，民盟晋城市委学习贯彻中共十九大会议精神，开展“双学一跟”“不忘合作初心·继续携手前行”“拥戴核心·合作共进”等主题教育活动，加强民盟自身建设，围绕全市“一争三快两率先”战略部署，参政议政、建言献策，履行参政党职能，同全市人民，为晋城经济建设、政治建设、文化建设、社会建设和生态文明建设做贡献。

【学习宣传】 十九大召开后，民盟晋城市委会召开专题会议学习贯彻十九大会议精神，民盟市委会主委、副市长梁丽萍主持会议并领学中共十九大报告。会后，一支部、二支部、城区支部、高平支部、晋城一中支部等及时召开学习十九大精神专题会议。

十九大召开前夕，民盟晋城市委会与民进晋城市委会共同举办“和墨添彩——喜迎十九大书画联展”，10月12日，在晋城市美术馆开幕，盟员共有30余幅作品展出。在梁丽萍安排部署下，组织骨干盟员编写“不忘合作初心继续携手前进”专题教育读本，读本包括“勿忘初心”“文献光辉”“史海撷英”“人物风流”“实践感悟”五方面内容，为盟员接受盟史教育、提高政党意识、增强政治素养提供学习资料。民盟市委会号召各支部、小组组织盟员集中收看《将改革进行到底》大型政论专题片，参加盟省委举办的《将改革进行到底》演讲比赛，一支部盟员于晋获二等奖。为增强盟员学习十九大精神实效性，民盟市委会给全市盟员购买学习十九大精神的读本，召开骨干盟员100余人参加的“民盟晋城市委学习十九大精神交流暨2017年盟务工作总结会”，5位先进支部负责人进行学习十九大精神的交流发言。组织骨干盟员参加市委统战部、盟省委等举办的各种专题教育培训班。为推进民盟工作信息化建设，发挥网络阵地的宣传教育作用，5月中旬，开通民盟晋城市委会网站，沁水小组和职院支部开通微信公众号。为落实市委统战部“助力转型攻坚”五大行动，出台民盟晋城市委员会“助力转型攻坚”工作方案，下发基层各支部小组。

【参政议政】 2017年，民盟晋城市委员会将省市“两会”作为参政议政工作的主战场。在省市“两会”召开前夕，梁丽萍召开骨干盟员参加的参政议政专题工作会，对参政议政工作进行安排部署。在省政协会上，王艳芳、郭玉红、张军翎、胡建伟4位盟员撰写的《城市低保工作机制亟待健全》《旅游产业扶贫应注重从八方面推进》《关于建设乡镇援老服务站的建议》《破解民营企业发展困境 助推地方经济持续发展》《加强基础教育改革为我省经济社会发展培养更多有用人才》《关于促进农村电子商务发展的建议》等9篇提案被盟省委选为团体提案并提交大会，其中，王艳芳撰写的《关于促进农村电子商务发展的建议》被省政协主席会确定为重点提案。在市政协会上，民盟市委会共提交团体提案16篇，其中，主委贺新刚撰写的《助推本土小微企业发展 促进大众创业万众创新》被确定为1号提案和重点提案，提交书面发言稿13篇，3位盟员在大会发言，民盟在市政协会上各项工作排名均居6大党派之首。2月，张军翎参加盟省委参政议政工作研讨会议。8月，王艳芳参加在河北省张家口市召开的民盟华北五省市区文化旅游与精准扶贫暨盟务工作研讨会，代表山西民盟作主旨发言。9月，在盟省委参政议政工作会议上，贺新刚、王艳芳、张军翎被评为全省参政议政工作先进个人，王艳芳进行大会经验交流发言。11月，民盟市委会为提高广大盟员的参政议政水平和能力，召开100余名骨干盟员参加的参政议政工作培训会。12月，晋城市第三次社会科学优秀成果评奖揭晓，成向阳代表青年人才协会撰写的论文《资源型城市中高端人才培养机制研究》和王艳芳代表民盟晋城市委会撰写的论文《城市低保工作机制亟待健全》分别获二等奖和三等奖。全年共上报盟省委和市政协社情民意50余篇。其中，王艳芳撰写的论文《关于乡村旅游扶贫工作的思考及建议》被《晋城工作》采用，王艳芳撰写的《注重异地搬迁古村落保护》被《山西省政协报》和《太行日报》采用，贺新刚撰写的《助推本土小微企业发展，促进大众创业万众创新》和王艳芳撰写的《文明城市创建应尽快健全群众参与机制》被《晋城政协》采用。

【服务社会】 开展“送健康、送文化、送教育”等活动，梁丽萍三次带领盟市委班子成员、民盟医卫专家等到高平市建宁乡冯庄村进行帮扶贫困和义诊活动，送上血压计、急救包、常用药等日用品。副主委、120急救中心主任郭建英多次带领120急救中心的专家们和民盟市委会相关部门负责人到民盟帮扶点高平河西镇卫生院、民主监督对口单位陵川县马圪当乡西石门村以及泽州职中等地进行义诊和各种急救知识、健康知识培训。副主委、职业技术学院艺术系副主任王小桃多次带领民盟艺术团的郭秀丽、成丽丽、张立华等盟员到陵川县西河底镇明德小学进行慰问演出。妇幼院支部组织盟员专家先后到凤华学校、市健健幼儿园、陵川县西河底乡明德小学为女教职工进行妇科、腹部和盆腔B超等健康体检,为幼儿学生进行口腔健康检查。沁水民盟小组三次走进龙港镇南瑶村对接十户贫困家庭开展扶贫帮困活动,联系医卫专家到沁水县龙港镇中界村,对全村人员进行医护帮扶,多次参与“沁水县首届半程马拉松赛”比赛等志愿服务活动。高平支部向高平四中进行捐药赠书活动,盟员赵英文被高平四中特聘为“书法普及教育荣誉教师”,高平支部长期关照白血病患者昕烨,尽最大努力为其提供支持和帮助。矿中支部、三中支部、市直五支部盟员到市福利院开展“冬日阳光温暖你、我、他”爱心义演活动。5月,响应盟省委《向罹患白血病盟员杨杨捐款的倡议》,全体盟员纷纷伸出援手,总捐款超过4万元,其中市直四支部盟员刘晋军捐款1万元,开发区支部胡建伟捐款5000元。6月,高考填报志愿期间,李军团、高强等前往凤华学校开展教育帮扶活动,就2017年高考志愿填报的方法与技巧进行专题讲座和现场辅导。7月,民盟艺术团到沁水县龙港镇固镇村参加市委统战部统一组织的“结对帮扶文明共建”活动。8月,王清祥等盟员参与交通疏导等志愿服务,投身到晋城市的全国文明城市创建活动中。

【民主监督】 2017年,民盟晋城市委员会以调研为基础,开展民主监督,增强合作共事能力,对脱贫攻坚领域进行民主监督是中共中央赋予民主党派的一项新职能。梁丽萍带领民盟市委有关人员,多次到陵川县对接脱贫攻坚民主监督工作,召开座谈会就陵川县及马圪当乡精准扶贫的现状及存在问题,与地方政府进行交流和探讨;副主委贺新刚带领参政议政部和农村委的盟员在马圪当乡西石门村进行入户调研,重点了解脱贫攻坚各项工作的开展落实情况,以及建档立卡贫困户对扶贫工作是否满意、对党和政府还有什么期盼和要求等。农村委盟员范咏香、姬艳芳被民盟市委会推荐为民盟省委脱贫攻坚监督工作组专家,参与盟省委开展的脱贫攻坚民主监督工作。民盟市委会主动为广大盟员搭建履行民主监督职能的平台,推荐王小桃、钱红林、王宇泽、李军团、梁素萍、成向阳、王完中、赵明星、吴立东等9人为选聘的各种特约监督员,对有关政府组成部门开展的行政工作进行民主监督。

【组织建设】 2017年,高平支部开展王来旺艺术教育50年回顾展,梁丽萍出席开幕式并讲话;一支部调研大阳古镇建设,对古镇旅游开发建言献策;职院支部组织盟员赴“台儿庄大战纪念馆”“铁道游击队纪念公园”“淮海大战纪念馆”红色教育基地参观学习,踏寻革命踪迹;市直六支部、沁水小组、民盟志愿者一行20余人到沁水县土沃南阳村接受爱国主义教育并进行义诊志愿服务活动;泽州支部与泽州县调研全域旅游的民盟太原市晋源区支部结成友好支部。配合盟中央“关于建设我国特色文化小镇的研究”的课题调研组在司徒小镇、润城镇砥洎城、北留镇郭峪村等地的调研活动,9月22日上午和民盟中央课题组陈曼娜一行进行盟务工作学习交流活动。

(民盟晋城市委)

民建晋城市委员会

【概述】 2017年,民建晋城市委学习贯彻十九大、民建中央十一大会议精神,以开展“不忘合作初心,继续携手前进”专题教育活动为主线,以履行参政党职能为核心,推进民建晋城市委员会各项工作。民建晋城市委被中共晋城市委统战部评为“2017年统战理论研究工作先进单位”。

【思想建设】 2017年,民建晋城市委员会开展专题教育活动。开展“不忘合作初心,继续携手前进”专题教育活动，加强自身建设、落实专题调研、开展主题征文、开展跨区交流。举办“不忘合作初心，继续携手前进”征文比赛和统战知识竞赛。共收到征文25篇，经过评选，有10名会员获奖。参加全市统战知识竞赛，城区支部获得第一名。

加强思想理论学习。围绕学习十九大精神主线，组织全体会员学习贯彻习近平总书记十九次代表大会讲话和考察山西的讲话精神，学习省委、市委党代会、“两会”的会议精神，引导会员坚定“四个意识”，树牢“四个自信”。组织学习民建会章会史，组织骨干会员到陈廷敬纪念馆和海会寺廉政教育基地参观学习。

举办专题知识讲座。邀请民建会员、山西大学博士生导生张书串作题为“激励之道”的知识讲座，邀请城区政协信息中心主任牛先珍为会员讲解社情民意如何写作的知识讲座，90余名民建会员聆听讲座。

开展跨区域交流学习。组织多次跨区域交流学习活动，由主委带队到民建南京市委、溧水市委进行交流学习，由王庆琰带队参加京津冀晋鲁蒙六地基层组织交流工作会，由韩连弟带队参加2017年“泛中原区域”民建工作经验交流会第十四次会议暨全域旅游发展论坛，三支部接待民建重庆江北区委到晋考察，在参政议政、组织建设、社会服务、机关工作、支部建设等方面交流学习，相互借鉴，促进自身建设进步。

【组织建设】 2017年，民建晋城市委员会加强市委会班子建设，做好表率作用。市委委员参加民建省委在浙江大学、省委党校举办的二期“综合素质提升班”和市政协在市委常校举办的“政协委员素质提升班”。

强化支部工作机制，激活支部工作活力。9月至12月，在全体会员中公开竞选支部主任，通过笔试、面试，让优秀人才走上支部主委工作岗位。5月，市委组织支部主任参加在山东德州举办的“民建京津冀晋蒙鲁部分基层组织第五次工作交流会”，就支部组织建设、参政议政、社会服务方面进行学习。各支部开展各具特色的支部活动，一支部和二支部联合活动，到会员企业进行参观调研；三支部举办“庆‘三八’、登珏山”活动；三支部接待重庆江北区七支部，双方签订为友好支部，市直四支部联合阳城小组联合到敬老院开展“庆三八、展风采、献爱心”；四支部对会员企业晓庄养老院、李建红的葛万乡村旅游项目、张建明的塑钢门窗厂进行参观学习，并对养老院的护工进行慰问。城区支部走进著名台商郭台铭故里——南岭葛万村开展全域旅游参观调研；高平支部到米山镇窑栈村进行扶贫调研。阳城小组组织会员参加县政协的核桃产业做大做强的专题讨论。

热心服务会员。春节，民建晋城市委主委阴建政到阳城看望老会员，详细了解他们的身体状况，感谢他们对党派发展的贡献。各支部在节日也纷纷看望退休老会员。向他们通报会务动态，听取他们的意见建议。

提高机关工作效能。会务工作制度化、规范化，出台支部和会员的奖励制度；编发《2016民建晋城市委会员参政议政汇编》，每季度将会员优秀的社情民意汇总，创刊《晋城民建》，将会员的优秀社情民意刊登发至各支部（小组），供会员交流学习。班子广开民主风气，有事集体商量，遇事相互补台，机关整体运作效率提升。

【参政议政】 2017年，民建晋城市委员会在政协晋城市第七届会议上，共向大会提交9篇集体提案和22件个人提案，利用政协舞台，忠实履行参政党职责。会员撰写《关于进一步深化审批制度改革，推进规范行政审批事项的建议》《关于修改〈国家赔偿法〉的建议》《关于鼓励农民工回乡就业创业的建议》《加强品牌建设，助推经济发展》《关于加强农村社会法治化建设的建议》《关于修建城市立体停车场》《关于增加慢性病报销种类，逐步实现医药分离的建议》《关于加大居家养老力度的建议》《全面对接、深度融合，争当中原经济区接轨郑州排头兵》《关于取缔和规范城市户外广告的建议》等提案，紧扣市委、市政府中心工作、关注热点焦点、强调可操作性，反映民建晋城市委履职水平。撰写《沁水县脱贫攻坚民主监督调研报告》《民企参与混合所有制改革研究》《新媒体时代统战宣传工作的多维思维》等理论文章。吉云光获全省统战理论政策研究成果三等奖。吉云光、郜晋龙同获市委统战部2017年统战理论政策研究先进个人；王庆琰写的调研报告被《特情专报》采用。

提高支部履职能力。各支部把参政议政工作与支部组织生活结合起来，各支部研究确定支部调研课题，开展调研活动。市直二支部组织支部会员到各县（市、区）电子商务产业园区调研，撰写《晋城市电子商务发展情况调研报告》。市直三支部组织会员到市直、各县区行政主管部门、旅游景区企业、旅游特产开发企业等共26家单位进行旅游产业发展的调查研究，撰写《晋城市旅游行业发展状况调研报告》；四支部组织会员调研，撰写《关于晋城市文化与旅游产业融合发展的提案》《关于明确市区中小学校招生范围的建议》《关于政府协调煤价联动的建议》等社情民意；城区支部撰写《注重校园安全，排除隐患》《隔离杆设置后的新问题》《大力发展全域旅游》《请太极回家乡，造福晋城人民》《加快发展我区现代服务业的几点建议》等提案，城区魏潇主委在《山西民建》第1期发表《千里寻根路，浓浓民建情》。泽州支部撰写《应加快农村集体经济组织审计立法》《我市参保农民跨县区直接报销难应及时解决》《关于对我市农村公路的管养问题的一些建议》等6篇提案被市政协采用；高平支部开展调研，撰写《养殖业对农村环境的污染》的调研报告；阳城小组撰写《应重视和解决农村畜牧养殖业造成环境污染问题》《关于扩建晋阳高速润城至阳城段的建议》《关于增建县城景观桥的建议》《关于加强农村面源综合防治的建议》等。

【脱贫攻坚】 2017年，民建晋城市委员会助力陵川县六泉乡石坡村的扶贫工作，主委阴建政多次到该村进行调研，了解石坡村需要解决的困难，动员民建会员捐助，修建陵川县六泉乡石家坡村卫生所，援助2万多元的医疗器械、电脑等办公设备和药品。为该村老年人活动中心购买油汀和暖风机，将村委合作社从老百姓手中收购回来的农产品包装后放到网上销售，实现“电商+合作社”扶贫模式。在民主监督沁水县的脱贫攻坚工作中，主委带领监督小组深入贫困乡镇、村进行调研，查看档案，和贫困百姓座谈，总结脱贫攻坚中的好经验和存在的问题，撰写《沁水县脱贫攻坚民主监督调研报告》，完成市委、市政府交代给党派的脱贫攻坚民主监督工作。四支部精准帮扶阳城县杨柏峡谷的白宏兵和白玉兰夫妇；城区支部组织会员走进敬老院进行义诊活动，对老年人进行免费健康检查、疾病筛查。重阳节为老人们送去蛋白粉、足浴包、七日药盒、维生素等慰问品，会员企业摩登农庄马晋昆董事长新建的水上乐园开业，发放免费儿童游玩票1000万元；高平支部组织会员为高平一中5名贫困学生进行捐资助学活动；阳城小组会员石小仙投资10万元为林海小区免费铺设下水管道，投资20余万元为林海小区硬化路面，解决下芹周边劳动力20余人。会员梁卫忠为河北镇圪涝掌村、河北镇敬老院送鲜桃数篓价值千余元。

【经济建设】 2017年，民建晋城市委员会会员柴慧青的晋城市龙韵科技有限公司与京东公司合作，创办“京东中国晋城特色馆”，通过政府搭台，市场运作的方式，建设展示晋城特产、手工艺品、名优产品的网上“购物中心”，发掘晋城地方特色产品，打造晋城特色品牌，推动晋城农业经济转型升级。会员李建红创办葛万农牧科技有限公司，对葛万村村容村貌进行大规模整修，创办万芳展览馆，开发阿里山风情谷，引进阿里山小火车。会员雷晋峰创办的“晋艺坊”铁壶参加山西品牌丝路行（印度尼西亚站）和德国的法兰克福站，以其精湛的工艺、精巧的做工和浓郁的晋城文化特色在展会上精彩亮相，受到当地华人华侨的青睐和热捧。会员李仙爱创办的东方国旅、东方培训、东方劳务三个公司形成品牌。

（民建晋城市委）

民进晋城市委员会

【概述】 2017年，民进晋城市委员会组织学习习近平总书记系列重要讲话和视察山西重要讲话、中国共产党第十九次代表大会和民进全国第十二次代表大会精神，坚持和发展中国特色社会主义学习实践活动，落实民进中央、省委的部署，以习近平治国理政新时代精神为指导，继往开来，加强自身建设，参政议政，履行民主监督，进行社会服务，为晋城的可持续发展做出贡献。

【理论学习】 2017年，民进晋城市委员会组织会员参加中央社会主义学院的多党合作政治理论培训和民进省委组织的“维护核心 合作共进”主题井冈山优良传统教育第一期省委委员学习培训。市委委员、信息员到晋城市委党校参加学习培训。通过主委会议、市委扩大会议、支部主委会议、专题会议等，组织学习习近平总书记系列重要讲话和视察山西时的重要讲话、中国共产党第十九次代表大会精神、民进全国第十二次代表大会精神、省委书记骆惠宁和市委书记张九萍讲话、中共晋城市委常委、统战部部长焦光善的讲话精神。民进市委所辖支部利用多种形式，组织会员学习，一中、二中支部与市直第三支部联合组织学习和活动，取长补短，互相学习，取得成效。民进市委与民盟市委会联合举办“迎接十九大书画展”，促进会员盟员的政治坚定性，繁荣全市统一战线的文化生活。组织《维护核心，见诸行动》演讲比赛，在晋城电视台播出。

【自身建设】 2017年7月，民进晋城市委选举的民进山西省第七次代表大会的代表卫波、王国亮、李卫国、李章宏、李素香、杨党辉、谭军社和列席代表唐铁林参加省代表大会，郭向阳、王国亮当选为新一届省委委员，郭向阳当选为省委常委和出席民进全国代表大会的代表。继李守泽担任泽州县工商联主席后，李琳被任命为高平市文化旅游局局长，刘娟担任晋城市城区文化旅游局副局长，陈芳挂职担任南村镇副镇长，王栋到晋庙铺镇挂职锻炼，高平市人民剧团副团长宋晋梅获2017全国青年戏曲演员擂台赛总决赛亚军。各支部建立健全制度，开展读书活动，参政议政，进行社会服务。高平市支部在晋城市各民主党派基层组织中，首开微信公众号；泽州支部协调联系乐琪石墨烯公司，为泽州县北义城、下村、晋庙铺等五家乡镇养老院捐赠巨人净水机10余台，乐琪石墨烯公司总经理高建民向民进晋城市委递交申请，成为发展对象。阳城支部、城区支部参政议政取得成果；市直支部、单位支部结合自身特色，加强建设，发挥自身优势，成为特色支部。

【参政议政】 2017年，晋城市“两会”期间，民进市委会经过调查研究，撰写大量政协提案，其中《关于发挥富士康工业园示范引领作用，推动全市科技创新水平提升，加速产业转型升级》《关于将我市打造成户外运动基地的建议建议》《关于建设我市民用机场的建议》《关于坚决打好晋城扶贫攻坚战的思考与建议》《关于我市医药产业发展的几点建议》《建立新型城镇化，走出户籍改革的误区》《关于加快我市电动汽车推广和充电设施建设的建议》《关于加快晋城金村教育园区建设的建议》《关于加快推进我市国企改革的建议》被市政协提案委员会审查立案，交由市委市政府有关部门办理。《关于进一步提升我市养老服务质量的建议》与委员王国亮的《加快我市国有企业改革的几点建议》被评选为重点提案，民进晋城市委撰写提案占到全市十大重点提案的五分之一。《关于建立健全我市各民主党派参与扶贫工作监督工作长效机制的建议》立案后，市委统战部、市扶贫办高度重视，结合提案内容进行四方面的安排部署工作，进行对口安排，突出监督重点，坚持问题导向，建立联络机制，取得较好效果。针对《加快我市国有企业改革的几点建议》，市政府采取5方面的措施，出台全市国有企业改革“1+n”配套改革，搭建国企改革平台，有序推进各项改革工作，突出重点稳步推进，发挥党组织领导核心作用。针对王国亮“关于加强我市律师队伍建设的建议”，有关部门采取措施，引导律师事务所向规模化、专业化、精品化发展，提升律师队伍素质，争取财政补贴，建立沟通协调机制。民进晋城市委提交的《做好山西煤炭大文章》《建设山西无水港》分别获得民进山西省委参政成果一等奖、二等奖。

【服务社会】 2017年，民进晋城市委员会响应市委统战部统一战线扶贫攻坚号召，帮助贫困地山区农民脱贫致富。多方协调,为扶贫点整修拓宽村庄道路,打起护坡墙,唱响大戏,使得20年没看过戏的村民在家门口看上大戏。多次在横河书画艺术创作基地组织活动,开展书画写生、文艺演出、武术比赛等,繁荣文化生活,促进旅游事业的发展。继横河书画艺术创作基地建立之后,在高平市野川镇圪台上创办书画艺术创作基地。组织文化、卫生、科技三下乡活动,为社会公益、文化教育、科技卫生等方面做出贡献。响应民进中央号召,市委会及各支部选择不同地点,开展"送春联进万家"活动。发动会员,为贵州省龙安县捐赠图书,为贫困户捐赠衣服、用品。

【民主监督】 赵晋阳等人撰写的《对我国民主党派监督的深层次探讨》在《山西民进》上发表,获山西省委统战部理论政策研究优秀成果二等奖。民进会员中人大代表、政协委员的60余人,分别被有关部门聘为特约监督员,认真履职,深入调研,向有关部门提出合理的意见和建议。民进会员中有10余人应邀担任行风评议员,受到人民群众普遍好评。

(民进晋城市委员会)

农工党晋城市委员会

【概述】 2017年,农工党晋城市委会带领全市党员,立足自身特点、发挥自身优势,开展各项工作,取得成果。在中国农工民主党坚持和发展中国特色社会主义学习实践活动表彰大会上,市委会被授予"先进集体"、高平市支部被授予"党史和理论工作先进集体",1名党员被授予先进个人。

【思想建设】 2017年,农工党晋城市委会以"不忘合作初心,继续携手前进"专题教育活动、"拥戴核心、合作共进"主题教育活动为契机,组织晋城市统战系统200多人参加农工党省委"不忘合作初心,重温光荣历史"主题宣讲(晋城站)活动;组织党员举办纪念中国农工民主党建党八十七周年暨"不忘合作初心,继续携手前进"主题颁奖晚会;制订《农工党晋城市委会"拥戴核心、合作共进"主题教育活动方案》,9月至11月,以市委委员、支部负责人、各部室负责人为重点,开展思想教育活动。组织党员参加农工党省委在宁夏社会主义学院举办的"拥戴核心、合作共进"主题教育培训班、在安徽社会主义学院举办的省市级领导班子政治交接暨领导干部能力提升专题研修班。

【组织建设】 2017年,农工党晋城市委会加强干部队伍建设。做好后备干部队伍储备、培养以及新党员发展工作。党员中有1人被任命为正县级干部、3人被任命为副县级干部。

加强基层组织建设,开展创建红旗先进支部活动。拟定《基层组织建设指导意见》《基层组织工作手册》《基层组织考核制度》。日常工作中,要求各支部以加强基层组织思想建设、制度建设、组织建设、履职能力建设为目标,做好相应的创建计划,以开展创建红旗先进支部活动为抓手,展现基层支部工作的新亮点。8月,通过考核评比表彰一批思想素质高、组织工作规范、履职能力强、支部活动有序、富于创新和特色的先进个人和先进支部。11月,农工党晋城市委在全省农工党基层组织建设负责人培训班暨基层组织建设现场会上作经验交,高平支部作先进基层组织经验汇报。

【服务社会】 2017年,农工党晋城市委会依托"一党一县智力帮扶"活动,做好精准帮扶结对工作。两次组织医疗专家到沁水县龙港镇王寨村开展义诊活动,为村民送去价值2000余元常用药品,发放健康宣传资料500余册。引导支持各支部深化智力帮扶工作,将智力帮扶拓展到高平、陵川、阳城等地。

依托"一支部一帮扶"活动,搭建精准扶贫平台,在全市六县(市、区)联系六个贫困村开展帮扶工作。

依托"助力转型攻坚五大行动",开展"健康扶贫"工作。与市委政研室、市红十字会、市农业开发局等联合开展"献爱心、送健康"活动,与市康复医院、博大医院联合开展"不忘合作初心,继续携手前进"帮扶义诊活动,各支部开展"助力转型攻坚、医疗帮扶义诊"活动、"结对帮扶五个一"活动、"三个一服务"活动等,以点带面推动精准扶贫落到实处。

依托"品牌活动",开展送医送药送健康。以"中国环境与健康宣传周""国际科学与和平周"活动为契机,开展送医、送药、送健康和法律咨询活动。

依托"党员活动基地",长效开展社会服务。在高平回山"党员活动基地",开展"学摄影、赏梨花、送健康"学习实践活动、举办诗朗诵、书画展等系列文体活动等,丰富基层组织党员精神文化生活。

【自身建设】 2017年,农工党晋城市委会加强参政议政人才培养。推荐10多人次参加农工党省委、市委统战部、市政协举办的信息员培训。市委会和支部全年共举办参政议政骨干和信息员培训班4期。加强机制建设。建立"主委亲自抓、分管副主委主动管、骨干党员积极干"工作氛围,出台支部、代表、委员参政议政管理制度和考核办法,要求"支部一季度两提案""代表委员一月一建言"。

【参政议政】 2017年,晋城市"两会"期间,市委会提交集体提案5篇,个人提案30余篇,副主委赵红亮就"科学构建健康教育体系,努力提高居民健康水平"进行发言;市委会提交的《关于我市实施精准扶贫的几点建议和对策》《关于加强生态文明建设,进一步提升城市空气质量的建议》被市政协列为重点督办提案。采取"利用优势、'联结'特色、找准切入点、打造亮点"工作思路,从党和政府工作的重点、人民群众关心的热点和农工党自身特点出发,以"医疗一体化建设"为课题,组成专题调研组,在全省6地市7个医疗集团开展调研,向省委提交《助推全省县乡医疗卫生一体化改革,加快健康山西建设》调研报告,获得"优秀调研报告一等奖"。组织调研组到高平市野川镇开展脱贫攻坚民主监督2次,走访慰问贫困家庭,形成专题调研报告;开展健康扶贫调研,对2016年建档立卡的75户贫困户进行跟踪调研,提出合理建议意见。市委会主要领导参加中共晋城市委、市人大、市政府、市政协等有关部门召开的各类协商会、通报会、座谈会、征求意见会,就会议协商议题提出意见建议。

(农工党晋城市委)

九三学社晋城市委员会

【概述】 2017年,九三学社晋城市委贯彻落实习近平总书记"7·26"重要讲话,十九大精神和习近平新时代中国特色社会主义思想,社中央十一大精神和社省委十大精神,围绕市委、市政府中心工作,加强自身建设,各项工作取得新成效。

【理论学习】 2017年,九三学社晋城市委员会狠抓各级组织和社员的政治学习,推进"双学一跟"学习教育常态化制度化;开展"不忘合作初心,继续携手前进"主题教育活动;开展"拥戴核心,合作奋进"学习教育活动,社员政治理论水平加强。

领会习近平总书记"7·26"重要讲话和在山西召开的深度贫困地区脱贫攻坚座谈会上的讲话精神,学习省委书记骆惠宁在各民主党派省委座谈会上的讲话和市委书记张九萍在各民主党派市委工作座谈会上的讲话。

学习贯彻十九大精神和习近平新时代中国特色社会主义思想。十九大召开后,社市委把学习贯彻十九大精神作为首要政治任务,聘请市委党校王燕飞、太原科技大学晋城校区原魁社两位讲师开展两次专题讲座和学习辅导。

学习贯彻社中央十一大精神和社省委十大精神,发挥社中央十一大报告和社省委十大报告对市委工作指导作用。

社市委宣传部组织社员参加两次省级理论征文活动,6名社员征文获奖。老社员侯生哲撰写的理论文章《马克思主义中国化新的里程碑——拜读十九大感言》被《九三学社山西社讯》采用。社市委副秘书长、职院支社主委段文昌撰写的《不忘初心,合作前行》获社省委主题征文三等奖,秘书长王淑静、高平支社主委王天佑、社员程虹、刘燕虎分获优秀奖。

每次政治学习,社市委都组织开展研讨活动;每次全委会议,社市委都要把政治学习列为主要内容,要求全体市委委员深学细悟、把握精髓。5月27日和9月3

日，社市委举办两期社员素质提升工程培训班，邀请到社省委专职副主委张培富教授、中共晋城市委党校副校长卢璐教授作专题讲座，提升社员思想政治觉悟、政治把握能力和参政履职水平。

【组织建设】 2017年，社市委共召开主委会议7次，市委全委(扩大)会议7次，研究讨论和安排部署各项事务，推动社各项工作的开展。社市委完善组织建设，建立多项工作制度，实现规范化。加强对基层组织建设的指导与督查、对各级基层组织及各级组织负责人的考核考评等。社组织工作，做到有章可循、有规可依，组织建设迈向制度化轨道。社市委完成社组织部、宣传部、参政议政部、社会服务部部长选任工作；完成文化艺术、农业社会、医疗食品、经济科技、教育妇女、促进创新(新成立)六个工作委员会负责人选任工作；完成矿区支社、教育支社领导班子换届工作，完成市直二支社、市直一支社、职院支社的委员增补工作；完成"九三学社晋城诗书画院"筹建并挂牌运行。按照社员发展组织程序，批准16名新社员正式入社，社总人数达到254人。

【参政议政】 2017年，社市委围绕山西省委"一个指引，两手硬"、晋城市委"一争三快两率先"部署，聚焦全市"大开放、大转型、大创新"发展思路和统一战线"助力转型攻坚"五大行动，以人民群众最关心、党政部门最重视的工作内容为切入点，通过反映社情民意、政协提案、专题调研等多种形式开展参政议政、民主监督工作。全年，共收到社情民意、提案、调研报告118件。其中，九三省委采纳推荐集体提案两件，新社员马三强撰写的《关于改善居民营养状况，降低慢性疾病高发的建议》被推荐到社中央作2018年全国两会候选提案，新社员段伟生撰写的《关于建设和完善我省创伤救治网络及体系的建议》被推选为2018年全省两会候选提案。市政协采用九三学社晋城市委45件提案，主委程春明牵头撰写的《在脱贫攻坚行动中要更好地发挥民主党派的民主监督作用》争取到六个民主党派的联名提交，得到晋城市委肯定和市委统战部支持；委员李军旗牵头并撰写《关于解决城中村改造存在问题的建议》《关于建设信用政府的建议》等5份提案；副主委王小芳撰写的《关于加强城市立法的建议》、泽州支社申振江撰写的《驴友徒步线路在全域旅游中的作用不容忽视》、农口支社张建撰写的《关于出台居民住宅装修材料搬运管理办法》得到张九萍批示。社市委制定出台《参政议政宣传信息工作量化评比考核办法》及报送流程，邀请社省委常委、张放陶专门作专题培训。根据市委统战部的部署安排，社市委多次组织相关力量到泽州县柳树口镇圪针掌、岩山、樊家、南石翁等贫困村开展脱贫攻坚民主监督实地调研，走农户、访民情、识民意，形成《要注重解决好异地扶贫搬迁引发的农村新矛盾》《精准扶贫首先要精准扶志》可行性调研报告和民主监督建议，为市委、市政府的决策提出合理化建议，为泽州县委、县政府的工作开展出谋划策。诗书画院还专门编写通俗易懂的脱贫攻坚打油诗供泽州扶贫办开展扶贫政策宣传使用。

【服务社会】 2017年，社市委引进九三全国资源，以"亮睛工程"为主打品牌，开展一系列聚焦民生的社会服务活动。社中央和省委将香港亮睛工程慈善基金会"亮睛工程"落户晋城市，在阳城县眼科医院挂牌成立"亮睛工程山西阳城眼科中心"。"亮睛工程"计划三年内为全市3000例贫困白内障患者实施复明手术，其中免费手术1500例。社市委联合阳城县眼科医院组织一支由10人组成的医疗队在陵川、泽州、阳城范围内有计划地进行白内障患者筛查摸底、登记造册工作。截至12月25日，对644例白内障患者进行复明手术，对贫困人员白内障患者200人进行全免费手术。所有手术患者的视力恢复达到满意效果。专委会和支社开展各种社会活动，全年累计开展社会服务活动共计40余次。社市委班子及部办负责人捐款2000元给泽州慈善协会专项用于泽州贫困村光伏产业扶贫；诗书画院院长裴池善、社市委副主委安建峰带队，到高平市石末乡、泽州县大东沟镇开展助力转型攻坚文化下乡扶贫活动，为60多名乡镇干部和村支两委成员作“古村落保护与开发”专题讲座，开展诗书画展，为发展文化旅游产业、增强自主造血功能拓展思路；市直一支社在沁水县张村乡举办“爱心传递希望，知识成就梦想”图书捐赠活动，与泽州支社联合到沁水县南阳村送文化下乡；7月1日，市直一支社、文博支社和城区支社联合在博物馆为福利院孩子过生日，11月12日，三支社联合举办“学习贯彻十九大 传承优秀文化、助推‘万里茶道’申遗”主题活动；城区支社和泽州支社联合泽州县妇幼院、城区中医院在两地5个乡镇开展5次大型“关爱女性健康”免费筛查义诊活动；医卫支社、阳城支社联合到阳城县横河镇麻地村、大阳镇区进行义诊；高平支社到石末乡石末村开展“爱在重阳、敬老爱老”健康扶贫医疗义诊活动，为村里180多名的老人进行免费义诊。

（九三学社晋城市委）

晋城市总工会

【概述】 2017年,晋城市总工会学习贯彻党的十九大和习近平总书记视察山西重要讲话精神,坚持服务大局、服务职工,坚持改革创新、真抓实干,完成各项工作任务。

【工会改革】 2017年8月,晋城市总工会印发改革方案。9月,召开第五次代表大会,落实基层一线代表占比"代表大会代表80%、委员会委员40%、常委会委员20%"的要求,新一届领导班子配备4名兼挂职副主席。六县(市、区)的工会改革方案全部出台,市、县两级工会党组全部成立。阳城、沁水县总工会"普惠制"服务率先试水,富士康园区工会"富晋之家"APP、晋煤集团工会"数字化工会"表现优异,市总工会网站、微博、微信、"12351"热线运转良好。

【"三基"建设】 2017年,晋城市总工会基层组织完善,截至10月底,全市新建工会组织61个,涵盖法人单位139个,发展会员7094人,其中农民工会员4369人,非公有制企业工会组建率动态保持在85%以上;基础工作逐步规范,市县工会完善更新工会组织管理数据库,已建会企业尤其是规模企业普遍建立工资集体协商制度和职代会制度,绩效考核体系逐步建立完善;基本能力提高,举办素质提升培训班12期,培训各级工会领导干部近300人次,工会干部队伍的素质和能力提高。

【"五小"竞赛】 2017年,晋城市总工会组织开展"五小"竞赛活动,参赛企事业单位1135个,参赛职工20.3万人次,创新项目1098项,增长39.6%;申报市级评比项目416项,增长28.3%。其中,市级获奖140项,增长40%;向省总工会推荐参评项目92项,获奖48项,增长11.6%。晋城市获全省"五小"竞赛组织奖。

【技能比赛】 2017年,晋城市总工会开展全市职工手工艺品制作评比竞赛活动,选送30多件作品参加全省首届职工手工艺品展评,获优秀组织奖。与团市委、市人社局联合开展第四届青年创新创业大赛,举办全市卫生应急技能竞赛、普通高中理科教师实验操作技能竞赛,获全省卫生应急技能竞赛团体第二名。

【职工教育】 2017年,晋城市总工会开展社会主义核心价值观教育、"争当学习型职工""网聚职工正能量争做中国好网民"等系列活动;举办"榜样·梦想"晋城市"五一"劳模颁奖晚会和"晋城工匠"图片展;开展"我身边的劳模"主题征文、"转作风、走基层、送奖到岗位"、劳模宣传月、劳模"四送"等活动,弘扬"劳动光荣、知识崇高、人才宝贵、创造伟大"的社会风尚;在晋城广播电台开办《职工家园》栏目,开拓职工教育阵地;组建职工志愿者队伍,开展交通服务、卫生清理、关爱空巢老人等多项志愿活动。

【文体活动】 2017年,晋城市总

工会举办“喜迎党的十九大”全市职工书法美术摄影展；举办“中国梦·劳动美”消夏系列文化活动，组织40多个文艺团体送文化下基层，两个月时间共演出96场次。举办全市适龄职工大型鹊桥联谊活动，376人参加，21对青年男女当场牵手成功；与晋城广播电台联合开展鹊桥联谊活动，累计直播190期，成功牵线90多对。参加全省农林水系统职工首届羽毛球比赛，获得混双冠军、女单亚军、女双季军和优秀组织奖；参加第二届全省女职工乒乓球比赛，获得个人第三名和优秀组织奖。

【普法宣传】 2017年，晋城市总工会在官方网站推出职工维权栏目“每月一例”，以“提出问题、解决办法、法律依据”形式宣传、引导职工通过法律渠道解决工作生活中常见问题，全年共刊登9期。“12·4”国家宪法日暨全国法制宣传日期间，在晋城广播电台《职工家园》栏目开展一个月法律宣传活动，启动职工应知应会法律知识普及“每周一题”活动。

【工资集体协商】 2017年，晋城市共签订工资集体合同2898份，覆盖企业7197个，覆盖职工397268人，签订工资集体合同的企业占建会企业总数的93.7%。晋城市工资集体协商工作全省地市领先，被评为全省“推进工资集体协商三年规划先进集体”，10月作为全国唯一的市级工会在全国工资集体协商银川会议上交流经验。

【厂务公开】 2017年，晋城市总工会开展“公开解难题、民主促发展”主题活动，加强厂务公开民主管理自查督查和规范化建设。全市11个单位被确定为“晋城市厂务公开民主管理工作示范单位”，涌现出省五星级职代会26家、市五星级职代会27家、市四星级职代会13家。市总工会获“山西省推动厂务公开民主管理工作先进单位”称号。

【劳动保护】 2017年，晋城市总工会开展“安康杯”竞赛、职工公共安全卫生应急避险知识普及教育、安全生产月、《中华人民共和国职业病防治法》和“职业病防治周”宣传等活动，培训新增补聘的煤矿安全群众监督员309名。市总工会获2016—2017年度全国“安康杯”竞赛活动优秀组织单位、全国职工公共安全卫生应急避险知识普及教育活动和全国“安康杯”竞赛安全文化宣传活动“最佳组织单位”、全省职工职业安全健康知识普及教育活动先进集体、全省职工职业安全健康知识竞赛活动优秀组织奖、“全市安全生产工作先进集体”称号。开展职工队伍稳定调研排查化解工作，《晋城市职工基本医疗保险保障状况调查报告》入编全国总工会《调研文集》。全市新建“职工爱心驿站”8家，总数达到21家；建设“全国工会职工书屋示范点”2个、“全国示范性职工创新工作室”1个；新建“妈咪小屋”14家，获省总工会资金支持10家，获全省创建“妈咪小屋”活动优秀组织奖。

【帮扶救助】 2017年，晋城市总工会“两节”“送温暖”活动共筹集资金405.69万元，慰问困难职工5898户，发放慰问金222.25万元；走访慰问企业122家，其中困难企业33家，发放慰问金150余万元。开展“春风行动”“就业援助月”“民营企业招聘周”活动，举办各类招聘洽谈会23场，3300人达成就业意向。“送清凉”活动发放慰问物品31万余元。“金秋助学”活动共筹资175万余元，资助困难学子419人。职工大病医疗互助活动全市参加单位1353个，参加职工242466人，共收缴互助金1148.9万元，补偿患病职工3924人，累计支付补偿金693.2万元。

【援疆扶贫】 2017年，晋城市总工会向新疆阜康市上户沟哈萨克民族自治乡、农6师105团和兵团芳草湖农场援助资金60万元，援建刺绣厂、食用菌厂，传授非遗项目“上党八音会”。组织机关干部到陵川县马圪当乡双庙村开展扶贫助建工作，协调市医院开展义诊活动，共计投资27.6万元。

（市总工会）

共青团晋城市委员会

【概述】 2017年，晋城市各级团组织学习宣传贯彻党的十九大精神和习近平总书记关于共青团和青少年工作重要指示精神，按照市委七届二次全会和团省委十四届七次全会的总体部署，结合晋城青年工作实际，坚持凝聚青年、服务大局、当好桥梁、从严治团，推进团的各项工作。

【队伍建设】 2017年，共青团晋城市委员会加强团干部队伍建设。举办全市团干部、少先队辅导员培训班和“青年讲堂”等活动，提升团干部能力素质。完善团干部直接联系青年制度，借助1+100网络平台直接联系青年，共录入139名团干，总计联系青年15745人，人均积分66.5，平台热度65.87，位居全省第一。

加强团员队伍建设。开展“学习总书记讲话，做合格共青团员”教育实践活动和“十个一”活动，结合中学共青团改革，在中学团组织中集中开展组织整顿，增强团员意识，更好地听党话、跟党走，更加自觉地向党中央看齐。

加强团的组织建设。增强传统领域组织活力，新建线下“青年之家”65个，开通晋城“青年之家”云平台系统，共有8家“青年之家”入驻云平台，依托平台开展活动65次，1178名青年参加，实现“青年之家”线上线下融合发展；推进新兴领域组织覆盖和工作覆盖，大力推进重点互联网企业团建工作，全市新建互联网团组织32家。

开展“两红、两优”评选表彰活动。兰花伯方煤矿的秦超被团中央授予“全国优秀团员”称号，新媒体行业代表吴凡被团省委授予“山西青年五四奖章”，泽州农商行被团省委授予“山西青年五四奖状”；7个基层团委和8个基层团组织分别获得省级“五四红旗团委”“五四红旗团支部(总支)”称号，7名团干部和15名团员分别获得省级优秀团干、优秀团员称号。

【德育教育】 2017年，共青团晋城市委员会开展“喜迎十九大——我向习爷爷说句心里话”“红领巾相约中国梦”“清明祭英烈·共筑中华魂”“不忘初心跟党走”“红领巾走进军营”各类主题活动，启动“诵经典·讲礼仪·传美德”“传承中华优秀传统文化，建设文明美丽书香校园”诵读经典比赛，共举办中国梦和社会主义核心价值观各类教育活动239场，其中集中开展标准化入团仪式91场。常态化开展学雷锋、文明礼仪体验剧等活动，引领广大青少年听党话、跟党走。开展“向上向善好青年”“美德少年”评选活动。推选出各行各业和基层一线好青年25名，60名青少年被授予2017年晋城市“美德少年”。推选两名优秀青年吴凡、尹川参加团中央“全国向上向善好青年”评选，获“创新创业好青年”称号。举办“中国梦·航天梦”主题宣讲会，邀请参与“天宫二号”载人航天器研发的著名专家、中国科学院空间应用工程与技术中心战略规划室主任张伟博士主讲。举办道德模范进高校宣讲活动和“向上向善好青年”基层分享会17场、“圆梦中国人”分享会11场，带动广大青年学子积极践行核心价值观，争做向上向善好青年。

【网络宣传】 2017年，“青年之声”互动社交平台入驻专家529人，建立服务联盟24家。晋城共青团官方新媒体平台全年共发布信息823条次、微信862条、微博606条，核心网宣员达130人，开展网宣员培训4场，完成舆情任务32次，转发重点网络文化产品27次、评论2927条次，点赞逾1500次，累计阅读量20758人次。开展晋城青年网络文化行动，编创制作“五四”宣传片《晋城市向上向善好青年》。共青团晋城市委获“青年之声”建设优秀团组织称号，京漂服务联盟获“青年之声”建设优秀联盟称号。

【扶贫攻坚】 2017年，共青团晋城市委员会开展关爱行动，争取团中央“授渔计划·青年之声”项目，帮助14名孤儿、留守儿童和贫困学生获得中等职业教育和成人大专教育机会；开展“梦想风车童鞋奔跑”少年儿童爱心集结行动，为沁水中村镇中心小学和陵川崇文镇沙上头寄宿制小学捐赠童鞋和棉衣；与市扶贫办联合开展“光彩照明、安全饮水”活动，捐赠太阳能路灯500台、净水器850台；开展“与爱同行”助学活动，累计捐助763人次，发放助学金46.3万元；联合市直文明办、教育局、司法局、环保局、检察院等14个部门开展“同心同梦”关爱偏远山区未成年人公益项目，集中整合包含智体体验、安全自护、法治宣传、心理辅导、环保主题、公益活动6类、65项活动，以游戏形式送到偏远山区青少年身边，开展活动12期，覆盖青少年1万余人；正式启动“青年之声·阳光成长”“喜悦学堂”关爱留守儿童项目，开展活动20场，覆盖青少年3000余人。

【青春成才工程】 2017年，共青团晋城市委员会完善青年创业就业综合服务体系，完成技能培训3000余人次，为40名青年提供见习岗位，对76名团干和1336名农村青年分54期进行金融知识培训，共发放小额贷款16793.18万元；发挥“淘宝大学人才服务商晋城基地”作用，开展培训2期，450余名青年受益；举办第四届“创青春”青年创新创业大赛，设置浙晋青年创业项目（企业）对接会、参观阿里西溪园区和梦想小镇、项目路演等活动，为创业青年实现“创客梦”搭建广阔舞台。利用“蚂蚁屋”青创空间举办“老板陪你吃晚餐”活动25期，为青年创业提供“资金、人才、市场、圈子、导师、项目”等基础性、专业性服务；推进实施新兴青年群体“筑梦计划”，完善新兴青年数据库，举办新兴领域青年座谈交流会，组建梦想导师团，联系新经济、新媒体、自由职业者、归国留学青年等各领域新兴青年共120余人。

【青春文明工程】 2017年，共青团晋城市委员会引导青年社会组织参与青少年事务社会工作，开展心理健康讲座、“轻松备考12355与你同行”共18场，覆盖青少年1.5万余名；开展各类安全自护教育活动40余场，主题班会700余次，覆盖学生约2万余名；举办青年交友联谊会5场，1500余名单身青年参加活动。动员广大青少年参与美丽晋城建设，组织600余青少年开展“增绿减霾再造蓝天”“京津冀晋蒙青少年增绿减霾共同行动”等主题环保实践活动10期；指导志愿者协会、义工协会、汇邦慈善基金会等青年社会组织开展扶贫助困帮扶活动15期。推进“全民阅读”活动，举办“风华正茂恰青春”晋城青年读书学习联盟主题活动，常态化开展“青年之声·书香晋城”公益读书会，为城市点亮阅读之灯。开展青年志愿者工作，启用“志愿汇”APP，实现注册青年志愿者服务时数统计，注册青年志愿者52595人；开展形式多样的节假日常规志愿服务、关爱农民工子女志愿服务行动和助残“阳光行动”，利用25间“七彩小屋”活动阵地，开展七彩课堂10次、助残行动10次、捐赠活动2次，覆盖青少年1290余人；积极服务大型活动，组织410名青年志愿者参与“同心同梦”公益项目。

【权益维护】 2017年，共青团晋城市委员会在全市中小学校推广“守护青春”青少年法治广播节目，制作27期，播出23期；联合市检察院、教育局开展“开学第一课，法治进校园”活动，共走进14所学校，覆盖青少年10200人；开设父母大学家庭教育课程，开展活动99场，1万余名家长受益；联合市妇联举办“幸福父母相伴成长”家庭教育公益讲座活动；开展“共青团与人大代表、政协委员面对面”活动15场；开展全市重点青少年安全风险隐患排查整治活动，建立青少年风险隐患台账；发挥市预青专项组的统筹协调作用，起草修改《关于进一步深化预防青少年违法犯罪工作的实施方案》。

【综合实践教育】 2017年，共青团晋城市委员会在中小学校继续开展“开心农场”“七彩假期”“七彩课堂”“红领巾俱乐部”等社会实践活动。加强“晋青世界”青少年校外实践教育基地建设，创新实践教育课程设置和丰富实践教育内容，开设有思想教育、安全自护、农事体验、通用技术、户外生存、国防教育六大类课程，开展实践课24期，共计5314人参加，“校内+社会+基地”三位一体的实践教育工作格局基本形成。

【青春“新”力量】 2017年，“晋城团团”创新运用微博全程直播报道团市委组织开展的“学雷锋”“同心同梦”关爱偏远山区未成年人公益项目，以及五四“青春喜迎十九大·不忘初心跟党走”系列活动，与青年进行直接“面对面”交流，吸引77.6万人次观看；清明节期间，通过团市委官方微信平台推出“清明祭英烈”页面，3月29日至4月1日，共计21万余青少年通过活动祭奠先烈，在全社会掀起文明新风；开展“点亮微心愿”活动助力“同心同梦”活动，帮助226名山区学生完成微心愿。

（团市委）

晋城市妇女联合会

【概述】 2017年，晋城市妇联学习宣传贯彻党的十九大精神，紧紧围绕市委市政府中心工作，以促进妇女创业就业、改善妇女民生、维护妇女合法权益、提升妇女素质为着力点，团结全市广大妇女为全面建成小康社会贡献巾帼之力。

【组织建设】 2017年，晋城市妇女联合会出台《晋城市妇联改革实施方案》，市妇联机关改革后，内设部门由4个变为6个分别为：办公室、组宣部、发展部、法律服务部、家庭和儿童工作部、联络部，配备1名挂职副主席、6名兼职副主席，机关工作力量壮大。制定《关于推进乡镇（街道）妇联组织区域化建设改革创新的实施方案》，提出乡镇（街道）妇联区域化妇联工作联席会议制度、区域化妇联轮值主席制度、执委直接联系群众“1+X”制度等，全市100%的乡镇完成区域化改革。扩充乡镇（街道）、村（社区）两级妇联执委队伍，按照市、县、乡镇（街道）妇联1∶2、1∶3、1∶4的比例选配兼职副主席和扩充执委人数。做好妇联干部素质提升培训，举办市、县、乡三级妇联干部素质提升培训班，共104人参加；举办农村巾帼领头雁培训班，分两批对240名妇女干部进行集中培训。

【巾帼创业行动】 2017年，晋城市妇女联合会加大信贷扶持服务力度，为35名妇女发放贷款324万元，分别获取中央、地方财政贴息79.27万元、34.2万元。发挥示范基地辐射带动作用，表彰“巾帼创新创业示范基地”和“巾帼创新创业明星”等60余家先进典型。组织妇女手工艺企业参加省妇联“三晋巧姐”手工艺品展评展销活动。联合市人社局、扶贫办、总工会等部门在市体育场启动为期一个月的以“搭建新型工匠供需平台、助力转型升级十大项目”为主题的“春风行动”。

【技能培训】 2017年，晋城市妇女联合会举办创业就业技能培训和“巾帼脱贫”技能培训，陵川县300余名建档立卡贫困妇女通过精准脱贫家政服务技能培训脱贫，60余名妇女培训学习非物质遗产“高平绣活”丝线绣、硬质绣技艺，50名妇女参加“巾帼电商创业骨干”培训班。陵川县妇联开展“巾帼巧手”手工艺就业技能培训，100余名妇女初步掌握手工布贴画制作技法；沁水县妇联组织养老护理培训2期，创业培训10期，共培训313人；高平市妇联举办美容美发、家政服务、刺绣剪纸等培训16期，620余人获得就业技能。举办家政技能竞赛，推选出6名优秀选手参加省妇联家政技能竞赛，取得1银1铜的成绩，获得集体银奖。

【“争做巾帼好网民”主题活动】 2017年，晋城市妇女联合会开展“巾帼心向党·喜迎十九大”行动、巾帼网络素养行动、巾帼网络承诺行动、巾帼网络建功行动、巾帼网络清朗行动五大行动，调动广大女性网民参与积极性、主动性，加快推进妇联干部队伍知网学网懂网，提高占网建网用网能力。

【“三晋巾帼脱贫”行动】 2017年，晋城市妇女联合会在沁水、陵川两个贫困县组织开展“三晋巾帼脱贫示范基地”创建工作，陵川县乡土人家农业综合开发有限公司、沁水县利民职业培训学校2个单位被命名为“三晋巾帼脱贫示范基地”。选树晋城市巾帼脱贫典型21人，典型事迹在市妇联微信公众号推送宣传。

【寻找“最美家庭”活动】 2017年，晋城市妇女联合会共表彰市级“最美家庭”136户，刘平贵家庭获全国“五好文明家庭标兵户”，毕腊英家庭获全国“最美家庭”，马丑平家庭获全国“五好文明家庭”称号，胡翠平、尚胜利、王平、牛秀珍、燕春平、牛玉秀、韩建苗家庭获省级“三晋最美家庭”称号。

【家庭教育】 2017年，晋城市妇女联合会联合市教育局、市文明办、市民政局等部门编制《晋城市关于指导推进家庭教育的五年规划（2016—2020年）》。开展“家庭教育科研课题”申报工作。邀请大成心理咨询公司首席讲师程广军开展“情感、婚姻、家庭”工作坊公益讲座活动。8月23日至27日，市妇联举办第二期家庭教育讲师培训班，47人报名参加讲师展讲。成立晋城市家庭教育讲师团，由来自各学校、心理咨询公司、家庭教育指导中心、妇联以及其他企事业单位具有丰富家庭教育工作知识和经验的志愿者，共60余人组成。

【家庭文明建设】 2017年，晋城市妇女联合会联合市文明办开展“家书抵万金——现代家书家信”“我的家风家训家教故事”“社会主义核心价值观进家庭优秀案例”“让爱留守关爱农村留守儿童特别行动”创新案例征集活动。举行“相伴共读·书香润德”家庭亲子阅读活动启动仪式，向省妇联推荐13个家庭创意亲子阅读微视频。联合团市委、文明办、妇联、少工委举办“书香青年·文明晋城”国际讲书大赛选拔赛。与市纪委监委联合开展“树清廉家风、创最美家庭”四个一主题活动，即开展一次警示教育活动、召开一次“树清廉家风、创最美家庭”座谈会、开展一次廉政讲座、发一份“树清廉家风、创最美家庭”倡议书、承诺书。

【关爱未成年人活动】 2017年，晋城市妇女联合会举办庆“六一”暨“传承中华优秀传统文化·建设文明美丽书香校园”诵读经典比赛。联合文明办、团市委、妇联、教育局、少工委等单位举行“喜迎十九大——我向习爷爷说句心里话”少年儿童庆“六一”主题队日活动。携手市客运管理处、市女企业家协会、阳城县阳光特殊儿童村共同举办蓝丝带“大爱中国行，爱让星空蓝起来”大型公益活动。“六一”期间，到陵川县六泉乡冶头村、六泉村和沁水县郑庄小学慰问贫困留守儿童；联合市总工会、团市委共同走进农民工子弟学校——凤兰学校，开展关爱慰问活动。联合新华书店以“相伴成长·让爱留守”为主题，开展关爱农村留守儿童图书捐赠公益活动。举办“关爱母婴健康讲座”公益行活动，蓝丝带孕产服务中心承办。开展“2017恒爱行动——百万家庭亲情一线牵”公益活动，组织发动全市爱心人士编织爱心毛衣，捐赠给对口援疆地区的孤残贫困儿童。

【普法维权】 2017年，晋城市妇女联合会以“建设法治晋城·巾帼在行动”为主线，开展一系列普法宣传活动，到陵川县西河底镇河元村开展“科技文化卫生”三下乡活动，联合开展以“巾帼心向党·喜迎十九大”为主题的“三八”维权宣传活动，参加市禁毒宣传“六进”活动。举行政府法律顾问聘任仪式，与山西宇星律师事务所律师牛赛苗签订政府法律顾问聘用合同并颁发聘书。畅通信访渠道，及时有效化解矛盾，全市共接待来信来访80件次，其中“12338”维权服务热线21起、恋爱婚姻家庭类16起（家庭暴力11起、离婚投诉5起）、生活困难5起。共排查婚姻家庭矛盾和邻里纠纷48起，整治40起，未整治8起，整治率83%。开展邪教问题风险隐患大排查大整治专项行动，成立领导组，研究制定实施方案。

（市妇联）

晋城市科学技术协会

【概述】 2017年，晋城市科协全面贯彻落实党的十八大、十八届历次全会、十九大、党的群团工作会议精神，按照习近平总书记提出的科协组织要坚持“为科技工作者服务、为创新驱动发展服务、为提高全民科学素质服务、为党和政府科学决策服务”的职责定位，围绕市委市政府中心工作和年初提出的工作目标，结合省科协对市级科协工作考核指标体系，勇于创新、狠抓落实，各项工作取得新进展。市科协获得市级“文明单位标兵”称号。

【人才库建设】 2017年，晋城市科协发挥科协系统“人才荟萃、智力密集”和“跨学科、跨部门、跨领域”优势，构筑高层次科技人才“服务平台”，组建科技人才库，共有1983人入选。从中遴选出14名专家组成晋城市科协科技创新决策咨询智库专家组，制定《科技创新决策咨询智库管理办法》《高水平科技创新智库建设“十三五”规划》《调研课题管理办法》，规范和指导智库工作，发挥人才库在人才引进、人才培养、科技创新、产业提升等方面作用。推进院士工作站建设，晋煤集团煤层气中心与中国工程院院士、矿山工程地质与工程物探专家彭苏萍达成建站协议。

【科技强企】 2017年，晋城市科协在企业开展“讲、比”活动，全年提出合理化建议1930条，其中被采纳605条；完成“讲、比”活动项目数280余项；举办创新方法宣讲报告会2场，举办创新方法培训班79次，参加人数5896人次。举办“专利应用工程师公益培训”，推动科技成果转化，促进科技与经济相结合，全年共组织实施“金桥工程”项目6项，为企业节约资金145万元，增加利税293万元。

【助力转型】 2017年，晋城市科协在“5·30”第一个全国科技工作者日前夕，组织召开“科技助力转型发展”研讨会，40余名科技工作者代表参加会议。举办科技界“重品行、树形象、做榜样”活动启动仪式及签名活动。动员广大科技工作者参加“大众创业、万众创新”活动，组织实施“企会合作”，确定泽州县为创新驱动示范县，助推企业提质增效。在《太行日报》开辟创新助力驱动发展专栏，营造“双创”氛围。联合市总工会开展“五小”竞赛活动，申报农村领域优秀成果项目22个，项目带头人17人。组织开展“学术沙龙”活动3期，围绕营养、煤层气、新能源利用等进行交流探讨，并通过人大代表和政协委员等渠道把建议报告反映给相关部门答复落实，为市委市政府科学决策提供科技支撑。

【科技帮扶】 2017年，晋城市科协将省农科院研究员、省农村专业技术协会会长姚建民研发的“渗水膜谷子穴播”项目作为实施科技助力精准扶贫工程的重点项目，在沁水县固县乡和十里乡进行200亩耕地示范田种植，平均每亩增收500元以上。加强对野沟村精准科技帮扶，家家户户开展光伏发电扶贫，年收入达2000元，协助村委完成10栋食用菌大棚建设。

【科普活动】 2017年，晋城市科协联合教育、科技、环保、农委等部门，在高平市实验中学举办主题为“创新驱动发展，科学破除愚昧”的中国流动科技馆高平巡展暨晋城市2017年全国科普日活动启动仪式，在全市掀起全国科普日活动高潮，被省科协评为全国科普日活动先进单位。举办中国流动科技馆泽州巡展暨晋城市、泽州县2017年“科技之春”宣传月活动启动仪式，到泽州县丰牧源种羊场、泽州县丰清园等科普示范基地，开展“春耕春播”专家行活动。开展“食品安全宣传周”“科技、文化、卫生”三下乡和“全国科技活动周”等活动，共发放《身边的科学知识》宣传册千余本，其他宣传资料近万份。

【百城千校万村行动】 2017年，晋城市科协成立市科协科普中国·百城千校万村行动领导小组，确定高平市为“科普中国·百城千校万村行动”试点市。制定出台全市《关于开展科普中国·百城千校万村行动实施方案》，确定“十三五”期间落实“百千万行动”总体目标。把省科协通过财政以固定数额补助的一般性转移支付下拨款63万元，市本级留7万元，56万元下拨各县（市、区），用于建设百城千校万村等试点项目经费。全市共建设科普中国乡村e站61个，社区e站9个，校园e站6个。

【《纲要》实施】 2017年，晋城市科协召开2017年晋城市全民科学素质工作领导小组会暨全民科学素质工作推进会，下发《2017年晋城市全民科学素质工作要点》，出台《晋城市实施〈全民科学素质行动计划纲要〉工作考核办法》和《晋城市全民科学素质工作领导小组联络员工作制度》，统筹协调《纲要》实施成员单位抓好青少年、农民、城镇劳动者、领导干部与公务员等四大重点人群的科学素质行动。全年各成员单位共开展公民科学素质和技能培训5万余人次，发放科普资料10万余份。市科协、市教育局、市科技局联合举办青少年科学素质知识竞赛网络答题活动，收到答卷8000余份，进行公开抽奖，分别为获一、二、三等奖的300名学生送上《现代汉语词典》等奖品。向各县（市、区）科协、乡镇、社区、学校配送科普读本1万余册、编发《身边的科学知识》7000册。

【科技教育】 2017年，晋城市科协开展“全市学生科技月活动”，走进市区20多所中、小学校，开展“晋城科普大讲堂·走进校园”科普报告会。暑期期间，组织晋城一中和陵川一中20余名优秀青少年参加“2017年全国高校科学营”活动，激发学生热爱科学正能量。举办“晋城市第15届青少年科技创新大赛”评比表彰活动，共有100余所中小学校及幼儿园共6万多名青少年参加，共评出获奖作品426件。组队参加第十六届中国青少年机器人竞赛（山西赛区）联赛，获二等奖1项、三等奖2项；市科协获优秀组织奖。

【科普宣传】 2017年，晋城市科协联合市委宣传部等单位，与晋城广播电视台签署协议，每周2次在晋城电视台新闻综合频道播出20分《科普中国》节目，全市60%以上的县市科协都在电视台开播《科普中国》节目。推进科普信息化，建立科普信息员联系群并组织入住“今日头条”，开通“科普短信息”及“晋城科普”微信公众平台号，发送科普短信息23516条，接收人数近千人；发送科普微信42期，关注人数205人。坚持对市区科普栏和科普画廊每两月更换一期内容，每半月对市区的26块科普屏内容更新一次，宣传内容增加社会主义核心价值观的科普宣传。做好“山西省科普网络书屋”“科普中国”APP宣传牌的统计上报工作，全市140个社区组织居民开始扫码使用。

【科技服务】 2017年，晋城市科协开展“建家工作”活动。全市首家省级学会服务站于11月在泽州县妇幼保健院举行省科协学会服务站揭牌仪式。新成立阿邦迪能源和格润科技有限公司2个企业科协，全市共有企业科协26个。给企业科协免费订阅《企业科协》杂志，建立企业科技工作者数据库。利用网上科技工作者之家“科猫”平台，形成线上线下相互促进、有机融合的科协工作新格局，为科技工作者提供智能、便捷、有效、安全的一站式服务。加强对科技社会团体的统筹协调和指导服务，共有21家学会加入市科协团体会员。

【基层科普行动】 2017年，城区、沁水县共2个社区，分别获省科协“科普益民计划”优秀科普示范社区4万元奖励，命名表彰城区凤鸣社区等10个第三批市级科普示范社区；在“科普惠农兴村计划”中，表彰3个先进农村专业技术协会、10个农村科普示范基地、6个农村科普带头人，获得市财政、市科协20万元奖补资金；授予高平市陈区镇等3个镇为“晋城市科普示范乡镇”。开展科技创新先进事迹报告暨第四届优秀工程技术人员和“十佳工程师”表彰活动，“十佳工程师”被市劳动竞赛委员会授予“五一劳动奖章”，20名优秀工程技术人员记一等功。

【基层组织建设】 2017年，晋城市科协推动开放型、枢纽型、平台型科协组织建设，把科协工作推向基层，提升基层科普公共服务能力。下发《关于推进乡镇（街道）科协组织建设的通知》，以高平为试点，开展乡镇科协组织建设活动，受到省科协肯定。高平市所有街道办事处全部成立科协组织，覆盖率100%。

（市科协）

晋城市工商业联合会（总商会）

【概述】 2017年，晋城市工商业联合会围绕市委中心工作，学习贯彻习近平新时代中国特色社会主义思想和省、市党代会精神，强化组织领导，完善制度措施，凝聚各方力量，以促进“两个健康”（非公经济健康发展、非公经济人士健康成长）为目标，发挥桥梁纽带作用，团结带领广大非公经济人士戮力同心，攻坚克难，为促进全市非公有制经济的科学发展和可持续发展做贡献。

【学习教育】 2017年，晋城市工商业联合会加强理论学习，提高非公有制经济代表人士思想素质。组织非公有制经济人士学习党的十九大、十八大、十八届三中、四中、五中、六中全会精神以及习近平总书记系列重要讲话精神，提高政治站位，树立“四个意识”，增强“四个自信”，坚定不移地维护习近平总书记的核心地位，维护党中央权威，始终和党中央保持高度一致。组织非公经济代表人士开展学习十九大精神座谈会。十九大闭幕之后，组织全市非公经济代表人士开展学习十九大精神座谈会，10余名非公经济代表人士参会并发言。组织开展学习宣传党的十九大精神暨“三基”建设推进会，促进学习宣传贯彻党的十九大精神向纵深发展，确保十九大精神在全市民营企业家心中落地生根。

开展教育培训，坚定非公有制经济人士发展信念。开展下县区、进民企大宣讲活动，组成宣讲团到县区、企业宣讲习近平总书记视察山西重要讲话精神和省、市领导关于民营经济发展改革的讲话精神，引导全市非公经济人士把思想和行动统一到省委、市委的要求部署上来，统一到习近平总书记视察山西重要讲话精神上来，推动非公经济强劲、健康、持续发展。举办民企大讲堂5期，邀请北京大学特聘教授王晨阳、清华大学教授教授何平、天津工业大学教授孙中一、知名营销战略管理专家、凤凰学院首席讲师胡志成、三力士股份有限公司总经理吴琼瑛等专家学者、社会知名人士分别围绕《传统文化与现代企业管理》《全球资本流动与中国宏观经济》《新世纪企业创新思维》《时势造英雄》《家族企业的转型与提升——突破家族管理》等做专题讲座，全市参训非公经济人士达700余人次。开展培树形象大宣传活动，与晋城电视台、兰花城合作，开展《我与晋城有个约会》大型宣传活动，每月一期，每期突出宣传一家异地商会，活动以拍摄讲述“异地商界精英、异乡人在晋创业奋斗的故事”系列公益短片、人物图文专访等内容，全面展示各异地商会商界精英在晋城的创业奋斗历程。与市委统战部、晋城电视台合作，以《人亲风情话民企》为主题，制作完成旨在提振民营企业发展信心、肯定民营经济发展成就的大型电视专题宣传片，集中展示全市民营企业家与各商协会精英的靓丽风采，再现他们艰苦创业心路历程。

【为企服务】 2017年，晋城市工商业联合会加强民营经济运行监测分析。组织沁河能源、华洋工贸、乐百利特等10家企业按季度上报经济运行信息表，助推全省民营经济监测工作顺利开展。推选福盛钢铁有限公司、山西清慧机械制造有限公司等8家企业入选“2017山西民营企业100强”，为宣传大型民营企业在全省经济发展中的积极作用，树立一批可信、可学、可比的民营企业典型做出贡献。参加中国国际高新技术成果交易会。11月15日至21日，市陕西商会会长潘厚德、中能蓝天环保科技董事长张成平代表全市民营企业参加第十九届中国国际高新技术成果(深圳)交易会，以及会议组织的技术成果对接、合作项目洽谈等活动，为全市民营企业家与外界高新技术领域合作构建起桥梁。开展民营经济发展改革示范创建工作。落实全省《进一步深化改革促进资源型经济转型发展行动计划》，起草《晋城市民营经济发展改革示范工作实施方案(征求意见稿)》。推选优秀民营企业家。组织各县(市、区)工商联及各商(协)会向省考评组推介对全市地区经济发展有突出贡献并在行业发展中起到龙头作用的优秀企业，浩翔控股集团成为全省20家优秀民营企业之一，受到省委、省政府表彰。举办民营企业招聘周活动。4月，与市人社局共同举办民营企业招聘周活动，参加招聘周的民营企业近500家，签订就业(意向)协议3926人，其中高校毕业生人数为1598人。助推招商引资。9月7日，全国晋商商会秘书长联席会第17次会议在晋城市召开，与全国晋商商会秘书长联席会签订战略合作协议，全市18家企业与全国晋商商会会员企业达成多项合作意向。

【调查研究】 2017年，晋城市工商业联合会开展民营经济走访调研，优化全市营商环境。到基层调研。围绕“提信心、解难题、促发展”主题，市联班子成员分别带队深入各县(市、区)、市直各商(协)会及18家民营企业进行走访调研。通过调研，掌握基层工作动态，总结梳理当前全市民营企业的实际困难和问题，以及协调解决的办法、措施，形成《晋城市工商联关于我市民营企业发展现状》的调研报告，向市委市政府进行专题汇报。

实施机关干部入企服务常态化专项行动。根据省、市有关优化营商环境和机关干部入企服务常态化专项行动工作安排，结合实际制定出台具体的实施方案，组织各县(市、区)、各商(协)会严格落实。梳理各企业反映的40个问题，协调解决和移交相关部门处理39个。

【组织建设】 2017年，晋城市工商业联合会制定出台《晋城市工商联2017年“五好”县级工商联建设工作实施方案》和《晋城市工商联“四好”商会建设工作方案》，组织各县(市、区)和各商(协)会，开展“五好”县级工商联、“四好”商会创建工作。召开创建工作推进会议。要求各县(市、区)及各商(协)会对照创建标准，完善提升。严格考评验收。对照标准严格把关，经逐级审核，城区工商联、高平市工商联、泽州县工商联、沁水县工商联四个县级工商联被全国工商联评为2017年度“五好”县级工商联。河南商会、五金机电商会、福建商会、房地产商会、女企业家协会、河北商会被评为2017年度市直“四好”商会。

（市工商联）

晋城市文学艺术界联合会

【概述】 2017年，晋城市文联学习贯彻落实党的十九大精神，发挥文联“团结引导、联络协调、服务管理、自律维权”新的职能定位，结合实际，统筹协调，扎实工作，各项任务取得新成绩。

【《太行文学》】 2017年，《太行文学》编辑5期，宣扬社会主义核心价值观，为文明城市创建做贡献。举办“知名作家徐建宏新书《文朋列传》签赠会”，市委常委、宣传部长赵沂旸，市委常委、组织部长卫明喜和省、市众多文艺界朋友参加签赠及座谈会。在高平市野川镇圪台村举办2017太行文学笔会，邀请江南大学副研究员、著名作家杨红，省文学院签约作家、青年作家张暄专题授课，这次笔会是太行文学笔会举办以来首次真正深入农村，深入贯彻习近平总书记在文艺工作座谈会上的重要讲话精神，落实自上而下开展的“深入生活、扎根人民”主题活动。

【赵树理文学馆】 2017年，晋城市文联发挥赵树理文学馆爱国主义教育基地作用，接待各类参观人员1万余人次，举办各类主题活动20余场次。举办第十四期赵树理文化沙龙，邀请山西青年报中华优秀文化青年讲师团团长、《弟子规》研究专家郑宝兰作《中华文化与幸福生活》专题讲座。举办两期“道德讲堂”，推进精神文明创建。在馆内增设老年人休息座椅，设置学雷锋志愿服务点，开设无障碍通道等，更好地方便群众参观。

【文艺活动】 2017年，晋城市文联围绕第四届(晋城)太行山文化旅游节，举办“《太行山上·太行人家》‘梦之路’杯全国美术书法大赛”。举办荆浩画廊杯“歌颂祖国歌颂党”百人现场书写大赛、“喜迎十九大·全市职工书法美术摄影展”；在阳城县北留镇史山村举办“我们的中国梦·学习贯彻十九大精神·文艺进乡村”文化惠民活动。举办“立家规、传家训、扬家风”晋城市家风家训家规书法作品展，展出作品100余幅。举办“太行深处的古风流韵·晋城古村古堡摄影展”，展出24座古堡古寨、69个古村落共400余幅图片。举办“河东八友2017年书画新作展”“流水静心”贾大一山水写生作品展。主办“红色太岳阳城革命老区美术巡礼”活动，先后组织20余名画家走进阳城革命老区，重温革命精神，追寻革命足迹，再现当地风土人情、自然风光。

【惠民活动】 2017年元旦、春节期间，晋城市文联在赵树理文学馆举办“春鸣晋城”春联书法邀请展，展出50位具有代表性的老、中、青书法家的作品。组织书法、戏曲、音舞协会的艺术家参加“三下乡”、书写春联、“高雅音乐走进图书馆”等活动。在市区凤西广场举办“晋城市文艺界践行社会主义核心价值观宣传道德模范文艺巡演活动”，张保平、吴国华、卢爱琴等知名艺术家登台献艺，为群众献上高水平艺术表演。

【文艺创作】 2017年，作家田澍中的长篇纪实文学《文魂》获2013—2015年度赵树理文学奖，青年作家张暄的散文《母亲的市民之路》获首届孙犁散文奖，《黄河》组织“晋城诗人专号”，其他作者在国内报刊发表作品几十篇(首)。30余人次书法美术作品获省级以上奖励。

（市文联）

晋城市归国华侨联合会

【概述】 2017年，晋城市归国华侨联合会带领全市归侨侨眷学习宣传贯彻十九大精神，领会践行习近平新时代中国特色社会主义思想，取得成效。

【换届工作】 2017年8月8日，晋城市第六次归侨侨眷代表大会在海天大酒店召开，全市159名归侨侨眷代表参加会议。会议听取审议并一致讨论通过市侨联第五届委员会做的工作报告，选举产生市侨联第六届主席、副主席、常务委员会委员，聘请名誉主席和顾问，研究探讨市侨联未来五年的工作目标和发展蓝图。9月21日，召开全体党员大会和第一次支部委员会，完成支部委员会的换届工作，选举产生支部书记及相关委员，并进行职责分工。分别于8月8日和11月22日组织召开一次全委会和两次常委会，对全年重点工作和完成情况进行安排部署和总结点评，促进全市侨联系统工作的完成。

【文化交流】 2017年，晋城市归国华侨联合会加强与海外侨社的合作，开展“亲情中华”活动和“中国华侨国际文化交流基地”申报工作，宣传晋城优秀传统文化。10月30日至11月9日，由中国侨联、山西省侨联、晋城市人民政府共同主办2017“亲情中华欢聚台湾”活动，活动中共演出5场地方戏上党梆子，举办“2017海峡两岸神农炎帝文化交流研讨座谈会”等系列文化交流互动活动，展示晋城形象，增强两岸同宗同族同文认同感，晋城与台湾同胞组织建立直接联系，高平神农炎帝故里得到宣传。在市侨联和泽州县侨联共同努力下，泽州县大阳古镇“中国华侨国际文化交流基地”申报成功，省侨联党组书记王维卿、副主席范安龙及市委常委、统战部部长焦光善等领导出席大阳古镇“中国华侨国际文化交流基地”挂牌仪式。

【海归服务】 2017年5月19日，晋城市海归协会成立。协会由在晋城市工作或生活的具备海外留学经历的留学归国人员自愿组成，主要开展留学归国人员间的交流联谊，为有关部门储备、提供人才。创建“侨胞之家”15家，为凝聚侨胞、组织侨胞、团结侨胞，促进海内外文化科技交流，改善侨界民生、维护侨界稳定、营造知侨爱侨、依法护侨良好氛围。

【经贸交流】 2017年8月7日，根据省侨联安排，组织晋商加拿大总商会到晋城考察对接工作，省侨联党组书记王维卿，晋商加拿大总商会会长赵向东，市晋城委常委、统战部部长焦光善，市委常委、常务副市长杨勤荣及发改委、国土局、住建局等市直部门负责人及加拿大总商会相关人员20余人出席座谈对接会。双方就项目合作、产业对接等方面进行交流对接。5月27日，邀请晋城市美籍华人、广发证券首席风险官常新功与市政府金融办联合举办“美籍华人常新功金融投资策略报告会”，并与晋城金融、债券公司负责人交流互动，释疑答惑。

【扶贫助困】 2017年，晋城市归国华侨联合会开展“走基层、访侨户”和“献爱心·送温暖”活动，共走访115户归侨侨眷，重点走访老归侨、鳏寡孤独病侨户和新侨代表人士及其亲属，了解侨情民意。9月11日至15日，举办晋城市侨界群众职业技能培训班，帮扶贫困归侨侨眷脱贫致富。并在归侨侨眷中开展“向海外亲属发一封信、打一个电话、发一条短信”为主要内容的“三个一”活动，凝聚侨力、化解矛盾，促进侨界的和谐稳定。参与支持办好“树人班”工作，向阳城县东冶镇柳泉村下拨扶贫资金1万元，向阳城一中“树人班”下拨贫困助学资金5000元。

【宣传工作】 2017年11月22日，市侨联组织市侨联六届委员会常委、部分归侨侨眷代表共40余人举办学习宣传贯彻党的十九大精神座谈会，将党的十九大提出的新理念、新思想、新方略，转化为推动侨联向前发展的具体举措。重新启动网站建设工作，对网站内容进行更新。建立市侨联微信公众号，拓宽宣传渠道。

【机关建设】 2017年，晋城市归国华侨联合会开展“两学一做”学习教育常态化制度化、开展维护核心见诸行动主题教育活动，开展警示教育月活动，精神文明建设再上新台阶，市侨联获“市级文明单位”称号。落实党风廉政建设责任，聚精会神抓党建，修改完善单位36项制度，认真落实巡视巡查自行整改“回头看”工作。申请协调财政和机关事务管理局等有关部门，解决办公用房紧张和办公家具短缺等问题，新增办公室2间，办公条件改善。根据《山西省侨联改革方案》，结合实际，制订《晋城市侨联改革方案》。

（晋城市归国华侨联合会）

晋城市残疾人联合会

【概述】 2017年，晋城市残联履行“代表、服务、管理”职能，内强素质，外塑形象，精准发力，优化服务，加快推进残疾人小康进程，各项工作呈现出良好发展态势。连续五年被省残联考评为优秀，并被评为“市直文明单位标兵”。

【康复救助】 2017年，晋城市残联实施省、市政府为民办实事残疾预防重点干预和残疾儿童抢救性康复项目，完成212名初筛阳性0—6岁儿童复筛和残疾诊断，占任务的132.5%；完成3630名疑似残疾人残疾评定，占任务的259.29%；为542人次0—6岁残疾儿童抢救性康复，占任务119.65%。实施市政府为民办实事遗传性耳聋基因筛查项目，投入资金470万元，完成全市10000名听力残疾人及其家属免费进行基因筛查，共筛查出阳性人员1058名。开展残疾人精准康复服务行动，市、县两级均以政府文件或与相关单位联合出台本级实施方案，共召开培训会13次，建立专家技术指导组6个、工作队45个，确定各类评估、服务机构60余个。市本级投入精准康复服务经费500余万元，为2万余名有康复需求的残疾人提供康复服务，服务覆盖率达70%以上，比省下达任务高出5个百分点。

【“一店三基地”】 2017年，晋城市残联发挥市残疾人职教中心首批“国家级残疾人职业培训基地”作用，举办盲人保健按摩、电子商务网络办公等各类培训班13期，培训残疾人503人次；完成残疾人职业技能和实用技术培训1009名。认定省级“一店三基地”12家，争取省级扶持奖励资金76万元，安置和辐射带动125名残疾人就业。认定市级“一店三基地”107家、自主创业残疾户139户，安置683名残疾人就业，发放补贴奖励资金150万元。

【残疾人就业】 2017年，晋城市残联举办3期残疾人就业专场招聘会，提供岗位100余个，500余名残疾人求职者及其家属参加，达成意向40名。开展残疾人按比例就业年审工作，审核市直各行政事业单位169家，安置残疾人33人，缴纳残保金466万元；审核认定企业14家，缴纳残保金2743万元，两项共计3209万元，创历史新高。

【残疾人保障】 2017年，晋城市残联为7269名残疾人发放第二代残疾人证，对65545名残疾人进行信息数据动态更新，为18838名重度残疾人发放护理补贴资金1283.45万元。实施“特困”重度残疾人供养补贴项目，为427名机构供养残疾人发放补贴资金78.74万元，为961名居家供养残疾人发放补贴资金43.47万元。实施残疾评定补贴项目，为610名智力、精神、重度残疾人残疾评定进行补贴。实施农村基层党组织助残扶贫工程，为159户贫困残疾人发放帮扶资金47.7万元。实施彩票公益金助学项目，对15名贫困残疾人家庭子女大学生进行救助。实施“阳光家园”计划，采取政府购买服务的方式，为250名残疾人提供托养服务，配套资金75万元。

【宣传活动】 2017年，晋城市残联开展爱耳日、全国助残日、残疾预防日等活动。组织参加山西省第五届特奥运动会，获得32金21银6铜6个纪念奖。组织参加山西省第九届残疾人艺术汇演，获得声乐组特别奖1个，戏曲类二等奖1个。在晋城新闻综合频道《第一民生》开办手语栏目，方便全市6438名听障残疾人获取公众信息。在晋城广播电台开办《107.2，特别关爱》栏目，与残疾人互动交流、答疑解惑。开展残疾人文化进家庭“五个一”活动（读一本书、看一场电影、游一次园、参观一次展览、参加一次文化活动），为35户残疾人家庭提供文化服务。

【权益维护】 2017年，晋城市残联为550名残疾人发放机动轮椅车燃油补贴14.3万元，为30名考取驾照的残疾人发放申驾补贴6万元。完成154户贫困残疾人家庭无障碍改造工作，其中省级下达任务51户、市县自筹资金改造103户。办理残疾人法律援助案件12件。推进信息无障碍工作，市政府网站（晋城在线）在家装置相关设施后，即可收听、收看、阅览；市图书馆配备盲人阅览室；市电视台37个播放节目全部配备；市区域内110报警系统开通“12110”短信报警系统；将“12385”残疾人服务热线并入市政府“12345”便民热线，更及时专业地为残疾人提供咨询和服务。出台残疾人免费乘坐市内公交车政策，全国所有持证残疾人均可在晋城市区免费乘坐公交车。

【扶贫工作】 2017年，晋城市残联加大建档立卡残疾人精准帮扶力度，为1690人提供辅助器具服务，为324人提供服药补贴，为14名残疾儿童提供抢救性康复服务，为1584人提供其他基本康复服务，为2594人发放护理补贴，为857人发放“特困”重度残疾人供养补贴，为106人发放“阳光家园计划”托养补贴。开展结对帮扶村（泽州县柳树口镇东南庄村）扶贫脱贫工作，元旦、春节期间，对19户常驻贫困户每户救助现金500元，25名常驻贫困人口每人发放1袋大米和1桶油。帮助东南庄村成立农村合作社，并注入扶贫资金1万元；10月底启动光伏发电项目，收益3万元，实现集体经济破零，贫困户每户可增加收入1200—1800元；组织80多名体弱多病党员群众到市康复医院免费体检，体检标准500元/人；推进连翘中药材加工项目落地。

（市残联）

晋城市关心下一代工作委员会

【概述】 2017年，晋城市关心下一代工作围绕一个统领（用习近平新时代中国特色社会主义思想统领关心下一代工作），创新两个品牌（“五老”引领青年参与扶贫助学、万名“五老”联万户家教家风活动），突出三项重点（学习党的十九大精神、践行社会主义核心价值观，纪念建军90周年），推进四项工作（“中华魂”读书活动、为弱势青少年办实事、预防未成年人犯罪、开展“三基”建设），取得优异成绩，得到中国关工委主任顾秀莲肯定并作出重要批示。市关工委被评为全国“中华魂”（遵纪守法，从我做起）读书活动先进集体。

【学习宣传十九大精神】 2017年，晋城市关心下一代工作委员会组织，掀起学习十九大热潮。11月14日，泽州县关工委发出《认真学习贯彻党的十九大精神的通知》；11月15日，高平市关工委召开学习贯彻十九大精神会议，并邀请十九大代表毕腊英到会宣讲；阳城县组织召开“夕阳红”关心下一代通讯员及“五老”骨干学习党的十九大会议，对“五老”骨干在未成年人中宣传十九大精神进行安排部署；陵川县关工委组织19名“五老”宣讲团进学校、进社区、进厂矿，在青少年中宣讲党的十九大精神；11月27日，晋煤集团关工委举办由“五老”和社区居民120余人参加的十九大精神宣讲会。

【扶贫助学】 2017年，晋城市关心下一代工作委员会调研挖掘、发现培养“五老”扶贫攻坚典型，归纳出“五老”扶贫六种精神，即魂系百姓的公仆精神、锲而不舍的奉献精神、忠贞不渝的关爱精神、敢为人先的创新精神、启智扶志的敬业精神、忘我奉献的红烛精神。组织拍摄《扶贫路上夕阳红》《青春在太行山上闪光》两个专题片，汇编《永不退休的扶贫工作队》《助力脱贫夕阳红》两本典型事迹，激励引领全市千余名离退休“五老”踊跃参与当地扶贫攻坚工作。

【“中华魂”读书教育活动】 2017年，晋城市关心下一代工作委员会转发《关于2017年在全市青少年中开展“中华魂”（辉煌与梦想）主题教育读书活动的通知》，全市共征订读本近10万册，并组织开展征文比赛。泽州县116名优秀选手参加预赛，24名优秀选手进入复赛，小学组、中学组、青年组共选出一等奖3名，二等奖6名，三等奖15名；沁水县关工委从9月4日开始，1个月内组织10名“五老”宣讲团成员进行“中国梦”教育专题宣讲26次，12月20日，举办“中华魂”（辉煌与梦想）主题读书演讲比赛，160余人参加；高平市通过组织征文比赛，共有50名个人分获小学组、中学组一、二、三等奖和优秀奖；城区组织主题教育活动演讲比赛，分别评出小学组和中学组一等奖2名、二等奖4名、三等奖20名、优秀组织奖8个；阳城县委宣传部、关工委、文明办、教育局、团县委联合召开联席会议，重点抓读本发行工作。全市“中华魂”（遵纪守法，从我做起）主题读书活动也取得显著成绩。市“中华魂”组委会共评出18个先进集体，337名先进个人和47名优秀辅导员。市关工委荣获全国先进集体、18人荣获全国先进个人，城区王台中学初三学生王育天在北京参加全国青少年演讲比赛，获中学组三等奖；晋城一中等3个集体和23名个人获省表彰。在纪念省“中华魂”主题教育活动20周年活动中，市关工委、沁水县关工委、晋城一中3篇典型经验材料入选省“中华魂”组委会编写《书蕴奇香》一书，另有晋城公路分局郭丽娜、城区王台中学王育天、泽州县成庄小学晁盖男、市关工委办公室王晋临4篇征文入选《花绽生机》一书。

【家风家教活动】 2017年，泽州县关工委持续开展千名“五老”联千户家教活动，涌现出崔玉明、贾瑞祥、范振华等一批联户先进典型；高平市建宁乡关工委以“德行乡村”为品牌，以传承好家风为中心，评选出“十佳五老”，老村干部苏旺则、老乡村医生李东怀感人事例为乡风文明树立标杆；阳城县召开“家庭家教家风”座谈会，邀请“五老”讲述家风家教故事，东冶镇三联村退休教师李长仁编写《家乡、家谱、家训》，传递300多年来李氏优良家风；陵川县关工委与县妇联联合举办“女性文化学堂”最美家风故事分享会；沁水县关工委编写《思想道德教育丛书》，邀请著名作家葛水平等名人亲自撰写好家风故事，并在10月与县教育局联合开展“孝道文化进校园”活动。

【社会主义核心价值观教育】 2017年，泽州县利用重大节日，组织“五老”到县烈士陵园、寺河烈士陵园、“土岭事件”遗址，开展缅怀先烈、铭记历史的爱国主义教育；阳城县在太岳烈士陵园和县城长江支队纪念园，组织“五老”为2000余名中小学生和100余名干警讲述烈士故事；陵川县组织“五老”在县烈士陵园、西河底明德小学举办“革命传统教育薛佑之事迹报告会”。

【关爱行动】 2017年5月4日，晋城公路分局退休干部钱恒迪从北京到泽州县晋庙铺草底铺小学捐赠书籍、文具用品，并以“践行社会主义核心价值观、传承家教家风好传统”为主题，为山区儿童宣讲社会主义核心价值观；“六一”节期间，被评为“山西好人”的陵川县80岁退休教师常东升为玉泉学校师生颁发“金鸡报晓”奖品；全国关心下一代先进个人秦同和在脑出血患病住院40天的情况下，为3所农村小学129名留守儿童、特困生和239名幼儿捐赠图书和文具用品；阳城县关工委在“助残日”组织民营企业家为县特殊教育学校、驾岭乡中心小学、固隆乡中小学校赠送万余元文化和学习用品、图书等；省“五老”助残模范栗红莲，18次为残疾儿童捐赠价值5万元的学习用品，带领徒弟义务为孤寡老人理发7万人次，入选“第六届全国道德模范提名奖”；沁水县胡底乡贾寨籍在京工作的陈义斌、刘美霞夫妇成立励志教育基金会捐资本乡考入大学的贫困学生。

【法治教育】 2017年，晋城市关心下一代工作委员会送法进校，开展预防未成年人犯罪活动。泽州县关工委构建学校、家庭、社会“三位一体”法制教育网络，组织“五老”法制宣讲团，到20多所中小学校进行法制宣讲。高平市神农镇关工委在暑假组建由许连根等10多名“五老”参加的“护苗队”，举办安全讲座，对中小学生进行交通安全、用电安全、防水防火安全教育；原村、石末、野川等乡镇关工委发挥“五老”网吧监督员作用，杜绝未成年人进入网吧。阳城县关工委组织“五老”开展校园欺凌专项治理，举办预防校园欺凌讲座8场。陵川县“五老”网吧义务监督员20多人，坚持对12个网吧进行监督，对进入网吧的未成年人和违规经营的网吧主进行教育，参与社会综合治理。

【建军90周年纪念活动】 2017年7月，市关工委下发《关于组织“五老”和青少年开展纪念建军90周年活动的通知》，组织在全市“五老”和青少年中开展“十个一”活动。泽州县关工委组织“五老”集中收看10集大型政论专题片《将革命进行到底》，鲁村学区寻访慰问西黄石老战士，并邀请老战士到中心学校作革命传统报告；高平市北城办事处关工委举办老干部歌咏晚会，神农镇关工委组织“五老”宣讲团举办人民军队辉煌历程专题讲座，原村乡关工委组织为军烈属服务、举办书画展览、消夏晚会、观看红色电影、听老战士讲战斗故事5项专题活动；阳城县横河镇关工委在晋豫边抗日支队成立地中寺村为200余名青少年讲述支队故事；陵川县退休干部秦忠贵举办“牢记历史，不忘初心”图片展，是秦忠贵老人自筹资金举办的第六次展览，受教育人数达6万余人；沁水县关工委组织老战士王天政、潘友功举办宣传人民军队历史讲座和英雄故事会，组织青年志愿者26人前往光荣院开展对伤残军人、优抚对象服务活动，沁水中学关工委组织近千名师生参观东坞岭革命战斗遗址和“南阳抗大”纪念馆。晋煤集团凤凰山矿关工委举办国防形势报告会，特邀石家庄陆军指挥学院王建华教授现场主讲；长平公司关工委“弘扬八一精神，传承红色记忆”，以青年大讲堂为平台，邀请老军人讲述革命战争时期的英雄事迹等。

【“三基”建设】 2017年，晋城市关心下一代工作委员会担负重要职责。市关工委被市委、市政府确定为预防青少年违法犯罪专项组成员单位、未成年人思想道德建设成员单位、未成年人保护委员会成员单位、农村留守儿童关爱保护工作成员单位，承担市委、市政府、市文明委安排的多项工作职责和任务。搬迁办公场所。9月，搬迁到市政府办公西区，办公环境改善。巩固基础工作。陵川县12个乡镇、378个村、73个中小学校、10个民营企业建立关工委组织，参加关心下一代工作的“五老”人员达到2000余人。推进品牌建设。市关工委的“两只羊”扶贫助学、万名“五老”联万户家风家教活动两个品牌获全省关心下一代工作品牌，成为全省关工委系统标杆和旗帜。

(市关工委)

晋城市法学会

【概述】 2017年，晋城市法学会发挥法学会作为“人民团体、群众团体、学术团体和政法战线重要组成部分”的职能作用，开展法学研究、法治宣传、法律服务、参与立法咨询等各项工作，在推进平安晋城和法治晋城建设中发挥积极作用。

【法学研究】 2017年，晋城市法学会征集2017年度山西省法学会法学研究课题和选题建议，申报2017年度山西省法学会法学研究课题。选送优秀论文参加第十二届中国法学青年论坛、第四届中国法学优秀成果奖活动、第五届董必武青年法学成果奖活动、第十届中部崛起法治论坛、第十二届环渤海区域法治论坛等评选活动，并组织县级法学会人员参加论坛会议，学习交流法学经验，开阔法学研究视野，提高法学研究能力和水平。阳城县选送的5篇论文获奖，市法学会获优秀组织奖。

【立法咨询】 2017年，晋城市法学会参与立法咨询工作，与立法部门建立沟通协商和反馈机制，对《晋城市地方立法条例(征求意见稿)》《晋城市公共交通条例(草案)(征求意见稿)》《中共晋城市人大常委会党组关于加强县乡人大工作和建设的实施意见》(送审稿)分别提出8条、6条、4条修改建议。

【法治宣传】 2017年，晋城市法学会联合市妇联、市综治办、市公安局、市护路办等多家单位开展“三八”维权宣传周、110宣传日社会联动宣传、“12·4”全国法制宣传日等多项主题活动。市县两级法学会组织开展“百名法学家百场报告会”160场次、“青年普法志愿者法治文化基层行活动”907次。组织法学法律工作者开展送法进校园、送法下乡活动，先后深入市二中、市实验中学等学校讲法制课，提高青少年学法用法守法护法意识。到政法委扶贫点沁水县板桥村，发放《中华人民共和国宪法》《中华人民共和国反家庭暴力法》等法律手册，为村民答疑解惑。

【组织建设】 2017年9月13日，召开第三次会员代表大会暨三届一次理事会会议，选举产生新一届法学会领导机构。继续推进县级法学会组织建设，晋城市率先实现县级法学会全覆盖，泽州县、陵川县、沁水县法学会成立党组。加强会员管理，完善会员信息档案，使法学会真正成为法学、法律工作者之家，共发展团体会员3个、个人会员700多人。

（市法学会）

晋城市红十字会

【概述】 2017年，晋城市红十字会学习贯彻党的十九大精神和新修订的《中华人民共和国红十字会法》，完成各项工作任务。获红十字会与红新月会国际联合会北京办公室颁发的突出贡献奖、中国红十字会总会颁发的全国红十字防灾避险知识竞赛最佳组织二等奖；市红十字志愿服务总队获山西省优秀志愿组织。

【应急救援】 2017年，晋城市红十字起草修订晋城市红十字会自然灾害救助应急预案，健全备灾救灾仓储管理制度，市本级储备救灾救助金180余万元、救灾物资50余万元。筹建在职和兼职人员组成的红十字赈济救援队1支，组建由红十字志愿者为主的红十字应急救援队2支。开展红十字应急救援队实地演练2次，参与应急救援2次。3人入选山西省红十字赈济救援队。参加晋冀蒙三省红十字赈济救援队培训和演练。

【"博爱一日捐"活动】 2017年，市本级共收到募捐款物40余万元，全市红十字系统接收募捐款113万元。搭建爱心平台，与晋城高新肾病专科医院、晋城妇科医院、晋运幼儿园建立"血液透析救助基金""红十字助困基金""红十字助学基金"。

【博爱助困】 2017年，晋城市红十字开展"小天使救助行动""天使阳光行动"和"博爱幸福工程"，完成9名白血病、18名先心病、9名马蹄足内翻患儿筛查上报工作，16名患病儿童得到国家彩票公益金医疗救助，9名马蹄足患儿得到手术减免治疗。开展博爱助困项目，救助六县（市、区）困难家庭97户，发放救助金额19.7万元。开展联合救助行动，与市直工委联合救助困难职工150名，救助金额8万元。设立红十字紧急救助项目，对8户家庭上门提供紧急人道救助服务，发放人道救助金2.1万元。争取省红十字会救灾棉被600床，价值5.85万元，全部发放给受灾群众。

【"博爱送万家"活动】 2017年，两节期间，购置生活包500个，慰问建档立卡贫困户、特困户，对救助困难群众回访慰问，物资价值8.99万元。

【应急救护培训】 2017年，晋城市红十字参与"山西省红十字救护培训管理平台"建设，开展红十字救助培训"进社区、进农村、进学校、进企业、进机关"工作，提升救护培训的知晓率和普及率。"进机关"活动中，参与单位达178个。全年普及培训55场次1.7万余人，培训取得初级救护员证书730人。

【关爱生命行动】 2017年，晋城市红十字完成造血干细胞志愿者招募和采样任务，采集造血干细胞血样204例，高分辨1例，动员15例，捐献1例。全市登记报名的器官捐献志愿者达100余人，实现非血缘关系身后人体器官（组织）遗体捐献4人，使9名脏器衰竭患者重获新生，2名眼疾患者重获光明。宣传和推进无偿献血工作，全市临床用血100%来源于无偿献血。

【志愿服务管理】 2017年，晋城市红十字召开红十字会第五次会员代表大会，选举新一届理事会，加强志愿者队伍建设，规范志愿者管理，引导和鼓励志愿者积极参与红十字宗旨相适应的志愿服务活动。全年登记志愿者3815人，注册志愿者1600余人。

（市红十字会）

晋城市老区建设促进会

【概述】 2017年,晋城市老促会贯彻宣传党的十九大精神和习近平新时代中国特色社会主义思想,围绕全面建设小康社会方针和市委、市政府的中心工作,推进晋城革命老区"五类"重点老区村发展,促进晋城老区建设。

【老区调研】 2017年,晋城市老促会按照省老区建设促进会要求,对老区乡镇在90%以上重点老区县,相对贫困村贫困的原因,贫困人口、户数,政府、社会等各阶层给予的支持等情况进行摸底调研。晋城市六个县(市、区)都在调研范围内,通过组织部署,完成上报调研报告。集中连片特困地区建档立卡家庭困难学生全部免除高中和中等职业学校学(杂)费;村医覆盖情况良好,每个村基本都有一个值班村医在岗;职业培训投入和补贴标准都有一定提高,农民接受培训的热情比较高。

【老区宣传】 2017年,各县(市、区)普遍制作"重点老区村"光荣牌匾,在252个重点老区村悬挂,提升饮水思源、回报老区的氛围。在市级报刊《太行日报》《太行晚报》刊登文章、图片报道10余篇,在《山西老区开发报》发表文章图片5篇,对洞头村、土岭村、凤凰村、武家湾村等老区村的开发建设进行宣传报道。7月,中国老促会和中国扶贫办领导到晋城参观指导工作。

【经验交流】 2017年,晋城市老促会组织召开全市各县(市、区)老促会会长座谈会,交流探讨促进"五类"重点老区村在全面建设小康社会中的做法与经验。市县老促会妇工委继续开展老区村联系点的老区农民培训工作,帮助农民掌握一技之长,为老区村发展蔬菜、香菇等大棚产业提供智力支持。

(市老促会)

宏观调控

【概述】 2017年，晋城市发改系统学习贯彻习近平总书记系列重要讲话精神，以“两学一做”学习教育常态化制度化，开展维护核心见诸行动主题教育为契机，推进供给侧结构性改革，实施创新驱动、转型升级战略，统筹推进扩投资、调结构、增动能各项工作，做到以党建促发展，以发展强党建，各项工作取得较好成绩。

【重大政策落实】 2017年，晋城市发改系统将“十三五”期间强力推进的“七大发展”和2017年市政府“十大行动”部署进行详细分工，成立11个工作小组。推进“十三五”规划纲要实施的体制机制创新，完成美丽晋城、教育事业、光伏扶贫、军民深度融合发展、邮政业发展等专项规划。晋城市列入《中原城市群发展规划》核心发展区，是山西唯一纳入核心发展区的地市，牵头制订《晋城融入中原城市群发展规划的实施意见》，形成初稿。编制《晋城市新型城镇化发展规划》，城区北石店镇成为第三批国家新型城镇化综合试点，总结和提炼试点经验，形成可复制经验，推动全市新型城镇化建设。组织高平市、晋城经济技术开发区申报省级双创示范基地，6月高平市被认定为首批省级双创示范基地。落实国发42号文件精神，牵头研究制定《晋城市争当全省能源革命排头兵实施方案（初稿）》。按照省委、省政府《关于强化实施创新驱动发展战略进一步推进大众创业万众创新深入发展的实施意见》要求，牵头制定全市三年（2018—2020年）目标任务和行动计划。

【固定资产投资】 2017年，晋城市固定资产投资（新口径）完成430.7亿元，同比增长6.3%。工业投资实现快速增长，前11个月完成157.7亿元，增长12.5%，增速高出同期固定资产投资7.2个百分点。全市民间投资比重达57.2%。

【重大项目】 2017年，太焦铁路晋城市境内完成投资13.7亿元，完成年度计划的133%；累计完成投资15.2亿元，占到晋城市境内站前施工投资的33.8%，超额完成年度计划。争取晋城东站、高平东站站房综合楼扩容项目，站房面积分别由初设规划的8000平方米、6000平方米增加为20000平方米和8000平方米。开展呼南高铁豫西通道前期调研。晋城机场建设项目列入山西省与交通部“十三五”省部战略合作框架协议，确定铺头为晋城机场首选场址。协调推进晋城柳泉、阳城两个通用机场建设，柳泉通用机场办理土地手续，阳城通用机场项目选址初审认可，空域审批得到中部战区同意。

【重点工程】 2017年，晋城市发改系统开展在建重点工程项目无障碍施工专项行动，将省市重点工程纳入“13710”督办平台管理。全年确定的253项省市重点工程，完成投资269.3亿元，完成率96.5%。其中，省级重点工程12项，完成投资48亿元，完成率

121.5%；市级重点工程241项，完成投资221.3亿元，完成率92.4%。省市重点工程和省级重点工程完成率均排全省第一。

【PPP项目】 2017年，晋城市发改系统制定印发《晋城市加快推进传统基础设施领域实施政府和社会资本合作工作的若干措施》，提出十条具体举措。全市PPP项目库储备项目52个，投资规模327.2亿元。推荐发布2017年第一批传统基础设施领域PPP项目名单，推介项目41个，总投资272.7亿元。

【项目监管】 2017年，晋城市发改系统发挥"在线审批监管平台"和"重大建设项目库"信息化监管作用，集中开展2016年度使用中央预算内资金项目和2016—2017年度市本级政府投资项目的稽查工作，规范投资、建设、管理行为。

【新兴产业】 2017年，晋城市富士康新款苹果手机机构件订单增加，摩拜单车投产，国泰环能生产规模扩大，皇城药业"新三板"挂牌上市。全市战略性新兴产业增加值占规上工业增加值比重达到11.4%；高技术产业增加值占规上工业增加值比重达到6.4%。协调推进光伏、风电、瓦斯等新能源产业发展，光伏并网发电的地面电站规模达到50兆瓦，远景汇合、华电国际、中电投陵川3个10万千瓦风电项目开工在建。编制完成中船重工《晋城市"十三五"分散式风电发展规划》和《晋城市军民深度融合发展"十三五"规划（2016—2020）》。

【传统产业】 2017年，晋城市发改系统支持煤炭产业提升产能，加快煤炭材料和煤基新材料技术突破，里必矿井和东大煤矿产能置换方案通过省审核。推进冶铸行业集聚发展，泽州南村绿色智能铸造创新产业园开工建设，晋钢集团智能铸造科技产业园前期工作进展顺利，国家智能铸造产业创新晋城中心加快筹建。推动传统煤化工向现代煤化工转型，兰花已内酰胺项目投产运行，晋煤华昱高硫煤洁净利用项目准备试车。

【现代服务业】 2017年，晋城市发改系统修订《晋城市鼓励支持服务业发展考核奖励办法》，制定《关于入企服务（服务业）常态化专项行动工作方案》，拟定《晋城市服务业发展转型升级专项资金使用和管理办法》，出台实施《关于进一步扩大旅游文化体育健康养老教育培训等领域消费的实施意见》。前三季度，全市服务业增加值同比增长8.1%，同比增长2.5个百分点，占全市生产总值比重达到41%。

【"双创"工作】 2017年，晋城市发改系统牵头制定全市三年"双创"（2018—2020年）目标任务和行动计划，高平成功申报省级双创试点，清慧汽车公司获批省级工程研究中心。

【"三去一降一补"】 2017年，晋城市关闭煤矿5座，退出产能725万吨，通过省级验收。帮助福盛钢铁制定产能减量升级方案，可提前一年完成淘汰85万吨落后产能任务。开展坚决打击、取缔"地条钢""电解铝"违法经营企业专项行动。兰花丹峰化工等36户用电企业享受大用户直供用电，减少电费支出3亿多元。开展清理规范涉企经营服务性收费工作，减轻企业负担890.3万元。市县两级财政专项扶贫资金投入均实现规模和增幅"双增长"，落实到具体项目29821.7万元，项目落实率达91%。安排光伏扶贫专项资金32758.6万元，比上年增长18.6%。

【重点领域改革】 2017年，晋城市发改系统深化投融资体制改革，落实《山西省深化投融资体制改革的实施意见》和《省政府核准的投资项目目录（2017年本）》，减少市级核准权限。投入运行"投资项目在线审批监管平台"，所有非涉密投资项目一律实现网上受理、办理、监管一条龙服务。探索"不见面"审批机制和"容缺预审"机制，减少程序环节，压缩办理时限。制定《晋城市企业投资项目试行承诺制实行无审批管理试点工作方案》，在晋城经济技术开发区全面推开，改革后审批事项精简率达78%。推进开发区改革，对晋城经济技术开发区扩区和高平、阳城、沁水开发区进行可行性研究论证，开发区改革创新发展实施方案经省政府审核通过，开发区行政事务剥离和"三制三化"

工作有序推进，扩区方案通过省级评审，高平市获批省级经济技术开发区。社会信用体系和政务信息共享建设取得新进展，编制完成《晋城市信用信息共享平台建设方案》，通过省信用信息管理中心技术审查，全年累计上报各类信用信息6.4万多条，在全国城市信用状况监测排名中位于全省第一；印发《政务信息系统整合共享方案》和《加快推进落实〈政务信息系统整合共享实施方案〉2017年工作计划》，与市信息中心联合开展政务信息系统编目工作，编目条数位居全省前列。推进价格机制改革，制订推进价格机制改革工作方案，全面放开化肥用气价格，储气设施煤层气购销价格由市场竞争形成，放开部分道路客运价格和汽车客运站部分收费，农村客运价格实行政府指导价管理。

【区域合作】 2017年，晋城市发改系统推进外向型经济发展，加强与中原经济区产业项目合作，支持重点产品出口。全年全市进出口总额完成46.8亿元，同比增长17.6%。抓好招商引资政策梳理汇总，编制《晋城市招商引资重点产业指导目录》，全年共完成10批次招商引资签约和发布项目的产业政策会审工作。

【城乡建设】 2017年，晋城市发改系统支持农业供给侧结构性改革，促进种养结构调整，特色农业占比明显提高；推进新增粮食产能田间工程、中小河流沁河段治理、农村饮水安全巩固提升等重点项目建设，争取上级资金9771.5万元；全年全市农产品加工企业销售收入78.2亿元，同比增长7%。新型城镇化建设稳步推进，晋城市被列为国家第二批城市设计新试点城市，编制完成《晋城市新型城镇化发展规划（2016—2020年）》，组织申报市级新型城镇化试点乡镇8家，特色小镇9家。城建项目有序推进，国道342晋城市过境段改线工程完成可研、初设、环评及专项评估，东口改造提升工程、牛浪路下穿晋阳高速分离立交工程可研报告编制完成。牛匠互通立交工程开工建设，环城高速公路连接线一级公路前期工作完成，国道207线晋城过境段、文博路、太岳路通车，水源、热源、气源前期工作进展顺利。

【绿色发展】 2017年，晋城市发改系统出台《晋城市生态文明建设目标评价考核办法》，共设置47项，较省里取消3项，调整1项。完成陵川县国家级生态保护与建设示范区自评工作。开展国家低碳城市试点工作，组织参与首批碳交易企业开展历史温室气体排放报告与现场核查工作，完成第三方核查和复查工作；组织新城、园区、企业、乡村、公共机构和家庭作为市级首批低碳试点单位，开展“六个一”低碳示范评估；配合省发改委完成低碳城市试点项目结题验收，形成成果报告；完成《晋城市2016年度温室气体排放目标完成情况和措施落实情况自评估报告》，组织开展全国低碳日和节能宣传周活动。推进创建循环经济示范市7项主要任务，对64个支撑项目进行调研，制定《晋城市2017年燃煤消费压减替代工作方案》。

【民生事业】 2017年，晋城市发改系统脱贫攻坚持续发力，下达省以工代赈项目资金605万元，陵川附城镇岭东村至柏崖村乡村道路建设以工代赈项目完成，陵川和沁水的5个100千瓦村级电站项目并网发电，申报2018年易地扶贫搬迁项目；组织全市非贫困县建档立卡贫困村开展光伏扶贫计划的申报工作，完成陵川和沁水两个县光伏扶贫实施方案。采煤沉陷区治理工作走在全省前列，2017年搬迁安置工程新建项目27个、7571户全部完成立项，开工建设，投资完成率位居全省第一；续建项目竣工率55%，入住率38.8%，位居全省第一；晋城市获全省搬迁安置先进市称号，泽州县成功申报国家采煤沉陷区综合治理试点县。清洁取暖工作稳妥推进，实施6.5万户居民冬季清洁取暖改造，成庄至周村输气管道、高平米山至陵川输气管道、神农至寺庄输气管道具备通气条件，编制完成全市可再生能源清洁取暖实施方案。加大社会事业项目支持力度，协调推进科技教育、文化卫生、就业保障等社会事业项目申报工作，编制印发《晋城市“十三五”养老服务业发展规划》。

【价格监管】 2017年，晋城市发改系统加强市场调控和监测，2017年春节期间，安排526万元价格调节基金用于市区优惠供应，市场物价总体稳定，全年CPI总水平上涨0.5%；价格监测工作获全国先进集体1个和先进个人1个。加强收费和价格管理。落实燃煤电厂脱硫、脱硝、除尘等环保电价政策，调整市区污水处理费标准，制定电动汽车充换电服务费标准，建立阶梯电价和阶梯水价制度。市级公立医院取消全部药品15%加成，实行零差率销售；确定105个单病种付费病种，减轻患者经济负担。加强成本调查和监审工作，核减不合理成本6867.2万元，农产品成本调查工作连续四年在全省排名第一，在2015—2017年度考核中，获1个全国先进集体、2个先进个人。畅通价格举报渠道，受理22件价格举报案件，全部办结。

【项目申报】 2017年，晋城市发改系统通过发改系统争取到国家、省级资金7.54亿元，重点投向采煤沉陷区综合治理、保障性安居工程、教育卫生等民生领域。向省发改委就太焦高铁、晋城机场建设、融入中原城市群、煤层气压液保供迎峰度冬等重大事项提出诉求和建议。推进新能源产业发展，争取华电泽州山河镇10万千瓦二期和中电投陵川风岭山10万千瓦三期风电项目列入山西省中南部风电开发建设方案，协调高平市生物质发电项目列入国家“十三五”规划布局方案。申报垃圾焚烧发电项目，确定晋城市“十三五”期间垃圾发电规模及装机容量。

（市发改委）

国土资源管理

【概述】 2017年度目标考核被省国土资源厅表彰为优秀单位，被市委表彰为目标考核优秀单位，并被授予“市级文明单位”称号。

【耕地保护】 2017年，晋城市国土资源系统完成全市247.33万亩基本农田和299.11万亩耕地保护任务。全市划定永久基本农田247.42万亩，超额完成目标任务；高标准农田建设项目验收报备5.43万亩、新立项5.84万亩，超额完成省定任务，并在全省首家完成采煤沉陷区土地复垦；全年23个批次用地占用耕地1096亩，落实补充供地1180亩，全部做到先补后占、应补尽补。

【保障服务】 2017年，晋城市国土资源系统共报征土地1622.69亩，供应土地5188.93亩，保障207国道改线、书院街等重点工程和民生项目用地；市、县土地利用总体规划调整完善方案报省政府，试点阳城县皇城村村级土地利用总体规划编制完成；完成城乡建设用地增减挂钩4个项目、1198亩土地的复垦；出台《晋城市关于落实城镇建设用地增加规模同吸纳农业转移人口落户数量挂钩机制的实施办法》，建立人地挂钩机制。

【矿政管理】 2017年，晋城市国土资源系统完善三率考核、图纸交换及煤层气矿业权“一权一档”等常态化监管机制，矿政管理更加规范、高效；矿业权市场建设稳步推进，招拍挂制度更加完善，全年公开出让采矿权8宗；矿业权勘查开采信息公示系统开通运行，监管制度得到落实；推进矿产资源综合利用和节约集约利用，晋煤集团成庄煤矿被确定为第一批矿产资源节约集约与综合利用示范矿山之一；以晋城经济技术开发区为试点，对企业投资项目压覆重要矿产资源审批事项实行承诺制，将前置审批改为后置验收，放管服改革取得实质性进展。

【国土资源改革】 2017年，晋城市“三块地”改革试点取得新突破。泽州县集体经营性建设用地入市累计34宗、1006.92亩，居全国前列，实现入市途径、入市方式、入市用途“三个全覆盖”；农村土地征收制度改革试点实施106.8亩，太焦高铁等11个项目4406.89亩土地按土地征收制度改革试点政策办理用地审批手续；年底，获批农村宅基地制度改革试点，出台《实施方案》和《管理办法》。

不动产统一登记制度改革探索新经验。市、县均按要求提前接入国家级信息平台，修改不动产登记软件系统46处，推进不动产登记平台本地化；不动产统一登记规范化建设试点有力推进，10月25日全省现场会在晋城市召开，推广晋城市的经验。至年底，市、县两级共办理登记事项

50170项。

【地灾防治】 2017年，晋城市国土资源系统印发《晋城市2017年度地质灾害防治方案》，6个县（市、区）全部完成地质灾害防治高标准“十有县”建设；推进地质环境保护工作，5个矿山地质环境治理项目获省国土资源厅批复，晋煤集团古书院煤矿、王台铺煤矿、成庄煤矿3个矿山地质环境治理项目完成勘察设计，治理设计通过省国土资源厅评审；农村地质灾害治理搬迁任务在全省率先完成；在全市开展地质灾害和矿山地质环境详细调查。

【执法监察】 2016年度全市违法占用耕地面积占新增建设用地占用耕地总面积的10.78%，市、县政府均未被约谈问责；按照市政府部署开展打击“双违”专项整治行动，加大执法监察力度，维护正常的国土资源开发利用秩序；对省、市交办的259件信访案件，采取局领导包县督办、每日通报等措施，全部按时按要求办结并上网销号。对13宗土地出让、8宗采矿权出让、9宗地价评估单位遴选进行监督，对9名人员进行诫勉警示谈话，对1个县局下发《落实全面从严治党责任抄告书》。

【基础业务】 2017年，晋城市国土资源系统推进法治国土建设，依法行政建设取得实效；测绘管理工作继续走在全省前列，“数字晋城”“数字高平”投入使用，基础测绘覆盖范围扩大，被列为全省唯一的国家《城市地图集》编纂试点市，地理信息社会化应用服务经济发展；继续开展基层所争星创优、“一所一亮点”活动，举办全市50个基层所所长能力素质提升培训班；国土资源审批事项和人员全部进驻政务中心，落实“两集中四到位”要求。

（市国土资源局）

审 计

【概述】 2017年，晋城市审计系统完成对671个项目（单位）的审计或审计调查。按审计统计口径计算，共查出违规金额32.07亿元、管理不规范金额76.02亿元，促进上缴财政23.79亿元，向有关部门移送处理违规违纪线索6件，提出审计建议949条，向上级提交审计专题、综合性报告和信息简报95篇。

【政策落实审计】 2017年，晋城市审计系统对国务院稳增长、促改革、调结构、惠民生、防风险政策措施的贯彻落实情况进行每季度一轮的跟踪审计，重点审计简政放权、民生保障、财政资金管理、大众创业万众创新、房地产去库存等5个方面政策措施的落实情况，跟踪市直34个部门和6个县（市、区），共查出各类问题20个，涉及金额11.31亿元。整改11个问题，5个问题部分整改，4个问题整改中。

【经济安全审计】 2017年，晋城市审计系统按照省政府和省审计厅的要求和统一部署，组织全市180多名审计人员，到朔州市就其经济社会发展情况和城镇保障性安居工程及配套基础设施的计划、投资、建设、分配和运营等情况进行交叉审计和审计调查。根据省审计厅授权，对晋城市所属6县（市、区）农村信用联社（农村商业银行）2015年和2016年资产负债损益情况进行审计，提出针对性建议。对晋城市除城区以外的5个县（市）2014年至2016年全面改善贫困地区义务教育薄弱学校基本办学条件专项资金管理使用情况进行审计，审计资金总额3.15亿元，抽查学校168所、项目796个，并提出相应建议。

【民生审计】 2017年，晋城市审计系统完成晋城市新型农村合作医疗机构整体移交审计，审计摸清全市新农合截至2016年10月的家底，发现10个方面问题，涉及金额4308.35万元。完成晋城市住房公积金管理中心2个年度住公积金归集管理使用情况审计，并延伸调查19个归集公积金单位和10个委托贷款银行，发现41个问题。根据省审计厅安排，对陵川县和沁水县2个省级贫困县2016年度扶贫政策措施落实和扶贫资金分配管理使用情况进行审计，抽查15个乡镇的125个扶贫项目，并提出建议，促进精准扶贫、精准脱贫工作取得实效。对晋城钢铁有限责任公司政策性关停破产方案的实施、资金拨付及使用情况进行专项审计调查，揭示问题并提出建议，为市委、市政府解决该公司职工信访问题提供依据。

【财政审计】 2017年，晋城市审计系统对市县财政、发展改革、地税部门2016年组织预算和96个部门预算执行情况，以及高平、阳城、陵川3个县（市）及部分乡镇2015年、2016年度财政决算进行审计，提出完善政府预算管理体系、健全政府债务管理制度、深化国库集中支付改革、盘活财政存量资金等审计建议，向市人大常委会提交关于2016年度市本级预算执行和其他财政收支的审计工作报告，为服务政府决策、推动地方经济社会发展提供依据。

【经济责任审计】 2017年，晋城市审计系统落实中办、国办《规定》及其实施细则，结合2016年市县党委、政府换届的实际情况，稳步推进经济责任审计全覆盖，全市共完成对263名党政领导干部和企业领导人员的审计。落实中办、国办方案要求，对陵川县人民政府原县长任职期间自然资源资产管理和生态环境保护责任履行情况进行审计试点，为全面开展党政领导干部自然资源资产离任审计积累经验。根据省审计厅授权，对陵川县委原书记、河津市委书记和平陆县委书记任期经济责任履行情况进行审计，为实行党政同责、同责同审作有益探索。

【项目审计】 2017年，晋城市审计系统完成对126个市、县政府投资建设项目的竣工决算审计或跟踪审计，揭示工程建设领域存在的突出问题，核减投资额2.04亿元。按照省审计厅要求，对2016年市局实施的1个项目和泽州县审计局实施的1个项目进行复审，各县（市、区）审计局也分别对本单位2016年实施的共11个项目进行复审，纠改存在问题。

【依法审计】 2017年，晋城市审计系统按审计计划审计，按审计方案审计，规范审计程序和审计行为，加强审计现场管理，不得随意扩大延伸调查范围，不得调查与审计无关的单位和事项，不得逆程序审计。在严格执行《国家审计准则》规定的审计工作底稿三级复核制前提下，实行审计组组长审核、业务科室负责人复核、法规审理科初审、审理委员会审理、机关业务会议集体审定的"五级"审核和审理模式，明确各环节各部门的分工、责任和时间节点，形成更加完整的防范和控制链条，使审计质量管控更严密有效。11月，市审计局被市政府推荐为全省依法行政先进集体。

（市审计局）

安全生产监督

【概述】 2017年，晋城市安监系统学习习近平总书记关于安全生产系列重要讲话，以"治大隐患、防大事故"为目标，以贯彻实施"一法一例"为载体，以落实安全生产"党政同责、一岗双责、齐抓共管、失职追责"为切入点，围绕省委书记骆惠宁和省长楼阳生提出的"三个坚决防止"总目标和"四铁"总要求，以改革的精神、创新的思路、发展的办法，研究、协调、解决安全生产领域存在的重大问题，全市安全生产形势持续好转，创历年最好水平。

【安全生产事故】 2017年，晋城市共发生各类生产安全事故170起，事故死亡104人，占控制指标145人的71.7%。同比起数减少29起、下降14.6%，死亡减少5人、下降4.6%。分行业看：采矿业：共发生事故3起，事故死亡3人，同比起数增加1起，上升50%；死亡减少2人，下降40%。其中，煤矿发生事故3起、事故死亡3人、同比起数增加1起、上升50%，死亡减少2人、下降40%；金属非金属矿山等未发生事故。商贸制造业：共发生事故2起，事故死亡3人，同比起数减少1起，下降33.3%；死亡与2017年持平。其中，冶金机械八行业发生事故1起、事故死亡1人、同比起数减少1起、下降50%，死亡减少1人、下降50%；化工行业发生事故1起、同比起数与2017年持平，死亡增加1人、上升100%。建筑业：共发生事故3起，事故死亡6人，同比起数增加2起，上升200%，死亡增加5人，上升500%。其中，房屋建筑及市政工程发生事故1起、事故死亡1人、同比起数增加1起、死亡增加1人；交通建设工程事故1起、事故死亡1人、同比起数增加1起、死亡增加1人；建筑业其他发生事故1起、事故死亡4人、同比起数与去年持平,死亡增加3人、上升300%。交通运输和仓储业:共发生事故161起,事故死亡91人,同比起数减少29起,下降15.3%,死亡减少7人,下降7.1%。其中,道路运输业发生事故161起,事故死亡91人,同比起数减少29起,下降15.3%,死亡减少7人,下降7.1%。其他行业:其他行业共发生事故1起,事故死亡1人,同比起数与上年持平;死亡减少1人,下降50%。其中,电力生产和供应业发生事故1起、事故死亡1人、同比起数增加1起、死亡增加1人;热力生产和供应业未发生事故、同比减少1起、死亡减少2人。较大及以上事故情况,全年发生较大及以上生产安全事故1起,同比起数和死亡人数与上年持平,占控制指标4起的25%。

【安全监管】 2017年,晋城市委、市政府召开关于安全生产工作的市委常委会议、市政府常务会议、市长办公会议、市安委会例会等23次。市委、市政府主要领导6次对安全生产工作作出指示批示,10次到一线检查指导安全生产工作。市人大、市政协多次对安全生产工作提出提案议案,并开展"两法一条例"落实执行情况督查检查和安全生产工作专题质询。安全生产责任落实力度加强,扩大安全监管覆盖范围,市安委会成员单位由原来的46个调整增加到68个;出台《关于进一步明确各级安全生产监管职责的意见》,从市、县、乡、村四级,明确政府、部门和村级组织的安全监管职责;强化内部管理,实行包联县(市、区)和安委会成员单位安全生产工作三年不变制度,明确督查县(市、区)政府安全生产工作至少每季度一次,督查安委会成员单位至少每半年一次;实施挂牌责任制,全市煤矿、非煤矿山、化工、烟花爆竹、冶金工贸、交通运输、建筑施工、消防8个重点行业领域落实挂牌责任制企业数量达2538家,完成比例达85.7%。其中,煤矿、非煤矿山、危险化学品和烟花爆竹4个行业领域挂牌数达100%。在沁水新奥新能源公司、陵川金隅水泥有限公司、阳城皇城集团、泽州县金秋铸业公司、晋城天巨重工集团、阳城山水水泥公司召开6次现场会,推动安全生产各项工作的落实。对1起较大事故进行立案查处,对所有一般事故全部实行挂牌督办,追究责任人员33人,罚款107万元。

【工作创新】 2017年,晋城市安监系统制定出台"13355"工作思路,即:紧紧围绕安全生产控制指标这一目标,突出强化红线、责任、法治三个意识,扎实推进隐患治理、基层基础、诚信体系三项建设,狠抓安全改革、专项整治、综合监管、宣教培训、应急管理五个重点,全面加强组织、制度、法制、科技、监督五个保障,着力强化企业安全生产主体责任和部门安全生产监管责任,切实增强安全防范治理能力,大力提升全市安全生产整体水平。

制定出台《安全生产"十三五"规划》《职业病防治"十三五"规划》《晋城市危险化学品安全综合治理实施方案》《晋城市职业病危害防治三年行动纲要》《关于进一步强化企业主体责任落实的通知》等一系列规范性文件,编印2000余册危险化学品应急速查手册和生产安全事故灾难应急救援手册,推动市全安全生产工作从治标走向标本兼治,对构建晋城市安全生产监管新体系起到里程碑作用。特别是《关于进一步强化企业主体责任落实的通知》受到省安监局主要领导签批好评。

在年中开展的为期4个月的安全生产大检查中,将大检查内容,区分县级政府督查、市直部门督查、生产经营单位检查三大类,细化88个大项、91个小项、282条检查督查要点,是近年来开展安全生产专项活动时间最长、覆盖面最广、内容最详细、操作性最强的一次。

【安全生产大检查】 2017年,晋城市安监系统组织安全生产"反三违"专项行动、"知责履职、失职追责"、安全生产大排查大整治、安全生产大督查大调研等活动。开展为期4个月的安全生产大检查。市级党政领导下沉督查,市委常委、副市长带头深入所联系县市区和企业,围绕安全生产工作进行督查调研。市安委会组成5个督查组对全市安全生产进行不间断督查,共督查6个县政府、64个市直部门单位,抽查72个乡镇政府、62个县级部门、172家企业。市县相关部门全面督查，全市共出动检查（督查）组4558个，出动检查（督查）人员31598人（次）。大检查期间，全市共检查（抽查）企业1.99万家，排查一般隐患2.94万条；列入县级挂牌督办的重大隐患80条，整改完成75条；列入市级挂牌督办生产经营单位15家，全部整改完成；责令限期整改企业1897家，责令停产停业整顿企业37家，曝光9家。

【行政处罚】 2017年，晋城市共实施行政罚款1397万元，同比增长380%，追责22人，同比增长260%，起到"惩处一例、震慑一批、教育一片"的作用。县（市、区）方面，城区查处19起，处罚128万元，同比增长120%；泽州县立案查处16起，处罚135.9万元，同比增长76%；高平市查处非法违法行为32起，处罚296万元，同比增长43%；阳城县查处非法违法行为17起，处罚96万元，同比增长31%；陵川县对12个乡镇和35个安全监管部门安全生产大检查方案全部进行备案，对7个私挖乱采煤坑口进行填埋取缔，对10家非法采石场采取断电停产措施，对附城煤业、礼义沙河加油站等4家企业非法行为罚款近7万元；沁水县对3家存在因证照不全、工人未培训等行为的企业，责令立即撤离人员停止生产，并查封动力电源。市直单位方面，市煤炭煤层气工业局对青龙同昌煤业"8·18"机械事故实施事故提级处理，责令该企业停产整顿时间不少于3个月；市住建局和市交通运输局分别督查检查施工工地和交通运输企业327处和155家次，发现问题和隐患1700余条和368条，实施市级挂牌督办企业10家；市质监局对山西铭石煤层气凤凰山矿加气站等6家企业实施令停产停业整顿和挂牌督办；市消防支队责令停产停业整顿13家生产经营单位，处罚165万元；市交警支队打击交通非法违法行为1.78万余起，处罚273.6万元；市安监局整改市委巡察反馈的执法偏软问题，对1起非煤矿山违法行为开出18.9万元罚单，是晋城市建市以来对非煤矿山罚款最多的一起；对山西沁水国新煤层气综合利用有限公司无证经营问题罚款20万元；对晋城市鑫环球铸造有限公司处罚7.5万元；对阳城电厂罚款17.5万元。

【安全生产专项整治】 2017年，晋城市安监系统开展煤矿全面安全"体检"、危险化学品综合治理、道路交通专项整治、职业病防治、电气火灾等专项整治，全市共打击违法行为1.52万起。对全市94座地方矿井逐矿进行"体检"，排查治理一大批隐患，推进矿井安全稳定发展。交通、交警等部门联合开展"平安交通"专项治理，全市危货车辆、客运车辆100%实现动态监控。制定出台《晋城市危险化学品安全综合治理实施方案》，加强危险化学品安全管理。公安消防、供电、住建、安监等有关部门联合，对全市重点单位、社区、街道存在电气线路老化、超负荷运行、多种线路交织运行等进行全面检查，共排查单位1.3万余家，查处整改电气线路隐患3万余处。制定《晋城市职业病危害防治三年行动纲要》，加强职业病危害防治执法监督，完善职业病危害防治目标考核体系。

【双重预防机制】 2017年，晋城市安监系统于安全生产风险管控方面，在全市68家重点企业全面开展安全风险点排查和评估试点工作，并从隔离危险源、采取技术手段、实施个体防护、设置监控设施、加强应急救援等方面制定管控措施，建立安全风险数据库，绘制安全风险空间分布图，实行差异化动态监管，并于企业醒目位置设置公示栏、告知卡。

安全生产隐患排查体系建设方面，出台《晋城市人民政府关于推进安全生产隐患排查治理体系建设的意见》，印发《全市生产经营单位分级分类管理办法》，全市确定120家工矿商贸企业进行试点，在阳城县召开全市安全生产隐患排查治理体系建设现场会，推广阳城县和部分生产经营单位典型经验，力争用2年时间，在全市建立起"企业主动自觉、部门实时监控、机制运行规范、社会广泛参与、治理保障有力"的安全生产隐患排查治理体系。

【安全生产投入】 2017年，市县两级政府累计投入安全生产资金达5600余万元。其中，市政府拨付专项资金610万元，兑现安全生产工作，表彰奖励先进单位和个人；

拨付300万元，组织开展火灾、危化品泄漏、人员密集场所等9个大科目的应急演练，涵盖全市重点高危行业领域；拨付300余万元，专题用于安全生产专项培训；拨付1000万元，用于安全生产隐患排查和信息系统建设。全市各级各类生产经营单位累计投入资金达1亿多元，用于安全生产标准化建设，建成安全生产标准化矿井63家(一级标准化矿井33家，二级标准化矿井30家)、标准化水利水电企业10家、标准化建筑施工企业20家、标准化道路交通运输企业60家、标准化非煤矿山企业25家、标准化危险化品和烟花爆竹生产经营企业109家、标准化冶金工贸等企业722家。

【宣教培训】 2017年，晋城市安监局邀请省政府副秘书长刘德政作题为《安全发展，晋城准备好了吗?》的专题讲座。组织开展“安全生产月”活动，在市级媒体上发表各类安全生产稿件160余篇，在国家和省级媒体刊登各类稿件20余篇。市委、市政府主要领导在《太行日报》联合发表署名文章。在市委党校举办为期3天的安全生产专题培训。开展100场全面落实主体责任百场宣讲活动。全年组织开展安全生产“4个100”(全市100个公共场所制作宣传版面、市县100个重点监管部门建立安全生产微信公众号、全市100个重点企业进行全员培训、全市100万从业人员接受安全生产微信短信)专题宣传教育活动。全市累计组织开展企业负责人、安全管理人员、特种作业人员等安全培训达5.2万人次，从业人员的安全技能和全民安全生产意识提高。

【帮扶攻坚】 2017年，晋城市安监局帮扶陵川县附城镇东下河村，在原有188亩退耕还林种植连翘的基础上，实施市级生态林荒山种植连翘200亩，实施巩固退耕还林成果种植连翘300亩，签订利益联结协议。实施23千瓦村集体光伏发电项目，年可收益2万多元。其中，60%的收益由贫困户获得，40%作为村集体收入，推进集体经济“破零增零”。

(市安监局)

工商行政管理

【概述】 2017年，晋城市工商系统贯彻落实市委、市政府和省工商局的工作部署，各项工作取得成效。三项综治工作跻身省政府年度目标责任制考核第一类，系统年度目标责任考核位列全省地市第三名，被评为优秀单位，获得国家工商总局“注册工作成绩突出单位”、山西省“文明单位标兵”、市直“先进党组织”等称号，市工商局被市政府推荐为“全省依法行政先进集体”。

【商事制度改革】 2017年，晋城市工商部门共取消行政职权事项34项、增加10项、调整3项，分别占全市的58.6%、25.6%和5.8%。将500万元及以下的私营有限公司及其分公司注册权限，由市工商局下放至城区工商分局，工商行政事项取消下放量占到全市总量的一半以上。推行营业执照注册全程电子化改革试点和“多证合一”改革，启动企业简易注销改革。开发工商注册二维码，方便市场主体查询服务，夯实工商注册“零”见面基础。对全市重点工程、国企改革、招商引资、全域旅游等中心工作，开通绿色通道。截至2017年年底，全市市场主体达到12.44万户，比上年增长8.15%，新注册各类市场主体22820户，比上年增长6.74%。

【市场监管】 2017年，晋城市工商局推行“双随机一公开”监管改革，按照工商总局公布的随机事项抽查清单，将12类、40项工商检查事项全部纳入，100%实施随机抽查；对1324户个体工商户、892户企业进行工商监管事项全覆盖抽查，对53户广告经营者、41户成品油经营者进行定向抽查，结果公示率达100%。年度企业年报公示率达到94.57%，比上年度同期提高5.6个百分点，提前一个月达到国家总局要求，排名全省第一；推动失信联合惩戒机制，行政处罚公示率达到100%。全年，全市工商系统共查处各类经济违法违章案件545件，是上年的2.44倍，查处无照经营、广告市场监管、打击传销等三项综合治理工作进入省政府目标考核第一类行列。

【消费维权】 2017年，晋城市工商局建立消保维权和网络监管等局际联席会议制度，健全消费维权站、消费者协会、“12315”投诉举报中心、消费者权益保护机关“四消合一”联动机制，建立消费警示和消费提示定期发布制度。全市共设立消费者维权站394个，“五进”任务全面完成。全年共受理消费者投诉举报2356件。其中，投诉2152件、办结反馈率100%，举报204件、办结反馈率100%，为消费者挽回经济损失400余万元。全年向消费者发布各类消费提示警示24条次。加强流通领域商品质量监管，全年完成成品油、建材、农资、日用消费品等重点领域商品质量抽检416批次，抽检企业986户、个体工商户1342户。加强诚信市场建设，出台诚信市场建设规范，运用“守合同重信用”企业信用标准系统对企业进行公示，共涌现出省级“守重”企业86户、市级“守重”企业35户。

【商标战略】 2017年，晋城市政府出台《关于深入实施商标战略的意见》，明确工作目标、政策措施，成立市长任组长的领导组，商标品牌战略全面提速。全年新注册商标达1078件，年度新增注册商标首次突破千件，新申报著名商标44件，初验通过32件，申报地理标志商标5件，被国家商标局全部受理。全市累计有效注册商标总数5943件，著名商标78件，驰名商标6件。加大商标知识产权保护力度，通过专项行动查处各类商标侵权假冒案件123件。

【脱贫攻坚】 2017年，晋城市工商局帮助泽州县柳树口镇中村村成立农民专业合作社，协调落实资金（设备）25万元用于贫困户光伏扶贫项目建设，贫困户开始受益。组织开展“四送”到村入户活动，送去十九大精神及政策、科技等宣传资料200余份，送去价值近1万元的面粉、食用油等生活用品，累计为贫困户捐款2.27万元。

（市工商局）

质量技术监督

【概述】 2017年，晋城市质监系统围绕“夯基础、保安全、促发展”的工作思路，在加强基层党建、发挥牵头抓总作用、推进改革、完善机关工作机制上取得新的突破，完成各项工作任务，为推动全市经济社会转型发展发挥作用。

【名牌战略】 2017年10月9日，山西江淮重工有限责任公司在全省质量大会上，荣获“第二届山西省质量奖提名奖”，位于提名奖榜首；山西晋城无烟煤矿业集团有限责任公司等37个企业40个产品获“山西省名牌产品”称号，分别占全省的11.63%和11.33%，领先全省地市获奖平均值。组织25家企业向社会开展“企业质量信用报告”发布工作，助力企业赢得市场。深化名牌战略，推进第二届“市长质量奖”评选工作。

【质量监督】 2017年，晋城市质量技术监督局落实“双随机、一公开”制度，重点对涉及人体健康安全的产品、消费品以及重要工业生产资料、农业生产资料开展专项质量监督抽查，对全市新型墙体材料（煤矸石砖）生产企业监督抽查20批次。共接受省质监局监督抽查不合格报告41份，涉及企业30余家，主要包括服装、建材和眼镜等产品，全部依法进行后处理工作。产品质量监督抽查结果在局门户网站通报，基本实现“抽查一种产品，规范一个行业”。开展“质监利剑”执法打假行动，围绕农资和环保相关的车用油品、商品煤洁净焦炭等产品组织开展专项整治工作，防止不合格产品流向市场；开展消费品、农资、建材产品打假行动，依法严查以次充好、标识欺诈等违法行为。全年组织开展10次“街头咨询、送法下乡”，发放宣传资料1560余份；共出动车辆430台次，出动执法人员952人次，检查企业328家；“12365”热线共受理群众咨询650起、投诉举报73起，全部给予答复。

【标准化工作】 2017年，晋城市成立市长为组长的标准化工作领导组，成员单位数量增至50家。出台《晋城市标准化创新奖励办法》，于9月1日起施行。全面启动企业标准备案制度改革工作，实行企业产品标准自我声明制度，编制《企业产品标准自我声明公开制度实施指南》，共有105家企业累计自我声明公开300项标准，涵盖365种产品，企业产品标准107个。组织申报《地理标志保护产品·阳城蚕茧（干茧）》《煤基合成汽油》《泽州铁器（铁壶）制作规范》《泽州“大阳馔面”制作规范》《泽州周村水席制作规范》《风力发电机组·高速轴液压盘式制动器》6个地方标准。全年，发布国家标准1个、地方标准3个、行业标准1个。

【计量工作】 2017年4月1日起，晋城市免征停征计量许可费和强制计量检定费，全市计量技术机构免收强制检定费用共2058万元；开展环境监测领域计量器具专项监督检查，对污水处理厂、焦化厂、钢铁厂、煤矿等重点领域环境监测单位进行监督检查，并实行季度报告制，共检查单位16个，备案环境用计量器具88台件。加强建标单位的证后监管，组织开展压力表、催化式甲烷测定器量值比对工作，共有17家压力表建标单位和10家催化式甲烷测定器建标单位单参加，通过比对确保全市计量标准量值准确、统一、可靠。

【认证认可】 2017年，晋城市质量技术监督局对11家机动车检测机构、10家环境检测机构、10家建材检测机构开展监督检查，组织17家建材检验检测机构和5家检验机构参加能力验证。对6家获证检验检测机构开展“双随机”专项监督检查，整体情况良好，对存在的共性或个性问题进行通报，并依法依规进行后续处理。推动和协助全市公安司法鉴定中心申报资质认定，全市公安司法鉴定中心全部取得检验检测机构资质认定证书。

【特种设备监管】 2017年，晋城市质量技术监督局开展全市特种设备安全大检查，组织开展5次专项监督检查和10次专项整治行动。以燃气压力管道为重点，摸排全市燃气压力管道2023.6千米，检验完成公用和工业燃气压力管道692.9千米，居全省首位；普查辖区内15年以上老旧电梯底数，采取更换主要零部件、安全评估等方式开展电梯主要零部件报废综合治理，推进应急服务平台建设，确保安全运行。选派山西迅安电梯有限公司参加2017年中国技能大赛“鲁班杯”全国首届电梯安装维修工职业技能竞赛，荣获“电梯维修组团体优胜二等奖”，2人荣获“电梯维修组个人优胜二等奖”。

【行政审批】 2017年，晋城市质量技术监督局做好行政审批事项的取消、下放和调整工作，将特种设备使用登记委托和下放到各县（市、区）。全年共受理发证特种设备使用登记158家（次），特种设备作业人员资格认定16批（次），计量标准器具核准6家，承担国家法定计量检定机构任务的授权1家。所有许可项目在窗口受理、发证环节全部按期办结，提前办结率为100%，无一例举报投诉。

【国家级质检中心建设】 2017年，国家煤层气质检中心建成，项目总投资7218.85万元，建筑面积近1万平方米，配备先进检测仪器设备25台（套），拥有重要产品和关键项目的全项检测能力。12月26日，中心取得国家实验室认可评审、检验检测机构资质认定和授权评审“三合一”认证。

【科研成果】 2017年，晋城市质量技术监督局完成国家及省部级科研项目1项，承担国家质检总局PM2.5车用燃气质量追溯及监控技术装备研究项目并通过验收。研发的煤层气采样与分析联合装置成果获得国家专利局实用新型专利，向国家知识产权局申报3项电梯保护专利。

【工作创新】 2017年1月，晋城市启动编纂《晋城质监志》和《市县质监手册》工作，本着“修志存史，以启未来”的态度，5次召开编撰委员会研究，坚持质量第一、存真求实原则，“两书”分别由新华出版社和中国标准出版社出版发行。

【依法行政】 2017年，晋城市质量技术监督局落实执法责任制，定期签订《行政执法责任制》，落实行政执法人员持证上岗和资格管理制度，89人获得执法资格。制定出台《关于加强质量技术监督行政处罚案件立案结案工作的意见》，发挥案审委集体审理职能，全年，共审理行政执法案件16起，上缴罚没款40余万元，未发生任何行政复议或者行政诉讼案件。

【扶贫攻坚】 2017年，晋城市质量技术监督局实施“124”扶贫思路，推行养蜂和农家乐产业扶贫，养蜂户均增收近2000元，农家乐接待能力提升45.3%；开展4次献爱心、送温暖，户均受益1300余元；筹措扶贫资金累计112.5万元，推动公共服务工程和基础设施全面改善，脱贫工作通过验收。2月，市质监局被省人社厅、省扶贫办表彰为“全省干部驻村帮扶工作模范单位”。

（市质量技术监督局）

食品药品监管

【概述】 2017年，晋城市食品药品监管系统落实国家、省、市关于食品药品监督管理各项要求和工作部署，克难攻坚，履职尽责，守住“三个绝不发生”的安全底线，在六个方面实现新的突破和提升。市食品药品监督管理局机关获得“省级精神文明单位”“全市目标责任考核优秀单位”“综治和平安建设优秀单位标兵”“全省食品药品监管工作先进单位”称号和全省食品安全标准技能竞赛和法律知识竞赛一等奖。

【基层建设】 2017年，晋城市77个乡镇站（所）解决办公场所、办公设备、执法装备、经费保障等“瓶颈”问题，乡镇站（所）事业编制人员到位394人，到位率达97.3%。日常监管网格初步划定，实现监管对象全覆盖。县乡两级快速检测装备配备和使用率达100%，城区、泽州县、沁水县全部配备执法车辆。全市2310个行政村（社区）配备协管员、信息员，工资待遇全部解决。

【机制建设】 2017年，晋城市食品药品监督管理局按照“两集中、四到位”要求，优化审批流程，压缩审批时限，公开审批过程，市县局行政许可科（股）全部整建制进驻政务服务中心，实现行政审批事项“一个窗口对外、一次性告知、一条龙服务”。分四批承接省食药监局26类食品生产许可事项，建立行政审批和事中事后监管清单，确保审管工作无缝衔接。探索网格化监管全覆盖与重点抽查“双随机”结合机制，推进落实企业风险分级管理制度，实施精准监管，把监管机制建设的优势转化为监管效能的提升。

【监管执法】 2017年，晋城市食品药品监督管理局检查食品药品生产经营使用单位36447家（次），责令改正3755家，约谈9家抽检不合格食品生产企业，完成餐饮单位“明厨亮灶”建设272家，撤销药品GSP证书5张，收回药品GSP证书11张，收回医疗器械经营许可证15张，经营备案凭证10张。完成国家、省、市和县四级食品抽检2075批次，药械保化抽检632批次，完成检验任务802批次。全年共查办各类违法违规案件596件、同比增加29.28%；罚款963.33万元，同比增长185.87%。向公安部门移送涉刑案件14起，其中3起被公安部列为2017打假“利剑”行动督办案件，监管执法的威慑力提升。

【技术提升】 2017年，晋城市食品药品监督管理局按照“整体规划、模块设置、分步实施、急用先建”思路，整合改造提升原有保健食品可追溯电子监管平台、药品温湿度在线监控平台和稽查数据平台，统筹推进“四品一械”基础信息数据库、食品安全执法检查系统和全程追溯系统建设。全市18家重点食品生产企业建立二维码追溯系统，168家获证食品生产企业建立纸质全程追溯体系。完成全省信息化专网市级节点的综合机房改造。市食品安全检（监）测能力建设项目完工。城区推进“食药监微信公众号”建设，实现监管部门、监管对象和普通消费者在线互动和监管数据查询统计等功能。

【创建工作】 2017年，晋城市食品药品监督管理局坚持示范带动，点面结合，把推进省级食品安全示范创建、全国文明城市创建与放心肉菜示范超市、示范店、示范社区创建有机结合，集中解决一批食品安全领域群众关注的热点难点问题，社会各界对食品安全工作的获得感、认可度、满意度均提高。市食品安全示范城市创建工作推进、成效初显，得到省政府验收评价组的一致好评。11月22日,全省食品安全“双安双创”运城现场会上,泽州县荣获首批“山西省食品安全示范县”称号。

【业务培训】 2017年,晋城市食品药品监督管理局分期分批开展市、县、乡三级执法人员法律法规和业务知识轮训,外请专家授课20余课时;组织参加省局对口业务培训180人(次),选派人员参加国家总局高研院等专题培训62人(次),提升监管队伍的专业能力。

(市食品药品监督管理局)

盐政管理

【概述】 2017年,晋城市盐业公司围绕“盐业做大做强”目标,以经济效益为根本,以完善食盐专营体制为出发点,改进工作方式,坚定公司生存与发展的信心,紧密团结,群策群力,把握专营大局,确保市场稳定,推进各项工作。

【市场整治】 2017年,晋城政府办公厅下文《关于进一步加强和规范盐业市场管理的通知》,公司全员行动,实行市场片区承包,对用户分类登记;协同公安、食药监局、盐务局等职能部门加大稽查力度,共查扣外省食盐270余吨;进驻县盐业公司,宣传推广“晋盐”品牌,增强民众对国企品牌信任度;与相关职能部门及大型超市组建“晋城市食品药品维权打假协会”,防止不合格商品流入市场,让“脚臭盐”退出晋城市场,维护稳固“晋盐”品牌和食盐市场。

【盐务宣传】 2017年,晋城市盐业公司在各大超市设立“食盐销售专柜”,制作品种盐信息卡,陈列“食盐科普架”,食盐品种多样化投入,以满足不同层次、不同区域消费者的个性需求。11月开始,在电视台制作我为“晋盐”代言公益广告宣传片。与商超门店签订供应合同,进行“晋盐品牌放心店”挂牌,树立行业形象,遏制劣质食盐对盐业市场的冲击。

【业务拓展】 2017年5月1日,“晋盐超市NO.2”开业,运营中的两个超市均由正式职工兼职采购商品及超市管理,外聘人员共5名,超市运营良好,月营业额15万—18万,月毛利额1.8万—2.5万,净利润1万—1.5万,超市三部筹备中。筛选出20到30家大中型超市悬挂晋盐超市门头,4家超市门头更换为“晋盐超市”。

【安全管理】 2017年,晋城市盐业公司落实“党政同责、一岗双责、齐抓共管”安全工作责任制。开展安全工作,排查整改安全隐患,重建孟匠仓库60多米围墙,消除公司用电隐患;完善车辆管理台账,责任到人,定期公示车辆情况;汛期实行24小值班,淤堵清理,确保排水通畅,安全度汛。

(市盐业公司)

工业经济

经济和信息化

【概述】 2017年,晋城市经信(国资)系统抓住国发42号文件和晋城市被列入中原城市群核心发展区的重大战略机遇,全面落实市委七届二次全会各项决策部署,把加强党的建设、从严管党治党摆在突出位置,坚持两手抓、两手硬,落实主体责任,推进三基建设,巡察整改取得阶段性成效。推动工业经济转型攻坚,工业增速稳步向好,经济效益改善。深化国资国企改革,新的国资监管三级架构初步搭建,国资监管能力水平提升。

【"三基"建设】 2017年,晋城市制订《关于加强"三基"建设的实施方案》,成立"三基"建设领导小组,完成机关各科室基础工作目录、工作运行流程图、管理手册、工作人员应知应会手册和便民服务手册的制定。建立健全干部职工学习引导计划,开展"四大工程"(党政领导干部履职能力提升工程、基层干部能力提升工程、企业、事业管理人员思维创新工程、专业技术人才知识更新工程)。推进国有企业党建工作,召开所属企业党组织书记专项述职评议会议,强化"书记抓、抓书记"意识。对所监管企业公司章程进行全面排查审核,要求企业在公司章程中体现党的建设方面要求。组织首批党建示范点涉及的4户企业25名党建干部到省国资委及所属太钢、潞安、晋煤等集团党委学习考察。整顿软弱涣散基层党组织,完成国泽经贸公司、绿洲公司和汽配公司党组织换届工作,配合市委组织部对天泽集团党委班子进行调整,完成空壳党组织太行煤业集团党委的撤销,指导综合食品厂党总支进行缺额委员补选,整合皮革厂党支部归属到城建公司党总支统一管理,对山煤国际晋城公司党总支、市水泥厂党委进行整体移交。

【企业帮扶】 2017年,晋城市经济和信息化工作委员会兑现2016年"1533"工业行动奖励政策,出台《2017年度"1533"工业转型升级攻坚年行动方案》,调动企业转型升级的积极性和主动性。注重增强工业经济运行监测分析的针对性和有效性,重点监控企业增加至35户,做到六大主导产业全覆盖;对26个新工业增长点进行月度监测,反映重点企业的运行情况和重点行业的发展走势。推进"1+9"专项行动,优化营商环境,实行"五个一"工作机制,深入企业进行对接,按时收集、梳理、解决企业反映的困难和问题。全年搜集需市本级解决问题49个,解决43个,办结率达87.8%。扩大电力直接交易规模,促成天泽煤化工等23户用电企业参与电力直供,为企业减少电费支出3亿多元。

【产业转型】 2017年,晋城市经济和信息化工作委员会加大工业转型项目推进力度。编制《2017年晋城市工业重点转型项目推进计划》,确定重点工业转型项目44个,总投资398.5亿元,年度计划投资88.9亿元,1月至12月,项目完成投资61.9亿元，完成年度计划的69.6%。实施项目跟踪调度制度，协调解决问题困难，梳理汇总进展情况，推动项目建设。组织开展"项目建设县区行"采访活动和"转型升级晋城人"电视展播活动，营造大上项目、上好项目的浓厚氛围。

加大传统产业改造升级力度。编制印发《晋城市传统优势产业提质工程实施方案》和《晋城市技术改造专项资金使用管理暂行办法》，组织企业争取省级技术改造资金，10个项目获省级资金支持8380万元。推进冶铸行业集聚发展、转型升级，泽州县南村绿色智能铸造创新产业园开工建设，晋钢集团智能铸造科技产业园前期工作取得进展，国家智能铸造产业创新晋城中心筹建。推动传统煤化工向现代煤化工转型，兰花己内酰胺项目投产运行、晋煤华昱高硫煤洁净利用项目即将试车。

【技术创新】 2017年，晋城市经济和信息化工作委员会以"两化融合"为带动，推动企业技术创新能力和社会信息化水平提升。组织企业完成两化整合评估，推荐"富晋精密工业(晋城)有限公司"和"福士瑞精密工业(晋城)有限公司"列入省两化融合管理体系贯标试点企业。编制上报《晋城市2017年度电信普遍服务试点实施方案》，组织申报电子信息产业项目，推动偏远农村宽带接入和信息扶贫工作。晋城市"煤矿井下用高性能工程塑料复合中高压管道开发"等9个项目被列入《2017年山西省企业技术创新百项重点项目计划》。向省经信委推荐山西泫氏实业集团有限公司技术中心和山西大通铸管有限公司技术中心参加省级技术中心认定。完成2017年国家级工业设计中心申报工作。

【绿色低碳发展】 2017年，晋城市制定出台《晋城市节约能源"十三五"规划》和《晋城市工业绿色低碳循环发展工程2017年行动计划》。化解过剩产能，全年未审批钢铁、水泥、电解铝、平板玻璃等严重过剩行业新增产能项目，在市区及周边10千米范围内，未审批任何新建燃煤项目，福盛钢铁提前一年化解85万吨产能的前期工作推进。开展能效对标活动，科学确定标杆企业和单位产品能耗标杆值，推进煤炭、电力、煤化工、焦炭、铸造和建材等主要耗能行业的节能降耗工作。推进"工业三废"综合利用，全市工业固体废弃物综合利用率达到68%，重点推进10个资源综合利用和清洁生产项目建设，项目总投资11.2亿元，5个完工。落实能源消耗指标对"1533"有关奖励政策的"一票否决"制度，推动企业节能降耗。推动燃煤发电机组超低排放改造，共对8台总装机容量277万千瓦燃煤机组实施超低排放改造。落实工业企业环境保护工作，制订《晋城市"秋冬季"工业企业错峰生产工作方案》，完成错峰生产和运输清单收集工作，根据市重污染天气应急指挥部指令，启动重污染天气预警。基本完成冬季清洁取暖电网改造任务，出台《晋城市冬季清洁取暖"以电代煤"实施方案》，对泽州、高平、阳城、沁水、陵川5个县(市)12个乡(镇)17个村共2117户实施"以电代煤"供热改造，总投资3519万元。

【国资国企改革】 2017年4月7日，晋城市委、市政府出台《关于深化国资国企改革的指导意见》(以下简称《指导意见》)和《晋城市国有资本投资运营公司组建方案》。《指导意见》提出"统筹协调，分级实施，组建平台，一企一策"的基本思路。成立晋城市国资国企改革领导小组，加强对国资国企改革的统筹协调。经信(国资)委7月18日出台《晋城市市属国有企业外部董事管理办法(试行)》，建立市属国有企业外部董事人才库。其他配套政策执行省委、省政府的有关文件。7月17日，晋城市国有资本投资运营有限公司挂牌成立，注册资本20亿元，为全省首家成立的市级国有资本投资运营平台公司。4户吸收合并的资产经营类企业按程序推进，43户首批划转企业均签署国有资本划转协议，办理工商变更手续。对暂不划入晋城市国有资本投资运营公司的其他44户国有企业，没有进行公司制改革的，完成公司制改革任务，建立规范的法人治理结构；长期停滞生产经营活动的"僵尸"企业，采取破产、资产清算等方式，完成企业注销手续，安置企业职工。推动重点国有企业改革试点，兰花集团从体制机制创新和产业上档升级两方面入手改革，以巴公循环经济产业园为抓手，通过新材料产业的园区化、循环化，在推动传统产业上档升级和产业链延伸上先行先试；天泽集团重点推动企业从无机化工迈向有机化工；绿洲纺织公司立足优势产品，推动产业升级，大麻智能生产项目开工建设。推进市属国有企业剥离办社会职能工作，出台《晋城市国有企业职工家属区"三供一业"分离移交工作的实施方案》，推进分离移交工作。

【国资监管】 2017年，晋城市经济和信息化工作委员会推进企业国有产权登记工作，国家出资企业办理产权登记124户，对第一批产权划转国有资本投资运营公司的43户企业中未办产权登记的国家出资企业进行信息采集。加强统计分析，完成第一批划转企业的清产核资和国有资产统计报表各项工作，加强监管企业财务动态的分析监测。强化企业领导人员任用、管理、考核工作，制定《市属监管企业领导人员管理暂行规定》和《晋城市市属国有企业外部董事管理办法(试行)》，为晋城市国有资本投资运营公司和天泽集团选聘外部董事，对晋城市保安守押有限公司监事会进行调整，与监管企业负责人签订2017年度经营业绩考核责任书。

【安全生产】 2017年，晋城市经济和信息化工作委员会开展"两节两会"期间专项检查、安全生产大检查、反"三违"专项行动整治、夏季消防、汛期安全等检查工作，检查企业65户，出动检查人员90余人。推进系统法治建设，成立普法工作领导组，印发第七个五年普法规划；通过法制宣传日、网站"每日一题"、移动平台等方式加强法制宣传，在全系统推行法律顾问制度和公职律师公司律师制度；按照"四个一百"宣传教育活动要求，在凤鸣小区开辟安全生产报阅读栏。强化综治维稳力度，集中开展大整治大排查，化解信访矛盾源头7项，推动13项抓紧整治，参与全市驻京十九大维稳工作，确保十九大期间全系统"三个不发生"目标实现。

【精神文明建设】 2017年，晋城市经济和信息化工作委员会健全完善机关工会、团支部和妇会组织机构建设，营造经信部门文化，在机关弘扬和倡导"工业立市、创业富民、改革强基、创新拉动"的工作理念、"敬业、专业、有为、和谐"的团队精神、"服务、协同、效率"的责任意识，推动各项工作开展。丰富创建活动载体，连续三年在机关全体党员中开展"三学三促一树"主题活动，"七一"期间对工作中涌现出来的5个先进集体和14名先进个人进行表彰，"三八"节评选11名三八红旗手和7户文明家庭，"五四"青年节组织机关青年人开展"我为工业转型升级和国资国企改革献一言"主题演讲活动，牵头经信委口各部门组团参加全市第六届运动会，参与市直工委举办的各类文体竞赛活动，取得良好成绩。热心助力困难，全年向红十字会和慈善总会捐款1.7万余元。开展结对帮扶活动，经信委机关对帮扶村配套专项扶贫资金10多万元，在陵川县东庄村结对帮扶困难群众40户。

(市经济和信息化工作委员会)

煤炭煤层气

【概述】 2017年，晋城市煤炭煤层气工业管理局贯彻落实党的十九大精神，贯彻落实市第七次党代会精神，以市委推进"一争三快两率先"战略部署为遵循，组织实施"五强五提升"工程，推动地方煤炭煤层气工业发展由数量、速度、粗放型向安全、质量、效益、集约型增长转变，为全市经济社会做出新贡献。

【安全监管】 2017年，晋城市煤炭煤层气工业局注重责任落实。年初，明确市直煤矿安全监管责任分工，按安全监管分级管理原则明确县属煤矿管理责权，对全市煤矿安全监管责任人重新进行调整，逐矿明确监管部门、责任领导和具体监管人员。分别按月、按季召开煤矿、煤层气安全例会，开展"3·1""3·18""7·2"警示教育日和"六月安全月"活动，从部门、主体、煤矿三个层面开展事故警示教育1150次(场)。

注重灾害治理。治瓦斯：累计新增抽采管路70200米，施工抽采钻孔231.8万米，施工专用抽采巷道5916.69米，累计投入资金25330.6万元。煤销大通、煤销大西、阳泰小西瓦斯抽采全覆盖项目完成资金335万元。淘汰瓦斯尾巷，生产矿井全部实现“Y”型通风和“U”型通风，组织开展瓦斯防治示范结对共建。摸清水：健全完善以矿长负总责安全责任体系和以总工负总责的技术防控体系，推进防治水“三区”分区管理，探水现场安装视频监控，推广科兴前和防治水监控平台做法。控顶板：监督煤矿企业深化顶板基础管理，提前研判采掘工作面的围岩特性、地质构造和采掘情况，做到准确预判防范风险，打击顶邦支护缩减成本、支护失效等行为。管机电：新改造双回路供电系统5矿，淘汰8座矿井（玉溪、百盛、望云、大阳、南阳、四侯、西河、坤达）斜井人车，组织开展机电运输大检查，推广工作面顺槽梭车运输，淘汰小绞车接力运输。

注重基础管理。制定印发《关于印发〈全市地方煤矿安全风险分级管控指导意见〉的通知》和《关于全市构建安全风险分级管控和隐患排查治理双重预防机制的通知》，推广竹林山、南阳、屯城、东峰等煤矿风险分级管控经验。地方煤矿开展辨识评估，制定安全风险清单，完善管控措施，安全风险管控落实到安全生产活动全过程。抓住煤炭市场渐趋回暖机遇，加大安全投入，保障安全投入到位，组织开展安全生产费用专项检查，确保安全费用足额提取到位。

注重执法整治。组织开展反“三违”专项行动，对存在重大隐患的平山煤业罚款53万元。组织开展煤矿矿长带班下井监督检查，查处9座煤矿，行政罚款128万元。组织开展煤矿安全生产大检查，共检查煤矿煤层气企业684座次，出动人员3026次，共查出问题和隐患7239条。对违法违规矿井实施行政处罚10起，其中责令停产整顿6矿，行政罚款10矿共计181万元。督查检查2个煤炭主体企业，发现问题17条。共组织对21家“三类”煤矿和9家煤矿上一级公司，共30家单位进行安全体检，出具体检报告30份，排查治理各类隐患和问题265条，整改率100%。

【发展质量】 2017年，晋城市煤炭煤层气工业局强化安全生产标准。对照国家煤监局新《煤矿安全生产标准化考核定级办法（试行）》，重点在全行业开展安全生产标准化对标建设。除高良矿井（列为2018年淘汰退出矿井）外，64座地方煤矿生产矿井全部通过省厅现场验收，均达到二级及以上安全生产标准化矿井。其中，一级矿井25座（1座通过国家局验收定级，24座待国家局验收）。

强化建设施工标准。组织召开项目建设推进会，坚持高标准、高质量建设重组整合矿井，资质备案14家，把好队伍准入。加强现场管理，开展建设质量大检查，对存在重大隐患的煤矿进行处理。地面煤层气抽采重点推进HSE管理体系建设和安全生产管理标准化建设。

强化现场作业标准。开展井口宣誓，设置风险公告、警示标志，推广沁和能源“一岗双述”（岗位描述和手指口述）和煤销裕兴动态自保、互保、联保做法，推行现场交接班、隐患公示、文明班组，推广晋煤集团安全管理和安全操作“双十条”红线，组织开展反“三违”专项整治，建立授予班组长紧急停产撤人、调度员临时处置等制度，做到现场标准作业提升。

强化环保作业标准。落实《晋城市环境保护工作职责规定的通知（试行）》等相关规定要求，印发《重污染天气应急预案实施方案》，组织开展环保督查，推动煤炭清洁高效利用，提高煤炭入选率，全市地方煤矿入选率达93%，高出市定目标（80%）13个百分点。

【转型发展】 2017年，晋城市煤炭煤层气工业局淘汰落后产能。执行《全市煤炭行业化解过剩产能方案》，2017年退出产能2座（崇安北关45万吨/年、崇安附城45万吨/年），提前9天完成去产能矿井关闭，11月10日，通过省政府去产能关闭矿井验收，关闭矿井规模在全省占比排名第一。破解“一煤独大”矛盾，监督大宁、曲堤等8座煤矿执行276个工作日制度，全年累计减量化生产669.82万吨，相比矿井生产能力减少产能172万吨。

搁置有效产能。综合分析矿井投资现状、管理水平、成本收益等综合情况,停建缓建矿井9座,搁置产能825万吨/年。在搁置产能的基础上,针对市场情况及投资收益,申请省煤炭厅为煤销大通煤业(120万吨/年)项目开工,批复沁和九鑫(60万吨/年)、兰花沁裕(90万吨/年)项目开工。煤层气产业项目重点狠抓"单井提产",对一些抽采难度大、抽采效益不达预期的钻井工程进行搁置。

形成有效产能。指导煤矿企业利用公开竞标、有偿购买、产能核减等形式,完成阳泰小西、武甲,煤销盛泰、掌石沟、四明山、华阳,科兴赵庄、牛山等煤矿的产能置换,完成煤销盛泰、科兴赵庄两矿转产验收,完成阳泰武甲、科兴牛山、掌石沟三矿的竣工验收,批复科兴申家庄、阳城小西、陵川新沙河三矿联合试运转,形成或逐步形成有效产能615万吨/年。

激发新动能。通过新增综合单产达标、工效达标等途径,增加先进产能。煤层气地面开采企业重点加强潘庄区块煤层气资源开发(美中)、山西马必地区煤层气资源开采项目(亚美)等6个项目跟进,完成投资13.5亿元。

【综合改革】 2017年,晋城市推进国资国企改革。将市煤炭资产经营公司划转市国有资本投资运营公司,完成高新公司、煤苑巨能、物资供应公司等5家企业公司制改革。开展主体企业改革,煤销集团构建起扁平化管理体系,科兴集团、阳泰集团、天泰集团初步构建起"六统一"的管理架构。

推进安全监管改革。完成煤炭信息监管平台建设,形成线上线下配套监管制度;建立健全市场主体诚信档案、失信联合惩戒、省级"不放心煤矿"和黑名单制度;执行"权力清单和责任清单";建立随机抽取检查对象、随机选派执法检查人员和执法检查情况的"双随机一公开"抽查机制,并运用到安全生产大检查中,开创全省监管执法先河,得到省煤炭厅的肯定。

推进管理体制改革。调整复产复建、建设项目开工等权力事项38项。其中,取消15项,承接9项,改为属地管理5项,下放2项,简化7项。成立行政审批科,全面推行行政审批事项限时办结制度,编制完成"一清单、两张图",在局门户网站设置行政审批公开事项专栏,提高办事效率。推进用人机制改革。围绕"用什么工"和"如何用工"两大主题,加强劳动用工监督,煤矿劳动用工备案率、劳动合同签订率、职工培训率、工伤保险参保率和意外伤害参保率达到"五个百分之百"。落实煤矿变招工为招生和原煤生产人员专业学历和职(执)业资格准入制度,各类从业人员按要求达到准入标准。组织召开全市地方煤矿劳动用工和职业健康工作会议,开展拖欠农民工工资专项检查工作,落实工资保证金等制度,保障劳动关系和谐稳定。

【创新发展】 2017年,晋城市煤炭煤层气工业局实施技术创新。优化采煤工艺,推广一次采全高先进工艺,采煤机械化率达100%。其中,41矿采用综采,21座矿采用综采放顶煤,1座矿采用高档普采。加强煤矿回采率管理,确保采区资源回采率达78%以上。探索试行煤矿在确保安全的前提下,采用新技术、新工艺、新材料,开展"三下压煤""蹬空煤层""边角煤回收""旧采空区可采资源"等开采技术研究,提高资源回收率。兰花东峰、科兴南阳、煤销关岭山等煤矿推广应用沿空留巷无煤柱开采,煤销盖州实施"110"工法(切顶卸压自动成巷无煤柱开采技术)等新技术,在优化工作面通风系统的同时,实现工作面开采煤量最大化。

管理创新。召开全市地方煤矿降本增效、提质升级现场会,指导引导煤矿企业全面推行全面预算管理,在确保安全投入不降的前提下,推行企业内部扁平化管理,压缩管理层级和人员,提高管理效率。编制《全市煤层气地面开采分布图》,呈现全市开采企业的开采范围区块、处理中心、集气站、井场阀组和主要集气管线的分布情况。规范地面煤层气经济运行相关报表图件等。

经营创新。完善市场营销体系,引导鼓励煤矿企业生产有效煤、放心煤和高质煤,总结推广阳城优煤易购公司"物流网+经销商+终端用户"经营模式,占领市场,决胜市场。

模式创新。促进煤炭清洁高效利用,吃干榨净伴生资源,发展煤矸石和粉煤灰制建材。推进矿井排水产业化利用，全市69座地方煤矿全部建成矿井水处理系统，有67矿建成生活污水处理系统，1矿生活污水接入城市污水管网，实现矿井水达地表水Ⅲ类标准排放的要求，矿井污水处置率100%，实现污水零排放。重点推进煤层气产业发展，坚持“就近利用、优先民用、压非保民”相协调，保供煤层气，解决全市及周边城市冬季供气短缺甚至部分地区“气荒”的问题。

【效能建设】 2017年，晋城市煤炭煤层气工业局加强效能建设，全方位、全层级签订目标责任书，将工作目标、廉洁目标、效能目标层层下沉，建立工作效能定期跟踪督办制度，编制完成“一目录三手册”，杜绝肠梗阻现象，打通服务群众“最后一公里”，保驾护航煤炭煤层气产业发展。

（市煤炭煤层气工业局）

煤炭运销

【概述】 2017年，晋能集团晋城有限公司坚持“优化体制机制提升煤矿效益，推进企业转型”的总思路，推进煤炭物流贸易，立足现有资源条件提升多元产业发展集中度，深化管理、挖潜增效，各项工作取得进步。

【主要指标】 2017年，晋能集团营业收入累计完成130.52亿元，同比增加49.74亿元，增长61.58%；利润累计完成6.04亿元，同比增加5.33亿元，增长746.58%；“两路”贸易量累计完成2016.8万吨，同比增加203.5万吨，增长11.22%；原煤产量累计完成799.15万吨，同比增加283.95万吨，增长55.12%；掘进进尺累计完成58006米，同比增加14526米，增长33.41%。

【煤炭产业】 2017年，晋能集团共有生产矿井15座、在建矿井3座。年初，预估全年煤炭生产和市场形势，自我加压、科学规划，在确保安全的前提下，早下手抓生产；推进采掘等核心队伍建设，强化生产组织管理，成为保障产量稳定的有力支撑；加强防控搬家倒面等非正常作业，坚持安全质量标准化和员工操作行为“双达标”，发挥班组长“现场指挥员”作用，强化规程操作、工序管理和业务保安；完成去产能任务，按照相关政策要求开展产能置换工作，通过多渠道完成产能置换指标。

【物流贸易】 2017年，晋能集团加强市场行情预测、对象选择、资金结算等方面的风险防控，一律杜绝赊欠，并以自产煤带动外购煤贸易，提升贸易量；以河南区域为中心的电煤市场及以河南、山东区域为中心的化工煤市场为重点，加大“点对点”运作力度，提升销量。

【企业改制】 2017年，晋能集团与国土、工商、税务等部门沟通协调，开辟绿色通道，解决改制难题，推进企业改制，超额完成下达的企业改制各项任务目标。

【环保工作】 2017年，晋能集团落实各级环保工作要求，对“两路”发运站点、储煤场等全面摸底，筹措资金完善相关设施设备，系统煤矿统一采购燃气、甲醇等新型锅炉，满足环保和运营需要。对不符合环保指标的煤种，不流向京津冀、长三角等地区；严禁民用散煤销售，确保政府“禁煤区”实现煤炭“清零”。

（晋能集团）

电　力

【概述】 2017年，国家电网晋城供电公司售电量159.94亿千瓦时，同比增长8.17%；综合线损率2.09%，全省最低；全员劳动生产率70.17万元/人·年，全口径劳动生产率42.93万元/人·年，全省排名第二；电费回收保持“零承兑”、“零欠费”；业绩考核排名国网山西省电力公司供电企业第二。截至2017年底，累计实现安全生产5210天。获全国厂务公开民主管理先进单位、山西省“五小”竞赛活动优胜单位等称号，沁水县公司党支部获国家电网公司“电网先锋党支部”称号，全公司128名员工、68个集体和单位荣省市级以上表彰。

【电网建设】 2017年，电网建设投资6.32亿元，开工建设110千伏及以上输变电工程4项，续建8

项，建成投运6项，新增变电容量81.2万千伏安。220千伏高平云泉、陵川风电送出等重点项目建设环境优化。1项500千伏、6项220千伏、5项110千伏工程开展前期工作，晋城东500千伏输变电工程取得国网可研批复。金鼎等12项110千伏及以上工程项目推进，文峰等6项输变电工程建成投运，金匠园区等重点区域供电能力提升。220千伏金匠变电站荣获国网山西省电力公司“创优示范工程”。构建电网建设“一口对外”协调机制，统筹实施“两年攻坚战”、光伏扶贫、“煤改电”等民生工程，146个小城镇(中心村)电网改造、355眼机井通电、9个贫困村通动力电项目基本完工，5个村级光伏扶贫电站并网，5县、17村、2117户居民“煤改电”全部到位，获省公司“两年攻坚战”先进集体称号。

【供电管理】 2017年，晋城市深耕细作售电市场，拓展“95598”网站、手机客户端等线上办电渠道，累计新装、增容4.69万户，容量105.9万千伏安，同比增长20.73%。狠抓“三高”治理，线损合格台区占比达92.58%，平均线损率由7.11%降低至4.53%；10千伏分线同期线损达标率96.95%，全省排名第一；10千伏线路故障掉闸同比降低13.37%；业扩结存占比压降至15%，低于全省平均水平6个百分点。超前防控潜在欠费风险，全省唯一实现“零承兑”足额回收电费。部署打击窃电及违约用电专项行动，查处违约用电62户，追收电费及违约金240.91万元。推进基层基础和机关本部建设，18项基层经验、“五位一体”应用案例入选省公司典型经验库。规范用工管理，35名关键岗位人员按期交流，内部人力资源市场平台流动配置348人次，本部员工招聘完成。实施薪酬激励，奖励41名各级各类人才26.7万元，发放特殊贡献奖35.3万元。强化资金管控，支付“零现金”、款项“零应收”、对账“零未达”、资金“零沉淀”成为常态。规范非统招采购，节约采购资金263.97万元。审计监督实现全覆盖，问题整改率100%。深化法治企业建设，常态化开展“法律咨询日”“制度学习日”活动，荣获省公司法律调考团体第一名，并包揽全部三项个人第一名。

【改革创新】 2017年，国网晋城供电公司研究电改政策，开展“问需求、送服务、促发展”秋季大走访等活动，获得晋城市充电基础设施建设及运营特许经营权，投运2座高速公路充电站；110千伏南村、田石2个园区垫资项目启动回购程序；促成4户、85.2兆瓦瓦斯电站以公用形式并网，年增售电量约6亿千瓦时。拓展售电市场，完成替代电量5.44亿千瓦时，接收用户资产1.34亿元，打开合表3.9万户。推进国有企业供电分离移交，框架协议签订率100%，改造接收率85.05%，均超额完成计划任务。深化集体企业改革发展，完善“三会一层”治理结构，实行全面预算管理，搭建集中统一资金池，完成瘦身健体改制启动准备。“点线面631”协同管理机制常态化运转，“二十四节气”工作法工作检点效能显现，“除隐患、查漏洞、保供电、提服务”隐患排查治理3.0版完成隐患治理225项，“18185”专业职能量化考核监督体系2.0版获山西省企业管理现代化创新成果一等奖。开展“创新十年”系列活动，承办省总工会和省公司创新现场会，基层创新成果登上央视新闻。全年共获专利授权25项、计算机软件著作权登记3项；荣获省公司专利奖7项、群众性科技创新奖13项；入围省公司管理创新重大项目2项、重要项目4项，获优秀创新成果奖2项；配电专业“配网不停电作业系列工器具”在国网公司推广，二次运检专业“低压无线核相仪”获国网公司运检业务职工创新优秀奖。

【供电服务】 2017年，国网晋城供电公司的服务全市重点工程项目建设，解决临长线煤层气输送主通道供电难题，受到省发改委表扬。编发《营销实操系列手册》，被全省推广。加快供电服务指挥平台建设，加强低压故障报修考核，报修总量同比下降7.79%。组织51户大用户直购电72.91亿千瓦时，同比增长75.58%，降低客户用电成本2.59亿元。摸清88条公路隧道、6座大中型水库、153个高层小区供用电情况，针对发现隐患发出“一户一函”通知213份，防范供电风险。深化“互联网+营销服务”，“网上营业厅”注册用户25.6万，低压用户智能交费业务签约基本实现全覆盖，线上办电率超过95%。制作开播“心电之声”广播及电视节目，拓展与用户沟通渠道。创新开展投诉反思教育和专项约谈，经济处罚95名责任人员3.19万元，全年投诉量及百万人口投诉量全省最低，国庆、中秋“两节”期间全省唯一零投诉，获十九大期间供电服务“工作零差错、服务零投诉”竞赛全省第二名，1名员工获得国网“优秀服务之星”称号。推行“双台区经理制”和“服务责任倒究制”，建成五星级供电所1个、四星级供电所9个、全能型供电所10个。支持光伏产业发展，利用政府公益性岗位提升服务质效，累计备案2.11万户、并网1.62万户，结算电费8473万元，均居全省第一。

（国网晋城供电公司）

城镇集体工业

【概述】 2017年，晋城市城镇集体工业联合社坚持稳中求进总基调，致力提高发展质量和效益，致力调结构促改革，致力稳增长、促创新、抓安全、保稳定、优环境等各项工作。全年城联系统共实现工业增加值30.7亿元，同比增长75.8%；完成销售收入44.41亿元，同比增长55.1%；实现利税总额14.93亿元，同比增长580.8%，继续保持全省总量最大、增幅最高，连续第十年获“优秀城联社”称号。

【企业服务】 2017年，晋城市城镇集体工业联合社推进重点项目建设，加强对新增长点的跟踪协调服务力度。全年班子成员带队深入县区、企业13次，走访企业80多家，协调解决难题11个，提出建议20余条，编发城联信息22期，发表各类信息稿件11篇，形成深度调研报告3篇，其中1篇获得晋城百日调研文章一等奖。探索服务企业“机制、途径、效果三位一体”新模式。城区联社建立企业负责人审计制度，对所属11家集体企业开展审计监督；阳城联社通过对特困企业采取包保帮扶、定点帮扶、注资帮扶等措施，解决企业拖欠的养老、医保和生活费；沁水联社将所属4户企业合并成立“整合企业管理处”，优化企业管理，降低管理成本，化解企业矛盾，为企业稳定发展探索新路。

【工美产业】 2017年，晋城市按照省政府目标任务，对“三品”融合发展进行目标分解，完成对根雕、铁器、剪纸、陶瓷等传统工艺美术产品的挖掘。申报2家省市传统工艺美术保护发展项目，全程全方位为企业开展服务。组织工美企业参加各类展会和技术比武活动，在第三届山西文博会上获“神工杯”工艺美术精品奖1金6银6铜和18个优秀奖，市联社获优秀组织奖。培育晋城“五大”工美品牌，提升晋城工美的影响力和知名度；申请筹划设立“工美基金”，筹建晋城市工艺美术展览馆；加强与司徒小镇、“乌镇观”等旅游文化经营业主的沟通与合作，鼓励企业采用新技术对传统工艺美术进行技术创新、工艺改造和产品开发，为传统工艺开拓市场，促进产业化、规模化发展。

【企业管理】 2017年，晋城市城镇集体工业联合社对下属4家国有公司的资产、职工队伍及经营状况进行全面摸底调研，形成《直属国企改革实施方案》。强化直属公司管理，建立《年度工作目标责任制》，签订目标责任书，实行财务报销支付责任等7项管理制度，加强财务监管，规范公司运营管理。领导带头走访困难企业和职工，共接访120多人次，解决影响较大问题4起，未发生越级上访事件。被评为“先进基层党组织”“市直文明标兵单位”。

【安全生产】 2017年，晋城市城镇集体工业联合社指导直属公司落实安全生产责任制，实行“法定代表人安全生产承诺制”，调动企业负责人抓安全生产工作积极性和责任心；坚持问题导向，重视安全教育培训工作，深入县（市、区）联社及企业宣讲安全生产新理念、新政策，指导帮助县级联社开展安全生产和监管工作，得到省联社的肯定和经验推广；组织开展7次专项检查，严防事故发生，实现市直企业安全生产无事故。

（市城镇集体工业联合社）

民营经济

【概述】 2017年，晋城市中小企业局学习贯彻习近平新时代中国特色社会主义思想和党的十九大精神，落实党中央、国务院关于中小企业和民营经济的各项政策，坚持需求导向、服务为本，创新机制、激发活力，转变作风、狠抓落实，全市中小企业、民营经济在经济下行压力情况下，保持良好态势。

【主要指标】 2017年，晋城市中小企业营业收入完成1092.93亿元，同比增长3.14%；实现利润104.88亿元，同比增长14.81%；上缴税金50.21亿元，同比增长0.2%；提供劳动者报酬79.85亿元，同比增长17.79%。

【双创建设】 2017年，晋城市中小企业在创业基地建设方面，全年各有5家企业分别被认定为省级、市级中小企业创业基地，争取省级项目资金633万元；对2016年认定的5家创业基地项目进行评审，奖补资金133万元。技术创新方面，4家企业的技术中心被认定为省级中小企业技术中心。开展2017年中小微企业创新创业典型人物征集活动，共表彰99名创新创业典型人物；借助上海研发服务平台“晋城驿站”，组织华东理工大学4名专家对接全市12家科技型中小企业，共为企业解决技术难题30多个；高平市、沁水县举办创业创新大赛，推选出7名选手参加2017年“创客中国”山西创新创业大赛。

【转型发展】 2017年，晋城市中小企业局“小升规”培育数量翻番。全年新培育“小升规”企业27家，规上工业企业净增18家，净增数超出省政府工作任务指标一倍多。“专精特新”步伐加快。22家企业被认定为省级“专精特新”中小企业，上报通过率全省第一，入选企业数量仅次于太原。冶铸行业焕发生机。成立晋城市铸造协会，到宁夏共享装备股份有限公司对接“铸造3D打印产业化应用技术”，建设泽州县南村绿色智能铸造创新产业园区。加强对外交流。组织海诺科技、惠民新能源、量子文化传媒3家企业20余种优秀产品参加“第十四届中国中小企业国际博览会”展出，共发放招商引资项目册、企业简介等资料1.6万余份，达成销售合作项目3项，意向金额达370万元。

【融资服务】 2017年，晋城市中小企业局持续推动间接融资。将省级奖补资金850万元切块下发到各县（市、区），保证资金使用。通过“助保贷”“聚力贷”等融资模式缓解企业融资难问题，贷款余额达20.29亿元，受益企业达259户。加大企业改制力度。成立股改融资领导小组，出台《2017年晋城市中小企业股份制改造项目实施方案》，完成9家企业的规范化改制工作，位居全省第二。直接融资取得突破。兰焰控股公司通过资产重组在主板上市，实现晋城市主板上市破零；1家企业在“新三板”挂牌，3家企业在山西股交中心“晋兴板”挂牌，17家企业在“展示板”挂牌；举办晋城市中小企业走进资本市场暨泽州县企业专场挂牌仪式，20家企业在山西股权交易中心集中挂牌。

【人才培育】 2017年，晋城市中小企业局本着解放思想、借鉴经验、提升素质的目的，大胆尝试“专业化”分班、“走出去”学习的培训方法，对涉及面较广的理论、政策、管理等方面采取“小麦喷灌”式培训。选送173名“专精特新”企业家、创业基地管理者、中小微企业服务者“组团”外出，与先进地市的中小企业管理部门、高等学校、科研院所合作，进行精准化学习；选送40名领军型企业家与其他省市企业家一起到著名高校进行“搭车”学习，促进优势互补、共同提高；在本市采取“搭台”学习的方式，组织2700名企业中层管理人员、专业技术人员等参加学习培训。

【服务体系建设】 2017年，晋城市中小企业公共服务体系形成涵盖1个市级综合服务平台、2个特色产业服务平台、9个专业应用平台、106家服务联盟机构和覆盖全市县乡136家小微企业服务站的横向到边、纵向到底的公共服务网络，人才服务平台晋升为国家级公共服务示范平台。培育和提升政策发布、融资推介、人才招聘、订单式培训、解决技术难题、

“三送”服务等六大服务品牌，共发布服务项目186项、服务成果12318项、服务成功案例143个；线下开展交流对接活动1650次，服务中小企业1.55万家次，辐射企业和创业者人群4.1万人次，实际为企业和创业者减免各项费用1176万元，为全市中小微企业提供“找得见、用得起、有保证”的优质服务。

【创优发展环境】 2017年，晋城市中小企业局学习和宣传贯彻新修订的《中华人民共和国中小企业促进法》，引导中小企业依法经营、依法发展；组织开展“中小微企业日”“依法行政宣传月”等活动，向广大中小企业、创业者发放中小企业法律法规、政策措施等各类书刊、宣传资料2000余册；落实省政府“13710”工作制度，完成“中小企业负担过重”“有关中小企业发展”等问题的落实工作。组织开展中小企业政策督查，编印《中小企业负担调查登记手册》，开通企业网上投诉渠道，设立举报电话，搭建起中小企业对话政府职能部门的沟通桥梁。

【安全监管】 2017年，晋城市中小企业局下发《2017年晋城市中小企业安全生产工作安排意见》《2017年安全生产检查计划》等文件，采取市、县督查检查相结合的方法开展安全生产隐患排查治理，累计出动检查人员130余人次，检查企业69家次，排查整改隐患235条；开展安全生产宣传教育，通过开办专栏、警示教育和印制画报等举措营造良好的安全氛围，共组织200余人参与安全教育、演练等，实现全年安全生产零事故。

（市中小企业局）

招商引资

【概述】 2017年，晋城市招商局贯彻市委七届二次全会、全市经济工作会议和全省招商引资工作会议精神，推进“一争三快两率先”战略部署，坚持以“转型升级突破年”为总抓手，紧盯招商引资目标任务，开展大招商、招大商、引大资、见实效的系列招商活动，全市招商引资工作取得新进展。市招商局获“市级文明单位”称号。

【主要指标】 2017年，晋城市招商引资签约项目166个，总投资1534.25亿元，总投资额完成省定目标的174.54%。招商引资落地项目116个，总投资700.32亿元；招商引资开工项目132个，总投资1092.39亿元。其中，2017年签约项目开工66个，年度开工率为39.76%，超额完成省定开工率目标（25%）；招商引资资金到位370.26亿元，完成省定年度目标的126.37%。各项指标均全面完成省定全年目标任务。

【项目建设】 2017年，晋城市招商局重点跟进转型项目。选取16个重大招商引资转型项目进行月度跟踪服务，瞄准富士康、中船重工、清慧制造等骨干企业，建立完善项目联系机制，制作晋城市动态跟踪重点招商项目进度表，追踪掌握项目进度。其中，14个项目落地，2个项目因投资方原因进展较慢。狠抓项目督查。4月13日至14日、5月24日至25日，到项目现场实地调研项目进展情况、未来发展规划及存在问题等情况；9月11日至26日，对75个开工项目进行现场调研；11月29日至12月7日，对落地、开工项目进行专题督查，涉及企业58家，收集意见110余条。加大考核力度。落实全省招商引资项目“13710”督办机制，分解2017年度招商引资目标任务，印发《晋城市招商引资考核办法（试行）的通知》，市政府办公厅每月通报全市招商引资情况。

【招商活动】 2017年，晋城市招商局外出参与展会，组织宣传推介。组织企业参加晋商晋才回乡创业创新工程启动大会、第十一届中国（河南）国际投资贸易洽谈会、山西省引进技术（上海）专题推介会、第十届中部博览会、山西招商引资（珠三角）推介会、第十届津台投资合作洽谈会、环渤海区域合作市长联席会2017年市长特派员工作会议、2017晋湘经贸洽谈会、第十一届中国—东北亚博览会、中原经济协作区第25届市长联席会议、2017厦门国际投资贸易洽谈会、第十九届中国国际高新技术成果交易会等大型展会，利用展会平台开展宣传推介、区域合作和项目洽谈。3月

15日，在北京组织举办“晋商·晋才·晋城座谈会”；5月17日至19日，在合肥举办第十届中博会晋城市新兴产业（合肥）推介对接会和考察活动；6月3日至6日，组织代表团到上海开展考察活动；6月14日至16日，组织山西（珠三角）招商引资系列活动。

深入对接，举办招商活动。4月8日，市政府与山西能源交通投资有限公司举行合作协议签约仪式；8月9日，举办第六届山西（晋城）投资贸易洽谈会、晋商晋才回乡创新创业推介对接会；8月17日，组织召开晋城异地商会座谈会；9月7日，与市工商联联合组织举办全国晋商商会秘书长联席会议暨晋城市“助力转型综改·回乡创业行动”项目推介会，会上与全国晋商商会秘书长联席会和市工商联签订战略合作协议；10月11日至15日，与市农委合作举办晋城市首届现代农业交易博览会。邀请陕西晋商商会、上海晋城商会、东莞台商育苗基金会等地的企业家到晋城开展投资考察活动，进行项目对接。

【改革创新】 2017年，晋城市出台改革创新政策。出台《晋城市招商引资十条优惠政策》《晋城市改革和创新招商引资工作实施方案》《关于晋商晋才回乡创业创新工程的工作方案》等系列文件，建立适应新形势的招商引资工作机制。围绕7大产业谋划包装53个具有资源、产业、市场、利润空间优势的项目，编印成册，并动态更新招商项目库。组派“小分队”到北京、上海、苏州、江阴、合肥、广州、郑州等地开展定向招商对接活动，重点跟进新兴工业项目和高科技工业项目，组织意向企业进行对接。

开启挂职招商引资新模式。2月中旬，选派市招商局、市科技局、高平市、阳城县、晋城经济技术开发区等6人分到上海市张江高新区、松江区、漕河泾开发区等地进行为期6个月的挂职招商。期间，重点对接洽谈项目27个。其中，落地项目5个、项目投资总额13.5亿元，即将落地项目4个，重点跟进项目7个，其余项目对接洽谈。6月5日，与上海漕河泾新兴技术开发区签订战略合作框架协议，标志着晋城对接上海工作取得阶段性成果。

【优化营商环境】 2017年，晋城市在全省首批制定出台《晋城市招商引资十条优惠政策》，明确符合条件企业项目奖励标准。全面实施大引智工程，制定《晋城市招才引智十条激励政策》。做好招商引资宣传工作，整理制作《投资指南》，修改完善招商引资宣传片，更新晋城招商网信息，编发各类工作动态信息400余条，发布最新招商政策和动态。出台《加快招商引资项目落地专项行动工作方案》，加强对签约项目的跟踪服务，力促签约项目落地、开工。

【县区招商】 2017年，晋城市城区招商局组织举办3场大型招商推介活动，外出招商14次；泽州县招商局突出以商招商、企业主动招商，到中科院北京分院考察对接，激活民间资本；高平市招商局出台《招商引资接待管理办法》，开展异地商会及高平籍在外人士引荐招商，引进投资额30亿元以上新兴产业招商引资项目2个；阳城县招商局与各大城市招商行业新媒体开展互动宣传合作，在县内外举办重大活动专题推介；陵川县招商办深入项目单位，建立项目审批“绿色通道”、重大招商项目代办服务制度和重大招商引资项目领导联系制度，推动重大项目落地；沁水县招商局成立驻长三角经济联络部，聘请招商顾问、建立档案库，拜访各地企业家和协会、企业，策划组织招商活动和到沁考察；晋城经济技术开发区根据“三化三制”改革要求，对原有招商部门进行改革，成立开发区产业促进服务中心、国内投资服务中心，组建6个招商小分队开展驻点招商、小分队招商。

（市招商局）

晋城经济技术开发区

【概述】 2017年，晋城经济技术开发区启动“三化三制”（专业化、市场化、国际化，领导班子任期制、全员岗位聘任制、绩效工资制）改革工作，各部门围绕中心工作竞相发力，重点工作亮点纷呈。工商分局开展“双随机、一公开”“证照分离”改革试点；食药监分局开展重点防控，实现全年饮食用药“零”事故；质监分局狠抓产品质量提升工作成效；国地税分局推进减税降费、依法治税；土地分局完成扩区工作；规划分局提升审批效能；消防大队实现业务和管理“双稳定”“双推进”；公安分局完成党的十九大安保任务，实现“十项目标”，维护经济社会和谐稳定。

【“三化三制”改革】 2017年初，晋城经济技术开发区成立“三化三制”改革、“园区整合共建”“招商引资平台建设”3个专题调研组，研究政策、对标先进、外出取经，制定出台《开发区“三制”改革总体方案》以及与之相配套的岗位聘用、绩效工资、绩效考核3个暂行办法。5月12日，市政府召开开发区社会职能移交协调会。8月下旬，省编委、省编办分别批准开发区机构及编制设置。9月15日，开发区召开改革动员大会，9月27日完成“三制”改革任务。通过公平竞争、择优选聘，有9名部门正职、2名专业技术领导岗位、27名一级主办、7名二级主办、96名三级主办、3名专业技术岗位、8名工勤技能岗位，共计152人走上新工作岗位。内设部门由14个精简为8个，直属事业单位由9个精简为5个，核减参公编制18个、全额事业编制190个。

【企业发展】 2017年，富士康园区规上企业达到5户，园区产值连续第四年突破百亿元大关。中船重工新能源产业基地、风电总装、激光再制造三大项目取得进展，全年完成投资10亿元，民品产值实现2.2亿元。汉通鑫宇公司技改项目初见成效，国外订单占比扩大，全年出口金额达8339万元。皇城药业公司“新三板”挂牌后，优化产品结构，高附加值的心脑血管类产品比重提升。与澳大利亚合资成立的金鼎高宝钻探公司筹划设立技术研究院，加大研发力度，在定向钻机领域取得领先优势；江淮重工获得第二届山西省政府质量奖提名奖，在全省10家获此殊荣的企业中排名第一；皇城相府药业博士工作站挂牌，为企业技术创新、人才创新打好基础；智慧景潮彩色印刷项目超前谋划，高标准建设，打开行业内食品级、药品级高端包装印制市场，促进产业链延伸和产品上档升级。汉通鑫宇、富基新材料、皇城药业申报省级“专精特新”中小企业。

【经济效益】 2017年，晋城市经济技术开发区新增规模以上工业企业3户，高新技术企业4户，名牌产品5个，拉动全区经济质量效益提升。全年工业企业实现收入128亿元，增长17%；实现利润13.4亿元，同比增长125%；规模以上高技术制造业增加值完成26.24亿元，占全区工业增加值比重达到73.6%；战略性新兴产业增加值完成25.03亿元，占比达到70.2%。2016年度考核综合排名全省第二，商务部的考核取得全国排名102名的好成绩。

【招商引资】 2017年，晋城市经济技术开发区实行“管委会+公司”的运作模式，组建园区开发建设运营有限公司，利用市场化手段，整合政府、市场和金融等多方资源，加快园区的融资开发和招商运营。设立产业促进服务中心和国内投资服务中心，组建6个招商小分队，定区域、定行业、定目标进行招商。建设中小企业创新创业产业园，为中小企业提供配套齐全的生产经营环境，加快中小微企业集聚，构建“创业苗圃—孵化器—加速器”的扶持双创发展硬件平台。为入区大项目提供定制化厂房代建服务，企业可先租赁后回购，缩短项目落地周期。

【项目建设】 2017年，晋城市经济技术开发区推进项目落地建设，总投资10.26亿元的绿洲大麻纺织品智能化生产线项目完成前期手续，具备开工建设条件；总投资7.6亿元的国泰环能节能电采暖设备生产基地项目实现建设、投产、见效；中船重工激光再制造项目投产，海装风电项目具备首台2兆瓦风电主机下线条件；启动中电智云军民融合产业园项目、大数据服务外包项目、PC建筑工业化工厂项目的前期工作。全年，开发区完成招商引资签约项目18个，总投资73.31亿元，到位资金58.73亿元。9项省、市重点工程完成投资25.15亿元。7项重点工业转型项目完成投资14.9亿元。

【整合扩区】 2017年，晋城市经济技术开发区整合扩区迈出步伐。7月,省政府批准晋城开发区整合北石店工业园、巴公装备制造工业园和北留周村煤电一体化循环产业园,形成新的“一区三园”,规划面积86.8平方千米。金匠新区先期扩区10.85平方千米。

【设施建设】 2017年,晋城市经济技术开发区文化路北段建成通车,完成投资3200万元;文化路南段道路工程投资800万元,完成前期手续及拆迁补偿;金匠工业园金匠街西延道路工程投资1.2亿元,完成路基土石方及综合管沟工程;基础设施PPP项目一期工程络桦南路投资3800万元,完成部分路基土石方工程;西里街、顺安街完成立项、可研批复;二期工程四条道路进入前期准备阶段。2017年,全区投入基础设施建设资金1.66亿元,金匠工业园区北片区“三横两纵”的交通框架初步形成。开展增量配电业务改革试点,富士康新区110千伏增量配电业务列入国家发改委第二批增量配电业务改革试点项目。

【行政审批】 2017年,晋城市经济技术开发区启动“多证合一”改革;推进“先照后证、证照分离”改革试点,放宽登记范围,降低准入门槛;推进简易注销登记改革,方便企业退出市场。7月1日起,开展企业投资项目试行承诺制实行无审批管理试点,试行时间比全省试点时间提前15天。“三化三制”改革后,新成立行政审批局和行政执法局,坚持一个公章管审批,一支队伍管执法,推行“五个一”服务机制。

【企业服务】 2017年,晋城市经济技术开发区推进优化营商环境“9+1”专项行动,在全区开展机关干部入企服务常态化等9个专项行动,重点项目、重点问题建立一个领导、一个部门、一名责任人的“三个一”工作机制。解决企业反映的问题8项,兑现“1533”市级奖励资金2771.4万元,开展电力直接交易电量2.5亿千瓦时,为企业节约电费成本近1000万元。

(晋城经济技术开发区)

重点企业

·晋煤集团·

【概述】 2017年,山西晋城无烟煤矿业集团有限责任公司(简称晋煤集团)实现营业收入1666亿元,同比增长10%;上缴税费105.63亿元,同比增长53%;实现利润30.39亿元,比上年翻三番多,在省属煤炭企业中排名第一。企业资产负债率同比下降1.38个百分点;净资产收益率同比提高2.71个百分点;成本费用利润率同比增加1.64个百分点;国有资本保值增值率同比增加15.91个百分点,达到最好水平。

【经济运行】 2017年,晋煤集团生产紧跟市场,确保效益最大。11次对煤炭产品价格进行调整,增加效益煤种销售量,全年共销售块煤1234.86万吨,较预算指标增加99.86万吨,销售占比27.03%,块煤销售收入92.80亿元,同比增加27.68亿元,增长42.51%;煤化工产业科学调整氨醇比例,在尿素产量同比降低21.38%的同时,甲醇产量同比增长近5%,液氨销量同比增长近16%,带动板块增收4亿元。

聚焦效率效益,管理提升。全年原煤工效12.61吨/工,同比增加1.82吨/工,增长16.87%,效率增幅高于煤炭产量增幅10.8个百分点;在原煤产量增长的前提下,维简投资规模同比下降24%。盘活存量资产,狠抓设备投资对标提效,晋煤集团本部矿井千米钻机使用效率同比提高12%。

【企业改革】 2017年,晋煤集团召开深化改革推进会,对全面深化改革进行专题部署,60项改革任务全面铺开。

混合所有制改革。按照“宜多元则多元、宜控则控、宜参则参、一企一策、分批推进”的原则,分层分类、多模式启动13家企业的股权多元化和混合所有制改革。其中,宏圣润晋绿化公司混改成功,成为山西省首家通过山西省产权市场交易的混改企业,引入资金2077万元;大唐文兴公司股权重组,在山西省产权交易中心挂牌;海斯制药制定员工持股和混改工作方案。

经营困难企业改革。对19家经营困难化工企业进行合理处置。其中,注销6家、股权转让8

家、破产2家、引进战略投资1家、关停2家；严控管理层级，对仅存的1家五级公司进行股权重组，晋煤集团管理层级压缩至四级以内。

分离办社会改革。与晋城市政府签订“三供一业”分离移交框架协议，职工医疗、生育保险基本纳入市级统筹，山西广电信息网络集团晋煤分公司挂牌成立，总医院与华润集团、金控集团签署合作框架协议。

融资渠道改革。完成20亿元非公开定向债券、50亿元中期票据、40亿元永续债发行，并在上海自贸区成立晋煤融资租赁公司，为企业搭建新的融资平台。加快产融结合，明确1家上市后备企业和3家新三板挂牌后备企业。

人力资源改革。全面启动员工职业发展通道建设与合编定员实施工作，全年精减冗员8500余人。制定晋煤集团推进契约化管理实施方案，创新实施多元化、差异化的薪酬激励分配制度。实行职业经理人市场化选聘，为新组建的晋煤融资租赁公司择优选聘3名经营高管。

内部专业化重组。推动内部13个业务的专业化重组。其中，机电安装业务整合完成，生产矿井装备物资采购供应系统整合全面启动。

脱困企业改革。太原煤气化公司原工厂区土地争取到存量土地收储政策；撤销合并7个机关部门，清理整顿10家经营不善的子分公司，压减冗员800余人；在神龙焦化、华阳公司等焦化公司率先推行经营层聘任制和任期制；启动燃气企业上市工作；推进华腾燃气、华杉物业等单位混合所有制改革；厂办大集体改革全面完成，“三供一业”分离移交工作推进。企业全年完成营业收入63.89亿元，减亏3.53亿元。

【煤层气产业】 2017年，晋煤集团加快煤层气资源争取，取得四个区块约616平方千米煤层气矿业权。推进抽采利用两个全覆盖工程建设，全年完成井下煤层气抽采量28.53亿立方米，同比增加1.91亿立方米，增长7.2%；利用量18.77亿立方米，同比增加1.51亿立方米，增长8.8%。全年矿井瓦斯抽放率达75.72%，同比增加5.49个百分点。

【电力产业】 2017年，“煤—气—电”循环经济特色产业链取得效益，成庄、胡底、三水沟分布式瓦斯发电项目并网发电，瓦斯发电总装机容量达到267兆瓦。全年实现瓦斯发电量18.43亿度，同比增长14.77%，占总发电量的64.4%，创效2.73亿元，瓦斯发电量连续第九年位居全国第一。

【煤炭产业】 2017年，晋煤集团坚持“去劣增优”原则，共退出矿井3座，合计产能635万吨/年。三交一号、东大、车寨3座新建先进产能矿井完成产能置换方案审批。其中，东大矿井取得采矿许可证，成为2005年以来山西省首个采矿权新立煤矿项目；三交一号矿井采矿许可证支持性文件基本办理完毕；车寨矿井完成项目核准批复。11座资源整合矿井验收投产，其中9座进入生产序列，新增产能705万吨/年。全年完成原煤产量6487万吨，商品煤销量5730万吨。

【化工产业】 2017年，晋煤集团按照有保有弃、区别对待、存量盘活、增量发展原则，制定扭亏脱困方案。高硫煤洁净利用项目建设推进；天溪煤制油航天炉余热发电项目完成各项技术检测；“晋煤炉”完成技术开发工作，具备开展工业化运行的基础条件。全年完成总氨产量1621万吨、尿素产量993万吨、甲醇产量441万吨。

【新兴产业】 2017年，晋煤集团立足优化国有资本布局，确定金鼎、沁秀、华昱、晋煤太钢、恒源等10家公司，作为“腾笼换鸟”项目，寻求引进战略合作伙伴，增强企业发展活力；利用退出老矿及金匠园区的闲置资产，加强与东部有影响力企业的沟通接触，承接产业转移，加快转型步伐。加强与万达集团、山西文旅集团、山西大地环境投资公司、华谊启明东方等企业合作，发展激光投影、文化旅游等新兴产业。

【技术创新】 2017年，晋煤集团推进煤炭与煤层气工艺技术创新。“掘进机整体搬运工艺”“无线随钻测量定向钻进技术”等8项科技项目达到国际先进水平；“井上下全域采动抽采”新技术突破高瓦斯矿井高效开采瓶颈,填补国内技术空白;瓦斯发电6项创新成果获国家实用新型专利;《煤层气储层开发地质动态评价关键技术与探测装备》项目获国家科学技术进步奖二等奖。加快创新成果转化步伐。应用“高突矿井回采工作面瓦斯治理技术”,瓦斯抽采量占区域涌出总量的60%以上,达到以抽为主、风排为辅的目标;推广应用“切顶卸压沿空成巷技术、综合物探技术、新型采煤机提块滚筒”等一批先进技术和设备,达到工效、安全和经济效益三提高。激发全员创新活力。全年共收集“五小成果”563项,新培养高技能人才76人。在“晋煤杯”第四届全省煤炭行业技能大赛上,获得3项团体第一和6项个人第一。

(晋煤集团)

·阳城电厂·

【概述】 2017年,阳城电厂完成发电量175.7亿千瓦时、上网电量161.52亿千瓦时,同比均持平;设备利用小时数实现5324小时,高于江苏省统调电厂平均水平682小时;全年实现工业增加值14.1亿元,上缴税金3.44亿元。

【安全生产】 2017年,阳城电厂坚持安全生产关口前移、重心下沉,狠抓制度、责任“两落实”,推进本质安全型企业建设,严格技改检修施工现场管理,做好设备治理、运行维护管理工作,夯实安全基础,确保安全生产的局面稳定。完成中共十九大、“金砖会晤”等政治保电任务;截至2017年年底,一、二期工程分别实现安全生产4681和3777天。2017年,公司5台机组在全国大机组竞赛中获奖,2台机组被评为“可靠性优胜机组”(原金牌机组)。

【节能减排】 2017年,阳城电厂完成超低排放改造任务。采用无盲区视频监控、吊车安全控制系统、“人脸识别”门禁系统等技防设施,以及全天候倒班安全监督等人防措施,实现现场施工的安全可控;严格施工节点质量检验,动态优化工序衔接,推行“零等待”验收管理,完成4台机组改造任务。全年,公司8台机组全部实现超低排放。推进节能综合治理工作。开展指标对标和耗差分析,组织技术攻关,优化运行方式,一、二期工程炉效分别达到92.41%、92.14%,同比提高0.23和0.45个百分点,高出设计值1.09和0.82个百分点。实施7、8号机组“引增合一”、5—8号机组空湿冷互通、8号机组电泵变频改造等节能技改项目,机组能耗指标优化。

【科技创新】 2017年,阳城电厂参与研发的《燃煤机组烟尘一体化高效脱除与智能控制关键技术》,获得“中国电力创新奖一等奖”“中国电力科学技术进步一等奖”。编制的《W火焰锅炉氮氧化物超低排放技术应用研究》《远距离输电厂级AGC优化调度》,分别获得“全国电力行业设备管理工作创新成果一等奖”“大唐集团有限公司科技进步二等奖”。全年,公司共获得国家专利授权11项,其中发明专利2项;10多名员工参与修编国际、国家和行业技术标准。

(阳城电厂)

·兰花集团·

【概述】 2017年,兰花集团围绕“五大板块”(煤炭煤化工、新材料、新能源、医药健康、现代服务业)战略部署,加快创新驱动、转型升级,全面实施精细管理、提质增效,注重安全生产、生态环保,真抓实干、迎难而上,主要经营指标实现新突破,各项工作推进,公司发展呈现良好态势。公司获2017年中国“煤炭企业50强”“煤炭产量50强”称号。

【主要指标】 2017年底,兰花集团资产总额达387.67亿元,同比增加10.05亿元;全年实现销售收入100.62亿元,同比增加48.15亿元;实现利润7.23亿元,同比增加17.83亿元;实现利税21.16亿元,上缴税金18.32亿元,职工工资总额16.98亿元。盈利单位有18家,分别是兰花科创公司、东峰(北岩)、博义房地产、兰花房地产、新型墙体、大宁发电、大宁煤炭、造价公司、项目公司、招标公司、兰花置业、药业公司、香山工贸、安全计量公司、泰安房地产、太行中药、林业公司、丝麻公司;亏损单位有11家。其中,煤炭企业收入42.46亿元,占比41.24%,

化肥化工企业收入38.49亿元，占比37.38%，其他行业收入22.01亿元，占比21.38%。

【企业改革】 2017年，兰花集团开展企业改革。干部任用制度改革方面。探索以经营业绩为导向的市场化选人用人机制，在全集团公开竞聘整合矿矿长；面向社会公开招聘王莽岭公司、物流公司市场运营总监，深化职业经理人制度。

人事制度改革方面。初步搭建内部人力资源市场平台，按照“先内后外”人员配置原则，实现公司68名内部人员的配置。分流安置原一化、沁阳等单位闲置人员329名。

薪酬制度改革方面。制定《2017年度工资总额与经营指标挂钩考核实施办法》，完善工资总额与经营指标联动考核机制，向苦、脏、累、险等一线生产岗位倾斜，煤矿一线员工人均工资上浮15.53%，高于全公司人均工资上浮比例。

煤炭产能置换方面。在建矿井需要消减20%的产能，把玉溪煤矿和关闭退出矿井北岩煤矿进行产能置换，确保玉溪煤矿可以按设计能力投产见效。

企业分离办社会职能方面。对涉及12家单位4776户的供电、水、气、物业管理进行摸底，对接沟通，签订移交接收框架协议。

【转型发展】 2017年，兰花集团煤炭企业实现稳产高产，全年实现利润16.6亿。清洁能源公司、丹峰化工公司通过降本增效、强化管理，开始扭亏为盈，共实现利润4038万元。己内酰胺项目创下一次试车、一次成功、一次产出合格产品的国内同类装置的好成绩。巴公循环经济产业园内煤化工公司为纳米公司供气，煤化工、化工厂为新材料公司补氨，园区内企业实现煤、气、水、油、电的互补，循环经济的雏形初步显现。大宁发电股份制改造推进，为煤层气调峰、减少空放起到重要作用。兰花药业在新三板挂牌，太行中药项目全部完工，取得中药饮片及口服饮片的生产许可证。保税物流中心通过国家验收，实现封关运行。兰花商业按照“商业+”的发展思路，整合商业、旅游、文化等各种消费要素，为广大消费者带来全新的商业体验和生活方式。

【安全生产】 2017年，兰花集团投入安全费用2.09亿元，推进装备升级、系统优化，提升安全生产标准化水平，优化安全生产环境。坚持制度管理，强化责任落实，形成42项安全生产责任制和78项管理制度。加大安全培训力度，全年共举办各类培训班106期，培训总人数达4434人次。举办安全动漫大赛，制作动漫安全片26部。

【科技创新】 2017年，兰花集团申请省级科技项目1项，开展科技小改小革项目201项；获得专利授权20项（4项发明、16项实用新型）。截至年底，公司共申请专利208项，授权194项（其中，发明11项、实用新型181项、外观设计2项）。

（兰花集团）

·兰花科创·

【概述】 2017年，山西兰花科技创业股份有限公司完成工业总产值84.65亿元，同比增长91.20%，完成年度目标111.87%；完成营业收入75.66亿元，同比增长73.63%，完成年度目标100.88%；实现利润9.30亿元，同比扭亏增盈17.36亿元，完成年度目标143.08%；上缴税金13.64亿元，同比增长112%。

【企业经营】 2017年，兰花科技创新企业运营管理，以建设合理价值分配体系为导向，探索压减内部管理层级，修订完善分（子）公司考核办法与指标体系，加强分（子）公司定岗定员管理，为公司发展注入新的动力和活力，主力矿井生产均衡高效，整合矿井同比减亏，化工企业实现扭亏。

【技术创新】 2017年，兰花科创开展互联网+行动，建成全公司自动化办公系统，建成煤炭可视化调度系统和集安全监控、井下人员定位、产量监控于一体的安全监管执法和监测系统。田悦分公司作为晋城市试点示范单位，建成危化品安全生产隐患排查治理信息平台，管理信息化水平提高。弥补技术短板，推进以总工程师为核心的技术管理体系建设，分批分期组织各级管理人员和专业技术人员与先进企业和科研院所开展技术交流11次。推广实施沿空留巷开采新技术，启动主力矿井采掘运装备技术升级，全年申报专利20项，获得专利授权20项。

【项目建设】 2017年，兰花科创推进煤炭项目建设，保障玉溪煤矿和望云下组煤接替项目按计划实施三期工程建设，永胜煤矿建设任务基本完成，同宝煤矿、沁裕煤矿取得复工批复，百盛煤矿完成地面变电站建设并投用。化肥化工新产品开发工作顺利，田悦分公司年产2万吨乌洛托品项目于7月26日投入试生产，新开发车用尿素产品市场。丹峰化工瓶装二甲醚燃气项目，5月取得山西省首份二甲醚燃气经营资格证书，累计开发民用和商用客户3300多户。煤化工公司年产15万吨复合肥项目，主要设备安装完成。

【产业转型】 2017年，兰花科创启动巴公循环经济园区前期工作，探索建设蒸汽、水、二氧化碳、液氨等生产要素互联互通互用管网，降低运行成本。开展全烧"三高"干粉煤加压气化、移动床纯氧连续气化、配套大氮肥氨醇工艺技术路线和高附加值下游产品技术调研论证，为固定床造气升级改造和发展转型进行技术和项目储备。

【安全生产】 2017年，兰花科创树立"安全是摇钱树、环保是致富路"发展理念，完善"人人知责、人人履责、人人尽责、失职追责"安全责任落实机制，健全以安委会、安全指挥中心、应急救援指挥中心为主线的安全管理体系，建立驻外企业双月综合检查制度，组建化肥化工"五人小组"，实现地下地上企业安全检查全覆盖。按照环保治理要求，将化肥化工企业现场环境隐患排查纳入安全五人检查小组日常检查，实现环保检查周覆盖。全年接受国家环保部现场督查17次，未发现重大环保隐患。

（山西兰花科技创业股份有限公司）

·山西梅花丝麻集团有限公司·

【概述】 2017年，山西梅花丝麻集团有限公司完成现价工业总产值18963.4万元，同比减少908.6万元，下降4.6%；累计完成工业增加值7202万元，同比增加331万元，增长4.8%；累计完成销售收入20442万元；累计完成进出口总额110.8万美元，同比减少267.65万美元，降低70.7%；累计实现税利1113万元。

【国企改革】 2017年，山西梅花丝麻集团有限公司完成集团公司股东变更工作，控股股东由原市经信（国资）委变更为市国有资本投资运营公司，更换集团公司的营业执照。启动"三供一业"［供水供电、供热（气）和物业管理］移交工作，成立集团公司"三供一业"领导组，对集团公司代管的原盛唐丝纺有限公司职工生活区后勤和集团公司所属家属区存在水电及物业管理未移交社会的情况进行摸底和汇报，统筹推进分离移交工作。

【项目建设】 2017年，山西梅花丝麻集团有限公司推动实施金匠工业园"智能化生产线项目"。该项目是由控股股东省经济建设投资集团有限公司对绿洲公司增资扩股的投资项目，4月8日在金匠工业园区奠基，项目总投资10.26亿元，前期1亿元资金到位，省经济建设投资有限公司出资8000万元，绿洲纺织有限责任公司出资2000万元，前期工作基本完成。

【技术改造】 2017年，山西梅花丝麻集团有限公司进行技术改造。重点在大麻脱胶亚氧漂工艺技术、大麻纤维棉型化梳理技术、大麻棉赛络紧密纺技术、喷气织机织大麻面料技术方面进行技术攻关。总投资560万元喷气织机项目，先期第一批12台喷气织机于6月下旬投入运行；纺纱车间32台细纱机（环锭纺）升级改造为集聚纺投入运行。引进北京衡生通力环保工程有限公司锅炉除尘脱硫脱硝综合治理（对标改造）技术，除尘、脱硫、脱硝设施运行稳定，处理效果改善。

【品牌战略】 2017年4月18日，"绿洲大麻"在张家港举行的中国麻纺行业协会七届四次理事会上，“绿洲大麻”入选“中国麻纺织十大影响力品牌”；5月10日至11日，经由中国麻纺织行业协会组织的基地评估，公司再次被授予“国家大麻纺织产品开发基地”；8月和11月，通过世优认证（上海）有限公司对有机类产品评价认证和中国质量认证中心山西认证有限公司对质量管理体系进行的换证审核。在第37届秋冬中国流行面料入围评审活动中，参评的“双面斜”面料获“中国流行面料优秀奖”。全公司累计有54种流行面料38次入围“中国流行面料”名单。

【电商发展】 2017年6月，“互联网+绿洲大麻”电商项目上线，京东、拼多多、淘宝、亚马逊、1号店5个销售平台同步发货。开展扫码关注“绿洲汉麻”及“绿洲家居生活馆”微信公众号活动，组织员工到企事业单位、大中专院校等地举办各类展会，介绍企业产品，实现销售方式和销售渠道创新拓展。

【蚕茧品质】 2017年，公司所属阳城丝绸分公司加大蚕茧收烘工作力度，蚕茧品质创历史最好，为企业提供蚕茧原料；价格创下历史最高，春蚕茧收购价格达52元/公斤，秋蚕茧收购价格达56元/公斤。全年收购鲜茧80余万公斤，蚕茧收购量同比增长12.68%。

（山西梅花丝麻集团有限公司）

·山西天泽煤化工集团股份公司·

【概述】 2017年，山西天泽煤化工集团股份公司以打造百年天泽为目标，以安全稳定生产为中心，以节能环保为重点，以技术创新驱动为引擎，以开发差异化增值尿素产品为新动能，以质量品牌服务赢市场，以丰富企业文化为引领，以规范化管理为优势，全面提高发展的质量和效益，取得绩效。集团公司连续第六年获得“全国（合成氨）行业能效领跑者标杆企业”奖牌；被授予“山西省优秀企业”“2017中国石油和化工企业500强”“2017中国化肥企业100强”“2017年山西省100强企业”“2017年山西省制造业100强企业”；获“全国氮肥企业合成氨产量20强”“全国氮肥企业尿素产量20强”“氮肥甲醇行业节能减排先进单位”“山西省创新驱动型企业”等称号。

【主要指标】 2017年，山西天泽煤化工集团股份公司共生产合成氨149.34万吨，同比增长13.26%；尿素247.92万吨，增长8%；精甲醇14.40万吨，增长32.79%；甲醛2.65万吨，增长6.04%；三聚氰胺1.04万吨；余热发电7143.98万度。完成工业总产值（现价）415561万元，同比增长48.08%；实现销售收入415378万元，同比增长48.85%；实现利润4937万元，同比增长23倍；实现利税总额6285万元。

【绿色发展】 2017年，山西天泽煤化工集团股份公司以节能降耗为重点，推进提质增效。完善节能管理制度，建立节能降耗奖励机制，形成横管成网、纵管成线的节能管理体系。以“两煤一电”消耗为重点，严把原料煤入厂关、入炉关，巩固“无泄漏”创建成果，挖掘系统装置最大潜能。以环保治理为抓手，推进清洁文明生产。采取化工厂秋冬季停产改造，煤气化厂、永丰公司重污染天气限产和错峰运输等措施，处理生产与环保的关系。按照“源头控制、中间回用、终端治理”的原则，加强废气、废水、废渣综合治理，安装在线监测系统实时监测废气废水排放，对煤场进行封闭式改造，对VOCs回收改造等。

【技术改造】 2017年，山西天泽煤化工集团股份公司进行技术改造。环保提标改造项目。化工厂造气吹风气回收升级改造和造气循环水改造项目，9月开工建设，12月外管架柱土建施工完成50%；煤气化厂工业固体废物处理场项目，6月完成验收；煤气化厂、化工厂10台锅炉烟气脱硝项目，9月底全部投运；煤气化厂、化工厂锅炉除尘改造项目，11月投入使用；永丰公司、煤气化厂吹风气回收装置除尘改造项目，12月底完成土建基础设施；煤气化厂西厂区噪声超标治理项目，3月完成；煤气化厂、永丰公司、化工厂煤场及渣场封闭项目，一期封闭项目于10月完成，二期封闭项目永丰公司基础浇筑完成80%、煤气化厂基础浇筑完成50%。

生产节能改造项目。煤气化厂“40·60”优化完善项目，蒸汽管网优化改造项目于2月完成，溴化锂制冷节能项目于12月开始施工图设计,醇烃化、氨合成完善项目利用停车检修实施完成;煤气化厂3万吨/年甲醛项目于3月18日完成单体试车,4月投入试生产,产品质量达到设计值;煤气化厂在回收解析废液的基础上,将1#、2#系统变换冷凝液回收至造气8个子系统煤气炉夹套,节约脱盐水用量;对东厂区三台锅炉配置驰放气回收管道,将富余的驰放气送至锅炉燃烧使用。

增值尿素产品开发。1月,在化工厂开发锌腐酸大颗粒增值尿素产品。11月,在永丰公司开发艾地施锌锰硼大颗粒尿素产品。

【产品销售】 2017年,山西天泽煤化工集团股份公司的国内市场销量达215万吨,同比增加55万吨,增长34%。创新营销模式,加强安徽宿州、江苏盐坨、山东临沭等直销点建设,取得效果;艾地施锌锰硼增值尿素投放市场后,受到用户好评;延伸开通尿素集装箱散装发运东北新模式,降低销售成本和物流费用;适应化工市场形势,调整各类化肥化工产品比重,抓好液氨、甲醇、三聚氰胺化工产品的销售工作。全年,实现产销率100%和货款回收率100%的双百业绩。

【企业管理】 2017年,山西天泽煤化工集团股份公司巩固产品质量。贯彻执行“三五五”工作法,做到管理制度化、工作标准化、办事程序化、行为规范化。控制尿素等产品的粒度、强度和优等品率,全年产品优等品率为35.2%,同比上升0.9%。保持“泽州”牌驰名商标的良好声誉。

稳定生产运行质量。全部设备完好率达99.23%,主要设备完好率达99.38%,电气设备完好率达99.9%,仪表完好率、开表率、控制率均达99%以上,静密封泄漏率为0.162‰,动密封泄漏率为1.218%;设备维修经费,合成氨为23.36元/吨、尿素为2.16元/吨。

保障原料物资采供。坚持“质量优良、货源稳定、价格适中、大矿为主”理念,把握煤炭市场变化规律,加强煤炭采购流程监督、检查和管理,保证原料煤的质优价宜供应;在物资采供方面,执行《备品备件计划、采购、出入库管理制度》,实行购、物、卡相一致,物资存放“四号定位”“五五摆放”和“五检查”“十不四无”的管理方法,确保物资“供得上、不积压”。

规范财务管理。全年共办理“保兑仓”业务7户、24笔,办理票据池融资业务13笔,拆分银行承兑汇票4次,通过合理筹措安排资金、科学税收筹划、规范会计核算等方式,年创造价值近千万元。

(山西天泽煤化工集团股份公司)

农 业

【概述】 2017年，晋城市各级农业部门贯彻落实中央1号文件精神，按照中央、全省农村工作会议安排部署，围绕农民增收核心任务，围绕农业供给侧结构性改革工作主线，推进农业农村各项重点工作和现代农业发展，全年农村居民人均可支配收入达到12511元，增长7.5%，超全省0.5个百分点，绝对值排名全省第四。

【农业生产】 2017年，晋城市粮食播种面积244万亩，总产量8.35亿公斤，因旱减产7.2%，调减玉米种植面积4万亩。全市农产品加工龙头企业完成销售收入78.2亿元，同比增长7%。500万元以上农产品加工企业销售收入31.28亿元，增长7%。推进农产品质量安全可追溯平台建设，泽州、阳城、陵川、沁水4个县、32个种植基地、7家农资门店上线。全市农产品抽检合格率达到98.9%，未发生农产品质量安全事故。

【特色农业】 2017年，晋城市新发展设施蔬菜2051亩，设施蔬菜面积达到5.5万亩，蔬菜产量30万吨。新发展和改造中低产田果园1.3万亩，水果产量9万吨。蚕茧发种4万张，产量200万公斤，小杂粮产量1亿公斤，食用菌产量4万吨。

【产业发展】 2017年，晋城市在"互联网+三农"发展方面，装备100栋智慧大棚，实现物联网监控、水肥一体化自动控制。展会农业发展方面，新建的特优农产品展厅投入运行，实现线上线下同步销售；举办首届现代农业交易博览会，签约招商引资项目23个，引资117.24亿元；贸易签约项目50个，签约额9.5亿元。农旅一体发展方面，举办阳城农业嘉年华活动；全市农家乐旅馆达千余家，其中星级以上"农家乐"达300多家。

【美丽乡村建设】 2017年，晋城市制定出台《全市农村环境集中整治方案》，市财政安排奖补资金1300万元，重点整治乱、垃圾、污水、农业面源污染。推进完善提质、农民安居、环境整治和宜居示范"四大工程"，抓紧"三级联创"工作，共创建省级美丽宜居示范村6个、市级美丽宜居示范村20个，创建北留—润城、端氏—嘉峰市级美丽宜居示范村集中连片示范区2个。

【扶贫解困】 2017年，晋城市200个贫困村实现村村有产业、有合作社带动的目标，187个村达到"五有"(贫困村有脱贫产业、有带动主体、有合作经济组织、贫困户有增收产业项目、有劳动能力的有技能)标准；易地搬迁完成10575人，超省定任务12.2%；下达金融扶贫小额信贷资金2.38亿元，占省定任务的114.5%；为全市13万名参保对象每人投保50元，确保全市参保对象合规医疗费用报销比例达到90%以上；完成农村贫困户危房改造保障工程申报、认定、确认845户，补助资金全部拨付到乡到户；整合扶贫资金修建供养中心，集中供养人员达到2006人，占到五保人口的29.3%，工作经验做法在全省推广。

【农村改革】 2017年，晋城市基本完成农村土地承包经营权确权登记颁证工作，向农业部汇交数据，土地确权航拍工作底图项目获得全国优秀测绘工程银奖。在城区开展农村集体产权制度改革试点，共8个村完成调查摸底工作，其中南街街道金华社区完成清产核资工作。

（市农业委员会）

农业综合开发

【概述】 2017年，晋城市农业综合开发局以推进农业供给侧结构性改革为主线，以提高农业综合生产能力和促进农民增收为目标，夯实工作基础，强化规范管理，狠抓工作落实，全年土地治理项目入库14个，产业化发展项目入库5个，中药材发展项目入库230个。

【农田建设】 2017年，晋城市农业综合开发局完成泽州县川底乡0.6万亩、高平市米山镇0.4万亩高标准农田建设项目，项目区修建排灌站6座，架设输变电线路2.76千米，埋设管道90.53千米，加固小型蓄排水工程9座，改良土壤0.5万亩，修建田间道路16.64千米，技术培训完成500人次，造林100亩。

【小流域治理】 2017年，晋城市农业综合开发局完成沁水县龙港镇0.9万亩、阳城县河北镇1.09万亩、陵川县秦家庄乡0.29万亩小流域治理项目，项目区修建蓄水池1个，新建淤地坝4个，衬砌渠道1.68千米，新建拦河坝1座，新建渠系建筑物5座，埋设管道22.37千米，加固小型蓄排水工程2座，新修和拓宽机耕路40.65千米，改良土壤0.27万亩，修建田间道路40.65千米，造林1.27万亩，技术培训完成4100人次，示范推广1万亩。

【产业化经营】 2017年，晋城市农业综合开发局完成沁水县绿草地生态农业发展有限公司年出栏5000只商品羊养殖基地扩建、高平市正易农牧科技发展有限公司年出栏万头商品猪扩建、沁水县宇康养鸡专业合作社年出栏42万只肉鸡和舜晟养羊专业合作社年出栏1000只肉羊养殖基地基础设施建设、沁水县盈进养羊专业合作社年出栏1000只肉羊养殖基地基础设施建设、高平市铁炉贡梨种植专业合作社25万公斤黄梨储藏保鲜库建设、泽州县山里泉养蜂专业合作社新增500箱优质种蜂培育基地扩建、沁水县丰田食品有限责任公司年新增1000吨绿色有机小米小麦粉8个产业化经营项目加工扩建。年新增总产值7749.46万元、增加值4261.68万元，新增利税1987.69万元，形成固定资产2489.17万元。项目区带动农民受益2306户，新增就业人数311人。

【新上项目】 2017年，晋城市农业综合开发局共申报审批农业综合开发及中药材产业发展项目21个，争取各级财政投资4731.29万元。其中，中央财政资金2352万元、省级财政资金1915.92万元、市级财政资金115.56万元、县级财政资金347.81万元。其中，土地治理项目3个，投入财政资金1890万元，治理面积1.43万亩，分别为泽州县周村镇0.54万亩、高平市石末乡0.38万亩高标准农田建设项目，阳城县驾岭乡0.51万亩小流域治理项目；产业化发展财政补助项目5个，项目总投资668.74万元，其中财政资金318万元，分别为高平市千亩黄梨基地果品分拣包装场建设项目、泽州县年产350吨食用菌大棚新建项目、阳城县60万公斤中华寿桃储藏保鲜库建设项目、阳城县年新增8200公斤蚕茧基地扩建项目、阳城县600亩核桃基地配套设施建设项目；以奖代助项目2个，下达省级农发资金50万元。其中，泽州县30万元用于农发工程土地治理项目水毁工程修复，陵川县20万元用于农发项目建设；中药材崛起工程项目11个，总投资320.52万元，其中财政资金100万元，建设2410亩中药材种植基地。

【中药材产业】 2017年，晋城市中药材种植总面积75.3万亩（耕地种植12.8万亩，野生抚育62.5万亩），增长1%,其中新种6.72万亩。主要种植品种有:连翘、党参、黄芩、柴胡、火麻仁、芍药、紫苏、板蓝根等。中药材总产量3.68万吨,总产值6.4亿元,农民人均药材收入380元。全年申报批复省级中药材崛起工程项目11个,完成验收9个,争取省级财政资金100万元,建成2410亩中药材基地。市县两级共举办各类中药材培训164期,培训药农8000人次,发放宣传资料7000余份。制订《2017年中药材产业招商引资工作方案》,编印《晋城市中药材产业招商引资项目指南》,全年共签约8个项目,协议引资10亿元。举办首届晋城市现代农业交易博览会暨中药材产业发展博览会、"首届海峡两岸中药材论坛"等系列活动,筹办第二届太行连翘节暨道地药材信息研讨会,制作《特色产业别样红》中药材产业专题宣传片,印制《绿色·开放·发展》中药材宣传画册,启动"陵川潞党参""泽州连翘"地理标志认证工作,提高晋城道地药材知名度。

【产业扶贫】 2017年,晋城市制定出台《中药材产业扶贫实施方案》,各县出台中药材产业扶贫政策,针对建档立卡贫困户当年新种植中药材给予资金补助。全市落实中药材产业扶贫工程任务3.1万亩,带动贫困农户2900户。沁水县投入570万元统筹整合扶贫资金,用于土沃乡南阳村等4个贫困村的基础设施建设,新建拦河坝5条,维修蓄水池1座,拓宽平整机耕路25.4千米;投入整合扶贫资金310万元,用于产业项目扶贫,扶持中药材种植项目2个,中药材加工仓储项目2个,养殖项目4个。陵川县投入统筹整合后扶贫资金983.29万元,新建300立方米蓄水池1座、埋设管道2.71千米,建设排灌站1座,平整场地3.5万平方米、新建机耕路960米,建成中药材初加工点8个,完成党参、党参育苗、连翘、荆芥、紫苏、万寿菊等中药材1.25万亩。

(市农业综合开发局)

畜 牧

【概述】 2017年,晋城市畜牧业经全市畜牧兽医系统干部和广大养殖场户的共同努力,畜产品综合产量保持稳定,各项畜牧兽医业务工作推进,全市畜禽养殖废弃物无害化和资源化工作成绩突出,多次取得国家级荣誉。

【主要指标】 2017年,晋城市畜产品综合产量达到33.8万吨,标准化规模养殖比重达到71%。主要畜禽存、出栏量保持稳定,其中生猪存、出栏分别达到174.6万头、308.1万头。家禽存、出栏分别达到1039万只、1507万只,其中蛋鸡存栏达到798.2万只、肉鸡出栏达到1074.7万只;羊存、出栏分别达到82.8万只、55.6万只。

【绿色发展】 2017年,晋城市畜牧局落实畜禽养殖废弃物处理资金补贴办法,累计发放市级补贴资金1629.05万元,养殖场户建设畜禽废弃物处理和资源化利用设施积极性提高。省定2017年80个规模养殖场粪污处理设施建设任务,于10月底全部完成,全市省定规模以上畜禽养殖场户配套建设粪污处理设施的达到806家,比例达到77.8%。建成高平市、陵川县和沁水县县级病死畜禽无害化处理中心(场),基本建成覆盖全市的三级病死畜禽无害化处理体系。

【规模化养殖】 2017年,晋城市畜牧局引进广东温氏阳城县40万头生猪养殖一体化项目,培育本地龙头企业高平凯永40万头生猪养殖项目,生猪和肉鸡产业向规模化、产业化发展迈上新台阶。泽州旭胜蛋鸡、东兴源蛋鸡,阳城星宿蛋鸡和陵川亿利蛋鸡项目实现自我升级,初步形成以标准化健康养殖为基础、适度规模为主导、生态循环的现代畜牧业发展模式,全市规模化养殖比例达到71%。

【疫病防控】 2017年,晋城市畜牧局坚持预防为主,开展免疫和疫情监测工作。针对"春秋两防"和全国H7N9流感疫情,周密部署全市重大动物疫病防控工作。完成春秋两季集中免疫工作,开展冬季集中补免工作,开展羊痘免费免疫工作,采取"先打后补"方式,各项重大动物疫病免疫密度均达到100%,经检测免疫抗体合格率均超过70%。6个兽医实验室整体通过省级考核验收,并开展H7N9流感剔除工作。落实以免疫为主的布病防控工作，完善疫苗运输冷链建设，组织各县（市、区）开展应急演练，补充应急物资，防止重大动物疫情发生。

【畜产品监管】 2017年，晋城市畜牧局印发《2017年全市畜产品质量安全专项整治方案》，推进"瘦肉精"、生鲜乳、兽用抗生素、生猪屠宰监管、农资打假等五大专项整治行动。累计组织媒体宣传40余次，指导培训20余场次、培训人员1500余人次，开展执法检查2000余次、出动人员4000余人次，检查各类生产、经营、销售企业和场所5000余家次，发放宣传资料3万余份。全年，全市"瘦肉精"抽检全部合格；完成10家定点屠宰企业换证等工作，保证人民群众吃上"放心肉"；开展"春季农资打假宣传月""夏季农资打假百日行动"和"秋冬季农资打假专项行动"，维护养殖户的合法权益。完成"三品一标"（无公害农产品、绿色食品、有机农产品和农产品地理标志）认证登记，新发展"三品"养殖规模31万头（只、箱），新认证2个无公害畜产品，新增"三品"质量安全追溯企业2家。全年共完成饲料产品质量安全监测23批次、兽药质量监督抽检30批次、动物及动物产品兽药残留监控抽样140批次。市政府投资650万元，提升市畜产品质量安全监测中心配套设施。

【产业扶贫】 2017年，晋城市畜牧局围绕"猪强、蜂优"和贫困地区牛羊养殖的实际需要，以"N-1"（N个贫困户建立1个养殖合作社）"1+N"（一个养殖公司或合作社带动N个贫困户）两种模式为基础，实现全市畜牧业扶贫多样化。全市新增存栏牛554头、存栏羊21559只、出栏猪52171头、蜜蜂6189箱，超额完成畜牧产业扶贫任务。

（市畜牧兽医局）

农机

【概述】 2017年，晋城市农机局推动农机化全程、全面、高质、高效发展，全省农机化综合考核排名第三，农机购置补贴、农机化技术推广分列全省第一、第三名，农机化发展呈现出"稳中有进、稳中向好"的态势。全市农机总动力达到58.56万千瓦，大中型拖拉机保有量达到4404台，联合收获机达到1098台，植保飞机、粮食烘干机等新型高效机械快速应用推广，设施农业、林果业、农产品初加工等机械协调发展，为全市现代农业建设提供装备支撑。

【农机水平】 2017年，晋城市共完成机耕、机播、机收面积211.6万亩、186.3万亩、139.3万亩，全市主要农作物耕种收综合机械化水平达到71.9%，同比增加0.8个百分点，高出全省3.8个百分点，高出全国5.9个百分点。其中，小麦、玉米生产机械化水平分别达到97%、70%。

【农机服务】 2017年，晋城市共有各类农机服务组织968个。其中，农机合作社199个、农机大户592个。农机专业合作社和农机大户作业服务面积总计282.1万亩，占全市农机作业总面积的52.5%。全市农机服务经营总收入达到5.3亿元，纯收入达到1.5亿元。

【农机补贴】 2017年，晋城市农机局围绕"缩范围、控定额、促敞开"改革方向，选择确定11个品目实行敞开补贴，确保应补尽补、有需即补；强化责任落实，与财政部门联合印发《关于做好2017年农机购置补贴工作的通知》，市县两级签订目标责任书，做到任务明确、责任明确；强化政策宣传，在"晋城在线"和《太行日报》发布补贴启动通知，通过晋城新闻综合广播、农机信息网解读政策内容，并印发宣传资料发放到农民手中；强化信息公开，全面改版市、县信息公开专栏，增设"曝光台"，公开补贴政策、操作程序、资金使用、违规处理等内容；强化风险防控，开展实地抽查和电话回访，对不规范操作企业列入"灰名单"，初步形成"一处失信，处处受限"的机制和氛围。全市全年实施补贴资金939.9万元，补贴购置农机具1481台（套），受益农户985户，拉动农民投资2749.5万元。

【农机信息化】 2017年，晋城市农机局在全市推进"智慧农机"信息平台建设，印发《关于县级"智慧农机"系统建设相关标准与要求的通知》。为大型拖拉机、收割机安装卫星导航农机作业监控终端658台(套)。其中,高平590台(套)、阳城68台(套)。市农机局投资20万元安装LED监控显示屏,初步建立市级农机化生产管理信息平台,并与县级监控系统实现对接,形成集农机作业远程精准监测和安全管理、调度指挥、智能办公等多个功能模块为一体的综合性信息化管理平台。

【机械化生产】 2017年,晋城市农机局建立全程机械化示范基地,示范推广机播机收和秸秆还田等全程机械化集成技术和机具。全市小麦、玉米、马铃薯生产全程机械化作业面积分别达到60.04万亩、60.1万亩、1.12万亩。投入秸秆机械化还田和综合利用补贴资金1000余万元,组织召开全市秸秆综合利用推进现场会,示范引导开展秸秆捡拾打捆、粉碎还田工作。全年,机械化秸秆还田面积141.25万亩,实施深松整地面积25万亩,新增保护性耕作面积2万亩,秸秆综合利用转化量完成8.33万吨,改造燃煤锅炉更换秸秆直燃供暖19万平方米。推进"机器换人"行动,在高平、阳城开展电动农机奖补试点和应用推广,共使用奖补资金194.17万元,发放奖补机具691台(套),15次考核作业共节省人工约3000个,节约劳动成本约20万元。举办首届农业博览会农机装备展,参展产品涉及7大类50余种近百台机具装备,达成购买意向700多万元。

【农机扶贫】 2017年,晋城市农机局落实全市精准扶贫和脱贫攻坚要求,用于贫困县的项目资金同口径增长10%以上,贫困县农机专项转移支付资金占到全市财政总资金的58.9%。购机补贴资金重点向适合丘陵山区生产的轻简型机械倾斜,以满足农民购机需求。

【示范创建】 2017年,晋城市创建省级农机化综合示范试点市,成为全省首批两家示范试点市之一。推动高平综合示范县乡村创建,开展机耕道建设和新机具试验示范,完成247台机车卫星定位终端的安装调试和实地检测。开展示范社场户创建,全市共创建示范合作社12个、示范家庭农场11个、示范农机大户16个。

【政策扶持】 2017年,晋城市农机局争取市级社会化服务建设项目资金60万元,扶持有规模、较规范的11个农机专业合作社开展库棚建设、场院硬化及办公场所修建,共新建改建机库棚3007平方米,硬化场院4366平方米,修建办公场所360平方米,提升合作社的基础设施建设和农机服务水平。

【农机培训】 2017年,晋城市农机局派遣机关年轻干部到农机生产厂家进行为期三个月的实地学习,提升实践操作能力;开展新型职业农民培训,全市培训合格352人;召开各类农机新技术新机具培训现场会11次,培训人数达1000余人次;组织动员全市优秀农机手参加全省和全国农机手大赛。

【安全生产】 2017年,晋城市农机局将变型拖拉机整治作为全年专项行动,与交警、安监部门联合执法,启用变型拖拉机信息查询系统,引入并强化三方检验机制,整治假牌套牌、拼装改装等非法违法乱象,全市共注销变型拖拉机635台,占注册数的55.3%。开展农机安全生产宣传教育,在部门网站和微信公众号开辟专栏播放农机安全警示教育视频。加强农机监理执法能力建设,在阳城县组织开展全市农机安全执法培训。组织开展农机"安全生产月"、农机安全生产大检查、农机安全生产专项整治和农机质量投诉监督"3·15"、农机打假护农专项整治等系列活动,全市农机安全生产形势趋好,无重伤和死亡责任事故发生。

(市农机局)

林　业

【概述】 2017年,晋城市林业局以实现绿色发展为统领,以建设生态文明为目标,以发展现代林业为抓手,以"六大"工程为重点,突出科学管护、提质增效,深化林业改革、推进生态扶贫,全市生态林业和民生林业取得新成果。全年完成国、省营造林1.17万亩,环城生态圈绿化面积1.3万亩，干果经济林提质增效5.3万亩，退耕还林0.03万亩，村庄绿化40个。被省人社厅、省林业厅表彰为“山西省林业工作先进集体”。

【造林绿化】 2017年，晋城市林业局围绕市委市政府“十大行动”战略部署，实施林业六大工程，按照“一个战场打赢两场硬仗”的要求，在太行山生态脆弱区、环城生态圈扩绿增景区、陵川沁水贫困地区、沁丹两河重要水源湿地建设荒山绿化精品工程上万亩。围绕美丽乡村建设，绿化美化相结合、生态文化相辉映，连片推进村庄绿化40个，改善农村人居环境。围绕全域旅游发展，创新“购买式”造林机制，提升通道绿化档次，全市环城绿道总长度突破百千米，省级以上森林公园达到10个，自然保护区达到5个。泽州县丹河湿地公园入选国家级湿地公园试点，实现全市国家湿地公园零的突破。

【林业产业】 2017年，晋城市新发展油用牡丹、皂荚等特色经济林2000亩，新种植林下中药材4750亩，建成优质育苗基地4.2万亩。完成干果经济林提质增效工程5.3万亩，经济林总产量达3750万公斤，总收入达3.1亿元。新建成阳城获泽源农民专业合作社核桃加工厂，全市林产品加工企业达到12家；通过ppp模式，新建成多功能、高标准晋城市花卉交易中心，苗木花卉产业市场拓展能力提升。建成市级核桃科技服务队4支200余人，完成科技托管服务近3万亩，全市仅核桃一项收入达8900多万元；组织参加首届市农博会，参展企业、合作社达43家，展出花卉、干果、木质品、种苗、森林康养等林业产品40余种。

【林业改革】 2017年，晋城市林业局编制《晋城市2017年度国有林场改革工作要点》，市人大常委会对国有林场改革工作报告审查通过，全市如期完成国有林场定编定级定性和经费财政兜底等主体改革任务；陵川县太行第一山林场挂牌；事企分离和人员分流基本到位，省级永久性公益林区划界定、国有林场发展中长期规划等年初制定的工作目标基本完成。集体林权制度改革方面，在巩固成果的基础上，创新林权流转机制，推进不动产登记发证，开展森林保险业务。全市完成生态公益林投保签单302.6万亩，总投保额达544.7万元。开展林地承包权属争议调查调处，起草制定《关于完善集体林权制度的实施方案》。陵川县被评为“全国林权制度改革先进集体”，林权调处工作获全省考核优秀档次。

【林业管护】 2017年，晋城市林业局加强林业管护，资源保护方面，落实天保林和公益林管护责任制，分别签订管护面积256.61万亩、167.12万亩，责任落实完成率100%；开展林业生态环境自查自纠和自然保护区“绿盾2017”监督检查专项行动，协助中央环保督查组完成南方红豆杉自然保护区旅游整改工作。依法治林方面，简化林业审核审批，强化全程监管；开展“2017利剑行动”“双百双打”等专项行动5次，立案98起。病虫害防治方面，坚持预防为主、积极防治，完成林业有害生物防治10.8万亩，林业有害生物成灾率0.9‰，远低于省控指标4‰。森林防火方面，实施“五清”工程，召开晋长边界第一届森林防火联防联治工作协调会，森林火灾防控体系完善。

【生态扶贫】 2017年，晋城市林业局坚持以退耕还林、生态治理、生态保护、干果经济林提质增效、林业产业等脱贫攻坚“五个一批”为抓手，陵川、沁水通过议标组织扶贫攻坚造林专业合作社造林9602.7亩，带动贫困人口556人就业增收；依托国家公益林、天然林保护、未成林造林地管护工程，带动贫困人口1601人，年人均增收3911元；市级干果经济林提质增效项目向贫困县、贫困村倾斜，惠及贫困户871户。全市带动贫困劳动力2157人实现稳定就业脱贫，20463名贫困人口实现增收。

（市林业局）

水　务

【概述】 2017年，晋城市水务局全面落实中央兴水惠民决策部署，以重点水利工程为抓手，以民生水利为重点，坚持转型发展、绿色发展、高质量发展，开拓进取、真抓实干，各项工作取得进展。

【水库建设】 2017年，晋城市张峰水库市区引水工程建设（大水源工程）前期工作完成，中央水利发展资金5000万元到位，具备开工条件；郭壁供水改扩建工程前期工作基本完成，省1000万元资金到位，具备开工条件；任庄水库调水工程通过竣工验收；任庄水库大坝改建除险加固工程、磨河水库枢纽工程通过下闸蓄水验收；杜河提水工程、高平市张峰供水东延工程基本完工；张峰一干渠阳城供水工程主体工程基本建成，累计完成投资2亿元；云首、下泊水库建设推进。完成釜山、南上、栗沟、游仙、沙坡、小沟6座病险水库除险加固工程任务。完成芦苇河阳城县段河道、沁水县河河道、陵川县武家湾河河道治理工程。陵川县猪头山水库除险加固工程建设340万元中央水利发展资金到位。

【灌溉工程】 2017年，泽州县和高平市新增粮食产能重点县项目取得进展，高平市项目基本完成，泽州县完成70%建设任务。沁水县郑村镇幸福农庄提水工程完成招标。全市共完成实灌面积72.3万亩。

【农村饮水安全】 2017年，晋城市水务局落实农村饮水安全保障地方行政首长负责制，投资3381.44万元，改扩建185处农村饮水工程，解决307个村、7.92万人（其中建档立卡贫困人口1.8万人）的饮水安全问题。全市平均集中供水率达到99.8%，供水保证率达到95%，水质合格率达到95.8%，自来水普及率达到98.2%。

【防汛工作】 2017年，晋城市水务局实行行政首长负责制，对防汛责任人，加强指导培训，完善防汛应急预案，抓好防汛隐患排查整治，补齐做强防汛减灾体系。沁河重点段河道治理晋城段开工建设，山洪灾害防治项目二期建设项目基本建成，投资1456万元完成中央财政补助公益性水利工程维修养护项目工程，投资1000万元修复灾后水毁工程。对全市中小河道实施清河行动，保障河道行洪畅通。

【水保工程】 2017年，晋城市开展水保工程。推进水土流失综合治理。沁水、陵川两县2016年国家水土保持重点工程基本完成；泽州县2016年国家农发水保项目实施；小流域综合治理和水保生态工程推进。共完成水保治理面积39.24万亩。

实施水资源管理制度。向各县（市、区）下达2017年全市用水总量和地下水压采量任务指标。强化地表水监测和水环境影响评价，共监测断面和点位110余个，完成2个项目的水资源论证工作。加快市区地表水置换地下水步伐，关井压采899.2立方米。编制完成《郭壁水源地扩大开采供水水文地质勘探报告》，并通过评审。开展节水型社会建设，市直机关及直属事业单位公共机构节水改造任务全部完成。

推进生态修复。编制完成《沁（丹）河流域生态修复与保护规划》，并通过省政府批复，批复总投资111亿元。开工建设沁河晋城重点段治理工程。高平市丹河湿地、泽州县丹河龙门湿地建设取得进展。开展水污染治理清河行动，市区10条黑臭水体治理完成8条，2条进入扫尾阶段。张峰水库、任庄水库科学调度，保证沁河、丹河清水长流，沁、丹两河生态功能得到改善。

【水电站建设】 2017年，晋城市水务局加快建设民生水电、绿色水电。三姑泉二级站建成并通过竣工验收，第二批4座农村水电站标准化建设基本完工，第二批4座电站增效扩容项目实施。年发电1亿千瓦时，占年度计划的100%。

【水务改革】 2017年，晋城市、县两级均出台河长制工作实施方案，成立河长制办公室，建成市、县、乡、村四级河长体系。全市共落实各级河长2335名，对257条河流进行巡河、护河、治河、管河。六县（市、区）完成小型水利工程管理体制改革，简化水行政审批手续，行政许可事项由55项归纳合并为13项，对取消的行政审批事项实行事中事后监管措施；水权制度改革试点在高平开展；水资源税改革试点在全市开启；出台《农业综合水价综合改革实施方案》；完成水利系统国企改革，8家下属企业与国有资本运营公司签订国有产权无偿划转协议。

【课题研究】 2017年，晋城市水务局加大水利基础研究力度，《晋城市三姑泉域地下水生态修复研究》《沁水煤田煤层气抽采与水资源保护研究》课题通过省级验收。编制全市《扶贫生态建设规划》《重点工程建设规划》《农业灌溉扶贫规划》《水土保持扶贫攻坚2017—2025规划》等。

（市水务局）

·水利勘测设计·

【概述】 2017年，晋城市水利勘测设计院贯彻中共十九大精神，凝心聚力，改革创新，深入破解工作难题，推进工作计划，水利勘测设计工作开展。

【项目设计】 2017年，晋城市水利勘测设计院共参与完成水利工程项目设计47项。其中，水电站工程4项，河道治理工程11项，供水及引调水工程14项，防洪评价工程9项，规划项目5项，其他设计项目4项。主要包括：长治市平顺县运发安乐水电站可研设计，阳泉市盂县御枣口水电站可研设计，杜河水电站增效扩容改造工程技施设计，金村供水工程的机电部分技施设计，晋城市书院河河道治理工程可研、初设和技施设计，高平市炎帝文化苑河道治理及景观提升改造工程可研、初设和技施设计，陵川县红河河道治理工程实施方案，杜河水电站减水河段生态修复工程实施方案，陵川县武家湾河道治理工程初步设计，晋城市金匠东街白水河河道改造实施方案，晋城市张峰水库总干末端水池至市区引水工程可研设计，获泽河生态补水工程可研设计，张峰水库高平城乡供水工程技施设计，张峰供水东延工程总干管川起段改线工程、西分干管河西段改线工程实施方案，《山西省泽州县重点采煤沉陷区生态修复治理工程》项目建议书、可研、实施方案设计。

【队伍建设】 2017年，晋城市水利勘测设计院建立激励机制和管理制度，全面了解、评估职工工作业绩，推动管理模式转变。完善技术交流大会考核、注册及专业技术职称人员管理、设计项目考核、生产经营运行管理等制度，强化技术质量管理方式，激发职工创业热情，提升设计业务品质。

（市水利勘测设计院）

住房保障和城乡建设

【概述】 2017年，晋城市住房城乡建设系统以迎接十九大、学习贯彻十九大精神为首要政治任务，贯彻落实市委、市政府决策部署，推进住房城乡建设事业发展，各项工作取得进步，完成主要目标任务。

【道路建设】 2017年，文博路北段、太岳街、书院街、景西南路、百灵街、文化路北段、祥云街等多条市政道路建成通车，“三环”大路网建设取得进展；国道207改线工程主线通车，国道342陵沁线西北环晋城过境段改线工程完成前期工作。畅安路南延、电厂路、道西路、景西路南延、金匠街西延、山门街、塔东街等道路工程取得进展。

【基础设施】 2017年，晋城市“水源、热源、气源”三源建设工程进行科学论证，市民广场开工建设，市政务服务中心入驻使用，南村公租房建成分配，10条黑臭水体实现截污纳管，龙湾公园建成开园，国投电厂至市区新建管网实现供热，中心城市综合承载力和辐射带动力增强。全市新建、改造城市供水、供热、供气、污水等各类管网478千米，新增管道煤层气居民用户5.3万户，新增集中供热面积428万平方米，改善城市人居环境四大工程完成投资143.2亿元。市区提前半个月实现集中供暖，新增煤改气居民用户7.2万户。

【县城建设】 2017年，晋城市四个县城的城市基础功能和公共服务水平提升：高平市完成金峰大道南延、建设路南延等续建工程，“五路一河”及第二污水处理厂推进，城市双供工程如期完成，城南城中村改造项目在全市获得棚改政策性贷款资金。阳城县实施“田园城市、美丽乡村、产城融合、城乡一体”发展战略，推进南部片区城中村改造、“四馆一院”、县城排水管道雨污分流改造、县城地下综合管廊和停车场等项目建设。沁水县完成县城北坛路和花园路拓宽改造和桃园小区、教育园区等保障房建设任务，推进梅杏剧院、档案馆、游泳馆、南山城市道路等项目前期工作。陵川县完成玉龙湾小区配套和县城集中供热一次管网并网工程，“一路两街”、崇安休闲广场和菊巘山公园项目开工建设。

【村镇建设】 2017年，泽州县巴公镇、高平市神农镇入选国家第二批“特色小镇”，泽州县大阳镇、阳城县北留镇、沁水县端氏镇和嘉峰镇被认定为第一批省级特色小城镇，总数居全省第一。沁水县嘉峰镇、高平市马村镇、三甲镇被省政府命名为“山西省园林城镇”。350户农村危房改造和44户危险土窑洞改造任务提前完成。乡村清洁工程实现全覆盖，开始深度推进。高平和沁水两个农村垃圾治理试点县建设启动。编制完成传统村落保护规划20项，申报中国传统村落146个，中央资金支持的21处传统村落保护项目有19个项目完工、3个项目在建、20个项目开工。全市完成3个县域乡村建设规划草案、2个乡镇总体规划修编、15个村庄试点规划，78个村庄实现农村气化，378个村庄达到省级绿色村庄标准。

【住房保障】 2017年，晋城市新开工棚改安置房1853套（其中，城市棚户区260套、城中村改造1593套），开工率达231.3%；基本建成2045套，基本建成率达136.3%；完成投资23.87亿元，完成率达108.5%。政府投资建设的公租房累计分配8388套，分配率达106.18%。全市棚改货币化安置1361套，安置比例达73.4%。棚改政策性贷款实现零的突破，7个项目列入全省棚改计划，拟申请贷款资金27.33亿元，其中5个项目进入贷款流程，申请贷款资金25亿元。制定完善住房保障政策体系，出台《进一步做好城镇棚户区（城中村）改造及配套基础设施建设、政府购买棚户区改造服务、棚户区改造货币化安置实施办法》《促进中心城市城中村改造工作的实施意见》《加快培育和发展住房租赁市场的实施办法》等5个政策性文件，推进城中村改造的基本模式，打通商品房、保障房、安置房转换渠道，促进住房租赁市场的培育和发展。加大房地产去库存工作力度，制定《晋城市化解房地产库存实施细则》。全市商品房待售面积40.8万平方米，去化周期3.4个月，其中住宅待售面积31.2万平方米，去化周期2.8个月，均处于合理区间。

【行业监管】 2017年，晋城市住建局开展房地产开发销售中介行为及物业管理专项检查，查处19个违规中介企业和9个违规预售许可项目。会同发改部门开展商品房销售价格行为联合检查，公开房源信息，一房一价、明码标价落到实处，并将专项检查情况纳入企业信用评价和动态考核体系。出台《关于支持晋城市骨干建筑业企业做大做强的实施意见》，评选出全市骨干建筑业企业13家，支持30家建筑企业资质升级增项，全市建筑业总产值增速由负转正，完成建筑业总产值56.3亿元、增加值48.5亿元。开展建筑市场监督执法专项检查，对项目经理和项目总监长期不在岗履职的26家企业和个人进行全市通报，防范和遏制重特大安全生产事故发生。

【城市管理】 2017年，晋城市住建局完成中央和省确定的权责清单、综合执法、队伍换装、下沉一线等8项改革任务。遏制占压人行道盲道乱停车问题、违法建设等行为，初步达到“主干道严禁、次干道控制、小街巷规范”的摊点整治效果，实现市区主干道市政设施商业广告“清零”、跨街条幅“清零”、城市出入口和过境公路沿线商业广告“清零”、市区露天烧烤经营“清零”，逐步扭转城市管理顽疾，提升人民群众对城管执法队伍的满意度。市城市管理行政执法局被住建部评为“强基础、转作风、树形象”专项行动表现突出单位。

（市住建局）

城乡规划

【概述】 2017年，晋城市规划局贯彻落实习近平新时代中国特色社会主义思想，全面贯彻落实党的十八大、十九大精神，围绕市委市政府决策部署，推进城乡规划一体化建设，提高规划编制质量，提升规划管理水平，强化规划服务，城乡规划工作取得阶段性成效。

【城市规划】 2017年，晋城市规划局制订《晋城市城市设计试点工作方案》，对接清华同衡、中建西北设计院等规划设计单位。制订《晋城市城市设计试点实施方案》和作战计划表，明确试点工作的任务书、时间表、路线图。完成《城市总体规划实施评估》，编制《美丽晋城战略规划》，提出竞逐中原战略、争先综改战略、强城美境战略、开放和谐战略四大战略。完成晋城市“城市双修”评估，制订《晋城市城市双修实施方案》，编制城市综合管廊规划、海绵城市规划，制订《晋城市历史建筑确定工作实施方案》，绘制历史建筑分布图。完成“规划一张图”系统演示平台建设，实现2平方千米示范区的3D建模，规划“一书三证”电子化审批系统开始运行。成立清控创新（晋城）基地，把“晋城市规划建筑设计研究发展中心”打造成国家级创新创业基地。落实全域旅游工程，编制《晋城市主城区生态旅游观光绿道规划设计方案》。加强规划研究工作，编写《晋城经济技术开发区“一区三园”规划建设及产业发展的情况报告》，完成《〈晋城市城市总体规划(2018-2020)〉市域城镇体系规划调整方案》《关于主城区和北石店片区可供用地的规划情况报告》《晋城市中心城市范围内城中村改造情况报告》等。开展城市功能分区研究，形成《山西省城镇功能单元划分技术指南》初稿。

【项目规划】 2017年，晋城市规划局完成高铁新区、空港新区总体规划及城市设计。编制晋城市主城区生态旅游观光绿道规划设计、新市西街精品化改造前期规划设计、城市综合管廊规划、海绵城市规划和吴王山双修规划。加强道路交通和市政基础设施的规划研究，为太焦铁路、民用机场、大水源、大热源、大气源等城市重大设施和20余项城市道路工程项目建设提供规划服务。

【县域规划】 2017年，晋城市规划局健全县域城乡规划服务体制，以“定点服务”方式，对县域城乡规划的编制、审批与管理工作进行检查、指导，开展城乡规划公开公示和控规编制质量专项检查，组织专家和技术人员到县(市)就有关技术问题进行指导。督促各县(市)控制性规划编制与备案，《高平市主城区控制性详细规划》上报省住建厅备案，编制《高平市南湖新区控制性详细规划》，两者规划面积为28平方千米，达到覆盖率100%要求；编制《阳城县主城区控制性详细规划》，规划面积达到覆盖率73%要求；《沁水县中心城区控制性详细规划》控规覆盖率为100%；编制《陵川县旧城改造片区及城南新区控制性详细规划》，规划面积达到覆盖率70%要求。

【行业监管】 2017年，晋城市规划局加强勘察设计行业市场监管，通过动态考核、“双随机”检查、注册人员管理、统计报表等形式加强勘察设计行业管理。完成2016年度设计企业动态考核资料审查、上报工作。完成各类注册人员(共63人)的申报材料汇总上报工作。完成2016年度勘察设计注册工程师资格考试成绩合格人员(共38人)和2017年度注册建筑师资格考试成绩合格人员(共7人)资格初审工作。完成5家设计企业的资质申请、变更、注销等工作。强化建筑工程质量管理，加强施工图审查备案管理，房屋建筑和市政基础设施工程施工图设计文件审查备案率达到100%。安排部署住建部建筑市场检查以及省住建厅关于勘察设计强制性标准执行情况检查、光纤入户强制性标准检查工作。做好抗震设防超限高层审查工作，完成阳城县“四馆一院”项目超限高层抗震设防专项审查初审工作。

【规划管理】 2017年，晋城市规划局加强规划管理。推进规划管理体制机制改革。调整内设科室职能，成立行政审批科，集中受理规划审批事项；新设规划编制科和信息化科。对开发区规划分局下放规划管理权，对县区下放部分建设项目的规划选址审批权。取消所有非法定前置条件，取消“一书三证”附图制图中介收费。开发区规划分局试行承诺制实行无审批。实施信息化管理。对接市政务中心平台，填补规划信息化空白，编制《晋城市智慧规划建设方案》，选取政务服务中心周边约2平方千米用地作为示范区进行规划信息平台建设。制定《晋城市规划局城乡规划公开公示及公众参与办法》，对所有规划编制和实施项目依法进行批前公示和批后公布，共执行公布71项，公示38项。其中，城乡规划制定批后公布4项，规划方案批后公布18项，建设工程设计方案批后公布37项，建设项目工程规划许可公告12项，城乡规划制定批前公示4项，规划方案批前公示2项，建设工程设计方案批前公示16项，规划选址批前公示16项。

(市规划局)

公用事业建设

【概述】 2017年，晋城市公用事业建设局学习贯彻习近平总书记系列重要讲话和中共十九大精神，落实市委、市政府决策部署，坚持“竞进提质、效速兼取”的总目标，围绕“三通”工程建设要求，推进市重点工程建设，完成年初确定的主要任务,各项工作发展跃上新台阶。

【项目建设】 2017年,晋城市祥云街(紫光路—桃苑路)、塔东街(文峰路—紫光路)、山门街(文峰路—桃苑路)一期、太行路南段(白水街—规划南环路)、后书院街(建设北路—中山路)五条道路工程开工建设;景西路南延上跨晋阳高速控制性工程开工;采空区治理工程和桥梁梁场建设开工。中原街改造及综合管廊工程完成道路测量和初勘等前期工作,可行性研究报告编制报批。金匠东街东跨(现状金匠街—改线207国道)、金鼎路南跨(改线207国道—晋济高速连接线)、七叉口立交枢纽工程完成除用地手续外的其他审批工作;畅安路北延(朝天宫—巴南街)、牛浪路(晋阳高速公路—改线207国道)完成勘察、设计招标和可行性研究报告编制。市区"一环"道路工程完成设计方案论证,项目建议书编制基本完成;新市西街精品改造工程完成设计方案招标;崇实路、花园路、佑安街、塔东街二期四条道路办理立项和选址手续,完成用地勘测定界工作。

【项目管理】 2017年,晋城市公用事业建设局推行精细化项目管理,采取现场观察记录、与工人座谈、查阅档案资料等多种方式,对在建祥云街、塔东街、山门街一期、太行路南段、后书院街五条道路工程项目,分别从招投标、设计规划、中介单位、征收补偿、投资与成本、质量、安全、环境和档案资料管理九个方面入手开展调研,了解道路工程项目管理的现状、存在的问题及原因,提出解决办法。

【依法征收】 2017年,晋城市公用事业建设局坚持依法依规,运用多种思维方式,化解纠纷,推进征收补偿工作。签订各类拆迁补偿协议50项,补偿金额3900万元。迁移坟墓418盘,移植树木5017株、草坪583.2平方米。拆除各类房屋2.9万平方米和大量附属物。

(市公用事业建设局)

园林绿化

【概述】 2017年,晋城市园林局以建设美丽晋城为目标,按照"增绿、提质、创特"的总要求,围绕"坚持一个统领,抓好六大工程,打赢三大硬仗,把握一个根本"的工作思路,在实现园林绿化建设大提速、园林养护管理大提质、园林创建工作大提效、园林队伍素质大提升方面取得成效;突出建管并重,推进园林重点工程建设和园林管护精细化、制度化、便民化建设,园林绿化工作总体呈现出"绿量稳中有进、管护精益求精、功能日趋完善"的态势,市园林局被表彰为"全国文明单位"。

【重点工程】 2017年,晋城市园林局推进六项园林重点工程建设:山门公园建成开放;凤凰岭公园及周边生态区提升工程全面完工,完成天桥铺装、周边园路、公厕、景观小品等园林基础建设;时家岭公园建成北广场、部分园路、挡土墙、排水沟及相关水电配套设施;丹河水城提升完善工程启动,主要包括跨铁路桥、民居保护和公厕建设;笔峰寺公园完成前期工作,主要包括工程范围内临建、围墙、坟墓等构筑物的现场摸底和地形测绘;文博路北段道路绿化提升工程实施前期工作,工程南起新市街,北至北环路,全长2776米,绿化面积298亩。

【日常管护】 2017年,晋城市园林局对规模绿地、公园绿地、道路绿地、生态林地等不同绿地类型实施分类管理,在各公园、广场、游园、道路、林地补栽补种乔灌木40余个品种16万余株,补植草坪2.6万平方米,修剪树木6万余株,描红刷白树木30余万株。完善园林基础设施,泽州公园实现园区免费Wi-Fi全覆盖,举办首届牡丹樱花赏花游园节;凤西广场安装8米高杆亮化景观灯,增设常见花卉种植咨询服务台;景观河道在西秀园生态岛安装"雾森系统",增设夜景灯光;儿童公园拓展儿童游乐区,增设游乐设施;玉龙潭公园修建全园无障碍通道,安装直饮水机;玉屏山休闲运动公园新建500平方米的健身活动场所,配齐各类健身器材;白马寺山植物园打造沙滩吊床乐园,免费提供婴儿车和老年轮椅等;设立学雷锋志愿服务站,成立志愿者服务队,为游人提供热水、婴儿车、针线包、救护包等便民服务。在市区各公园、广场、游园、主干道安装公益广告牌613块，摆放鲜花64处、30余个品种共60余万盆，打造社会主义核心价值观主题公园3个，未成年人思想道德建设主题公园1个、主题广场4个、主题街道3条。

【园林创建】 2017年，晋城市园林局指导和帮助陵川县、沁水县开展园林县城创建工作，出台创建国家园林县城实施方案，并进入国家级预备名录。在全市开展园林单位、园林小区、园林道路评比活动，命名市级园林单位25个、园林小区11个、园林道路3条。开展"四创建"活动，申报省级园林单位8个、园林小区1个、园林道路1条、星级公园3个。

（市园林局）

环境保护

【概述】 2017年，晋城市环保局围绕环境质量改善目标，以中央环保督察为契机，以完成中央以及省委、省政府下达的任务指标为导向，全面加大污染防治力度，超额完成国家大气十条（2013年—2017年）下达的PM2.5浓度下降20%的目标任务，水环境质量改善。

【大气污染防治】 2017年，晋城市加强大气污染防治。处置"散乱污"企业。按照"两断三清"要求对全市866家"散乱污"企业进行全面整治，并以此为契机，推进传统产业转型升级，阳城县建瓷工业园区15家陶瓷企业全部完成清洁能源改造，泽州县南村铸造工业园区开工建设，阳城县2家采用煤层气连续法工艺（生产规模5万吨/年）二硫化碳企业开工建设。

整治重点行业。加快电力行业超低排放技术改造和钢铁行业特别排放限值对标改造，全市5家火电企业共279.5万千瓦机组全部完成超低排放改造，14家钢铁（冶铸）企业中除4家关停、停产外，其余10家企业全部完成特别排放限值对标改造。

治理燃煤污染。对市区和县城建成区112台燃煤锅炉实施淘汰，对261台燃煤锅炉实施特别排放限值对标改造，对1874台燃煤锅炉实施清洁能源替代和取缔，对11.3万户居民实施清洁取暖改造。推进禁煤区建设，出台《晋城市燃煤污染防治实施细则》，划定禁煤区，可替代燃煤5.4万吨。

治理面源污染。"降尘"方面，对168家工业企业物料堆场采取全封闭措施，实现"上不露天、下不落地、不流污水"；建设扬尘监测监控治理系统，对各类堆场实现有组织系统化管理，对道路扬尘全面实施冲洗保洁和喷雾降尘；发布《市区西北环路、207国道实施重中型货车限行分流通告》，从7月1日起，对市区西北环路、国道207线市区路段实行重、中型货车限行分流白天禁行，减少重、中型货车穿越市区造成的扬尘污染。"治烟"方面，对20家大中型餐饮企业油烟治理设施实施提标升级改造，并建设在线监控系统；市政府发布《关于主城区禁止燃放烟花爆竹的通告》。

应对重污染天气。重新修订《晋城市重污染天气应急预案》，将全市809家工业企业、248个建筑工地、168个工业堆场纳入重污染天气应急减排措施项目清单，实行"一企一策"。对全市钢铁、焦化、铸造、建材、化工等重点行业的526企业实施错峰生产，对涉及大宗原材料及产品运输的472家企业实施错峰运输。

【水污染防治】 2017年，晋城市加强水污染防治。加快水污染重点治理工程建设，启动高平市第二污水处理厂和阳城县町店、润城乡镇污水处理厂建设，推进市区10条黑臭水体、北石店河、茶棚河环境综合治理工程，建成丹河高平河西湿地。整治畜禽养殖污染，完成6个县（市、区）畜禽养殖"禁养区"的划定工作，对16家规模化畜禽养殖场实施关停、搬迁；分批、分步对1035家规模化畜禽养殖场实施废弃物综合利用工程，完成806家。严管严控涉水企业，启动全市所有煤炭企业达地表水三类标准改造工程，实施化工、印染、钢铁、焦化4个行业清洁化改造，对16家化工企业按照排放标准实施管理。保障群众饮水安全，完成阳城、陵川两个千吨万人水源地划分及定桩立界工作，对10个城镇集中式饮用水源地和70个乡镇集中式饮用水源地环境状况进行评估和定期监测监控，确保群众饮水安全。

【土壤污染防治】 2017年，晋城市环保局依据国务院《土壤污染防治行动计划》和山西省人民政府《土壤污染防治工作方案》，编制出台《晋城市土壤污染防治工作方案》《晋城市2017年土壤污染防治行动计划》等系列文件。启动土壤污染防治调查工作，对全市化工、焦化、电镀、纺织、危险废物、垃圾处置等52家土壤重点监管行业企业的基本信息、环境风险进行调查核实，确定42家土壤污染风险防控重点监管源名单，向社会进行公示，签订《土壤环境风险防控目标责任书》，实行重点强化监督监管制度。完成112个国家认定土壤环境质量监测点位的布设工作。其中，背景点位3个、基础点位47个、风险点位62个。市环境监测站土壤环境质量重点项目的扩项认证工作基本结束，初步具备土壤环境质量监测能力。

【环保执法】 2017年，晋城市累计出动环境执法人员1.9万多人（次），立案查处环境违法案件850起，共处罚金9013万元，查办“四类典型环境违法案件”63件（其中，移送公安机关实施行政拘留13件、按日连续处罚11件、查封扣押24件、限产停产15件），对251名相关责任人问责。其中，约谈114人、通报30人、诫勉谈话47人、行政警告6人、党内警告5人、撤职3人、停职1人、其他45人。实施“工业污染源全面达标排放计划”，全市钢铁、火电、水泥、煤炭、造纸、印染、污水处理厂、垃圾焚烧厂和焦化9个重点行业的112家工业企业达到排放标准。落实“双随机”抽查执法制度，随机确定执法人员及企业，对87家重点排污单位和514家一般排污单位开展执法检查。

（市环保局）

交通运输

【概述】 2017年，晋城市交通运输系统在省交通运输厅的支持下，贯彻落实新发展理念，攻坚克难、奋发进取，交通运输发展取得新的成绩。

【重点项目】 2017年，晋城市交通运输管理局推进重点项目建设。“四好农村路”建设任务。全市完成农村公路投资7.57亿元，完成农村公路建设146.4千米，完成安保防护工程1020千米，3项指标全部超额完成。交通扶贫行动任务。全市共有2197个行政村，除陵川县马圪当乡抱犊村1个村不具备通路条件外，2196个村实现通路；全市200个贫困村全部通路，通路率达到100%；对部分贫困村的农村公路进行提档升级，完成投资3278万元，完成里程61.8千米，完成交通扶贫任务。太行屋脊全域旅游大通道项目。该项目途经晋城5个县（市）、30个乡镇、262个行政村，全长约500千米，批复设计41千米，批复工可31.7千米，待批16千米，在编制工可159.3千米，未启动里程98千米。公共交通项目。更新新能源公交车28台，新增公交线路运营里程14千米，实际新增公交运营线路54千米，完成城市交通一卡通互联互通项目前期、招标和项目调试工作。

【公路建设】 2017年，国道207晋城市过境段公路改线工程，路基路面除背荫、青杨掌半幅路段外，其余完成，当年完成投资4.77亿元，累计完成投资10.54亿元。国道207改线新增交叉工程，开始土地组件上报和施工监理招标，征地拆迁开始，部分控制性工程开工，累计完成投资1.72亿元。国道207线新房洼至省界瓶颈路段改造工程，完成路基土石方189.1万立方米，完成率73.4%；防护工程14.65万立方米，完成率75.7%；涵洞工程316.35米/16道，完成率38%；桥梁工程全部开工，完成率55%；全线隧道5座，全部贯通，完成率100%；4条过水洞，3条贯通，4号过水洞在施工。完成年度投资19427万元，累计完成投资32753万元，完成项目预算总投资的50.9%。国道342晋城市过境段改线工程，完成立项、初步设计审批工作，施工图设计完成并上报省公路局待批；项目涉及土地预审、规划选址、环评、水保、防洪评价批复，土地复垦完成会议审查待批；PPP项目社会资本方招标工作启动。晋阳一级公路东沟至周村段工程，涵洞工程全部完成，抗滑桩完成总量的80%，桥梁工程除长河大桥在进行上部施工外，其他完成；土方工程完成总量的45%；完成投资7000万元。

【公路养护】 2017年，晋城市交通运输管理局完成路基整修1485千米，路面灌（贴）缝478460米，路面刷油266052平方米，修补路面翻浆、沉陷、拥包、车辙等病害204182平方米，SMC超薄罩面27000平方米，泡沫沥青冷再生11000平方米，修剪行道树503千米，刷新刷白168254平方米，管养公路路容干净、整洁，边坡稳定，边沟排水通畅，沿线各种标志、里程碑、百米桩、公路安全设施齐全，构造物完好无损，优良路率达82.1%。老马岭等5座隧道安全隐患专项治理工程、坪曲线严重地质灾害处治工程、坪曲线K41+465-K44+612段安全隐患路段处治工程、阳济线王沟大桥加固改造工程、省道阳济线涧坪桥加固改造工程和友谊隧道改造工程全部完工。

【路政管理】 2017年，晋城市交通运输管理局组织开展路域环境专项整治行动70余次，拆除各类非公路标志（广告牌）1533块12820平方米，拆除各类违法建（构）筑物84处836.7平方米，整治平交道口11处，取缔路边加水点12处。共查处各类路政案件102起，结案102起，路政案件发现率、查处率、结案率、路产恢复率均达98%。

【安全生产】 2017年，晋城市交通运输管理局加大安全监管和隐患排查整治力度，消除事故隐患。全年召开安全专题会议12次，组织开展安全教育培训170余人次，开展各类紧急突发应急演练6次，开展安全隐患排查10次，发现问题149项，整改率达100%。全年安全生产无事故。

（市交通运输管理局）

交通运输执法

【概述】 2017年，晋城交通运输执法局围绕“一轴、两翼、三基石”的工作思路，以维护辖区交通形象为中心，以提高监督服务为抓手，全年共向辖区范围内各单位提供监督服务3487次，帮助106个被监督单位提升自身业务素质。被晋城市目标责任考核领导组授予“促进晋城经济社会发展贡献奖”。

【执法监督】 2017年，晋城交通运输执法局共开展监督工作3487次，出动人数10529人次，办理案件168件，其中13件被省交通运输执法局评为优秀案件。

【专项检查】 2017年，晋城交通运输执法局开展政府还贷高速公路绿色通道减免通行费检查，出动65人，分13个组，发现绿色通道查验管理权限放松等5个方面的问题。开展平安交通专项整治行动，立案调查道路运营机构因管辖权变更推诿扯皮不作为行为。开展专项审计监督，完成对高沁高速建设项目、省治超联网建设项目、晋城高速公司和阳翼建管处涉路广告经营、服务区经营专项审计任务。开展治超专项监督，10月16日至11月15日，对辖区内重点公路和出省口超限检测站的治超执法行为进行统一集中监督检查；11月6日至30日，开展“宣传治超新规遏制治超反弹专项行动”，重点监督检查各执法单位与交警联合执法情况、应急预案执行情况、“一超四罚”的落实情况等。

【法治建设】 2017年，晋城交通运输执法局制定印发年度《法制宣传教育工作要点》。建立健全党委中心组法律学习制度，定期开展全员法律知识教育培训，提高全体干部职工依法决策、依法监督、依法管理的能力和水平。参与“12·4”法制宣传日等集中宣传活动，为各项监督工作营造法治氛围。

（晋城交通运输执法局）

省运晋城公司

【概述】 2017年，省运晋城公司坚持稳中求进工作总基调，以提升质量效益为中心，以深化产业“六化”为路径，统筹调结构、促转型、防风险、稳增长、惠民生，团结带领广大干部职工埋头苦干、锐意进取，公司保持稳中有新的发展态势，全面完成集团考核指标，为实现“十三五”目标夯实基础。实现利税7000余万元。

【客运市场】 2017年，省运晋城公司购置高端奔驰商务车，自主研发智能调度服务平台，满足乘客由“站”到“点”就近乘车；4月，晋城—郑州高铁站定制客运开通首发，开全省先例；开通4条定制线路，投入车辆15台。泽州汇安公司投入41台公交车，实现3个乡镇全覆盖、11个乡镇主干道通车、通达226个建制村，开通4条景区公交线路，“双通”目标提前完成。旅游分公司拓展通勤车业务，实行运费网络结算，市场份额稳中有升。客运系统增加包车范围,班线经营保持稳定态势;规范股份客车延续经营,科学合理考核,确保国有资产保值增值。城际、城市、城乡、镇村四级公交体系扩大。

【货运市场】 2017年,省运晋城公司深化货运物流电商化发展,巩固规模,防控风险,以供应链集成为重点,以园区为载体,以协同促发展。汽车经销分公司用好专项资金,巩固货运规模。公铁联运处、经贸公司、商贸公司紧缩贸易业务,探索非煤贸易发展。新能源经营处用好资质优势,强化与上下游企业合作,任务指标超额完成。

【站场经营】 2017年,省运晋城公司深化站场综合利用一体化发展,以站运游结合促转型。拓宽售票服务渠道,实现电话订票、联网售票、自助取票;创新服务模式,客运东站开通"学子直通车""捷易登机"服务,引入携程线下体验店;提高信息化水平,各客运站微信公众号上线运营,关注人数达到12万余人。各客运站利用场地资源优势,开展超市自营、场地租赁、广告业务,充电站满足公司客车充电需求,客运东站加油站、加气站投产运营,客运东站司乘楼整体出租,站场综合利用一体化水平提高。

【汽配销售】 2017年,省运晋城公司深化汽贸维修多元化发展,以车辆销售为重点,以"互联网+"促转型,以品牌服务创效益。汇海公司由单一的商用车销售向多元化销售并行,打破平均分配,改革绩效考核制度,职工积极性提高,超额完成年度各项经营指标。众鑫公司江淮汽车部推出二人快速维护项目,汽车后市场服务得到拓展。各维修单位采取多种方式,加快平台推广,全年入网用户达445家,为整车销售、配件、售后服务、信息反馈全产业链线上线下融合发展打下基础。

【驾培板块】 2017年,省运晋城公司深化驾培服务信息化发展,投资200余万元,扩建训练场地,增设训练科目,培训硬件设施全面升级。推行线上预约模式,开展定制化、个性化培训。拓宽培训范围,为泽州县退伍军人提供驾驶技能培训,取得晋城市出租汽车驾驶员教育培训资质。驾驶员继续教育培训中心应对政策调整,巩固线下培训,取得网络远程培训资质,实现线上线下融合补充。

【新能源应用】 2017年,省运晋城公司深化新能源产业化发展,加大新能源纯电动客车应用。利用客运站场地优势,与国电公司合作建设充电站(桩),60个充电桩覆盖6个汽车站。客运东站加气站投入运营,满足公司内部需求,开展社会服务。

(山西汽运集团晋城汽车运输有限公司)

邮 政

【概述】 2017年,中国邮政集团公司晋城市分公司创新发展方式,坚持转型定力,加快结构调整,深化专业队伍建设,强化服务能力,各项业务保持稳定发展态势。

【邮政网点】 2017年,晋城市邮政网点达111个(包括纯邮政网点、纯金融网点、综合网点)。其中,自办网点77个,委代办网点34个;电子化网点71个,手工网点28个;纯金融网点12个;金融网点59个,邮路41条,邮路总里程(单程)2209千米,农村投递路线总长度(单程)8308.5千米,服务面积9490平方千米,服务人口232余万人。

【金融业务】 2017年,中国邮政集团公司晋城市分公司以跨赛为载体,抢抓旺季资金回笼机遇,跨赛总体净增余额完成省公司跨赛考核余额目标的111.44%。调整定活、定定结构,降低付息成本,以绿卡为载体,发展个人网银、手机银行产品、POS业务等重点产品营销。聚焦特色客群,提供特色差异化服务,布置实施"三定位"特色客群打造,初步形成城市网点"5+X"、农村网点"3+X"精细化分类管理,确定老年客群、代发客群、外出务工客群、有车一族客群等7大重点经营客群,在全市建设7个金辉俱乐部和1个亲子俱乐部。复制运城芮城建站经验,建设农村综合金融服务站。借鉴太原分南屯支局"借力·引流"活动经验,各网点开展微信接龙活动,网点微信客户群新增200余人。与福益德公司联合举办“幸福生活在三晋”广场舞活动,共收集客户信息1536条。推进代理保险业务,全市累计新增保费完成省公司目标计划的105.4%,全省排名第五。

【寄递业务】 2017年,中国邮政集团公司晋城市分公司开展“疯狂年货节”“邮政帮你传情”“标快业务营销拓展大会战”等营销活动。加大政务市场文件类寄递业务营销力度,抢单蓄客,与本地民营、电商企业,实施对接,巩固与大客户的合作关系。拓展“双十一”寄递类业务市场,对全市61个寄递大客户进行回访,成立寄递业务主动客服团队,尖刀排成员入驻协议电商客户进行前置收寄,全市累计发送包裹邮件38919件,同比增长45%,收入同比增长11%。

【集邮业务】 2017年,中国邮政集团公司晋城市分公司加大定向邮品开发力度,确定重点开发市场,通过约投挂号、电话回访、营销人员跟进的递进方式锁定客户。市分公司集邮与文化传媒部与沁河能源有限开发公司联合定制邮品《爱我沁河,筑梦前行》周年庆典宣传册共计8000册。开展集邮文化“四进”活动、“周末邮市”营销活动、集邮专场品鉴会与集邮盘库压库营销活动,挑选市场价位适中、市场认知度较高的产品进行重点销售。市分公司在晋煤集团财务公司举办专场集邮品鉴会,活动收入2万余元。成立电子商务小组,利用“晋城集邮”推广微信平台,实现邮品跨省销售。

【报刊业务】 2017年,中国邮政集团公司晋城市分公司坚持“精准报刊”总思路,做好党报党刊的订阅工作,对发行量下滑单位向市委宣传部门汇报。主动联系相关行业主管部门,定期汇总收订情况。做好政务类图书销售,紧抓党的十九大精神学习热潮,在《太行晚报》和微信朋友圈投放定制广告,利用自有媒体展开宣传。筹备报刊大收订工作,拓展“校园、社区、单位”三方市场,推荐微信订阅模式。

【便民平台】 2017年,中国邮政集团公司晋城市分公司建设全市三级渠道平台运营体系,组建3人“邮乐购”店渠道平台市级建设管理团队,以“片区经理+支局人员”相结合的维护机制,促进邮掌柜活跃度和交易量提升。采取“邮农合作社”运作模式,引导农户将农产品及秋粮款回流邮政金融储蓄,累计签订协议会员10242户,召开订货会35场,农技师为社员提供农技知识讲解20余次,订货及销售化肥2880吨,绝对值列全省第一位,晋邮乡情扫码444户。

【设施建设】 2017年,中国邮政集团公司晋城市分公司合并信息技术分局和网路运营中心,成立运营管理部。新建邮件处理中心场地投入使用,新增49辆摩托车、15辆三轮电动车、112辆二轮电动车,统一配备投递分拣台席、电动车充电桩、PDA充电柜等相关配套设施。开通区内二频次干线邮路和晋城到郑州的省际邮路,缩短邮件出口时限。对城郊分公司凤凰山邮政支局、大十字邮政所、高平市分公司三甲邮政所、沁水县分公司固县邮政支局、陵川分公司古郊邮政所5处营业网点进行翻修,对白水西街营业所、凤凰西街营业所2处网点进行装修,为全市用户提供用邮服务。

(市邮政局)

电　信

·移　动·

【概述】 2017年,中国移动晋城市分公司全体干部员工以党建为统领,以实施“大连接”战略为主线,以“四轮驱动”为动力,以“四种理念”为保障,以激发干群活力为源泉,完成各项工作任务。陵川县分公司“满意之家”班组获山西公司“满意100”服务明星班组称号,网络部获“山西省工人先锋号”称号,1名员工获“山西省五一劳动奖章”。

【网络建设】 2017年,中国移动晋城市分公司新建4G基站784个,4G基站累计达到3854个;新建传输光缆2112皮长千米,累计达到24897皮长千米。完成NB-

IoT网络一期建设,新建NB基站155站,完成189站老旧设备替换,实现城区室外NB-IoT网络连续覆盖。在业务密集区域、重要感知区域及集中性能派单问题区域开展网络优化,4G综合下载速率达到42兆位/秒,MR覆盖率提升至94.82%。

【基础管理】 2017年,中国移动晋城市分公司加强制度建设和流程管理,坚持财务会审制度,强化问题清单落实整改,财务基础管理水平提升;推行"固定+零基"预算分配模式,强化刚性成本管控,刚性支出稳中有压。加强采购质量和效率提升,全年集采集中度、ES平台使用率和采购合法合规率均达到100%。落实合同常态化检查整改机制,合同审批时限缩短,合同补签率降低。加强历史遗留项目清理和工程大整治,建立三级自查体系,工程合法合规管理水平提升。

【风险防控】 2017年,中国移动晋城市分公司推进嵌入式廉洁风险防控机制建设,通过建立岗位责任清单、执行落实风险防控措施、定期开展穿行测试检查、形成问题整改长效机制等举措,搭建覆盖11个专业部门、7个基层单位,涉及19个领域455个风险点的风险防控措施。推进"法治移动"建设,落实安全生产责任,执行实名制,对不知情定制"零容忍",对违规业务退订进行管控,防范企业风险。

(中国移动晋城市分公司)

·联通·

【概述】 2017年,中国联通晋城市分公司召开第三次党员大会,选出新一届党委班子,完成各党支部换届选举。公司各项指标全面向好,业绩提升,信息服务能力增强,开创转型发展新局面。

【重点业务】 2017年,中国联通晋城市分公司开展线上线下一体化营销,以中台为支撑,重构流程与组织作业模式;借助大数据建模,开展精准营销。移动网全年发展市场份额全省第一;移网存量用户保有率全省第一,收入保有率全省第二;宽带存量用户保有率全省第三,收入保有率全省第四;通过产品优化提升竞争力,形成以流量为核心、冰激凌产品为拳头的移网产品体系,新增异网高端冰激凌用户全省第四;优化固网产品体系,以融合产品为导向,以视频内容为引领,发力家庭客户,融合渗透率全省第一;IPTV(交互式网络电视)渗透率全省第一。

【市场营销】 2017年,中国联通晋城市分公司推广分期购、沃理财等金融产品,沃钱包注册用户渗透率全省第二。重点市场攻坚取得收效,美丽乡村攻坚行动净增移网用户完成率全省第一。政企客户全面创新转型效果显现,地市画像为A,综合指标全省第一。开展"5+1"营销活动,法务通、矿安通、移动执法、智慧酒店等信息化项目拉动移网规模发展。"客房网络盛宴"专项营销活动评比全省第一;云数据全省第一;ICT业务全省第四;物联网全省第二。举办"智慧企业、领航未来"创新业务推荐会和高平政务云现场会,中标泽州天网二期、晋城政务大厅桌面云、高平雪亮工程、阳城警务终端应用平台等项目。

【网络建设】 2017年,中国联通晋城市分公司推行宽带接入项目总承包试点工作,全年新增FTTH(光纤到户)端口19563线,宽带端口到达54.74万线,建成千兆小区12个;移动网179个4G基站开通入网,263栋楼宇室分工程建成。

【客户服务】 2017年,中国联通晋城市分公司聚焦客户感知,提升NPS(净推荐值,又称口碑)。以"感动在沃"NPS提升劳动竞赛活动为抓手,将NPS纳入绩效考核。开展"客户感知专项攻坚"行动和客户接触服务感知提升活动,重点围绕480服务、网络优化、业务流程优化、触点服务优化等提升服务能力。实施"倾听客户心声"服务体验制度。

【企业管理】 2017年,中国联通晋城市分公司以人岗匹配、转岗分流机制为抓手,实施用工优化。全生产场景划小工作试点启动,建立增量收益分享机制和市场线基层责任单元退出机制。完善绩效考核激励体系,优化基层责任单元薪酬体系,“双效”提升和“三基能力提升”工作开展。加强人才储备培养,打通员工晋升通道,遴选新绿人才、骨干人才、新锐人才,公开选拔后备干部。分层级、多形式开展管理人员、关键岗位人员培训,累计开班50期,培训人员885人次。开展维护技术练功比武,促进维护队伍水平提升。

(中国联通晋城市分公司)

·电　信·

【概述】 2017年,中国电信晋城分公司完成收入目标,全业务收入完成1.3亿元,市场份额提升;收入结构优化,新兴业务增收,其中新兴流量业务收入跃居首位,成为主流增收手段;移动业务规模突破,用户质态管控较好,宽带业务份额提升至全省第一。

【网络建设】 2017年,中国电信晋城分公司4G网络实现城区、县城及发达乡镇区域覆盖,热点景区及发达农村实现点覆盖,重要交通道路覆盖提升,LTE800M与C网达到同等水平覆盖,并成为全省第一个100%开通LTE五期所有站点的地市;光宽网络新增端口9.8万线。其中,自建4.9万线,驻地网4.4万线,扩容0.5万线,端口实占率由年初的22.57%提升至25.53%,小区覆盖率由年初的75%提升至85%,完成LAN光改,提升光宽速率、品质,宽带故障申告率同比下降1.68%。

【客户服务】 2017年,中国电信晋城分公司自有营业厅实现全面覆盖,按月监督考核客服工作,山西电信宽带帐号绑定率达到4.53%,全省排名第六;提供宽带到期、租机到期、话费不足、流量超出等主动服务智能预警,提升客户业务使用合理性和服务感知;完成21项政企客户服务标准、15项天翼高清标准达标、15家重点渠道服务达标;完成行风纠风2方面7类22项考核指标,优化或新建用户信息安全相关流程制度5项,保障用户个人信息安全。

【市场营销】 2017年,实体渠道达到319个,新建渠道100个,拉动新增贡献率12%,拓展泛渠道441个,有效渠道达到282个,同比增加84个,同比上升42%;专营店达到176个,新增70个,专营店单店效能35户/月,同比增长6%;完成晋城市统计局县乡联网直报网络项目、武警支队作战信息收集线路组网项目、卫计委远程会诊电路接入项目等全市政企新增专线电路重点项目;政企客户部完成ICT(信息和通信技术)预算指标,其中重点落单项目为网信办网络安全应急技术支撑服务项目、国韵视屏监控项目等;完成“酒店完美联盟”预算指标,200户以上有兰花大酒店、泽州大酒店、如家酒店等;校园市场各项指标完成良好,学子公司组织架构设置及楼长负责制,校园新增量贡献率达70%。

【企业管理】 2017年,中国电信晋城分公司开展支局、网格、自营、商圈重点工作指导和竞赛。依托集团省公司培训资源,组织县(市)经理及部门负责人参加业务和管理能力培训,提升中层管理水平;优选3名优秀CEO组建培训师队伍,复制推广先进经验,强化四级单元人员的业务及销售能力,全年培训20余次。

(中国电信晋城市分公司)

商务粮食

【概述】 2017年，晋城市商务粮食局学习贯彻党的十九大精神和习近平新时代中国特色社会主义思想，围绕市委、市政府年初总体工作部署，完成全年各项目标任务，呈现出强势增长、争先进位、创新突破良好态势，取得新业绩，展示新作为，为全市经济和社会发展作出新贡献。

【创新发展】 2017年，晋城市商务粮食局推进开发区改革创新发展和自贸试验区晋城片区申报工作。出台《晋城市开发区改革创新发展实施方案》《晋城经济技术开发区整合扩区实施方案》《关于加快开发区改革创新打造经济转型发展主战场的实施意见》，推进4个省级开发区申报工作，晋城经济技术开发区扩区改革方案和“三化三制”改革方案获省政府批复，高平经济技术开发区申报省级开发区并进入实施阶段，沁水经济技术开发区申报省级开发区并通过评审，阳城经济技术开发区、陵川文化旅游开发区建设可研报告上报省政府，进入审批程序。编制完成中国（山西）自由贸易试验区晋城片区可研报告，上报国务院审批。

【国企改革】 2017年，晋城市商务粮食局按照省、市关于全面深化国有企业改革的基本思路和安排部署，完成所属10家企业清产核资工作，签订国有产权划转协议。

【主要指标】 2017年，晋城市社会消费品零售总额完成415亿元，同比增长7.5%，增速排名全省第一。全市外贸进出口总值46.8亿元，同比增长17.6%。其中，出口12.6亿元，同比增长15.7%；进口34.2亿元，同比增长18.3%。晋城经济技术开发区入区企业个数达2621个，超省定目标3%；经营（销售）收入338亿元，超省定目标1.2%；投资强度370.6万元/亩，超省定目标0.2%；实际利用省外直接投资50.2亿元，超省定目标0.4%；研究与实验发展经费达（R&D）2.3亿元，完成省定目标。

【内贸流通】 2017年，晋城市商务粮食局推进商贸物流基础设施建设，形成中心城区城东、城西2个物流集聚区，华大时代广场、汇邦商业广场、怀覃里特色商业街、高平兰花时代广场等项目进入招商阶段。出台《晋城市重要商品储备管理办法》，完善市场供应保障机制。举办各类促消费活动，扩大内需，促进消费增长。深化行政审批制度改革，加大市场监管力度，创优营商环境。

【对外开放】 2017年，晋城市政府出台《关于扩大对外开放积极利用外资若干措施的实施意见》，为促进外向型经济发展提供政策支撑。出台《晋城市参与丝绸之路经济带和21世纪海上丝绸之路实施方案》，组织企业参加“山西品牌中华行、丝路行、网上行”活动和广交会、上交会、南博会等经贸洽谈会，在融入“一带一路”战略、打造晋城品牌、开拓国际国内市场、加强文化交流、深化经济合作等方面取得成效。

【电子商务】 2017年，晋城市政府出台《电子商务发展指导意见》《关于促进跨境电子商务发展的实施意见》《电子商务发展专项资金管理办法》，设立500万元专项扶持资金，支持电子商务创新发展。加强电商网络节点建设，完善农村电商基础设施，共建设县级公共服务中心6个，村级服务站点2000余个。引进阿里巴巴、京东商城、苏宁云商等电商企业，推动全市电子商务提档升级。推进电子商务进农村示范县建设，带动县、乡、村三级农村物流体系建设。

【粮食安全】 2017年，晋城市商务粮食局落实耕地保护制度，确保全市耕地面积始终保持在300万亩以上，保障全市288.45万亩耕地红线不被突破；稳定发展粮食生产，增强粮食生产能力，全市粮食总产量达8.35亿公斤；加强粮食流通，供需平衡，确保粮食市场稳定，全年全市共收购粮食4.1亿公斤，销售粮食4.3亿公斤。落实粮食安全责任制，推动智能化粮库升级改造、粮食产后服务中心、山西好粮油行动计划、粮食应急体系建设、放心粮油示范店建设“五大工程”，完善粮食流通体系。支持引导多元市场主体，开展市场化收购，跨区域粮食产销合作，加强粮食市场监测预报和保供稳价工作，强化粮食质量监管和粮食流通监督检查，维护粮食流通正常秩序，确保粮食市场繁荣稳定。

【服务业发展】 2017年，晋城市商务粮食局推进便民工程建设，共建成早餐亭120多个，安排就业人员300余人。推进晋城名菜、晋城名厨、晋城名店认定工作，加强晋城本土餐饮标准化建设。晋城名厨孙永胜、王小同通过中国烹饪大师（名师）考试，获“注册中国烹饪大师”称号，实现全市“国字号”烹饪大师零突破。阳城八八六六酒席、阳城花馍、高平十大碗等地方标准获省质监局批准实施。加大家政服务业扶持力度，开展各类家政培训12期，培训学员520人；晋城洁霸、九州鸿瑞清洁服务公司年营业额超千万元。

【环境保护】 2017年，晋城市商务粮食局完成油品质量升级工作，储油库和加油站油气回收装置覆盖率达100%。将油气回收运行情况列为日常检查事项，配合市环保局对中石化凤台、中石油黄华街加油站安装在线监测系统，提升监测能力。

（市商务粮食局）

供 销

【概述】 2017年，晋城市供销系统贯彻落实中央、省、市关于深化供销社综合改革决策部署，坚持为农服务宗旨，围绕供销社综合改革各项工作目标任务，积极进取，扎实工作，在服务三农、综合改革、党建和党风廉政建设等方面取得成效。高平市供销社被人力资源和社会保障部、全国供销总社授予“全国供销合作社系统先进集体”称号。

【主要指标】 2017年，晋城市供销系统完成商品购进13.9亿元，同比增长7.12%，其中农副产品购进2.4亿元，同比增长3.39%；完成商品销售15.82亿元，同比增长9.28%，其中消费品零售7.47亿元，同比增长15.12%，农业生产资料供应总值2.38亿元，同比增长11.03%。实现利润638.6万元，同比增长1.1%。

【综合改革】 2017年，晋城市供销社出台《关于深化供销合作社综合改革的实施方案》，召开供销社综合改革推进会，启动全市供销社的综合改革工作，推进14项综合改革任务，重点改革市属企业，确定高平、陵川两个试点县（市）和市果品冷库市直试点企业，改革取得初步进展。

【基层社建设】 2017年，晋城市供销社提升基层社服务能力，因地制宜、分类指导，推进基层社建设改造。全年共改造基层社5个，建设改造面积约1.3万平方米。2个基层社分别被省供销社表彰为基层供销社标杆社、农民合作社示范社。

【农业服务】 2017年，晋城市供销社以市场需求为导向，扩大服务领域，创新服务方式，提升农业社会化服务水平。全年，全市供销社新建提升惠农服务中心6个，建设庄稼医院5个。惠农服务中心为农民群众提供智能配肥、统防统治、农机服务、农技培训等系列化服务，为助农增收等提供保障。土地托管面积达4.3万亩，土地服务面积达13.5万亩。

【电子商务】 2017年，晋城市供销社以“互联网+供销社”新业态为抓手，以6个县(市、区)供销社电子商务全覆盖为目标，建设网点体验店，开展多方合作，对接优质电商平台，新建村级体验店140个，覆盖贫困村35个。

【专业合作社建设】 2017年，晋城市供销社采取合作制、股份合作制等形式吸纳农民社员、专业合作社等新型经营主体入社，培育管理民主、制度健全、产权清晰、带动力强的农民专业合作社。建设星级综合服务社8家，4个综合服务社被省供销社表彰为农村综合服务社五星级社，在服务“三农”中实现经济效益和社会效益双丰收。

【创新体系建设】 2017年，晋城市推进全市企业技术创新体系建设和完善工作，加大企业创新驱动力度，实施技术创新项目，19个项目被列为省级技术创新项目。加大企业技术创新投入，培养各专业技术人才，引导企业开展品牌建设，参与标准制定，申报实用新型专利和发明专利。加大以电动汽车为主的新能源汽车产业发展和推广应用工作。组织召开新能源汽车产业发展和推广应用工作座谈会，明确全市发展新能源汽车产业思路和路径，理清全市发展新能源汽车现状和新能源汽车推广应用情况。

(市供销社)

石 油

【概述】 2017年，中国石化销售有限公司山西晋城石油分公司团结和带领广大干部职工，内抓管理强素质，外拓市场树形象，经营管理和服务水平提高，取得经济效益和社会效益双丰收，全年累计销售油品27万吨，上缴地方各种税金2000多万元，为晋城市经济发展和重点工程建设做出贡献。

【资源保供】 2017年，中国石化销售有限公司山西晋城石油分公司加强与炼油厂、铁路部门的协调沟通，加大公路运输力度，保障资源需求。克服公路运输运距远、费用大、运力不足等诸多困难，增派罐车南下洛炼、北上太原等地调运油品，保证“三夏”“三秋”及严寒等时节用油。开展农机加油优惠活动，履行国有企业的政治责任和社会责任。

【安全生产】 2017年，中国石化销售有限公司山西晋城石油分公司吸取系统内外事故教训，围绕“识别大风险、消除大隐患、杜绝大事故”主线，以宣传贯彻《安全管理手册》为载体，以“强三基、反三违、严管理、抓落实”为手段，坚持“谁主管、谁负责”原则，落实安全生产责任制，注重安全检查效果，加大三违专项整治力度，加大安全隐患治理和环保投入，推进安全管理信息系统和综合管理模版应用，开创HSE(健康、安全和环境管理体系)工作新局面。因晋城油库处于城市核心区，库区周围建成大量居民区，给城市带来很大安全隐患，制约城市和企业发展，因此启动油库搬迁工作。

【“双改”与市场工作】 2017年，中国石化销售有限公司山西晋城石油分公司启动加油站双层罐改造工作，截至2017年底，共完成57座，完成率居全省系统前列。与商务、工商、质监等多个职能部门配合，开展区域内柴油市场整顿，为期两个月，净化市场环境。

【精细化管理】 2017年，中国石化销售有限公司山西晋城石油分公司贯彻《中华人民共和国产品质量法》《中华人民共和国计量法》，强化质量监测体系和制度建设，严把各环节的数质量关，执行国家规定的成品油价格政策，接受物价部门的监督，接受省、市质监部门对成品油质检和计量器具鉴定检测。建立定期油品质量抽查制度和加油机自校制度，配合质监系统开展油品质量计量监督抽查工作。在数质量管理上，保证“两个100%”，即保证出库和出入加油站的油品100%合格，保证政府职能部门及上级公司抽检油品质量100%合格。加强内控管理，实施效能监察，杜绝“跑冒滴漏”，确保质量合格、计量准确。

（中石化晋城石油分公司）

烟 草

【概述】 2017年，晋城烟草专卖局(公司)坚持以党建工作统领发展全局，以国家烟草专卖局、省烟草专卖局工作会精神及决策部署明确目标方向，以“实事求是、严格规范”基本要求指导具体实践，以“抓基层、夯基础、调状态”推动工作落实，促进企业稳中向好、健康发展。

【主要指标】 2017年，晋城烟草专卖局(公司)销售卷烟75541箱，同比增长1.2%；条均价98.08元，同比提高2.82元。实现销售收入185233万元，同比增长4.2%；实现税利47293万元，同比增长5.77%。查处各类涉烟违法案件538起，数量310万支，案值192万元。查获50条或5000元以上窝点案件109起，移送公安刑事案件6起，拘留7人，逮捕4人，破获国标网络案2起。

【市场营销】 2017年，晋城烟草专卖局(公司)依据市场状态制定销售计划，保证市场不空不满。依托新商盟可用、需求、订货量数据信息，跟踪分析投放使用率、满足率。建设市场数据库，加强监测社会库存、主销品规价格。依托各县级营销部，检验、校正投放策略，精准投放货源。管控大户，关注、跟踪分析、合理限量、联调联控，千条户比例控制在1%以内，大户比例控制在2%以内，前10%和后10%客户销量占比调控相对合理，保证正常经营秩序。开展课题攻关和QC活动，物流中心《降低笼车维修费用》和高平烟草专卖局《缩短样本客户数据采集时间》两项QC成果分别荣获全省系统第五届优秀质量管理小组首创成果二、三等奖。

【品牌培育】 2017年，晋城烟草专卖局(公司)加强品类布局管理，建立分工业、分品牌、分品类品牌引退管理办法，激发品牌活力，优化品牌布局。全年引入品规32个，退出品规42个，在销品规149个，同比减少10个。推进现代卷烟零售终端和“示范店”建设，分别建成700户和24户。沁水县烟草专卖局(营销部)先行先试，在全市建成自律互助小组52个、512户，推动零售客户经营观念、店面形象以及销售方式转变。

【行业监管】 2017年，晋城市修订完善《卷烟需求预测实施细则》《货源组织实施细则》，树立“市场上有一根假烟就是专卖人员失职渎职”责任理念，强化“天天都是专项行动”常态化监管意识。加大端窝打点破网络力度，阳城烟草专卖局破获356万元互联网贩售假烟案，高平烟草专卖局破获243万元贩售运输假烟案。建立市场监管快速响应机制，加强网格部件关注和网格事件处置，构建完善全员专卖、专销结合、三员联动“大专卖”格局，依法严管违法违规卖烟大户，取缔无照无证、有照无证经营卷烟行为。

【技能比武】 2017年，晋城烟草专卖局(公司)组织技能鉴定考前培训、岗位练兵活动，开展真假烟鉴别技能竞赛，营销、专卖序列岗位持证率分别达到82%、85%。

（市烟草专卖局）

财 政

【概述】 2017年，晋城市各级财政部门贯彻落实经济工作会议精神，坚持稳中求进工作总基调，强化收入征管，加快支出进度，促进全市经济社会事业发展。

【收入】 2017年，晋城市一般公共预算收入101.36亿元，同比增长13.5%，增收12亿元。其中，税收收入75亿元，同比增长35.7%，增收19.8亿元，占公共财政收入的74%；非税收入26.4亿元，同比下降22.6%，减收7.8亿元，占公共财政收入的26%。政府性基金收入16亿元，同比增长22.7%，增收3亿元；政府性基金支出24.7亿元，同比增长27.9%，增支5.4亿元。

各县(市、区)收入完成情况：按规模排序，泽州县15.3亿元，高平市14.8亿元，阳城县13.4亿元，沁水县12.7亿元，城区7.5亿元，开发区3.1亿元，陵川县1.5亿元；按增速排序，泽州县23.4%，高平市16.6%，开发区10%，沁水县8.8%，阳城县8.4%，陵川县4.5%，城区-15.3%。

主要税种完成情况：增值税34.4亿元，增长89.7%，增收16.3亿元；企业所得税8.5亿元，增长18.3%，增收1.3亿元；个人所得税1.9亿元，增长21%，增收0.3亿元；资源税12亿元，增长78.2%，增收5.2亿元；城市维护建设税5.2亿元，增长19%，增收0.8亿元；城镇土地使用税3.4亿元，增长18.5%，增收0.5亿元；房产税3亿元，增长17.3%，增收0.4亿元。

【支出】 2017年，晋城市一般公共预算支出178.7亿元，同比增长3.4%，增支5.9亿元，与民生密切相关支出147.2亿元，占一般公共预算支出的82.4%。其中，社会保障和就业支出25.5亿元，同比增长5.8%，增支1.4亿元；医疗卫生和计划生育支出18.9亿元，同比增长2.2%，增支0.4亿元；教育支出33.8亿元，同比增长0.6%，增支0.2亿元。国有资本经营预算收入6.2亿元，国有资本经营预算支出0.7亿元。

各县(市、区)支出执行情况：按规模排序，泽州县29.4亿元，高平市27.7亿元，阳城县24.7亿元，沁水县20.6亿元，陵川县18.1亿元，城区14.7亿元，开发区4.7亿元；按增速排序，开发区125.8%，陵川县14%，沁水县13.6%，泽州县5.1%，高平市4.3%，阳城县3%，城区-12.3%。

【运行特点】 2017年，晋城市财政部门财政收入创历史新高，首次突破百亿元大关，全市财政收入呈现稳步向好态势。

税收收入拉动作用增强。2017年，税收收入较上年提高41.1个百分点，拉动一般公共预算收入增长22.1个百分点。12个税种全部增长，其中增值税和资源税两大税种合计增收14.4亿元，占税收增收总额的73.4%，成为拉动税收收入较快增长主要税种。

主导产业税收增长贡献突出。2017年，煤炭市场回暖，价格整体上涨，盈利能力增强。1月至11月，全市煤炭综合售价549元/吨，同比上涨71.6%，增加229.2

元/吨；地方煤矿原煤产量4241.2万吨，增长4.3%，增加176.3万吨；地方煤矿企业商品煤销量4019.9万吨，增长0.1%，增加4.1万吨；煤矿企业库存390万吨，增长44.1%，增加119.3万吨。全市煤炭行业税收完成110.3亿元，增长80.9%，提供一般公共预算收入40.5亿元，增长75.6%，占税收收入的57.6%，占一般公共预算收入的42.3%。

财政收入结构优化。2017年，全市一般公共预算收入中税收收入与非税收入比重由2016年的62:38优化为74:26，其中，市本级税收收入与非税收入的比重由上年同期的71:29优化为74:26。

县级财政收入量质齐升。2017年，全市县级财政收入完成68.3亿元，同比增长9.7%，增收6亿元，较上年提高4.7个百分点，税收收入与非税收入的比重由2016年的58:42优化为74:26。

【财政资金管理】 2017年，晋城市财政部门规范整合项目支出，取消用于弥补单位经费项目支出。市本级组织实施项目支出规模，在上年基础上加减一次性项目后压减20%；专项转移支付项目，扣除重大民生专项和一次性项目后压减50%。非税收入执收执罚部门，非成本性支出一律压减。

推进预决算信息公开，预决算支出按功能分类全部细化到项级科目，按经济分类一般公共预算支出细化到款级科目，预决算公开覆盖面100%。2017年《中国市级政府财政透明研究报告》显示，晋城市财政透明度位居全国295个地级市第43名，位列山西地市第一名。

规范政府债务管理，全年全市地方政府债务67.56亿元，债务总额在全省规模最小，市本级和6个县（市、区）各项债务指标均未超过警戒线。

加强部门预算评审和绩效管理工作。按照“先评审后入库”原则，启动项目预算评审工作，以评审结果为依据，提高预算编制准确性。全年累计评审项目91个，评审金额21.92亿元，较2016年同期增加4.98亿元，审定20.46亿元，核减资金1.46亿元，审减率6.66%。部门预算编制与预算绩效管理信息系统审核通过项目779个，涉及资金84.6亿元，退回142个项目重新申报，涉及资金18.39亿元；绩效跟踪监控486个项目，涉及资金65亿元；组织第三方评价机构对关系民生、重点工程、政策性资金、部门整体、县级财政等项目进行独立绩效评价，涉及资金166.9亿元；101家市直部门单位通过绩效管理系统对200个项目进行自评，涉及资金1.88亿元。

【财政改革】 2017年，晋城市财政部门深化国库集中支付电子化改革，全市所有专户资金、代管户资金全部实行电子化支付，356家预算单位全部纳入电子化改革范围。全年共办理电子化支付业务214笔，涉及金额2.26亿元。其中，专户资金32笔、涉及金额0.34亿元，代管资金182笔、涉及金额1.92亿元。推进财政票据电子化管理改革，印发改革实施方案，对市直相关单位进行财政票据改革培训，基本实现“以票治费、以票管收、以票促收”。推进政府购买服务工作。出台《晋城市事业单位政府购买服务改革工作实施方案》，明确事业单位政府购买服务改革工作指导思想、分类定位、主要措施及工作要求。2017年，全市购买服务安排预算资金2.2亿元，主要用于基本公共服务、社会管理性服务、政府履职所需辅助性事项。

【财政监管】 2017年，晋城市调整优化支出结构，市本级行政事业单位使用财政拨款“三公经费”预算4666万元，下降17.1%。加快预算支出执行进度，出台《加快财政支出执行进度提高财政资金使用效益的通知》，建立完善财政支出进度考核奖惩制度。3月，省政府排名考核，市本级一般公共预算支出进度连续8个月排名全省前三，获财力性补助奖励800万元；陵川县3月至11月连续9个月在全省119个县中均位列前10，获财力性补助奖励900万元。组织市县两级财政部门、388家行政单位、842家事业单位采用集中编报模式，完成2016年度部门财务报告编制工作。清理财政借垫款，全市未发生新增借款。按照省财政厅《关于2017年财政专户清理工作有关事项的通知》要求，全面梳理本地区现有保留财政专户，共撤并不合规专户21个。

组织开展扶贫资金专项检查、会计信息质量检查、“三公经费”专项检查和高平市2016年财政预算执行情况检查，规避财政资金管理风险。加强国有资产监管，完成全市资产清查批复工作，全市所属行政事业单位资产总额301.19亿元、负债总额64.78亿元、净资产230.8亿元。其中，市直资产总额94.74亿元、负债总额7.28亿元、净资产总额87.46亿元。2016年行政事业单位国有资产清查工作受财政省厅通报表扬。强化政府采购监管，2017年，全市政府采购预算共完成15.2亿元，同比增长4.6亿元，增幅43%。实际采购额13.6亿元，节约财政资金1.59亿元，节约率10.47%。

【财政调控】 2017年，晋城市财政部落实国家增值税退税相关政策规定，共为8家符合增值税退税企业办理退税8笔，涉及金额3.2亿元。

盘活存量资金，清理部门结转结余资金3次，共收回资金7.3亿元，统筹用于民生等重点项目支出。

执行各项收费减免政策，取消、停征行政事业性收费41项，取消政府性基金2项，扩大残疾人就业保障金免征范围。取消涉及公民个人珠算技术等级鉴定费，调整森林公园（自然保护区、风景名胜区）门票收费管理模式，降低特种设备检验检测收费标准，为企业减负3.6亿元。推进政府和社会资本合作，全市纳入财政部PPP综合信息平台项目25个，总金额255.6亿元，其中5个项目入选全国PPP综合信息平台项目库，3个项目列入省级PPP示范项目，获得示范项目奖补资金160万元。

支持全市“1533”工业行动方案，兑现2016年度奖励资金4513万元，74户企业获销售收入增长奖，3户企业获项目投资到位奖，3户企业获争取上级资金奖，1户企业获项目亩均投资强度奖。

支持企业发展。投入3270万元用于解决小微企业初创阶段用地难、融资难等问题；引导和支持创新要素向中小企业集聚，建立以企业为主体、市场为导向、产学研相结合技术创新体系。投入500万元用于解决安置职工和补助离退休人员基本医疗保险待遇没有落实到位、内退人员生活费标准偏低等问题。对5家政策性亏损企业拨付9477万元补贴，解决企业经营困难。

支持科技创新，全市科技支出1.3亿元，补助上年认定国家高新技术企业10个，支持软科技项目32个，支持农村地区分布式光伏发电示范应用项目建设，支持科技企业孵化器基建工程建设。

实行激励性财政体制优惠。运用普惠金融发展、旅游业发展等产业发展专项资金，采用财政贴息、奖补、补助等方式，引导传统产业有中生新、新兴产业无中生有。

向省财政厅申报清洁发展委托贷款和国际金融组织贷款项目4个，申请贷款金额1.5亿元。

组织2017年扶持村集体经济发展竞争立项工作，通过竞争择优，确定项目资金归属，提高各县（市、区）建设项目积极性。

【民生保障】 2017年，晋城市财政部加强民生保障力度。教育方面，市级财政下达396.1万元，用于提升35127名农村寄宿制学生伙食标准。下达城乡义务教育生均公用经费及农村义务教育家庭经济困难寄宿生生活费14392万元，用于保障8556名农村困难寄宿生生活补助按时发放；下达5504万元资助家庭经济困难大学生431人、中（高）职学生15294人、普通高中学生14763人、幼儿8397人；免除全市普通高中、中职学生学费、中职学生住宿费；下达9080万元支持农村幼儿园、中小学校项目建设，下达2102万元支持职业院校重点专业和实训基地建设。

医疗卫生和社会保障方面，筹集下拨各项社保专项资金9.1亿元，确保全市5.37万名城乡低保、6800多名五保老人、540多名孤儿以及近1.8万名重点优抚对象生活补助资金到位；确保全市5000多名（市级1900多名）公益性岗位、1000多名就业困难人员岗位补贴和社保补贴刚性支出；资助全市300名残疾人进行康复治疗和600名残疾人实现创业就业。城乡居民医疗保险财政补助标准人均由420元提高到450元以上，基本公共卫生服务补助标准由人均45元提高到50元。完成县级新农合基金财政专户销户,实现城乡居民基本医疗保险基金市级统筹。

文化体育与传媒方面。支出4.1亿元,主要用于支持农村公共文化建设全市美术馆、图书馆、文化馆、博物馆免费开放,开展全市非物质文化遗产保护传承工作,举办第六届全民运动会等各项体育赛事,推动全市文化体育事业繁荣发展。下达资金315万元支持免费送戏下乡210场。

住房保障方面。下达中央财政保障性安居工程专项资金4627.9万元,用于向符合条件的在市场租赁住房的城镇低收入住房保障家庭发放住房补贴和政府组织实施的城市棚户区改造、扶持公租房项目。

农业方面。安排支农专项资金9683万元,主要用于实施粮食丰收工程,扶持产业化龙头企业,改善农村人居环境,加强森林防火和病虫害防治,推进全域旅游村庄绿化和荒山绿化,加快生态林业建设步伐。

脱贫攻坚方面。市县两级财政专项扶贫投入1.11亿元,同比增长61.2%,其中市本级扶贫投入3093万元,比上年增加616万元,同比增长24.8%。争取地方政府债券资金1545万元支持贫困村饮水安全提升改造全覆盖、特困农户住房保障两件扶贫“办实事”项目。发挥市扶贫公司政策性融资职能,筹措易地扶贫搬迁资金3.87亿元,全市贫困县统筹整合涉农资金4.7亿元。其中,陵川县2.4亿元、沁水县2.3亿元。

(市财政局)

税　务

·国　税·

【概述】 2017年,晋城市国税系统以习近平新时代中国特色社会主义思想为指导,学习贯彻习近平总书记视察山西重要讲话精神和党的十九大精神,落实国务院“放管服”改革,组织税收收入,推进依法治税,深化税收改革,优化纳税服务,坚持全面从严治党,提升队伍素质,全年各项税收工作取得成绩。文明创建取得新成效,4家单位获“省文明单位标兵”称号、5家单位获“省文明单位”称号,市级以上文明单位实现100%全覆盖,全系统被市文明委表彰为“晋城市文明行业”。

【税收收入】 2017年,晋城市国税收入完成121.31亿元,首次突破120亿。其中,地方一般公共预算收入完成39.43亿元,同比增长70.69%,增收16.33亿元。征管入库税款10.81亿元,征管贡献率8.91%。其中,风险管理8.09亿元,风险管理贡献率6.67%;稽查查补1.06亿元,查补贡献率0.87%。全年共计减免税收13.77亿元,同比增长52.57%。其中,为小微企业免征税款1.37亿元,办理出口退税5.11亿元,六项减税政策减免1.26亿元。

【依法治税】 2017年,晋城市国税局开展对重大税收政策落实、提高税收收入质量、促进规范税收执法、维护纳税人合法权益等方面执法大督察,发现并纠正执法问题51个。建立税收基础风险容错纠错机制,提升执法监督水平。成立法律顾问办公室,完成法律顾问遴选工作。发挥公职律师团队作用,为规范性文件制定、行政管理出具法律意见15份。

【税收服务】 2017年,晋城市国税局深化“营改增”工作,打通增值税发票抵扣链条,为企业减负2.18亿元。组织7个专家团队,对接服务市政府十大重点项目、1533工业转型工程等,落实减税政策。提档升级网上办税,减少申报表填写量90%以上。成立O2O涉税事项处理中心,为11228户次纳税人办理发票配送业务,受理量名列全省前茅。深化税银互动,为406户小微企业发放信用贷款5.57亿元。建成社会化办税网点112个,建立24小时自助办税区,代开发票11万份。深化国地税合作,实现国地税一门办税,避免纳税人“多头跑”。

【税收管理】 2017年,晋城市国税局落实商事制度改革,实现“多证合一”。取消行政审批和前置性审核事项,公开4领域27事项61子项的权责清单。优化34项业务流程,提速办理14项业务,减少76项、380种报送资料,推行实名制办税和免填单服务,办事项达95%以上,让纳税人“最多跑一次”。推行办税窗口国地税所有业务“一人通办”，节省纳税人办税时间60%以上。建立健全“三项排查”制度，严防发票风险。成立数据中心，完成数据分析36批次，下发风险分析6期。开展税种联动工作，查补入库税款186.51万元。出台《税收基础管理风险防控办法》，下发2期604户次、1267条数据，实现基础管理风险防控常态化。推行稽查“双随机一公开”和税务检查3项制度，保障税法公平公正。

（市国税局）

·地　税·

【概述】 2017年，晋城市地方税务局学习贯彻党的十九大精神，全面落实“带好队、收好税、造环境、促转型”工作思路，完成全年各项工作任务。市地税局被表彰为全省地税系统信息调研优秀单位和晋城市综合治理先进单位、十九大安保先进集体，获“市级精神文明单位标兵”称号。各县（市、区）地税局均保持省级以上文明单位称号，城区地税局、高平市地税局、陵川县地税局获国家级文明单位称号。

【税收收入】 2017年，晋城市共完成各项收入86.84亿元，同比增长25.20%，增收17.48亿元。其中，税收收入75.46亿元，增长25.48%，增收15.32亿元；非税收入11.38亿元，增长23.42%，增收2.16亿元。税收提供省口径公共财政预算收入61.42亿元，超省地税局计划19.92亿元，增长22.89%，增收11.44亿元；市口径公共财政预算收入36.71亿元，超市政府计划11.21亿元，同比增长11.98%，增收3.93亿元。

【税收政策】 2017年，晋城市地方税务局对接省地税局28条措施，细化为59项具体任务，明确责任主体和进度要求。改革实施水资源税和环保税，举办水资源税开征启动仪式、环保税开征联动会议，交换识别纳税人信息2100余条，跨部门征管协作机制运行良好。落实房产税计税余值30%扣除标准，为1499户企业减税1272万元。优化房土两税困难性减免程序，为4户企业减税250万元。调整城镇土地使用税征收标准，督促各县（市、区）启动相关程序。落实双创企业税收优惠政策和印花税核定征收措施，为6户企业减税162万元。企业所得税汇算清缴3756户，补缴税款3.31亿元，为14户企业加计扣除研发费用5900万元，为428户小微企业落实企业所得税减免514万元。个人所得税全员全额申报率达99.92%，高收入群体自行申报10161人，将全市个体工商户个人所得税征收率核定为0%，年均减负181万元。停征河道工程维护管理费，落实小微企业残疾人就业保障金优惠政策，为企业减负5500万元。全年共依法落实税收减免10.6亿元，惠及1.8万余户纳税人。

【税收征管】 2017年，晋城市地方税务局深化征管体制改革，调整组建大企业管理和税收风险管理专业团队。与国税部门联合发布《关于优化大企业个性化服务工作的意见》，与华润大宁公司签署《税收遵从合作备忘录》。加强税收风险管理，出台《税收风险分级应对办法》，完善评价指标，建立专业人才库，下发风险数据10批12176条，实现税费及滞纳金1972万元，其中自行开展的风险评估入库1410万元，占比71.51%。落实“放管服”改革，承接省地税局下放权力事项4项，全部行政审批实现“一站式”办结，为3户困难企业审批缓交税款1972万元。开展税务代管资金清查，退还、入库发票保证金121万元。推进国地税联合管户核实，新增管户14467户。回应纳税人诉求，将小微企业财务报表改为按季报送，小规模纳税人和“双定户”纳税期限改为按季申报。开展征管数据质量核查，修正数据6万余条，上线金三大数据综合应用管理系统。

【税收服务】 2017年，晋城市地方税务局开展大调研大讨论和万名干部入企调研活动，宣讲省地税局“28条”措施，联合国税部门举办税企座谈会8场、纳税人培训117期，发放各类宣传资料10余万份，在《太行日报》、晋城电视台、微信公众号等媒体宣传报道，做到税干人人参与、税户人人知晓。通过调研走访，梳理纳税人意见建议143条，全部予以答复和解决，提交调研报告16篇。落实首问负责、限时办结、预约办税、延时服务和24小时自助办税等便民服务制度，推广网上办税、手机导税、银联卡便捷缴税等现代化办税手段。陵川县地税局国地税“涉税事项一人通办”试点成功。完成年度纳税信用评定工作，公示A级纳税人名单416户。“银税互动”全面覆盖，11家银行机构为279户企业发放税收信用贷款500笔11.89亿元，其中小微企业贷款254户、463笔、6.3亿元，99个金融机构网点共代征地方税费366.71万元。开展房地产交易税收改革试点，实现三个环节一次受理、一网通办，纳税人最少3小时、最多7天领证，办证时间缩短75%以上。

【税收执法】 2017年，晋城市地方税务局落实《山西省税收保障管理办法》《晋城市涉税信息交换共享管理办法》，动态调整税收权责清单、权力运行流程图和廉政风险防控图。开展规范性文件清理，提请全文废止4份、部分失效或修改2份。加强法律顾问办公室和公职律师队伍建设，听取法律意见190条。晋城经济技术开发区分局推行执法全过程记录制度，通过手机端实现对执法、办税现场的24小时监控，规范税收行为。坚持“首违不罚”措施，对3005户纳税人首次轻微违法免予处罚。推进“双随机一公开”制度，整合国地税稽查力量，全年共立案51件，结案50件，督导企业自查123户，查补收入7118万元，其中提交市地税局重大税务案件审理委员会审理3件，全部依法结案，移交公安部门2件。泽州县地税局被评为全国税务系统法治税务示范基地。

（市地税局）

金 融

【概述】 2017年，晋城市金融办贯彻落实习近平总书记系列重要讲话精神和全国金融工作会议精神，按照省委“一个指引，两手硬”思路要求，围绕市委、市政府的重大决策部署和中心工作任务，坚持“党建为先、创新为要、服务为本”理念，实施金融振兴“1236”行动计划，产业转型基金设立、股权投融资对接、金融服务进县入企、农信社改制化险、不良贷款化解、防非处非等多项工作全省领先。全市金融业“服务实体经济、防控金融风险、深化金融改革”三项任务取得成效，金融与经济互融互促良性循环健康发展新局面日益稳健。

【金融改革】 2017年，晋城市金融办成立产业发展基金。设立地市级产业转型升级发展基金，重点投向全市“十三五”期间重点扶持的战略新兴产业和转型潜力企业。设立市产业基金管委会，印发《晋城市产业转型升级发展基金实施方案》，成立市创投基金管理公司并在发改委和中国基金业协会备案。基金管委会设立产业基金项目库，收集筛选入库项目176个，完成11家企业尽调工作，完成基金设立阶段性目标。12月，创投基金公司在《太行日报》发布“晋城市产业转型升级发展基金子基金管理公司”招募公告。

推进农信社改制化险。强化市级组织协调和督导职能，按月监测农信社改制进展，督促农信社加快改制步伐。强化地方政府改制化险主体责任，由当地政府和农信社具体负责不良贷款清收和土地确权等工作。12月29日，沁水联社获省银监局同意改制批复。陵川县开展农信社不良贷款清收事宜，清收回8400万元。全市农信系统6家机构中有4家改制为农商行，1家获批筹，农信社改制工作走在全省前列。

推动地方金融机构增资扩股。建立市级担保风险补偿机制，连续两年兑现补偿资金330万元，促使担保公司敢担保、多担保、快担保，迎来担保公司增资潮。全市4家担保公司共增资1.1亿元，全年各担保公司共提供担保金额9.11亿元。印发《关于推进晋城太行金融服务有限公司持续健康发展的意见》，支持太行金融公司多元发展。

支持实体经济发展。建立全市金融业全领域、重点导向明确考评机制，金融机构支持实体经济发展重点领域和重点工作月统计监测和季度通报制度。年初，对全市金融机构开展绩效考评，4月，召开全市金融工作会议，表彰奖励在支持地方经济发展中做出贡献的金融机构。7月13日，召开全市金融支持实体经济发展和防范金融风险情况新闻发布会。12月，印发《关于金融支持实体经济健康发展的意见》，提出19条具体措施，激发金融机构合理配置金融资源，实现金融对经济发展的精准支持和保障升级。

发展绿色金融。建立绿色信贷联动机制，印发《晋城市深化金融支持煤炭行业去产能工作实施方案》，对煤炭行业实行区别对待、有扶有控差异化信贷政策，鼓励金融机构加大战略新兴产业、绿色潜力企业投放。截至2017年年底，银行信贷资金投向煤炭钢铁行业新增贷款占全市新增贷款比重较2016年年末下降58.11个百分点；投向医药环保、新能源等领域新增贷款占全市新增贷款的比重较2016年年末上升0.18个百分点，通过“杠杆转移”促进产业优化升级成效初步显现。

【行业状况】 2017年，晋城市金融业总体运行平稳向好。年末，各项贷款余额1222.79亿元，同比增长12%；存贷比为59.12%，较上年增加3.46个百分点；全年新增贷款130.97亿元，较上年增加46.67亿元。保险深度4.18%，保险密度2069元/人，较上年分别提高0.46%、387元/人，为经济社会发展提供6831.81亿元风险保障。全年实现金融业增加值75.2亿元，同比增长8.0%（超全市GDP增速1.9个百分点），占地区生产总值的比重为6.5%，经济增长贡献率达8.3%，推动全市经济发展企稳回升、由“疲”转“兴”。

【金融政策】 2017年，晋城市金融办围绕市委、市政府“转型升级攻坚年”战略部署，出台《晋城市金融机构支持1533工业转型升级行动具体措施》，通过争取信贷政策和计划倾斜、加强非信贷支持、创新拓展担保抵质押范围、合理处置到期贷款、降低利率和收费标准、发挥债权人委员会作用等6项措施，全年共向“1533”工业转型企业、新兴产业及重点项目累计投放资金659.09亿元。

【银企对接】 2017年，晋城市金融办畅通银企对接渠道，推荐重点工程项目、企业转型项目和产业扶贫项目155个，召开全市重点项目银企对接推进分析会。深化“干部入企”行动，开展“金融机构服务转型升级县区行”活动，推动金融机构下沉重心、转变作风，现场指导和帮助企业制订综合融资方案，共对接企业46家，同11家企业签订13.33亿元意向合作，为12家企业提供授信3.32亿元。

【股权融资平台建设】 2017年，晋城市金融办通过“请进来、走出去”方式，在全省首创股权融资路演平台，10月，开展全市首届股权投融资对接会，31家优秀企业参加，14家路演企业与受邀而来的投资机构对接跟踪。12月，组织全市50多家企业走进山西省股权交易中心进行集体挂牌，展示晋城企业对接资本市场信心和决心，为企业探索直接融资方式开辟全新路径。

【多层次资本市场】 2017年，晋城市实施上市（挂牌）培育工程，兑现各类奖补资金94.27万元。蓝焰煤层气通过并购重组实现主板上市，兰花药业挂牌“新三板”，汉通鑫宇、清慧胜凯报入在审名单，全市上市企业2家，新三板挂牌（在审）企业6家，超额完成年度目标任务。蓝焰煤层气定增融资8亿元，相府药业通过质押股权融资1500万元、定增融资495万元，海诺科技通过定增融资1360万元，上市（挂牌）企业通过资本市场直接融资取得实效。

【企业融资】 2017年，晋城市金融办开展“倒贷周转”业务，全年全市企业应急周转保障资金累计为221家企业及个体工商户发放周转资金53.73亿元，支持企业339户（次），相对为企业减少融资成本2150万元，支持企业户数、金额和资金周转率全省排名第一。推行保证保险模式，全年出资补贴保费39万元，帮助8家企业解决融资1289万元。强化统筹指导，全年全市小微企业贷款余额341.33亿元，申贷获得率达99.16%。引导企业运用新兴融资工具直接融资，晋煤、兰花集团发行短期融资券、超短期融资券、私募债等进行融资129.5亿元；晋煤集团、省国资委与建设银行签署市场化债转股三方合作协议。

【风险防控】 2017年，晋城市金融办提升公众金融防范意识。合作创办《第一金融》电视栏目、《金融零距离》广播栏目，创办《太行金融》双月刊、创建“晋城融资网”和晋城综合金融服务平台微信公众号，编印《晋城市金融业务政策汇编丛书》，开展处非集中宣传“六进”活动，拍摄处非微电影《招财劫》，通过社区电子屏滚动播放，在春节、元宵节和中高考等节点多渠道普及金融知识，强化防非处非教育。

强化防范处置和打击非法集

资工作。围绕机制建设、排查整治、监测预警、案件处置等方面，强化全市防范和处置非法集资工作力度，扭转非法集资案件高发势头。全年全市新增非法集资案件4起，新发案件、集资参与人和集资金额等数据均为最低。在2017年度全省综治考核中，晋城市处非工作排名全省第二，较上年上升一个名次。

加强不良贷款监测化解。建立半年期定期通报制度，将不良贷款指标纳入对银行机构年度考核指标。截至2017年年底，全市银行机构不良贷款余额17.72亿元，不良贷款率1.45%，分别较年初下降0.41亿元、0.21%，连续二年处于全省最低水平。

开展两项行动优化营商环境。秉持“审慎兼优”理念，坚持打击化解工作要围绕服务和推动实体经济转型升级原则，开展“两个专项行动”，风险总体可控。通过“线上+线下”宣传、两下两上认定、动态监测处置、合力化解处置、综合治本清源等方式，共摸排认定逃废债企业及个人175户(人)，促使19户(人)同金融机构达成还款协议；妥善化解企业担保链风险2条。

推进地方金融机构日常管理。对全市小额贷款公司和融资担保公司进行现场调研检查，开展分类评级和年审工作，推动全市小额贷款行业和融资担保行业健康发展。开展涉嫌非法集资广告咨询信息排查清理、非法集资专项排查、互联网金融、虚拟货币、股权交易场所、金融领域安全稳定风险隐患大排查大整治等专项活动，举办全市金融理论与业务技能专题培训班、防范和处置非法集资专题培训班等，提升相关人员业务水平和金融素质，增强风险防控能力。

【金融扶贫】 2017年，晋城市金融办帮助全市73个建档立卡贫困村、3.1万建档立卡贫困人口实现脱贫。7月28日，召开全市扶贫小额信贷工作推进会。出台《在各县(市)推进“五位一体”扶贫小额信贷工作实施意见》，下发《关于抓紧落实2017年度全市扶贫小额信贷工作任务的通知》。与15家承办银行签订扶贫小额信贷投放目标责任书。加强督查考核，将金融扶贫工作纳入市政府对金融机构支持地方经济发展考评体系。建立金融扶贫工作报告和统计监测制度，按月通报各县(市)及银行机构扶贫小额信贷投放情况，开展现场督导和检查6次，约谈4家工作任务重、进展慢的金融机构。全年全市投放扶贫小额信贷资金2.79亿元，分别超额完成省、市全年任务的33.65%、28.70%。

精准对接产业扶贫，引导金融机构围绕“农业、光伏、旅游、电商”四大产业扶贫工程和“一村一品一主体”产业扶贫政策，创新开发“光伏贷”“惠农易贷”等金融扶贫信贷产品，支持贫困地区增收脱贫。全年投入产业精准扶贫贷款19.6亿元，同比增长284.1%；发放光伏扶贫贷款3.8亿元，直接带动5552户农户增收；投放易地扶贫搬迁资金4.15亿元，惠及建档立卡贫困人口10543人。改善贫困地区支付结算环境，累计建成农村金融服务站3770个，覆盖行政村2055个，其中在贫困村建站179个，覆盖占比88.5%。推进贫困地区信用体系建设，评定信用户22万户，信用村360个，信用乡(镇)10个。保险行业开发生猪、蔬菜价格指数保险、蚕桑保险、育肥猪保险等地方政策性新险种，为地方特色产业和农民生产生活提供风险保障。中国人寿、人保财险等开办贫困户大病医疗补充保险和意外伤害保险业务，减免保费、提高报销比例，全年大病医疗补充保险和意外伤害保险共承保建档立卡贫困人口8.5万余人，基本上做到贫困人口全覆盖。

【精神文明建设】 2017年5月31日，晋城市金融办召开全市金融系统创建全国文明城市“百日会战”誓师动员大会，与各金融机构签订责任状，根据行业标准和工作要求量化任务指标。牵头印制发放《晋城市银行业创建全国文明城市标准宣传手册》和《晋城市保险证券业创建全国文明城市标准宣传手册》，确立内外部环境创建和行业服务标准，通过现场指导检查等措施督促金融机构完成创城工作。组织金融机构参与“文明家庭”创建、“我的家风家教”征文等活动，在全市金融系统中评选推荐晋城好人4名。2017年，创建“市级文明单位”。

（市金融办）

银行业务

【概述】 2017年，中国人民银行晋城市中心支行学习宣传贯彻党的十九大、中央经济工作会议、全国金融工作会议和各级人民银行工作会议精神，执行稳健中性的货币政策，支持和服务地方经济发展取得新成效。连续十八年保持“山西省文明单位”称号，被省总工会金融工会评为2017年度山西省金融系统优质服务竞赛先进集体。在全省人民银行系统反假货币知识与技能竞赛中获得团体二等奖，1人记三等功。

【主要指标】 截至2017年年底，晋城市金融机构各项贷款余额1222.8亿元，较年初增加131亿元，增长12%；各项存款余额2068亿元，较年初增加106.9亿元，增长5.5%。

【金融支持】 2017年，中国人民银行晋城市中心支行加强政策指导。研究制定贯彻落实稳健中性货币政策、深化金融支持煤炭行业去产能等6个方案，引导金融机构合理增加贷款总量、优化信贷结构、支持供给侧结构性改革，助力地方经济发展。制订《金融支持“1533”工业转型升级攻坚年行动方案》，引导金融机构对转型企业予以利率优惠，支持地方经济发展。

助推脱贫攻坚。出台推进“五位一体”扶贫小额信贷工作实施意见等，与市总工会联合开展“创优金融服务、助推脱贫攻坚”劳动竞赛。2017年，全市金融精准扶贫贷款增加9亿元，同比增长62.2%；累计发放扶贫小额信贷资金2.78亿元，完成年度任务的133.7%，支持建档立卡贫困户5684户。

支持薄弱环节。落实定向降准和差别存款准备金等政策，增加地方法人金融机构可用资金5.6亿元。争取再贷款、再贴现等低成本资金9亿元，主要用于三农、小微企业等薄弱环节，节约其利息支出1690万元。开展涉农、小微信贷政策导向评估工作，落实贷款增量奖励政策，引导金融机构加大支持力度。年末，全市涉农贷款余额543.2亿元，同比增长7.4%，较年初增加37.5亿元；小微企业贷款余额261.3亿元，同比增长16.9%，较年初增加37.8亿元。

推进金融改革创新。《晋城市国家级“金融支持资源型经济转型发展改革创新试验区”方案》获省市政府认可，并呈报国务院。拓展地方金融机构金融市场业务，5家机构取得全国债券市场交易资格，4家取得全国同业拆借资格，3家成为全国利率市场定价自律机制成员。推动晋城银行发行二级资本债券10亿元，壮大地方金融机构实力。

【金融管理】 2017年，中国人民银行晋城市中心支行强化金融风险监测分析。制定《晋城市金融运行监测体系》《银行业金融机构管理与服务专题监查指引》，对1家机构实施现场监查，并进行风险提示。运用全省金融风险监测系统，强化对监测对象日常数据报送管理，辖区风险监测平台机构覆盖率达100%，报表完成率达90%以上。

加强“两管理、两综合”工作。受理批复6家新设机构开办相关业务，对47家机构开展综合评价。对工商银行晋城分行等3家机构开展综合执法检查，组织支付结算、反洗钱、国库、外汇等专项执法检查22次，约谈相关机构高管10人次，并首次将约谈内容通报其上级行。

推进存款保险工作。对全市11家地方法人金融机构开展现场检查和存款保险评级。摸清地方法人金融机构风险底数，约谈投保机构负责人3次，下达《存款保险风险警示告知书》，督促整改。开展存款保险宣传，推动社会公众正确认知存款保险制度，形成“存款安全”稳定预期，维护全市金融安全。

加强反洗钱监管。开展反洗钱宣传11次，举办全市反洗钱宣传电视颁奖晚会，增强社会各界反洗钱意识和能力。对银行、证券、保险等10个机构开展反洗钱专项检查，与市商务局联合开展对典当业反洗钱和反恐怖融资工作监督管理。

【金融服务】 2017年，中国人民银行晋城市中心支行深化支付结算服务和管理。开展农村金融综合服务站建设，加大评估验收考核力度。截至2017年年底，全市累计建立农村金融服务站3931个，验收达标2282个，覆盖91.9%的行政村，超额完成6个百分点。加强人民币结算账户管理，推广非现金支付，完成兰花商务支付公司多用途卡市场退出工作。

提升国库服务水平。开展凭证式国债到期未兑付催兑工作，全年办理兑付908.88万元，占未兑付总额的84%。开展送国债下乡宣传活动2次，销售金额2300万元。加强与相关部门沟通合作，实现晋城关税直缴入库，结束绕道侯马海关历史。

加强社会信用体系建设。构建诚信教育长效机制，全市建成诚信文化教育和旅游诚信文化示范基地5个。编写《诚信知识简明课本》，在部分学校开设征信选修课，与晋城电视台、太行日报社、青年志愿者协会等合作，开展诚信“五进”宣传活动，收到较好效果。

加强货币发行管理。全年，共投放货币130.2亿元，回笼107.2亿元。督促银行业金融机构配置布放15台纸硬币兑换机。探索建立“互联网+商户”硬币循环新模式，实现商户间硬币供需信息互联互通，全年累计为960余家商户调剂硬币2225次、213.1万元。打击假币违法犯罪，收缴假币43.7万元。

提高统计分析和调查研究水平。完善非信贷融资统计制度和重点行业贷款监测制度。到辖内金融机构、县支行和部分企业开展系列调研63次，形成调研报告16篇，被上级行采用8篇、领导批示2篇。开展重点课题攻关活动和重点课题竞赛，收到参选课题22个，评出优秀课题6个，其中3个重点课题在上级行获奖。

引深县域金融消费权益保护环境评估工作。在全省首家实现对全市金融机构评估和县域消保环境评估全覆盖。创新宣传方式，与国家级非物质文化遗产继承者陵川县盲人曲艺队合作编排鼓书节目，在农村地区巡演。在陵川县召开全国首家县域金融消费权益保护环境评估报告发布会，探索设计《山西省县域金融消费权益保护环境评估指标体系》和《操作手册》，增强县域环评工作操作性和推广性，得到总行消保局充分肯定，并在全省推广。

【外汇管理】 2017年，中国人民银行晋城市中心支行采取“一企一策”“一行一策”方式，通过组织银行与企业对接、上门宣讲、配备外汇宣导员等形式，提升宣传效果。在全省外汇业务综合培训会议、全省货物贸易事中事后监管工作会议上作经验交流。完成外汇管理“扩流入、控流出”工作，加强货物贸易、服务贸易和外币现钞业务事后监测核查，防范跨境资本流动风险。

（中国人民银行晋城市中心支行）

银行监管

【概述】 2017年，晋城银监分局党委贯彻落实党中央战略决策和银监会、山西银监局党委工作部署以及省市经济社会发展目标要求，统筹推进党建与监管工作，保持辖区银行业稳健运行，助力地方经济转型发展，完成各项工作任务。

【服务实体经济】 2017年，晋城银监分局强化政策引领指导，支持经济转型升级。完善工作机构，联合印发支持“1533”企业发展具体措施，出台银行业推进供改、综改、提升服务质效实施意见，确保贷款增量高于2016年。召开重点工程、小微企业等专题推进会，综合考核、差异监管，与监管评级、市场准入、风险容忍等挂钩。与晋城经济技术开发区建立合作机制，签订合作备忘录，召开银企对接会，加强重点项目企业信贷统计监测。截至2017年年底，全市银行业各项贷款余额达1222.75亿元，较年初增加130.97亿元，增长12%；支持转型综改建设和重点工程企业贷款554.76亿元，较年初增加71.82亿元；支持战略性新兴产业贷款24.62亿元，较年初增加1.62亿元。

优化创新金融服务，推动供给侧结构性改革。发挥债委会稳贷化险作用。召开推进会，采取增贷、稳贷、重组、退出保全措施，专题协调23家企业融资问题。截至2017年年底，指导续贷129亿元，重组3.4亿元。严格房地产企业名单制管理，落实房地产调控政策。截至2017年年底，全市房地产贷款余额82.53亿元，增长43.82%；住房按揭贷款66.42亿元，增长46.64%，支持去库存取得效果，不良贷款率保持在0.2%以下。指导银企探索开展债转股工作，晋煤集团与建设银行、工商银行、农业银行达成190亿元债转股合作框架协议或合作意向。开展银行业为企业减费让利专题督导，全市银行业机构为38245户企业减免收费2345万元，为321户企业减免利息9606万元，为3318户企业转贷续贷560亿元。

发展普惠金融，补齐实体经济短板。改善小微金融服务，引导单列贷款计划41.5亿元，新增加目标4378户，申领风险补偿金482万元，同比增长180.23%。联合召开银税合作推进会，中国银行晋城分行与税务部门签订《出口退税质押融资合作协议》，泽州浦发村镇银行全省首家开办税务发票代开业务，4家法人机构开办综合办税业务。开展集中宣传，推广经验，扩大合作成效。全年，银行接收推送客户9010户，开发产品31个，发放贷款246户、10.9亿元。提升"三农"金融服务。推进"村村通"工程，实行金融服务空白行政村台帐管理销号制度，全市共销号空白行政村14个，覆盖行政村达2111个，覆盖率达97.6%。城区、泽州县和阳城县实现全覆盖。全市银行业涉农贷款余额达608亿元，较年初增加46亿元，同比增长8.18%。支持精准扶贫，落实扶贫小额信贷包年制。全市银行业共发放扶贫小额贷款2.65亿元，支持建档立卡贫困户5660户，分别完成省、市下达任务的128%、123%。

【行业监管】 2017年，晋城银监分局制定发展规划，退出低效网点9个，引进晋中银行。召开许可会议14次，审议机构事项26项，高管事项30项。严格高管考试，4人未通过首考，2人未获得通过。开展高管人员履职评估和农合机构高管人员履职评价工作。强化非现场监管，调整非现场监管委员会，6个专题小组按季监测分析银行业风险情况。建立银行业工作资料报送监测台账，通报迟报、漏报问题39个。完成12家法人机构监管评级。开展现场检查，深化EAST系统应用，建立完善查前培训、查中交流、查后汇报、集中裁量机制。强化整改问责，专题听取机构自查及监管检查情况，重点约谈、压实责任，机构自查发现问题989个，内部问责102人。打击违法违规套利行为。累计投入805个工作日，发现问题119个，整改问题89个，整改率达75%。按照凡查必处、严格"双罚"原则，对"两个加强，两个遏制"回头看6家被查机构罚款120万元，给予4名责任人警告处罚。开展"三三四乱"检查，对6家被查机构违规行为罚款140万元，并问责3名责任人。

【风险防控】 2017年，晋城银监分局盯防信用风险。开展排查，盘活处置不良资产5.3亿元。约谈风险反弹突出机构，督促加快化险、动态报告。联合市中级人民法院推进金融案件执行，执结案件68件、9641万元。

严防流动性风险。建立快报制度，定期组织压力测试，提高负债管理能力。推动晋城银行、农合机构运用同业流动性互助平台，村镇银行与发起行签订流动性支持协议。

严控非信贷资产业务风险。严格资金业务资质管理，严禁与名单外机构合作。督促落实穿透式原则，严禁理财产品投资多层嵌套。对违规资金业务严控增量、压缩存量。

强化金融消费者权益保护。开展信访维稳工作督查、金融消费者权益保护评价和银行业机构"双录"评估，银行网点实现"双录"327个，安装"双录"设备425台，未发生私售"飞单"行为。开展"送金融知识下乡"活动，集中开展"金融知识进万家"和打击非法校园网贷专项活动，25家银行对接全市158家学校，社区、商圈、农村、工厂宣传覆盖率为60%，县域乡镇宣传覆盖率为55%。组织反电信诈骗宣传服务月活动，推进反欺诈中心建设。

防范其他风险。强化地方政府融资平台风险管控，4家平台累计还款1.14亿元，无违约发生。召开案防工作会，开展全市银行业安保自查和城商行安保督导，联合出台银行安全评估方案，开展自评及验收。联合处置非法金融及非法集资苗头4起，配合开展打击非法集资广告宣传活动。实施每周声誉风险事件零报告制度，网评工作名列全省前茅，未发生案件和重大风险事件。

【法人监管】 2017年，晋城银监分局开展风险大起底、大整治行动。梳理法人机构风险问题69个，制订方案、建立台账，纳入督办、限期整改。

强化农合机构监管。专题约谈分红比例过高机构，限制分红。防化信用风险，督促分批真实反映不良贷款，重点约谈风险反弹突出机构，推动高平农商行盘活2户大额不良贷款1.8亿元。严格贷款限额管理，严控新增大额授信，严禁非农社团贷款，强化牵头行监管问责。加强流动性监管，督促用好流动性互助机制，建立直报点制度，开展压力测试。实行差异监管，针对个别农商行监管指标不达标问题，不予核准"信合通"信用卡业务。辖区农合机构总体经营情况良好，综合经营状况在全省农信系统排第二位。

强化村镇银行监管。梳理禁止性规定20项，明确和重申经营行为禁区。强化日常监测预警，通过监管月报、大额贷款、不良贷款3类台账，跟踪监测指标异常机构。实施贷款限额管理，新增单户贷款一律不得超过300万元。强化股东和发起行监管，逐家召开三方会议，宣讲告股东书和告发起行书，通报问题、明确要求、规范行为，引导股东支持银行发展，督促主发起行强化流动性支持和信息科技服务。推动整改销号，整改率达97%。强化问责处理，责令内部问责12人，对1家机构违规行为罚款20万元。辖内村镇银行主要监管指标向好，涉农贷款占比94%，支农支小特色明显。

强化晋城银行监管。召开监管会谈，督促优化业务结构，制定资产结构调整计划，压降同业投资，发展信贷业务，拓宽资金来源，提升主动负债能力。开展全面现场检查，评估9个方面风险情况，提出监管意见。规范同业、理财业务，组织"三套利"现场检查，下发监管意见，严禁新增违规业务，压降存量违规业务。开展信用风险排查，要求分批反映、分类压降、提足拨备。督促运用城商行流动性互助机制，开展压力测试，防范流动性风险。督促审慎引进战投，完善公司治理，确保业务条线风控全覆盖，生产系统迁移。晋城银行股权质押比例较年初下降28.4个百分点至35.5%；各项贷款占资产总额较年初上升7.5个百分点至38.5%，同业投资占比较年初高位下降4个百分点至43%。

【改革改制】 2017年，晋城银监分局法人机构改革。推进农信社改制改革。召开农合机构改制化险转型发展推进会、农村中小金融机构改革发展服务与监管工作座谈会。巩固农商行改革成效，引导加快转型发展。针对高平农商行资管计划兑付难题，专题报告市委市政府，致函高平市政府、人大常委会，强化地方政府兑付责任，推动解决改制后续问题。指导2家联社制订实施改制化险达标升级方案，协调市县两级党政部门，形成改制合力。推动沁水县联社纳入改制名单，指导用足用好政策，开展股本金置换、清产核资和房产土地确权，完成改制预评估和初步验收；陵川县联社清收不良贷款成效明显，较年初余额下降7455万元、比例下降13.3个百分点，中央电视台予以报道。推进晋城银行转型。督促坚持市场定位，推动业务转型，开展线上车贷，探索直销银行，服务社区、小微企业和地方转型发展。推进村镇银行和财务公司改革。引导村镇银行提高涉农贷款覆盖面和农户、小微企业贷款比重，确保70%可贷资金用于当地。指导财务公司延伸产业链融资服务，支持集团企业供给侧改革。

银行业机制改革。推进公司治理改革。推动银行业机构融合党的领导和公司治理，提升审慎管理水平。推进事业部改革。农发行、农行推广三农、扶贫事业部制，发挥专项建设基金作用，晋城银行推进条线事业部制架构再造，提升服务三农、地方和精准扶贫专业化水平。

（晋城银监分局）

银行机构

·中国工商银行晋城市分行·

【概述】 2017年，中国工商银行晋城市分行锐意改革创新，突出市场拓展，狠抓基层党建，强化基础管理，各项工作取得成效，经营指标全面完成。10家一级支行全部跻身省、市级文明单位行列，成为全市金融系统唯一一家获晋城市首届“文明行业”称号的金融机构。工行晋城市分行获省金融工会“五一劳动奖状”和“模范职工之家”称号，被市劳动竞赛委员会授予“五一劳动奖状”。

【改革创新】 2017年，中国工商银行晋城市分行实施创新驱动战略，改革支行经营体制。确立大零售业务为二级支行主要职能，改革考核机制，推动大零售业务发展。发挥一级支行优势，实现综合发展、特色发展。搭建大零售一体化经营平台，推动零售业务跃升式转型发展。改革个贷经营体制，建立个贷业务“一专多兼”营销管理架构和运行模式，促进个贷业务大发展大赶超。改革绩效考核机制，建立绩效考核新模式，以基层员工增效增收为核心，压力向下传导，收入以下定上。对支行实施分级分类关键绩效指标(KPI)考核。

【贷款业务】 2017年，中国工商银行晋城市分行加大重点行业和产业板块贷款支持力度，累计投放公司贷款88.6亿元，重点支持晋城煤运、兰花科创、晋煤集团等传统产业和重点客户。为阳蟒高速公路项目贷款37亿元，创造建行以来营销和审批金额最大纪录，实现山西工行与山西路桥集团合作首次放款。完成全省首笔票据池低风险贷款自动审批投放，开创全省网络融资业务先河。小微企业累放贷款2267万元，普惠金融贷款累放1387万元，精准扶贫贷款累放405万元，个贷累计投放13.75亿元，票据直贴额40亿元，支持全市实体经济发展和民生改善。

【内控案防】 2017年，中国工商银行晋城市分行开展“执行强化年”和合规标兵评选表彰主题活动。落实案防主体责任和“强监管”要求，加大问题落实整改力度，严肃执纪监督问责。强化安全生产管理，防范外部欺诈风险，劝阻堵截电信等各类诈骗事件8起，金额达80余万元。加强运行基础管理，完成网点双屏互动业务应用推广、内部户管理等改革，有效防控运营风险。坚守资产质量底线，重塑信贷文化，前移风险关口，加强贷款精细化管理，贷款不良额、不良率实现“双下降”。全行未发生案件和重大责任事故。

（中国工商银行晋城市分行）

·中国建设银行晋城市分行·

【概述】 2017年，中国建设银行晋城市分行围绕“一个目标，四个坚持”工作思路，夯实基础，加快转型；提质增效，创新思路获客活客；防控风险，加强管理提升服务；客户基础厚实，转型步伐稳健，各项工作推进。

【存款业务】 2017年，中国建设银行晋城市分行一般性存款日均余额239.8亿元，日均新增14.09亿元。其中，企业存款日均余额135.82亿元，日均新增14.58亿元；储蓄存款日均余额104.03亿元，日均减少4992万元。

【贷款业务】 2017年，中国建设银行晋城市分行，各项贷款余额137.39亿元，较年初新增19.12亿元。其中，自营性个人类贷款余额22.13亿元，累计发放14.47亿元，累计回收7.49亿元，贷款余额较年初新增7亿元；小企业贷款余额7.07亿元，累计投放7.21亿元，累计回收6.56亿元，贷款余额较年初净新增6590万元；票据累计贴现额15.55亿元，较上年同期增加0.9亿元；贴现余额1.49亿元，较2016年余额减少6.04亿元；实现贴现利息收入4109.97万元。

【客户拓展】 2017年，中国建设银行晋城市分行对公加权有效客户达11876户，较年初增加610户，完成计划的172.38%；个人加权有效客户达764244户，较年初增加80675户，完成计划的106.15%。

【资产质量】 2017年底，中国建设银行晋城市分行不良贷款余额6623万元，较年初下降2188万元，不良率为0.48%，较年初减少0.26个百分点。处置小企业不良贷款4853万元。针对小企业贷款不良居多情况，通过增加抵质押物，降低核心风险方式，发展房押贷、票押贷等业务。

【普惠金融】 2017年，中国建设

银行晋城市分行坚持"以小为主，以微为众"发展思路，依托大数据优势，以白名单客户、小微商户、中高端客户为目标客群，推进小微快贷、票押贷、房押贷业务发展。全年，全行共完成普惠金融个贷4824.58万，完成计划的229.74%；小企业贷款9527.21万，完成计划的153.66%。

【金融扶贫】 2017年，中国建设银行晋城市分行金融扶贫贷款余额5565万元，其中为"百企千村"扶贫项目名录企业投放流动资金贷款4365万元。采用"四位一体"模式，为240个建档立卡贫困户发放小额信贷资金1200万元。

【信用卡业务】 2017年，中国建设银行晋城市分行实现专项分期交易额2.18亿元，较上年增长475%，全省系统排名第一；信用卡消费交易额新增64.1亿元，全省系统排名第二；信用卡中收完成率，全省系统排名第一。7月，组建信用卡分期专项营销团队，对分期业务进行专项买单。10月，以总行"百城万店活动"契机，营销慧兜圈商户855户，完成计划的181.91%，全省系统排名第二。

【国际业务】 2017年，中国建设银行晋城市分行实现全省首单出口双保理业务，投放人民币440万元。办理全省首单国内信用证+买方付息福费廷自营业务。办理山西省分行首笔"结节高"外币理财产品，为系统内唯一办理此业务的分行。办理首笔托收业务，实现全行国际结算方式全覆盖。转型业务指标良好，金融市场业务中收排名全省第三，龙支付个人客户新增排名系统第二，个人商户新增排系统第三，善融商务有效买家排名系统第一。新增OBU8311台，完成全年计划的181%，总量和完成率均居全省第一。

【市场营销】 2017年，中国建设银行晋城市分行开展"国有大银行，存款理财有保障"外拓活动9次，营销聚财存款、大额存单、速盈、理财等产品，扩大产品影响度。开展建行金优惠促销活动，举办"金益求精·精彩有你"账户贵金属及账户商品交易大赛，提升网点贵金属销售产能。加大政府主导项目工程营销力度，储备江淮重机流贷项目、高平健康城PPP项目、经济开发区双创园项目和景熙绿谷生态园项目4个非煤产业项目。

（中国建设银行晋城市分行）

·中国银行晋城市分行·

【概述】 2017年，中国银行晋城市分行围绕"双提双减""创建最好条线、创建最好部门"经营管理工作要求，按照"强党建、抓队伍、建机制、拓客户、优服务、控风险、增效益"工作思路，转作风、拓市场、增活力，以党的十九大精神为指导，调动全员工作积极性，各项工作取得成效。

【存款业务】 2017年，中国银行晋城市分行人民币存款业务。年末，全行人民币各项存款时点余额1100237万元，较年初减少97344万元。其中，储蓄存款余额550909万元，较年初减少17003万元；公司存款余额534543万元，较年初净增29081万元；金融机构存款余额14785万元，较年初减少109422万元。人民币日均存款余额1144738万元，较年初新增53094万元。其中，储蓄存款日均余额564441万元，较年初减少197万元；公司存款日均余额557084万元，较年初新增42572万元；金融机构日均存款余额23213万元，较年初新增10718万元。人民币存款全口径余额市场份额占比5.35%，较年初下降0.33个百分点。全口径储蓄存款余额市场份额占比4.88%，较年初下降0.35个百分点；全口径公司存款余额市场份额占比5.94%，较年初下降0.06个百分点。全行存款余额市场份额占比12.14%，较年初下降0.56个百分点，增量市场份额占比2.45%。其中，储蓄存款余额市场份额占比13.27%，较年初下降0.63个百分点，增量市场份额占比下降20.00%；公司存款余额市场份额占比11.16%，较年初下降0.42个百分点，增量市场份额占比6.7%。

外币存款业务。年末，外币两项存款时点余额3994万美元，较年初减少2243万美元。其中，外币储蓄存款余额2946万美元，较年初减少206万美元；外币公司存款余额1049万美元，较年初减少2036万美元。外币金融机构存款余额36万美元,较年初新增12万美元。全行外币存款余额市场份额占比12.88%,较年初下降3.42%。其中,外币储蓄余额市场份额占比70.97%,较年初提升1.31个百分点;外币公司存款余额市场份额占比3.90%,较年初下降5.24个百分点。

【贷款业务】 2017年,人民币贷款余额758498万元,较年初净增80267万元。其中,公司贷款余额550089万元,较年初新增15317万元;票据融资余额104782万元,较年初新增74362万元;贸易融资余额24555万元,较年初减少9876万元;零售贷款(含卡分期)余额79072万元,较年初新增464万元,其中个人贷款余额50793.06万元,较年初增加2580.52万元。全口径贷款余额市场份额占比6.19%,较年初下降0.08个百分点,全口径增量市场份额占比5.62%。全行贷款余额市场份额占比13.53%,较年初提升0.54个百分点,增量市场份额占比20.80%。

【授信业务】 2017年,中国银行晋城市分行累计投放贷款38.06亿元,重点支持煤炭生产、铸造、制造及天然气开采等行业企业。开展票据贴现业务推广活动,全年累计办理票据贴现业务14.13亿元,年末余额达10.48亿元,较年初新增7.44亿元。加大小微企业票据融资、贸易融资力度,全年累计办理票据融资1.22亿元、贸易融资949万元。小微企业贷款总户数达13户,较年初新增2户,申贷获得率为100%。拓展个人住房贷款、住房公积金贷款、中银E贷、专项分期、卡户分期、易达钱等产品,发放个人住房贷款420万元。

【资产质量】 2017年,中国银行晋城市分行不良余额1640.92万元,较年初下降236.65万元,不良率为0.22%,较年初下降0.06%。其中,公司不良余额507.86万元(含贴现及贸易融资),不良率为0.08%,余额及不良率较年初无变化;零售贷款不良余额129.5万元,较年初增加37.95万元,不良率为0.25%,较年初上升0.06%;信用卡不良余额1003.56万元,较年初下降274.6万元,不良率为3.47%,较年初上升0.35%。

【经营效益】 2017年,中国银行晋城市分行实现计费收入24908.2万元,同比增加2641.71万元,增长11.86%;实现拨备前利润11559.57万元,同比减少787.43万元,下降6.37%;实现净利润9097万元,同比增加997万元,增长12.3%。实现非息业务收入3093.22万元。

【金融扶贫】 2017年,中国银行晋城市分行进行公益中行注册,开展精准扶贫和金融扶贫工作,累计投放精准扶贫小额贷款700万元。11月底,扶贫小额贷款精准扶贫户首年分红收益全部划入贫困户个人账户。

【安全管控】 2017年,中国银行晋城市分行围绕“平安中行”建设,强化管理,落实责任,提高安全管理能力。实现消防报警联动监控,构建消防报警与监控中心一体化安防运营体系,全辖23家营业网点、3个离行式自助均实现消防报警联动监控。改造升级监控值守中心设施,提升硬件设施功能、监控范围能力。发挥安防平台作用,强化录像查看、监控值守、ATM巡查组合式安全管理,推进安防演练、三防一保、外包保安押运等安全运营管理。全年堵截各类电信诈骗案件4起,堵截非法集资案件2起,堵截伪造假身份证案件1起,为客户挽回资金3万余元。实现全行安全无事故经营目标。

【服务质量提升年活动】 2017年,中国银行晋城市分行开展服务质量提升年活动,加强对全行服务监督检查,改进服务品质与整体环境。开展员工技能训练,改善全行网点窗口形象及服务质量。开展文明规范服务达标争创活动,按照《中国银行业营业网点文明规范服务考核评价体系(CBSS1002.0)》标准,组织网点观摩交流学习,推进营业网点“创建服务规范示范单位”建设。凤翔支行、兰花路支行被评为山西省银行业“文明规范服务”单位。

【渠道建设】 2017年,中国银行晋城市分行推动网点物理渠道、自助渠道、金融互联网渠道服务能力建设,优化业务流程、改善客户体验、提升渠道效能。打通线上线下融合服务，推广网上银行、电子银行等渠道产品，为客户提供便捷金融互联网渠道服务。分批更换矿区支行、沁水端氏支行、沁水嘉峰支行、阳城新阳街支行、高平长平街支行、凤翔支行和钟家庄支行老旧ATM设备10台。推进金融互联网应用平台建设，市分行营业部、凤台支行、泽州支行、高平支行营业部、沁水支行营业部、阳城支行营业部等7家机构11台智能柜台投产上线，“客户自主、柜员协助”操作模式落地，19项非现金业务全部实现一站式办理。

【网点建设】 2017年，中国银行晋城市分行推进专业化网点建设。9月27日，兰花路支行信用卡分期专业支行开业，采取“银行卡部+兰花路专业支行+全网点营销”信用卡分期业务经营模式。打造分期特色网点、个人贷款特色网点，利用分期业务、房再贷、中银E贷、易达钱等特色业务，扩大优质客户群，促进个金业务规模发展。

推进网点转型升级。推进网点服务渠道智能化建设，部分网点投产上线智能柜台，由客户围着柜员转向柜员围着客户转，由“隔窗服务”向“陪伴式、关怀式”服务转变。智能柜台非现金业务“一站式”服务效率，压降窗口柜员，释放柜台人力资源，充实营销服务专业力量，促进网点向智能化转型。

推进低产低效网点脱困。针对低产低效网点多、占比高现实，落实省分行《机构建设管理实施细则》和《网点建设管理实施办法》，推进行领导联系指导、部门帮扶等脱困机制，促进网点摆脱困境。探索轻型网点建设思路，确定高平康乐街支行为轻型网点建设试点。

（中国银行晋城市分行）

·中国农业银行晋城市分行·

【概述】 2017年，中国农业银行晋城市分行践行农总行治行兴行“六维方略”和省分行“稳、调、精、严、进”五字方针，坚持稳中求进工作主基调，深化党建统领作用，防范金融风险，提升“三农”金融服务水平，提升综合竞争力，各项业务呈现稳健发展良好态势。

【主要指标】 2017年，中国农业银行晋城市分行日均存款增长12.1亿元。其中，个人日均增长4.2亿元，对公日均增长7.9亿元。各项贷款余额110.5亿元。收回再贷70亿元，支持风电、文化旅游等项目3.6亿元，储备绿色能源发电、棚户区改造、煤机制造、精密电子、城市供热PPP、高铁等项目30亿元。理财融资25亿元、票据池融资10.1亿元、人民币委托贷款6亿元、外币美元委托贷款3500万美元。个贷存量份额达到10.6%，保持零不良。主要财务指标均超额完成任务，营业收入、净利润分别完成100.6%和116.7%。

【风险防控】 2017年，中国农业银行晋城市分行未发生新不良法人，潜在风险客户压降3.9亿元。开展“双基管理建设年”活动，结合“三三四”、市场乱象等专项治理，开展运营、零售、对公和其他条线4轮案防风控大排查。落实安全生产责任制，全年实现安全经营无事故。

【不良贷款清收】 2017年，中国农业银行晋城市分行不良贷款实现“双降”，余额较年初减少326.94万元，不良率较年初减少0.03个百分点。到期贷款收回率100%，自营不良贷款总体处置、自主清收、呆账核销分别完成计划的223%、174 %和944%。

【金融服务】 2017年，中国农业银行晋城市分行涉农贷款较年初增加5亿元，同比增速达12.2%。累计投放产业扶贫贷款5.9亿元，5家县域支行全部开办“五位一体”农户贷款，向544户建档立卡贫困户发放贷款2720万元，完成扶贫任务的118%；市分行结对帮扶村泽州县韩家庄，人均收入从2015年的2000元增加到6000元，建档立卡的18个贫困户、49人基本实现脱贫。全行涉农代理项目30个，累计归集发放资金12.2亿元，涉农支付终端设备1070台，服务点平均交易量33.87笔。支持晋城市第五届“最炫太行风”健身广场舞电视大赛，开展送金融知识进校园、进农村、进社区和“爱心助考”等公益服务活动。

【岗位培训】 2017年，中国农业

银行晋城市分行开展全员培训、岗位练兵,全年举办业务类、党务类、干部类、青年类等培训35次,共1500余人次。开展专业技术职务进档升级工作,聘任中级职称10人,初级职称9人,选拔和储备县域支行管理人才。

【队伍建设】 2017年,中国农业银行晋城市分行为营业网点员工发放工龄补贴65万元,全年筹集和发放爱心基金、送温暖慰问金46.2万元,支付全行员工补充医疗保险221万元,帮扶救助困难家庭31个。组织乒乓球和羽毛球比赛、书画摄影展、演讲朗诵比赛、微党课竞赛、健康沙龙等活动。开展先进典型评选活动,评选"中国农业银行先锋号"、省金融系统"优质服务先进集体"、省分行"五一劳动奖状""五一劳动奖章""先进职工之家"等先进单位和个人,在全行营造"立足岗位,创先争优"氛围。

(中国农业银行晋城分行)

·中国农业发展银行晋城市分行·

【概述】 2017年,中国农业发展银行晋城市分行以党建工作为统领,以业务发展为核心,统筹推进营销办贷、基础管理、风险防控、队伍建设四项重点工作,全行各项工作开展,经营绩效提升,发挥农业政策性金融服务政府与"三农"的职能作用。

【贷款业务】 2017年,中国农业发展银行晋城市分行开展棚改项目营销,推进已批贷款投放。全年累计投放贷款100970万元,包括:八甲口快速通道、阳城城镇集中供热、滨河路连接线、高平城南社区棚户区改造等6个中长期项目92800万元、省储贷款970万元、自营性贷款续贷7200万元;累计收回贷款18424万元。投回相抵,贷款净增82546万元,余额达284516万元,较年初增长40.87%。

【银政对接】 2017年,中国农业发展银行晋城市分行围绕"十三五"战略合作协议,以2017年"十大竣工工程""十大新开工工程"和"19项储备城建工程"为营销重点,加大政府重点项目及棚户区项目营销力度,开展"项目营销集中推进月"活动。全年累计完成项目审批3个,审批金额9.5亿元,分别是:阳城滨河路连接线项目1.2亿元、高平城南社区棚户区改造项目4.8亿元,晋城市文博路片区城中村改造项目3.5亿元,完成出贷5.8亿元;上报待审批项目2个,分别是:阳城南部片区城中村改造项目4.8亿元、高平农村饮水工程项目7750万元;营销储备项目3个,分别是:高平龙渠城中村改造项目(总投资8.98亿元,拟贷6亿元)、高平小北庄社区棚户区项目(总投资1.9亿元,拟贷1.5亿元)、阳城县凤凰街城中村棚户区改造项目(总投资5.4亿元,贷款4.3亿元)。

【粮油信贷】 2017年,中国农业发展银行晋城市分行服务国家粮食安全,足额供应粮油信贷资金,根据省储粮增储计划,支持省储增储玉米500万公斤、小麦250万公斤,发放贷款1555.84万元。完成夏粮收购调查及夏收企业资格认定上报工作。强化粮油库存监管,开展库贷挂钩检查工作,对2户储备企业安装远程监控系统,保障粮油信贷资产安全。完成58笔27411万元到期贷款展期,940万元省储轮换贷款收回再贷工作。

【金融扶贫】 2017年,中国农业发展银行晋城市分行加强扶贫工作组织领导,设立市区扶贫工作组,开展扶贫政策宣传和项目对接工作。开展扶贫贷款认定,通过省级统贷模式,为易地扶贫搬迁项目申请16987.76万元贷款。对水利贷款、产业化龙头企业贷款、地方储备贷款等6个项目共计32853.23万元贷款进行产业扶贫贷款认定,扶贫贷款总额达51541.73万元。参与"千企帮千村"行动计划。

【存款业务】 2017年,中国农业发展银行晋城市分行开展"首季开门红"、存款竞赛等"稳存增存"活动,出台存款奖励激励机制,推动存款业务增长。年末,全行各项存款余额181448万元,较年初增加12053万元,增长7.12%;存款日均余额182397万元,较上年增加52652万元,增长40.58%。

【经营效益】 2017年,中国农业发展银行晋城市分行加强核算管理，采取措施增收节支，资产规模稳步增长，负债结构优化，财务运行呈现良性态势。全年全行总收入12223万元，总支出6800万元，收支相抵实现账面利润5423万元，较上年增盈2571万元，增长90.15%，保持全辖无亏损县支行。

【中间业务】 2017年，中国农业发展银行晋城市分行实现中间业务收入32.79万元，国际业务实现外汇结算164万美元。配合银行监管部门开展“四治”工作，重点对收费行为、价格信息披露及内部管理等进行自查自纠，业务办理合规。

【基金业务】 2017年，中国农业发展银行晋城市分行投放7个基金项目总计38190万元，累计支付21606.93万元，支付比例达56.57%，解决项目资本金难题。加强基金投后管理，开展基金业务专项检查，维护基金安全。落实基金管理要求，逐项目指定基金经理，完善基金管理制度和工作流程，合规开展基金业务。

【贷后监管】 2017年，中国农业发展银行晋城市分行强化自营性客户监管，定期走访企业，按月召开分析会，重点监测分析企业“两流”“两表”“三品”和“四率”，研判企业经营情况和贷款风险状况；关注企业重大事项变更，研究制定解决措施；关注流动资金贷款还款期，确保按期归还贷款本息；开展信用风险专项排查、互联互保情况排查、征信业务等十多项排查工作，保障信贷业务合规开展。针对贷款监测中出现的风险信号，共发出《信贷风险提示函》4期。

【信贷管理】 2017年，中国农业发展银行晋城市分行完成60笔28380.6万元贷款审查、64笔107791万元资金支付审核、1笔3500万元基金支付条件落实情况审查、1笔12000万元贷款预审、3笔7200万元贷前条件落实、38个(次)客户评级审查、3家融资担保和中介评估机构业务合作资格准入审议工作，召开贷审会审议5次、风控会6次，做到审查资料完整，审议流程规范。围绕“信贷队伍建设年”活动，建立信贷队伍培训师资库，组织信贷操作系统、信贷各条线业务和新员工基础提升培训班3期，举办信贷档案观摩展评活动，开展微课竞赛活动，实施信贷基础“示范行”建设工程，开展“以老带新，促新员工成长”活动。完成征信管理工作，以征信应用成效报告(表)按时向人行反馈征信应用案例，强化征信应用与分析。开展金融扶贫征信、“6·14”信用关爱日宣传、节假日征信宣传及“五进”等征信宣传活动。

(中国农业发展银行晋城市分行)

·交通银行晋城分行·

【概述】 2017年，交通银行晋城分行围绕总行“三大任务、三大重点、三大目标”和省分行“三次创业”的五条路径，以党建工作统领一切，夯实客户基础，强化管理质效，筑牢风险底线，提升服务质量，抓好员工关爱，推动经营管理开展，经营业绩向好，管理效能释放，员工凝聚力增强。

【主要指标】 2017年，交通银行晋城分行本外币资产总规模131.58亿元，较年初增加4.97亿元。人民币各项存款余额113.83亿元，较年初增加0.18亿元，增长0.16%；人民币各项存款余额在本地区23家金融机构中市场占比5.61%，位居同业第6位。全年实现经营利润2.33亿元，经济利润1.55亿元。不良贷款余额545.65万元，不良率0.073%，不良贷款余额较年初略有下降；逾期贷款额7685.48万元，较年初减少7710.67万元，逾期率1.03%，较年初下降0.96%，实现“双降”。内控评级B+，全年无案件，无安全事故发生。

【客户拓展】 2017年，交通银行晋城分行成立大客户部，制定《交通银行晋城分行公司客户架构改革实施方案》，对现有部分公司类大型授信客户及风险潜在客户回收进行直营、直管，实现营销层级和风险管理层级“双提升”。

拓展对公有效户，综合运用单位结算卡、报账通、缴税通、表内外T+0理财产品，激活存量客户。截至2017年，对公有效户达230户，较年初增加32户。

加强国际客户拓展，为重点客户配置配套方案，实行“贴身营销”。截至2017年，国际结算量达1.96亿美元，外币存款日均增量达3763万美元，国内信用证发生量达6亿元。

加强同业客户营销，上线“银银智道”同业财富管理平台，加强跨区域合作，扩大“朋友圈”，增强同业竞争力。截至2017年，机构优质客户数12户，完成全年任务的200%。

做大零售客户抓留存，开展“社区行、企业行、小小金融家”活动，由“坐商”向“行商”转变，加强品牌渗透管理，形成拓客良性循环。截至2017年，私银、达标沃德、交银客户分别较年初净增15户、242户、1151户。

加强房贷客户重点营销，打造“客户经理+外拓”驻点营销团队，保证房贷业务发展。截至2017年，个人住房贷款净增9457万元，同比增长4743万元。

【渠道建设】 2017年，文昌街支行开业，成为全行第三家普惠支行，扩大服务覆盖网络。推进低效网点面积压降转型，压降面积797平方米。提升低产低效自助银行产能，截至2017年，低产低效自助银行占比保持在5%以下。创新运用智易通智能设备，开展智易通试点工作，截至2017年，智易通机具交易占比达89.75%，保证分流效果。

【非息业务】 2017年，交通银行晋城分行加强与子公司联动，分别与交银租赁、交银信托推进晋煤集团租赁和债券过桥业务，推进撮合类业务，提升投行业务投放量。截至2017年，共实现投行业务投放量20亿元，实现非息收入164.43万元。发挥银行卡和结算业务等传统优势，加大保险、基金、贵金属、理财、国债等业务营销。至12月末，个金AUM及代销增量6.93亿元。

【精细化管理】 2017年，交通银行晋城分行按月进行利润预测，分析利润结构、业务结构，查找问题进行通报，引导条线补足短板、深挖潜力。组织召开利润推进会，推进落实目标及措施，助推利润目标达成。考核和资源配置向非利息收入倾斜，制定激励办法，打造若干非利息收入主要增长点。

【防范风险】 2017年，交通银行晋城分行加强重点领域风险管控，制定授信客户“一户一策”管理方案，按计划清收风险客户新达成房地产全部贷款、天泰集团2016年度欠息和2017年新增全部利息、市公路局2017年新增本息，风险得到控制。加强对贷款客户物资流、单证流、资金流把控，全面梳理银承、贴现、开证等业务，确保交易背景真实性，开展双线风险报告工作，通过风险过滤模式，对“正常类客户”进行风险评估和风险检查，根据客户风险情况提出风险评级调整建议。开展各个领域案件风险排查，组织开展“两加强、两遏制”回头看整改问责工作、“新五大领域”专项整治活动和“三套利、三违反、四不当及银行乱象整治”专项整治活动。开展“长剑2017”案防特别行动，按照时间节点做好规定动作。

【金融宣传】 2017年，交通银行晋城分行开展“金融消费者权益日”“普及金融知识，守住‘钱袋子’”“金融知识万里行”“金融知识过万家”“金融知识普及月”等宣传教育活动，获得社会评价。组织开展“走进交行，感受温馨”服务提升劳动竞赛，高平支行获“优秀网点”称号，2名员工分别获“消保宣传明星讲师”称号和“最佳课件创新奖”称号。在2016年度银行业金融机构消费者权益保护工作考评中，被人行晋城市中心支行和晋城银监分局分别确定为“A级行”和“一级行”。

【安保工作】 2017年，交通银行晋城分行开展六项预案演练和消防、反恐专项培训，提高全员防范意识。开展“安保服务提升”“突发应急能力提升”“消防安全提升月”活动，提升安全保卫工作质效。加强保安队伍建设，保安中队通过山西省分行验收，被晋城保安守押公司授予“标兵中队”称号。

（交通银行晋城分行）

·晋城银行·

【概述】 2017，晋城银行以“做社区型草根银行、做数据化零售银行”为战略目标，以“商业银行+投资银行+互联网银行”全新发展模式，用“数据决策”思维，推动全行战略发展。截至2017年，全行资产规模达857亿元，较年初增加32亿元，增长3.7%。负债总额801.95亿元，较年初增加26.65亿元，增幅3.32%。全年实现营业收入16.99亿元，实现拨备前利润8.85亿元，净利润5.88亿元。

【业务拓展】 2017年，晋城银行资源向小微金融、普惠金融、互联网金融.农村金融、消费金融倾斜，部分业务单元发展迅速。借助互联网人工智能技术，探索全金融服务手段。推出"惠存钱、大额存单、结构性存款"负债类产品，覆盖家庭消费、小微企业、农村等领域信贷业务。探索"互联网+"获客渠道，打通手机银行、网上银行、微信银行、直销银行等多渠道金融服务，实现线上线下全覆盖战略布局。

【业务创新】 2017年，晋城银行成立女性、儿童、婚庆、摄影、广场舞等特色化支行，精准定位客户群，满足广大民众个性化需求。举办"婚礼主持秀""医保证件照免费拍""女性红酒沙龙"等活动。建立本行自行获客、审批线上车贷产品，金城车贷业务范围覆盖全国30个省份，全年累计放款213亿元，实现业务跨区域、多样化发展。

【金融活动】 2017年3月24日，晋城市慈善总会授予晋城银行"晋城市慈善突出贡献单位"称号，董事长贾沁林获"晋城慈善突出贡献个人"称号。6月15日，参加"2017中国金融创新奖"颁奖典礼，晋城银行"金城"车贷ABS产品获"十佳金融产品创新奖(零售业务)"。8月3日，参加第四届中国企业文化传媒年会，晋城银行获"全国'互联网+时代'企业文化传媒融合创新30标杆单位"称号。9月21日，参加2017年中国银行家论坛，晋城银行获"2016年度最佳文化建设城商行"称号。

【合规经营】 2017年，晋城银行完善内控体系，实施内部规章"对标、排查、补齐"工作，把制度建设作为基础管理重要抓手。遵照"银监8道令"监管精神和文件要求，成立专项工作组开展排查治理工作，加强合规管理，防范合规风险。改造升级全行审计、监察体系，建立追责体系，打造责任链条。

(晋城银行)

·晋城市农村信用社·

【概述】 2017年，晋城市农村信用社紧扣"围绕八个坚持、实现八新目标"总体思路，结合晋城实际，坚持稳中求进工作总基调，全市农信社各项业务总体运行平稳，商行改制迈出新步伐，业务经营取得新业绩，信贷支农结出新硕果，普惠金融实现新覆盖，内控管理得到新加强，队伍素质有新提升，各项工作呈现出稳中有进、全面向好发展态势。

【主要指标】 2017年，晋城市农信社各项存款余额501.35亿元，较年初净增49.25亿元。各项贷款余额200.54亿元，较年初净增24.27亿元。其中，涉农贷款余额185.67亿元，较年初增加17.91亿元，占全部贷款余额的92.59%。不良贷款余额9.63亿元，较年初下降2.21亿元，不良贷款率4.8%，较年初下降1.92个百分点。全社实现各项收入31.70亿元，较同期增加1.25亿，增幅为4.10%；经营利润实绩10.82亿元，较同期增加2.57亿元，增幅为31.16%。资本充足率达11.71%；拨备覆盖率103.53%，较年初增加7.75个百分点。

【金融扶贫】 截至2017年，晋城市农信社金融精准扶贫贷款余额达11.88亿元，较年初净增4.87亿元，各项指标均超额完成省联社全年任务目标。开展"千名客户经理进村入户行动计划"，实施"三图作战"，对建档立卡贫困户实施"大调查、大摸排、大起底"行动，逐户谋划金融扶贫思路，提前实现全市200个贫困村、31279户贫困户、81121个贫困人口"三个全覆盖"。推出"五位一体"金融扶贫模式，解决贫困户贷款难、贷款贵问题。推出"蔬菜贷、光福贷、农家乐贷、强农贷、农户自建分布式光伏发电小额贷款"等扶贫信贷产品。采取整村推进方式，加大光伏发电贷款投放力度，截至2017年，发放光伏扶贫贷款865万元，带动213户贫困户增收。推进三级授信体系建设，提升贷款审批效率。全市共建立农村金融服务站500个、区域办贷中心102个、授信审批中心5个。

【金融产品】 2017年，晋城市农村信用社根据企业贷款担保不足问题，推出应收账款质押、福农卡循环授信等新型信贷产品，累计办理应收账款质押1300万元。开办银行承兑汇票、贴现等非信贷融资业务，累计签发银行承兑汇票业务8.03亿元，累计办理票据贴现业务21.83亿元。实施“一户一价、一笔一价”的利率定价机制，实行借款人差别化定价。为小微企业提供优惠，为企业节约融资成本约2000余万元。

【金融服务】 2017年，晋城农商行开通“蒲公英e财富”和“蒲公英e社区”互联网综合服务平台，为客户提供在线金融商城、O2O本地商圈平台、社会化营销服务。截至2017年，商户线上累计2052户，商户储备总量2350户，注册用户14983人次，平台交易额24.75亿元，投资客户遍及24个省和直辖市。晋城农商行与晋城市团委、城区团委合作开展第四届“创青春”晋城青年创新创业大赛，支持创业就业，加快小微贷款投放。泽州农商行与市煤气公司、热力公司、自来水公司联合升级开通代收系统，吸收资金1.2亿元；争取金融资质，在全省第一批上线电票业务；申请开办外汇业务，推进私人保险箱业务，加入银行间质押式回购匿名点击平台。加大简政放权力度，下放信贷权限，由县级行社自主办理小微企业信贷资金，满足客户需求。对符合产业政策、产品有市场、经营效益好的各类企业给予信贷支持，帮助企业进行科技改造和扩大再生产。

【不良资产清收】 2017年，晋城市农村信用社抓重点人员。制定《高管包户认领清收处置不良贷款考核办法》，累计对5名高管人员积12分，通过高管人员认领清收，共收回不良贷款273笔、1319万元。抓重点贷款。对辖内社团类、法人类、抵押类以及前20大户不良贷款建立台账，按月更新进度并考核打分。按季开展不良贷款前20大户分析评价工作，制订清收处置方案。累计清收处置大户不良贷款1.58亿元。抓重点区域。陵川联社不良贷款余额占到全市不良贷款余额的61.48%。陵川联社与陵川县委县政府沟通协调，出台清收处置方案，成立“不良贷款清收特训营”，组建专业清收队伍。截至2017年，陵川联社不良贷款余额6.16亿元，较年初下降1.04亿元。抓制度执行。每月5日前向县级行社下发《到逾期贷款警示通知书》《不良贷款听证问责提示通知书》，对本月逾期贷款和下月到期的贷款进行风险提示，建立全市不良贷款听证问责台账，对未按月完成听证问责工作的县级行社(理)董事长进行积分考核。抓关键指标。制定《晋城市农村信用社不良贷款清收处置缓慢机构问责办法》，按月对不良贷款余额、不良贷款率较年初反弹的县级行社，不良贷款余额、不良贷款率在全市反弹前5位的分支机构进行排队并通报，与县级行社理(董)事长、主任(行长)、分管主任的绩效工资挂钩考核。

【风险防控】 2017年，晋城市农村信用社建立办事处、县级行社、基层网点三级风险管理体系，明确风险防控工作的责任追究。召开全市农信社风险管理工作会议，邀请专业讲师进行培训，提升风险防控意识和能力。开展“两个加强、两个遏制”回头看和“三违反”“三套利”“四不当”“乱象整治”等检查，累计问责人员425人次，经济处罚5.81万元，并针对检查发现问题向各行社下发风险提示，提出整改要求。组织各行社分管领导、保卫科长进行集中培训3次，增强员工的安全经营意识和防范能力。按季组织开展突发事件应急预案演练，完善应急处置预案，提高员工应对和处置突发事件心理素质和能力。

【业务拓展】 2017年，晋城市农村信用社进校园、进社区、进市场，开展芯片存单“便易贷”宣传活动。截至2017年，全市累计开立存单3009份，金额28128.6万元；累计授信金额3261.23万元，累计用信金额2073.60万元。推广新型“农村金融综合服务站”及金融基础服务“村村通”全覆盖，截至2017年，建立农村金融综合服务站724个，行政村覆盖面达32.21%。加快电子银行产品推广应用，提升普惠金融服务水平。截至2017年底，全市信合通卡(含福农卡)发行293.47万张，较年初增加14.25万张；建设自助银行网点165个，安装自助设备260台，累计开办手机银行96724个、微信银行174155个、网银32103个，晋享e付二维码支付开通604户、特约商户2102户，共布放POS机具3638台，较年初增加83台，实现符合条件的乡镇及商户ATM和POS机全覆盖。

【企业文化】 2017年，晋城市农村信用社开展"为党旗增辉、为农信喝彩"主题演讲比赛和"庆七一·颂党恩"歌咏比赛等庆祝建党96周年系列主题活动，举办全市农信社第一届职工运动会和第一届服务礼仪大赛，提升农信品牌形象。开展"案防大家谈、全员讲合规"主题演讲竞赛、案防知识竞赛、征文比赛等，提高风险管理水平。开展第二届员工操作技能竞赛、"晨会"开讲征文演讲活动和运营业务知识竞赛，选送的征文作品分别在4期《山西农信》中刊载，选送的2名选手分别获得省联社晨会"开讲"演讲比赛个人三等奖、优秀创作奖。

（晋城市农村信用社）

保险业务

【概述】 2017年，晋城市保险行业协会以服务地方经济和社会发展为目的，以完善保险市场体系、扩大保险服务领域为目标，发挥"自律、服务、维权、协调、交流、宣传"作用，把保险市场的热点、难点作为工作重点，为会员公司办好事、做实事、解难事，营造和谐发展环境，促进全市保险业发展。8家保险公司被评为"支持地方经济发展优秀保险公司"，市保险行业协会获"支持地方经济发展优质服务奖"。

【保险业务】 2017年，晋城市共有保险公司31家。其中，财产险公司18家，寿险公司13家，分支机构86家，保险从业人员1.3万余人，总保费收入48.16亿元，较上年同期增长23.38%。其中，财产险总保费收入13.13亿元，较上年同期增长10.90%；人身险总保费收入35.03亿元，较上年同期增长28.81%。全市赔付总额达19.97亿元，赔付率为41.46%，较上年同期减少2.98%。其中，财产险赔款总额达5.84亿元，赔付率为44.50%，较上年同期增长0.85%。人身险赔付金额为14.13亿元（包括各类满期金、给付金），赔付率42.77%，较上年同期减少4.5%。

【自律检查】 2017年，晋城市保险行业协会开展"3·15"总经理接待日工作情况检查、车险理赔服务质量检查评价工作、人身险自律检查工作、车险乱象自查督导检查，通报问题并限期整改。与市总工会金融工委联合开展星级柜面观摩及评选活动。与全市18家财产险保险公司签署《晋城市保险行业机动车辆保险规范承诺书（2017）版》，维护晋城车险市场秩序。到高平市、陵川县、阳城县、沁水县进行调研并组织召开县域自律工作组会议，形成调研报告，分析市场环境。

【纠纷调处】 2017年，晋城市保险纠纷人民调解委员会共受理各类保险纠纷案件96件（包含山西保监局转办案件），化解87件，成功率为90%，涉案金额265.22万元，其中诉调对接案件43件，占总纠纷案件50%以上，调解34件，成功率79.06%，涉案金额246.95万元。

【快处快赔】 2017年，清明节、端午节、五一劳动节、十一国庆节期间，在长晋高速公路与晋阳高速公路设立节假日高速公路快处快赔服务站，协助高速交警、高速路政处理高速交通事故，保证假期高速公路通行顺畅。全年，晋城市快处快赔中心共受理案件947件，涉及车辆1950辆，估损金额达377.66万元。

【保险宣传】 2017年，晋城市保险行业协会以宣传"保险助推脱贫""商业健康保险"及"反保险欺诈"为主线，以"保险，让生活更美好"为主题，坚持"积极、主动、正面、有效"宣传工作方针，开展"3·15"保险消费者权益保护系列活动宣传活动、"7·8"全国保险公众宣传日系列活动、扶贫新闻信息宣传活动、防范非法集资宣传活动、食品安全宣传周活动、国家安全教育宣传活动、大病保险"新规"宣传活动、"普法"教育宣传等宣传活动。在晋城交通广播《我的美好生活》、晋城新闻广播《金融零距离》、晋城电视台新闻频道《第一金融》等栏目进行保险宣传。晋城市金融研究会创办《太行金融》杂志，开设网站和微信公众号。

（晋城市保险行业协会）

保险机构

·中国人民财产保险晋城市分公司·

【概述】 2017年，中国人民财产保险晋城市分公司牢记“人民保险、造福人民”使命，坚持“做人民满意的保险公司”经营理念，贯彻党的十九会议精神及习近平新时代中国特色社会主义思想，在社会管理、安全生产、风险化解、保险赔偿、助力地方经济发展和改善地方民生保障等方面，取得成绩。被市金融办授予支持地方经济发展“优秀保险公司”称号。

【经营效益】 2017年，中国人民财产保险晋城市分公司共实现保费收入6.16亿元，同比增长11.11%；市场份额46.95%，同比增长0.09%；属地纳税6281万元。

【理赔服务】 2017年，中国人民财产保险晋城市分公司共支付赔款金额3.15亿元。全险种综合赔付率达60.44%。其中，车险赔付率58.07%，商业非车险赔付率49.30%。万元以下赔案理赔周期8.08天，万元以下车险理赔周期8.23天，万元以下非车险理赔周期5.06天。在全省系统理赔质量综合考核中排名第二。

【服务三农】 2017年，中国人民财产保险晋城市分公司宣传惠农政策，发展农业保险，承保的中央政策性农险覆盖49个乡（镇）、1440个行政村、25.8万农户，在承保范围内村级覆盖率达100%，贫困户覆盖率达到98%以上。全年共为26.93万户农民承保农业生产风险9.1亿元，累计支付赔款2857.95万元，受益农户达19.17万户。

【精准扶贫】 2017年，中国人民财产保险晋城市分公司与市政府签订《保险扶贫战略合作协议》，推动保险扶贫工作，全方位支持市政府精准扶贫、精准脱贫战略。开发保险扶贫险种。坚持贫困户“小投入、大保障”原则，推出苹果、梨、核桃、红枣、肉牛、中药材等10余个扶贫险种。与市农委扶贫办共同开发保险—建档立卡贫困户大病补充保险，解决贫困户因病致贫、因病返困问题。全员参与扶贫。组织公司全体员工参与地方扶贫工作，为陵川县捐赠扶贫款15万元。

【支农业务】 2017年，中国人民财产保险晋城市分公司配合国家精准扶贫战略，推广支农融资业务。向上级争取支农资金5000万元。在泽州县、阳城县、陵川县开展试点工作，采取“政融保”“企业贷”“农户贷”模式，为涉农企业、农户提供资金支持。与陵川县、高平市、沁水县、阳城县、泽州县扶贫办及相关金融机构合作，参与“五位一体”扶贫贷款业务，向28家企业放款7328万元，全市1490户建档立卡贫困户通过“五位一体”扶贫模式获得首年收益466万元。

【保障民生】 2017年，中国人民财产保险晋城市分公司关注民生，大病保险见实效。全年累计处理赔案10347件，理赔金额达5414万元。优化方案，保障水平渐提高。7月1日起，精准扶贫住院大病患者，补偿比例由分段报销直接提高到78%。产品组合，保障范围覆盖广。承办晋城市贫困人口和农村低保五保人口疾病医疗补充保险，起付线设定为1500元，可补充由城乡居民大病保险补偿后剩余合规医疗费用的85%，贫困人口补偿比例基本达到90%。

（中国人民财产保险晋城市分公司）

·中国人寿保险晋城市分公司·

【概述】 2017年，中国人寿保险晋城分公司以党的十九大精神为指导，贯彻落实总、省公司“重价值、强队伍、优结构、稳增长、防风险”经营思路和“加快发展、深化转型、防控风险”工作要求，以“三对标、双领先”为主线、以“富员强司”为第一追求、以“3+1”突破为主题，围绕“三大战略”实施，加快业务发展、推进转型升级、夯实队伍基础、强化风险管控，各项工作取得成绩。

【经营业绩】 2017年，中国人寿保险晋城分公司共实现保费收入

12.9亿元，同比增长16.75%。其中，续期保费收入8.17亿元，同比增长25.23%；新单保费收入4.77亿元，同比增长5.37%；首年期交保费收入2.57亿元，同比增长6.19%；长期险首年标准保费收入1.21亿元，同比增长12.38%；10年期及以上首年期交保费和短险保费收入分别达13647.12万元和5261.49万元，同比增长9.76%和21.8%。公司总体市场份额为36.84%，领先主要竞争对手15.63个百分点。其中，个险首年期交市场份额为32.12%；个险销售人力市场份额为28.19%，领先主要竞争对手1.4个百分点。公司新单创费4467.76万元，同比增长19.5%；个险渠道创费2767.25万元，同比增长5.83%；团险渠道创费1164.58万元，同比增长48.79%；银保渠道创费519.26万元，同比增长68.07%的。其中团险渠道创费首次超过千万，完成创费预算的142.89%

【渠道建设】 2017年，中国人寿保险晋城分公司开展建设。个险渠道。首年期交保费收入同比增长2.44%、首年标保保费收入同比增长7.53%、十年期以上保费收入同比增长10.55%的，短险保费收入同比增长34.76%。公司短险保费收入达5261.49万元，完成全年预算的104.39%，同比增长21.8%。

团险渠道。短期险保费收入4275.25万元，同比增长34.59%，完成全年预算的114.01%。

银保渠道。首年期交、首年标保、10年期及以上保费收入分别达成全年预算的100.04%、109.62%、107.52%，短险保费收入同比增长19.18%。健康险2017年城乡居民大病保险保费收入3903.29万元，理赔2861人次赔付2153.81万元。

【销售队伍】 2017年，中国人寿保险晋城分公司个险渠道架构人力4116人，月均增员率8.17%；月均T50人力3762人，同比增长16.02%；月均长险举绩人力1132人，月均举绩率达31.69%，同比增长2.03%；季均有效人力1909人，同比增长14.23%；收展季均有效人力625人，同比增长11.75%；全市2017年新晋主管181人，主管总数达398人，其中区域总监3名；营销队伍新人三晋率34.01%，收展新人三晋率42.26%。银保渠道保险规划师队伍564人，季均有效人力290人，主管人数54人。团险渠道代理制销售人员86名，拓展组经理8人，综拓专员7人，有效人力达50人。

【基础管理】 2017年，中国人寿保险晋城分公司推进个险“331”和营销区部改革，“331”配备率达100%，全市建成标准化营业部41个。提升运营服务能力，提高客户服务水平，客服中心保持“山西省人身保险公司5A级服务柜面”，被省总工会金融工作委员会授予集体三等功。营业部“险商兵法八谋”项目在总公司第三届“银保·创”企划创意大赛中获二等奖。

【风险防控】 2017年，中国人寿保险晋城分公司严格内控标准执行，对关键岗位进行风险排查，落实县支经理“三讲”活动。根据《山西省分公司非法集资专项排查工作实施方案》要求，成立工作领导小组，开展非法集资专项治理和主题宣传月活动，对全市10家县支公司进行专项督导检查，及时整改问题。开展关于加强风险管控自查自纠工作和风险管控进职场宣传月活动。贯彻落实保监会《保险销售行为可回溯管理暂行办法》，开展机动检查工作。下发《晋城分公司2017年反洗钱工作计划》，开展反洗钱自查自纠和客户风险评定工作和反洗钱专题宣传月活动2次，加强反洗钱宣传力度。参加中国人民银行晋城市中心支行2017年反洗钱“五统一四深入三评比”宣传主题晚会，获“2017年反洗钱宣传工作先进集体”称号。

【客户服务】 2017年，中国人寿保险晋城分公司推进科技国寿项目，推广e宝、国寿大健康等电子化平台，提高公司科技应用水平。推广无纸化工作，全市10家机构全部上线，组织培训32次，参训人员累计达1239人，无纸化投保累计1042件。提升客户服务能力，开展客户服务活动9场，1986人参加。开展农网下乡活动14次，处理业务808笔，服务客户511人次。开展业务管理和运营风险管控工作，完成新单等业务处理和理赔工作，2017年赔付件数及金额完成率均列全省第一。开展颗粒归仓活动，完成复效金额2200.5万元,完成全年任务的106.44%。

(中国人寿保险晋城分公司)

·太平洋财产保险晋城中心支公司·

【概述】 2017年,太平洋财产保险晋城中心支公司在市场竞争中,采取应对措施,通过全体干部员工共同努力,公司在转型发展过程中迈出步伐,实现业务发展。

【经营业绩】 2017年,太平洋财产保险晋城中心支公司共完成保费收入10385.08万元,同比增长5.09%。其中,车险保费收入8588.12万元,增长3.74%;非车非农险保费收入1471.47万元,同比下降8.24%;农险保费收入325.49万元。

【车险业务】 2017年,太平洋财产保险晋城中心支公司在车商方面,加大与华洋、晶通达等较大车商合作力度,开展多种营销活动,拓展中小车商和县区车商业务,取得效果。电销方面,加大竞争优势,开展系列秒杀活动,完善人力配置、流程优化、数据收集、保单配送等各个环节管理,提升落地服务水平,电销业务发展取得进步。交叉方面,加强专员对寿险职场跟进、督导与服务,开展系列主题营销活动,调动寿险营销员积极性,推动业务增长。

【理赔管理】 2017年,太平洋财产保险晋城中心支公司以“赔的快、赔的准”为目标,加强新工具应用,指尖查勘覆盖率达82%。实现日常理赔管理数据常态化、实时化,随时跟踪与处理理赔案件,加快结案进度,在分公司考核关键KPI指标中,公司综合赔付率、万元以下案均报案支付周期、报案结案率、未决估损充足率及人伤案均赔款、人伤诉讼率、人伤357指标等指标均达到或超额完分公司指标要求。围绕降赔减损主题,开展反欺诈专项行动,保护保险消费者合法权益。

(太平洋财产保险晋城中心支公司)

·太平洋人寿保险晋城中心支公司·

【概述】 2017年,太平洋人寿保险晋城中心支公司总标保100792.4万元,同比增加30948万元,增长44.31%;个险标保99247.4万元,个险标保达成率为131.5%;晋城中心支公司总保费74308.9万元,同比增加10696.1万元,增长16.81%。

【个险业务】 2017年,太平洋人寿保险晋城中心支公司占晋城寿险市场份额比为29.85%,个险营销新保占据市场第1位,市场份额下降1.63%。

【团险业务】 2017年,太平洋人寿保险晋城中心支公司团险业务实现标保1377.5万元,短险保费收入1176.5万元,同比增长1.68%。其中,短期意外险保费收入1130.3万元,同比增长2.54%;短期健康险保费收入46.2万元,同比下降15.69%。

【合规经营】 2017年,太平洋人寿保险晋城中心支公司以“一守三全”为工作目标,树立底线思维意识,强化红线意识,明确高压线概念,培养主动合规习惯。

(太平洋人寿保险晋城中心支公司)

证券业务

【概述】 2017年,晋城市共有证券营业部6家,从业人员90人。累计资金开户数145967户,银证转入资金52.1亿元,下降13.1%,新增资产总额2.2亿元。全年营业收入0.39亿元,下降30.4%;利润总额0.09亿元,下降50.4%。

(市统计局)

晋城市工商行政管理局

2017 年，在市委市政府和省工商局坚强领导下，全市工商和市场监管系统深入学习贯彻十九大精神和习近平新时代中国特色社会主义思想，以创优发展环境为目标，以深化商事制度改革为主线，以“爬坡进位上档升级”竞赛活动为载体，各项工作全面进步。

一是商事登记制度改革持续深化。通过大幅度简政放权，推行工商注册电子化、注销便利化、多证合一、企业名称和住所申报承诺等改革措施，全市工商部门共取消调整行政职权事项 47 项，全年新注册各类市场主体 22820 户。

二是市场监管执法力度明显加大。全面推行“双随机一公开”监管改革，查处无照、广告监管、打击传销等三项综治牵头工作跻身省政府目标考核第一类。

三是社会公共服务质量得到提升。建立了消保维权和网络监管等局际联席会议制度，建立了“四消合一”消费维权联动机制和消费警示、提示定期发布制度。组织开展成品油、建材、农资、日用消费品等重点领域商品质量抽检。出台诚信市场建设规范，开展诚信市场创建活动，涌现出省级“守重”企业 82 户、市级“守重”企业 34 户。地理标志商标实现突破。

四是全面从严管党治党深入推进。通过多种方式在各个层面广泛学习领会十九大精神和习近平新时代中国特色社会主义思想，不断增强“四个自信”，树牢“四个意识”，提高政治站位。以政治建设为统领，狠抓组织建设、制度建设、作风建设。认真履行“主体责任”“一岗双责”。推动全系统文明创建工作全面升级，市局进入“省级文明单位标兵”行列。

省工商局局长董岩（前排右二）在市工商局宣讲十九大精神并开展大调研活动副市长梁丽萍（前排右一）陪同调研

颁发首张电子营业执照

晋城市企业注册全程电子化启动仪式

市局全体党员到陵川县锡崖沟接受传统教育

山西天泽煤化工集团股份公司

天泽集团党委书记、董事长、总经理马月生

山西天泽煤化工集团股份公司前身为晋城市第二化肥厂，始建于1978年，原建规模为年产3000吨合成氨、1.2万吨碳酸氢铵，资产300万元，员工300余人。经过企业改制、并购重组、新建扩建，现下设煤气化厂、化工厂、天泽永丰公司等6个分子公司，员工3800余人，总资产46.72亿元。公司现有年产180万吨合成氨、300万吨尿素、30万吨甲醇、3万吨甲醛、1.5万吨三聚氰胺和18MW余热发电装机容量的综合生产能力，是晋城市重点企业，全国最大的大颗粒尿素生产企业。公司“泽州”牌商标被国家工商总局认定为“中国驰名商标”，以7.05亿元的产品品牌价值荣登2014年中国品牌价值榜单。公司连续六年被评为“全国(合成氨)行业能效领跑者标杆企业”，并荣获“山西省优秀企业”“全国模范劳动关系和谐企业”“全国石油和化学工业先进集体”“节能中国十大贡献单位”等多项荣誉称号。

2017年，集团公司坚持以习近平新时代中国特色社会主义思想为指引，学习贯彻十九大精神和习近平视察山西重要讲话精神，贯彻落实新发展理念，召开中共山西天泽煤化工集团股份公司第二次代表大会，顺利完成公司各级党组织换届工作，使党的建设步入了科学化、规范化，明确和落实党组织在企业法人治理结构中的法定地位。按照市委七届四次全会暨经济工作会议确定的“转型综改示范区的先行区、能源革命排头兵的领跑者、对外开放新高地的桥头堡”三大目标，围绕公司“12321”发展思路和目标，有效应对行业产能过剩、原材料价格上涨、产品价格不稳定等多重困难和挑战，严格落实大气污染综合治理攻坚行动，确定各项环保措施落实到位。在稳定尿素产品的同时，积极开发差异化增值尿素

山西天泽集团化工厂

新产品，努力提高发展的质量和效益。全年主要产品产量合成氨 1493434.19 吨，较上年的 1318616.56 吨增长 13.26%；尿素 2479235.84 吨，较上年的 2295641.01 吨增长 8%；甲醇 143951.77 吨，较上年的 108403.29 吨增长 32.79%；完成工业总产值（现价）415561 万元，较上年的 280638 万元增加 48.08%；实现销售收入 415378 万元，较上年的 279056 万元增加 48.85%；实现利润 4937 万元，较上年的 205 万元增长 23 倍；实现利税 6285 万元。2017 年被评为全国氮肥企业合成氨、尿素产量 20 强，以合成氨综合能耗 1094kgce/t 入围全国重点用能行业能效领跑者入选企业。

天泽集团召开第二次党代会，完成公司各级党组织换届工作

天泽集团作为晋城煤化工行业的重点企业，坚持习近平新时代中国特色社会主义经济思想，牢牢把握高质量发展的根本要求，按照公司“12321”发展思路和目标，解放思想、创新发展，在做好主产品的同时，积极开发差异化增值尿素等新产品，延伸化工产业链，进一步优化产业结构，再造转型发展新优势，发挥好引领示范作用，为新时代美丽晋城高质量转型发展续写新辉煌。确保“十三五”期末销售收入达 50 亿元、“十四五”期末达 100 亿元，到 2035 年我国基本实现社会主义现代化之际，迈入“中国化工企业 100 强”之列。

山西天泽集团煤气化厂

山西天泽集团永丰公司

晋城市城区人民法院

2017年，城区人民法院以习近平新时代中国特色社会主义思想为指导，紧紧围绕“让人民群众在每一个司法案件中都感受到公平正义”的工作目标，坚持司法为民、公正司法”的工作主线，忠实履行宪法法律职责，积极推进司法体制改革，各项工作取得新进展、实现新突破：审判工作方面，刑事审判注重依法惩治刑事犯罪，加强人权司法保障，积极参与社会治理，民事审判注重妥善化解民商矛盾，全力化解涉诉信访案件，提升司法服务水平，全面深化司法公开；执行工作方面，形成执行联动机制，推进执行信息化建设，用足用活惩戒措施，扎实开展专项行动；司法改革方面，做到“还权 + 保障”，加强审判权运行监督机制建设，建设一支高素质审判辅助队伍，实行定人定酬定编，不断规范审判权力运行机制；信息化建设方面，实现网络化办案管理、数字化法庭审理、远程化信访接待；队伍建设方面，坚持党的领导，强化党风廉政建设，加强司法能力建设，自觉主动接受监督。2017年，城区法院共受理各类案件6495件，办结6178件，结案率95.12%、人均办案数241件，同比分别上升31.03%、71.95%和22.64%。收结案数和人均办案数列全市第一，创历史新高。

院长李东明在区九届人大三次会议上作法院工作报告

司法改革后“两长”同庭办案

市纪委监委派驻市中级人民法院纪检组长都火炬
到城区法院诉讼服务中心检查指导工作

院长李东明参加城区九届人大三次会议北街代表团全体会议

城区人民法院专业化训练司法警察

庆祝建党 96 周年系列活动暨“七一”表彰大会，重温入党誓词

“百日清案”大会战暨全面推进案件繁简分流和调解速裁机制试点改革动员大会

干警积极参加区直工委迎“五一”徒步活动

泽州县人民法院

院长郭旭鸿（右一）、常务副院长秦志豪（右二）下乡扶贫调研

员额法官宪法宣誓仪式

2017 年，泽州县人民法院全体干警在党组书记、院长郭旭鸿的带领下，以习近平新时代中国特色社会主义思想为指导，深入贯彻党的十九大和中央政法工作会议精神，紧紧围绕“努力让人民群众在每一个司法案件中感受到公平正义”的目标，忠实履行审判职能，始终做到“六个坚持”，坚持公正司法，服务保障全县社会稳定和经济发展；坚持综合施策破解执行难题，为全县优化营商环境尽职尽力；坚持深化改革，促进法院工作提速增效；坚持信息化建设与司法公开深度融合，提升司法能力和司法公信力；坚持从严治院，努力打造过硬法院队伍；坚持主动接受社会各界监督，不断改进工作，全院各项工作稳步推进，全面发展，取得突出成效，审判绩效指标和执行工作质效在全省法院评比中名列前茅，被市中院评为“2017 年度先进法院”，为全市法院首次跨入全省法院第一方阵贡献了重要力量。全年受理刑事、民事、行政、执行等各类案件 4132 件，审执结 4045 件，结案率 97.9%，同比上升 12.3%。其中，审结案件 2788 件，审结率 97.7%，同比上升 13.2%；执结案件 1257 件，执结率 98.3%，同比上升 10.1%。该院的改革成果和工作成效被《山西省法制报》、《太行日报》、山西新闻网、晋城新闻网、市中院、县政法委等报刊、网站、公众号转发和刊载 36 次，被省高院评为“全省法院信息化工作先进集体”，立案庭被省高院评为“2017 年度涉诉信访工作先进集体”，16 名干警先后受到市级以上表彰。

集中约谈被执行人大会

院长郭旭鸿在庭审直播现场

家事巡回法庭调解家事案件

司法警察参加考核

发放司法救助金

泽州县人大任命仪式

“三八”妇女节登山活动

执行案件现场

晋城市城区地方税务局

城区地税局领导班子成员

“党员活动日”，城区地税局党员干部在党史馆参观学习，重温入党誓词

开展第 26 个税收宣传月活动启动仪式现场

组织退休职工到阳城县千年古刹海会寺感受太行怡人秋景

区长王文全（左三）到城区局一分局税务大厅指导工作

局长宋软平（右）与晋城银行分行负责人举行“代开、代收税款“签约仪式

优化税收营商环境服务经济转型发展优惠政策培训会

发放“大调研 大宣讲 大服务”资料汇编

文明创建活动

“警示教育月”城区地税局全体税干在武乡八路军纪念馆参观留影

泽州县地方税务局

2017 年，泽州县地方税务局深入学习贯彻党的十九大精神和近年习总书记治国理政新理念新思想新战略，一手抓组织收入第一要务，一手抓党建第一责任，全局上下一心、真抓实干，实现了组织收入高幅增加和政治生态风清气正的同频共振。

晋城市地税局局长赵耀中（前排右二）在泽州县局指导工作

组织收入大幅增长 全面倡导科学组织收入理念，严格收入规划管理，全年省口径公共财政预算收入完成 55566 万元，占市局计划 37300 万元的 148.97%，县级公共财政预算收入完成 25536 万元，为县域经济发展做出了重要贡献。

法治建设不断加速 加强与涉税职能部门的涉税信息交换共享，促推相关税收的及时足额入库。行政事业单位代扣个人所得税日趋规范，核查排除疑点数据，执法督察作用得以发挥，建立健全税收风险管理领导责任制，完成风险数据的排查，与国税部门联合对纳税户开展信用评定。

征管基础不断夯实 常态化清查促使管户管理驶入应管尽管良好轨道，通过“双向”防漏促使纳税人补缴税款，完成企业汇算清缴，对年收入 12 万元以上自行申报纳税人开展政策宣传辅导，快速及时处理明细申报中的难点和问题。强化职能部门沟通，统筹推进环保税、水资源税改革具体任务。

纳税服务不断提升 与银行机构签订委托代征协议，为纳税人办理综合涉税事项。举办多种形式的专题培训，提高纳税人的税法知晓度。为高铁项目建设施工企业提供上门、预约、延时等个性服务，扶持泽州确定的“大项目”发展。扎实落实税收减免，推动县域产业结构优化升级、扶持民营经济和小型微型企业发展。

从严治党全面落实 认真贯彻落实“八项规定”，认真抓好贯彻落实。分解细化重点任务和工作责任，制定党风廉政建设约谈办法，在全局范围内常态化开展多形式廉政谈话，严明纪律和规矩。全体人员集体签订廉政承诺书，严格履行各种节假日“十严禁”，营造出风清气正氛围。

团结奋发的领导班子

学习习近平总书记重要讲话知识测试

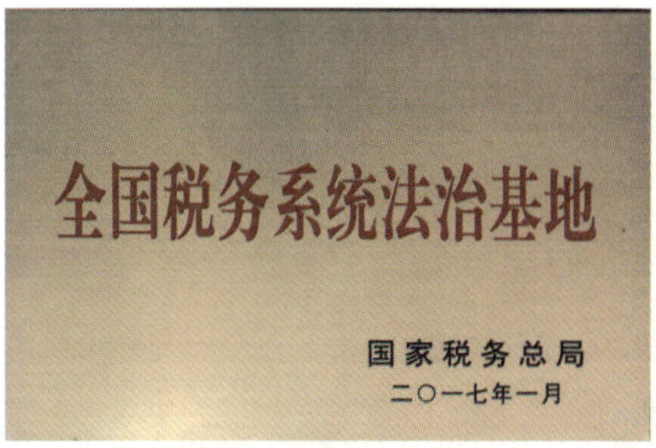

获全国税务系统第一批法治基地

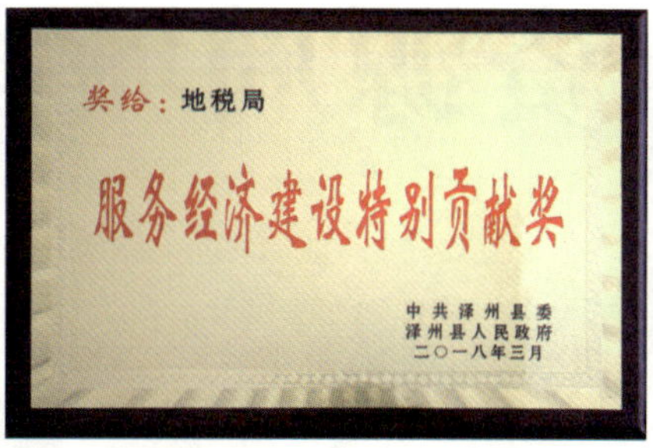

蝉联服务经济建设特别贡献奖

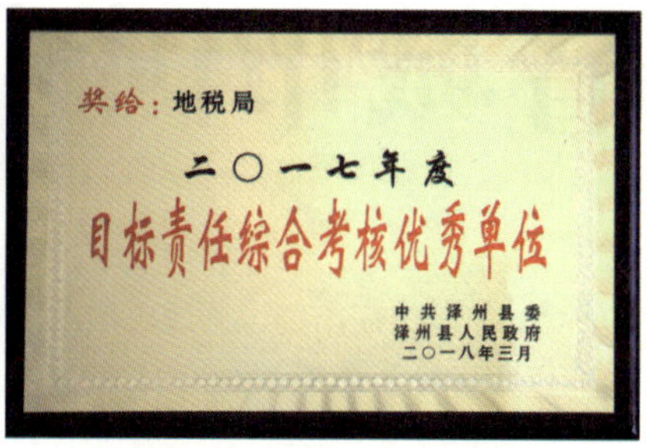

在县委县政府年度考核中获优秀单位

税法宣传进校园

税收宣传助力经济发展

纳税户刷卡缴税培训

启动水资源税开征工作

务实进取的泽州地税干部队伍

晋城市国土资源局城区分局

2017 年，在市委、市政府和市局党组的正确领导下，城区国土资源分局全面贯彻落实党的十九大精神，认真学习习近平新时代中国特色社会主义思想，深入开展“两学一做”学习教育，严格落实党组主体责任和纪检监督责任，大力加强党风廉政建设，紧紧围绕全年工作目标，努力工作，狠抓落实，较为圆满地完成了各项工作任务：压实党风廉政建设责任制“两个责任”，全面落实从严治党要求，认真推进“两学一做”学习教育常态化制度化，开展维护核心见诸行动专题教育完善和落实 “一岗双责”责任体系和工作制度体系，狠抓政风行风建设和国土所廉政建设；转变思想工作作风，全力服务重点工程，改革和创新行政审批手段，主动和项目单位提前对接，为用地单位解决实际问题；落实基本国策，加大耕地保护力度，健全区、镇（办）、村三级耕地管控网络，完成耕地保护目标的自查工作，检查和总结耕地保有量及变化、基本农田保护面积及变化、耕地保护责任制落实及制度建设、耕地等级及质量建设等情况，完成基本农田划定工作；落实长效机制，强化执法监察工作，实行严格的执法监察“五级责任制”，开展执法监督检查和日常动态巡查工作，开展卫片执法检查、矿业秩序整治工作以及安全生产大检查和安全隐患排查整治集中行动；坚持依法行政，夯实土地管理、矿产资源管理、地质灾害防治、测绘管理等方面基础业务工作。

班子专题学习

定期开展主题党日活动

开展“两学一做”学习教育常态化制度化 维护核心见诸行动主题教育

开展十九大精神宣讲活动

签订工作目标责任书

长期开设国土知识讲堂

组织收看政论片《将改革进行到底》

法律宣传活动

参观孙文龙纪念馆接受教育

山西晋城路桥建设有限公司

泽州路路面维修改造工程

近年来，晋城路桥在省、市有关部门的正确领导下，秉承“筑百年平安路、架和谐跨越桥”的企业使命，牢固树立“正德厚生、修路修身”的企业道德观和“同心同力、共创共享”的核心价值观，认真贯彻“科学决策、精细管理、高效执行、追求卓越”的管理理念，以优良的质量和一流的服务回报社会，2017 年度公司再次荣膺全省路桥行业“优秀企业”，先后有多名员工荣获“全国交通技术能手”“三晋技术能手”晋城市“五一劳动奖章”“劳动模范”“十佳工程师”等荣誉称号。

经营攻坚工程 瞄准公路主业主动出击，群策群力、攻坚克难，从承揽省内高速公路市场向服务地方公路建设转变，近两年先后承揽国道 207 晋城过境公路改线工程、国道 207 瓶颈路段改造工程、太行一号国家风景道工程、晋城市文博路基及路面工程、晋城市泽州路路面维修改造工程、阳城县滨河路至演礼园区连接线、阳城县阳礼互通工程等，年经营中标额达 5 亿元以上，完成产值 4 亿元以上。

阳城滨演路防护工程

泽州路路面维修改造工程

国道 207 线过境段公路改建工程

品质提升工程 组织开展“质量管理提升年”活动，按“一项目一课题”为内容落实“品质工程”创建活动实施方案，其中 2017 年公司承揽的国道 207 改线工程、长临高速绛河特大桥先后作为全省干线公路建设推进会和全省公路“品质工程”示范创建活动动员会观摩现场工地，在晋城市文博路和泽州路路面工程中，依靠过硬的工程质量、良好的信誉受到各方好评。

提质增效工程 以安全管理和成本管理为龙头，继续开展“管理提升年”活动，规范项目管理行为，加强过程监控和动态管控，推行全面预算管理，开展岗位节约、节能大比拼，全面提升公司发展质量和效益。

创新驱动工程 实施管理模式和管理制度创新，全面推行预算包干和绩效工资制度，积极探索社会资本、公司资产、员工财智相融合的共赢发展模式，实现公司创新发展、共享发展。

国道 207 线晋城市过境段公路改线工程中原街框架桥施工

陵川县高陵高速公路古郊互通

国道 207 线过境段公路改建工程

晋城市城区钟家庄街道办事处

市委书记张志川（前排右二）到钟家庄办事处调研重点项目

区委书记王学忠（中）到市区物贸小吃城调研指导环保工作

2017 年，钟家庄街道办事处以十八届六中全会、十九大精神和习总书记系列重要讲话精神特别是视察山西重要讲话精神作为根本遵循，围绕“五区”建设目标，深入实施 136 发展战略，安全稳定保障有力，城乡面貌显著改观，民生事业持续改善，党的建设全面加强。

——经济指标较好完成。三项重点指标完成率和增长幅度跃居全区前列，至 2017 年 11 月，固定资产完成 20.15 亿元，占比 36%，位居全区第一；财政总收入完成 2.67 亿元，占比 98.6%，位居全区第一。

——深化改革取得进展。集体产权制度改革全面启动。完成了 11 个村（社区）的农户承包地土地确权。垃圾分类试点积极推进，厨余垃圾沼气利用广泛推广。

——重点工程顺利推进。实施项目大攻坚，全处十大重点工程项目总投资 92.98 亿元，全年完成 13.25 亿元，超出计划完成额 8.2%，全部完成序时进度。

——招商引资硕果累累。全力配合区政府，成功引进中电智云大数据项目，成为全区经济战略转型新支撑。瑜园老年公寓项目成功引进山西省中医院品牌。白水东街规划大厦项目，与国家级创业孵化领军企业（晋城）清控创新基地达成合作协议。全市第一家互联网 + 汽车销售品牌云返汽车城，成功落户西南片区。

2017 年工作安排部署会

"五四"诗文诵读活动

机关党支部到延安梁家河参观学习

——城建重点工程完美收官。完成文博路(晓庄段)64户征补任务。全面攻克207国道(苇匠段)进地难题，道路全线贯通。基本完成涉及道路范围的拆迁任务。按期完成3条河流、7个村（社区）的市区黑臭水体整治工程的征收补偿工作。

——城中村改造稳步实施。白水、钟家庄、疙瘩回迁楼交付使用，中原街、时家岭改造项目全面启动。基本解决困扰18年的东武匠地质灾害回迁安置楼难题。

——城乡保障水平显著提升。新增社会就业岗位1700多人。为全处双拥优抚对象145人共发放优抚款78万元。为全处829名残疾人提供帮扶。城乡居民养老保险参保人数达10925人，对2900名待遇领取人员进行资格认证。城镇居民基本医疗保险参保人数15868人，比上年增加1773人，增长12.58%。

——民生实事逐步兑现。筹资202.15万元，对上辇、望川楼、回军、西谢匠、寺底等5个村（社区）约1.35万平米的破损路面全面修复；筹资60万元修复川东路文峰段倒塌护坡。协调新增南部山区25、29两条公交线路，实现南部10村公交全覆盖。望川楼社区老年活动中心投入使用。

——环保攻坚取得突破。通过联合执法，辖区范围内52家散乱污企业得到彻底取缔。对禁煤区范围内的15个社区开展煤球收缴行动，共收缴煤球20余万块，占比40%。全年，共完成建成区外清洁取暖改造1540户，占到总任务的77%，剩余改造任务正在加紧实施。对全处19台燃煤锅炉进行集中淘汰，中央第二环保督查组交办案件14起，中央环保部固定源督查转办案6起，市"秋冬季"攻坚行动巡查案件7起，全部整改完成。

——文化活动精彩纷呈。投资6000多元集中为7个村（社区）图书阅览室配发新图书，投资25万余元为24个村（社区）配备新乐器，为2个村（社区）安装健身器材。组建群众文体队伍33支，每个村（社区）配备一名文化协管员。

花园小学鸟瞰图

钟阳商业大厦

瑜园老年公寓

晋城市城区西上庄街道办事处

换届选举动员大会

推进“两学一做”学习教育常态化 制度化专题讲座

2017年，西上庄街道办事处认真贯彻十九大和习总书记视察山西重要讲话精神，紧紧围绕全区“实现率先发展，打造首善城区”战略部署，立足处情、站位区情，充分发挥全处资源、产业优势，努力撰写“改写农字、装点景字、借力路字、美化住字”“四字”转型发展文章，打响打赢乡村振兴攻坚战，全处改革发展稳定和各项工作迈出崭新步伐。连续6年被区委区政府评为年度目标责任考核“优秀镇（办）”。

经济指标完成良好；围绕“改写农字、装点景字、借力路字、美化住字”四字转型发展思路，共启动实施省市重点项目22个，打造白马寺山至吴王山都市休闲农业产业带和休闲农业园区、果蔬特色高效农业园区、生态农业观光园区、花卉种植景观农业，小杂粮示范园区五大园区；围绕西、北外环交通优势，打造商贸物流中心，延伸产业上下游链条；推进城中村改造，围绕“五条道路”沿线分街区进行主题设计现代服务业招商引资；道路征补全面完成，保证了道西路、电厂路等五条道路顺利建成通车；打造乡村旅游特色品牌，建成一批乡村旅游项目，全处农旅一体乡村旅游发展前景美好；开展城乡环境集中整治，打造了一批以文明村、美丽乡村、白马寺至吴王山步道沿线为重点的示范村，全处环境面貌极大改观；

庆“三八”女企业家座谈暨招商引资推介会

晋城市城区电子商务产业园

苗匠城中村改造新区

南畔松谷农场

环境集中整治后的乡村道路

办事处两委班子在向群众发放《文明市民手册》

环保整治成效明显，完成了部分“散乱污”企业“清零”整治任务，推进辖区内集中供暖供气工作和清洁能源改造工作，有效治理黑臭水体；人民生活不断改善，整治 4 条城乡裸露道路，巩固乡村中小学义务教育，提高城乡居民卫生医疗服务水平，及时足额发放补贴，全面覆盖城乡新农合、新农保；社会大局保持平稳，严格落实办事处领导班子成员安全监管“一岗双责”，不间断开展对建筑工地、仓储物流园区、农村废旧场所等重点部位和薄弱环节的重点排查和专项整治；队伍建设全面加强，健全完善党建工作“三清单”，认真落实党组织书记领办党建重点任务，持续推进“两学一做”学习教育常态化制度化，积极开展维护核心见诸行动主题教育活动，全面加强“三基”建设，坚持干部廉政教育经常化，持之以恒反对“四风”，认真开展巡察整改“回头看”，积极推进基层监察体制改革。

泽州县南村镇杨洼社区

社区党支部书记　李志刚

社区居委会主任　王建强

杨洼社区居民委员会于2010年10月在原杨洼村的基础上成立。社区共有居民360户，人口1076人。社区党支部和社区居委会成员共计9人，其中支委5人居委4人党员40人。近年来，杨洼社区在上级党组织的科学领导和关怀下，紧紧围绕“社区服务、社区卫生、社区党建、社区治安、社区计生、社区文明建设”六个方面开展工作。

经济发展方面：随着城乡一体化建设的脚步不断加快，社区两委班子紧紧抓住区域优势，围绕“融城、强村、建设一流园林社区”的目标，进行大胆突破和科学规划，成立了晋城市亿泰房地产开发有限公司。公司成立后，先后进行了杨洼社区“城中村”改造，修建了四季花城小区、晋城市经济适用住房和泽州县凤城小学，总建筑面积43万平方米。并且筹建了杨洼社区综合大楼（占地11亩，建筑面积2.7万平方米，总投资6000余万元）。几年来，社区依托房地产业的发展，妥善安置社区居民，新建社区居民回迁住宅楼392套，98%的居民喜迁新居。随着集体经济收入持续增高，也带动了相关产业的发展，居民人均收入由过去的3000元增加到了现在的12000元。

社会事业方面：为了给社区居民日常生活提供细致和周到的服务，成立了四季花城物业管理有限公司，并且解决了部分居民就业问题。目前，全社区的社会养老保险和新型合作医疗已实现了全覆盖，设立了社区卫生服务部，建立了助学金和奖学金制度。

党的建设方面：按照党的十八大提出的要求，社区班子团结，干部谋事，党员带头，为社区发展提供了保障。坚持民主管理，认真落实“四议两公开”制度。健全党员民主权利保障制度，落实党员的知情权、参与权、选举权、监督权，全面推进党务公开，使党员更好地了解和参与党内事务，大大提高了两委班子决策的民主性和科学性。

多年来，社区在城乡一体化的建设中取得了一定成绩，并将继续本着“想群众所想、帮群众解难、解群众之忧”的服务宗旨，以科学发展观为指导，发扬“团结、开拓、高效、争优”的精神，提高社区服务新理念，全力打造充满活力、和谐、平安、幸福的新型社区。

便民服务中心

文体活动中心

荣誉室

宁静祥和的学府平墅区

泽州县周村镇

泽州县委书记高喜全（左二）调研环园区道路建设

泽州县周村镇位于"鸡鸣一声惊三县"的华阳山脚下，东与南村镇毗连，南与李寨乡相接，西与阳城沁水两县接壤，北邻川底乡，素有“行山重镇”“丹水名区”和“泽州西大门”之称。陵沁路、碗周路、晋阳高速以及建设中的晋阳一级路贯穿全镇，交通十分便利。辖区 69 平方千米，耕地 3.9 万亩，辖 23 个行政村、59 个自然村、9911 户，总人口 24475 人。

周村镇是国家级历史文化名镇、中国传统村落、全省首批“百镇建设”镇和全市 20 个重点建设镇之一，周村工业园区 2012 年被列入全省“一市两园”和全市六大产业片区名单，2017 年列入晋城市“一区三园”名单，是建设以煤为基、一体两翼、电化联动、循环发展的省级示范工业园区，也是晋城市规划建设的一个以煤电化工为主的工业园区，

——经济发展 2017 年，全镇工业企业总产值完成 19.62 亿元，工业企业增加值完成 6. 84 亿元，固定资产投资完成 19.53 亿元；财政总收入完成 3868 万元，其中国税完成 3179 万元，地税完成 689 万元，分别占年初计划的 190.02%、137.8%。

——城镇建设 以周村古镇为轴心，全面辐射周边村落，全面完成周村新区总体规划；全面启动周村新区二期工程；完成镇内道路建设，规划环镇路，构建古镇新区交通网络布局；完成采煤沉陷区治理搬迁工作，打造园镇一体新型城镇区。

——文化旅游 以华阳山生态绿化为中心，建设万亩生态绿化区；以古村落石淙头为核心，发展万亩农业观光区；围绕“古韵周村、全域旅游，农旅一体、美丽乡村”目标，全面打造美丽乡村。培育文明乡风、良好家风、淳朴民风，不断提高农村社会文明程度，创新模式，拓展全域旅游。

——农业产业 推进万亩林果采摘区，培育新型农业经营主体，鼓励合作社创优品牌，提升示范效能；鼓励各村围绕“一村一品”创新创业，打造龙头；培育乡村新产业，全面推行土地托管，筹建农业农机联合社，创新三农服务理念。

周村镇学习贯彻党的十九大精神暨新任支村“两委”干部培训班

周村新区鸟瞰图

天泽集团鸟瞰图

旭胜农牧有限公司鸟瞰图

石淙头 瀑布

石淙头村美食节开幕仪式

周村镇东岳庙黄昏

天天鲜合作社（草莓）

向日葵种植

泽州县川底乡

川底乡距市区23公里，乡域东西宽13公里，南北长12公里，国土面积约68.6平方公里。辖27个行政村，45个自然村，户籍人口21699人，其中农业人口20380人，25582亩耕地。该乡煤铁资源丰富，是泽州县重点产煤乡镇之一。煤炭为主导产业，新兴地面工业和规模化农业发展迅速。

川底乡多次受到上级表彰，先后获评国家级“生态乡镇”、省级“特色文化强乡”“村镇规划建设先进镇”和“文明乡镇”，市级“十九大安保工作先进单位”“教育强乡”“‘五个好’基层党组织”和“和谐示范乡镇”，县级“创先争优先进基层党组织”等称号。

镇区街景

万亩连翘主题公园

长河湿地公园

2017年，乡党委、政府团结带领全乡党员干部和人民群众，深入学习贯彻党的十九大精神和习近平新时代中国特色社会主义思想，紧紧围绕县委“161”发展战略和乡党委“一一三二”总体工作思路，坚持党的建设、转型发展、生态治理、美丽乡村建设统筹谋划、整体推进，凝心聚力、负重前行，多项工作走在全县前列，荣获全县“2017年度目标责任综合考核优秀乡镇”。2017年全乡企业总产值完成28.7863亿元，民营企业增加值完成12.028亿元，引进签约项目资金10亿元，到位资金1.37亿元；税收完成1.9242亿元；全年粮食总产达到936.2万公斤，蔬菜大棚保有量67栋，各类种养加专业合作社达到63家。

2017年，根据县委、县政府“古韵泽州·全域旅游”的总体部署，由政府搭台，农业、文化、旅游三项产业大合唱，以吕管够传统古村落、伊候山绿道、长河生态湿地公园、寺河烈士陵园为重点，休闲健身、观光娱乐、红色教育游发展态势良好，全年接待游客1万余人，“农文旅一体化”产业发展初具雏形。

川底中心小学

全乡有初中 1 所，中心小学 1 所，教学设施和环境全县一流。教改工作有序推进，教育质量稳步提升，乡中心小学顺利通过了省级“平安校园建设”验收，并代表泽州县接受了教育均衡发展国家级验收；乡中心幼儿园进入一级一类幼儿园行列。

全乡有村级文体广场 23 个，农民书屋实现全覆盖，有线电视覆盖率达 94% 以上，数字电视用户达到 4200 余户。群众性文体活动蓬勃开展，先后举办了庆“三八”“两评一比三赛”系列活动、情系端午系列趣味运动赛和第二届健身广场舞大赛。海天公司舞蹈队在全市“最炫太行风”广场舞大赛中获得优异成绩。

文化广场一角

泽州县下村镇

党政班子成员在新落成的杨山搬迁小区指导工作

环境集中整治赴长治襄垣取经

下村镇位于泽州县西北部的吴神山下，距晋城市区 21 公里。该镇北靠高平，西接沁水，东与大阳镇、巴公镇接壤，南与大东沟镇毗连。全镇总面积 104 平方千米，辖 33 个行政村，43 个自然村。2017 年有总人口 38108 人，有耕地 30380 亩。

2017 年，下村镇党委、政府坚持不懈贯彻党的十八大精神，及时学习贯彻十九大精神，以“稳煤育新抓产业，两区一湖抓城镇，一山一河抓旅游，八网覆盖抓环境，一廊双评抓文化，阳光晒权抓党建”六大工程为引擎，取得了前所未有的好成绩。被市文明委评为“文明乡镇”，被县委、县政府评为“目标责任考核优秀乡镇”。

元宵节丰富多采的民俗文化表演

镇党委书记樊武斌（右）慰问贫困户

晋城市扶贫办主任慰问贫困户

采煤沉陷区治理，杨山分房现场

首届香椿文化节上的香椿饺子大赛

环境整治后的长河新貌

泽州县金村镇

镇党委书记 闫晓阳

镇长 王红军

金村镇位于城郊接合部，交通便利、区位优越，是晋城市“六区联动、组团发展”总体规划中的金村新区、高铁新区、空港新区建设的主战场，是现代物流集聚区、科技文化特色区、低碳发展示范区、城乡一体先行区。辖 72 个行政村（2 个社区）、5.8 万人口，8.7 万亩耕地，镇域面积 212.29 平方公里。在泽州县 17 个乡镇中，所辖行政村数位列第一，人口第二（仅次于巴公镇），国土面积位列第三（仅次于柳口、山河镇）。

主导产业为城郊农业、现代服务业和生态旅游业。

地理位置独特 晋城市新一轮城市规划，把金村镇规划为金村新区，并定位为教育科研和文化产业创新基地，太原科技大学晋城校区、中等专业学校等三所大、中专学校等教育科研机构工程项目已先行落地。县行政文化中心修建性详规也已通过专家评审验收并得到市里批复。随着晋城市区东扩，特别是兰花北路和红星东街延伸段的通车，金村镇在发展上已经和市区紧密地融为一体，水、电、路、气、暖以及住房等基础设施和公共服务正在参照城市化标准规划兴建。

旅游资源丰富 全镇现存玉皇庙、青莲寺、关帝庙等五处国保文物和一个省级历史文化名村，十几个省市县级文物古迹和一个国家 AAAA 级旅游景区，丹河穿境而过，东焦河水库、围滩水库、郭壁城市供水工程等沿河坐落，水资源充沛，旅游资源丰富，人文历史和现代文明景观交相辉映。

交通区位优越 镇区建有太焦电气化铁路、晋城东、晋城北、丹河三个高速路收费站，晋长高速、晋焦高速、晋陵一级路、以及 207 国道、晋张公路等多条主干道交通大动脉贯通南北、连接东西，晋北火车站、客运东站、正在建设的高铁车站、市民航机场、通用机场也位于金村镇境内，形成了四通八达的交通网络。

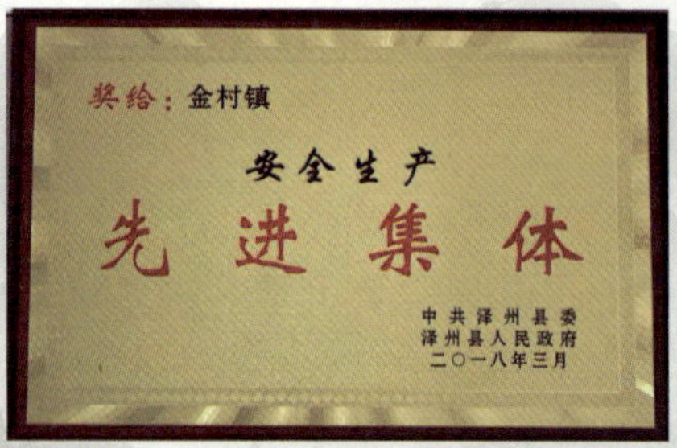

泽州县委督察金村镇重点工程项目推进情况

元宵节民俗故事展演

城市功能凸显 晋城汽车东站、晋城市委党校、太原科技大学晋城校区、晋城中专、丹河龙门湿地公园和城东水系工程，金村大道、府城街、太岳街、畅安路、龙化路、丹河西路、207 国道改线、碧水街一期、丹川路、青山街、金村大道南延工程、朝阳街、学苑街、珏山路、新晋路四条道路、企业服务中心、政务中心、规划展馆、三馆合一四个公建项目等一批市政工程的建设使城镇功能日趋完善。

发展势头良好 近年来，国投热电、兰花、月星、山西腾宏高科技产业园项目、中国青年城、锦绣鑫源仓储物流园项目、晋城驾考中心、奥韩重工、山西迪威尼生物科技有限公司生物高技术产品研发制造项目、市移动公司总部等二十余大项目在该镇相继落户并建成投产，国投、月星一期已投入运营，兰花、月星二期、中国青年城等项目正在建设。晋城市龙顺鑫农产品市场前期工作基本完成。经过多年发展，金村镇已初步形成了以城东物流园区为核心的现代物流业，以益丰园、丰青源、金园等为代表的城郊绿色农业、以国家 AAAA 级旅游景区珏山景区为龙头的生态旅游业。

第四届人民代表大会第三次会议

沁水县龙港镇

市党建观摩工作组观摩党建工作

县委书记原光辉（左二）检查防汛工作

龙港镇坐落在龙岗山下，取名蛟龙出港之意，位于沁水县中西部，东依郑庄镇，北靠樊村河乡，西临翼城县，南毗阳城县，是沁水县的政治、文化和信息中心。全镇下辖 9 个社区、28 个行政村，共有 19643 户，常住人口 66509 人。区域总面积 392.32 平方公里，耕地 45758 亩，林地 22 万亩（森林防护面积 45 万余亩），2017 年居民人均可支配收入达 14649 元。

2017 年龙港镇紧紧围绕“一条主线、两轮驱动、十大项目、五区联动”的工作思路，根据年初制定的各项目标任务，团结和带领全镇干部群众，进一步解放思想、与时俱进、团结拼搏、开拓进取。一年来龙港镇综合实力稳步提高：乡镇建设日新月异，现代农业不断推进，文化旅游蒸蒸日上，脱贫攻坚再战再胜，新型商贸初现雏形，民生事业有效保障，社会管理全面进步，党的建设全面过硬。2017 年龙港镇先后被国务院防范和处理邪教问题办公室授予“创建无邪教示范乡镇”荣誉称号，被中共晋城市委市政府授予“全市党的十九大安保信访维稳工作先进集体”称号，被晋城市精神文明建设指导委员会授予“2016—2017 年晋城市精神文明建设文明单位”称号。连续七年在全县年度目标责任考核中被评为优秀乡镇，荣获 2017 年“三基建设”金杯，取得金杯“三连冠”。

党员干部参观廉政教育基地并集体宣誓

中国 · 沁水第二届杏花节开幕式

“庆七一”千名党员唱红歌

龙港镇 2017 年综合工作部署会议

党员干部培训

党政班子研究工作

青龙近郊农业生态园

沁水县嘉峰镇

第二届树理文化旅游节开幕式

党的建设工作会议

嘉峰镇位于沁水县东南部，是“铁笔圣手”文学巨匠赵树理的故乡。全镇总面积99.7平方公里，辖24个建制村，户籍人口24114人，常住人口4.5万人，耕地1895公顷，驻地企事业单位584个，规模以上企业65家，是沁水县的工业强镇，是全国煤层气产业示范基地，是全国六大无烟煤基地之一，素有“煤乡”之称。全镇现有6个中国传统古村落和3个省级历史文化名村，并先后荣获中国生态魅力镇、全省百镇建设示范镇、省级园林城镇、省级文明乡镇、省级特色小镇等40多项称号。

2017年，全镇粮食总产量完成8754吨，民营经济总收入完成523712万元，民营经济工业产值完成461557万元，民营经济增加值完成267574亿元，农民人均可支配收入达17950元。

2017年，在县委、县政府的正确领导下，深入贯彻落实党的十九大精神和习近平新时代中国特色社会主义思想，紧紧围绕县委“一个统领、三五支撑”工作部署，以党建为统领，从严治党、正风肃纪，党的建设得到新加强；聚焦重点、协调推进，城镇建设呈现新面貌；迎难而上、攻坚克难，旅游发展实现新突破；以人为本、发展惠民，三产服务取得新成效；稳中求进、稳中奋进，综合实力迈上新台阶。

新型城镇建设实现新提升 围绕创建全国“特色能源小镇”“中国历史文化名镇”和“国家园林城镇”，着力推动美丽乡村、“三供两处”和惠民工程三项建设。一是完成美丽乡村连片区建设。3个村示范效果明显，5个乡村清洁工程县级达标村全部通过验收，469户采煤沉陷区治理搬迁工程开工建设。二是大力实施“三供两处”工程。集中供水完成前期规划设计；民用煤层气基本实现全覆盖；投资1.6亿元的分布式集中供热工程首期实现供暖面积7.6万平米；投资5000万元的污水处理厂投入试运营。三是各项惠民工程稳步推进。投资2亿元的嘉峰移民安置综合体前期工程主体完工，完成投资1.2亿元；投资2.8亿元的潘庄公租房及配套设施全部完成。

人文古堡旅游迎来新突破 一是申报成功6个中国传统古村落，在北方建制镇中独占数量之最。成功申报中国历史文化名村3个、省级历史文化名村3个。二是高标准实施“传统古村落群”文物保护修缮利用示范工程，完成3个村33个明清古院落保护修缮，6个传统古村落保护项目开工建设，完成投资6400万元。三是积极传承赵树理文化，举办第二届“树理文化节”，“金”郭壁“银”豆庄徒步大赛、中联杯篮球赛、广场舞大赛等系列活动登台亮相，特别是农民趣味运动会被中央电视台录播，打响了人文历史名片，叫亮了“树理故乡·文韵嘉峰”旅游品牌。四是以“全国煤层气产业示范基地”为依托，不断壮大产业园区规模，着力打造“工业文明走廊”和“工业旅游示范点”。

工业三产服务汇聚新动能 一是依托创业孵化基地，打造集装备、商贸、物流、休闲、电商于一体的综合服务创业平台，进一步营造了“大众创新、万众创业”的良好氛围。二是与驻地企业对接，承接“三供一业”服务职能，优化了营商环境，有效确保了企业健康有序发展，实现了企地共建、企地双赢。三是以商贸物流园区和小微企业创业园为引领，打造“一圈双核”

党员志愿服务

重点项目——新能源电工公交运营启动仪式

窦庄古堡

赵树理文化旅游节文艺展演

的三产服务布局，“一平方公里”的“工业三产”经济圈特色鲜明，商贾云集，拉动就业近万人。四是投资2000余万元完成新能源电动公交项目，建立起了一条出行方便、流通高效的便捷通道，真正实现了客运换乘“零距离”、物流衔接“无缝化”。

招商引资收获新成果 不断优化营商环境，“筑巢引凤”。一是聚合物锂离子动力电池项目完成签约和规划，引入投资5亿元，正在进行项目前期工作；二是煤层气液化项目完成签约，引入投资2.5亿元，即将落地开工；三是医养联合体项目引入投资2000万元，即将开工建设。

城镇工业交相映，人文古堡得益彰。初心勾划复兴线，匠心浓墨施重彩。嘉峰镇将再启新征程，再创新作为，再续新篇章，在实现整体脱贫、决胜全面小康的征程中，绘制一幅幸福民生的大画卷！

煤层气产业示范基地建设

沁水县郑村镇

晋城市委书记张志川（左三）到郑村镇湘峪村调研

县政协督查重点工程情况

郑村镇位于沁水县东南 60 公里处，与阳城、泽州两县相邻，全镇总面积 92.64 平方公里，耕地面积 26790 亩，辖 20 个行政村、2.1 万人。共有基层党组织 25 个、党员 726 名，其中女党员 108 名、农村党员 613 名。2017 年全镇社会生产总值 26.43 亿元；农村经济总收入全县第一；民营经济增加值达到 13.8 亿元；农民人均可支配收入达到 17052 元；连续六年无重大安全事故；连续七年重点工程建设在全县领先。郑村有“三张名片”：一是煤气资源名片。境内有侯村、岳城、平山 3 座百万吨煤矿，年生产能力 360 万吨；寺河煤矿两个风井落户湘峪、常店两村。中联、蓝焰、中石油、亚美等煤层气企业，在该镇日产气量 200 余万方。二是现代农业名片。其中以山西大象农牧集团为龙头的肉鸡产业化项目，年加工饲料 20 万吨，年设计屠宰肉鸡 4000 万—6000 万只。三是旅游文化名片。有中国北方明代第一古城堡的湘峪三都古城、陈廷敬祖地及樊山避暑山庄、王街金漟城、岳城山、沁水县第一次党代会旧址、幸福农庄等旅游资源。

党建示范点侯村村

郑村镇龙头企业山西大象农牧集团——饲料厂

全国文明乡镇领奖

弘扬传统美德 建设美丽郑村 “文明家庭”颁奖晚会

消夏晚会

国学大讲堂

山西泽州天泰西陈庄煤业有限公司

山西泽州天泰西陈庄煤业有限公司位于泽州县下村镇下寺头村东南，距晋城市区约 25 千米，是由原晋城市晋宏实业有限公司西陈庄煤矿和泽州县下村镇兴天煤矿（关闭矿）重组整合而成，属整合保留矿井，隶属山西泽州天泰能源有限公司下属企业。矿井现有职工 580 人，井田面积 2.9259 平方千米，批准开采 3# 煤层，属高瓦斯矿井，现开采 3# 煤层，经鉴定无爆炸性，属 3 类不易自燃煤层。矿井采用主斜副立井综合开拓方式，中央并列式通风方式，机械抽出式通风方法；现保有储量 1219 万吨，可采储量 593 万吨，矿井核定生产能力 45 万吨 / 年，以生产低灰、低硫、高发热量的优质煤为主。公司属生产矿井，“三证”齐全合法有效。

总经理、矿长 张三政

近年来，该公司始终把落实企业安全生产的主体责任贯穿于安全生产的全过程，建立健全了上至董事长、总经理，下至每个员工的安全生产责任制，狠抓班组现场安全管理，不断加大安全投入，改善安全条件，彻底改善了矿井的安全、生产、生活条件。积极推行职工安全技能账户工程建设，每月对所有职工进行一次安全培训考核。积极推行安全生产标准化矿井建设。

安全生产会议

坚持以人为本，安全为天，严格遵守安全生产法律法规，严格执行安全生产监管监察指令，落实企业安全生产主体责任，不断加大安全投入，改善安全条件，强化安全培训，提高公司本质安全化程度，把公司建设成安全、高效、和谐的温馨家园。

井口群众安全工作站

调度指挥中心

图书室

调度室

高压配电柜

井下采区工作面

配电室

矿区全景

山西泽州天泰锦辰煤业有限公司

董事长　焦卫太

精诚团结的领导班子

山西泽州天泰锦辰煤业有限公司位于晋城东 25 公里处，隶属山西泽州天泰能源有限公司。注册资金 16387 万元，现有职工 1300 余人。矿井核定生产能力 120 万吨 / 年，现采煤层 15#，井田面积为 13.726km2，保有地质储量 10639 万吨。矿井采用斜井开拓，采用中央分列式通风方式，综采一次采全高采煤工艺，机械化程度达 98% 以上。公司建有一座配套洗煤厂，可以根据用户要求洗选不同品种的精煤。

近几年来，面对严峻的宏观环境和跌宕起伏的煤炭市场，公司上下一心，凝心聚力，积极落实新发展理念，主动适应发展新常态，扎实实施“本质上安全、精细化管理、跨越式发展、融入型党建、融合型文化”工作方略，确保了生产经营和安全管理平稳运行，开创了逆势突围、破困发展的新局面，各项工作取得了长足进步。2016 年 8 月百万吨矿井转产运行，2017 年实现了达产目标，吨煤生产成本刷新集团总公司内部成本控制记录，一级安全生产标准化获国家级验收。被授予“全国煤炭行业先进煤矿”“省生态示范矿井”“省优秀企业”等称号。

生产综合楼

东大门

演讲比赛

举办庆祝中国共产党成立 97 周年活动

应急救援演练

安全知识竞赛现场

山西泽州天泰岳南煤业有限公司

董事长、矿长、党总支书记　吴坤政

总经理、党总支副书记　徐虎平

山西泽州天泰岳南煤业有限公司是山西省煤矿企业兼并重组整合工作领导组以“晋煤重组办发〔2009〕39号”文批准的整合保留矿井，其前身是原晋城市岳南煤矿，始建于1958年。

公司位于泽州县下村镇境内，距晋城市区26千米，现有员工1900余人，企业总资产17.38亿元。井田地处沁水煤田东南部，井田面积11.66km^2，保有资源储量7115万吨，批准开采煤层3#、9#、15#，建设规模120万吨/年，配套建有年入选能力120万吨选煤厂和年发运量120万吨铁路专用线，专用线经晋城北站与太焦线相连。

2017年，公司全年安全建设无事故；120万吨/年矿井兼并重组整合建设项目工作面单产单进等主要经济指标和年度开掘总进尺创历史最好水平；通过技术创新，挖潜改造，进一步优化设计，实现了投资效益最大化，全年完成项目建设投资3.18亿元。

矿井发展近60年来，历经异地扩建与多次技术改造，从创业到积累，从创新到拓展，不断取得岳南煤业改革发展丰硕成果。先后被授予省级“模范单位”“优秀中小企业”“改革先进单位”“生态示范矿井”和市、县“文明单位”“安全生产模范单位”“转型发展先进企业”“煤企带动模范集体”“超亿元纳税先进企业”“党风廉政建设先进单位”“基层红旗党组织”“和谐企业标兵”等称号。

求真务实的领导班子

公司大门

宽敞整洁的办公大楼

职工培训中心

文体娱乐活动

120 万吨 / 年配套选煤厂

山西晋城钢铁控股集团有限公司

——精品晋钢　绿色晋钢　和谐晋钢

晋钢集团全景

山西晋城钢铁控股集团有限公司位于山西省晋城市巴公工业园区，公司成立于2002年，目前已发展成为集炼铁、炼钢、轧钢、销售为主体，兼营矿渣超细粉、发电、物流为一体的山西省重点钢铁联合企业，是晋城市最大的民营企业，企业总资产92亿元，现有员工10700余人，其中，中高级技术人员520人、专业技术研发人员196人，带动周边上、下游相关产业就业3万余人。公司现为中国钢铁工业协会会员单位、山西省钢铁行业协会副会长单位，先后荣获中国民营企业制造业500强、山西省企业100强、山西省制造业企业100强、晋城市最具影响力民营企业等荣誉称号。公司注册商标“兴晋钢”被国家工商总局认定为“中国驰名商标”，公司通过了质量、环境、职业健康安全、测量管理体系认证。“兴晋钢”牌热轧带肋钢筋在上期所成功注册，成为上期所螺纹钢标准合约的履约交割产品。“兴晋钢”产品连续两届获国家冶金产品实物质量“金杯奖”。公司于2017年被中国认可委认定为国家级检测中心。

晋钢文化公园一角

环境优美的办公场所

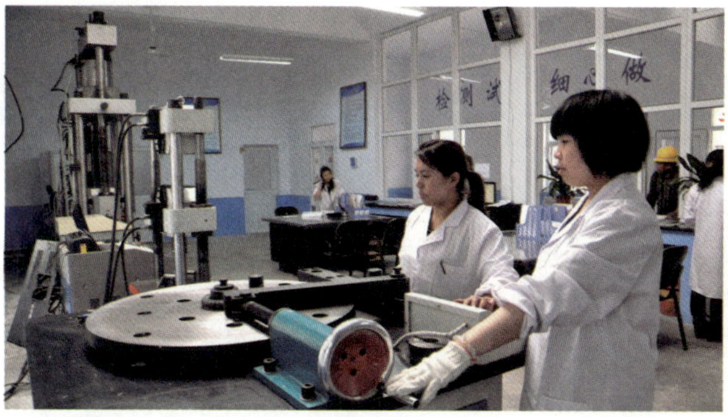
高标准的钢筋实验室

集团公司总调度中心

公司循环利用高炉炉渣生产超细微粉项目

煤气蒸汽发电机组

公司节能减排综合利用回收煤气、蒸汽发电项目

生产区一角

山西汽运集团晋城汽车运输有限公司

公司党委书记、董事长李军社在公司纪念建党 96 周年暨“七一”表彰大会上讲话

2017 年，山西汽运集团晋城汽车运输有限公司深度融入区域经济社会发展全局，坚持稳中求进工作总基调，以提升质量效益为中心，以深化产业“六化”为路径，经营结构持续调整，发展模式持续创新，管理效能持续提升，新旧动能加快转换，安全形势持续稳定，转型升级态势强劲。“晋城——郑州高铁站”定制客运首开全省先例，年内推出 4 条定制客运线路；泽州县“镇村通 · 景区通”双通目标提前完成，城际、城市、城乡、镇村四级公交体系持续扩大；引进晋城市邮政分拨中心、杭州知名电商企业，晋城市城区电商产业园被评定为“晋城市电子商务示范基地”；承办陵川县首届小米节，培育 “汇鑫益农”等核心农产品上行；积极开发特色旅游线路，各旅游集散中心“站运游”结合成效初显；汽配网销平台加快推广，汽贸维修线上线下融合发展前景良好；全面升级驾培硬件设施，推行线上预约模式，开展定制化、个性化培训；加大新能源纯电动客车应用，与国网供电公司合作，充电桩覆盖六个汽车站。全体干部职工秉持“精诚团结，用心做事”企业精神，埋头苦干，锐意进取，为实现公司“十三五”目标夯实基础，为晋城市经济社会发展作出积极贡献。

公司党委书记、董事长李军社（左三）深入基层单位调研

晋城至郑州高铁站定制客运投入运行

承办晋城市危货运输企业车辆泄漏综合事故演练

举办职工趣味运动会

教育

【概述】 2017年，晋城市教育局贯彻落实全国、全省教育工作会议精神，坚持立德树人，坚持依法治教，深化教育综合改革，推进各级各类教育均衡协调发展，各项工作取得成效。

【教育惠民】 2017年，晋城市教育局实施“农村义务教育寄宿制学生营养改善全覆盖”工程，市级补助资金391.6万元，惠及全市农村义务教育寄宿制学生35127人。新建改建幼儿园15所（其中，新建2所，改建13所），改造面积18503平方米，投资3430.4万元。陵川县投入8600余万元改善办学条件，通过国家义务教育发展基本均衡督导评估，全市6个县（市、区）全部通过国家督导认定，提前完成全市义务教育基本均衡发展任务。推进职业教育集团组建工作，成立旅游职业教育集团，举办晋城市旅游职教集团首届高峰论坛和“农业嘉年华”全域旅游视野下乡村旅游发展与人才培养研讨会。凤城中学高中部完成投资6600万元，建筑物工程基本完工；市中小学综合实践基地项目主体工程完工，室外工程开工建设；晋城中专国家扶持建设装备制造实验实训楼项目开工建设。普通高中免学费、中职学校免学费、中职学校免住宿费等资金足额拨付到校，完成学前幼儿资助、普通高中助学金、中职学生助学金发放工作，资助大学新生431人260万元，完成生源地助学贷款16589人，发放贷款资金10212.79万元，为全市472名大学新生发放路费补助金33.75万元。

【教育改革】 2017年，晋城市教育局制定全市教育事业“十三五”发展蓝图。印发《晋城市“十三五”教育事业发展规划》，提出“十三五”时期全市教育“提前基本实现教育现代化”目标，确定全市教育事业发展“十三五”主要目标和12项主要工作任务。出台《深化教育综合改革、提升教育发展水平的实施意见》，紧扣促进教育公平、提高教育质量两大主题，实施“六六八”教育发展提升工程（即，深化六项改革：育人模式改革、办学体制改革、人事制度改革、招考制度改革、管理体制改革、评价体系改革；推进六大发展：学前教育普及普惠发展、义务教育优质均衡发展、高中教育多样特色发展、职业教育统筹创新发展、特殊教育融合延伸发展、高等教育扩容升级发展；实施八大提升行动：学校布局规划提升行动、教育信息化应用提升行动、教育装备水平提升行动、教师队伍素质提升行动、课程体系建设提升行动、学校治理能力提升行动、校园文化建设提升行动、学生核心素养提升行动）。

规划市区中小学布局。根据未来市区人口发展趋势及适龄儿童上学需求，制定《关于“十三五”市区教育设施专项布局规划和资源整合的建议》，按照四个一批（即新建一批、扩建一批、调整一批、规划一批）原则，对市区中小学校布局进行规划，并上报市政府研究确定。

【基础教育】 2017年，晋城市教育局出台《晋城市城镇住宅小区配套幼儿园建设管理实施办法（试行）》和《晋城市普惠性民办幼儿园认定管理办法》，扶持普惠性民办幼儿园30所。召开优质园帮扶工作推进会议，开展学前教育大片区教研活动。推进义务教育城乡一体化进程，印发《关于统筹推进城乡义务教育一体化改革发展的实施方案》，召开全市统筹推进城乡义务教育一体化改革动员部署暨试点工作启动会议，各县（市、区）均出台试点方案。印发《关于进一步推进普通高中学校办学条件标准化建设的实施意见》，开展2017年度普通高中标准化市级验收工作，排查摸底市直普通高中办学条件，起草《全市高中阶段教育优质提升计划》初稿。

【职业教育】 2017年，晋城市教育局召开全市推进职业教育现代化座谈会暨职业院校思想政治工作会议。5月8日，在物茂广场举行第三届职业教育活动周启动仪式。开展中等职业学校办学资质清查工作，取消崇实学校、凤兰学校中等职业教育办学资质。启动晋城中专和阳城职中职业院校内部质量诊断与改进试点工作。举办全市第十一届中职学校技能大赛。

【成人教育】 2017年，晋城市教育局开展民办教育大调研，扶持推进民办教育发展。理顺民办教育培训机构管理体系，向城区下放初级培训机构管理权限。完成2016年度民办教育机构年检工作，启动2017年度年检工作。

【教学质量】 2017年，晋城市共有21739人参加高考，二本达线人数突破万人，清华大学、北京大学录取人数达30人，创历史新高。参加中考人数达24008人。

【教育经费】 2017年，晋城市教育局统筹城乡"两免一补"（对城乡义务教育学生免除学杂费、免费提供教科书，对家庭经济困难寄宿生补助生活费）政策，建立城乡统一义务教育经费保障机制，城乡义务教育学校生均公用经费（含民办学校）定额为小学685元/生/年、初中885元/生/年（寄宿生为小学800元/生/年、初中1000元/生/年，取暖费按85元/生/年），不足100人学校按100人核定并下达公用经费。建立城乡统一的分项目、按比例义务教育经费保障机制。下达保障经费15311.76万元，为8555名寄宿生发放生活补助。

【教育督导】 2017年，晋城市教育局综合评估市直学校办学水平，专项督政县区政府教育重点工作任务推进情况，开展乡村教师支持计划实施情况、城镇小区配建幼儿园整治、农村义务教育学生营养改善计划等专项督导。

【德育工作】 2017年，晋城市教育局开展"学雷锋做一个有道德的人"主题教育实践活动，召开全市职业院校思想政治工作座谈会，把培育践行社会主义核心价值观融入学科课堂，贯穿于"中国梦"主题教育、学雷锋志愿服务、诚信教育等德育实践活动中。开展感恩教育、同心同梦关心关爱偏远山区未成年人公益项目、"阳光、友爱、向善、正气"主题教育、"送金融知识进校园"暨打击非法校园网贷、"我的红色报国梦"等主题教育实践活动，晋城一中和阳城实验小学被评为全国"文明校园"，推荐8所省级文明校园候选学校，评选一批市级文明校园。

【教研能力】 2017年，晋城市教育局完成《晋城市普通高中教学现状及对策研究》课题，开展全市中小学校课堂教学改革提升教育教学质量问卷调查，完成优质高中指标分配情况调研，开展中考质量分析，组织学科教师培训和新高考排课走班培训，开展"指导青年教师提升专业素养"活动，组织课堂教学团体赛。

【教育交流】 2017年，晋城市教育局与上海金山区教育局、上海师大签订合作协议，建立合作发展、教师培训常态机制。7月，与上海师大联合举办专业发展研修班，教育行政管理干部、中小学校长80人参加培训。9月，举办校长专业发展思维变革与创新研修班。11月，在上海师范大学举办新高考制度改革研修培训。到上海金山区教育局考察学习，就新高考改革、校园文化建设、教育教学管理等方面进行实地考察,并与学校负责人座谈。与上海先进地区教育发展合作机制初步建立。

【队伍建设】 2017年,晋城市教育局推进义务教育阶段学校教师"县管校聘"管理体制,校长、教师交流人数分别为90人和930人,认定高级中学教师资格207人、中等职业学校教师资格84人,签约部属公费师范生23人、省属公费师范生38人,陵川县招聘50名特岗教师,完成国培、省培任务,提升校长、教师队伍能力素质。开展教育信息化调研和应用,启动2017年教学应用年活动和"一师一优课一课一名师"活动,组织创客教育敞篷车进校园活动。完善名师课堂平台、资源共享平台、教科研平台,建成市直中小学教育装备管理平台。

【校园安全】 2017年,晋城市教育局加强学校安全制度建设和能力建设,开展16项安全隐患排查治理工作,举办"平安寒假"安全教育、预防溺水专题教育、"防灾减灾日"宣传教育等专题活动,创建市级"平安校园"30所。

【文体与科普活动】 2017年,晋城市教育局举办晋城市中小学生第29届田径运动会、市区校园足球联赛、第二届中小学生软式棒垒球比赛、"乐健杯"中小学生篮球联赛、第四届中小学生足球总决赛等体育比赛。与市科协联合开展"科普大讲堂"25场、"晋城市青少年科学素质知识竞赛"活动、"晋城市第16届青少年科技创新大赛"活动和科普进校园系列活动。

(市教育局)

·太原科技大学晋城校区·

【概述】 2017年,太原科技大学晋城校区推进三基建设,全面提升校区党建工作水平;以中央和省委《关于加强和改进新形势下高校思想政治工作的实施意见》为指导,构建全方位育人工作格局;推进学科专业建设和专业实验室建设,加大人才招聘工作力度,与晋城市政府及相关企业进行产学研合作,建设产教融合基地,实现毕业生就业升学双丰收,校园综合管理和保障服务水平提升。

【校园安全】 2017年,太原科技大学晋城校区坚持"安全第一,预防为主"方针,做好学生安全教育工作。制订日常安全教育方案,对学生进行安全教育。开展安全教育实践活动,提高学生自救能力。构筑安全危机预警和舆情监控体系,组织舆情搜集调研和安全形势研判,掌握学生思想动态,开展思想教育工作。做好日常安全稳定工作,确保学校安全稳定大局。健全应急管理制度,建立《晋城校区学生安全稳定应急处置工作预案》。

【教学合作】 2017年,太原科技大学晋城校区组织主校和东北大学专家教授与晋城市政府科研和学科发展对接,发挥高校科学技术对地方产业发展引领作用。加大与地方科技管理部门及行业联系,组织20多家相关企业成立产业技术创新战略联盟和产业研究院。承接地方科研项目3项,联合申报山西省重点项目2项。与晋煤集团煤与煤层气国家重点实验室合作,联合申报煤层气联合研究基金项目和重点实验室开放基金项目。与山西国控集团、南京中科煜宸激光技术有限公司联合建设"激光-3D打印智能制造应用技术中心"。完成增材制造创业中心验收工作,并投入运营。

【队伍建设】 2017年,太原科技大学晋城校区强化校区师资队伍建设,引进博士学位教师3名(其中1人为高级人才引进)和硕士学位教师8名,另签约博士2名。加强学工队伍建设,每周定期召开学工部工作例会,通报工作、学习情况。印发《晋城校区班主任选聘考核暂行办法》《辅导员工作日志手册》,强化学生工作队伍作风建设,提升学生队伍的政治意识、大局意识、责任意识、育人意识、师表意识。

【教学工作】 2017年,太原科技大学晋城校区共承担19个专业方向教学工作。加大采矿工程专业、数字媒体技术专业和旅游管理专业建设力度,制订人才培养方案。配合教育部对校区本科教学工作进行审核评估,校区教学科研部建立教学资料室，对教学资料进行整理、建档和移交。对试卷、论文及实习报告等教学资料进行检查整改。向专家提供2016—2017学年校区学生试卷清单678班门次。

【学生就业】 2017年，太原科技大学晋城校区首届毕业生16个班级，6个专业516人，升学66人，协议165人，西部计划1人，灵活就业248人，就业人数480人，待就业36人，就业率达93.02%。全校报考研究生人数185人，97人达线，占报考人数的52.4%，占毕业生总数的19%，其中6人保送研究生。

【校区建设】 2017年，太原科技大学晋城校区完成14号、15号楼研究生宿舍项目安装、装饰装修工程。完成新建6号、7号、8号宿舍楼项目可研方案。建成铸造实验室、制药工程实验室、采矿工程实验室、安全工程实验室、能源化工实验室等实验室，实验设备及仪器全部到位，等待验收。

（太原科技大学晋城校区）

·晋城职业技术学院·

【概述】 2017年，晋城职业技术学院落实立德树人根本任务，深化教育教学改革，推进内涵建设，提升人才培养水平，增强服务发展能力，取得成绩。获“晋城市精神文明创建标兵单位称号”“全国第九届校园文化建设成果优秀奖”；全国职业技能大赛三等奖3项，省级一等奖7项；“创园”获“省扶持众创空间发展专项资金”支持；在全国高校创新人才培养暨学科竞赛评估结果评选中名排全国高职院校第275名，排全省第10名。

【创新发展】 2017年，晋城职业技术学院推进全省创新发展行动计划项目(任务)6项，推动全院在教学管理、专业建设、师资队伍建设、校企合作与产教融合、校园文化建设等领域创新发展。成立学院创新创业教育工作领导组，出台深化创新创业教育实施办法，组织教师参加创业师资培训、职业指导师培训及评选工作。1名教师入选山西高校就业创业讲师团，16名教师取得创业培训师证书，4名教师参加省高级职业指导师培训。实施大学生创业引领计划，开展大学生创业意识培训班4期，累计390名学生参加。成立大学生创新创业孵化基地，一期入驻13家创业项目11家办理营业执照，各项目运营情况良好。其中，菜鸟驿站每月派件数达9000—10000件，致尚美肤团队成员每人月收入达3000元以上。

【专业建设】 2017年，晋城职业技术学院实施专业主任制度，加强专业规划与建设。坚持现代学徒制，依托专业培育服装设计、PLC、自动化设计等5个“大师工作室”。加强课程改革。取消计算机基础课，改为全国计算机等级(二级office)考点、计算机基础高级应用实操专业计算机高级应用课。推进教学诊断与改进工作。改善实训条件，突出实践教学。健全实习实训教学管理工作，以设施设备、运行管理、维修维护、耗材使用4本台账为基础，发挥现有实训条件使用率。要求每个专业至少对接一个省级、国家级职业技能竞赛项目，依托竞赛项目开发课程，课程讲义经2年以上试用，教学指导委员会审核后，可由学院资助出版校本教材。

【教学管理】 2017年，晋城职业技术学院坚持执行教学日历制度、教学周历表制度，开展开学检查、期中教学检查、期末学生评教工作，实施教学值周巡查制度，加大考试管理，改革课程考核方法，出台成绩预警制度，对无故旷考、作弊、考试多科不及格者进行处理和预警，实施教材采购招投标。优化教学秩序，提高课堂教学水平。

【校企合作】 2017年，校企合作“双百”行动以高平市马村镇工业园区企业对接为主。学院到马村镇工业园区企业调研考察10余次，确定以铸造企业为对接目标。为企业员工举办素质培训达5000人次，解决企业生产技术难题20余项，解决企业技术难题。承办晋城市旅游职业教育集团首届高峰论坛、晋城市旅游职业教育集团“农业嘉年华”全域旅游视野下乡村旅游发展与人才培养研讨会和晋城市金牌导游电视大赛，探讨全域旅游背景下职业教育人才培养的新途径新模式新思路，丰富旅游职业教育与行业产业合作形式，加大旅游业高素质人才培养力度。打造学院科学文化素质教育品牌“职院大讲堂”，邀请北京大学信息科学技术学院教授周小计和前中央电视台节目主持人白燕升作专题讲座。开展企业调研，走访调查企业人才需求和学生就业情况，掌握用人单位需求和标准，为学院人才培养提供参考信息。签订校企合作协议，新建实习实训基地，为毕业生提供就业平台。探讨校企合作机制途径，到富士康（晋城）科技工业园、山西景柏服饰有限公司、兰花集团等本地校企合作单位和北京、上海等外地企业，看望慰问在企业实习、就业学生，校企双方就共建订单班、现代学徒制人才培养模式等问题进行探讨，夯实学生顶岗实习及就业安置工作基础。

【社会服务】 2017年，晋城职业技术学院图书馆开展送书助读下乡村、进企业、进学校、进军营、进社区等活动。“市民求知讲堂”“周三晨读”“24小时自助图书馆”获群众好评，成为全市精神文明创建与全民阅读工作亮丽名片。在2017年第六次全国县级以上公共图书馆评估定级工作中，获总分全省第一。心理咨询中心为晋城市实验中学、晋城五中等学校送去“青春健康”项目，在郝匠社区心理健康服务站挂牌，为居民提供心理援助。参加十九大精神进基层高校“百千万”师生面对面行动，组织200多名师生到景柏服饰、沁水窑沟、沁水职业中学等企业、乡村、学校等开展宣讲活动，累计参与群众1000多人。

【校园文化】 2017年，晋城职业技术学院完成市级文明单位标兵创建工作。开展“文明细胞”评选表彰活动，将文明创建活动日常化，激发广大师生的创建热情。举办第八届校园文化艺术节，促进校园文化建设，展示学院精神文明建设成果。开展第二届学生社团活动月，丰富学生课余生活，激发学生学习兴趣，展示个性特长，促进学生身心健康发展。举办第十四届学生田径运动会，完成在校生2017年度体质测试，健全学生体质健康监测机制。参加省大学生田径运动会获第2名两项，第4名两项。优化心理健康工作三级预警机制，定期对心理健康联络员开展培训，提升业务能力。为2017级2000余名新生进行心理健康普查、分析评估和心理干预；出版《心桥报》6期；开设《大学生心理健康教育》公共基础课程，普及心理健康教育知识；开展3批共9次“新生适应”系列团体心理辅导培训，增强班级内部沟通力、协作力、凝聚力。心理健康教育与咨询中心被评为2017年度山西省“心理学普及工作先进集体”称号。

【队伍建设】 2017年，晋城职业技术学院完善师德考核办法，将行政人员纳入师德考核范围。通过考核评选，表彰学院“十大师德标兵”和24名师德先进个人。开展“展师风、修师德、铸师魂”师德演讲，宣传标师德标兵先进事迹和敬业精神。根据教育教学和专业建设需要，从行业企业聘请具有丰富专业实践经验的校外兼职教师40余人，暑期安排100多名教师参加国培计划专业培训和下企业顶岗实习培训，投入教师培训经费200多万元，20多名教学管理人员参加各级各类职业教育教学改革培训，教务处、招就处分别组织外出培训和“双百工程”下企业锻炼教职工培训学习心得交流汇报会。举办专职辅导员封闭式培训班，各系优秀辅导员参加危机干预及高校学生管理规定解读专项培训。

【技能竞赛】 10月27日至12月16日，晋城职业技术学院举办学院首届辅导员职业大赛，2名教师获一等奖，4名教师获二等奖，6名教师获三等奖，8名教师获优秀奖。参加全省高校辅导员职业能力大赛，1名班主任获金奖，并代表山西省参加全国高校辅导员职业能力大赛。开展青年教师基本功大赛，听评课活动、微课大赛等，鼓励青年教师参加并指导职业技能大赛，通过结对帮扶提高青年教师专业素质和教学水平。提高专任教师职务水平，经有关部门评审，11名教师获副教授任职资格，4名教师获讲师任职资格，8名教师通过高校教师资格认定；获省第十一届职业院校技能大赛教师组三等奖2项，省信息化教学大赛三等奖1项，获省“五小”竞赛一等奖1项,三等奖1项,市“五小”竞赛一等奖1项,二等奖1项,三等奖1项。

【课题研究】 2017年,晋城职业技术学院开展应用研究和对策实证研究。立项院级课题28项,省市纵向科研课题12项,经费资助近10万元,教师发表论文68篇。其中,国外期刊收录2篇,CSSCI期刊收录1篇,获技术专利5项,出版专著4部,参编教材7人次。结项省、市、院级各类课题49项。教师科研成果获晋城市第三届社会科学优秀成果二等奖2项,三等奖1项。

【学生工作】 2017年,晋城职业技术学院完成迎新、入学教育和军训工作。建立学生自我管理自我服务平台——大学生事务中心,组建学生自律管理委员会和学生教导队,引导学生参与学院管理、班级管理。实施学生工作联席会议制度,辅导员、班主任周工作例会制度,辅导员、班主任“三深入”(即,深入宿舍、深入教室、深入活动)工作制度,家校联系制度等,了解学生动态,关心帮助学生,提高学生文明素养。制定学生干部管理办法,印制学生干部请假条,加强学生干部管理。开展“大学生十大标兵”评选活动,通过微信等新媒体进行宣传,7天时间,微信参与人数34398人,累计投票91915票。

【教育资助】 2017年,晋城职业技术学院为中高职在校生发放各类奖、助学金1482.23万元;为68名参军入伍学生申报学费补偿65.9万元;为463名家庭经济困难学生申请生源地助学贷款248.11万元;为27名低保家庭毕业生办理求职补贴;为120名家庭经济困难学生安排勤工助学岗位。

【招生就业】 2017年,晋城职业技术学院共招收新生2092人。其中,高职1671人,中职421人。举办毕业生供需洽谈会、企业推介会、专场招聘会21场,提供就业岗位10000余个。委托第三方高等教育管理数据与解决方案专业机构——麦可思实施应届毕业生培养质量评价项目,改进教学质量,提升毕业生就业竞争力和培养质量。26名学生通过“专升本”考试。

【校园安全】 2017年,晋城职业技术学院成立安全领导组,学院一把手负总责,分管领导具体负责,班子成员负责分管领域安全保卫工作。坚持领导带班值周巡查和安全保卫工作例会制度,落实门卫值班、校园巡查、监控室和消防控制室值班制度,做到门卫、监控室、消防控制室24小时有人值班,校园24小时有人巡查。与属地公安部门(兰花路派出所)协调,建立“警校联动机制”,形成以公安部门和学院保卫处为主体的安全保卫工作“教育、预防、整治、宣传四联动”机制。整改应急疏散指示灯不亮、消防控制系统故障、校园监控系统等隐患;设置微型消防站3个;更换300余具灭火器干粉(CO_2);整顿校园停车秩序。通过校园网、广播站、宣传版面、黑板报等形式,宣传防侵害、防诈骗、防校园贷、防交通事故、防火灾等常识,发放防溺水、防毒品、防诈骗宣传资料8000余份,组织学生进行防震逃生、疏散和灭火演练,提高师生安全意识和自我防范能力。开展“育人杯”厨艺大赛,定期开展传染病预防与宣传工作,为新生和在校生共4762名学生进行体检和肺结核筛查,建立健全师生健康档案,完成学生医保工作,报销372人次,日常门诊5147人次,急诊117人次。完善后勤保卫微信服务平台,加强基础设施维修整治,完成7#公寓楼、双馨楼屋面彩钢板、直饮水卡控管理系统、中心花园供水系统等近20项改造工作,完成日常维修维护保障、突发性抢修等工作,保障教育教学正常进行。

(晋城职业技术学院)

·晋城市中等专业学校·

【概述】 2017年,晋城市中等专业学校以抓党建统领全局,以示范校标准为内涵,以突出素养教育为特色,以强化安全为保障,抓落实,夯基础,补短板,促提升,完成各项工作目标,并获“省级文明单位”称号。对口升学考试中,94名学生被本科院校录取,创历史新高。学生就业率保持100%,专业对口率达85%以上。

【交流培训】 2017年,晋城市中等专业学校加大教师培训力度,加强骨干教师和“双师型”教师培养。汽修系参加专业教师能力提升培训人数达35人次，并邀请北京交通大学教授、中国内燃机学会委员周庆辉博士，东南汽车（福建）工业有限公司新能源汽车工程师颜智城、张捷作《纯电动汽车配电系统》《电动汽车应急处理》等现场培训。信息系组织计算机专业7名教师分到北京、西安、太原参加专业培训。7月14日，学校邀请余国良等国内知名专家学者在市委党校就“教学诊改与素养教育”对全体教职工进行为期4天的集中培训。

【教学管理】 2017年，晋城市中等专业学校全体教师签订《师德师风承诺书》并进行集体宣誓。开展“育名师、树典型、强师能”竞赛活动，对196名教师进行听评课，推选出73名候选对象，按竞赛方案指标体系进行综合评定，营造“比学赶帮”教学氛围，提升教学管理水平。

【专业建设】 2017年，晋城市中等专业学校机电技术应用专业被省教育厅确定为重点建设基地，获得扶持资金400万元，建成KUKA机器人实训中心。汽修专业被省教育厅确定为重点建设专业，获得扶持资金300万元，建成SSC新能源汽车实训中心。计算机专业完成人才培养方案和校本教材编写。中餐专业、旅游专业被省教育厅确定为重点建设专业。

【素养教育】 2017年，晋城市中等专业学校开展主题活动、班会、文明礼仪监督岗、学生行为量化考核等工作，培育学生“孝敬父母”“微笑待人”“做事有计划”“把一件事情认真做到底”等10个良好习惯。开展“塑造诚信学生，构建诚信校园”活动，引导学生树立“说老实话、办老实事、做老实人”诚信观念和“守信光荣、失信可耻”价值取向。

开设经典诵读课程，提高学生文学素养，培养学生良好人格。举办经典诵读竞赛评比活动，提升学生普通话水平和语言表达能力。

【技能大赛】 2017年，晋城市中等专业学校参加全市中职技能大赛，获团体第一名。参加全省中职技能大赛，获一等奖9个，二等奖8个，三等奖14个。参加全国商科院校第九届“爱丁杯”学生技能大赛总决赛，获中职组团体一等奖；学生张欣媛获会计技能第一名，被团中央表彰为“全国最美中职生”。

【校园安全】 2017年，晋城市中等专业学校围绕“安全第一、预防为主、综合管理、强化责任”工作方针，落实校级领导带班、中层领导负责、行政人员全员参与安全值班和全体教职员工“一岗双责”安全工作责任制，与全体教职人员签订《安全目标责任书》，形成人人讲安全、人人抓安全工作机制。加强校园周边环境整治，新老校区建立微型消防站，配齐配足消防设施。全年未发生一起重大安全事故。

【法治教育】 2017年3月16日，晋城市中等专业学校承办全省检察系统“法治进校园”晋城宣讲活动。6月26日，开展禁毒宣传教育，结合班级主题班会，教育学生从小远离毒品、拒绝毒品。9月，组织“金融知识”进校园活动，预防网络金融诈骗。10月，开展校园欺凌专项整治活动，预防校园欺凌事件发生；邀请市社会消防安全指导中心专家开展消防法宣传讲座。12月4日，开展宪法宣传日活动。

（晋城市中等专业学校）

·晋城电大·

【概述】 2017年，晋城电大以党建工作为引领，坚持“硬件软件两手抓”战略，全面推进电大转型发展，各项工作取得新进展，实现新突破。

【招生工作】 2017年，晋城电大完成招生180余人。改进招生宣传方法，通过学校门户网站、微信公众号和全校教职工微信朋友圈发布招生问答，提升招生宣传效果。优化办学体系建设，取消城区、泽州职中布点，与社会及民办教育机构合作新增市区科技专修学院和矿区精诚培训学校2个办学招生点。实行校内全员指标招生，与年度绩效考核和目标责任考核挂钩，兑现奖惩。开发项目招生，对接全市经济社会发展对人员素质需求，寻求合作项目，扩大招生规模。谋划2018年春季招生项目,与泽州县委组织部、阳城县北留镇和景潮印业达成合作协议。

【非学历教育】 2017年,晋城电大顶层设计非学历教育发展规划,以教师继续教育、社区教育、老年教育领域为突破,依托学校相关机构成立教师发展中心、社区教育指导中心和老年开放大学。走出去学习借鉴全国性典型样本经验,到重庆电大、成都电大实地考察学习社区教育开展经验,晋城实际制定发展方向、工作目标和实施办法。筹办"市民生活大讲堂"项目,推出首期以春节民俗亲子教育为主题的"市民生活大讲堂"。

【信息化工作】 2017年,晋城电大组建学校新闻信息中心,出台《晋城广播电视大学门户网站管理办法》《学校门户网站信息发布办法》,学校门户网站改版运行。优化学校微信公众号运行模式,改进微信公众号管理办法。截至2017年,门户网站和微信公众号运行良好,多篇新闻报道被太行日报教育导刊、教育局门户网站、市直工委门户网站和省电大门户网站选登。数字化学习资源分中心工作启动对接,数字化学习资源工作实现有机构、有队伍、有制度。学校数字化图书馆建设进入安装调试图书管理服务器阶段。

(晋城电大)

·晋城一中·

【概述】 2017年,晋城一中结合学习教育与学校教育教学工作实际,加强党风廉政和师德师风建设,推进素质教育,各项工作均取得新成绩。被评为"全省五四红旗团委"、全省"中华魂主题教育活动"先进集体和晋城市"中华魂主题教育活动"先进集体,获得第二届葛兰诵读活动优秀组织奖、第五届"夏青杯"全国朗诵比赛优秀组织奖、黄龙国际合唱节铜奖等奖项。11月7日,获首届"全国文明校园"称号。

【高考成绩】 2017年,山西省高考中,全省文科610分以上69人,晋城一中13人;全省理科650分以上53人,晋城一中12人。全省文科前5名,晋城一中3人;全省理科前15名,晋城一中4人。12人被北京大学录取,11人被清华大学录取。安琪、王飞宇分别夺得晋城市文理科状元。学校被清华大学、北京大学、中南大学、南开大学、南京大学、中国人民大学、浙江大学、上海交大、北京大学、中科大等大学授予"优质生源基地校"称号。

【队伍建设】 2017年,晋城一中举办"青年教师课堂教学大赛",开展"优秀班主任、优秀教师团队、优秀社团辅导员"评选活动。"七一"和"教师节"期间,开展表彰活动,郭云娟等4名教师获"优秀党务工作者"称号,霍海潮等18名教师获"优秀共产党员"称号,常莎等45名教师获"优秀教师"称号,闫月平等30名教师获"优秀班主任"称号,555班等16个班级任课教师获"2017清北教师团队"称号,胡广为等10名教师获"优秀社团辅导老师"称号,赵九红等15名教师获"优秀教育工作者"称号,张晚松等22名教职工获"后勤保障先进个人"称号,受表彰教职工人数达190余人次,104人次在市、省、全国各类评比、竞赛中获奖。

【平安校园】 2017年,晋城一中坚持以"安全第一、珍爱生命"为宗旨,强化制度建设。对师生进行安全、法治等教育,强化安全意识,提升安全防范能力。加强"三防"建设,完善各项防范措施,联合交警、城管等部门取缔校门外小商小贩,隔离教学区和生活区,确保校园安静、安全。加强校园环境建设和文化建设,开展节约型校园建设活动。推进学生行为习惯养成教育,营造教育教学环境。

【素质教育】 2017年,晋城一中开展第二课堂和社团活动,校园广播站、校园电视台、英语协会、管乐队、舞蹈队、合唱队等社团活动异彩纷呈。举办运动会、歌咏比赛、广播操比赛、主题演讲等活动,促进学生素质全面发展。组织参加各级各类活动,有998人次在市、省、全国各项活动和比赛中获奖。举办首届"挑战自我、放飞青春"50华里千人远足活动,重温先辈伟绩,传承先辈精神。开展白马绿道沿线社会实践纪实活动，提升学生关注自然、关注社会情感。举办首届校园开放日活动，展示自信、进取、开放、文明姿态和坚守“立德树人”初心。

（晋城一中）

科 技

【概述】 2017年，晋城市组织实施各类科技项目72项（省级30项、市级42项）。在省级项目中，列入重点研发一般项目3项、重点研发重点项目1项、成果转化项目3项、农村技术承包项目22项、平台基地专项项目1项。全年全市技术市场交易成交333项，交易额10.12亿元；有效发明专利拥有量414件；省级科技成果鉴定2项；新认定国家级众创空间1家，新备案国家级星创天地1家，新认定国家高新技术企业10个，新认定省级众创空间5个，新认定省民营科技企业8个。截至2017年，全市拥有国家级星创天地2个，国家级众创空间1个，国家级重点实验室1个，省级众创空间9个，省级及以上重点实验室和省级工程技术研究中心3个，省级科技企业孵化器1家，省级民营科技企业46个，省级科普基地11个，省级创新型企业11个，省级创新型试点企业2个，省级农业科技园区2个，省级星火示范基地3个。

【科技政策】 2017年，晋城市出台《晋城市科研项目经费和科技活动经费管理办法（试行）》，完成《晋城市“十三五”科技创新发展规划》，起草《关于实行以增加知识价值为导向分配政策的若干意见》相关配套政策。泽州县出台《关于推进科技创新的实施意见》《关于鼓励创新创业的奖励补助办法（试行）》。陵川县出台《陵川县创新驱动发展行动计划细化工作方案》《科技创新服务活动管理办法》《陵川县本级财政科研后补助资金实施办法》。

【科技项目】 2017年，晋城市科技局组织推荐申报省级科技计划项目32项，实施高新技术企业补助、软科学计划等市级科技计划项目43项。开展水污染防治技术征集工作，征集《生活污水和工业废水的污染防治技术推广》等水污染防治推广应用技术4项，上报山西省科技厅。

【专利工作】 2017年，晋城市科技局开展知识产权执法维权“护航”行动，处置完成专利纠纷案件1件，假冒专利案件5件。资助全市专利申请项目322项、75万元，截至2017年11月，全市发明专利申请完成295件，每万人发明专利拥有量完成1.72件。

【技术市场交易】 2017年，晋城市技术合同共登记173项。其中，计划内合同133项，计划外合同40项。全市技术合同交易总额完成78589.73万元。其中，输出技术合同交易额52439.09万元；吸纳技术合同交易额26150.64亿元。在输出技术合同交易额中，计划内合同交易总额43312.42万元，技术交易额1227.94万元；计划外合同交易总额9126.68万元，技术交易额8854.88万元。

【成果引进】 2017年，泽州县扩展试验基地和试验规模，新增肉羊产业专家大院，新上秸秆彭化综合利用项目，通过彭化蛋白质含量可增加到20%，降低养殖成本。阳城县引进华康2号、野三元新蚕品种进行试验示范，在农业科技示范园建成养蚕大棚50栋，栽植果桑80亩。11月20日，陵川县金烽工贸有限公司高效清洁二硫化碳生产新工艺及设备被认定为国内同行业领先水平，录入工信部电子科学技术情报研究所科技查新系统。

【平台建设】 2017年，晋城市科技局推进晋城市科技研发基地（晋城市高科技创新研发中心）建设，完成孵化器主楼、中试车间、纳米光机电研发中心、专家公寓、员工宿舍的主体建设工程。阳城县人民政府与中国科学院深圳先进技术研究院、山西瑞亚力科技有限公司联合成立阳城科技产业园生物技术联合实验室，依托联合实验室，与中科院深圳先进院达成合作协议，每年为该县提供10项可用于产业化的产品及5项发明专利申请，提升阳城县生物科技产业核心竞争力。

【科技扶贫】 2017年，晋城市科技局实施“三区”人才计划项目,共选派省市县三级科技人30名,在阳城、陵川、城区等地乡村开展农业实用技术培训。开展科技活动周和知识产权周活动,举行宣传、培训等活动共计40余场次。在晋城电视台《晋城科技》栏目宣传科普知识,举办山西省中小学知识产权教育交流研讨会。通过光伏扶贫助推农民增收,市财政下达第一批光伏补贴资金6880万元,865个村(社区)4996户农民群众受益;第二批光伏补贴共申报10490项,申请补贴资金181216356元。阳城县实施“百村光伏”项目,覆盖103个行政村(其中82个贫困村和低收入村),总装机规模3998千瓦,总投资3398.3万元,每年可为集体增收约500余万元;高平市贫困户建设光伏电站享受每瓦补助1元安装费政策。

【科技合作】 2017年8月27日,晋城市政府与山西省科学技术厅签署厅市工作会商制度议定书,并召开第一次会商会议,这是全省首家签订的厅市工作会商议定书。双方议定2017年—2022年,围绕“推进创新型城市建设、推进科技创新平台与基地建设、推进区域创新体系建设、推进民生科技事业发展”等4个方面深化交流与合作。

【人才引进】 2017年,晋城市科技局推进院士博士工作站建设,晋煤集团煤层气院士工作站引进院士2名。皇城药业、晋城大医院成立博士工作站,针对本单位技术难题进行攻关,发挥作用。协助山西清慧机械制造有限公司引进国外专家进行技术攻关,协助晋城鑫盛激光有限公司创新团队到晋城市工作。

(市科技局)

科技研究

【概述】 2017年,晋城市科技研究所围绕科技引领、创新发展指导思想,勇立新功,勇创佳绩,推进全市科技进步,全面落实各项工作任务。

【科研工作】 2017年,晋城市科技研究所开展科研项目开发工作。申报新型真丝绸面料开发与制成品研究、小杂粮功能化开发应用推广技术2个市级科研项目。

推进“产学研”所企结合工作。9月13日,到泽州县山楂酒项目基地,开展技术支持工作。11月21日,帮助企业外出招商引资,采购加工设备,完善专利技术,使技术优势变为产业优势。与晋城市德阖节能科技有限公司合作,开展节能降耗技术开发,完成丹河德泽美境生态大观园1000平方米空气能地暖、热水、制冷三合一工程,为泽州县南村镇四季名园小区和市区星河湾九号住宅小区等高层住宅小区安装太阳能热水系统。推进城乡采暖“煤改电”试点工作,促进电采暖产业发展,改善城乡用能结构和人居环境。与晋城市亿清设备安装工程有限公司合作开展晋城市丹河湿地沉淀池淤泥清理工作,研制自动移动清淤平台,用于丹河湿地和巴公湿地沉淀池清淤,取得效果。

开展“产学研”所校结合工作。7月25日,对接太原科技大学晋城校区,商讨“产学研”合作事宜。与晋城市铸造业产业联盟初步达成意向,共同开发新产品,共享科大实验室等公共资源。发挥现有科研人员知识储备和技术优势,探讨“3D铸造打印技术的应用”问题。参与院士(博士)工作站筹建工作。

为市委市政府出谋划策,促进科技进步。为“晋城市十三五科技创新发展规划”“晋城市科研项目经费管理办法”提出意见和建议。

【科技服务】 2017年,晋城市科技研究所选派科技人员到沁水县嘉沁、恒泰、盛康,陵川县寨岭村、阳城晋岳、佳美、禹珈壕,高平吉利尔公司进行技术帮扶,提高和促进企业在食用菌技术、蜂产业、养猪、藜麦、丝绸生产等方面科技进步工作。组织科技人员到企业、农村专业合作社送书、送科技,帮助解决生产难题。全年共送书500余册件,解决急需问题30多个。

【科技培训】 2017年4月25日,晋城市科技研究所特邀中国农科院蚕桑研究所教授桂仲争做“蚕桑资源多元化高效利用”专题讲座,全市90多名蚕桑专业技术人员和专业技术能手参加培训。6月9日，与市工程师协会联合组织全市相关专业工程师100余人，邀请赴德博士姚晋牛、中国水利电力研究院教授马智杰作“科技创新与思维创新”主题讲座。11月13日，与沁水县蜂业协会组织养蜂专业技术人员和专业户参加养蜂技术专业培训班，邀请山西农大姜玉锁教授授课。

【科技交流】 2017年5月27日，晋城市科技研究所参加山西潞绸文化研究会。8月16日，实地调研寺头禹家壕公司、高平吉利尔公司，与企业专业技术人员探讨生产技术问题，共同研究解决之策。12月19日，邀请台湾线粒体应用技术公司博士郑汉中和台湾成功大学博士后研究员陈佳雯，就共同合作开发蚕桑高科技新产品进行座谈。参加阳城县蚕桑文化引领产业发展研讨会，就阳城县及全市蚕桑丝绸产业如何抢抓机遇逆势发展进行研讨。

（市科研所）

气 象

【概述】 2017年，晋城市气象局加强气象现代化建设，深化气象改革，推动重点项目建设，加大气象科研力度，增强气象监管能力，提升气象服务水平，开展专项气象服务，气象预报质量提升。市气象局被省人力资源和社会保障厅、省气象局表彰为全省气象工作先进集体，程海霞、张燕被表彰为全省气象工作先进工作者。

【气象观测】 2017年，晋城市国家级自动站、区域站观测设备运行率分别为99.93%、99.12%；重大天气和重大活动服务期间设备业务可用性达100%。国家级自动站、区域站观测资料业务可用性分别为100%、98.82%；MDOS质控反馈率达100%；农业气象测报共完成工作基数6354个，错情率为零；自动土壤水分测报质量错情率为零，无重大差错；环境气象观测业务正常运行，气溶胶质量浓度、反应性气体和温室气体观测资料可用性达到相关要求。城镇天气预报、参加全球交换气象数据、国家级自动站、区域站、GNSS/MET、酸雨、自动土壤水分、大气成分、气溶胶质量浓度（PM1.0、PM2.5、PM10）、农业气象站等10类信息资料的传输及时率分别为100%、100%、99.96%、99.12%、98.93%、100%、99.24%、98%、98%、100%，均达到或超过目标任务指标要求。

【预报质量】 2017年，晋城市晴雨检验预报准确率（PC）、一般性降水预报准确率（TS）、最高气温预报准确率（TTmax）、最低温度预报准确率（TTmin）分别达到87.48%、46.70%、74.89%、81.48%。暴雨（雪）预报准确率（TS）达到37%，高于过去三年平均值；前三季度暴雨（雪）预警准确率（TS）达到70%，高于过去三年平均值（59%）；强对流天气预警时间提前量（T2）达到29.61分钟，高出过去三年平均值（25.61分钟）。晴雨检验预报准确率（PC）、最高气温预报准确率（TT-max）、最低温度预报准确率（TT-min）分别达到83.64%、66.03%、62.90%。

【气象服务】 2017年，晋城市共制作发布决策服务产品542期153346份，手机短信2116条、受众3234375人次，政务微博1411次，微信1428次。召开重要天气预报新闻发布会4次。向全省公共气象服务产品库发布共享市级服务产品1570期。开展春耕春播、夏收夏种、秋收秋种气象服务及面向新型农业经营主体直通式服务。建成连翘基地自动气象站，针对连翘生长、采摘等生产环节定制《农用天气预报》7期。为陵川党参、阳城蚕桑、高平大黄梨等特色农业提供专项预报服务。市县两级全年共制作发布各类农业气象服务产品310期、34311份。4月1日至5月7日，高平市举办第二届海峡两岸神农炎帝文化旅游招商系列活动期间，每日报送未来10天天气预报，制作专题气象服务预报9期。6月，开始王莽岭景区精细化预报服务，发布景区未来温度、风、气压、天气、降水、湿度、雷电、紫外线等级指数、旅游指数等信息，通过短信平台发送到王莽岭景区显示屏，并在省公共气象服务平台共享，截至2017年共制作发布景区预报50多期。

【应急减灾】 2017年，晋城市气象局启动气象灾害应急响应4次，启动重污染天气应急响应11次。参加政府组织的应急演练10余次。组织开展汛期气象服务工作，全市共发布各类预警信号353条，受众人数达412323人次。灾情直报系统、国突平台、省市县一体化预警短信平台经过业务测试，全部按时投入业务运行。完成预警短信接收人员信息资料的登记、上报与入库工作。陵川县气象局、沁水县气象局开展气象灾害防御标准化乡镇创建工作，申报气象灾害防御标准化示范乡镇5个。“3·23”世界气象日、“5·12”防灾减灾日、科技活动周期间，开展气象防灾减灾科普宣传和气象科技下乡、气象科普进校园活动。

【气象改革】 2017年，晋城市气象局推进防雷减灾体制改革，加强防雷安全监管能力。深化行政审批改革，落实市政府“试行承诺制，实行无审批”要求，承接“易燃易爆等特定场所防雷装置设计审核”行政审批事项。推进企业投资项目试行承诺制，实行无审批管理；

【重点项目】 2017年，沁水县山洪灾害防治项目完成基础设施建设，投入资金163万元。沁水县、陵川县实施“三农”气象服务项目，分别投入资金40万元。阳城县国家基本气象站项目，投入资金23万。市气象局开展山洪地质灾害气象保障工程，投入资金76万元；雷达测报中心电梯更新项目，投入资金51万。

【安全监管】 2017年，晋城市气象局加大全市防雷安全监管工作力度，掌握辖区内重要领域防雷工作情况，全市182家防雷安全重点单位（企业）均建立相关台帐。完善气象行政监管系统资料，开展“双随机”抽查，排查整治防雷安全隐患，加强防雷从业单位事中事后监管，推进防雷工作责任制落实。

【人工影响天气】 2017年，晋城市气象局加强人工影响天气作业点标准化、现代化建设，全市布设自动化火箭发射架10部、远程控制增雨烟炉设备4部，开启全市人工影响天气安全、便捷、多元化增雨新局面。组织市、县实施火箭增雨作业40站次，发射WR—98火箭弹69枚，烟炉作业燃放烟条350根。

【气象科研】 2017年，晋城市气象局申报2018年省气象局科研项目面上项目8个、青年基金项目3个。2016年省气象局面上项目《晋城市冬小麦产量的气象条件分析及其预报》通过省气象局验收。完成2017年省气象局面上项目《晋城市云地闪活动与气象要素的相关性研究》与2017年市科技局科研项目《晋城气象对旅游发展的支持研究》研发任务。与市国土局设立2017年科研经费10万元，用于地质灾害监测预警等研究。在国家级核心期刊发表论文5篇，国内其他期刊发表论文11篇。

（市气象局）

地　震

【概述】 2017年，晋城市地震局完善地震监测预报手段，加强震情监视跟踪工作，加大防震减灾宣传力度，开展地震应急联动演练，加强地震法治建设，强化涉震舆情监视与处置工作，完成防震减灾工作目标任务，推进全市防震减灾工作再上新台阶。

【监测预报】 2017年，晋城市地震局加强台站监测设备运行维护，投资4.6万元改造铺头台电源项目，更换泽州县遭雷击受损探头。完成《国家地震烈度速报与预警工程》台站初选、信息收集工作和高平台迁址前期工作。全年台站监测设备正常运行，信息节点连通率达99.99%，监测台网运行率达99.42%。加强震情监视跟踪工作，进行震情会商机制改革，实行周会商和月会商制度。按时编制地震周报和每月震情动态。坚持震情零报告制度，报送率达100%，落实上报宏微观异常情况。

【地震宣传】 2017年，“5·12”防灾减灾日期间，晋城市地震局在市区物茂广场举行防震减灾宣传活动，在城区回军社区开展防震减灾科普宣传“进社区”活动，向群众发放科普宣传资料，讲解防震减灾科普知识；组织防震减灾科普宣传电影放映队，在全市范围内放映30余场。“7·28”唐山大地震纪念日期间，在《太行日报》刊登“减轻社区灾害风险 提升基层减灾能力”主题防灾减灾公益宣传专版。提高新媒体信息发布平台影响力，市地震局微信公众号及相关信息平台发布信息61条。

【示范创建】 2017年，晋城市地震局开展防震减灾示范创建工作。创建国家级防震减灾示范社区2个（城区中后河社区、凤鸣社区）、省级防震减灾示范社区3个、市级防震减灾示范社区1个、市级防震减灾示范学校3所。加强防震减灾科普教育基地建设，高平市新建地震科普教育基地。

【应急救援】 2017年，晋城市地震局印发《关于开展2017年地震应急准备和抗震设防工作自查的通知》，开展地震应急准备监督检查和重点部位隐患排查工作。对全市应急避难场所指示牌进行维修维护。完善市级地震应急指挥系统，保障应急通讯和视频会议互联互通。无线短波电台与忻州市地震局连通测试，卫星电话逢单月第三个星期三与省政府应急卫星电话点名系统进行点名拨测，视频会议系统根据省气象局要求按时参加联调，连通率达100%。6月28日，在沁水县举行2017年度市县地震应急联动演练，完成16个应急处置演练科目，市县预案9个工作组、防震减灾成员单位300余人参加演练。

（市地震局）

文化

【概述】 2017年,晋城市文化系统深化公共文化服务,推动文化产业发展,规范文化市场经营,完成市政府重点工作任务和年度目标责任考核指标。

【文化艺术周活动】 2017年,晋城市文化局举办首届山西艺术节晋城文化艺术周活动,日均观众达4600余人次,获各类奖项12个,其中上党梆子现代戏《太行娘亲》荣获第十五届山西“杏花奖”新剧目奖。

【公共文化建设】 2017年,晋城市文化局出台《晋城市关于提高公共文化服务水平实施意见》《晋城市基本公共文化服务指导标准》《晋城市关于做好政府向社会力量购买公共文化服务工作的实施意见》《政府向社会力量购买公共文化服务指导性目录》,为加强公共文化建设提供政策保障。

【惠民服务】 2017年,晋城市文化局完成送戏下乡846场、周末大剧场50场、百姓大舞台120场、非遗广场(社区)展演24场、农村公益电影放映27384场等文化惠民公益活动任务。市县两级图书馆、群众艺术馆(文化馆)和市美术馆免费开放。其中,市图书馆累计接待读者91.4万人次;市美术馆举办各类展览29场,累计接待观众10.43万余人次。

【行业监管】 2017年,晋城市文化局强化“扫黄打非”基层工作。推广“五到位”“五规范”和“1131”长效督查机制,发挥基层“扫黄打非”站点触角作用,突出重点时段、重点部位和重点行业督查检查。市、县两级文化执法部门共出动执法人员5096人次,检查经营单位1722家次,警告18家次,责令改正12家次,立案调查10件,办结案件25件。

【体育比赛】 2017年,晋城市文化局9名运动员参加全国第十三届运动会,5人获前八名,1人获个人奥林匹克淘汰赛金牌。举办晋城市第六届运动会。承办第三届全国老年人体育健身大会棋牌交流活动、第六届棋子山国际围棋文化节各项赛事、晋冀鲁豫城市网球联谊赛。举办“强健体魄·阳光生活·共享青运”主题全民健身活动68项次。

(市文化局)

广播电视

【概述】 2017年,晋城市广播电视台围绕市委市政府中心工作,提升宣传舆论引导能力、提高科学管理水平、加快文化产业布局、夯实事业发展基石,落实全面从严治党要求,开创广电事业发展新局面。

【主题报道】 2017年,晋城市广播电视台围绕宣传贯彻党的十九大,紧扣市委市政府中心工作,结合城建“双百双十”工程、脱贫攻坚、海峡两岸神农炎帝文化旅游招商系列活动、全域旅游、环保攻坚行动、两学一做、两提一创、省市“两会”精神、文明城市创建、“十九大”等重大主题,以及春节、端午节、中秋节等传统节庆日开展宣传报道。广播、电视、网站、报纸分别开设《2016大事回眸》《2016·我们一起走过》《重点工程再接力》《铁腕治污在行动》《撸起袖子加油干》《开放改变生活》《德耀中华·讲述晋城好人·践行核心价值观》《“两学一做”在晋城》《文明在行动》《我们的节日》《问道晋城经济》《德耀晋城·讲述晋城好人故事》等主题专栏。围绕党的十九大,开设《砥砺奋进的五年》《喜迎十九大》《学好讲话、维护核心、讲好故事》《十九大时光》《转型升级晋城人》《新时代、新征程》等专题专栏。配发《闻鸡起舞抓落实撸起袖子加油干》《不忘初心加油干砥砺奋进著华章》等多篇评论文章。

【“走转改”活动】 2017年,晋城市广播电视台以季度为单元开展“走转改”活动,组织开展“新春走基层,撸起袖子加油干、只争朝夕抓落实”“全域旅游·美丽晋城”“学好讲话、维护核心、讲好故事”等主题采访活动;参加市委宣传部“砥砺奋进的五年”主题采访活动,开设专栏集中播发,涌现出《阳城县横河镇:探索全域旅游叫响“五彩横河”》《李连五老汉“针”幸福》《刘李献:老羊倌儿的深山“驿站”》《阳城县西河乡:农旅融合,田园风光变身美丽经济》《石头村里:“农家乐”乐了“农家人”》《永不消失的乡愁》《以花为媒,寺庄旅游借势起航》《天井关:雄关古道盼“重生”》《吕管够,甚都管够》《菜农当股东,“免费”享分红》《刘平贵家的团圆饭》《于飞回家》《边界最后一公里》《2016,你的梦实现了吗?》等优秀作品。

【外宣工作】 2017年,晋城市广播电视台在省广播电视台发稿427条,全省排名第一,在中央级媒体发稿44条,发稿量创历年之最。电视外宣央视累计发稿40条,山西卫视累计发稿492条,《山西新闻联播》累计发稿178条。在习近平总书记视察山西期间、李克强总理考察山西期间、中秋国庆等重要节点在央视和省台进行外宣,取得效果。6月21日,省台头条播发司徒村载歌载舞歌颂“中国梦”画面和采访。6月22日,在《撸起袖子加油干,扑下身子抓落实》专栏中单条播发高新技术产业发展报道。在传达学习贯彻习总书记视察山西重要讲话精神期间,在山西新闻联播播发《牢记总书记嘱托,奋力干事创业》《牢记总书记嘱托,深入推进经济发展方式转变》《晋城:花园城市戴上“翡翠项链”》等新闻稿件。李克强总理考察山西期间,连续三天在《山西新闻联播》有重点报道。9月3日,播出《喜迎十九大:满满的获得感,满满的幸福感》。9月4日,在李克强总理考察山西这天,专题播出《晋城:煤炭穿“衣裳”,网上论斤卖》新闻。在《主动作为,先行先试,唱响“人说山西好环境”》中综合播发晋城海装风电总装维护基地项目工程建设新闻。9月5日,播出《艺术节晋城周:非遗展演·彰显魅力》新闻。国庆中秋两节期间,在央视发稿6条,其中《新闻联播》2条。有9件作品获“山西新闻奖”,9件作品获“山西广播电视台影视奖”,22件作品获首届“宣传晋城好新闻奖”。司剑虹获2017年中国城市台华视奖十佳主持人。

【舆情服务】 2017年,晋城市广播电视台监控重点新闻商业网站、贴吧论坛互动平台、微博微信等多平台,搜集涉及全市政治、经济、教育、医疗卫生、交通、社会公共治安、反腐、人事任免、突发事件等方面舆情信息3000余条。

【栏目创新】 2017年,晋城市广播电视台新闻频道新开办《我是主角》《委员建言》和文化类节目《读书人生》,《第一民生》增设手语节目,文化娱乐频道推出投资类节目《谈股送经》,《我爱上党戏》全新改版,新增加专业组比赛。2月19日,生活频道开播全市首档电视普法《每日一题》节目,新闻频道、图文信息频道、新闻频率同步播出。睛彩频道推出幼儿类节目《金苹果乐园》、生活访谈类节目《睛彩学院》、竞技闯关真人秀节目《欢乐家庭寻宝团》和党建类节目《基石》。导视栏目推出母婴服务类节目《妈咪宝贝》和健康养生节目《共进养生餐》。新闻频率新开设《政协之声》广播专题节目。交通频率创新路况播报，开播《交警直播室》，《935幸运快车》节目全新上线，以互动直播幸运抽奖方式，吸引听众参与。开办两档合作类节目《心电之声》和《守护青春》。农村频率新节目《蜻蜓空中音乐榜》《欢乐正前方》《音乐旅途》上线。开发自制方言脱口秀节目《豆雅嘚不嘚》。广电网拍摄儿童电影《疯狂夏令营》，推出全媒体节目《理论在身边》，用动画形式解读习近平总书记系列重要讲话精神以及党中央治国理政新战略，录制27期，播出18期（不含重播）。

【节目考核】 2017年，晋城市广播电视台完善节目考核手段，在每天通报、每月点评收视（收听）率基础上，外邀各类专家集中对节目进行点评。5月19日至20日召开节目研讨会，邀请15位观众代表以及省内外专家现场观看听评节目，就新闻采编、节目设置、节目运行等方面突出问题征求意见，并进行梳理整改。济南广播电视台原新闻频道总监隗铜、山西广播电视台编委罗庆东作专题讲座。

【舆论环境专项整治活动】 2017年3月，晋城市广播电视台，在全台各频道、频率、广电报、广电网集中开展净化舆论环境专项整治活动，清理政治类有害信息、涉黄、涉毒影星相关影视剧和不良广告等，共清理宣传片40多条、旧小品50多个、不合时宜歌曲200多首，封存涉案演员电视剧12部。

【公益宣传】 2017年，晋城市广播电视台制作播出社会主义核心价值观、太行山上、脱贫攻坚、实施一争三快两率先、森林防火、国家版权日、旅游发展大会投票、“我们的节日”、“讲文明·树新风”、“梦娃”、文明城市、关爱未成年人等50多条公益广告，录制环保手语舞《干净的地球》、城市形象宣传片《太行山上太行人家》。加大公益广告播出频次和密度，各频道、频率每天至少播出60多次，其中19:00至21:00黄金时段30多次。设立每季度“提升创新奖”，对每月社会反响好、创新程度好的广告、节目进行表彰奖励。

【体制改革】 2017年，晋城市广播电视台推进市委改革办《2017年度全面深化改革台帐》相关事项，建立科学、可量化积分制绩效管理评价体系，推动事业单位企业化管理向纵深发展。完善广电传媒集团法人、税务等相关手续，申请将集团纳入市属转制文化企业名单，享受国家规定有关财政、税收、社保、土地、投融资等优惠政策。按照市委“推动电视媒体与平面媒体重组整合，组建晋城市新闻传媒集团”改革要求，开展中层干部竞聘上岗、员工竞岗和双向选择工作，分解经营任务指标，广电体制改革工作有序进行。加大新媒体投入和应用力度，宣传推广网络电视台、手机台、红果TV、微信公众号等新媒体，壮大用户群和粉丝群，推动新媒体发展。百度统计红果TV日平均浏览量8000人次，下载量6000人次，注册用户4500余人。拍客队伍人数突破百人，原创视频稿件达3000余篇。微信公众号形成“日播”模式，每天一图一句，工作日在广电内部传递正能量，周末向全社会传递广电形象。

【大型活动】 2017年，晋城市广播电视台大春晚、少儿春晚、戏曲春晚、新年音乐会、“3·15”大型直播、购房节、创业大赛等大型品牌晚会和活动，配合完成第二届“寻根炎帝、梦回高平”海峡两岸神农炎帝文化旅游招商系列活动。参与策划“花海书香”读书日、“向人民报告”晋城市公安机关2017年度总结表彰大会、“榜样·梦想”——晋城市五一颁奖晚会、《首届汽车文化节》《首届电子竞技大赛》《“德耀晋城”晋城好人授奖仪式》评选、“珏山月·天下情”——中秋名家名篇诵读会、飞鹤宝宝嘉年华活动、晋城市中小学生经典诵读比赛、“我和晋城有个约会”等系列主题活动，组织周边5省25市旅游联盟媒体采风沁水赵树理文化节。策划完成第四届太行山国际文化旅游节开幕式《太行山上·太行人家》大型专场实景演出、“晋豫情深·唱响中原”晋城市第二届豫剧大赛、第五届“最炫太行风”健身广场舞电视大赛、《蒙曼谈家风》、全球非遗书香中国华服大赛、晋城好声音、音乐啤酒嘉年华等众多活动。

【基础设施和安全保障】 2017

年，晋城市广播电视台完成电视播出系统高清改造工作。9月21日，该台5个频道播出试运行。9月23日，《晋城新闻联播》开始高清制作和播出，其他频道采用高清制作和播出。开展中央广播电视节目无线覆盖工程，安装1千瓦数字电视发射机1部，配套安装信号源、天馈、电源、通风以及监控等系统。完成伊侯山、泽州、阳城、沁水、陵川五个站点设备安装和信号开通工程。初步完成融媒体中心“中央厨房”规划设计。完成广播UPS供电系统、新机房改造项目，实现播出机房等级保护要求供电标准，升级改造广播制播系统，提升安全播出保障水平。完成伊侯山微波站配电机房加层加固、发电机房改造、发电机安装和电缆架设工作。完成广电大楼供暖系统改造，更换升级七道门禁系统，扩容监控系统，配备2套反恐专业设备。在节目制作播出流程中，实行节目播出三级审查制度、重播重审制度，保障办公安全、节目安全、播出安全。完成春节、元旦、全国“两会”、一带一路高峰论坛、十九大等重要时间段的安全播出保障工作，获“晋城市十九大安全维稳工作先进单位”称号。

太行日报

【概述】 2017年，太行日报社围绕市委市政府中心工作，根据市委宣传部安排部署，创新实践，主动担当作为，做好新闻宣传和舆论引导工作，为实施“一争三快两率先”战略营造舆论环境。

【主题宣传】 2017年，太行日报社围绕党的十九大召开，会前，开设《砥砺奋进的5年》专栏，刊发《万亩连翘风中俏》《吃进“臭煤”吐出清洁燃料》等故事，累计刊发稿件120多篇，照片300多幅。开设《砥砺奋进的5年·喜迎十九大部门特别报道》《砥砺奋进的5年·喜迎十九大县（市区）专刊》，累计刊发专版14个，专刊6期。会中，在要闻版开设《十九大时光》《十九大代表风采录》《欢乐度两节 喜迎十九大》等专栏，刊发《代表家中掌声响》《葡萄架下观盛会》《听完报告心欢畅》等稿件50多篇，并转发新华社、《人民日报》《山西日报》等关于党的十九大召开相关会议报道。会后，在要闻版开设《全面学习贯彻落实党的十九大精神》《深入学习贯彻习近平新时代中国特色社会主义思想》《新时代 新气象 新作为》3个栏目，刊发《我市党的十九大代表深入基层开展宣讲》《市直机关企业认真学习贯彻十九大精神》《寺河煤矿坚持学在前干在先》等稿件，宣传报道各地各部门、各单位传达学习党的十九大精神的新举措、新作为。

贯彻落实十八届六中全会精神，年初在理论版开设《认真学习贯彻党的十八届六中全会精神》专栏，共刊发《党内政治生活和工作决不搬用商品交换那一套》《铭记得全面从严治党的历史新高度》等理论稿件13篇，从理论高度解读六中全会精神。开设《践行新理念 落实新要求——认真贯彻落实省市党代会精神》专栏，反映会议精神在基层实践。

省“两会”期间，转载《山西日报》重头稿件，关注晋城代表团动态，在要闻版开设《聚焦省两会》《晋城代表委员之声》等专栏，报道大会盛况和晋城团代表履职尽责、建言献策情况，反映晋城干部群众谋改革促发展激情和干劲。会后，开设《深入贯彻落实省市党代会和市“两会”精神》专栏，共刊发稿件16篇，其中，《上海人缘何相中沁水“龙淳山泉”》《冬日大棚春意浓》《阳城县演礼工业园区产业孵化基地见闻》等稿件现场感强，受到读者好评。

市“两会”前，在要闻版开设《撸起袖子加油干·以实际行动迎接市“两会”》专栏，共刊发《城区咬定目标全力攻坚》《我市将建设全域旅游大通道》《高平市打出组合拳加速转型升级》稿件36篇。会议期间，依托报纸、网络、新媒体等平台，开设《两会会客厅》《两会新观察》《两会之声》《两会聚焦》《两会微议论》《图说两会》，利用消息、通讯、访谈、图片等形式，共刊发各类稿件30篇。在晋城新闻网、太行日报公众微信、太行日报微博平台等网络新媒体对大会实况进行直播，总阅读量近30万次。会议结束后，开设《深入贯彻落实省市党代会和市“两会”精神》专栏，反映各地以实际行动贯彻两会精神新思路、新举措、新成效。开设《市“两会”之后怎么干——对话县（市、区）长》，刊发稿件6篇，邀请6个县（市、区）长，结合本地实际，畅谈落实会议精神具体举措、计划和打算。

【对外宣传】 2017年，太行日报社宣传晋城对外新形象，开设《开放改变生活》专栏，首次采用项目制模式，组成报道团队，到一线采访，刊发《兰花城：打开晋城开放新窗口》《晋城：立体式大交通渐行渐进》《晋城大医院：开放办院百姓得实惠》、《大开放开启全域旅游新篇章》《富士康：晋城高新技术产业的确强力“引擎”》《我市持续推进项目建设引领转型升级》等6篇报道，反映改革开放晋城新变化，为树立晋城良好形象、提升美誉度发挥积极作用。围绕经济发展这一中心任务，开设《全力推进产业转型升级行动》《进一步深化改革促进资源型经济转型发展》《晋城经济由“疲”转“兴”》等专栏，刊发《抓机遇时不我待 促转型贵在实干》《全面深化改革力促企业转型升级》《实施创新驱动战略 加快转型升级发展》等稿件80多篇，宣传全市经济由疲转兴良好发展态势和经济发展中出现的新亮点、新经济，为推动全市经济平稳健康发展营造氛围。

【文明创建宣传】 2017年5月开始，太行日报社以围绕培育践行社会主义核心价值观为中心，以未成年人思想道德建设、志愿者服务为关键，以提升市民文明素质、城市文明程度、城市文化品位和群众生活质量为着力点，分别在“两报一网”及新媒体开设《文明在行动》《志愿者在行动》《德耀中华·身边的感动》《文明大家谈》《文明在行动·移风易俗培树新风》等20多个专栏，累计刊发稿件800多篇，宣传文明城市创建意义、做法、成效和好人好事、先锋模范等，倡导文明引领社会新风尚，其中《不离不弃精心护理“植物人”妻子》《好家风，起于百姓屋檐下——“中国好人”刘小虎的家庭故事》《孝敬老人是天经地义的事儿》《守望那一盏心灯——“中国好人”栗红莲的爱心故事》《奉献的青春最靓丽——全市青年志愿者服务社会工作纪实》《为了一个承诺》等稿件，宣传普通老百姓好人好事，在全社会形成向好向善氛围。

开设曝光台，加强舆论监督，在日报和晚报版刊发《市区路口：摩托车电动车闯红灯现象频发》《景西路平安街路口占道问题严重》《晓庄社区北部冒出一座“渣土山”》等监督类报道，发现并解决一批群众反映强烈问题，助推文明城市创建。通过专版形式，分别在太行日报、太行日报晚报版，开设《创建全国文明城市知识应知应会知识》《做文明晋城人 建文明晋城市》专栏，连载刊发文明城市相关知识，《弘扬志愿服务精神 助力文明城市创建——致全市广大志愿者的一封信》《致全市广大交通参与者的公开信》等，累计刊发版面30多个，在全社会形成理解创建、支持创建、参与创建声势。在晋城新闻网、太行日报官方微信、微博、客户端等自媒体平台，开设《文明城市创建》《文明行为规范》《文明在行动》《文明社会风尚》《评论》等专栏，累计推送相关稿件100多条。太行日报官方微信平台与市文明办联合开展创建全国文明城市知识有奖竞答活动，累计答题人数超过30万，答题总次数达170多万人次。

【铁腕治污行动宣传】 2017年，太行日报社开设《扎实推进改善环境空气质量“秋冬季”攻坚行动》《2017晋城环保行》《坚决打赢环保攻坚战》等专栏，共刊发各类稿件200余篇，其中《“环保管家”助力泽州铸造提档升级》《小张村：用“气”代煤清洁供暖效果好》《城区取缔散乱污企业200多家》《泽州县查处环境违法行为150起》《我市新出台重污染天气应急预案》等稿件涉及中央环保督察组交办群众反映问题和办结情况，以及市委市政府关于环保工作安排部署，各地采取措施加强环保工作新做法、新举措等，营造重视环保、强化环保工作氛围。

【脱贫攻坚宣传】 2017年，太行日报社开设《坚决打赢精准脱贫攻坚战》《砥砺奋进的五年·脱贫攻坚·记者在现场》专栏，刊发《精准脱贫的“南阳路径”》《我市统筹整合使用财政涉农资金实施精准扶贫》《陵川县东庄村摘掉贫困村帽子》《精准发力拔“穷根”——市总工会陵川双庙村扶贫工作纪实》等报道，反映各级各部门服务脱贫工作新举措，以及各地创新性做法和典型经验，为打赢精准脱贫攻坚战凝聚力量提供舆论支持。

【社会主义核心价值观宣传】 2017年，太行日报社开设《文明在行动》专栏，组织骨干力量采访，刊发《守望那一盏心灯——“中国好人”栗红莲的爱心故事》《好家风，起于百姓屋檐下——“中国好人”刘小虎的家庭故事》《一句承诺 十年坚守——“晋城好人”李郭龙的情义故事》等3篇典型人物通讯；开设《德耀中华·我身边的劳模》专栏，讲述劳动模范感人事迹；开设《加强未成年人思想道德建设》《讲述家风故事》等专栏，营造树家风、重家教、育新人氛围。

【重大活动宣传】 2017年，太行日报社加强“两学一做”宣传报道力度，开设“两学一做在晋城”“扎实推进‘两学一做’学习教育常态化制度化”《学好讲话 维护核心 讲好故事——记者走基层》《深入开展“两学一做”学习教育》等专栏，刊发《扎实推进让“关键少数”发挥“关键作用”》《际行动维护核心 立足岗位践行讲话》《城区坚持以“151”为抓手》《阳城县念好“六字诀”》等稿件50多篇，报道解读上级有关精神，宣传各地各部门开展“两学一做”学习教育经验、做法。开设《提高标准 提升能力 争创一流——认真开展宣传思想文化系统大讨论活动》专栏，报道宣传系统开展“两提一创”活动情况。开设《坚持标本兼治 强化“五个着力”——贯彻落实市纪委七届二次全会精神访谈》专栏。第四届山西(晋城)太行山文化旅游节和晋城首届全域旅游嘉年华活动期间，晚报刊发各类报道20余篇，《相约太行》特刊被评为首届宣传晋城好新闻奖一等奖。4月，以整版篇幅报道“海峡两岸神农炎帝文化旅游招商系列活动”消息及相关活动内容。5月4日至5日，5个整版篇幅对高平举办“海峡两岸神农炎帝文化旅游招商系列活动”进行全方位、立体式报道。聚焦重点工程建设，报道“太焦高铁”“太行屋脊全域旅游大通道”及市区文博路、景西路、白马寺到吴王山步道等道路建设进展。开设《记者带你探城建工程》专栏，动态报道城建工程最新进展，发稿30余篇。

【媒体融合】 2017年，太行日报社在车站、大型购物商场、政务大厅安装《太行日报》电子阅报屏，运行状态良好。通过微博、微信与报纸读者互动，热点话题编发“微议论”，摘登网友精点留言，《太行日报》官方微信粉丝数量达20万人，阅晋城粉丝数量达2万人。晚报开设报网互动专版，通过微博、微信与网友互动，就热点话题开展报道。各个新媒体与太行日报民生热线“009”、晚报热线“001”等合作，就网友关注问题，进行求证、答复，形成良性互动。晋城新闻网客户端签约进驻《人民日报》全国党媒公共平台。

【广告业务】 2017年，太行日报社报纸广告经营实行太行报业有限公司统一管理、统一经营、统一考核。非竞争性业务由公司直接管理，竞争性业务实行事业部体制。建立健全广告经营规章制度，实现广告经营工作规范化、标准化管理。组织县(区)特刊6个和行业专版19个。杜绝不良广告和虚假违法广告发布，受到省、市工商监管部门好评。1月至11月，报纸广告收入726万元。开展“图说我们的价值观”“讲文明树新风”“弘扬中华优秀传统美德”“文明新风尚”“雷锋精神”“诚信建设”“勤俭节约”“家风家训”“生态文明建设”“法治精神”“文明旅游”“志愿者服务”“青少年思想道德建设”“我们的节日”“晋城好人”“晋城精神”“文明城市创建”等方面公益广告宣传，公益广告宣传实现常态化。日报发布公益广告140条(次)，折合对开版72个，折合金额200余万元；晚报发布公益广告170条(次)，折4开版91个，折合金额150余万元。日晚报发布公益广告占整个广告发布量1/3以上。

【发行业务】 2017年，太行日报社共印刷报纸3166.1万对开张。其中，本报印刷2997.6万对开张，对外印刷168.5万对开张。印务部共完成对外业务产值118.6万元，较上年增长21.6%。在全省报纸印刷质量评比中，《太行日报》连续第12年被评为“特优级”。

(太行日报社)

上党戏剧研究

【概述】 2017年，晋城市上党戏

剧研究院围绕全面从严治党，坚持以党建统领业务，坚持“二为”方向、“双百”方针，发挥理论研究阵地作用，突出科研成果转化实践影响，各项工作推进，取得成绩。

【艺术创作】 2017年，晋城市上党戏剧研究院创作新编历史剧《陈廷敬》《郝经》，其中《陈廷敬》获第十五届山西省杏花编剧奖，入选第八届中国京剧艺术节。新编大型歌剧剧本《三月桃花》。到李寨乡、大阳镇、川底乡开展农村现实题材文艺作品采风活动，完成大戏《希望》《薯乡情》，小戏《房》，小品《拆台》《老三家的婚礼》《农民诗会》《追悼之前》《匠心》《山村里的女足》，微电影剧本《回村》。小品《新四郎探母》《过年》《石头村的事》，戏歌《欢喜又一年》分别登上2017年度戏曲春晚和春节联欢舞台，小品《社区故事》由市电视台播出，获全市金融杯二等奖。小品《爷爷的回忆》刊登于国家级刊物《剧本》第十期，《陆渊赶考》收录国家艺术基金“青年编剧创作人才培养”项目剧本集，小戏《一封休书》刊登于《三晋戏剧》，入选第三届文化部小品小戏作品集。

【戏曲研究】 2017年，晋城市上党戏剧研究院观摩第15届中国京剧节和第8届宁夏中国戏剧节，参加首届山西省艺术节，撰写《聚集国粹的当代魅力》《风华国粹魅力无穷》《以民为本方保江山永固》《浅谈中国戏曲表演的特殊性》《戏曲艺术的继承与发展》《“梅花”摘得又一枝》《艺术真实须以生活逻辑为支撑》等各类戏曲评论、理论文章，共报道30篇。全年，共发行《上党戏剧》刊物两期，累计发行11期。

【重大活动】 2017年，晋城市上党戏剧研究院创作第四届山西（晋城）太行山文化旅游节开幕式脚本《太行山上·太行人家》，获得市委宣传部“宣传晋城特别贡献奖”，脚本撰写者、编剧程燕广获“2017年度晋城市优秀文艺人才”称号。参加沁水首届旅游嘉年华，创作闭幕式脚本《如画沁水·醉美金秋》。参与泽州县首届“谁不说俺泽州好”电视旅游大赛节目创作。承办第12届“凤鸣春晓——赵树理戏剧奖”优秀剧目展演暨文化惠民参演资格评比活动，13个团体、14个剧目参演。

【非物质文化遗产保护】 2017年，晋城市上党戏剧研究院整理出版《上党梆子剧本选》共注册212个剧目。抢救“非遗”濒危失传剧目，完成《董家岭》《东门会》《闯幽州》等10个剧目后期制作，包括要牙等戏剧绝活，共整理、录制传统剧目19个，制作完成光盘10个。

（市上党戏剧研究院）

卫生和计划生育

【概述】 2017年，晋城市卫生和计划生育委员会围绕建设“健康晋城”目标，以“改革、发展、稳定、保障”为工作主线，抓改革、建机制，强发展、提品质，保稳定、促均衡，抓整洁、优环境，完成各项目标任务，卫生计生工作取得新进展、新成绩。在2016年国家基本公共卫生服务项目省级考核中，排名第二。在全省卫生应急技能竞赛中，晋城代表队获团体第二名、突发中毒事件处置单项成绩团体第一名。高平市卫生计生局获“全国卫生计生系统先进集体”称号。泽州县创建国家级妇幼健康优质服务示范县，阳城县创建国家级慢性病综合防控示范区，阳城县、高平市、城区创建为省级慢性病综合防控示范区。

【县乡医疗卫生综合改革】 2017年，晋城市卫生和计划生育委员会推进县乡医疗卫生机构一体化改革。整合县乡医疗卫生资源，组建县级人民医院集团，赋予集团独立法人资格，集团内全面推行行政、人员、资金、业务、绩效、药品“六统一”管理，错位配置，资源共享，区域协同。完成6个县（市、区）人民医院集团挂牌、法人登记批复、医保打包支付工作，建立8大业务中心。通过改革，优质医疗资源下沉县域就诊率、基层诊疗量占县域门诊总量比例、群众对医疗服务的满意度均上升，群众就医成本和患者住院自付比例下降。4月27日，全省县乡医疗卫生机构一体化改革现场会在高平召开，晋城市及高平市做法获国家、省、市领导高度评价。8月15日召开的全省县乡医疗卫生机构一体化改革推进电视电话会议上，省长楼阳生高度评价并点名表扬晋城市委市政府敢为人先、敢闯敢试的做法。中央和省级20多家主流媒体集中报道晋城县乡医疗卫生机构一体化改革经验。

【城市公立医院综合改革】 2017年，晋城市卫生和计划生育委员会启动城市公立医院综合改革。7月1日，市人民医院、市妇幼院、市传染病医院等8所城市公立医院全部取消药品加成，实行药品零差率销售，取消药品加成所减少收入，通过调整医疗服务价格75%、政府补偿20%、医院内部消化5%三种方式进行补偿。

【药品供应保障体系建设】 2017年，晋城市公立医院药品、高值耗材、试剂采购全部实行网上阳光分类采购，并配备使用基本药物，市、县、乡三级医疗机构采供药品全面推行“两票制”，村卫生室药品继续由乡镇卫生院代购，降低药品虚高价格，减轻患者用药负担。加强药品短缺情况监测，保障低价药、儿童用药等紧缺药品生产供应；加强对药品配送企业履约监管，保障基层医疗卫生机构和百姓用药需求。高平市、泽州县开展医药分开试点改革。

【基本公共卫生服务】 2017年，晋城市人均基本公共卫生服务经费标准由45元提高到50元，中央、省、市、县各级配套资金足额拨付到位，14项基本公共卫生服务项目全部完成任务。

【健康教育】 2017年，晋城市卫生和计划生育委员会开展健康科普巡讲活动和健康教育“六进”活动［即进家庭、进农村（社区）、进学校、进医院、进机关和企事业单位、进公共场所］，累计举办健康活动30余次、专题讲座20余次。在春节、三八妇女节、“3·24”世界防治结核病日等节假日举办各类宣传活动，提升广大群众健康水平。

【家庭医生签约服务】 2017年，晋城市卫生和计划生育委员会推行“1+1+1”组合式团队签约服务模式，在全省首家实行“免费暖心包、居家养老包、康复理疗包、慢病管理包、安宁疗护包、个性健康包”6种家庭有偿服务包，为群众提供综合、连续、协同健康服务。2017年，全市共签约123.9万人，常住人口签约率为53.55%，重点人群签约率为73.2%，建档立卡贫困人口和计划生育特殊困难家庭签约率均达90%以上，完成省卫生计生委年初下达的任务指标。6县（市、区）全部启动家庭医生“进万家、送服务、保健康”活动。

【疾病防控和应急救援】 2017年，晋城市传染病诊疗机构网络正常运行率为100.00%。常规免疫报告完整率、二类疫苗接种报告完整率均达100%，乙肝、卡介苗、脊灰等7苗报告接种率以县为单位均在95%以上，精神科（门诊）建设实现6个县（市、区）全覆盖。全市共创建健康社区（村）、健康单位等健康支持性环境建设15家，完成创建任务。6个县（市、区）全部启动并开展“三减三健”专项行动。通过完善应急预案、加强队伍培训、开展技能竞赛、开展重大自然灾害紧急医学救援野外实战演练等方式，提升卫生计生应急救援能力和水平。

【优质医疗资源下沉】 2017年，晋城市卫生和计划生育委员会建立以晋城市人民医院、晋城大医院为龙头医疗联合体，开展百县千医牵手帮扶工作，通过在线答疑解惑、上门指导帮助、定期出诊、会诊等形式，推进优质资源向基层医疗机构辐射延伸，促进分级诊疗和双向转诊。加强信息化建设，以居民健康卡“晋城通”为卫生计生信息系统业务主索引，初步建成市级人口健康信息平台框架体系，实现市级全民健康信息平台互联互通。建立市、县两级远程医疗会诊平台，使县、乡疑难危重病患者，可享受上级医院专家全方位会诊。开展创建群众满意乡镇卫生院活动，全市创建国家级群众满意乡镇卫生院12所、全国优质服务示范社区卫生服务中心2所、省级群众满意乡镇卫生院15所、省级优质服务示范社区卫生服务中心1所，完成创建任务。促进社会办医发展。将促进社会办医列入《晋城市医疗卫生服务体系规划（2016—2020年）》重要组成部分，在全市医疗卫生资源配置规划上为社会办医预留足够发展空间。开展卫生计生干部入民营医院服务工作，引导和促进社会办医提高水平、诚信经营、良性发展。

【健康扶贫】 2017年，晋城市卫生和计划生育委员会以“精准到户、精准到人、精准到病”为目标，全市因病致贫人口数为8038户、18157人，健康扶贫“双签约”人数为20907人，上门随访15002次，制定健康评估方案7714份，开展健康咨询14717次，指导帮助困难群众落实医保报销政策156次，开展政策宣讲4729次。

【妇幼保健】 2017年，晋城市共开展城乡怀孕妇女免费产前筛查与诊断服务13615例，新生儿遗传代谢病和耳聋基因免费筛查19484例，0—6岁儿童残疾筛查180例，完成目标任务。创建规范化基层妇女儿童保健门诊7个，市、县各级均按要求设立孕产妇与新生儿危急重症救治中心，市妇幼保健院创建儿童早期发展示范基地。

【医养结合】 2017年，晋城市卫生和计划生育委员会确定晋城市白云同德医院和陵川县人民医院为医养结合工作试点单位，泽州县大东沟镇峪南村和犁川镇水城村为村卫生室与乡村老年人日间照料融合发展试点村，探索医养结合工作经验。全市所有二级以上综合医院（包括中医医院）设置老年病科，50%的县、乡两级医疗机构开通老年人便利服务绿色通道。

【中医药事业】 2017年，晋城市卫生和计划生育委员会坚持中西医并重，传承中医药事业。通过举办培训班、开展知识竞赛等方式，提升卫生计生干部队伍中医药知识素养。阳城县创建为基层中医药工作先进县。推荐评选市级名中医11人，启动市人民医院名中医专家传承工作室，创建12个中医药特色基层医疗卫生机构，为中医药事业发展提供人才支撑和阵地保障。

【科教兴医】 2017年，晋城市卫生和计划生育委员会完成2017年度“百千万卫生人才”选拔培养工作，全市共选拔卫生领军人才4名、骨干精英人才70名、基层适宜人才124名。完成全科医师转岗培训19个、农村订单定向免费医学生培养25名、2012级农村订单定向毕业生就业安置17名，继续教育覆盖率县级以上达100%、乡镇及社区达80%、村卫生室达55%。开展“医卫双优下基层活动”，培训医务人员1400多人次。加大3个省市共建医学重点学科建设、4个省级临床重点专科建设和17个市重点学科建设力度，促进医教协同，增强发展动力。

【依法行政】 2017年，晋城市卫生和计划生育委员会加强卫生计生法治建设，强化组织领导，开展示范创建、学习培训等活动，提升执法干部法治意识，优选市政府法律顾问专家库成员5名，成立市卫生计生委法律顾问专家组，为该单位重大决策、重大事项、重要文书以及涉法事务等提供法律意见和支持。加强法治宣传，在重要节庆日和各类行业纪念日、主题活动日，通过设置宣传点、电子显示屏、网站、微信公众号等形式进行主题宣传，营造法治教育氛围。加快卫生计生综合监督行政执法机构和队伍建设，健全综合监管制度，推行“双随机、一公开”机制、全过程执法记录和自由裁量基准制度，强化环境、放射、学校和公共场所卫生监督，完成各项工作任务。打击非法医疗美容，在晋城市公安局、郑州市卫生监督所等部门配合下，打击一起非法跨省医疗美容案件。山西省卫生计生委印发《关于晋城市卫生监督所跨省联合执法办案情况的通报》，表扬晋城市贯彻落实《国家、省多部门严厉打击非法医疗美容专项行动》要求，查办非法跨省医疗美容案件的经验做法，并在全省推广学习。

【计划生育管理】 2017年，晋城市人口出生率为9.48‰，自增率为4.92‰，符合政策生育率为99.65%，出生人口性别比为102.33，各项指标均保持在省定范围内。实行目标责任制管理，形成党政重视、部门配合、计生指导、齐抓共管工作格局。推行网上生育登记，落实生育登记服务制度，优化计划生育服务管理。关爱流动人口，加强网上信息核查共享，完善“一盘棋”工作机制，流动人口基本公共卫生计生服务均等化实现全覆盖。健全流入人口信息管理登记卡，做到采集和录入一致、表册卡和数据库一致，实行动态管理。

加大出生人口性别比综合治理工作力度，开展打击“两非”专项行动、“携梦起航，走进乡村”关爱女孩系列活动，全市出生人口性别比长期控制在正常范围内。开展“文明、健康、优生、致富、奉献”主题创建活动，全市共评选计划生育幸福家庭182户，提升城乡家庭发展能力和幸福指数。

【计划生育基层基础建设】 2017年，晋城市卫生和计划生育委员会开展“计划生育基层基础落实年”和“新一轮省级计划生育优质服务先进单位的创建”活动，夯实计划生育基层基础工作。推进基层卫生计生融合，县级妇幼保健和计划生育技术服务机构实现一套机构、一个班子。全市85个乡镇(街道)计划生育办公室全部更名为卫生和计划生育办公室，新增基层公共卫生、健康教育等服务管理职能；乡镇计生技术服务机构与乡镇卫生院(社区卫生服务中心)整合到位，编制到位率达80%以上。80%以上村级信息员在履行好原有工作职责基础上，协助做好公共卫生、健康教育、健康服务等工作，44%村级信息员参与家庭医生签约服务等医疗卫生服务。

【计划生育家庭关怀扶助】 2017年，晋城市卫生和计划生育委员会落实计划生育奖励扶助制度，“4+2”六种奖扶对象达144341人(户)，发放奖扶资金9946.931万元。做好5类独生子女困难家庭(即伤残、患重大疾病、生活困难、上学困难、失独家庭)扶助关怀工作，全年共救助1007户，救助金额354.97万元。建立“双岗联系人”制度，开通计生特殊家庭就医“绿色通道”，提高计划生育特殊家庭健康保障水平。

【城乡环境综合整治】 2017年，晋城市按照“四治四建四从严”总体要求，以治乱、治脏、治污、治弱为重点任务，以城市“老中小”(即老城区、城中村、小街巷)和农村地区“三环三沿”(即环村、环景点、环城乡接合部，沿路、沿沟、沿河)为主攻方向，全面开展城乡环境综合整治行动。市区共清除四堆1843处、卫生死角348处，清理垃圾3801吨、乱贴乱画小广告26526条。执法部门取缔流动摊点920个(次)，清理店外店、马路车间476个。住建部门完成街道补坑3500平方米，铺装人行道2400平方米。市水务局开展主城区河道清河行动，清除垃圾35178立方米，清淤14200立方米。引申农村改厕和病媒生物防制工作。以爱国卫生宣传月为契机，以农村改厕为重点，开展宣传教育活动四害集中消杀行动，降低病媒生物密度，控制虫媒疾病流行。全市共动工改造农村无害化卫生厕所7300座。

【卫生城镇和健康城镇创建】 2017年，沁水县和陵川县开展县城卫生达标创建工作，三甲镇、大阳镇、北留镇等9个乡镇开展国家卫生乡镇创建工作。晋城市、东四义村、皇城村、西八渠村等作为省健康城镇试点城市和试点村，开展健康城市、健康村镇试点建设工作。确定2个县城(城市)、13个乡镇、24个村为市级健康城市健康村镇建设试点，全市营造创建氛围。

(市卫计委)

晋城市人民医院

【概述】 2017年，晋城市人民医院门急诊量达49.4万人次，较上年增长9.29%。其中，急诊5.7万余人次，同比增长14.32%，出院病人32246人次，同比增长10.19%，住院手术与操作13369人次，同比增长12.30%，住院手术病人6541台，同比增长10.32%，其中三、四级手术占比提高至59%，出院患者平均住院日10.56天，同比下降4.8%，病床使用率达93.94%，出院患者平均医疗费11871元，同比下降2.5%，临床路径出院病人10652例，占全部出院病人的33.03%，全年药占比31.9%，医改启动后(7月1日)取消药品加成，下半年药占比控制在30%以内，百元医疗收入中消耗卫生材料费用控制在20元以内，全年业务收入增幅控制在10%左右，基本完成医改核心指标要求，各项业务工作保持稳健、快速发展态势。

【救治能力】 2017年，晋城市人民医院依托国家级胸痛中心、卒中中心建设，建立区域协同救治体系，成立胸痛联盟晋城区域中心和胸痛区域联合体，辐射全市25家医疗机构，形成一体化胸痛救治机制，巩固胸痛区域医疗中心地位。急诊开设神经科诊室，提升卒中中心救治能力。改建扩容产科、儿科和新生儿病区，产科增设二病区，病床扩增至40张，儿科增至40张，新生儿病区实现无陪管理，病床增至20张。制定危重症孕产妇和危重症新生儿救治中心工作制度、应急预案、急救流程，提升产科、儿科救治能力与水平。畅通急救绿色通道，完成EICU建设工程，完善院前急救、院内急诊及EICU的救治体系建设，提升全院急诊救治能力。与兰花集团北岩煤矿合作共建“晋城市人民医院兰花北岩分院”项目签约，与兰花集团达成医疗保健领域战略合作关系。

【学科建设】 2017年，晋城市人民医院组织开展17个市级重点学科21个专业病区年度综合考核，评选优秀重点学科4个、达标重点学科6个、培育重点学科11个。中医针灸专业被市卫生计生委批准进入市级重点专科建设行列。全院共有省级临床重点专科4个，省市共建医学重点学科3个，市级重点学科17个，市级重点建设专科1个。11月，胸痛中心通过中国胸痛中心认证工作委员会认证，成为全国第五批国家级标准版胸痛中心，也是晋城市唯一一家通过认证的医院，急性胸痛患者综合救治能力达到国家级标准和水平。被再次授予“国家卫计委脑卒中筛查与防治基地医院”称号，成为天坛神经系统疾病专科联盟成员、全省首批椎间孔镜技术推广项目定点医院，神经内科加入国家神经系统疾病临床医学中心。11月，省卫计委公布全省42所三级医院34个病种医疗服务信息，全院有29个病种位列其中，按公布收治例数占比排序，有10个病种位列全省前10名以内。其中，胃癌根治术手术占比位列全省第4，心肌梗塞介入治疗和垂体瘤手术分别位列第6，有17个病种排名在全省第10—20位。

【临床路径管理】 2017年，晋城市人民医院上线临床路径管理系统，并在原有病种基础上，把各专业前位病种、24种大病和贫困人口9个病种纳入临床路径病种进行管理，全院共确定26个专业、272个路径病种，全年临床路径出院病人数10652例，占全部出院病人的33.03%。对105个按病种收费病种进行费用测算，凡按病种收费管理的病种全部纳入临床路径管理。

【临床合理用药专项整治】 2017年，晋城市人民医院制订2017年临床合理用药专项整治工作方案，成立抗菌药物临床应用与细菌耐药评价专家小组，与临床科室签订合理用药管理责任状，明确合理用药绩效考核指标，每季度开展一次合理用药培训，每月开展一次合理用药集中点评，加大对辅助类药物点评与管理力度，限制使用19个、停用3个辅助用药品种，对15个用药不合理的科室与个人进行约谈。通过专项整治，前20位使用药品中辅助药物种类由10个下降到6个，药占比控制在30%以内。9月，山西省卫计委对全院临床合理用药工作进行专项检查，并给予肯定。

【新技术引进】 2017年，晋城市人民医院加强新技术项目准入管理，全年通过技术委员会论证评审共准入新技术新项目39项，加大新技术安全管理和风险管理，加强全程监管。

【人才培养】 2017年，晋城市人民医院聘请北京协和、北大人民医院、郑大一院等教授特聘专家，在心血管介入、外周介入诊疗、危重症救治、疑难风湿免疫病诊治等方面进行技术指导。聘请北京大学人民医院医学信息高级工程师为信息化建设顾问，指导和规划全院信息化建设。全年组织业务培训50余次，举办学术讲座54场，开展专题中层干部培训，邀请香港专家授课。全年经过审查、理论考试和面试等程序共招录人员78人(其中研究生30人)，选送医务人员外出学习607人次、进修37人次、短期培训学习14人次。

【护理工作】 2017年，晋城市人民医院护理队伍围绕质量、安全、服务三个重点，完善规章制度，改进工作流程，加强质量控制，通过MDT护理查房，加强各学科之间合作与交叉互动，解决新生儿静脉炎预防、糖尿病患者低血糖风险观察与护理、疼痛评估、水肿病人淋巴引流按摩等护理难题46个，三级护理质控有效运行。被山西省卫计委评为“优质护理服务表现突出医院”，在山西省三甲医院青年护士岗位技能竞赛中获团体二等奖，被授予山西省教科文卫体系统五一劳动奖状。

【设备购置】 2017年，晋城市人民医院为临床、医技科室购置医疗设备30余台，购置超高清/高清腹腔镜、超生高频外科集成系统、高频外科手术系统、彩色超声诊断设备、腹腔镜手术虚拟训练系统等大型医疗设备10余台，完成新核磁机器前期采购和预安装工作。

【对口支援】 2017年，晋城市人民医院组建医联体开展对口支援工作，与泽州县医疗集团、城区医疗集团、陵川县医疗集团组建县域医疗集团医联体，成立胸痛区域联合体和全市肺结节专科联盟。加强医联体建设，加大基层对口帮扶工作。与北京中日友好医院建立呼吸专科医疗体和慢阻肺联盟，与山大一院建立疼痛专科医联体和泌尿外科专科医联体，与山西省人民医院建立肾脏专科联盟，与山西肿瘤医院建立肿瘤研究中心专科联盟，与山西省结核病防治中心（太原市第四人民医院）建立结核病专科医联体，与郑州市儿童医院建立儿童专科联盟，与郑大一院建立重症医学、心血管内科等专科联盟。全年组织远程会诊30余例，讲座200多课时，参加学习800多人次，提高县域医疗集团诊疗水平。派出16名高年资主治医师和副主任医师开展对口支援帮扶工作。免费接受基层进修人员23人次。9月和10月，到陵川县组织两次大型义诊活动。

【门诊服务】 2017年，晋城市人民医院完善门诊信息化系统，提升预约诊疗平台服务能力，实现电话预约、微信预约、自助机预约、APP预约、网络预约等多渠道预约，提高门诊预约率。完成微信支付和支付宝支付前期准备工作，微信支付试运行。成立生殖遗传中心和婚前医学检查门诊、新增不孕不育门诊诊疗项目，与河南妇科专家达成长期业务合作，增加门诊服务种类，提升服务能力。中医科新增中医脑病、脾胃、风湿病专科门诊，拓展诊疗服务范围，引进中药免煎颗粒。神经内科新设眩晕诊室。

【综合改革】 2017年7月1日，晋城市人民医院启动全院城市公立医院综合改革，取消药品加成（中药饮片除外），调整五大类体现技术劳务项目的医疗服务价格。8月1日，开始推行药品购销“两票制”改革，落实药品分类采购政策；实现高值医用耗材阳光采购；配合市医改办、市发改委、市医保中心开展105种按病种收付费测算工作，为推进医保支付方式改革做准备；推进临床路径管理，规范诊疗行为，控制费用不合理增长。医院总收入增幅控制在10%左右，次均费用同比下降2.5%，药占比降到30%以内，耗占比控制在20%以下，临床路径出院比例达30%要求，落实分级诊疗制度，试点开展高血压、糖尿病两个病种的双向转诊，基本完成医改核心指标要求。

【科研项目】 2017年，晋城市人民医院省卫计委科研立项4项，分别为：缺血性小动脉卒中后血糖水平与认知功能障碍的关联性研究、急性期颅内破裂动脉瘤支架辅助栓塞术中抗血小板药物的临床研究、CYP2C19基因多态性检测指导ACS患者PCI术后抗血小板药物应用的临床研究、住院医师规范化培训中住院医师临床思维能力现状及影响因素分析.市科技局立项7项。申报2018年市级课题10项。完成省卫计委5项、省科技厅3项课题结题验收工作。全年发表论文59篇。其中，SCI论文1篇、中华及核心期刊6篇。腹腔镜专用仪器车/CO_2气瓶联动架申请获得专利，并获“全国手术室护理创新与发明大赛优秀奖”。全年共举办各级别学术讲座54项，其中国家级继续医学教育项目1项，省级学术活动9项；申报2018年国家级继续医学项目2项。

（市人民医院）

晋城大医院

【概述】 2017年，晋城大医院门诊病人数达715846人次，同比增长4.56%；出院病人数达33572人次，增长17.31%；完成住院手术11032台，增长21.10%；手术与操作达14279人次，增长20.48%；医院感染发生率1.55%，同比下降0.29%；平均床位周转次数30.5次/床，同比提高0.4次/床；平均住院天数11.1天，同比减少0.3天。按1100张病床统计，病床使用率达到95.2%；健康体检达到4.5万余人次。业务收入达69768万元，患者满意度98%，医疗事故为零。

【体制改革】 2017年10月18日，晋煤集团、华润集团、金控集团根据国务院《关于加快剥离国有企业办社会职能和解决历史遗留问题工作方案的通知》和国家六部委《关于国有企业办教育医疗机构深化改革的指导意见》总体要求，签订"晋城大医院·晋煤总医院改制合作框架协议"。

【学科建设】 2017年，晋城大医院泌尿外科被评审为山西省重点专科，全院省级重点专科（学科）数量达4个。急诊医学科、妇科、药学部、超声医学科4个科室成为晋城市重点专科，全院市级重点专科达23个。骨科开展微创骨科、精准骨科等新技术，达到省内先进水平。心血管内科全年开展心脏介入手术1100多例。其中，自主开展急诊PCI102例，自主开展心内电生理检查及射频消融术47例。儿科全年门诊人数近3万人次，居全院各科门诊之首。消化科内镜室全年完成13700多例内镜检查。其中，开展内镜下治疗800多例，内镜下粘膜病变切除术（ESD、EMR）80多例，开展ERCP等较难手术。磁共振、超声、CT、放射、检验等医技科室，总检查人次同比增长，其中超声医学科和磁共振室检查人数同比增加30%。全院开展临床路径专业27个，临床路径病种数达227个（超过国家标准132个），临床路径入组率达71.69%（超过国家标准21.69%），入组后完成率达88.67%（超过国家标准18.67%）。

【医疗服务】 2017年，晋城大医院启用新门诊大楼，患者通过窗口、自助机、手机APP、微信等进行挂号、交费、取报告单等，分散患者在窗口排长队现象。普通门诊和专家门诊实现无假日门诊。开展头痛门诊、眩晕门诊等19个专病和特色门诊。护理部成立9个专科护理小组，定期开展各项专科护理活动。新生儿科开展无陪护病房。门诊部、急诊科提供多种便民服务。根据《晋城市市级公立医院医药价格综合改革实施意见》文件要求，7月1日起，全部按新标准调整医疗服务价格，药品实行零差价销售（不含中药饮片），提高合理用药水平，药占比、耗占比均降到30%以下。

【医疗教育】 2017年1月，晋城大医院被确立为山西省首批护工培训基地，全年共举办医疗护理员培训班6期，培训人数达400余名，全部考试合格毕业。8月，被中华医学会药学分会认定为首批"全国临床药师学员培训中心"。9月，承担首批临床药师培训任务，共培训4名学员，在全省培训药师理论考试中获集体总分第一。11月8日，挂牌成为长治医学院非直属附属医院和研究生培养基地，开始对本科生（首班39名学生）进行理论课教学。完成山西医科大学129名本科生年度临床教学任务和硕士生培养任务及其他医学院校实习生教学任务。被认定为"国家住院医师规范化培训基地"，全院20个学科专业可以招生，3年内学员培训总容量可达323人。

【科技成果】 2017年，晋城大医院新增国家级子课题科研项目2项，山西省面上青年基金项目1项，获批省级科研课5个题，晋城市科技项目9个和晋煤集团科技计划项目7个。获批国家专利4项，主编出版著作1部，获2017年中国煤炭工业协会科技进步奖2项，4个科研项目被鉴定为国际先进水平。完成国家重大公共卫生专项《城市癌症早诊早治项目》年度任务。

【学术交流】 2017年，晋城大医院参加国家老年血管病联盟、中国矿山骨科联盟及国家级或省内专科联盟。全院共组织举办各类医学教育学术会议35次（其中，国家级会议3项，省级学术会议5项，市级学术会议19项）。举办医学教育会议数量、层次均创历史新高。

【博士工作站】 2017年，晋城大医院设立博士工作站，聘任北京、上海、广州、武汉、南京、成都等城市30多所顶级医院125名医学专家为特聘教授。利用双休日、节假日定期参加门诊、查房、手术、会诊、教学和科研活动。全年共接待特诊病人3281人次，病房会诊125人次，手术106人次，举办各类学术培训和讲座74场。

【远程会诊】 2017年，晋城大医院共开展向国家级医院远程会诊196例，同比增长56.8%。开展远程教学69节课，远程学术会议3次。开展向阳城县人民医院、沁水县人民医院、高平市人民医院、古书院矿医院、王台矿医院等下级医疗机构远程会诊10例。

【药物临床试验】 2017年，晋城大医院开展药物临床试验，建立药物临床试验机构及药物I期临床研究室，开展首批8名志愿者I期药物临床预试验工作。

【健康教育】 2017年，晋城大医院内分泌科每月定期进行糖尿病健康教育。"一声电台"开办四季养生、专病门诊、康乃馨女性专栏等健康宣教栏目，在荔枝APP、喜马拉雅APP、晋城广播电视台FM107.2同步播出，与"317护"对接，送健康宣教内容给住院患者及家属。与晋城导视频道合作开办的《名医直播间》栏目全新改版，依托微信服务平台，每周进行健康宣教活动。康复科开展每月一次风湿免疫疾病健康大讲堂。产科孕妇学校创新宣教方法，利用微信平台建立网上孕妇学校、微信沟通群等，使广大孕产妇得到跟踪服务。

【人才培养】 2017年，晋城大医院落实人才引进和培训计划，公开招聘应届大学毕业生79名。送出长期进修27人，各种外出短期学习培训392人次，国外学习交流3人。院内职工在岗培训5000余人次，职工培训率达100%。

【技能比武】 2017年，晋城大医院参加全省三甲医院青年护士岗位竞赛，获省五一劳动奖状。参加全市卫生应急技能竞赛，张晓乾、安斌获"突发事件紧急医学救援"项目个人一等奖和"晋城市卫生应急技能标兵"称号。参加晋城市中医药经典理论知识竞赛，中医科获团体一等奖。参加省医院协会临床检验管理专业委员会首届"山西检验医学"技能竞赛，路卯、程文文获个人一等奖。参加中华医学会骨科分会2017年全国金手指骨科大赛，马林、张荣平获北大区（北京、天津和东北、华北八省）第四名。

【应急救援】 2017年，晋城大医院健全救援体系和组织机构建设，完成企业工伤急救任务，加强救援小分队实战训练。参加晋城市"太行—2017·晋城"大型人民防空实兵演练、晋城市重大自然灾害紧急医疗救援野外实战演练和晋煤集团瓦斯突出事故应急救援演练等活动，均取得成绩。

【医疗支援】 2017年，晋城大医院共派出48名医护人员分到各医院驻院工作。其中，长期派出30人次，临时派出103名医务人员到沁水、阳城、高平进行指导、教学、查房、培训等相关工作。外派医师在当地医院共接诊门诊患者3873人次，急诊患者221人次，开展手术297台，教学查房97次。会诊及疑难病例讨论609人次，健康体检295人次，学术讲座109次。业务培训104次，手术示教41例。

【基地建设与志愿服务】 2017年5月8日，晋城大医院在"山西省纪念国际护士节暨心肺复苏普及进万家精准健康工程"启动会上，被确定为山西省首批"中国心肺复苏培训基地""全国心肺复苏普及进亿家精准健康工程传播基地"及"山西省红十字志愿服务基地"。全院127名医护人员组成志愿者服务队，进工厂、进学校、进军营、下农村、下基层、下矿山，服务群众1万余人次，为5000多个家庭进行心肺复苏知识与技能普及。护理部组织"健康知识融入生活、健康行为惠及你我"义务宣教系列活动，大爱清尘志愿者、心理咨询志愿者、"红丝带"青年志愿者等开展志愿服务。

（晋城大医院）

晋城市中心血站

【概述】 2017年，晋城市中心血站以党的十九大精神和习近平新时代中国特色社会主义思想为指引，围绕年度工作要点，求真务实，转变作风，提高效能，保证全市各医疗单位临床急救用血。

【采供血工作】 2017年，晋城市中心血站采全血21506人次858.14万毫升，同比增长16.2%。采集红细胞42907U，同比增长16.3%。其中400毫升占99.5%，首次献血占21.1%，固定献血者占63.3%。全年单采血小板820人次，同比增长16.3%；单采血小板1618个治疗量同比增长21.4%。一次采双份占97.3%，首次单采献血者占31.3%。Rh阴性血共采集140人次(包括5人次10治疗单位的阴性单采血小板)，高于全市Rh阴性2.4‰的分布率。采阴性血5.38万毫升，同比增长5%。外调长治市中心血站Rh阴性去白细胞悬浮红细胞B型4U、O型9U，用于急救。外供太原市血液中心去白细胞悬浮红细胞3580U，灭活血浆5.4万毫升，支持内蒙古自治区血液中心和北京市红十字血液中心。

【宣传活动】 2017年，晋城市中心血站在市电视台、市电台、《太行日报》《太行晚报》等本地主流媒体开辟专栏、组织专访、播放公益广告。在各大社区、文昌街、人民广场等人流密集场所设置无偿献血宣传栏。强化内部刊物《晋城献血》质量和数量，改版晋城献血网，全年累计发布通讯报道及典型事迹49篇。在全市医疗卫生单位联动开展宣传周期间，发放资料1万余份。"6·14"第四届血站开放日这天，血站现场共74人献血，共计献全血2.78万毫升，机采成分血8个治疗单位。全市采血点134人参加献血，献血量累计5.34万毫升。

【无偿献血】 2017年10月24日，晋城市中心血站召开晋城市2014—2015年度无偿献血表彰大会，对1587名无偿献血先进个人和3家血液管理先进单位进行表彰。向全市适龄献血公民发出无偿献血倡议书。开展无偿献血进机关、进学校、进企业、进社区、进农村，强化团体招募。全年在30余个社区开设无偿献血知识专栏，组织晋城市人民医院、阳城县公安局等团体献血单位14家开展无偿献血活动，共计759人参加。与晋煤集团、富士康工业园区、宏圣集团等单位重新签订应急献血协议书。截至2017年，共有8人荣获市级荣誉称号。在全国无偿献血表彰中，共132人达到星级志愿者服务标准，32人达到奖励标准，其中6人达到"终生荣誉奖"。加强应急献血后备队伍建设。制订应急献血预案，与市兰花化工厂、恒光热电厂、宏圣集团等8家团体单位签订应急献血协议书，对1361人进行体检筛查备案，建立后备应急移动血库。培养单采成分献血队伍。建立1200余人单采献血者队伍，其中双份单采血小板捐献比例达到近90%，保证机采成分血临床供应。壮大稀有血型献血队伍。建立Rh(D)阴性献血者数据库621人，全年为临床供应5万余毫升，基本保障Rh阴性临床急救需求。提高固定献血队伍，全市固定献血比例保持在50%以上，实现由随机献血向预约献血转移，由流动献血向固定献血转移。

【用血服务】 2017年，晋城市中心血站到用血医院开展临床用血知识现场培训，使输血人员掌握相关知识，解决临床血型鉴定及抗体筛选、配血等方面存在问题。对临床用血承诺服务，加大送血服务次数，专人送血，全年送血率占到总供血量的94%，保障临床用血及时安全。5月10日晚11点，市医院一位Rh阴性B型急诊患者大出血，7位RH阴性献血者紧急献血，患者累计输血4800毫升，输血浆3000毫升。完成用血返还报销，全年共报销303人280247元。

【质量管理】 2017年，晋城市中心血站专家内审推进质量体系运行。11月9日至10日，邀请山西省血液中心、运城市中心血站2位专家审核，以问题为导向共下发不合格报告11个，发现共性问题4个，观察项24个，建议5个，并按要求进行整改和跟踪验证。

严格内部监督检查。全年质管部门内部监督检查99次，献血和用血者满意度调查138份，数据统计分析19次，专项质量分析会议8次，下发《不合格项(差错)登记报告表》1个、纠正措施4个。质控部门对关键物料抽检78次，试剂抽检189次，对净化、储血、运血等关键设备监控955台次，对细菌、余氯、物体表面等环境卫生监测829次，血液制剂抽检215袋，采供血全过程均在受控下进行。

血液标本100%核酸检测全覆盖，缩短经血传播疾病检测的“窗口期”，降低经输血传播疾病风险。新建华益美核酸检测实验室，申请技术验收。与阳泉、长治两市血站签署核酸检测应急备用检测协议，提高全市血液核酸检测应急能力和血液检测技术水平，保证全市临床用血安全。

实验室考评均合格。参加室间质评成绩均达90分以上。参加省临检中心采供血机构血液检验室间质评2次，血型1次、全血细胞计数2次，核酸检测1次，成绩均为满分。参加国家卫计委临检中心采供血血液检验和血型室间质评3次，核酸检测室间质评3次，全血细胞计数2次，其中第2次得分为96分，其余均为满分。按照《传染病疫情报告管理规范》，上报艾滋病初筛阳性标本。

（市中心血站）

疾病防控

【概述】 2017年，晋城市疾控工作贯彻落实大卫生、大健康工作方针，把握服务人民、促进健康宗旨和目标，强化底线思维，坚持关口前移，落实防控措施，各项工作取得新进展。

【免疫工作】 2017年，晋城市各乡镇各类疫苗报告接种率均在90%以上，常规免疫报告完整率、二类疫苗接种报告完整率均达100%。全市报告并审核、调查AEFI病例102例，报告覆盖率为100%；报告AFP病例7例，报告疑似麻疹病例61例，无确诊病例。各项监测指标均达国家方案要求。推进预防接种门诊规范化建设，建立数字化门诊2家。泽州县结合预防接种特点，开设妈妈课堂，将宣教活动与接种有机结合，并安装使用预防接种APP手机客户端。

【传染病防控】 2017年，晋城市疾控中心共收到法定传染病10620例，较上年同期下降8.83%，传染病网络直报和监测预警完善，报告率均达到98%以上。超额完成流感、手足口病等重点传染病监测工作。

【结核病防治】 2017年，晋城市疾控中心建立结核病病人“推荐转诊、病人通知、病人追踪、追踪反馈”四个循环链接。全年共登记活动性肺结核患者833例，肺结核发病率控制在36.2/10万；肺结核患者病原学阳性率为18.4%；耐多药肺结核高危人群耐药筛查率为100%；病原学阳性肺结核患者密切接触者筛查率为100%；肺结核患者成功治疗率为96.5%；肺结核患者规范管理率为99.27%；总体到位率为99.5%；开展耐多药结核病防治工作，县级全部开展痰培养。在全省第二届结核病防治知识网络竞赛中，获优秀组织奖。

【艾滋病防控】 2017年，晋城市疾控中心加强监测检测工作，二级以上医疗机构全部建立艾滋病初筛实验室，乡镇卫生院和社区均建立艾滋病检测点。开展自愿咨询检测、新入监人员艾滋病检测工作，检测率达100%。落实国家关怀救助政策，为辖区有意愿感染者和病人全部办理低保。截至2017年，存活管理病例374例，艾滋病病毒感染者和病人管理及抗病毒治疗各项指标均超过全省平均水平。

【地方病寄生虫病防控】 2017年，晋城市疾控中心完成碘缺乏病监测项目，共监测碘盐1802份，对沁水、陵川、城区、阳城四个碘缺乏病病情监测县802名儿童、400名孕妇进行尿碘监测；对城区和阳城县400名童进行甲状腺B超监测；完成布病防治项目县工作、全国重点寄生虫病调查及肺吸虫调查项目；超额完成辖区人口数0.5‰不明原因发热病人血检任务，未检测出疟原虫，达到消除疟疾目标。

【慢性病防控】 2017年，晋城市高血压患者健康管理数、2型糖尿病健康管理数、65岁以上老年人体检人数均达到指标要求。全年共报告死亡病例12142例，粗死亡率5.23‰。创建健康社区（村）2家、健康单位2家、健康食堂（餐厅）3家、健康步道3条、健康主题公园3个、健康学校1所、健康小屋1个,完成创建任务。阳城县、高平市、城区成为省级慢性病综合防控示范区。8月,阳城县创建成国家级慢性病综合防控示范区。在全国第二届"万步有约"职业人群健走激励大奖赛山西赛区活动中,晋城市获优秀组织奖,高平市获三等奖。

【风险监测】 2017年,晋城市疾控中心完善公共卫生危害因素监测系统,开展城市供水、公共场所卫生、中央空调系统卫生、食源性疾病、食品污染物、重点职业病危害因素、消毒效果监测和学校传染病等监测工作。建立卫生学评价体系,开展公共卫生危害因素卫生学评价和危险度评估。全市食品安全风险监测工作位居全省前列,承担全省霉菌毒素复检工作,食源性致病菌监测项目中,致病菌阳性检出率全省第一。开展病媒生物监测与控制工作,对市辖区18所医疗机构和托幼机构进行消毒效果质量抽查,合格率为91.95%和65.38%。

【实验室检测】 2017年,晋城市疾控中心秉承"公正、科学、准确、规范"质量方针,加强检验检测工作全过程控制。利用进口原子吸收、等离子电感耦合质谱仪、PCR仪等先进仪器设备,开展食品中农药残留、霉菌毒素、苏丹红、瘦肉精、三聚氰胺、塑化剂、食源性致病菌以及病毒分子生物检测和病毒培养工作。完成国家食品安全风险监测、国家农村饮水安全工程水质监测、城市供水水质监测、农村环境监测、流感的病原学检测、食源性致病菌监测、麻疹、风疹检测等国家项目监测任务。完成手足口病核酸检测、住院严重急性呼吸道感染(SARI)PCR检测、HIV初筛检测及抗体阳性复检、CD4检测等,以及传染病暴发、突发公共卫生事件应急处置工作。

【卫生应急体系】 2017年,晋城市疾控中心通过突发公共卫生事件报告网收到报告1起,按规范上报省疾控中心和市卫计委。组织参加晋城市重大自然灾害紧急医学救援实战演练和全省疾控系统"2017卫生竞赛应急演练"实战演练。

(市疾控中心)

爱卫工作

【概述】 2017年,晋城市爱国卫生工作以巩固国家卫生城市成果为重点,以健康城市健康村镇试点建设为契机,加大国家卫生县城(乡镇)创建力度,改善城乡环境卫生面貌,全市爱国卫生工作取得新进展。

【爱卫宣传】 2017年4月14日,晋城市在儿童公园开展"为了人民的健康——65年的历史与展望"主题爱国卫生月宣传活动,发放宣传单、宣传品1万余份,宣传爱国卫生运动内涵和爱国卫生运动65年历程。各县(市、区)组织开展宣传活动,全社会形成人人支持、个个参与爱国卫生氛围。

【国家卫生城市复审】 2017年6月27日,晋城市召开"全市纪念爱国卫生运动65周年迎国卫复审暨健康城镇试点建设启动会议"。印发《晋城市迎接国家卫生城市复审工作方案》,安排环境卫生整治、市容管理、基础设施建设、食品安全和环境保护、行业卫生管理等5个方面、19项工作,组织开展整治行动。城区、泽州县和市卫计委等市爱卫会成员单位召开专题工作会议,安排部署专题整改工作。12月1日,召开迎国卫复审工作推进会议。12月19日,召开迎国卫复审省级暗访问题整改推进工作会议,安排部署迎复审整改工作。

【专项整治】 2017年6月12日,晋城市召开全市城乡环境综合整治行动动员会议,市区共清除四堆1843处、卫生死角348处,清理垃圾3801吨,清理乱贴乱画小广告26526条。执法部门取缔流动摊点920个(次),清理店外店、马路车间476个。住建部门完成街道补坑3500余平方米,铺装人行道2400余平方米。市水务局开展后疙瘩河、东河、叶家河、西小河等主城区河道清河行动,重点整治市区10条黑臭水体,清除垃圾35178立方米,清淤14200立方米。排查清理市区废品收购站点,商务部门停止向市区废品收购站点发放证照,加强持证站点的卫生管理,城区和执法部门取缔大型收购站20余个,清理一批小型无证站点。市工商局开展无照经营、制假售假等专项执法行动，规范市场管理。拆除北大街蔬菜市场和瓜果市场，达标改造金囿市场；在苑北路、泽州路和西环路新建集贸市场3个。

【改厕工作】 2017年，晋城市加大城市旱厕改造力度，拆除旱厕300余座。城区制定取缔一座补助1000元政策，取缔100余座。对200余座城中村旱厕定期投放药物，杀灭蚊蝇。加强农村改厕工作。6月12日，组织各县（市、区）爱卫会、爱卫办主任和农村改厕工作负责人参加省爱卫会农村改厕工作培训。6月27日，召开纪念爱国卫生运动65周年暨迎接国卫复审、创建国家健康城市工作会议，印发《晋城市农村改厕工作方案》，安排部署全市农村改厕工作。11月6日至10日，省农村改厕工作检查组对泽州县、阳城县、高平市、陵川县2016—2017年农村改厕任务完成情况及资金使用情况进行检查核实。截至2017年，全市动工改造农村无害化卫生厕所7300座。

【城乡清洁运动】 2017年2月20日，沁水县召开“国家卫生县城”创建动员会，制订《沁水县创建国家卫生县城实施方案》和《沁水县创建国家卫生县城任务分解表》，与20家牵头职能单位签订创建“国家卫生县城”主要任务交办书，收集编印《沁水县创建国家卫生县城申报资料》，推进各项创卫工作。3月5日，陵川县召开“五城联创”动员大会，11月6日，召开创建国家卫生县城第一次联席会议，安排部署创建国家卫生县城工作，分解创建主要工作任务，完善创建国家卫生县城管理体系，开展创卫工作。高平市、泽州县、阳城县加大资金支持力度，开展创建国家卫生乡镇工作。泽州县政府向创建国卫乡镇下拨1500万元专项资金，开展环境基础设施建设和环境综合整治工作，完善国家卫生乡镇指标任务，夯实申报、创建国家卫生乡镇创建基础。

【健康城市健康村镇建设】 2017年6月27日，晋城市召开“全市纪念爱国卫生运动65周年迎国卫复审暨健康城镇试点建设启动会议”，印发《晋城市健康城市健康村镇试点建设工作方案》，安排部署全市健康城市健康村镇试点建设工作。全市申报晋城市，东四义村、皇城村、西八渠村入选省健康城镇试点名单，各试点城市、村均制定《健康城市健康村镇工作方案》《健康城市健康村镇建设规划》。确定2个县城（城市）、13个乡镇、24个村作为晋城市健康城市健康村镇建设试点，各县（市、区）和各试点村镇郡召开启动会议，制订《健康城市健康村镇工作方案》《健康城市健康村镇建设规划》。对各试点城镇进行初步调研，制订《晋城市健康城市健康村镇建设规划（2017—2020年）》，全市健康城市健康村镇试点建设工作开展。

【病媒生物防治】 2017年4月11日，晋城市召开全市2017年度病媒生物防制培训会议。为各县（市、区）和市直各机关单位发放100余件、5万余元四害消杀药品。4月12日至15日，在全市范围内集中开展四害消杀行动，结合全市城乡环境卫生综合整治行动和创建全国文明城市活动，组织各级各单位开展辖区范围内积存垃圾、卫生死角整治清除工作，综合整治孳生地，降低病媒生物密度，控制虫媒疾病流行。

（市爱卫办）

民 政

【概述】 2017年,晋城市民政系统坚持“民政为民、民政爱民”工作理念,贯彻落实党的十八大和十八届三中、四中、五中、六中全会精神,以开展“两学一做”学习教育常态化制度化,维护核心见诸行动主题教育为契机,围绕市委、市政府的决策部署要求,压实责任、狠抓落实,保障和改善民生,推进各项目标任务,全市民政事业实现平稳快速发展势头。

【城乡低保和特困供养】 2017年1月1日起,晋城市城乡低保保障标准每人每月至少提高30元,超出省政府规定至少提高20元标准,城市低保标准平均达到每人每月532元。农村低保标准平均达到每人每年3671元,实现农村低保标准和扶贫标准“两线合一”。提高农村特困人员供养标准,平均提高500元,集中和分散供养标准每人每年达到6400元和4030元。出台《晋城市城乡困难人员大病专项救助工作方案(试行)》,对建档立卡农村贫困人口和城乡特困人员以及低保对象中患有重大疾病的,实施集中医疗救治,实现基本医保、大病保险、医疗救助等制度有效衔接。出台《关于落实〈山西省农村最低生活保障制度和扶贫开发政策有效衔接实施方案〉的通知》,1月1日起,各县(市、区)给农村低保家庭中的老年人、未成年人、重度残疾人、重病患者等特殊困难对象,按不低于当地低保标准的5%—10%比例提高救助水平。出台《晋城市支出型贫困家庭基本生活救助实施办法》,对本市户籍符合条件的因病、就学等支出型贫困家庭提供全额或补差救助,实现“收入型救助”和“支出型救助”并重,拓宽社会救助范围,惠及到更多困难群众;加大临时救助力度,开展“救急难”,解决群众临时性、突发性困难;推进敬老院安全管理,在2016年基础上,再拨付310万元专项资金,用于敬老院消防设施建设和改造,确保敬老院安全运营。截至2017年9月底,全市共保障城市低保对象6531户11440人,发放低保金4597.6万元、农村低保对象32137户42000人,发放低保金9579.7万元;共保障五保供养对象6804人,支出2224.66万元,集中供养率达到29.8%;医疗救助直接救助18084人次,共支出3632.74万元;全市临时救助共救助4072人次,支出1102.8万元。

【养老福利】 2017年,晋城市民政局探索推动公建民营、股份制、PPP模式等养老服务新模式,引导和鼓励社会力量兴办养老福利事业。筹建瑜园老年公寓、西上庄PPP养老建设项目、高平市老年精神康复托养中心、安康苑医养产业院等民办养老机构,总投资共计15.3亿元,覆盖中、高端养老及特殊需求养老等服务领域,提供养老床位4300余张。全市运营住养型养老机构达67所,总床位4660张。其中,社会力量兴办的养老机构23所,公建民营养老机构11所。11所居家养老服务机构,为所在地老年人提供上门服务，取得社会效益和经济效益。与市公安局、市卫计委、市质监局、市老龄办联合下发《关于晋城市开展养老院服务质量建设专项行动的通知》，对全市67所养老机构开展养老院信息第一轮摸底工作。各养老机构对照《养老院服务质量大检查指南》进行自查整改，市、县两级民政部门督查整改情况，提升全市养老机构服务质量。

【关爱特殊群体】 2017年，晋城市民政局开展农村留守儿童“合力监护、相伴成长”关爱保护专项行动。全市共有无人监护儿童521例，父或母无监护能力儿童6例。通过安排孩子其他亲属对其进行监护、鼓励社会组织参与农村留守儿童关爱保护工作，市社会工作服务中心和市义工联合会以泽州县崔河镇为试点等方式，开展对留守儿童关爱保护工作。开展关爱农村留守老人工作。全市建设农村老年人日间照料中心50个，满足农村老年人养老服务需求。为高龄和失能老年人发放补贴，共为经济困难的高龄与失能老年人发放补贴101万元。开展困难残疾人关爱保护工作。共下拨省市困难残疾人生活补贴配套资金659.34万元。

【行政区划调整】 2017年，晋城市民政局调整优化行政区划，解决设区市“一市一区”等规模结构不合理问题。成立晋城市行政区划调整领导组和专家组，由市政府领导任组长，市民政局牵头，其他市直相关单位配合。按照市委、市政府要求，着眼全市“一市一区”、市县区同城、中心城区过小等区划矛盾，结合当前经济社会发展实际情况，拟定行政区划调整方案。邀请国家行政区划方面专家就拟订方案进行调研、论证、风险评估，形成调整方案请示报告和论证评估报告，报请市委、市政府审阅。按照行政区划调整上报程序，逐级上报省政府、国务院批复，完成上级考察、专家调研、资料补充等后续工作。推动具备条件的县和特大镇设市。根据县（市、区）经济社会发展现状和行政区划调整意愿，对照国家设市标准，由所调整县拟定设市的行政区划调整方案。所调整县按照行政区划调整程序，准备相关材料逐级上报至国务院批复。

【防灾减灾】 2017年，晋城市民政局完成灾害信息统计上报工作，下拨各级自然灾害生活救助资金810万元，保证3万多名受灾群众基本生活。组织开展“5·12”和“10·13”防灾减灾宣传。完成市级救灾物资采购10万元，共采购棉大衣1000套、棉衣裤600套、棉被1442条、床单、床垫、被套各100套。开展全国及省级综合减灾示范社区创建活动，上报社区14个。组织灾害信息员培训，针对自然灾害数据统计、灾情管理、网络报灾和防灾减灾等工作进行讲解、答疑，为期半天。全市100余名乡镇（街办）灾害信息员参加培训。

【社会治理】 2017年，晋城市推进基层政权和社区建设。建设城市社区活动场所和公益性服务设施，对全市7个符合条件的社区下拨省市建设扶持资金220万元。推进“三社联动”，每个县确定5个村（社区）开展试点，围绕扶老救孤、助残助学、精神卫生、社区矫正、心理疏导、人文关怀、流动人口管理服务、“三留守”人员关爱、环境保护等重点领域，推进“三社联动”。开展换届选举前期调研工作，对农村干部经济责任进行专项审计，夯实农村换届选举基础。召开全市村（社区）“两委”换届选举工作动员会，安排部署换届选举工作。下发《关于认真做好第六届社区居民委员会换届选举工作的通知》和《关于认真做好第十一届村民委员会换届选举工作的实施意见》，完成全市村（社区）“两委”换届选举准备工作。

规范社会组织管理。开展慈善组织认定和公开募捐资格认定工作。市级认定2家社会组织为慈善组织，其中市慈善总会具有公开募捐资格；推进社会组织党建工作，把社会组织党建贯穿于登记、年检、日常管理全过程。拟申请成立社会组织综合党委；建立社会组织信息管理平台，用于对社会组织基本信息和日常管理动态发布，提升社会组织信息化管理水平；推进行业协会商会脱钩试点工作。起草《关于推进行业协会商会与行政机关脱钩的实施方案》，市级44家行业商会协会按“五分离、五规范”要求开展脱钩工作。2017年，全市共有各类社会组织868个，其中社会团体483个，民办非企业单位385个。

【优抚安置】 2017年，晋城市民政局完成优待抚恤工作。下拨各级优抚对象抚恤补助资金8175.5万元，足额发放医疗补助资金767.4万元；为1108名符合条件的60周岁农村籍退役士兵、带病回乡退伍老兵和60周岁农村籍烈士子女足额下拨生活补助；开展残疾军人评残及部分参试人员体检工作；确认在职“两参”人员身份120余人，在乡“两参”人员130余人。

完成2016年度符合安排工作条件退役士兵安置扫尾工作；审核2017年度符合政府安排工作条件的33名退役士兵档案；接收自主就业退役士兵812人，共发放一次性自主就业补助资金879.3万元；开展自主就业退役士兵职业教育和技能培训，共下拨教育培训资金176.8万元；共接收安置军队离退休干部2人。

解决部分军队退役人员信访问题。成立部分军队退役人员信访问题源头化解专项行动工作组，制订《晋城市部分军队退役人员信访问题源头化解专项行动实施方案》，开展大走访、重点人员“五包一”、安置未上岗退役士兵、在职“两参”人员慰问、发放悬挂光荣牌匾5项重点工作。全市共走访11103人，均建立台账，对排查出的重点人员落实“五包一”要求和“一对一”帮扶措施，并发放“温馨联系卡”。全市共有退役士兵安置遗留问题24人，全部解决到位，并为42名退役士兵补发待安置期间生活补助费30.03万元。对1315名生活困难军队退役人员，以临时救助、大病救助、医疗救助等方式进行帮扶，发放救助金额共325.61万元。慰问全市“两参”人员，共发放慰问金214.12万元、发放悬挂光荣牌匾94118个。市、县、乡镇（街办）均成立军队退役人员服务机构，确保全市涉军群体整体态势平稳。

开展双拥和烈士褒扬工作。开展双拥慰问活动，联合市双拥办举办“拥军优属 拥政爱民”庆祝建军90周年文艺晚会，密切军民关系；完成“9·30”烈士纪念日公祭活动”，弘扬宣传烈士精神。

【区划地名】 2017年，晋城市民政局完成第二次全国地名普查成果优化完善和验收，共梳理地名目录29100余条；加强地名标准化建设，清理整治不规范地名，新核定7个居民区、1个商务区标准名称，新确定门牌地址12处，累计维护街路牌400余块；开展平安边界建设。年初下拨省级界线管理经费和市级界线界桩的管护经费71.25万元。开展边界纠纷隐患排查，完成边界纠纷隐患工作，全市区域内省市县各级界线比较稳定。完成陵川泽州行政区域界线、沁水泽州行政区域界线联合检查工作。

【专项社会事务】 2017年，晋城市民政局开展农村留守儿童关爱保护工作，出台《晋城市农村留守儿童“合力监护，相伴成长”关爱保护专项行动实施方案》；加大殡葬改革力度，出台《关于实施惠民殡葬政策免收市区城乡居民基本殡葬服务费的通知》，在上年基础上，殡葬惠民补贴每具提高200元；开展流浪乞讨救助管理工作，共救助各类生活无着的流浪乞讨人员1385人（次），开展“夏季送清凉”“寒冬送温暖”街头主动救助行动，保障弱势群体基本生存权益；婚姻登记规范有序，共办理婚姻登记1.9万余对；全市各类福利彩票销售3.2亿元。

【民政宣传】 2017年，晋城市民政局开展民政法治宣传教育，加强民政法制化建设。全年，共办理省市交办的信访事项47件，接待群众来访60余人，民政对象合理诉求均得到处理。完成人大建议、政协提案办理共18件。加强民政宣传和信息化建设。全年，共向省市报送理论调研文章3篇，向各类媒体报送信息80余篇。强化晋城民政信息网建设，深化政务公开，提高民政工作透明度和群众知晓率。

（市民政局）

人力资源和社会保障

【概述】 2017年，晋城市人力资源和社会保障局提升“以人民为中心”境界，扩大“改革惠民生”格局，自觉在服务晋城经济中敢担当，在推动“13710”指标任务完成中善作为，推进“1258”工作布局，人力资源和社会保障工作呈现良好发展态势。

【创业就业】 2017年，晋城市人力资源和社会保障局引申“大众创业、万众创新”，以创业带动就业。多形式宣传创业政策，举办创业培训，放宽创业贷款政策，举办创业产品展，创办“我为创业狂”主题沙龙，营造良好创业氛围。全市创业培训5586人，完成全年目标的294%；创业就业人数9691人，完成全年目标的121.14%。

开展专项活动拓展就业。开展“就业援助月”“春风行动”“龙头企业专场招聘会”“民营企业招聘周”“高校毕业生招聘月”等专项活动以及定期招聘会，提供就业岗位约4.8万个次，1.6万人次实现就业或调换工作岗位。通过晋城人才网发布各类招聘信息3万多个次，1.4万人次实现就业或调换工作岗位。

帮扶困难群体就业。通过鼓励企业吸纳下岗失业人员再就业、开发基层后勤服务等公益性岗位安置就业、提供免费职业介绍和职业培训帮助就业等多种形式对“4050”人员、城市居民享受低保人员、下岗失业人员、灵活就业人员、家庭困难和就业困难大学生予以就业援助。下岗失业人员再就业6621人，完成全年目标的122.61%；安置就业困难人员就业1869人，完成全年目标的133.5%。

强化培训促进就业。根据全市产业转型发展需求和钢铁、煤炭行业化解产能过剩新形势，开展农家乐、农业旅游、家政服务、茶艺、餐饮、种养殖技术、电工、电商、机械加工等技能培训，并按照相关规定发放培训补贴。全市城镇新增就业人数45233人，完成全年目标的129.24%；城镇登记失业率控制在1.74%以内，低于年度控制目标（4.2%以内）2.46个百分点。

【社会保障】 2017年，晋城市人力资源和社会保障局降低社保费率援企稳岗。阶段性降低失业保险费率，1月1日起，失业保险费率标准由1.5%降至1%，为全市1900余户参保企业减轻经济负担7593万元，惠及全市职工近30万人。执行企业职工养老保险阶段性降费政策，基本养老保险单位缴费比例由20%降低至19%，个人部分缴费比例不变，为全市参保企业减轻负担8200多万元。

推进国家级社会保险服务标准化试点。9月，“晋城社会保险服务标准化”试点项目通过国家标准委中期评估，在市企业养老保险中心试行，开展收集反馈意见、内部评价、修改完善等工作。全市参加城镇职工养老保险、城乡居民养老保险、城镇职工医疗保险、城乡居民医疗保险、失业保险、工伤保险、生育保险参保人数分别为44.37万人、110.51万人、41.36万人、165.59万人、30.39万人、48.24万人、31.88万人，分别完成全年目标任务的109.9%、100.09%、103.94%、105.64%、100.81%、100.5%、101.69%。

【招才引智】 2017年，晋城市人力资源和社会保障局引进德国、美国等外国专家、海外博士，开展技术指导、智力交流和项目合作12人次，解决重大技术难题5项，培训中层技术骨干100余人。聚焦清慧公司在装备制造3D打印领域技术需求，促成清慧公司与东北大学达成合作协议。阿邦迪能源有限公司3家公司被列入全省引进外国智力成果示范推广单位。

【惠民政策】 2017年，晋城市人力资源和社会保障局完成2016年市直事业单位奖励性绩效工资、2017年市直机关单位正常滚级晋档、事业单位正常调薪和市直机关公务员年终一次性奖金审批工作。1万余人进行工资调整，人均月增资90元。落实省政府提高城乡居民收入水平15条措施，履行居民增收“五个到位”（即政策宣传到位、辅导培训到位、各项惠民政策到位、调查户统计数据填报到位、督导工作到位）。组织业务人员定期进入各责任社区（居委）、村委等基层单位进行政策宣讲，做到调查户基础数据应报尽报，确保不漏报瞒报。全市城镇居民人均可支配收入30142元，绝对值排名全省第四位，同比增长6.8%，增幅全省排名第三位。

【维权服务】 2017年，晋城市人力资源和社会保障局畅通信访、投诉、仲裁等维权渠道，发挥劳动保障监察工作“稳定器”作用。开展农民工工资支付等专项检查5次，共实地检查各类用人单位6347户，涉及劳动者人数26.77万人。为4900名劳动者签订劳动合同，为2261名劳动者追发工资2122万元，督促用人单位为4023名劳动者缴纳各项社会保险费419.35万元。共接待人力资源和社会保障信访案件668件次，其中市直接待信访案件147件次、涉及199人次。其中，集体访2件、涉及14人。共处理市信访局交办案11件151人次，信访案件处置率达100%。无突发事件，越级群体上访得到控制。全市军转干部大走访、欠薪清欠率、拖保清欠率、再就业安置率达到“四个100%”。共处理省人社厅交办案9件48人次，信访案件处置率达100%。

【制度创新】 2017年，晋城市人力资源和社会保障局针对小微企业欠薪建立“停供商品砼”制裁制度。陵川县试点农民工工资预存金制度，在工程建设领域工资保证金、应急周转金基础上，设立农民工工资预存金，用“两金”+“农民工工资预存金”制度为农民工工资政策兜底。设立人事劳动争议流动仲裁庭制度，在当事人行动不便、路途遥远、因不可抗力无法到庭参加庭审时，仲裁庭到现场化解纠纷。5月，在全国劳动人事争议处理培训班上，晋城市代表全省作经验交流发言，介绍全省“首家流动仲裁庭”工作经验。

【“五项计划”】 2017年，晋城市开展“五项计划”。晋城创业大学创建计划。邀请华普亿方集团进行前期考察，初步形成晋城创业大学落实实施方案，与长江实业达成合作意向。

双创提质计划。邀请郭台铭、范守善担任顾问，打造升级版“晋城市双创促进会”，发挥晋城籍高端科技人才在人脉、技术、资本等方面资源优势，为全市双创工作提供各项服务全市企业密切与国内科研机构合作，扩大国内国外市场，形成一批具有影响力的科技成果转化项目。

“中国小馆”计划。依托“全域旅游”发展战略，与华普亿方、职业技术学院以及双创促进会，共同筹划“中国小馆”创业带动就业战略项目。该项目以餐饮为核心，通过将当地特色小吃标准化生产、产业化经营、连锁式布局，有效加强农业、工业、现代服务业的经济融合，发挥脱贫减困、扩大就业、城市开放、人文交流等综合社会效应。

智慧人社计划。利用现有网络资源，和农商银行合作，建成国家、省、市、县、乡、村六级网络云服务平台，解决全市165万城乡居民在全国范围内就医“即时结算”难题，实现城乡居民医保制度“六统一”。城区推出“社保网络认证”APP，实现服务对象全时段、零距离、跨区域领取养老保险资格认证。

四个“精准发力”脱贫攻坚计划。转移就业上，与中国就业招聘网网络互通，与省外人才服务机构业务互通，提高全市劳动力输出组织化程度；技能培训上，提供短平快灵活就业培训、专精强稳定职业培训、个性化菜单式培训，提高贫困劳动力就业水平，实现就业有岗位、增收有保障；社保兜底上，实施孕产妇在县域内定点医疗机构免费分娩、22种重大疾病免费医疗救助等6项支出型扶贫措施，减轻贫困家庭经济负担；项目培育上，资助带动就业能力强的创业项目，发放吸纳就业补贴，鼓励企业吸纳贫困劳动人口就近就业。

【重大改革】 2017年，晋城市推出6大类、27项重大改革举措，构建起全新的体制机制。人才方面，以破除“人才单位所有制”为重点，在财政供养人员只减不增前提下，推出多项重大改革，增加用人单位用人自主权、促进人才合理流动。人事薪酬方面，以减少“制度性交易成本”为重点，减轻企业和参保人员负担，改善发展环境，激发创新活力。社会保障方面，以“公平性和可持续性”为重点，推进社保领域各项改革，增加群众获得感。就业方面，围绕建立“以市场为导向”人才培养机制和就业促进机制，对相关机构设置、运行流程、政策机制进行系统优化。简政放权与维权维稳方面，以清除束缚经济发展的体制机制障碍为重点，加快推进职能转变。自身建设方面，营造审批最少、流程最优、体制最顺、机制最活、效率最高、服务最好服务环境。

（市人社局）

人才服务

【概述】 2017年，晋城市人才服务中心按照全省就业服务工作目标和全市人力资源社会保障工作目标要求，开拓创新，与时俱进人才服务工作实现新发展、新跨越，为全市经济社会发展提供人才保障和智力支持。

【人才服务】 2017年，晋城市人才服务中心开展岗位征集。到重点行业企业和新兴行业企业开展人才需求岗位征集，共征集需求岗位3.6万多个，其中高校毕业生需求岗位2.6万多个。组织招聘活动。每周五、周六定期举办交流会，全年举办100场；组织开展“春风行动”、民营企业招聘周、行业龙头企业招聘会、高校毕业生就业服务月等各类专场招聘活动27场；举办“晋城市2017年大中专毕业生供需洽谈会”等就业服务进校园活动10场，与周边地区院校进行就业信息对接。6月15日，在晋城职业技术学院举办“晋城市2017年大中专毕业生供需洽谈会”，提供就业岗位8760个，当天达成初步意向4742人次。其中，大专及以上学历3815人次，中专及其他学历927人次。强化网络信息服务。完成晋城人才网与中国公共招聘网联网工作，“晋城人才网”有会员单位2800多家，网站日均点击率保持在4万次以上，提供就业岗位1.5万多个。全年，共举办各类招聘会137场，入场招聘单位5300多家次，提供就业岗位4.8万多个次，3万多人通过人才市场平台实现就业或者调换工作岗位（其中网站1.4多万人）。

【档案管理】 2017年，晋城市人才服务中心强化人事代理档案管理服务，规范人事档案电子化和人事代理化工作，重点就没有高考档案学生档案、留学回国人员档案管理、学生档案的转递、流动党员管理等工作一步规范。为代理存档的大中专毕业生提供就业职位无偿服务，对代理存档的大中专毕业生进行摸底调查。对有求职意向代理人员免费登记，发布信息至“晋城人才网”，与用人单位进行对接，共有委托人事代理单位290家，管理档案2.5万多份，挂靠户口2500多人，流动党员950名。

【就业服务】 2017年，晋城市人才服务中心加强“就业创业证”发放管理工作，提升查找档案、办证补证效率，办理就业创业证2100多个。开展高校毕业生就业见习工作，组织开展就业见习人员对接招聘会2场，招募就业见习人员200名。开展离校未就业高校毕业生实名制登记工作。全年，共登记3771人，其中无身份证或身份证信息无效17人，实际3754人数据全部入库，通过组织对接、电话回访、上门追踪、就业推荐等服务，3229人实现就业，就业率86%。完成省政府购岗人员管理服务工作。全市两批共录用省政府购买基层公共服务岗位713人，在岗471人，按时足额发放工资和社保。

（市人才服务中心）

民族宗教

【概述】 2017年，晋城市民族宗教事务局以习近平新时代中国特色社会主义思想为统领，贯彻落实党中央国务院、省委省政府和市委市政府决策部署，用习总书记系列重要讲话精神武装干部职工头脑、指导工作实践、推动全市民族宗教领域和谐和睦，各项工作取得一定成效。

【宗教工作】 2017年4月6日，晋城市民族宗教事务局召开全市宗教工作会议，调整充实全市宗教工作领导小组成员，出台《关于加强和改进新形势下宗教工作的实施意见》，夯实工作基础。出台《关于全市民族宗教领域深入开展“助力转型攻坚”五大行动的实施方案》《关于强化宗教事务管理确保宗教活动依法开展的通知》《晋城市宗教领域电气火灾综合治理工作实施方案》。完成省宗教局宗教基础数据网上赋码信息采集上报工作。为全市宗教活动场所配发消防器材400具。完成市道教协会换届工作。开展2017年两节、开斋节等重点时段清真食品专项监督检查。完成清真食品生产经营许可证和标志标识换发工作。加强与省宗教局对口对接，为陵川县附城镇附城村申请少数民族聚居村发展资金60万元,用于建设商业、步行一条街。

【风险防控】 2017年8月起,晋城市民族宗教事务局向省宗教工作领导小组实行双月报告制度;10月1日起,向市综治办实行日报告制度,确保各类风险隐患消除在萌芽状态。开斋节期间,全市各级民族宗教干部分到各大清真寺和回族公墓进行现场工作,获得穆斯林群众肯定。10月15日,组织市伊协召开晋城市历年朝觐人员和各清真寺负责人座谈会,教育引导穆斯林代表宣传党的民族宗教政策,维护社会和谐稳定。省两会期间,召开基督教抵御渗透、宗教假期培训班,走访调研宗教活动场所安全管理情况。全年,共排查整治全市民族宗教领域各类风险隐患8项,未发生涉稳事件,市宗教局宗教团体管理办公室被评为全市十九大安保维稳先进集体。

【区域协作】 2017年,晋城市与长治市、焦作市、济源市建立两省四市宗教工作合作机制,成立中原城市群五省十八市民族宗教工作协作机制联席会,12月22日,召开第一全体会议。深化跨区域民族宗教领域分工合作,加强区域间社会治安综合治理同治共保,促进区域民族宗教资源共享互通。

(市民族宗教事务局)

老龄工作

【概述】 2017年,晋城市老龄办围绕市委市政府中心工作和老龄工作目标任务,求真务实,履职尽责,推动全市老龄事业发展。

【基层老龄工作】 2017年4月,晋城市老龄办到6个县(市、区)、晋城经济技术开发区的8个乡(镇、办)、35个行政村,复查2015年全市基层老年协会规范化建设和乡镇“一中心”建设情况。11月,到6个县(市、区)的6个乡(镇、办)、30个行政村,验收2017年全市基层老年协会规范化建设和乡镇“一中心”建设情况,验收“一中心”3个,村级老年协会30个。组织专人到基层,就老龄机构建设、老年协会建设、居家养老服务网络平台建设、养老设施建设、老年优待政策落实等方面进行专题调查指导。开展全市基层老年协会规范化建设、农村“空巢老人”生活现状调研,撰写《农村“空巢老人”生活现状及应对策略》调研报告。配合市民政局对全市敬老院服务质量进行大检查。沁水县组成2个调研小组,到14个乡镇进行专题政策调研,撰写《沁水县农村老年人的养老服务需求及供给中存在的主要问题》调研报告。

【“敬老文明号”活动】 2017年4月,晋城市老龄办印发《关于在全市范围内开展第四届“敬老文明号”竞赛活动的通知》。8月,依据《晋城市“敬老文明号”创建百分制验收标准》,对申报单位验收。9月28日,市老龄办、市文明办表彰市级“敬老文明号”先进集体21个。阳城县“敬老文明号”创建单位开展“双关爱”活动,组织动员志愿者与贫困、高龄、失能老人,开展一对一帮扶活动,提升“敬老文明号”品牌影响力,扩大活动社会影响。

【“关爱银龄·助老御险”工作】 2017年5月11日,晋城市老龄办与中国人寿保险晋城分公司联合召开2017年“关爱银龄·助老御险”工作会议,表彰10家先进单位。至年底,全市实现参保人数70170人,参保款206.1万元。

【“敬老月”活动】 2017年9月28日,晋城市老龄办召开全市第四届“敬老文明号”表彰暨“敬老月”活动启动大会。10月24日,开展“欢庆十九大·关爱老年人”主题“敬老月”活动。举办第三届“金秋韵·幸福曲”老年文化艺术节文艺会演,15支演出队伍400余名中老年演员参加演出,500余人观看演出。10月27日,举办喜迎十九大“重阳颂”书画摄影展,共展出老年书画和摄影作品150余件。

【尊老金发放】 2017年,晋城市市政府为2428名90—99周岁老人发放尊老金582.72万元(每人每年2400元),为全市13名百岁老人发放尊老金4.68万元(每人每年3600元)及长寿老人光荣匾。6个县(市、区)开展80—89岁、百岁以上老人尊老金发放工作,发放尊老金2025.03万元。市老龄办慰问“两老”寿星(即最高龄男性老人、最高龄女性老人)，为全市老龄系统12名专职老龄工作20年以上老龄干部送去慰问品。市、县两级发放特困救助金91.8万元，救助特困老人2765人。

【老龄宣传】 2017年，“敬老月”期间，晋城电视台、太行日报社、晋城在线等新闻媒体对全市2017年“敬老月”活动安排进行报道。10月28日，市委书记张九萍、代市长刘锋在《太行日报》共同发表《致全市老年朋友的一封信》，晋城电视台、电台、晋城在线进行播送报道。全年，编印《晋城老龄工作信息》12期，登载全市老龄工作信息及动态200余则。“晋城老龄信息网”发布老龄信息、政策法规、工作通知、专题调研等500余条(篇)。编印《晋城老龄》4期2000册。

【政策落实】 2017年，晋城市老龄办加大老年优待政策落实力度。贯彻落实《山西省实施〈老年法〉办法》《晋城市人民政府办公厅关于贯彻落实山西省实施〈老年法〉办法的实施意见》精神，检查督促相关职能部门为老年人提供社会优待服务。1月1日起，市公交总公司为65周岁以上老年人免费办理“敬老IC卡”，累计办理5万余个。

开展加强老年人防范电信网络诈骗宣传教育活动。“3·15”消费者权益保护日期间，在物茂广场开展“维护老年人合法权益·防范电信网络诈骗”宣传活动，发放《老年人权益保障法及安全知识手册》《老年人防范电信网络诈骗宣传海报》2000余份。县(市、区)通过张贴宣传标语、发放《老年法》《老年人防诈骗指南》宣传手册等形式，同时开展老年人防范电信网络诈骗宣传教育活动，受到广大老年人好评。

开展《山西省实施〈老年法〉办法》学习竞赛活动。5月11日，在中国人寿保险晋城分公司举办学习《中华人民共和国老年法》暨《实施办法》知识答题活动；9月20日，举行全市老龄系统“一法一办法”知识决赛，选拔3名优秀选手；10月12日，参加全省老年普法知识总决赛，获得冠军。建议市政府建立市直及驻市单位80—89周岁老年人高龄补贴制度，完成调查摸底工作。

【扶贫攻坚】 2017年，晋城市老龄办开展“银龄行动”暨“开发式扶贫助老”活动。在城区、陵川县、沁水县、泽州县投资5万元，分别用于为老服务、光伏发电、大棚蔬菜种植、养殖业和旅游业。为陵川县李庄村养羊专业合作社建设投资1万元，建成羊舍32间、宿舍4间、蓄青池1个、粪污处理池1个，购羊入圈200余只。捐款1560元为李庄村52名老年人每人购买1份人身意外伤害保险。开展特困救助和高龄慰问。为31名特困老人送去4700元救助款，为2名80岁以上老人送去慰问品。开展“党员干部结对帮扶再入户送温暖”活动，为25户贫困户送去大米、食用油、面粉等慰问品。开展乡村文明共建活动。市老龄办、红十字会、法律援助中心、山西邮政分公司分别投入0.7万元、1万元、0.4万元、0.5万元助力文明建设。栽植风景树500余株，修建围墙200余米，修建卫生垃圾池5个，硬化村中巷道300平方米，砌岸100平方米，制作“社会主义核心价值观、村规民约”等版面15块。督促陵川县老龄办投资1万元，为李庄村老年协会购置电视、音响等办公设施，保障村老年协会工作开展。

(市老龄办)

新任市级领导

张志川 男,汉族,1964年9月出生。河南荥阳人。博士研究生学历。1982年7月参加工作。1997年6月加入中国共产党。

1980年7月至1982年7月在郑州水利学校农田水利专业学习;1982年7月至1991年4月任河南省水科院农田水利研究室职员(其间:1983年7月至1988年12月在武汉大学水利水电工程专业本科学习);1991年4月至1993年3月任河南省水科院农田水利研究室副主任;1993年3月至1995年8月任河南省水科院农田水利研究室主任;1995年8月至1996年12月任河南省水科院副总工程师;1996年12月至2001年11月任河南省水科院副院长(其间:1996年9月至1998年6月在武汉大学水利水电工程专业硕士研究生学习);2001年11月至2005年11月任河南省水科院党委书记兼副院长(其间:2002年9月至2005年6月在武汉大学水利水电工程专业博士研究生学习,获工学博士学位;2003年6月至2003年12月美国马里兰大学访问学者);2005年11月至2009年5月任山西省交通厅副厅长、党组成员;2009年5月至2011年2月任山西省交通运输厅副厅长、党组成员;2011年2月至2011年3月任山西省政府外事侨务办党组书记;2011年3月至2017年1月任山西省政府外事侨务办主任、党组书记;2017年1月至2017年12月任山西省交通运输厅厅长、党组书记;2017年12月任中共晋城市委书记。

刘　锋 男,汉族,1963年8月出生。山西省屯留县人。大学学历。1983年9月参加工作。1985年3月加入中国共产党。

1979年9月至1983年7月在山西大学物理系光电子专业学习;1983年9月至1992年9月任晋中行署计委基建科干事(其间:1984年9月至1985年1月在山西省出国人员英语培训班学习;1986年3月至1987年3月任晋中地委驻榆社县河峪村扶贫工作队员);1992年9月至1995年6月任晋中行署计委基建科副科长;1995年6月至1998年8月任晋中行署计委重点工程办主任兼综合科长;1998年8月至2002年7月任108国道经济走廊规划管理办副主任(副处)、晋中行署计委党组成员(其间:1998年12月至1999年12月任晋中地委驻左权县柳林乡扶贫工作队副队长);2002年7月至2005年5月任晋中市发展计划委员会副主任、党组成员、108办副主任(其间:2002年8月至2002年11月挂职浙江省义乌市市长助理);2005年5月至2008年7月任太谷县委副书记、代县长、县长(其间:2008年4月至2008年7月主持县委全面工作);2008年7月至2017年9月任山西省发展和改革委员会副主任、党组成员(其间:2012年3月至2012年6月挂职上海浦东新区区长助理);2017年9月至2017年11月任中共晋城市委副书记、市政府代市长、党组书记;2017年11月任中共晋城市委副书记、市政府市长、党组书记。

杨勤荣　男，汉族，1965年7月出生。山西省新绛县人。大学学历，工学学士，工程师。1984年7月参加工作。1991年6月加入中国共产党。

1984年7月至1992年8月任运城地区水利水保局水利勘测设计室、水资办干事；1992年8月至1994年7月任运城地区水利水保局水资办副主任；1994年7月至1995年5月任运城地区水利水保局水资办副主任（正科级）；1995年5月至1995年12月任运城地区水利水保局水资办党支部书记；1995年12月至1996年11月任运城地区水利水保局工会副主席；1996年11月至1998年6月任运城行署秘书处正科级干部；1998年6月至2002年1月任永济市委常委、政法委书记；2002年1月至2003年8月任闻喜县委副书记；2003年8月至2007年5月任闻喜县委副书记、纪委书记；2007年5月至2009年12月任河津市委副书记、市长；2009年12月至2010年2月任河津市委书记、市长；2010年2月至2011年4月任河津市委书记；2011年4月至2014年5月任大同市南郊区委书记；2014年5月至2016年9月任大同市副市长；2016年9月至2017年2月任大同市委常委、副市长；2017年2月至2017年11月任晋城市委常委、副市长；

2017年11月调任长治市委副书记。

张利锋　男，汉族，1971年6月出生。山西省宁武县人。研究生学历，公共管理硕士。1993年4月加入中国共产党。1995年8月参加工作。

1991年9月至1995年7月在东北大学工商管理学院工业管理工程专业学习（其间：1994年9月至1995年7月担任东北大学工商管理学院94级学生政治辅导员）；1995年8月任太钢热连轧厂精整车间工序管理员；1997年1月任省体改委企业处科员；1997年12月任省体改委企业处主任科员（其间：1998年12月至1999年12月任省委驻兴县农村工作队联络员）；2001年1月任省委企业工委干部处主任科员；2002年3月任省委企业工委干部处助理调研员；2003年7月任省委企业工委干部处副处级组织员；2004年5月任省国资委企业领导人员管理处副处级组织员（其间：2004年3月至2004年11月在省委人才办帮助工作）；2005年12月任省国资委企业领导人员管理处正处级组织员（其间：2004年11月至2007年8月在省政府办公厅帮助工作）；2007年8月任省国资委企业领导人员管理处处长（其间：2008年1月至2009年3月在省政府办公厅帮助工作；2010年3月至2010年6月在省委党校第48期中青年领导干部培训班学习）；2011年4月任城区区委副书记，副区长、代区长；2011年6月任城区区委副书记、区长；2013年6月任城区区委书记、区长；2013年7月任城区区委书记（其间：2012年9月至2016年6月在清华大学公共管理学院公共管理专业学习；2014年11月至2015年1月在中央党校第一期县委书记研修班学习）；2016年7月提名晋城市人民政府副市长人选；2016年8月任晋城市政府党组成员；2016年10月当选为晋城市人民政府副市长；2017年11月任晋城市人民政府党组副书记，晋城市委常委、常务副市长。

劳模人物（含集体）

晋城市2017年全国
五一劳动奖章名单

陈程丽　山西皇城相府文化旅游有限公司

晋城市2017年全国
工人先锋号名单（集体）

山西兰花集团莒山煤矿有限公司综掘队

晋城市2017年山西省
五一劳动奖状名单（集体）

陵川县国家税务局

高平市长平中学

晋城市浩翔控股集团有限公司

晋城市2017年山西省
五一劳动奖章名单

韦全军　晋煤集团成庄矿综采三队队长

董沁樑　沁和能源集团有限公

司侯村煤矿工人

靳　晋　国网山西省电力公司晋城供电公司工人

孙晋泉　泽州县冶、铸、加协会工程师

靳文莲　陵川县盲人曲艺队副队长

袁　敏　中国工商银行晋城泽州路支行行长

李海霞　高平市第三中学教师

王　锐　晋城市无线电管理局工程师

李进才　晋城市城区南街金华社区支部书记

原培丰　阳城县龙丰养鸡农民专业合作社社长

阮守志　晋城市地税局稽查局局长

柴慧青　晋城市龙韵实业有限公司总经理

闫玉喜　富晋精密工业（晋城）有限公司工会主席

黄贵庭　山西兰花煤炭实业集团有限公司副总经理

晋城市2017年山西省工人先锋号名单（集体）

沁水新奥清洁能源有限公司设备维修班

晋煤集团技术研究院有限公司联邦技术开发分公司

兰花集团东峰煤矿有限公司综掘一队

阳城国际发电有限责任公司维护二部保护班

晋城市热力有限公司2×300MW热电联供中继泵站

2017年晋城市五一劳动奖状名单（集体）

山西利普利拓煤机部件制造有限公司

泽州农村商业银行股份有限公司

泽州天泰西陈庄煤业有限公司

高平市泫氏铸管有限公司

高平神农炎帝文化旅游开发有限公司

阳城县国家税务局

山西优煤易购信息科技有限公司

晋城市鸿生化工有限公司

沁水县人民法院

沁水新奥清洁能源有限公司

晋城蓝焰煤业股份有限公司凤凰山矿

晋煤集团总医院

兰花（集团）房地产开发有限公司

晋城市卫生监督所

晋城市农业委员会

晋城市道路运输管理局

晋城市五金机电商会

阳城县供电公司

山西煤炭运销集团野川煤业有限公司

天巨重工机械有限公司

2017年晋城市五一劳动奖章名单

郭永文　城区住房保障和城乡建设管理局房屋征收与补偿管理办公室主任

蔡卫利　晋城市黑龙潭农业开发有限公司农民工

郭田峰　晋城市星河学校教师

许瑞鸿　城区纪委监委党风政风监督室主任

周　杰　晋城市金建集团投资有限公司项目部经理

程宏斌　晋城市恒光热力有限公司总经理

贺爱军　泽州县财政局党组书记、局长

赵建宏　大阳古镇旅游开发股份有限公司规划设计师

田利平　晋城市高都镇东元庆小学校教师

陈建军　晋城福盛钢铁有限公司动力厂工人

申小东　泽州县大箕镇孔庄村党支部书记

孔培卷　泽州县南村镇冶底村村委会主任

秦静香　泽州县大东沟镇人民政府综治办干事

张　起　泽州县绿成林果专业合作社理事

贺　静　泽州县总工会组宣部部长

牛　枫　泽州县广播电视台新闻部副主任

温永忠　泽州县国家税务局党组书记、局长

宋晋梅　高平市人民剧团副团长

苏晋波　高平科兴前和煤业有限公司调度室主任

张水昌　高平市中医医院心脑科主任

王卫勇　高平市南城办事处瓦窑头村党支部书记

秦通明　高平市原村乡良户村村委会主任

吴　丹　高平市第一中学教师
杜振江　高平市第三中学教师
苏秋珍　高平市长平中学副校长
胡　凯　山西凯勇养殖有限公司董事长
邵　峰　高平市公安局食品药品犯罪侦查大队大队长
梁乔太　阳城县总工会党组书记、常务副主席
秦锋亮　阳城县国土资源局工会主席
姚　辉　阳城县供电公司高级工程师
任　瑾　晋城市地税局四分局综合科副科长
曹乐会　山西合屯页农产品开发有限公司总经理
白田红　阳城阳泰集团竹林山煤业有限公司机电主管
郭军社　阳城县古硒绿源农场负责人
张鹏飞　阳城县演礼乡栅村党支部书记、村委会主任
赵爱琴　阳城县第二小学教师
郭晚平　阳城县旭东商贸有限公司总经理
闫怀德　陵川县供电公司营销部主任
赵　婷　陵川县摩卡饰界饰品有限公司总经理
王　现　陵川县妇幼保健计划生育服务中心主任
申国平　陵川县第一中学教师
许雪梅　陵川县乡土人家农业综合开发公司董事长
王建伟　陵川县医疗保险管理中心党支部书记
董秀平　沁水县土沃乡人民政府副乡长
苏小东　北京城建七建设工程有限公司沁水分公司项目负责人
李应华　成友工矿有限公司工会主席
陈　霞　沁水县龙港镇卫生院护士
任向军　沁水县郑村镇赵庄村党支部书记
赵新建　龙渠食品饮料有限公司总经理
侯琦琦　沁水县第二中学驻柿庄镇大端村工作队队长
姚春兰　沁水县财政局农业股股长
李晋亮　晋煤华昱煤化工有限责任公司技术人员
宁新荣　晋煤集团总医院主任医师
李建斌　晋城宇光实业公司工人
晋新林　晋城兴唐煤业有限公司董事长、总经理
靳建中　晋煤集团驻武乡县大有乡王庄沟村第一书记
陈晋亮　晋煤集团秘书局政研室主任
车明彦　晋城海斯制药有限公司工人
罗拥军　晋煤集团装备物资分公司工人
关恩科　兰花集团东峰煤矿有限公司工会主席
司鑫炎　兰花科创唐安煤矿分公司经理
袁志刚　兰花科创秘书处主任
张　翔　兰花同宝煤业有限公司党总支书记
郅卫国　兰花煤化工有限责任公司生产处处长
韩永红　兰花科创大阳煤矿分公司环保科科长
张　楠　兰花集团财务处资金管理科科长
崔小守　晋城市水务局办公室主任
常生华　晋城市实验小学办公室主任
张爱国　晋城市人民医院消化内科主任
韩贝贝　中国人寿财产保险晋城市支公司员工
张卫庆　晋城路桥建设有限公司总经理
刘东伟　晋城市公用事业建设局前期科负责人
樊　昊　晋城市建筑工程质量监督站市政二室副主任
李爱玲　晋城市幸福老年养护中心负责人
王丽丽　晋城市工商局注册科负责人
王沁虎　晋城市地方税务局规费科科长
常沁军　中国铁塔晋城分公司党支部书记、总经理
杨天举　晋城经济技术开发区国内投资服务中心三级主办
陆森磊　通三建裕成建设有限公司金城山水项目经理
杨肖峰　山西合聚工贸集团有限公司集团党总支书记、董事长
李建喜　晋城市直工委工会工委主席
李俊杰　晋城交通运输执法局纪检委副书记
侯　帅　晋城市公安局交警支队直属三大队中队长
赵国平　晋城市公安局北石店分局纪检委副书记

杨锦华　晋城市困难职工帮扶(大病互助)中心科员

李斌红　晋城市私营企业工会联合会经审委主任

牛新娥　晋城市源通商贸有限公司农民工

金建瑞　晋城市金佰园商贸有限公司运营主管

柴慧萍　晋城阳太控股集团有限公司董事长

金治华　晋城供电公司配电运检室主管

马　安　晋城供电公司调度控制中心主任

李　超　晋城煤炭运销公司总会计师

牛建国　阳城煤炭运销公司总会计师

赵　伟　山西天巨重工机械有限公司煤机分公司技术中心主任

孟国基　中铁隧道局集团太焦铁路TJXQ-1标项目经理

王　刚　山西天泽煤化工集团股份公司煤气化厂合成车间主任

李向杰　阳城国际发电有限责任公司电气专业副主管

袁忠平　晋城富士康行政服务中心经理

王　峰　晋城富士康光机电采购处经理

刘　洋　晋城富士康自动化设备开发处课长

2017年晋城市工人先锋号名单(集体)

晋城市凤展购物广场有限公司凤展超市

全企云商电子商务产业园有限公司产业园

城区交通运输局道路工程项目部

晋煤集团泽州天安海天煤业有限公司调度室

山西天地王坡煤业有限公司综掘一队

泽州天泰锦辰煤业有限公司牛天红班组

泽州县金秋铸造有限责任公司烧结组

高平科兴牛山煤业有限公司综采二队

高平市红旗商场有限责任公司生活广场超市防损组

高平市供电公司营业班

山西兴高能源股份有限公司脱硫工段

阳城县旭东商贸有限公司家电部

阳城县人民医院普外、泌尿、肛肠外科

阳城县人力资源和社会保障局工会办公室

阳城阳泰集团白沟煤业有限公司采煤队

中电投陵川新能源发电有限责任公司安全生产班组

邮政储蓄银行陵川县支行营业部

陵川县金峰工贸有限公司反应炉造型车间

沁水县扶贫开发中心办公室

沁水县兰金瓦斯发电有限公司维修班

沁水县农村信用合作联社营业部

晋煤集团铁路运输分公司车务段运行三队

晋城宏圣建筑工程公司矿建安装分公司长平项目部矿建三队生产一班

晋煤集团装备物资分公司护卫队

兰花科创新材料分公司检修中心

兰花科创伯方煤矿分公司综采一队

兰花丹峰化工股份有限公司机修班

晋城职业技术学院民用工程与商务管理系

晋城市公共交通总公司修理三厂

晋城汽车运输有限公司汇晋科贸有限公司

晋城市自来水有限公司制水二分公司

晋城市竞成食品有限公司速冻、熟肉加工车间

中国电信晋城分公司凤台东街营业厅

山西省宏图建设集团有限公司玉珑湾工程项目部

晋城市公安局出入境管理局

晋城市北斗工贸有限公司安全生产小组

晋城供电公司检修公司变电运检室变电运维二班

山西煤炭运销集团裕兴煤业有限公司综采队一班

阳城国际发电有限责任公司维护一部汽机二班

晋城富士康华中塑模制造处模具开发课

城　区

中共区委书记　王学忠
区人大常委会主任　宋春生
区人民政府区长　王文全
区政协主席　晋　昕

【概述】 晋城市城区位于晋城市中部，四周与泽州县接壤。地理坐标为北纬35.31°、东经112.50°。海拔748.3米。南北长17.5千米，东西宽15.4千米，总面积142.6平方千米。是1985年8月市管县体制改革中新设置的县级行政区。辖1个镇、7个街道办事处、62个行政村、83个社区，总人口（常住人口）48.5万人。是晋城市政治、经济、文化、科技中心，为晋城市人民政府、城区人民政府和泽州县人民政府机关驻地。

城区区位优越，交通便捷。双轨电气化太焦铁路贯穿南北，有铁路专用线10多条。晋（城）阳（城）、晋（城）焦（作）、长（治）晋（城）、晋（城）济（源）高速公路，在境内交会。207国道、太（原）洛（阳）、晋（城）韩（城）、晋（城）陵（川）、晋（城）张（路口）、晋（城）辉（县）等干线公路，纵横交织。

旅游业是城区的新兴产业。境内旅游景点主要有白马寺山森林公园、洞头生态旅游景区、泽州公园、凤凰岭森林公园、玉龙潭公园、文笔峰塔、怀覃会馆等。驻区旅行社、旅游公司有友好国际旅行社、太行旅行社、假日旅行社、铁道旅行社、东方旅行社等。

【综合经济】 2017年，晋城市城区地区生产总值完成268.1亿元，增长6.5%；规模以上工业增加值完成46.7亿元，增长5.1%；固定资产投资完成133.1亿元，增长6.1%；一般公共预算收入完成7.5亿元，下降15.3%；社会消费品零售总额完成220.4亿元，增长7.7%；城镇常住居民人均可支配收入完成32147元，增长6.6%。各项约束性指标和民生指标全面完成年度目标。

【农业】 晋城市城区坚持“围绕城市、服务城市”理念，以“十大农业园区”为抓手，发展城郊型创意高效农业。司徒小镇主打乡村特色旅游，民俗文化独树一帜，承办了全区旅游嘉年华暨老山西民俗文化节活动、晋城市首届现代农业博览会城区分会等重大展会，知名度、美誉度提升；景熙农业园城市海景水上乐园二期开业运营；黑龙潭文化园的国学馆、书院及综合素质训练基地完成主体，构建形成“住在市区、游在周边、宜居宜业”的局面。

全年，全区农作物总种植面积24269亩，比上年减少2933亩。其中，粮食种植面积22215亩，减少1106亩；蔬菜种植面积2054亩，减少1927亩；药材种植面积11亩，增加1亩。在粮食种植面积中，小麦种植面积17714亩，增加285亩；豆类种植面积628亩，减少374亩；玉米种植面积3396亩，减少924亩；谷子种植面积172亩，减少101亩。全年粮食总产量7283吨，比上年增加210吨，增产3.0%。其中，夏粮小麦5487吨，增产15.9%；秋粮1796

吨,减产23.2%。

【工业】 2017年,晋城市城区贯彻落实全省开发区改革创新发展会议精神,北石店工业园区纳入市开发区“一区三园”范畴。推进工业项目建设,海斯制药冻干粉针车间和新华线缆35千伏交联电力电缆两个市重点转型项目取得进展,凤凰实业高强度结构壁钢管开发、恒光热力市区西北片热力管网建设等项目推进,规模以上工业增加值实现触底回升。

全区规模以上工业企业22家。全年规模以上工业完成增加值11.13亿元,比上年增长20.7%;完成总产值38.66亿元,增长20.0%;完成销售产值38.18亿元,增长18.6%。规模以上工业全年实现主营业务收入38.51亿元,比上年增长19.7%;实现利润总额0.99亿元,比上年增长87.0%。

【现代服务业】 2017年,晋城市城区加大服务业扶持引导力度,推动电子商务、现代物流、全域旅游、文化创意、幸福产业等新业态发展,促进服务业提档升级。凤展购物广场、兰花国际广场、红星美凯龙、电子商务产业园等龙头项目对经济拉动作用明显,大华时代广场二期、怀覃里商业步行街、富鑫广场、瑜园老年公寓等一批重点项目推进;“安康苑”医养结合一体化项目作为城区第一个PPP项目,取得进展。全年服务业增加值完成186.1亿元,同比增长7.9%,对经济增长的贡献率为79.1%,拉动经济增长5.2个百分点。

【招商引资】 2017年,晋城市城区招商引资签约项目17个,总投资314.8亿元。项目建设和招商引资取得突破,大华时代广场二期、水陆院庙会文化广场、怀覃里商业步行街、蓝海港花卉市场等工程完成主体;电子商务产业园二期、庞大汽贸、集酷文化小镇等取得进展。举办昆山恳谈会、晋商晋才推介会、首届全域旅游嘉年华暨“老山西民俗文化节”等重大招商推介活动,同中电智云大数据、华谊兄弟星剧场等项目达成合作意向。组织参加第十届中国中部投资贸易博览会和“山西品牌中华行”“山西品牌丝路行”活动,组团到合肥、北京、重庆、贵阳等地开展招商对接,举办“城区招商引资对接(昆山)恳谈会”和“城区招商引资(晋商晋才)推介会”等重大招商活动,同中电智云、华谊兄弟星剧场等一批项目达成合作意向。

【小微企业】 2017年,晋城市城区共建立12家创业基地,5家获得省级认定,1家获得市级认定,共吸纳小微企业300余户,解决就业1500余人。同时,多措并举解决企业融资难问题,为14家小微企业发放助保金贷款3520万元,为16家企业提供倒贷周转金13365万元,助推小微企业发展。

【民生事业】 2017年,晋城市城区注重民生事业的发展。教育方面,书院小学投入使用,东王台小学、北石店中心幼儿园、花园小学推进;教育改革开展,各学校章程建设基本完成,现代学校管理制度初步建立。就业方面,实现城镇新增就业6897人,转移农村劳动力2788人,城镇登记失业率控制在1.2%以内。医疗方面,市二院新建住院楼、区卫生监督所投入使用,北石店中心卫生院建设。社会保障方面,推进城乡居民基本医保制度并轨,将区医疗保险管理服务中心和区新型农村合作医疗管理中心进行机构整合;开始试行医保异地结算。文化事业方面,推动文化馆、图书馆免费开放,南石店吕祖坛修缮工程基本完工,全民健身中心、程颢书院、怀覃会馆、张院民居、晋冀鲁豫野战军十二纵队整军地旧址修缮工程推进。全区财政用于民生方面的支出累计达到12.36亿元,占一般公共预算支出的84.17%。

【城市建设】 2017年,晋城市城区统筹推进西北片区改造、北石店新区开发、城中村改造和市政重点工程建设,狠抓城区15项重点城建道路工程和21项配合全市城建重点项目。完成景西路太印厂区旧宿舍楼拆迁,解决文博路(七岭店段、晓庄段)征收补偿以及207国道(苇匠段)、市人民医院易址扩建等项目征地问题,为市区城建工程推进奠定坚实基础。景西北路全线贯通,景西南路(凤台街至文昌街段)建成通车,书院西街、书院东街、道西路、电厂路、晋春街5条西北片区道路和百灵街具备通车条件；程颢路、泰康街等工程推进。坚持把城中村改造作为宜居城区建设的重要载体，全年新增批准项目2个，新增开工项目4个，完成投资17.23亿元，新增建筑面积72.48万平方米，完成拆迁423户、7.02万平方米；回迁安置1197套；出让平衡用地161.74亩。

【生态建设】 2017年，晋城市城区围绕“治气”，集中开展大气污染防治攻坚行动，全面推进“禁煤区”建设，完成建成区范围内20蒸吨及以下燃煤锅炉淘汰、20蒸吨以上燃煤锅炉及建成区外共48台燃煤锅炉特别排放限值达标改造任务；推进清洁能源改造步伐，通过实施集中供热、拆迁、“煤改电”“煤改气”等方式，解决建成区外10427户居民冬季清洁取暖问题。围绕“治水”，划定水源地保护区，寺底污水处理站建设推进。围绕“治土”，制定出台《晋城市城区土壤污染防治工作方案》《晋城市城区土壤污染防治2017年行动计划》，矿山生态环境调查工作取得初步成果。

在巩固提升“三山三河一场”生态治理工程基础上，完成白马寺山至吴王山15千米绿道建设；增建市区绿地3块；总治理长度23.09千米、投资约4亿的10条黑臭水体整治工程基本完工。

借助中央环保督察组和环保部对京津冀“2+26”通道城市强化督察的契机，整治各类环保突出问题。中央环保督察组交办的环保问题(23批、51件)全部办结。环保部强化督察组交办案件282件，完成整改264件。216家“散乱污”企业全部按照要求取缔整改到位。建成区内20蒸吨(含)以下的燃煤锅炉、茶水炉、经营性小煤炉、煤气发生炉全部“清零”。推进“禁煤区”建设和冬季清洁取暖改造，环境空气质量改善。

借助争创全国文明城市的契机，集中开展为期三个月的城乡环境卫生大整治，总投入达5700余万元，清除“四堆”、生活建筑垃圾5784处、8.36万吨，硬化、修复路面249条、18.92万平方米，清理残墙断壁717处、5.87万平方米。推进城乡清洁工程，15个达标村创建任务全部完成。

【深化改革】 2017年，晋城市城区统筹推进“供改”和“综改”，落实“三个三”改革方法和“四个亲自”改革要求，出台2017年改改革台帐，主要领导领办重点改革事项，推进7项上级安排试点和其他重点改革事项，坚决将改革进行到底。深化医疗机构一体化改革，组建具有独立法人资格的城区医疗集团。全面推行河长制，在全区构建形成区、镇(办)、村(社区)三级河长制体系。配合全市开发区改革，新成立开发区街道办事处，接管9个村(社区)行政和社会管理职能。推进村(社区)集体产权制度改革，出台《村(社区)集体产权制度改革试点实施方案》，在每个镇(办)启动1个村(社区)作为试点先行先试，取得初步进展。 (杨　盼)

泽州县

中共泽州县委书记　赵新年*
　　高喜全
泽州县人大常委会主任　靳水生*
泽州县人民政府县长　高喜全
泽州县政协主席　李正根

【概述】 泽州县位于太行山南端、山西省东南部。史称“河东屏翰，冀南雄镇”。地理坐标为北纬35°12′~35°42′，东经112°31′~113°14′。地域分布在晋城市城区四周，东连陵川县，西接阳城县、沁水县，北靠高平市，南与河南省的辉县、修武、博爱、沁阳、济源等市、县毗邻。总面积2024.4平方千米，占晋城市总面积的21.3%，占山西省总面积的1.2%。

境内地貌以山地、丘陵为主，山地、丘陵、平川面积之比为6:3:1。最高点为西北部的武神山主峰，海拔1346.6米，最低点为东南丹河出口处的三姑泉，海拔296米。相对高差1050.6米。全县平均海拔650米—1000米之间。境内主要河流有沁河、丹河，均属黄河水系。年平均气温10℃左右，大陆性季风气候明显。无霜期192.6天。年降水量618.3毫米，但年际、月际间降水量的相对变率较大。日照时数为2580小时，日照率67%。

境内自然资源丰富，尤以“煤铁”为最。全县煤炭地质储量为44亿吨，铁矿石储量5亿吨，硫铁矿、铝矾土、石灰石、大理石、银、铜、锰、石膏等储量也很丰富。全县水资源总量为2.814亿立方米，属相对富水区。全县年末耕地保有量为76.74万亩。封山育林面积8.1万亩。全县省级自然保护区1个，自然保护区面积93775.1公顷。全县林木绿化覆盖率达到50.56%，森林覆盖率达到36.84%。野生动植物不但种类繁多，而且较为珍贵。其中，属国家二、三类保护的珍稀动物有猕猴、大壁虎；属国家保护的植物有青檀木等。自然资源为泽州县经济的发展提供物质基础和条件，使泽州县成为山西省能源重化工基地及全国无烟煤生产基地的重要组成部分。

泽州县辖14个镇、3个乡，即下村、大东沟、周村、南村、北义城、大箕、柳树口、山河、犁川、晋庙铺、金村、高都、巴公、大阳镇，川底、李寨、南岭乡。全县共有629个行政村，1088个自然村。2017年年底，全县常住人口为494681人，其中农业人口258533人，非农业人口236148人。人口以汉族为主，回族次之，另外还有蒙族、满族、朝鲜族、布依族、苗族、白族、土族、壮族等少数民族。

【综合经济】 2017年，泽州县域综合实力在争相竞逐中跨步向前。全县生产总值完成252.6亿元，在全省119个县(市、区)排第12位，在全省96个县(市)排第2位，同比增长5.7%。其中，第一产业增加值完成14.3亿元，增长2.5%，占生产总值的比重为5.7%；第二产业增加值完成159.5亿元，增长4.2%，占生产总值的比重为63.1%，其中工业实现增加值153.7亿元，增长4.1%；第三产业增加值完成78.7亿元，增长9.4%，占生产总值的比重为31.2%。

规模以上工业增加值同比增长5.4%；城镇居民人均可支配收入完成29333元，同比增长7.1%；农村居民人均可支配收入完成13129元，同比增长7.5%；

2017年，人均地区生产总值51208元，按2017年平均汇率计算达到7584美元。全年全县公共财政预算收入15.3亿元，增长23.4%，增长2.9亿元。税收收入10.6亿元，增长52.5%，其中国内增值税、营业税、企业所得税、个人所得税、资源税和城建税共计完成税收9.2亿元，增长63.2%。公共财政预算支出29.4亿元，增长5.1%，增支1.4亿元。其中，教育支出5.7亿元，下降4.6%；社会保障和就业支出3.5亿元，下降10.6%；医疗卫生与计划生育支出4.3亿元，增长5.6%；农林水支出4.8亿元，下降6.3%。民生支出占全县公共财政预算支出的比重70.8%。

2017年，全县城镇新增就业7293人，下岗再就业人数达到839人，其中。安置就业困难对象再就业257人。年末城镇登记失业率为0.6%。

【农业】 2017年，泽州县农作物种植面积57888.4公顷，比上年减少3108.2公顷。其中，粮食种植面积55465.3公顷，减少3231.7公顷；油料种植面积253.7公顷，减少116.6公顷；棉花种植面积2.9公顷，减少1.8公顷。在粮食种植面积中，玉米种植面积6164.7公顷，减少493.3公顷；小麦种植面积29473.3公顷，减少156.6公顷。

2017年，粮食总产量23.1万吨，比上年减少0.6万吨，同比减产2.2%。其中，夏粮14.6万吨，减产14.2%；秋粮8.6万吨，减产21.2%。

2017年，棉花产量2吨，同比增长－46.7%；油料产量413吨，同比增长–40.6%；药材产量364吨，同比增长－82.4%；蔬菜产量67535吨，同比增长－15.4%；水果产量18276吨，同比增长–2.39%。

全年完成造林面积19.8公顷，下降89.1%；经济林面积666.7公顷，增长1069.6%。

2017年，全年肉类总产量51714吨，比上年下降1.2%。其中，猪、牛、羊肉分别增长0.1%、–59.6%和–14.1%；奶类总产量250吨，同比下降47.9%；禽蛋总产量20813吨，下降8.6%；水产品产量620吨，减少5.4 %。

年末，全县农业机械总动力18.1万千瓦，下降36.1%。机械耕地面积49410公顷，下降6.2%；机械播种面积41980公顷，下降6.1%；机械收获面积35780公顷，下降2.3%。全县农机化经营总收入1.9亿元，增长5.6%。

【工业建筑业】 2017年，泽州县有规模以上工业企业47家，全年规模以上工业增加值完成126.7亿元，同比增长3.5%，排全市第一，规模以上工业实现主营业务收入387亿元，比上年增长47.9%；工业企业实现利润44亿元，比上年增长161.8%；实现利税82.9亿元，同比增长101.6%。一般公共预算收入首次突破15亿大关，达到15.3亿元，同比增收2.89亿元，增速比上年提高15.5个百分点，总量在全省96个县（市）排第4位，总量和增速均位居全市第一。

分行业看：煤炭行业增加值下降0.2%，非煤行业增加值增长11.2%。其中，化工行业增长8.1%，冶铸行业下降1.3%，装备制造行业增长53.8%，电力行业增长24.2%。

2017年，原煤产量2703.5万吨，下降4.1%，化肥折纯量157.3万吨，下降2.8%，生铁产量362.9万吨，下降1.2%，粗钢产量351.9万吨，下降1.7%，钢材产量349.8万吨，下降1.2%，水泥产量69.4万吨，增长62.6%，发电量完成24.5亿度，增长28.3%。

2017年，全社会建筑业实现增加值63074万元，增长14.6%，年末全县具有资质等级总承包和专业承包建筑业企业9家，完成总产值65675万元，同比增长156.4%。

【转型发展】 2017年，泽州县实施“两带四板块”“四化”同步推进转型发展战略，共实施重大转型项目13个。清慧三期南村绿色智能铸造创新产业园、中国青年城、华电风电等项目推进，华昱煤制油、金驹段河瓦斯发电等项目基本建成。完善政银企常态化对接机制，破解企业融资难、融资贵。组建四大公司搭建项目运作平台。新增创业实体企业436家，新增就业岗位5230个。4家民营企业荣获“山西省著名商标”，3家企业入选山西民企100强。发明专利拥有量和申请量分别达到29件和62件，均创历史新高。坚持以环保整治倒逼转型，累计投资13.25亿元用于提标提质改造。煤炭产业增加值占工业增加值比重由上年的67.3%下降到66.2%。在北京举办“引科技成果激民间资本促转型发展”座谈会和“泽商泽才”回乡创业创新恳谈会，全年招商引资项目落地36个，投资总额70.68亿元。

【金融贸易】 2017年，泽州县社会消费品零售总额41.4亿元，增长7.2%。其中，城镇消费品零售额26.3亿元，增长5.0%；乡村消费品零售额15.2亿元，增长11.0%；批发业完成58495万元，增长15.6%，零售业完成300147万元，增长3.7%；住宿业完成12228万元，增长10.4%，餐饮业完成43174万元，增长22.2%。

2017年，全县海关进出口总额140941万美元，下降11.0%。其中，出口完成6514万美元，同比下降30.5%；进口完成134427万美元，下降9.7%。

年末，全县金融机构各项存款余额228.4亿元，比年初增加25.7亿元，增长12.7%。各项贷款余额88.2亿元，比年初减少0.7亿元，下降0.8%。

【保险】 2017年，泽州县保费收入19128.9万元，同比增长18.3%。其中，寿险业务保费收入9993.8万元，增长258.1%；健康险业务保费收入1608.4万元，增长10.4%。意外险业务保费收入360.1万元，下降14.5%，财产险业务保费收入7166.6万元，增长23.6%。全年支付各类赔款及给付4447.4万元，增长16.8%。

【交通邮电】 2017年，泽州县公路线路里程2424千米，其中高速公路134千米。公路密度119.8千米/百平方千米。

全县完成邮电业务总量21521.1万元。其中，邮政业务总量3421.1万元；电信业务总量18100万元。农村固定电话用户2.9万户，移动电话用户年末达到30.8万户，全县接入用户数达8.2万户。

【旅游】 2017年，泽州县共有旅游景区（点）6处，其中，国家AAAA级旅游景区1个，国家AAA级旅游景区3个。共有星级饭店4家，其中：四星级3家、三星级1家。共有农家乐219家。全年共接待游客1030.8万人次，其中海外旅游接待游客0.3万人次。实现旅游总收入94.5亿元，其中海外旅游创汇163.4万美元。

2017年，泽州县举办《谁不说俺泽州好》魅力乡镇电视竞演，各乡镇干群联手，聚焦“古韵泽州·全域旅游”，季季有主题、月月有节庆、乡乡有活动、村村有行动，各类文化旅游活动高潮迭起。致力于全县域规划、全产业融合、全品牌培塑、全要素提升,丹河湿地公园二期、山里泉磨滩大景区等一批文化旅游项目开工建设;大阳古镇新春迎客、人气爆棚;珏山、山里泉、聚寿山3家景区完成改制,受到省旅发委督导检查组的肯定。山西凤泽岭旅游文化有限公司拟投资60亿元建设南岭乡特色小镇旅游项目。

【教育科技】 2017年,泽州县共有各级各类学校180所,比上年减少15所。在各类学校中,有高中学校4所,高职中学2所,初中中学31所,小学141所,教师进修学校1所,特殊教育学校1年。年末,全县共有各级各类在校学生人数46959人,比上年末减少3385人;全年各级各类学校招生数13552人,比上年减少1178人;毕业生数14862人,比上年减少819人;全县教职工人数4601人。小学学龄儿童入学率100%;小学和初中升学率均达100%。

2017年共申请各类专利94件。其中,发明专利申请量62件,实用新型专利32件;有效发明专利拥有量29件。

【文化】 2017年,泽州县共有艺术表演团体7个,新创作首演剧目1个,本年上演剧目45余个,演出场次2550余场,收入520万元,其中:剧团2个,本年上演剧目24个,演出场次505场,收入405万元;曲艺队1个,本年上演剧目20个,演出场次560余场,收入3.1万元。全县共有公共文化馆1个,公共图书馆1个,乡镇文化站17个,村级农家书屋632个,共藏书约113万册。广播电台1座,电视台1座。全县有线电视用户达8万户。其中,接收数字信号用户4万户。电视人口综合覆盖率达100%。有线电视入户率达到99%。

【体育】 2017年,泽州县共举办各级各类体育赛事10余次,参加运动会运动员人数9000余人。运动员在市级以上重大比赛中获金、银、铜牌分别为2枚、3枚、3枚。全民健身活动形式多样,全年全县体育锻炼标准达标人数达37万人。

【卫生】 2017年,泽州县共有卫生机构(含诊所)713个。其中,县医院1个、县妇幼保健院1个,疾病预防控制中心(防疫站)1个,卫生监督所1个,乡镇卫生院26个,村级卫生所648个,个体诊所35个。全县共有床位数2133张,卫生技术人员1893人,其中执业医师和执业助理医师841人,注册护士607人。乡村三级医疗机构达标率为100%,新型农村合作医疗参合率达到99.8%。

【社会保障】 2017年,泽州县参加城镇职工基本医疗保险35822人,增加622人;全县实现城乡居民基本医疗制度整合并轨,参加城乡居民基本医疗保险411279人;参加失业保险24038人,增加500人;参加工伤保险63201人,减少879人;参加生育保险28500人,增加500人。

全县城镇基本社会保障覆盖率达99.1%。其中,城乡居民养老保险覆盖率达100%,企业养老保险覆盖率达99.4%;医疗保险覆盖率达99.8%,生育保险覆盖率达99.7%,失业保险覆盖率达99.1%。全年城镇低保人数987人,保障户数867户;农村低保人数8360人,保障户数5575户。

【生态建设】 2017年,泽州县对403家重点工业企业进行9轮次排查整治,倒逼企业转型升级,通过中央环保督察、环保部强化督查巡查"党考""国考",全年环境空气质量二级以上天数达到208天,重污染天数12天。空气综合污染指数为6.65。环卫体制改革实现乡镇全覆盖,"河长制"全面建立。

【社会事业】 2017年,泽州县易地搬迁分房到户784户、2551人,全年减贫2078户、5222人。加快城乡融合发展,巴公镇与清大文产规划设计研究院合作的装备制造特色小镇融建联合体项目签约,金村新区规划建设的6条道路和4个公建项目加快前期准备工作,太岳街、滨川路、崇实街等城建工程推进,丹河湿地公园入选全国试点,全县城镇化率提高到46.8%,森林覆盖率达到36.84%,绿化率达到50.56%。开展环境集中整治和"双违"专项整治,解决1.54万人的饮水安全,建设乡村公路安全生命防护工程697.3千米,煤层气用户占到全县的36.2%,集中供热惠及群众3万余户，“一元惠民票价”公交车覆盖335个行政村，巴公镇东四义村荣获“全省健康村镇试点”。

【深化改革】 2017年，泽州县狠抓各项试点改革，探索“四联四动”“一清三化”新型城镇化模式，巴公镇荣膺“国家级特色小镇”称号，农地入市面积排全国第三，赢得全省采煤沉陷区综合治理现场会在该县召开。按照“8563”工作思路，强化“三基建设”，590个行政村集体经济破零达万，村均运转经费提高到9万元，农村主干岗位报酬平均达到26258元，农村“两委”换届圆满完成，撤并行政村40个，“并村简干”工作赢得省委组织部肯定。2017年，泽州县荣获“全国第一批畜牧业绿色发展示范县”称号，巴公镇南山村荣获“全国文明村镇”称号。

（张 静）

高平市

中共高平市委书记 范兹森
市人大常委会主任 张志刚
市 长 邹树琦
市政协主席 李培安

【概述】 高平市位于晋城市北部。地理坐标为北纬35°39′—35°59′、东经112°42′—113°09′。东至铁佛岭与陵川县接壤，南至界牌岭与泽州县毗邻，西至老马岭与沁水县交界，西北至丹朱岭与长治市长子县为邻，东北至金泉山与长治市长治县相接。东西长41千米，南北宽37千米，境域总面积980.3平方千米。境内矿产资源主要有煤、铁、坩土、铝土、硫黄、石灰石等。含煤面积271平方公里，地质储量约为161亿吨，已探明储量30亿吨。铁矿储量约1.8亿吨，硫黄储量约为5.5亿吨。

1993年5月12日，经国务院批准，撤销高平县，设立高平市。2016年，全市辖9镇4乡3个街道办事处。常住人口493020人，人口自然增长率为2.43‰。

高平是中华民族人文始祖炎帝的故里，中国历史上长平之战的发生地，太行太岳革命老区和“煤铁之乡”“黄梨之乡”“生猪之乡”和“上党梆子戏剧之乡”。高平春秋时称泫氏，战国时称长平，北魏至今称高平。传说远古时期，炎帝神农在此播五谷、创耒耜、教稼穑、尝百草、兴医药、疗疾伤、开肺、制陶器，开创了华夏文明。发现的东庙遗址、李家庄遗址等，证明早在旧石器晚期这里就有人类繁衍生息。

高平历为兵家必争之地，战国时期的秦赵长平之战，悲惨壮烈；五胡十六国时期的晋汉长平之战，血雨腥风；周世宗高平大捷，威震天下。高平是革命老区，抗日战争时期，朱德、彭德怀、左权、徐海东、黄克诚等老一辈无产阶级革命家在此战斗，取得胜利。

市境地处交通枢纽，太（原）澳（门）高速公路、国道207线、省道长（治）晋（城）线和太（原）焦（作）铁路南北纵贯，省道坪曲线东西横越，交通便利。

【综合经济】 2017年，高平经济建设由“疲”转“兴”，政治生态由“乱”转“治”，发展稳步向好。全市地区生产总值完成207.8亿元，同比增长6.1%；规模以上工业增加值完成84.4亿元，增长6.3%；固定资产投资完成69.3亿元，增长6.5%；社会消费品零售总额完成64.1亿元，增长6.9%；一般公共预算收入完成14.8亿元，增长16.6%；城镇居民人均可支配收入完成30240元，增长7.1%；农村居民人均可支配收入完成13069元，增长7.4%。

【产业转型】 2017年，高平市产业结构优化，转型态势形成。187项重点项目完成投资52亿元，完成率104%。工业经济稳中向好，85%的建设矿井转入生产，29座地方煤矿生产原煤1437.5万吨，实现利润9.1亿元；新能源、新材料等高新技术产业增加值增长63.8%，新长征动力汽车锂电池生产线投入生产，海诺科技成为比亚迪汽车的供应商。现代农业提质，凯永养殖新增生猪规模40万头，华夏天润、金田农业由卖产品向卖技术、卖服务拓展，红薯、小杂粮等富硒农产品品牌效应初步显现，全年农产品加工企业实现销售收入27.1亿元；农业工作全面创优，荣获全国农业可持续发展试验示范区、畜牧业绿色发展示范县和畜禽粪污资源化利用整县推进项目试点县。三产服务业发展，第二届海峡两岸神农炎帝文化旅游招商系列活动举办,高平炎帝陵成为“海峡两岸交流基地”和“中国华侨国际文化交流基地”,全国第三家、全省首家“商务印书馆乡村阅读中心”落户高平,央视《焦点访谈》栏目以《希望的田野—良户的守护》为题,报道该市良户古村保护与开发的经验;电商产业壮大,通过全国电子商务进农村综合示范县建设的中期验收。

【改革创新】 2017年,高平经济技术开发区在晋城市六县(市、区)中首家获批省级经济技术开发区。全省县乡医疗卫生机构一体化改革现场会在该市召开,“六统一”医改模式在全省推广,市卫计局被评为“全国卫生计生先进集体”。相对集中行政许可权改革列为全省试点,行政审批局作为本省唯一批复的县级综合审批机构挂牌运行。国企国资改革推进,科兴集团改革取得进展,自来水公司等7户国有企业完成公司制改革。供销社综合改革全面推进,市供销社被表彰为“全国供销合作社系统先进集体”。民企股改上市取得新成效,兰花药业“新三板”挂牌,全市挂牌企业数量达12家,位列全省县级第一。投融资体制改革深化,炎帝文化苑、神农健康城入选省级第四批PPP示范项目。本市争取到全省双创示范基地、农村创业创新典型县、出口食品农产品质量安全示范区、财政奖补美丽乡村建设试点县等政策机遇,全年共争取各类上级政策资金近3亿元。

【城乡建设】 2017年,高平市新改建城乡道路62余千米,金峰大道南延、建设路南延、锦华西街、野川至南城快速路建成贯通,高沁高速竣工通车,太焦城际铁路建设推进,城乡路网和对外通道便捷畅通。农村饮水安全巩固提升工程推进,张峰东延供水二期取得进展,城市第三水厂开工建设,城乡骨干供水网络初步成型。新增市区集中供热面积160万平方米、集中供气3100余户,城市集中供热面积达627万平方米,全市煤层气通气户数达4万户。炎帝文化苑推进,神农大剧院、古泫文创园完成规划设计。城南片区棚户区改造完成拆迁,小北庄棚户区改造前期工作基本完成,老城区提升实施规划完成编制。加强特色小镇和美丽乡村建设,汤王头古村落文保修复一期工程完工,马村镇、三甲镇被评为“山西省园林乡镇”,神农镇入选第二批全国特色小镇。

【生态环境】 2017年,高平市开展大气、水、土壤污染防治攻坚战。配合中央环保督察和环保部“2+26城市”的督查巡查,取缔141家“散乱污”企业,淘汰41台市区10蒸吨以下燃煤锅炉,完成387台燃煤锅炉对标改造,开展105家企业挥发性有机物治理,完成2.1万户“煤改气”“煤改电”等清洁能源取暖改造。建立市乡村三级河长制,完成南部“两河”湿地和小东仓河截污管涵建设,开工第二生活污水处理厂和马村镇生活污水处理站,启动农村供排水及污水处理一体化改造。建成病死畜禽无害化处理中心,实施城乡垃圾综合处理工程;开展“三环四沿五治”城乡环境集中整治,加强植树造林和园林绿化。

【民生事业】 2017年,高平市民生类财政支出达23.9亿元,占总支出的86.3%。完成80所中小学、幼儿园维修改造,全市二本B类以上达线人数2224人,北大、清华达线人数连续六年位居晋城市六县区第一。医疗基础设施完善,市人民医院医技综合楼即将完工,神农健康城施工,健康高平信息化建设推进。创业就业加强,举办第一届创新创业大赛,公开招聘机关事业单位人员、公益性岗位人员等1083名,城镇新增就业6591人,转移农村劳动力4967人。城镇职工医保、城镇居民医保和新农合实现“三保合一”,残疾人康复中心投入使用。推进脱贫攻坚,2个贫困村脱贫退出,2005名贫困人口脱贫,如期完成年度脱贫任务。“七五”普法开展,依法完成469个村(居)委会换届选举;平安高平推进,连续两年被评为省级“平安市”,市公安局被评为“全国优秀公安局”。

(秦皓宇)

阳城县

中共县委书记 窦三马

县人大常委会主任 张保国

县　长　史小林

县政协主席　田龙社

【概述】 阳城县位于晋城市西南部，地处太行、太岳、中条山三山之间。地理坐标为北纬35°12′30″—35°41′12″、东经112°01′02″—112°37′28″。东沿樊山、华阳山、沁河与泽州县搭界，西以云蒙山与运城市垣曲县相连，南以大岭头、原山、鳌背山与河南省济源市毗邻，从西到北，有东岩根、梁树腰、地棚岭、皇岩底、险坪、柿树凹、后韩山、大安头与沁水县接壤。南北长约54千米，东西宽约53千米，总面积1917.5平方千米。下辖10个镇、7个乡。年末，常住人口393730人。其中，男性198604人，女性195126人，男女性别比为101.78(女性=100)。居住在城镇的人口188439人，居住在乡村的人口205291人。城镇人口比重47.86%。人口出生率10.31‰，人口死亡率5.87‰，人口自然增长率4.44‰。

阳城古称濩泽，历史悠久，文化源远流长。唐至清末县内130多人中进士。有明万历吏部尚书王国光、天启工部尚书白所知、南明吏部尚书张慎言，清康熙文渊阁大学士兼吏部尚书陈廷敬、雍正初的文华殿大学士兼吏部尚书田从典，还有世称“天下第一清官”的明成化佥都御史杨继宗及南宋著名画家萧照、清代著名数学家张敦仁。抗日战争时期，阳城是晋豫边革命根据地的中心，朱德、彭德怀、邓小平、徐向前等老一辈革命家曾在此战斗、生活。1946年至1949年，太岳行署进驻阳城，阳城成为太岳区中心。

主要山脉南部有析城山、云蒙山、小尖山、鳌背山、大乐岭、风山岭、老虎岭、指柱山，西部、北部有仙翁山、白龙山、黄龙山等。沁河是境内最大的河流，其次为南大河、芦苇河、涧河。

境内交通发达。侯月铁路穿越县境，阳翼高速、晋阳高速、阳济、陵沁、阳垣等出境公路构成交通网。

阳城工业以煤炭产业为支撑，形成以安阳工业集中发展区、北留工业园区、芹池煤化工园区、演礼工业园区为主导的“1+4”的工业强县的产业格局；亚洲最大的火力发电厂——阳城电厂位于境内。旅游业发展较快，主要有国家AAAAA级旅游景区皇城相府，国家AAAA级旅游景区蟒河风景区、亚高山草甸析城山景区。

【综合经济】 2017年，阳城县实现生产总值2001536万元，比上年增长5.6%。其中，第一产业实现增加值91469万元，第二产业实现增加值1182175万元，第三产业实现增加值727893万元。第三产业中，批发和零售业127300万元，交通运输、仓储邮政业133151万元，住宿和餐饮业54544万元，金融业68441万元，房地产业73039万元，其他服务业267890万元。人均生产总值50948元，按2017年平均汇率折算为7551美元。

全年完成财政总收入346948万元。完成公共财政预算收入133918万元。地方公共财产预算支出247279万元。其中，农林水事务支出38322万元，增长1.5%；教育支出40953万元，增长1.7%3；科技支出2805万元，增长27.3%；医疗卫生与计划生育支出34442万元，增长7.7%；文化体育与传媒支出7356万元，增长1.6%；社会保障和就业支出48628万元，增长1.1%；节能环保支出11574万元，增长2.2%。

【农业】 2017年，阳城县粮食播种面积30383公顷，比上年减少1074公顷。其中，夏粮面积7403公顷，秋粮面积22980公顷，油料种植面积897公顷，蔬菜种植面积857公顷，棉花种植面积6.5公顷。

全年粮食总产量140968吨，减产15%。其中，夏粮35568吨，秋粮105400吨，油料产量1764吨，蔬菜产量45485吨，棉花产量5.9吨，水果产量6333吨。

年末，牛存栏1745头，猪存栏145074头，羊存栏83491只，鸡存栏300.2万只。全年肉类总产量21948吨，禽蛋产量31121吨。全年蚕茧产量1363吨。

全年有效灌溉面积9900公顷，节水灌溉面积5767公顷。全年化肥施用量(实物量)28212吨。农用薄膜使用量17.9吨。农药使用量116.2吨。

【工业建筑业】 2017年，阳城县工业增加值1123244万元，比上年增长6.5%。规模以上工业增加值增长6.5%。其中，煤炭开采和洗选业增长10.2%,天然气开采业增长8.3%,纺织业下降14.2%,电力热力燃气及水生产和供应业增长3.6%,金属制品业增长16.4%,食品制造业增长44.4%,化学原料及化学制品制造业下降4.2%,非金属矿物制品业下降18.9%,黑色金属冶炼及压延加工业下降21.8%。

全年规模以上工业企业实现主营业务收入1591556万元。其中,煤炭企业实现主营业务收入841630万元,电力企业实现主营业务收入539668万元。规模以上工业企业实现利税406319万元。其中,煤炭企业实现利税380389万元,电力企业实现利税39592万元。规模以上工业企业实现利润209709万元。其中,煤炭企业实现利润201364万元,电力企业实现利润22949万元。

全年建筑业实现增加值60054万元。年末,全县具有资质等级的总承包和专业承包建筑业企业13家,完成总产值120248万元,房屋建筑施工面积81151平方米。

【固定资产投资】 2017年,阳城县完成固定资产投资(新口径)765344万元。其中,第一产业投资28326万元,第二产业投资271664万元,第三产业投资465354万元。在第二产业中,工业投资270153万元。其中,煤炭工业投资120298万元,非煤产业投资149855万元。传统产业(煤炭、焦炭、冶金、电力)投资170775万元,非传统产业投资99378万元,民间投资277361万元。

全年房地产开发投资50963万元,其中住宅投资39376万元。全年房屋施工面积675151平方米,房屋新开工面积92583平方米,商品房销售面积163382平方米。

【能源生产】 2017年,阳城县一次能源生产折标准煤1044.4万吨,二次能源生产折标准煤741.1万吨。

全年销售煤炭906.4万吨,增长4.9%。向省外输送电力172.7亿千瓦时。

全年全社会用电总量39.9亿千瓦时。其中,第一产业用电0.4亿千瓦时,占全社会用电量的1.0%;第二产业用电36.3亿千瓦时,占全社会用电量的91%,其中,工业用电36.1亿千瓦时;第三产业用电1.6亿千瓦时,占全社会用电量的4.0%。城乡居民生活用电1.6亿千瓦时,占全社会用电量的4.0%。

【内外贸易】 2017年,阳城县社会消费品零售总额462503万元。其中,城镇消费品零售额402623万元,乡村消费品零售额59880万元,批发、零售贸易业零售额362364万元,住宿、餐饮业零售额100139万元。

全年外贸进出口总额4878万元。其中,进口104万元,出口4774万元,进出口差额(出口减进口)4670万元。

【金融保险】 2017年,阳城县金融机构各项人民币存款余额2045825万元,比年初增加118396万元。其中,住户存款余额1467485万元,比年初增加106522万元。金融机构各项贷款余额809325万元,比年初增加222258万元。

全年保费收入69731万元。其中,财产险保费收入13292万元,人身保险费收入56439万元。

【交通邮电】 2017年,阳城县公路货运量2010万吨。公路货物周转量68500万吨千米。公路客运量1890万人次。公路旅客周转量65000万人千米。

全年完成邮政业务总量2969万元。订销报纸600万份,订销杂志18万份,快递业务7.2万件,发送信件2.2万件。

年末,全县固定电话用户15100户,移动电话用户34万部,计算机互联网用户105296户。

【旅游】 2017年,阳城县共有成规模旅游景区(点)5处,其中,有1处国家AAAAA级旅游景区,2处国家AAAA级旅游景区,2处国家AAA级旅游景区。全县全年共接待游客975万人次,实现旅游总收入91.15亿元。

【教育科技】 2017年底,阳城县普通中学27所,在校学生18188人,教职工2097人;职业高级中学2所,在校学生2272人,教职工195人;小学66所,在校学生14371人,教职工1589人;幼儿园145所,在园幼儿6928人,教职工

529人；成人中等专业学校1所，教职工16人。学前教育毛入园率98.1%，小学学龄儿童净入学率100%。高考二本以上达线1991人。

全县组织实施市级农村地区分布式光伏发电扶持项目下达专项资金1201万元，组织实施本级科技项目11项。新增高新技术企业2家，发明专利拥有量47件，有效发明专利拥有量37件。

【文化】 2017年底，阳城县共有文化馆1个，公共图书馆1个，青少年活动中心分馆1个，文物博物馆1个，档案馆1个，电视台1座。完成农村公益电影放映5544场，文化低保电影264场。广场休闲消夏公益电影20场，农村寄宿制中小学电影279场，举办戏剧、合唱、舞蹈等各类活动230余场次。开展了“全民阅读月”服务读者活动。参加“人祖山杯”晋陕蒙民歌大赛晋城赛区选拔赛。举办第四届山西(晋城)太行山文化旅游节、晋城市第五届“最炫太行风”健身广场舞电视大赛阳城赛区的比赛。

年末，全县有线电视用户7.5万户，电视人口覆盖率96%，广播人口覆盖率97%。

【体育卫生】 2017年，阳城县有体育场1个，综合体育馆2个，田径场5个，游泳馆3个。举办“中信银行杯”第八届阳城国际徒步大会、第一届阳城山地马拉松比赛、毽球、门球、篮球比赛以及全国山地自行车赛、农民篮球联赛等大中型体育赛事以及群众性文化体育活动。

年末，县乡村共有医疗卫生机构615个，卫生技术人员2824人(乡村医生623人，医师733人，助理医师168人)，床位2116张。村级卫生所达标率99%。新型农村合作医疗参合率99.63%。

【生态环境】 2017年，阳城县城市绿化覆盖率和绿地率分别为45.5%和40.5%。人均公园绿地面积12.6平方米。

省级生态自然保护区1个。

县城空气质量二级以上天数283天。全年环境空气综合质量指数为5.33，比上年下降4.7%。城市生活垃圾处理率87%，污水处理率达98.4%。

城市供气普及率98.5%，集中供热普及率90.5%。

【安全生产】 2017年，阳城县生产安全事故死亡24人。亿元生产总值生产安全事故死亡0.12人。

【社会保障】 2017年，阳城县非私营单位在岗职工年平均工资5609元。居民人均可支配收入18789元。其中，城镇居民人均可支配收入27785元，人均生活消费支出14816元。农村居民人均可支配收入12287元，人均生活消费支出8078元。

全年全县企业职工基本养老保险参保41577人，机关事业养老保险参保15522人，城乡居民养老保险参保211506人，城镇职工基本医疗保险参保47208人，失业保险参保30543人，工伤保险参保70015人，生育保险参保35899人。

(王家胜)

陵川县

中共陵川县委书记　胡晓刚
陵川县人大常委会主任　张江龙
陵川县人民政府县长　任彩虹
政协陵川县委员会主席　郎在陵

【概述】 陵川县位于晋城市东北部。地理坐标为北纬35°25′—35°54′4″、东经113°1′30″—113°37″。东、南分别与河南省辉县市、修武县交界，西与泽州县、高平市相连，北与长治市长治县、壶关县毗邻。东西长53.2千米，南北宽52.8千米，总面积1701.8平方千米。2017年，全县共辖7镇5乡，7个居民社区，371个行政村。

境内万峰环列，沟壑纵横，山势险峻，较大的山峰有70余座。地形东北高、西南低，板山海拔最高1791.9米，甘河海拔最低628米。河流分丹河和卫河两个流域，分别属于黄河和海河两大水系。

境内属大陆性季风气候区，气候特别凉爽，年平均气温为7℃—9℃，年平均降水量700—1000毫米。日照时数平均为2380—2730小时。

境内矿产资源丰富，矿种主要有煤、铁、硫、铝、黏土、大理石、硅石等。全县水资源总量为62872.62万立方米，是山西省水资源较丰富的地区之一。

陵川县人杰地灵。古代著名人物有金代武氏三状元、金代教育家元好问老师郝天挺、元代国信使郝经等。现代人物有中共山西省委原第一书记卫恒、作家韩文洲、电影《上甘岭》编剧崔家俊等。国家级文物保护单位有西溪二仙庙、小会岭二仙庙、崔府君庙、白玉宫、玉皇庙、寺润三教堂、南神头二仙庙、玉泉东岳庙、南吉祥寺、北吉祥寺、三圣瑞现塔、崇安寺、龙岩寺等，省级文物保护单位有南庙宫、南召文庙、千佛造像碑等。主要风景名胜区有王莽岭、棋子山、黄围山、西溪风景区。

【综合经济】 2017年，陵川县地区生产总值完成39.4亿元，按可比价计算，比上年增长7.6 %。其中，第一产业增加值完成5.3亿元，增长4.1%，占生产总值比重为13.5%；第二产业增加值完成11亿元，增长9.8%，占生产总值比重为28%；第三产业增加值完成23.1亿元，增长7.4%，占生产总值比重为58.5%。第三产业中，金融业增加值完成3.1亿元，增长10.7%；批发和零售业增加值完成1.9亿元，增长4.6%；住宿和餐饮业增加值完成0.8亿元，增长8.8%；营利性服务业增加值完成3.1亿元，增长3.2%。人均地区生产总值完成16647元，按2017年平均汇率计算达到2464美元。

全县财政总收入完成31334万元，增长14.4%。其中，增值税4262万元，企业所得税383万元，个人所得税184万元，资源税733万元。公共预算财政收入完成15000万元，增长4.5%。公共预算财政支出181019万元，增长14%。其中，一般公共服务支出增长18.9%，公共安全支出下降8.7%，教育支出增长11.3%，节能环保支出增长130.6%，科学技术支出增长6.8%，社会保障和就业支出增长5.3%，医疗卫生与计划生育支出增长7%，城乡社区支出82%。

【农业】 2017年，陵川县农作物播种面积22556公顷，其中粮食种植面积20420公顷，较上年增加77公顷。其中，玉米种植面积17492公顷，小麦种植面积97公顷。

全年粮食总产量达到10.72万吨，增产5%。其中，夏粮产量476.4吨，增产4.7%；秋粮10.7万吨，增产4.9%。

全年油料产量735吨，增产51.6%；药材产量3424吨，增产2.5%；水果产量2852吨，减产10.3%；干果920吨；减产0.8%；蔬菜产量36653吨，减产1.3%。

全年肉类总产量达到14383吨，下降4.7%。其中，猪肉产量11749吨，下降8.8%；牛肉产量34吨，下降8.1%；羊肉产量604吨，下降13.3%；年末，生猪存栏115076头，下降3.1%，生猪出栏156626头，下降8.8%；牛存栏735头，增长0.5%，牛出栏250头，下降8.1%；羊存栏48705只，下降15%，羊出栏40119只，下降13.6%；禽存栏115.8万只，增长3.1%，禽出栏147.8万只，增长31%。禽肉产量1909吨，增长30.2%；兔肉产量86.9吨，增长9倍；禽蛋总产量11272吨，增长16.5%；蚕茧总产量4.9吨，下降44.9%。

年末，全县森林面积133万亩，森林覆盖率达到52.07%。全年完成造林面积389.4公顷；四旁植树65万株，育苗面积333.3公顷，与上年基本持平。

年末，全县农业机械总动力4.62万千瓦，同比下降56.8%。机械耕地面积15770公顷，下降3.3%；机械播种面积13350公顷，增长1.1%；机械收获面积9767公顷，增长1.4%。农机化管理服务总收入达到4620万元，利润总额1320万元。

【工业建筑业】 2017年，陵川县规模以上工业11个。全年规模以上工业总产值完成115985万元，同比增长33.58%；规模以上工业增加值增长8.3%。其中，国有控股企业增长13.86%，非公有制企业下降14.92%；分轻重工业看，轻工业下降58.06%，重工业增长12.7%。

规模以上工业企业实现主营业务收入120322万元，增长32.9%。其中，煤炭行业46665.1万元，增长70.6%；农副食品加工业2469.1万元，下降69.%；化工行业10899.7万元，下降21.1%；非金属矿物制品业28858万元，增长76.1%；冶炼行业25187.6万元，增长32.6%；金属制品2063.3万元，下降10.2%；电力、热力生产和供应业4179.2万元，增长15.4%。

规模以上工业企业实现利税33555万元，实现利润20035万元；亏损企业亏损额2493万元，下降62.8%。

全县乡镇及民营经济增加值20亿元，下降5.3%；总产值62.2亿元，下降4.5%；营业收入52.5亿元，下降5.2%。

全县建筑业实现增加值3.7亿元，同比增长14.9%。年末，全县具有资质等级的总承包和专业承包建筑业企业共有2家，完成总产值8819万元，下降31%；竣工产值8419.3万元，下降38%。

【固定资产投资】 2017年，陵川县固定资产投资完成19.9亿元，同比增长6.9%。其中，第一产业15800万元，同比下降17.4%；第二产业118724万元，增长149.5%；第三产业64132万元，同比下降46.1%。

全年在建固定资产投资项目64个。其中5000万元以上项目16个，比上年同期减少9个，累计完成投资125744万元，占全县固定资产投资比重为63.3%。

【能源】 2017年，陵川县向省外运输煤炭64.7万吨，增长12.7%；外运煤炭占原煤产量的比重为39.7%。

全县全年全社会用电量42728万千瓦时。全行业用电量33195万千瓦时。其中，第一产业用电1768万千瓦时，占全部用电量5.3%；第二产业用电26650万千瓦时，占全部用电量80.3%；第三产业用电4777万千瓦时，占全部用电量14.4%。城乡居民生活用电8319万千瓦时。

【国内贸易】 2017年，陵川县社会消费品零售总额18.7亿元，同比增长7%。分地域看，城镇123741.1万元，同比增长6.5%；乡村63600.3万元，同比增长8%。

限额以上批发和零售业零售额中，粮油食品类增长4.8%，饮料类下降0.6%，烟酒类增长6.2%，服装鞋帽、针、纺织类下降4%，化妆品类增长5.7%，日用品类下降5.7%，汽车类下降48.5%，文化办公用品类下降20.1%，书报杂志类增长15.5%，机电产品及设备类下降21%，体育娱乐用品类增长42.9%，其它类下降16.5%。

【交通邮电】 2017年，陵川县公路通车里程1643.8千米，全年交通运输、仓储和邮政业增加值完成3.9亿元，增长7.7%。

全县邮政业务总量完成1692万元，增长16%；电信业务总量完成4125.5万元，增长10.3%；移动业务总量完成9674万元，增长3.3%。全县移动电话用户达到19.1万户，增加0.6万户，增长3.2%；宽带接入用户达到48800户，增加7178户，增长17.2%。

【旅游】 2017年，陵川县旅游企业个数达到24个，共接待旅游人数450万人次，增长11.4%；实现旅游总收入16.48亿元，增长60%。

【金融保险】 2017年，陵川县金融机构各项存款余额925176万元，比年初增加71782万元，增长8.4%，其中住户储蓄存款余额671541万，比年初增加59270万元，增长9.7%。年末，各项贷款余额355727万元，比年初增加68303万元，增长23.8%。

全年全县保险费收入12898.4万元，增长19.4%，其中人身险保费收入8528.9万元，增长24.2%。全年支付各类赔款2728万元，增长17.4%，其中人身险给付支出639.7万元，增长6%。

【教育技术】 2017年，陵川县共有各级各类学校159所。其中，中学17所，小学106所，幼儿园和其他36所。全县共有各级各类在校学生人数30868人，全年高中招生数1515人，高中毕业生数1912人；初中招生数2435人，初中毕业生数2495人；职业高中招生数118人，职业高中毕业生数117人；小学招生数2000人，小学毕业生数2501人；在园幼儿5721人。年末，全县教职工人数2965人，其中专任教师2377人；社会及其他办学523人。

全县科技三项经费支出580.6万元，完成年度目标350万元的160%，同比增长115.8%。全年完成各类科技项目6项（其中：省级2项，市级2项，县级2项）。全年获国家有效发明专利12项。

【文化卫生体育】 2017年年底，陵川县共有文化馆1个，公共图书馆1个，总藏书量10万册。博物馆1个。

年末，全县共有各级医疗卫生机构455个，床位857张，卫生从业人员1205人，每千人拥有病床3.62张，每千人拥有医生数1.35人。村卫生室覆盖率96%，县、乡、村三级医疗机构达标率92.8%。全县的儿童“七苗”全程接种率以乡镇为单位均达到96.8%。碘盐覆盖率达到93.5%、合格碘盐食用率达到85.8%，碘盐合格率达到90.8%，各种地方病得到控制。

年末，全县拥有室内体育场馆1个，各级裁判员36人，各级举办运动会15次。

【民生事业】 2017年，陵川县常住人口为236518人，比上年末增加1201人。其中，城镇人口99351人，乡村人口137167人。全年出生人口2510人，人口出生率为10.6‰；死亡人口1309人，死亡率为5.6‰；自然增长率为5.1‰。性别比为105.2（以女性人口为100）。城镇化率达到42%。

全年全体居民人均可支配收入达到12119元，增长7.7%。其中，城镇居民人均可支配收入18441元，增长6.9%；农村居民人均可支配收入8620元，增长8.7%。城镇20%低收入户人均可支配收入7342元，增长9.8%；农村20%低收入户人均可支配收入3371元，增长17%。

全县城镇职工参保13688人，基金征收完成7124万元，分别占年任务12770人和4000万元的107.2%和178.1%；城乡居民养老保险参保133902人，与目标任务基本持平。基金征收完成1538.9万元，超额完成231.9万元。

机关事业养老保险参保8472人，基金征收完成9355万元，分别占年度任务6300人和8300万元的134.5%和112.7%；全年为2806名机关事业离退休人员发放养老金13039万元。

城镇职工医疗保险参保人数达到18226人，城镇居民医疗保险参保人数达到220560人，均超额完成年度目标任务。全年基金征收完成4354万元。

失业保险参保8767人，基金征收完成225.5万元；全年为352名失业人员发放失业保险金546.1万元。工伤保险参保22033人，基金征收完成705万元，全年为157名工伤职工支付工伤保险基金完成1039万元。其中，为52名遗属人员发放抚恤金71万元，为9名工亡职工发放丧葬费8万元。生育保险参保15526人，基金征收完成198万元，均超额完成年度目标任务。

年末，城镇低保人数为1025人，减少583人；农村低保人数4540人，增加756人；农村集中供养五保户363人；分散供养五保户1514人。

年末，全县各类收养性社会福利单位6个，床位480张，收养各类人员393人。全年享受伤残抚恤金人数1874人，增加1656人；享受定期补助人数1667人，减少90人。优待对象户数217户，优待总金额397.2万元。全年安置219个残疾人就业。

【资源、环境和安全生产】 2017年底，陵川县耕地保有量为47.99万亩，较上年45.75万亩多0.24万亩。自然保护区23565.2公顷。

城市集中供热普及率达到90.79%；建成区绿化覆盖率达到39.97%。

全年县区环境空气质量二级以上天数达到230天（包含一级天数30天），比上年减少30天。大气环境综合污染指数5.38。

全年全县共发生各类事故60起，死亡28人，死亡人数比上年增加5人，死亡数比上年上升21.7%；事故起数比上年减少3起，下降6.2%。生产安全事故死亡人数均控制在省、市下达考核指标之内，全县安全生产形式平稳运行。

（焦国锋）

沁水县

中共沁水县委书记 原光辉
县人大常委会主任 郭沁林
县人民政府县长 侯贵宝
县政协主席 张桂春

【概述】 沁水县位于晋城市西南部。地理坐标为北纬35°23′48″—36°04′03″、东经111°56′02″—112°47′20″。东连高平市、泽州县，西接临汾市翼城县、运城市垣曲县，南邻阳城县，北靠长治市长子县，临汾市安泽县、浮山县。地形东西长，南北窄。东西长约150千米，南北宽约55千米。地势西高东低，最高处西南舜王坪海拔2358米，最低处东南尉迟村沁河出境处海拔520米，相差1838米。行政区划总面积2676.6平方千米。2017年，辖7镇7乡，242个建制村，9个社区。

年末，全县户籍人口202668人，比上年末减少744人。其中，城镇人口64377人，乡村人口138291人。全县常住人口216612人，比上年末增加746人。其中，城镇人口93508人，乡村人口123104人。全年全县出生人口1929人，人口出生率为8.92‰；死亡人口1183人，死亡率为5.47‰，自然增长率为3.45‰。男女人口性别比为107.21(以女性人口为100)。

境内自然资源丰富，其中煤炭和煤层气储量最大。全县含煤面积2421.9平方千米，占全县总面积的90.5%，煤炭地质总储量265.25亿吨，年产原煤2701.9万吨(包括寺河和基建工程煤)。煤层气资源沁水盆地储量6.85万亿立方米，县域境内储量6000亿立方米，是国内最大的煤层气开发利用基地和第一个国家级煤层气高技术产业化示范基地。全县林地面积179820公顷，森林覆盖率48.63%。有野生植物400余种，属国家重点保护的植物11种。野生动物220余种，属国家重点保护的珍稀动物26种。位于县城西南部的历山是国家级自然保护区，被誉为“山西动植物宝库”。

沁水县人杰地灵，文化底蕴深厚。古有著名的画家荆浩、散曲家常伦，今有人民作家赵树理、作曲家乔谷、儿童文学家靳兵煊。

沁水历史悠久。历山脚下发掘有“下川遗址”，证明早在2.3万年到1.6万年前就有人类在这里繁衍生息。舜耕历山传说源远流长。周文王第十六子被封于此，是为原伯，史称原伯故城。春秋战国时置端氏城，三家分晋时“徙晋君以端氏”。秦汉时置端氏县。东汉别置沁水县，沁水之名始于此。境内有武安村战国古寨、河头村汉墓群、柳氏民居、湘峪古城、窦庄夫人城等人文景观。

沁水交通便利。晋(城)侯(马)高速公路穿越境内东西，侯(马)月(山)铁路西连同蒲线，东接太(原)焦(作)线。此外境内有省道4条，县道11条，乡道58条，村村通水泥路。通信网络覆盖全境。

沁水是革命老区，抗日战争时期，晋豫特委、太岳区党委、太岳行署、太岳军区、抗日军政大学第七分校、决死三纵队和八路军23个正规团进驻沁水。刘少奇、朱德、彭德怀、邓小平、徐向前、陈赓、王震等老一辈革命家曾在这里生活战斗。上党战役最后一战的桃川战斗就发生在境内。

2014年，沁水被联合国地名专家组认定为“千年古县”，成为全省第五个“千年古县”；曾获全国“六五”普法中期先进县、国家级生态示范县、中国绿色名县、中国低碳旅游县、中国最具投资潜力特色示范县、全国无公害农产品标志推广与监管示范县、全国绿化模范县、中国美丽乡村建设示范县、中国生态魅力县、地质灾害防治高标准十有县，山西省文化强县、全省文明创建先进县、省级平安县、全省双拥模范县、全省增加农民收入先进县、林业生态建设先进县、省级卫生县城等称号；2017年获“全国十佳生态文明城市”称号。

【综合经济】 2017年，沁水县生产总值189.9亿元，按可比价格计算，比上年增长5.5%。其中，第一产业增加值6.3亿元，增长1.2%；第二产业增加值132.4亿元，增长4.5%；第三产业增加值51.2亿元，增长8.8%。三次产业占GDP的比重由上年的3.5∶69.9∶26.6调整为3.3∶69.7∶27.0。第三产业中，金融业增加值7.2亿元，增长0.2%；交通运输、仓储邮政业增加值10.9亿元，增长15.7%；批发和零售业增加值3.9亿元，增长2.8%；住宿和餐饮业增加值3.9亿元，增长6.9%；营利性服务业增加值4.9亿元，增长1.7%。按常住人口计算，人均地区生产总值87840元，按2017年平均汇率计算为13010美元。

全年全县财政总收入36.2亿元，增长38.3%。其中，增值税4.6亿元，增长98.0%；企业所得税0.8亿元，增长33.9%；个人所得税0.2亿元，增长7.5%；资源税1.9亿元，增长84.5%。一般公共预算收入完成12.7亿元，增长8.8%，其中税收收入10.4亿元，增长63.9%。一般公共预算支出20.6亿元，增长13.5%。其中，科学技术支出增长47.8%，教育支出增长4.1%，城乡社区事务支出增长27.5%，农林水事务支出增长23.5%，社会保障和就业支出下降12.7%，文化体育与传媒支出增长31.9%，医疗卫生与计划生育支出增长14.9%，节能环保支出增长117.8%。

全年全县城镇新增就业5049人。转移农村劳动力4196人。年末，城镇登记失业率为0.8%。

【农业】 2017年，沁水县完成农业总产值112154.4万元，按可比价格计算，比上年下降1.7%。其中，种植业总产值52997.8万元，下降2.4%；林业总产值6827.6万元，下降36.7%；牧业总产值47639.3万元，增长6.5%；渔业总产值2052万元，增长10.4%；农林牧渔服务业总产值2637.7万元，增长5.4%。

全年全县农作物播种面积25637.5公顷，下降7.2%，其中粮食作物播种面积23595公顷，下降7.2%。粮食作物中，小麦播种面积1761.4公顷，下降25.5%；玉米播种面积18693.4公顷，下降5.5%。粮食总产量127278.1吨，减产12.1%。其中，小麦产量6405.2吨，减产23.3%；玉米产量112568.5吨，减产11.3%。粮食亩产量359.6吨，减产5.3%。年末，全县设施农业大棚1973个，同比增加246个，增长14.2%。其中蔬菜播种面积176.1公顷，增长2.3%，产量8957.3吨，下降2.7%；食用菌产量1090.3吨，增长21.1%。

年末，全县大牲畜存栏97头，下降27.1%。猪存栏47287头，增长0.4%；牛存栏2296头，增长11.7%；羊存栏172134只，下降26.4%；禽存栏1962071只，增长40.3%；羊群饲养量369622只，增长0.9%；肉类总产量17965吨，增长22.1%；禽蛋产量4177吨，下降5.0%；蚕茧产量504.9吨，下降47.0%。

年末，全县农业机械总动力100580千瓦，下降50.3%。机械耕地面积20978公顷，下降3.9%；机械播种面积16808公顷，下降4.2%；机械收获面积13706公顷，下降4.0%。全县农机化经营总收入5020万元，增长14.1%。

全年全县义务植树70万株；营造林532公顷；培育苗木花卉187公顷；完成村庄绿化8个。

【工业】 2017年，沁水县规模以上工业企业38家，共完成增加值104.3亿元，增长4.0%。其中，煤炭行业增加值61.9亿元，增长2.1%；煤层气行业增加值34.8亿元，增长10.0%。共完成总产值238.9亿元，增长32.6%；实现利税86.1亿元，增长104.0%。其中，煤炭行业总产值147.7亿元，增长43.1%；实现利税68.1亿元，增长136.5%；煤层气行业总产值59.4亿元，增长26.4%；实现利税15.2亿元，增长31.0%；共完成销售产值237.6亿元，增长38.3%；实现利润48.6亿元，增长187.6%；税金总额37.5亿元，增长48.2%。

全年全县原煤产量2701.9万吨（包括基建工程煤44.8万吨），增长12.1%；洗煤769万吨，下降1.6%；煤层气利用量32.0亿立方，增长9.3%；煤层气液化量70.9万吨，增长66.4%；发电量147662万千瓦时，增长8.0%；焦炭16.8万吨，增长165.4%；生铁4.1万吨，下降40.1%；水泥20吨，下降99.8%。

全年规模以上工业企业综合能源消费量71.54万吨标准煤，增长0.32%；规上工业单位总产值能耗为0.30吨标准煤/万元，下降24.34%；规上工业单位增加值能耗为0.87吨标准煤/万元，下降3.58%；规上工业企业工业用电量170114万千瓦时，增长14.85%。

全年民营企业实现增加值66.3亿元，增长6.4%；出口产品交货值3974万元，增长22.9%；实现营业收入134.5亿元，增长9.0%；利润总额33.5亿元，增长150.0%；上缴税金13.5亿元，增长25.7%。其中，民营工业总产值103.3亿元，增长0.8%；民营工业增加值49.3亿元，增长13.8%。

【建筑业】 2017年底，沁水县具有资质等级的建筑业企业11家，共完成建筑业总产值1.41亿元，下降26.2%，其中建筑工程、安装工程和其他工程分别完成1.12亿元、0.21亿元和0.08亿元。签订合同额1.88亿元，下降11.7%，其中2017年新签合同额1.7亿元，下降5.6%。建筑施工面积达到5万平方米，下降29.5%；房屋建筑竣工面积完成3.8万平方米，下降36.0%；房屋竣工价值完成0.58亿元，下降24.7%。

【固定资产投资】 2017年，沁水县固定资产投资（新口径）完成56.7亿元，同口径增长6.0%。其中，国有及国有控股投资20.5亿元，下降30.5%；民间投资32.9亿元,增长78.9%。

固定资产投资中,第一产业投资12.3亿元,下降1.5%;第二产业投资24.5亿元,增长0.5%;第三产业投资19.9亿元,增长19.8%。第二产业中,工业行业投资24.5亿元,增长0.6%。

全年全县在库项目192个。其中,5000万元以上项目29个,计划总投资294.1亿元,2017年完成投资24.1亿元,占全县固定资产投资的比重为42.5%。

全年全县房地产开发计划总投资151607万元,增长11.1%。实际完成投资39425万元,下降5.8%。按工程用途分,住宅投资32383万元,下降8.0%;办公楼投资150万元;商业营业用房投资5308万元,增长17.5%;其他投资1584万元,下降25.3%。全年完成商品房销售面积115232平方米,增长105.1%。

【市场贸易】 2017年,沁水县社会消费品零售总额24.1亿元,增长7.6%。其中,城镇消费15.5亿元,增长9.4%;乡村消费8.6亿元,增长4.5%。分行业看,批发业零售额4.5亿元,增长29.9%;零售业零售额15.9亿元,增长3.3%;住宿业零售额0.3亿元,下降16.4%;餐饮业零售额3.4亿元,增长6.4%。

限额以上商品零售额中,粮油食品饮料烟酒类、日用品类、化妆品类和通信器材类分别实现零售额9162万元、1806.5万元、348.3万元和222.1万元,同比分别增长9.6%、9.1%、10.0%和12.1%;服装鞋帽纺织品类、书报杂志类、家用电器音像器材类和机电产品及设备类分别实现零售额2750.1万元、1607.6万元、1145万元和580.3万元,同比分别下降6.4%、11.4%、52.0%和25.2%。

全年全县共签约招商引资项目32个,投资总额295亿元,完成年度目标的163.9%;资金到位71.9亿元,完成年度目标的133.2%;落地项目投资总额88.2亿元。

【交通】 2017年年底,沁水县公路通车里程1754.7千米,其中高速公路76.2千米;共有载货汽车1889辆,其中普通载货汽车载重量17336.8吨位;共有公路干线3条126.8千米,公路支线70条845.0千米,桥梁141座15013.8米;全年公路养护里程1754.7千米。8月22日,高沁高速公路通车运营,高平至沁水高速公路全长69.5千米,起点位于高平市河西镇常乐村南,终点位于沁水县龙港镇中木亭西,把高平至陵川、阳城至翼城、长治至晋城3条高速公路连接在一起,双向四车道,设计时速80千米/小时。全线有大中桥梁54座、隧道11座涵洞、通道183道,桥隧占比达35%以上。

【邮电通讯】 2017年年底,沁水县邮政局(所)20处,邮政路线35条,邮政单程总长度1536千米。全年共完成邮政业务总量1986.3万元,比上年增加230.6万元,增长13.1%。其中,国内函件33.4万件,特快专递8.5万件,订销报纸476.2万份,订销杂志86.4万份。

年末,全县共有通讯基站数1276座。其中,新联通公司418座,移动公司723座,电信股份有限公司135座。移动电话客户209598户,比上年增加13495户,增长6.9%。其中,4G客户128484户,比上年增加52895户,增长70.0%;互联网客户59852户,比上年增加9153户,增长18.1%。全年共完成通信业务总量13654万元,比上年减少17万元,下降0.1%。

【金融保险】 2017年,沁水县全县金融机构人民币各项存款余额达117.2亿元,较年初增加6.8亿元,增长6.1%;其中,年末住户存款余额达74.3亿元,较年初增加5.2亿元,增长7.5%;金融机构人民币各项贷款余额达50.4亿元,较年初减少3.3亿元,下降6.2%。

全年保险行业实现业务总收入10496万元,增长20.1%。其中,财产保险业务收入2304万元,增长18.3%;人身保险业务收入8192万元,增长20.1%。全年支付各类赔款及给付2095万元,增长6.7%。其中,财产险赔款794万元,下降3.6%;人身险赔款及给付1301万元,增长14.2%。

【教育】 2017年,沁水县共有各级各类学校85所。其中,幼儿园26所,小学37所,初中17所,高中3所,职业学校1所,特殊教育学校1所。在校学生23119人。其中,义务教育阶段学生数14390人,在园幼儿4493人。全县参加高考1893人，二本B类以上达线877人，较上年增加103人，其中考入清华1人；中考600分以上326人，较上年增加17人，全市中考状元第一次花落沁水。推动城镇骨干教师向乡村学校流动，交流教师163人，占符合交流人员比例的26.5%，超额完成市、县10%的目标任务。全县小学教师专科及以上学历达到89%，初中教师本科及以上学历达到79%。

【科学技术】 2017年，沁水县共受理光伏发电补贴户385户，装机容量6200千瓦，补贴资金648万元；完成12个科普单位的统计工作和技术合同交易额4000万元的考核任务；申请市级专利资助经费14项33000余元，全年完成发明专利申请量15件；完成兰金瓦斯发电有限公司高新技术的认定工作；申报市级众创空间一家——沁水县嘉峰小微企业创业园。

【文化体育】 2017年年底，沁水县共有群众文化馆1个，公共图书馆1个，文史博物馆1个，宣传文化中心1个，老年活动中心1个，青少年活动中心1个，全民健身中心1个，县级剧团1个，电影发行放映公司1个，乡镇综合文化站14个；全县共有农村电影放映队11支，业余文艺演出团体4家；全县共有国家级非物质文化遗产项目3项，省级项目8项，市级18项，县级40项。

全年免费送戏下乡41场，送电影下乡2904场；举办“杏花节”“梨花节”“黄花节”“槐花节”等如画沁水之百花世界系列活动；举办花键比赛、乒乓球团体赛、篮球联赛、马拉松赛、五人制足球邀请赛、三人制篮球赛、公路自行车赛、全国少儿足球邀请赛、垂钓联谊赛、山地自行车赛、徒步赛等如画沁水之跑动山水系列体育赛事；举办中国曲协“送欢笑走进沁水”专场演出、消夏晚会、戏剧展演等如画沁水之声色鼓韵系列文化活动。

【广播电视】 2017年底，沁水县共有广播电视台1个，乡镇广播电视站14个；调频发射台和转播台1座，调频发射功率4千瓦，广播覆盖率97%；电视转播发射台1座，电视发射功率0.6千瓦，电视覆盖率达98.9%；有线电视用户3.8万户，其中数字电视用户3.4万户；全年制作播发《沁水新闻》245期；电视在市台播发各类新闻413.75余条，在省电视台播发稿件33条，在央视《新闻联播》《朝闻天下》播发稿件2条；广播在市台发稿采用300余条，扩大全县对外影响力和美誉度。

【卫生】 2017年底，沁水县共有各级医疗卫生机构349个，医院和卫生院床位717张，卫生专业技术人员671人，每千人拥有病床3.31张，每千人拥有医生数3.10人。村卫生室覆盖率100%，县乡村三级医疗机构达标率100%。

【人民生活】 2017年，沁水县城镇居民人均可支配收入26761元，增长7.8%；人均消费性支出15727元，增长5.1%。农村居民人均可支配收入10985元，增长8.8%；人均生活消费支出8090元，增长15.2%。城镇和农村居民恩格尔系数（即食品消费支出占生活消费支出的比重）分别为24.7%和27.8%，分别比上年下降1.7和3.6个百分点。

【社会保障】 2017年，沁水县城乡基本养老保险参保150209人，共征缴基本养老保险基金34984万元。其中，机关事业单位职工、企业职工和城乡居民分别参保10532人、22477人和117200人，基本养老保险基金分别征缴11138万元、22095万元和1751万元；城乡基本医疗保险参保192390人。其中，城镇职工28015人，城乡居民164375人；征缴保险基金13186万元。其中，城镇职工10227万元，城乡居民2959万元；失业保险、工伤保险和生育保险分别参保18091人、40000人和26146人，保险金分别征缴1131万元、1697万元和686万元。

全年共发放基本养老金32146万元。其中，为3544名机关事业单位离退休人员发放待遇14539万元，为4186名企业离退休职工发放待遇13643万元，为32884名60周岁以上农村老人发放待遇3964万元；共发放医疗保险待遇13172万元。其中，为参保职工支付门诊费用、住院费用6735万元，为159719人次城乡居民共结报门诊统筹及住院补偿基金6437万元。

【民政事务】 2017年，沁水县城乡低保对象共2610户、3152人，共发放资金1344.5万元。其中，城市低保对象210户、346人，标准由月485元提高到月515元，提标幅度为6.2%，共发放城市低保金192.3万元；农村低保对象2400户、2806人（建档立卡贫困人口1050户、1270人），标准由年2916元提高到年3500元，提标幅度为20.0%，共发放农村低保金1152.2万元。对773人给予临时救助，发放救助金172.7万元（其中建档立卡贫困户108人发放临时救助21.6万元）。年末，全县共有农村特困供养人员887户、909人，共发放特困供养资金474.7万元。其中，集中供养对象122户、124人，发放资金108.9万元；分散供养对象765户、785人，发放资金365.8万元。

全年为1386名重点优抚对象发放抚恤资金828.5万元；为66名城乡重点优抚对象发放大病医疗补助资金21.0万元；为新中国成立前入党的农村老党员和未享受离退休待遇的城镇老党员发放生活补贴24.8万元；为85名自主就业退役士兵发放一次性经济补助金116.3万元；为50名自主就业退役士兵进行驾驶技能培训；为249名两参人员发放慰问金21.8万元；发放城乡义务兵优待金179人次440.4万元；共救助流浪乞讨、困境未成年人员615人次，为21名城乡孤残儿童发放基本生活费17.3万元。

全年全县共办理婚姻登记1243对，其中，结婚登记793对，补领结婚登记241对，离婚登记209对，婚姻登记率、合格率、档案完好率均达到100%。对登记在册的61个社会组织进行年检，对未按规定参加年检的20家社会组织予以公告撤销。

【生态环境】 2017年，沁水县县城空气质量二级以上天数312天，比上年增加21天，其中一级天数62天；全年空气综合污染指数5.01，环境空气质量稳定达到二级标准；全年列入市级考核的4项主要污染物减排指标全部控制在市控目标之内；饮用水源地水质达标率达到100%；全面实施清洁生产工程，涉重金属和涉危险废物企业清洁生产审核率达到100%。2017年，全县森林覆盖率达48.6%，县城绿化覆盖率44.1%，空气质量优良天数占比93%，环境噪声质量级别属于"优"，生态环境质量评价结果"优"。在第三届"全国百佳生态文明城市与景区"大型推选活动中，沁水县凭借得天独厚的生态文化和生态文明建设所取得的成绩，荣获"全国十佳生态文明城市"称号，是此次山西省省唯一获此殊荣的城市。

【城镇建设】 2017年，沁水县组织完成县城城隍庙及周边棚户区改造、梅杏剧院、档案馆、游泳馆、南山城市道路等重点项目的立项、可研、初步设计、"两评一案"前期工作；完成桃园小区、教育园区、庙沟等1030套保障性住房建设，完成林区棚户区桥梁、小岭和桃园小区公租房等市政配套，累计投资2.8亿元；完成县城北坛路和花园路的拓宽改造任务；全年县城人均道路面积达到14.6平方米，生活垃圾无害化处理率达到100%，污水处理率达到97%，供水普及率达到95%，集中供热普及率达到80.5%，燃气普及率达到98%，城镇化率达到43.2%。

【安全生产】 2017年，沁水县共发生各类安全生产事故18起，同比减少1起，下降5.3%，事故死亡14人，同比减少1人，下降6.7%。其中，生产经营性道路交通事故17起，同比减少1起，下降5.6%，死亡13人；水电行业事故1起，死亡1人；其他行业领域无安全生产事故。亿元GDP生产安全事故死亡率0.0737。（张丽霞）

索 引

说 明 (1)本索引以人名、地名、机构名称、活动名称、事件(事物)名称等为主题词进行检索。(2)本索引按主题词汉语拼音字母顺序排列(数字开头主题词另排序),主题词后面的数字和字母分别表示所在页码和分栏位置(a b c表示本页码左、中、右三栏)。(3)本索引主题词主要选自本年鉴正文部分,特载、大事记、附录以及图表、照片不在索引范围内。

D

F

G

M

Y